J.M. Henderson

Professor of Economics
University of Minnesota

R.E. Quandt

Associate Professor of Economics
Princeton University

microéconomie

formulation mathématique élémentaire

deuxième édition

Dunod

Traduction autorisée de l'ouvrage
publié en langue anglaise sous le titre
MICROECONOMIC THEORY
par McGraw-Hill Book Company, 1958, 1971

La première édition a été traduite par
D. GODARD, F. ELDIN
avec la collaboration de
J.-L. FAURE, J.-L. VIORA
la seconde édition a été traduite par
M. PINEAU-VALENCIENNE

Une édition cartonnée de cet ouvrage
est publiée dans la collection
FINANCE ET ECONOMIE APPLIQUEE
dirigée par Henri Hierche

Première édition, 1967
Deuxième édition, 1972
Nouveau tirage, 1987

ISBN 2-04-009089-4 broché
ISBN 2-04-010212-4 cartonné
ISSN 0338-6074

TABLE DES MATIÈRES

AVANT-PROPOS
à la seconde édition

Microéconomie est utilisé depuis plusieurs années maintenant, tant par les étudiants confirmés que par les débutants. Les nombreuses suggestions qu'ont pu faire professeurs et étudiants ainsi que l'évolution récente de la science économique, ont conduit à remanier profondément le manuel. La seconde édition, plus complète, diffère de la première à trois égards. Il a, en outre, été apporté quelques modifications à la formulation mathématique de l'ouvrage.

On a d'abord essayé de tenir compte de nouveaux résultats dont font état les ouvrages économiques parus depuis la publication de la première édition, ou qui semblaient trop récents, d'une compréhension trop difficile à cette époque. C'est le cas par exemple de la fonction de production à élasticité de substitution constante (Chap. 3), de la démonstration de l'existence d'une solution d'équilibre en économie concurrentielle (Chap. 5), du monopoleur maximisant son chiffre d'affaires (Chap. 6), de la théorie du « second best » (Chap. 7). D'autres éléments nouveaux ont été apportés aux différents chapitres.

Un autre élément important est la rédaction d'un chapitre entièrement consacré aux modèles linéaires. Ce sujet avait été traité succinctement dans trois chapitres différents avec la programmation linéaire, le système d'input-output et la théorie des jeux. Le chapitre 9 en traite de manière plus complète. Contrairement aux huit premiers, l'unité du chapitre vient plutôt de la méthode que du sujet traité.

Enfin la troisième modification importante concerne l'addition d'exercices que l'on trouvera à la fin de chaque chapitre. Ces exercices ont été demandés par la plupart de ceux qui ont utilisé la première édition du manuel. Ils permettent à la fois d'illustrer concrètement la matière contenue dans le chapitre et d'approfondir cette matière. La résolution des exercices est importante si l'on veut acquérir une connaissance réelle de la microéconomie. Les exercices les plus difficiles sont marqués d'un astérisque (*).

Le niveau requis de mathématiques reste à peu près le même. L'accent est toujours mis sur les méthodes et les applications plutôt que sur le détail des démonstrations. L'analyse mathématique reste l'outil essentiel. Des équations différentielles simples sont utilisées, ainsi que les concepts de concavité et de convexité des fonctions. Ces concepts ont pris une grande importance dans la littérature économique. Aux chapitres 5 et 9, il est fait appel à une théorie élémentaire des ensembles convexes.

Le théorème du point fixe de Brouwer est le seul outil de niveau plus difficile auquel on a recours. Ce théorème est utilisé pour prouver l'existence d'une solution d'équilibre général (Chap. 5).

Comme pour la première édition, les lecteurs sont instamment priés de lire l'Appendice (et de résoudre les exercices proposés) avant d'aborder le chapitre 2, afin de rafraîchir leur mémoire sur les mathématiques employées et de combler leurs lacunes éventuelles.

James M. HENDERSON

Richard E. QUANDT.

CHAPITRE 1

INTRODUCTION

L'économie n'est pas une discipline clairement définie. Ses frontières se déplacent constamment et leur définition est fréquemment un sujet de controverse. Selon une définition communément utilisée, on entend par économie l'étude de l'emploi de ressources rares pour la réalisation d'objectifs alternatifs. Cette définition est adéquate, si on l'interprète de manière assez large pour y inclure l'étude des ressources sous-employées, et pour couvrir également les situations dans lesquelles les fins sont choisies par les économistes eux-mêmes. De manière plus précise, l'économie peut être définie comme la science sociale qui étudie les comportements d'individus et de groupes d'individus, dans les processus de production, d'échange et de consommation de biens et de services.

1.1 LE RÔLE DE LA THÉORIE.

L'économie, comme la plupart des autres sciences, a pour objet d'expliquer et de prévoir. Pour parvenir à une telle fin, il faut à la fois des analyses théoriques et des investigations empiriques. Les deux sont en général entremêlées inextricablement dans les exemples concrets de recherche ; il y a cependant une réelle distinction entre elles. Les théories emploient un raisonnement déductif abstrait, grâce auquel des conclusions sont tirées des hypothèses initiales. Les études purement empiriques sont de nature inductive. Les deux approches sont complémentaires, puisque les théories fournissent un fil conducteur aux études empiriques, et que les études empiriques fournissent des moyens de vérifier les hypothèses et les conclusions des théories.

A la base, une théorie contient 3 ensembles d'éléments : 1) les données, qui jouent le rôle de paramètres, et que l'on ne prétend pas expliquer à l'aide de l'appareil d'analyse mis en œuvre ; 2) les variables dont la valeur est déterminée par la théorie ; et 3) les hypothèses de comportement ou les postulats qui définissent l'ensemble des opérations par lesquelles sont déterminées les valeurs des variables. Les conclusions d'une argumentation théorique sont toujours de la forme : « *qu'arriverait-il si...* ? ». Elles établissent ce que seraient les résultats des processus économiques, si les hypothèses initiales étaient vérifiées, c'est-à-dire si les données étaient réellement fixées une fois pour toutes, et si les hypothèses de comportement étaient justifiées.

Les investigations empiriques permettent de comparer les hypothèses et les conclusions des théories aux faits observés. Cependant, l'exigence d'une stricte conformité entre la théorie et la réalité irait à l'encontre du but même de la théorie. Les théories représentent des simplifications et des généralisations de la réalité, et ne décrivent donc pas complètement des situations particulières. On trouvera dans la réalité, si même on en trouve, peu de situations de marché conformes aux distinctions données-variables et aux hypothèses de comportement des théories présentées dans les chapitres qui suivent. Une plus stricte conformité aux faits demanderait une théorie particulière, très détaillée, pour chaque situation de marché prise individuellement, puisque chacune possède ses caractères propres. Les théories appliquées de cette nature, bien que valables pour des projets de recherche spécifiques, ont une faible valeur générale. Les théories plus générales sont fécondes parce qu'elles établissent des résultats qui font abstraction du particulier et mettent en lumière des éléments communs à de nombreuses situations. Une meilleure compréhension est obtenue aux dépens du détail. Il est alors possible d'aller du général au particulier. Les cas décrits par les théories pures permettent de voir plus clair dans les processus économiques, et servent de fondement et de point de départ aux théories appliquées et aux études empiriques particulières.

1.2 LA MICROÉCONOMIE.

Comme la plupart des autres disciplines, l'économie est divisée en branches et sous-branches. Au cours de ces dernières années, on a distingué deux branches principales : la *microéconomie*, qui est l'étude des actions économiques des individus et des groupes bien définis d'individus, et la *macroéconomie*, qui est l'étude de larges agrégats comme l'emploi global et le revenu national. La dichotomie est dans un sens artificielle, puisque les agrégats ne sont que des sommes de chiffres individuels. Elle est cependant justifiée par les différences fondamentales dans les objectifs et les méthodes des deux branches.

Deux points de vue différents sur les phénomènes économiques, l'un microéconomique, l'autre macroéconomique fondent la distinction entre ces deux branches de l'économie. Mais là n'est pas la seule différence. Avant la vogue de la distinction micro-macro, la distinction fondamentale concernait les analyses de prix et de revenus. On peut retenir cette distinction entre la micro et la macroanalyse. Les prix jouent un rôle prépondérant dans les théories microéconomiques, et leur but est en général l'analyse et la détermination des prix et de l'allocation de ressources spécifiques à des usages particuliers. D'un autre côté, les théories macroéconomiques se proposent en général de déterminer le niveau du revenu national et, dans une optique globale, l'emploi des ressources.

On ne peut pas dire que les concepts du revenu soient ignorés dans les théories microéconomiques, ni que les prix soient inexistants dans les théories macroéconomiques. Cependant, dans les théories microéconomiques, la détermination des revenus des individus est comprise dans le processus général de formation des prix : les individus gagnent leurs revenus en vendant des facteurs de production, dont les prix sont déterminés de la même manière que tous les autres prix. On doit tenir compte des prix dans les théories macroéconomiques, mais les théoriciens de la macroéconomie négligent en général les problèmes de détermination des prix individuels et de leurs relations réciproques, et considèrent les indices agrégés de prix comme déterminés par le niveau de la dépense globale.

Puisque les problèmes de la détermination des prix individuels ne sont pas abordés dans la théorie macroéconomique, les relations entre les unités individuelles et les agrégats ne sont pas claires. Si l'analyse de ces relations était menée à bien, il s'agirait d'une théorie microéconomique. Les simplifications introduites par l'agrégation ne sont pas sans contrepartie, puisqu'elles permettent de décrire la situation et les progrès de l'économie globale à l'aide d'un petit nombre d'agrégats simples. Cela serait impossible si l'on continuait, comme en microéconomie, à mettre l'accent sur le comportement individuel et les prix relatifs.

Adoptant cette distinction bien établie, on se limitera dans le présent ouvrage à un exposé systématique de la théorie microéconomique traditionnelle. Les théories du comportement individuel et de la détermination des prix dans une économie de concurrence parfaite sont développées en trois étapes, de généralité croissante, dans les chapitres 2 à 5. Le comportement du consommateur (Chap. 2) et du producteur (Chap. 3) est au centre de la première étape. Chaque individu considère, par hypothèse, les prix des biens qu'il achète et vend comme des paramètres donnés, sur le niveau desquels il ne peut avoir d'influence. Les quantités achetées et vendues sont les variables déterminées par la théorie. Le marché d'un seul bien est le point central de la deuxième étape (Chap. 4). Les prix de tous les autres biens sont considérés comme des paramètres donnés, et on montre que le prix du bien en question, ainsi que le volume acheté et vendu, sont déterminés par les actions indépendantes de tous les acheteurs et vendeurs de ce bien. Enfin, dans la troisième étape (Chap. 5), on prend en compte explicitement les interrelations entre les différents marchés du système, et tous les prix sont déterminés simultanément.

Les théories microéconomiques sont suffisamment souples pour permettre de nombreuses variantes dans les hypothèses sous-jacentes. Par exemple, l'hypothèse selon laquelle aucun individu particulier ne peut influer sur les prix ou les actions des autres individus, est remise en question au chapitre 6. Malgré la modification des prémisses, la ressemblance entre les analyses du chapitre 6 et celles des chapitres précédents est tout à fait évidente. L'hypothèse d'un monde statique dans lequel consommateurs et producteurs ne font pas de plan pour le futur est abandonnée dans le chapitre 8. A nouveau, le lien logique avec les chapitres précédents est aisément discernable. La possibilité d'abandonner ces hypothèses, ainsi que d'autres, augmente la souplesse et la généralité des théories de base.

La théorie peut aussi servir à autre chose : elle constitue un guide vers *ce qui devrait être*. La sous-branche de la microéconomie qui traite de ces problèmes est connue sous le nom d'économie du bien-être, et constitue le sujet du chapitre 7. Le degré de conformité entre la théorie et la réalité est de grande importance dans l'économie du bien-être. Si l'on s'intéressait à la pure description, une divergence entre la théorie et la réalité suggérerait que la théorie est en défaut sur ce point particulier. Quand la théorie devient la recherche d'un état idéal, une telle divergence incite à conclure que c'est la situation réelle qui est en défaut, et que l'on devrait y remédier.

La manière dont sont traités certains problèmes, du chapitre 2 au chapitre 8, représente une forme d'abstraction qui permet des manipulations mathématiques faciles. Le chapitre 9 représente une approche différente de la microéconomie, et plus particulièrement de la théorie de la production.

1.3 LE RÔLE DES MATHÉMATIQUES.

Les théories présentées dans cet ouvrage sont exposées en termes mathématiques. Les mathématiques ne sont pas une fin en elles-mêmes, mais plutôt un ensemble d'outils qui facilitent la déduction et l'exposition des théories économiques. Les mathématiques sont utiles pour traduire des analyses verbales sous une forme concise et cohérente. Cependant, leur rôle ne se limite pas à cela. Les mathématiques fournissent à l'économiste une panoplie d'outils souvent plus puissants que le langage ordinaire, du fait qu'elles mettent en œuvre des concepts et permettent des opérations qui n'ont pas d'équivalents verbaux utilisables. L'emploi des mathématiques élargit l'outillage de l'économiste, et le champ des déductions à partir des hypothèses initiales.

L'analyse purement verbale a constitué une première étape dans le développement historique de la théorie économique. Cependant, à mesure que l'on utilisait de plus en plus des relations quantitatives et que les théories devenaient sans cesse plus complexes, les analyses purement verbales devenaient plus fastidieuses et plus difficiles à formuler de façon cohérente. Des fonctions mathématiques sont sous-jacentes à la plupart de ces premières théories, bien qu'elles aient rarement été explicitées. C'est en reconnaissant que des formulations plus rigoureuses étaient souvent nécessaires que l'on fut conduit à accepter la géométrie comme outil d'analyse important. La géométrie a été, et reste, très utile, mais comporte de nombreuses limites. L'une des plus sérieuses est la limitation des démonstrations théoriques à deux, ou au plus trois variables. L'emploi accru des mathématiques ces dernières années reflète l'idée que la géométrie ne convient pas dans de nombreux cas à un raisonnement économique rigoureux.

Quand une théorie économique est formulée en termes mathématiques, on doit faire quelques hypothèses sur les propriétés mathématiques des phénomènes étudiés. Les hypothèses, de même que les hypothèses strictement économiques, représentent des simplifications de la réalité. Mais l'abstraction peut être féconde, si le sacrifice de quelques détails permet de mieux comprendre la réalité.

L'emploi des mathématiques dans le présent ouvrage ne signifie pas que les auteurs croient que toutes les analyses verbales ou géométriques soient à écarter. Les trois approches sont valables. Les analyses verbales servent à inclure de nombreux détails, et la géométrie convient à de nombreux problèmes, et peut même être préférable. Pour mettre en lumière les similitudes entre les approches géométriques et mathématiques, les deux sont employées côte à côte au cours de nombreux développements.

Les concepts mathématiques utilisés dans le texte sont récapitulés dans l'Appendice. Tous les lecteurs, sauf les mathématiciens avertis, devraient lire, ou au moins parcourir, l'Appendice, *avant* de commencer le chapitre 2.

CHAPITRE 2

LA THÉORIE DU COMPORTEMENT DU CONSOMMATEUR

Le postulat de rationalité est le point de départ habituel de la théorie du comportement du consommateur. On suppose que le consommateur fait son choix dans l'ensemble des options qui lui sont ouvertes de manière à rendre maximale la satisfaction qu'il retire de la consommation (au sens large) des biens correspondant à l'option retenue. Ceci implique qu'il connaisse les alternatives qui le concernent et qu'il soit capable de les évaluer. Toute l'information concernant la satisfaction du consommateur devant diverses quantités de biens, est contenue dans sa *fonction d'utilité*.

Le concept d'utilité et sa maximisation ne doivent pas être interprétés dans un sens « hédonistique ». Affirmer que la satisfaction ou l'utilité du consommateur est plus grande avec une automobile qu'avec un costume signifie que si on lui offre l'un de ces deux biens il choisira l'automobile. Des biens qui sont nécessaires à la survie — tels qu'un vaccin quand une épidémie de variole sévit — peuvent maximiser l'utilité du consommateur, bien que l'acte de consommer un tel bien n'engendre aucune impression agréable.

Des économistes du XIXe siècle tels que W. Stanley Jevons, Léon Walras, et Alfred Marshall pensaient que l'utilité était mesurable tout comme l'est le poids d'un objet. Ils supposaient que le consommateur connaissait une mesure *cardinale* de l'utilité, c'est-à-dire supposaient qu'il était capable d'attribuer à chaque bien ou à chaque combinaison de biens, un nombre représentant la valeur ou le degré d'utilité qui lui correspondait. Les nombres représentant les valeurs de l'utilité pouvaient être manipulés de la même manière que des poids. Supposons par exemple que l'utilité de *A* soit de 15 unités et l'utilité de *B* de 45 unités. Le consommateur désirera *B* trois fois plus vivement que *A*. Les différences entre les nombres d'utilité peuvent être comparées et la comparaison conduira à une conclusion telle que « *A* est préféré à *B* deux fois plus que *C* est préféré à *D* ». Les économistes du XIXe siècle supposaient aussi que l'utilité supplémentaire attachée à la consommation d'une unité d'un bien devait décroître à mesure qu'augmentait la consommation de ce bien. A partir des hypothèses ci-dessus nous allons déduire le comportement du consommateur. Imaginons qu'un prix déterminé, 2 francs par exemple, soit demandé pour l'achat de noix de coco. Le consommateur n'en achètera aucune si la valeur de l'utilité qu'il perd en payant le prix d'une noix de coco (c'est-à-dire une diminution de son pouvoir d'achat) est plus grande que l'utilité qu'il gagnerait en la consommant. Supposons que l'utilité d'un franc est de 5 unités, qu'elle reste sensiblement constante pour des petites variations du revenu et que l'augmentation d'utilité du consommateur pour la consommation d'une noix de coco supplémentaire est donnée par le tableau suivant :

Unité	*Utilité additionnelle*
—	—
Noix de coco 1	20
Noix de coco 2	9
Noix de coco 3	7

Il achètera au moins une noix de coco puisqu'il perd 10 unités d'utilité en échange d'un gain de 20 unités, donc son utilité totale augmentera (1).

Il n'achètera pas une seconde noix car la perte d'utilité excède le gain. En général le consommateur n'augmentera pas sa consommation d'un bien si une unité additionnelle entraîne une perte nette d'utilité. Il l'augmentera à la seule condition de réaliser un gain net d'utilité. Par exemple, supposons que le prix des noix de coco tombe à 1,6 franc. Il pourra alors acheter 2 noix de coco. Une baisse de prix entraîne une augmentation de la quantité achetée. C'est dans ce sens que la théorie permet de prévoir le comportement du consommateur. Les hypothèses sur lesquelles repose la théorie de l'utilité cardinale sont très restrictives. Des conclusions équivalentes peuvent être atteintes en utilisant des hypothèses plus larges. Dorénavant dans le reste de ce chapitre nous *ne* supposerons *plus* que le consommateur connaît une mesure cardinale de l'utilité et que l'utilité additionnelle diminue lorsque la consommation d'un bien augmente.

Si l'utilité du consommateur est plus grande pour un choix A que pour un choix B, on dit que le consommateur préfère A à B (2).

Le postulat de rationalité est équivalent aux propositions suivantes : 1) Pour tous les choix possibles de biens pris deux à deux A et B, le consommateur saura s'il préfère A à B ou B à A, ou si A et B sont indifférents pour lui. 2) Seule une des trois possibilités est vraie pour chaque couple de choix. 3) Si le consommateur préfère A à B et B à C il préférera A à C. La dernière proposition assure que les préférences du consommateur sont cohérentes ou *transitives* : s'il préfère une automobile à un costume et un costume à une assiette de soupe, il préférera une automobile à une assiette de soupe.

Le postulat de rationalité, comme nous venons de le définir, demande simplement au consommateur d'être capable de ranger les biens par ordre de préférence. Le

(1) Le prix est 2 francs. Le consommateur perdra 5 unités d'utilité par franc dépensé. Donc la perte totale est de 10 pour un gain de 20 unités d'utilité.

(2) Une chaîne de définitions doit nécessairement avoir une fin. Le terme « préfère » pourrait être défini par « aimerait mieux avoir que », mais alors cette nouvelle expression doit être prise comme une donnée première. Le terme « préfère » ne doit pas être interprété dans un sens « hédonistique ».

consommateur dispose alors d'une mesure *ordinale* de son utilité, c'est-à-dire n'a pas besoin d'attribuer des nombres qui représentent (dans une unité arbitraire) le degré ou la valeur de l'utilité que chaque bien lui procure. Son classement entre les biens est exprimé sous forme mathématique par sa fonction d'utilité. Elle associe des nombres déterminés à diverses quantités de biens consommés, mais ces nombres indiquent seulement un classement ou un ordre de préférence. Si l'utilité du choix A est 15 et celle du choix B est de 45 (c'est-à-dire si la fonction d'utilité associe le nombre 15 au choix (ou au bien) A et le nombre 45 au choix B) nous pourrons seulement dire que B est préféré à A. Mais cela n'aura pas de sens de dire que l'intensité de l'utilité attachée à B est le triple de celle attachée à A. Cette reformulation des postulats de la théorie du comportement du consommateur a été effectuée vers la fin du siècle dernier. Il est remarquable que le comportement du consommateur puisse être expliqué aussi bien en termes de fonction d'utilité ordinale, que cardinale. Intuitivement on peut voir que les choix du consommateur sont complètement déterminés s'il connaît un classement (et seulement un) des biens par rapport à ses préférences. On pourra dire que le consommateur connaît une série de biens par ordre décroissant de désirabilité ; quand il reçoit son revenu, il commence par acheter des biens depuis le haut de la liste et descend aussi bas que son revenu le permet (1). Il n'est donc pas nécessaire de supposer qu'il connaît une mesure d'utilité cardinale. Il est suffisant de faire l'hypothèse très large suivante : le consommateur est en possession d'un classement rationnel de ses préférences.

Les instruments de base de l'analyse et la nature de la fonction d'utilité sont étudiés dans le paragraphe 2.1. Deux méthodes équivalentes sont employées, pour déterminer le niveau de consommation optimum d'un consommateur, dans le paragraphe 2.2. On montre dans le paragraphe 2.3 que la solution du problème de maximisation est invariante pour une transformation monotone de sa fonction d'utilité. Les courbes de demande sont étudiées dans le paragraphe 2.4 et l'analyse est étendue au problème des choix entre le travail et le loisir dans le paragraphe 2.5. Les effets des variations de prix et de revenu sur le niveau de consommation sont examinés dans le paragraphe 2.6. La théorie est généralisée à un nombre arbitraire de biens dans le paragraphe 2.7 et reformulée selon la théorie des préférences révélées dans le paragraphe 2.8. Finalement, le problème du choix en incertitude est analysé dans le paragraphe 2.9.

2.1 CONCEPTS DE BASE.

La nature de la fonction d'utilité.

Considérons le cas simple où les achats du consommateur se répartissent entre deux biens. Sa fonction d'utilité ordinale est

$$U = f(q_1, q_2) \qquad (2\text{-}1)$$

(1) L'intensité avec laquelle un bien de la liste est préféré importe peu ; un bien situé plus haut sur la liste sera toujours choisi avant ceux qui le suivent.

où q_1 et q_2 sont les quantités de deux biens Q_1 et Q_2 qu'il consomme. Nous admettons que $f(q_1, q_2)$ est une fonction continue, qui admet des dérivés du premier et du second ordre. La fonction d'utilité du consommateur n'est pas unique (voir Par. 2.3). En général toute fonction monotone croissante de q_1 et q_2 peut être une fonction d'utilité. L'indice d'utilité U^0 affecté à chaque collection de biens particulière indique que cette collection est préférée ou supérieure à toutes les collections dont les indices sont plus faibles et inférieure aux collections dont les indices sont supérieurs.

La fonction d'utilité est définie par rapport à la consommation durant un laps de temps déterminé. Le niveau de satisfaction que le consommateur attribue à une combinaison particulière dépend de la longueur de la période pendant laquelle il consomme ces biens. Le niveau de satisfaction sera différent si l'on consomme dix glaces en une heure ou en un mois. Il n'y a pas de période de temps unique pour laquelle la fonction d'utilité *devrait* être définie. Cependant il y a des restrictions sur la durée possible de cette période. D'ordinaire le consommateur attache un certain prix à diversifier son alimentation et à varier les biens qu'il consomme. Donc la fonction d'utilité ne doit pas être définie pour une période si courte que le désir de la variété ne puisse être satisfait. D'un autre côté, les goûts (c'est-à-dire la forme de la fonction) peuvent se modifier si nous considérons une période trop longue. Toute période intermédiaire est satisfaisante pour la théorie statique du comportement du consommateur (1). La présente théorie est statique dans le sens où la fonction d'utilité est définie par rapport à une période de temps unique et le modèle de consommation optimal est analysé seulement par rapport à cette période. Il ne sera pas tenu compte de la possibilité de transférer les dépenses de consommation d'une période à l'autre (2).

Les courbes d'indifférence.

Une valeur particulière de l'utilité ou de la satisfaction peut provenir de beaucoup de combinaisons différentes de Q_1 et Q_2 (3). Pour un niveau donné de l'utilité U^0 l'équation (2-1) devient

$$U^0 = f(q_1, q_2) \tag{2-2}$$

(1) La théorie ne sera pas valable s'il est impossible de définir une période qui n'est pas assez courte pour le premier point de vue ni assez longue pour le second.

(2) La présente analyse est statique car elle ne tient pas compte de ce qui arrivera après la présente période de revenu. Le consommateur ne tient compte dans ses calculs que d'une telle période. A la fin de cette période il recommence. S'il est capable d'emprunter on pourra considérer ses liquidités totales disponibles pour chaque période au lieu de son revenu propre. Réciproquement il pourra épargner, c'est-à-dire ne pas dépenser tout son revenu en biens de consommation. Ces deux réserves ne changent pas les points essentiels de la théorie.

(3) Par définition un bien est un article dont un consommateur préférera avoir plus que moins. Autrement il s'agira d'un « non-bien ». En réalité un bien peut devenir un non-bien si sa quantité est suffisamment importante. Par exemple si le consommateur mange trop de glaces, le bien « glace » pourra devenir un non-bien pour lui. Il sera supposé dans le reste du chapitre qu'un tel point de saturation n'est jamais atteint.

où U^0 est une constante. Puisque la fonction d'utilité est continue, (2-2) satisfait à une infinité de combinaisons de Q_1 et de Q_2. Imaginons que le consommateur arrive à un niveau de satisfaction U^0 à partir de 5 unités de Q_1 et 3 de Q_2. Si la consommation de Q_1 décroît et passe de 5 à 4 sans une augmentation de Q_2, la satisfaction du consommateur devra sûrement décroître. En général il est possible de dédommager le consommateur de la perte d'une unité de Q_1 en lui permettant d'augmenter sa consommation en Q_2.

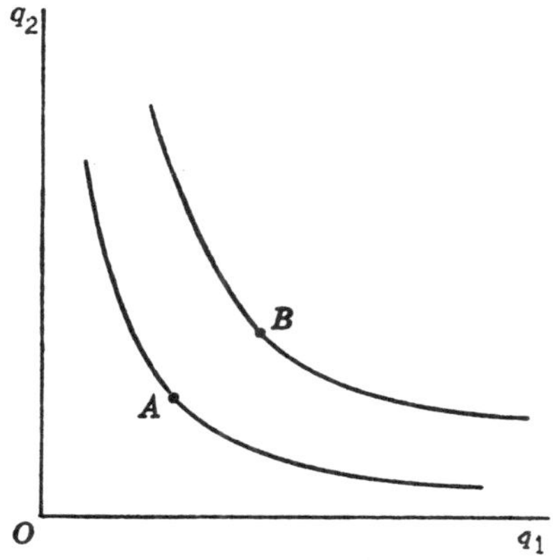

Fig. 2-1.

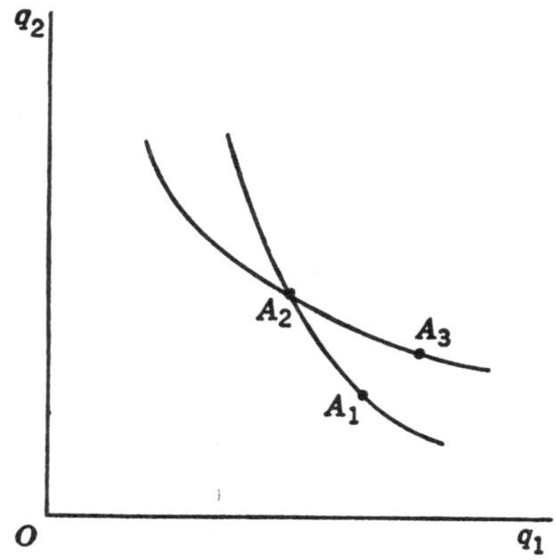

Fig. 2-2.

Imaginons qu'une augmentation de 3 unités dans la consommation de Q_2, le laisse à nouveau indifférent entre les deux alternatives. Une autre combinaison de ces biens qui amènera le consommateur au même niveau de satisfaction peut être découverte de façon semblable. Le lien de toutes ces combinaisons de biens pour lesquelles le consommateur aura le même niveau de satisfaction constitue une *courbe d'indifférence.* Une *carte d'indifférence* est une collection de courbes d'indifférences correspondant à différents niveaux de satisfaction. Les quantités q_1, q_2 sont portées sur les axes dans la figure 2-1. Par chaque point du quart de plan (q_1, q_2) positif, il passe une courbe d'indifférence. Les courbes d'indifférence correspondent à des niveaux de satisfaction de plus en plus élevés au fur et à mesure que l'on se dirige dans les directions Nord-Est de la figure 2-1. Un mouvement du point A vers le point B augmentera la consommation à la fois de Q_1 et Q_2. Donc B correspond à un niveau de satisfaction plus élevé qu'en A ([1]).

Les courbes d'indifférence ne peuvent pas se couper, comme le montre la figure 2-2. Considérons les points A_1, A_2 et A_3. Pour la répartition des biens représentés par A_1 le niveau de la satisfaction est U_1, elle est U_2 et U_3 pour les points A_2 et A_3. Le

(1) Le terme niveau de satisfaction ne devra pas égarer le lecteur à penser en termes de mesure cardinale de la fonction d'utilité. Le terme signifie seulement qu'un niveau particulier de satisfaction est plus bas ou plus haut qu'un autre niveau. Nous ne considérerons que les propriétés ordinales des niveaux de satisfaction.

consommateur a davantage des deux biens en A_3 qu'en A_1, donc $U_3 > U_1$. Puisque A_1 et A_2 sont sur la même courbe d'indifférence nous avons $U_1 = U_2$. A_2 et A_3 sont aussi sur la même courbe : $U_2 = U_3$. Ce qui entraîne $U_1 = U_3$; donc A_1 et A_3 sont sur la même courbe, ce qui est contraire à l'hypothèse.

Le taux de substitution entre biens.

La différentielle totale de la fonction d'utilité est :

$$\mathrm{d}U = f_1\,\mathrm{d}q_1 + f_2\,\mathrm{d}q_2 \tag{2-3}$$

où f_1 et f_2 sont les dérivées partielles de U par rapport à q_1 et q_2. La variation totale de l'utilité (comparée à la situation initiale) causée par la variation de q_1 et q_2 est approximativement égale à la variation de q_1 multipliée par la variation de l'utilité provenant d'une variation de 1 unité de q_1 augmentée de la variation de q_2 multipliée par la variation d'utilité provenant de la variation de 1 unité de q_2. Laissons le consommateur se déplacer le long d'une de ces courbes d'indifférence en lui attribuant plus de bien Q_2 en échange de Q_1. Si la consommation de Q_1 décroît de $\mathrm{d}q_1$ (donc $\mathrm{d}q_1 < 0$) il en résultera une perte approximative d'utilité : $f_1\,\mathrm{d}q_1$. Le gain approximatif d'utilité obtenu par l'augmentation de Q_2 est $f_2\,\mathrm{d}q_2$ pour les mêmes raisons. En prenant des variations arbitrairement petites, la somme de ces deux termes pourra devenir égale à zéro à la limite puisque le changement total d'utilité le long d'une courbe d'indifférence est zéro par définition [1]. Puisque l'analyse est établie en termes de fonction d'utilités ordinales, les grandeurs de $f_1\,\mathrm{d}q_1$ et $f_2\,\mathrm{d}q_2$ sont inconnues.

Cependant il doit être encore vrai que leur somme est nulle. Posons $\mathrm{d}U = 0$

$$f_1\,\mathrm{d}q_1 + f_2\,\mathrm{d}q_2 = 0\,,$$

soit :

$$-\,\mathrm{d}q_2/\mathrm{d}q_1 = f_1/f_2\,. \tag{2-4}$$

La pente de la courbe d'indifférence $\mathrm{d}q_2/\mathrm{d}q_1$ est le taux pour lequel un consommateur voudra substituer Q_1 à Q_2 ou Q_2 à Q_1 tout en restant à un même niveau donné de satisfaction. L'opposé de la pente $-\,\mathrm{d}q_2/\mathrm{d}q_1$ est *le taux de substitution entre biens* (TSB) de Q_1 en Q_2 ou Q_2 en Q_1, et il est égal au rapport des dérivées partielles de la fonction d'utilité [2]. Le TSB en un point d'une courbe d'indifférence est le même pour le déplacement dans chaque direction. Il est sans importance de définir verbalement ce taux en termes de substitution de Q_1 en Q_2 ou vice versa.

Dans une analyse cardinale, les dérivées partielles f_1 et f_2 sont définies comme

(1) Imaginons la fonction d'utilité comme étant une surface à 3 dimensions, puisque la différentielle totale (2-3) est l'équation du plan tangent à cette surface en un point, cela justifie l'emploi du mot approximatif dans les développements ci-dessus (voir A-3).

(2) Le taux de substitution entre biens est souvent cité dans la littérature économique, comme étant le taux *marginal* de substitution bien que le mot marginal soit redondant. Cf. Hicks, *Value and Capital* (2e édition ; Oxford : Clarendon Press, 1946), Part. I. Edition française, *Valeur et capital*, Dunod, Paris.

étant les *utilités marginales* des biens Q_1 et Q_2 ([1]). Cette définition est maintenue dans cette analyse ordinale. Cependant les dérivées partielles d'une fonction d'utilité ordinale ne peuvent amener à une interprétation cardinale.

Ainsi les valeurs numériques des utilités marginales individuelles n'ont pas de sens. Le consommateur n'a pas la prétention de connaître l'existence des utilités marginales, mais l'économiste peut savoir que le TSB du consommateur est égal au rapport des utilités marginales. Les signes ainsi que les rapports des utilités marginales ont une signification dans une analyse ordinale. Une valeur positive de f_1 signifie qu'un accroissement de q_1 augmente le niveau de satisfaction du consommateur et l'amène en une courbe d'indifférence plus élevée.

Existence de la fonction d'utilité.

Il n'est pas évident que l'on puisse trouver, pour tous les consommateurs, des fonctions à valeur réelle qui soient des fonctions d'utilité. Il faut que les préférences du consommateur remplissent certaines conditions pour qu'elles puissent être représentées par une fonction d'utilité. Les trois conditions suivantes sont des conditions suffisantes d'existence d'une fonction d'utilité :

1. Il existe une relation R qui lie entre elles les différentes combinaisons de bien. La relation R veut dire « au moins aussi désirée que ». C'est une relation complète, c'est-à-dire que pour tout couple de combinaisons de biens $\mathbf{A}_1$ et $\mathbf{A}_2$, on a soit $\mathbf{A}_1 \, R \, \mathbf{A}_2$, soit $\mathbf{A}_2 \, R \, \mathbf{A}_1$, ou les deux. La relation est aussi réflexive : c'est-à-dire que $\mathbf{A}_1 \, R \, \mathbf{A}_1$ quelle que soit $\mathbf{A}_1$. Enfin R est transitive : si $\mathbf{A}_1 \, R \, \mathbf{A}_2$ et $\mathbf{A}_2 \, R \, \mathbf{A}_3$, alors $\mathbf{A}_1 \, R \, \mathbf{A}_3$.

2. L'ensemble des combinaisons de biens est un ensemble continu. Soit $\mathbf{A}_1$ et $\mathbf{A}_2$, deux combinaisons de biens du consommateur, on peut toujours trouver entre $\mathbf{A}_1$ et $\mathbf{A}_2$ un cheminement continu de combinaisons de biens.

3. Etant donné la combinaison $\mathbf{A}_1$, on peut considérer l'ensemble des combinaisons qui sont au moins aussi désirées que $\mathbf{A}_1$ et celui des combinaisons qui ne sont pas plus désirées que $\mathbf{A}_1$. Ces deux ensembles sont des ensembles fermés. Cela veut dire que si l'on considère une suite infinie de combinaisons convergeant vers une combinaison-limite $\mathbf{A}_0$, et si les termes de cette suite sont tous au moins aussi désirés que $\mathbf{A}_1$, la combinaison-limite $\mathbf{A}_0$ sera au moins aussi désirée que $\mathbf{A}_1$. L'ensemble des préférences du consommateur est donc un ensemble continu, il n'y a pas de « rupture ». Et donc, si deux combinaisons diffèrent très légèrement l'une de l'autre, et si l'une est préférée à une combinaison donnée $\mathbf{A}_1$, on est assuré que l'autre sera au moins aussi désirée que $\mathbf{A}_1$.

Ces conditions peuvent paraître peu restrictives. Il est pourtant facile de trouver des structures de préférences qui ne les remplissent pas. Prenons un exemple : soit deux biens Q_1 et Q_2 et deux combinaisons de ces biens $\mathbf{A}_1 = (q_1^{(1)}, q_2^{(1)})$ et

([1]) L'utilité marginale d'un bien est souvent définie en termes vagues comme étant l'augmentation d'utilité résultant de l'augmentation d'une unité de consommation.

$\mathbf{A}_2 = (q_1^{(2)}, q_2^{(2)})$. Imaginons que la structure des préférences du consommateur obéisse à la règle suivante : $\mathbf{A}_1$ est préféré à $\mathbf{A}_2$ si $q_1^{(1)} > q_1^{(2)}$ ou si $q_1^{(1)} = q_1^{(2)}$, avec $q_2^{(1)} > q_2^{(2)}$. On dit alors que les préférences sont ordonnées selon un ordre *lexicographique*, il n'y a pas de fonction d'utilité.

2.2 LA MAXIMISATION DE L'UTILITÉ.

Le consommateur rationnel désire acheter la combinaison Q_1 et Q_2 qui l'amènera au plus haut niveau de satisfaction. Son problème est un problème de maximisation. Cependant son revenu est limité et il ne peut acheter des quantités illimitées d'un bien. La contrainte budgétaire du consommateur peut s'écrire :

$$y^0 = p_1 q_1 + p_2 q_2 \tag{2-5}$$

où y^0 est son revenu (fixe) et p_1 et p_2 sont les prix de Q_1 et Q_2 respectivement. La somme qu'il dépense pour le premier bien ($p_1 q_1$) ajoutée à la somme qu'il dépense pour le second bien ($p_2 q_2$) est égale à son revenu y^0.

Méthode 1.

Pour maximiser la fonction d'utilité sous la contrainte budgétaire, le consommateur devra trouver une combinaison de biens qui satisfera (2-5) et maximisera aussi la fonction d'utilité (2-1). Transportons $p_1 q_1$ dans le premier membre de (2-5) et divisons le tout par p_2 : la contrainte budgétaire devient :

$$(y^0 - p_1 q_1)/p_2 = q_2 .$$

Substituons cette valeur de q_2 dans (2-1), la fonction d'utilité devient une fonction de q_1 seul :

$$U = f(q_1, (y^0 - p_1 q_1)/p_2) . \tag{2-6}$$

Du fait de la relation fixée entre q_1 et q_2 par la contrainte budgétaire, il suffit de maximiser (2-6) par rapport à q_1. Des conditions suffisantes sont : $\mathrm{d}U/\mathrm{d}q_1 = 0$ (condition du premier ordre) et $\mathrm{d}^2U/\mathrm{d}q_1^2 < 0$ (condition du deuxième ordre).

Calculons la dérivée du premier ordre de (2-6) et posons-la égale à zéro (1) :

$$\mathrm{d}U/\mathrm{d}q_1 = f_1 + f_2(-p_1/p_2) = 0 . \tag{2-7}$$

Transportons le second terme de (2-7) dans le second membre de (2-7) et divisons par f_2

$$f_1/f_2 = p_1/p_2 . \tag{2-8}$$

(1) Les règles des fonctions composées et des fonctions de fonctions ont été utilisées (voir Par. A-2 et A-3).

Le rapport des utilités marginales doit être égal au rapport des prix pour que l'on soit à un maximum. Puisque f_1/f_2 est le TSB, la condition du premier ordre pour la maximisation, consiste à établir l'égalité du TSB et du rapport des prix. L'égalité (2-8) peut s'écrire :

$$f_1/p_1 = f_2/p_2 \, . \tag{2-9}$$

L'utilité marginale divisée par le prix doit être constante pour tous les biens. Le rapport donne le taux auquel la satisfaction devra augmenter si un franc additionnel est dépensé pour l'achat d'un bien particulier. Si une plus grande satisfaction peut être obtenue en dépensant un franc sur Q_1 plutôt que sur Q_2, le consommateur ne sera pas à un maximum de l'utilité. Il pourra augmenter sa satisfaction en changeant une partie quelconque de sa consommation de Q_2 en Q_1. L'équation (2-9) est nécessaire pour être à un maximum, mais elle ne prouve pas que le maximum est effectivement atteint.

En notant les dérivées partielles secondes de (2-1) par f_{11} et f_{22} et les dérivées secondes partielles croisées par f_{12} et f_{21}, la condition du second ordre pour que le maximum soit atteint est :

$$d^2U/dq_1^2 = f_{11} + 2f_{12}(-p_1/p_2) + f_{22}(-p_1/p_2)^2 < 0 \, .$$

En remplaçant p_1/p_2 par f_1/f_2 d'après (2-8) et en multipliant par le nombre positif f_2^2, on obtient :

$$f_{11}f_2^2 - 2f_{12}f_1f_2 + f_{22}f_1^2 < 0 \, . \tag{2-10}$$

Un maximum sera atteint si (2-10) est réalisée ainsi que (2-8).

En différentiant une fois de plus (2-4) on obtient le taux de variation de la pente de la courbe d'indifférence ([1]) :

$$d^2q_2/dq_1^2 = (-1/f_2^3)(f_{11}f_2^2 - 2f_{12}f_1f_2 + f_{22}f_1^2) \, . \tag{2-11}$$

L'inégalité (2-10) permet de dire que le terme entre parenthèses du second membre de (2-11) est négatif. Comme $f_2 > 0$, la condition du second ordre implique que d^2q_2/dq_1^2 soit positif au point d'équilibre.

On fait généralement l'hypothèse que l'équation (2-11) est positive lorsque l'on a un grand nombre de valeurs non négatives de q_1 et q_2. Cette hypothèse implique une restriction quant à la forme des courbes d'indifférence, mais permet de respecter la condition du second ordre pour un vaste éventail de valeurs de p_1/p_2. On est également assuré qu'il n'y a qu'un point maximum par courbe. Une fonction à une seule variable est strictement convexe (voir Par. A-2) si sa dérivée seconde est positive. Dans le cas de deux biens, l'hypothèse de positivité veut dire que q_2 est une fonction strictement convexe de q_1 (et que q_1 est une fonction strictement convexe de q_2). Les courbes d'indifférence définies par q_2 et q_1 sont donc tournées vers le haut comme le montre la figure 2-1. Nous supposerons désormais que les courbes d'indifférence ont toutes cette convexité.

([1]) Remarquons que l'on obtient (2-11) en prenant la dérivée totale de la pente de la courbe d'indifférence et non la dérivée partielle.

L'hypothèse de convexité des courbes d'indifférence entraîne que le TSB, défini en (2-4), décroît lorsque le consommateur se déplace de la gauche vers la droite le long d'une courbe d'indifférence. La pente de la courbe d'indifférence, négative, augmente en valeur algébrique, et diminue en valeur absolue, au fur et à mesure que le bien Q_1 se substitue au bien Q_2. La courbe d'indifférence s'aplatit et le TSB, qui est égal à la pente en valeur absolue, diminue. Lorsque le consommateur se déplace le long d'une courbe d'indifférence il acquiert plus de Q_1 et moins de Q_2, mais le taux auquel il est prêt à sacrifier Q_2 pour acquérir une unité supplémentaire de Q_1 diminue. La rareté relativement croissante de Q_2 augmente sa valeur relative aux yeux du consommateur, alors que l'abondance relativement croissante de Q_1 diminue sa valeur relative.

Prenons par exemple une fonction d'utilité $U = q_1 q_2, p_1 = 2$ francs, $p_2 = 5$ francs supposons que le revenu du consommateur pour la période considérée soit de 100 francs. La contrainte budgétaire est :

$$100 - 2\,q_1 - 5\,q_2 = 0\,.$$

Exprimons q_2 en fonction de q_1 à partir de la contrainte budgétaire :

$$q_2 = 20 - 2\,q_1/5\,.$$

Portons cette valeur de q_2 dans la fonction d'utilité

$$U = 20\,q_1 - 2\,q_1^2/5$$

alors :

$$\mathrm{d}U/\mathrm{d}q_1 = 20 - 4\,q_1/5\,.$$

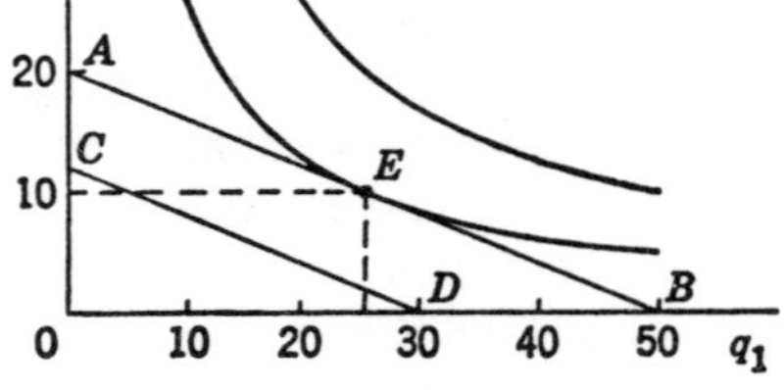

Fig. 2-3.

Posons $\mathrm{d}U/\mathrm{d}q_1 = 0$, ce qui entraîne $q_1 = 25$. Substituons cette valeur de q_1 dans la contrainte budgétaire pour obtenir q_2 : $q_2 = 10$. La dérivée seconde de la fonction d'utilité est négative pour ces valeurs de q_1 et q_2, comme le lecteur pourra le vérifier en faisant les calculs.

Le consommateur maximise sa fonction d'utilité en consommant cette combinaison de q_1, q_2.

La figure (2-3) donne une représentation graphique de cet exemple. La ligne des prix AB est la contrepartie géométrique de la contrainte budgétaire et montre les combinaisons possibles de Q_1 et Q_2 que le consommateur peut acheter. Son équation est $100 - 2\,q_1 - 5\,q_2 = 0$. Le consommateur peut acheter 50 unités de Q_1 à condition de ne rien acheter du bien Q_2, ou bien il pourra acheter 20 unités de Q_2 et aucune de Q_1, etc. Une ligne de prix différente correspond à chaque valeur possible de son revenu. Si le revenu du consommateur est de 60 francs la ligne de prix correspondante sera CD. Les courbes d'indifférence de cet exemple sont une famille d'hyperboles équilatères [1]. Le consommateur désire atteindre la plus haute courbe d'indifférence à condition que celle-ci possède au moins un point commun avec AB. La position d'équilibre est obtenue en ce point E où AB est tangente à la courbe d'indifférence. Des mouvements dans une direction quelconque à partir de E diminuera le niveau de l'utilité. La pente constante de la ligne de prix $- p_1/p_2$ (ou $- 2/5$ dans l'exemple) devra être égal à la pente de la courbe d'indifférence. Formons le rapport des dérivées partielles de la fonction d'utilité, la pente des courbes d'indifférence dans l'exemple ci-dessus est $- q_2/q_1$, par suite le TSB est égal à $q_2/q_1 = 10/25$, lequel est égal au rapport des prix 2/5 comme prévu. Les courbes d'indifférence sont convexes et le TSB est décroissant au point d'équilibre

$$- \mathrm{d}^2 q_2/\mathrm{d}q_1^2 = - 2\,q_2/q_1^2 < 0\,.$$

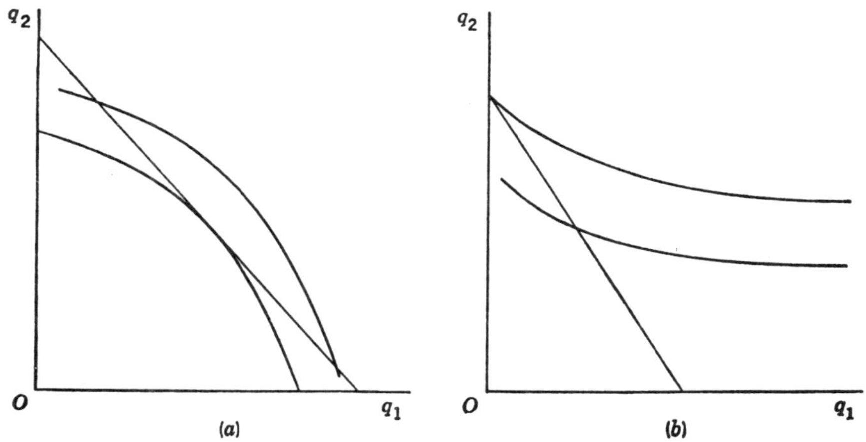

Fig. 2-4.

La condition du premier ordre (2-8) ou (2-9) n'est pas toujours nécessaire pour obtenir un maximum. La figure 2-4 en illustre deux cas précis. Dans le premier cas (Fig. 2-4 *a*) les courbes d'indifférence sont concaves au lieu d'être convexes. Elles sont tournées vers le bas ; le TSB croît constamment. La condition du premier ordre

(1) Hyperboles dont les asymptotes coïncident avec les axes de coordonnées.

pour le point maximum est satisfaite au point de tangence entre la droite des prix et une des courbes d'indifférence. La condition du second ordre ne l'est pas. Ce point représente donc une situation d'utilité minimum : le consommateur peut augmenter son utilité en se déplaçant du point de tangence vers l'un des axes. Il consomme seulement un bien à l'optimum. S'il dépense tout son revenu à acquérir un seul bien, il pourra acheter y^0/p_1 unités de Q_1 ou y^0/p_2 unités de Q_2. Il achètera donc seulement Q_1, ou seulement Q_2 selon que $f(y^0/p_1, 0) \gtrless f(0, y^0/p_2)$.

Dans le cas (2) (Fig. 2-4 *b*) les courbes d'indifférence sont bien convexes mais ont en chaque point une pente moins grande que celle de la droite des prix. Il n'y a pas de point de tangence. La condition du premier ordre ne peut être vérifiée dans le quadrant positif. Comme dans le cas (1), le consommateur achètera seulement un bien, Q_2, pour être à l'optimum : la position optimale correspond, là encore, à une solution en coin.

Méthode 2.

Les mêmes conclusions peuvent être obtenues en utilisant la méthode du multiplicateur de Lagrange. A partir de la fonction d'utilité (2-1) et de la contrainte budgétaire (2-5) nous formons la fonction :

$$V = f(q_1, q_2) + \lambda(y^0 - p_1 q_1 - p_2 q_2) \tag{2-13}$$

où λ est le multiplicateur de Lagrange (voir Par. A-3). V est fonction de q_1 q_2 et λ. De plus, V est identiquement égale à U pour les valeurs de q_1 et q_2 qui satisfont la contrainte budgétaire puisqu'alors :

$$y^0 - p_1 q_1 - p_2 q_2 = 0\,.$$

Pour maximiser V, nous calculerons les dérivées partielles de V par rapport aux trois variables et nous les égaliserons à zéro.

$$\begin{aligned} \partial V/\partial q_1 &= f_1 - \lambda p_1 = 0 \\ \partial V/\partial q_2 &= f_2 - \lambda p_2 = 0 \\ \partial V/\partial \lambda &= y^0 - p_1 q_1 - p_2 q_2 = 0\,. \end{aligned} \tag{2-14}$$

La condition du premier ordre (2-8) est obtenue immédiatement à partir de (2-14) en transportant le second terme de chacune des deux premières équations de (2-14) dans le second membre et en faisant le rapport des deux équations obtenues.

La condition du second ordre pour atteindre le maximum est que le déterminant Hessien bordé soit positif :

$$\begin{vmatrix} f_{11} & f_{12} & -p_1 \\ f_{21} & f_{22} & -p_2 \\ -p_1 & -p_2 & 0 \end{vmatrix} > 0\,. \tag{2-15}$$

Calculons (2-15) :

$$2f_{12}\,p_1\,p_2 - f_{22}\,p_1^2 - f_{11}\,p_2^2 > 0\,,$$

même résultat qu'en (2-10) (1).

(1) Voir les paragraphes A-1 (développement d'un déterminant) et A-3 (maximum sous contrainte).

2.3 CHOIX D'UN INDICE D'UTILITÉ.

Les valeurs que la fonction d'utilité attribue aux différentes combinaisons de biens n'ont pas de signification cardinale. Elles peuvent seulement servir d'*indice* de satisfaction du consommateur. Imaginons que l'on souhaite comparer la satisfaction d'un consommateur pour un chapeau et deux chemises avec la satisfaction pour deux chapeaux et cinq chemises. Nous savons que le consommateur préfère cette dernière combinaison à la première. Les nombres qui sont attribués à ces combinaisons pour représenter la force de ses préférences sont arbitraires en ce sens que leur différence n'a pas de sens. Puisque la seconde option est préférée à la première, le nombre 3 peut être attribué à la première et le nombre 4 à la seconde. Cependant toute autre combinaison de nombres pourrait servir aussi bien, du moment que le nombre attribué au second choix excède celui attribué au premier. Par exemple 3 pour la première option et 400 pour la seconde pourrait être un indice d'utilité également satisfaisant. Si un jeu particulier de nombres associés aux différentes combinaisons de Q_1 et Q_2 est un indice d'utilité, toute transformation monotone de ce jeu est aussi un indice d'utilité (1). Supposons que la fonction initiale d'utilité est $U = f(q_1, q_2)$. Formons alors un nouvel indice d'utilité $W = F(U) = F[f(q_1, q_2)]$ en appliquant une transformation monotone à l'indice initial d'utilité. La fonction $F(U)$ est alors une fonction monotone (croissante) de U (2). Il peut être démontré que maximiser W sous la contrainte budgétaire est équivalent à maximiser U sous la contrainte budgétaire. Formons la fonction :

$$Z = F[f(q_1, q_2)] + \lambda(y^0 - p_1 q_1 - p_2 q_2) .$$

Annulons les dérivées partielles par rapport à q_1, q_2 et λ

$$\begin{aligned} \partial Z/\partial q_1 &= F' f_1 - \lambda p_1 = 0 \\ \partial Z/\partial q_2 &= F' f_2 - \lambda p_2 = 0 \\ \partial Z/\partial \lambda &= y^0 - p_1 q_1 - p_2 q_2 = 0 \end{aligned} \qquad (2\text{-}16)$$

où F' est la dérivée de F par rapport à son argument (3). Dans les deux premières équations de (2-16) nous faisons passer respectivement λp_1 et λp_2 dans le second membre et nous divisons ces deux équations membre à membre, il vient :

$$f_1/f_2 = p_1/p_2 . \qquad (2\text{-}17)$$

Ce qui prouve que les conditions du premier ordre sont invariantes par rapport au choix particulier de l'indice d'utilité (4). Le rapport des utilités marginales doit être

(1) Une fonction $F(U)$ est une transformation monotone de U si $F(U_1) > F(U_0)$ lorsque $U_1 > U_0$.

(2) Exemples de transformations :

$W = aU + b$ pourvu que a soit positif ;
$W = U^2$ pourvu que toutes les valeurs de l'utilité soient non négatives.

(3) Les arguments d'une fonction sont les variables à partir desquelles la fonction est définie. Noter que la règle des fonctions de fonction est appliquée (voir Par. A-2).

(4) L'hypothèse que F est une fonction monotone garantit que $F' \neq 0$.

égal au rapport des prix correspondant, indépendamment du choix de l'indice d'utilité. Le rapport des utilités marginales est le même quel que soit l'indice d'utilité.

Les dérivées partielles du second ordre de Z sont :

$$\begin{aligned}
\partial^2 Z/\partial q_1^2 &= F'' f_1^2 + F' f_{11}\,,\\
\partial^2 Z/\partial q_2^2 &= F'' f_2^2 + F' f_{22}\,,\\
\partial^2 Z/\partial \lambda^2 &= 0\,,\\
\partial^2 Z/\partial q_1\,\partial q_2 &= F'' f_1 f_2 + F' f_{12}\,,\\
\partial^2 Z/\partial q_2\,\partial q_1 &= F'' f_1 f_2 + F' f_{21}\,,\\
\partial^2 Z/\partial q_1\,\partial \lambda &= -\,p_1\,,\\
\partial^2 Z/\partial q_2\,\partial \lambda &= -\,p_2\,.
\end{aligned}$$

La condition du second ordre pour un maximum est :

$$\mathbf{A} = \begin{vmatrix} F'' f_1^2 + F' f_{11} & F'' f_1 f_2 + F' f_{12} & -\,p_1 \\ F'' f_1 f_2 + F' f_{21} & F'' f_2^2 + F' f_{22} & -\,p_2 \\ -\,p_1 & -\,p_2 & 0 \end{vmatrix} > 0\,. \qquad (2\text{-}18)$$

On peut démontrer que ce déterminant est le même que (2-15). La valeur d'un déterminant ne change pas si l'on ajoute deux lignes ou deux colonnes entre elles. Multiplier une ligne ou une colonne par un nombre donné est équivalent à multiplier la valeur du déterminant par ce nombre (voir Par. A-1). A partir des deux premières équations de (2-16) nous obtenons :

$$\begin{aligned}
p_1 &= F' f_1/\lambda\,,\\
p_2 &= F' f_2/\lambda\,.
\end{aligned}$$

Substituons ces valeurs de p_1 et p_2 dans (2-18)

$$\mathbf{A} = \begin{vmatrix} F'' f_1^2 + F' f_{11} & F'' f_1 f_2 + F' f_{12} & -\,F' f_1/\lambda \\ F'' f_1 f_2 + F' f_{21} & F'' f_2^2 + F' f_{22} & -\,F' f_2/\lambda \\ -\,F' f_1/\lambda & -\,F' f_2/\lambda & 0 \end{vmatrix} > 0\,. \qquad (2\text{-}19)$$

Multiplions la dernière ligne et la dernière colonne de (2-19) par λ/F' :

$$\mathbf{A} = (F'/\lambda)^2 \begin{vmatrix} F'' f_1^2 + F' f_{11} & F'' f_1 f_2 + F' f_{12} & -\,f_1 \\ F'' f_1 f_2 + F' f_{21} & F'' f_2^2 + F' f_{22} & -\,f_2 \\ -\,f_1 & -\,f_2 & 0 \end{vmatrix} > 0\,.$$

Ajoutons alors $F'' f_1$ fois la dernière ligne à la première ligne et $F'' f_2$ fois la dernière ligne à la seconde. Opération qui laisse **A** inchangé :

$$\mathbf{A} = (F'/\lambda)^2 \begin{vmatrix} F' f_{11} & F' f_{12} & -f_1 \\ F' f_{21} & F' f_{22} & -f_2 \\ -f_1 & -f_2 & 0 \end{vmatrix} > 0 .$$

Substituons $-\lambda p_1/F'$ à $-f_1$ et $-\lambda p_2/F'$ à $-f_2$ d'après (2-16), puis multiplions la dernière ligne et la dernière colonne par F'/λ :

$$\mathbf{A} = \begin{vmatrix} F' f_{11} & F' f_{12} & -p_1 \\ F' f_{21} & F' f_{22} & -p_2 \\ -p_1 & -p_2 & 0 \end{vmatrix} > 0 .$$

Multiplions la dernière colonne par F' et divisons les deux premières lignes par F' :

$$\mathbf{A} = \begin{vmatrix} f_{11} & f_{12} & -p_1 \\ f_{21} & f_{22} & -p_2 \\ -p_1 & -p_2 & 0 \end{vmatrix} (F') > 0 \qquad (2\text{-}20)$$

F est une transformation monotone par hypothèse, par suite F' est positive et le signe de **A** est le même que celui du déterminant du second membre de l'équation (2-20). Ce déterminant est identique à celui donné par (2-15). Ce qui prouve que la condition du second ordre est invariante par rapport au choix de l'indice d'utilité. Il résulte de cette invariance des conditions du premier et du second ordre que si l'indice d'utilité U est maximisé, il en sera de même de l'indice d'utilité W. On peut conclure que si le consommateur maximise son utilité sous la contrainte budgétaire pour un index d'utilité donné, il se conduira d'une manière identique quelle que soit la fonction d'utilité choisie, aussi longtemps que l'indice choisi est obtenu à partir d'une transformation monotone de l'indice initial. Si une fonction d'utilité est maximisée pour une combinaison déterminée de biens, la même combinaison maximisera toute autre fonction d'utilité obtenue par une transformation monotone de la première. La fonction d'utilité du consommateur est unique, à une transformation monotone près [1].

Choisissons l'indice d'utilité $U^* = q_1^2 q_2^2$ qui est une transformation monotone de $U = q_1 q_2$ [2]. Formons la fonction

$$V^* = q_1^2 q_2^2 + \lambda(y^0 - 2q_1 - 5q_2)$$

(1) Cette proposition peut être prouvée intuitivement : Toute fonction monotone U peut être une fonction d'utilité si elle conserve l'ordre, c'est-à-dire $U(A) > U(B)$ si, et seulement si, A est préféré à B. Si $F(U)$ est une transformation monotone $F[U(A)] > F[U(B)]$ la fonction $F(U)$ conserve elle aussi l'ordre.

(2) La nouvelle fonction d'utilité est obtenue en élevant au carré la fonction originelle. L'élévation au carré n'est pas une transformation monotone si des nombres négatifs sont utilisés. Cependant l'élévation au carré est valable pour notre étude puisque la possibilité d'achats négatifs n'est pas admise.

et posons les dérivées partielles égales à zéro.

$$\partial V^*/\partial q_1 = 2\,q_1\,q_2^2 - 2\,\lambda = 0\,,$$

$$\partial V^*/\partial q_2 = 2\,q_1^2\,q_2 - 5\,\lambda = 0\,,$$

$$\partial V^*/\partial \lambda = y^0 - 2\,q_1 - 5\,q_2 = 0\,.$$

Substituons $y^0 = 100$ et résolvons. Nous obtenons les mêmes valeurs que précédemment : $q_1 = 25$, $q_2 = 10$.

2.4 LES COURBES DE DEMANDE.

Les courbes « classiques ».

La courbe de demande « classique » (appelée aussi courbe de la demande marshallienne) du consommateur pour un bien donné indique la quantité qu'il achètera en fonction du prix des autres biens et de son revenu. On appelle en général ce type de courbe de demande « courbe de demande », sans autre précision, à moins qu'on ne veuille la distinguer d'autres types de courbes de demande. On peut les déduire de l'étude de la maximisation de l'utilité. Les conditions du premier ordre (2-14) consistent en trois équations à trois inconnues : q_1, q_2 et λ (1).

Nous supposerons les conditions du second ordre réalisées. Les courbes de demande sont obtenues en résolvant ce système. Les solutions de q_1 et q_2 seront fonction des paramètres p_1, p_2 et y^0. La quantité de Q_1 (ou Q_2) que le consommateur achète dans le cas général dépend des prix de tous les autres biens et de son revenu.

Comme ci-dessus, nous supposerons que la fonction d'utilité est $U = q_1\,q_2$ et que la contrainte budgétaire est

$$y^0 - p_1\,q_1 - p_2\,q_2 = 0\,.$$

Formons l'expression :

$$V = q_1\,q_2 + \lambda(y^0 - p_1\,q_1 - p_2\,q_2)$$

et posons ses dérivées partielles égales à zéro :

$$\partial V/\partial q_1 = q_2 - p_1\,\lambda = 0\,,$$
$$\partial V/\partial q_2 = q_1 - p_2\,\lambda = 0\,,$$
$$\partial V/\partial \lambda = y^0 - p_1\,q_1 - p_2\,q_2 = 0\,,$$

les valeurs de q_1 et q_2 en fonction des paramètres donnent les fonctions de demande (2) :

$$q_1 = y^0/2\,p_1\,, \qquad q_2 = y^0/2\,p_2\,.$$

(1) Supposons que les conditions du deuxième ordre sont satisfaites.

(2) Remarquer que ces courbes de demande correspondent à un cas particulier où la demande de chaque bien ne dépend que de son prix et du revenu.

Les fonctions de demande ainsi obtenues supposent, de la part du consommateur, un comportement continu d'optimisation. Etant donné le revenu du consommateur et le prix des biens, les quantités demandées par lui peuvent être déterminées à partir des fonctions de demande. Naturellement ces quantités sont identiques à celles obtenues à partir de la fonction d'utilité. En portant $y^0 = 100$, $p_1 = 2$, $p_2 = 5$ dans la fonction de demande nous obtenons $q_1 = 25$ et $q_2 = 10$ comme dans le paragraphe 2.2.

On peut en déduire deux propriétés importantes des fonctions de demande :

1) La demande de tout bien est une fonction univoque des prix et du revenu.

2) Les fonctions de demande sont homogènes de degré zéro par rapport aux prix et au revenu. C'est-à-dire si tous les prix et le revenu subissent des variations équiproportionnelles, la quantité demandée reste inchangée.

La première propriété provient de la convexité des courbes d'indifférence : un seul maximum, donc une seule combinaison de biens correspondant à une distribution donnée de prix et de revenu. Pour prouver la seconde propriété nous ferons l'hypothèse que tous les prix et le revenu subissent des variations équiproportionnelles.

La contrainte budgétaire devient :

$$ky^0 - kp_1 q_1 - kp_2 q_2 = 0,$$

où k est le facteur de proportionnalité.

L'expression (2-13) devient :

$$V = f(q_1, q_2) + \lambda(ky^0 - kp_1 q_1 - kp_2 q_2).$$

Les conditions du premier ordre sont :

$$\begin{aligned} f_1 - \lambda kp_1 &= 0, \\ f_2 - \lambda kp_2 &= 0, \\ ky^0 - kp_1 q_1 - kp_2 q_2 &= 0. \end{aligned} \qquad (2\text{-}21)$$

La dernière équation de (2-21) est la dérivée partielle de V par rapport au multiplicateur de Lagrange et peut être écrite :

$$k(y^0 - p_1 q_1 - p_2 q_2) = 0.$$

Puisque $k \neq 0$,

$$y^0 - p_1 q_1 - p_2 q_2 = 0.$$

On élimine k entre les deux premières équations de (2-21) :

$$f_1/f_2 = p_1/p_2.$$

Les deux dernières équations sont identiques à (2-5) et (2-8). Donc la courbe de demande pour la combinaison prix-revenu (kp_1, kp_2, ky^0) provient des mêmes équations que pour la combinaison (p_1, p_2, y^0). Il est également facile de démontrer que les conditions du second ordre ne sont pas modifiées. Ce qui prouve que les fonctions de demande sont homogènes et de degré zéro par rapport aux prix et revenu. Si tous les prix et le revenu augmentent dans la même proportion, les quantités demandées par le consommateur ne varieront pas.

Ceci implique une restriction convenable, testable empiriquement, sur le comportement du consommateur : cela signifie qu'il ne se conduira pas comme s'il était plus riche (ou plus pauvre) en termes de revenu réel, si son revenu et les prix croissent dans la même proportion. Une augmentation de revenu monétaire est désirable par le consommateur, *ceteris paribus*, mais son bénéfice est illusoire si les prix se modifient proportionnellement. De telles modifications proportionnelles laissent son comportement inchangé : on dit qu'il y a absence « d'illusion monétaire ».

Les courbes « compensées ».

Supposons que l'autorité publique taxe ou subventionne le consommateur de façon à ce que son utilité ne soit pas affectée par une variation de prix. Le consommateur recevrait un paiement forfaitaire qui lui assurerait le revenu minimum lui permettant de conserver son niveau d'utilité initial. Les fonctions de demande compensées du consommateur pour différents biens donnent les quantités qu'il achètera en fonction du prix des biens. On peut les obtenir en minimisant les dépenses du consommateur compte tenu de sa contrainte d'utilité fixe U^0.

Comme ci-dessus, nous supposerons que la fonction d'utilité est $U = q_1 q_2$. Formons l'expression :

$$Z = p_1 q_1 + p_2 q_2 + u(U^0 - q_1 q_2)$$

et écrivons que les dérivées partielles sont nulles :

$$\begin{aligned}\partial Z/\partial q_1 &= p_1 - uq_2 = 0\,,\\ \partial Z/\partial q_2 &= p_2 - uq_1 = 0\,,\\ \partial Z/\partial u &= U^0 - q_1 q_2 = 0\,.\end{aligned}$$

Les valeurs de q_1 et q_2 en fonction des paramètres donnent les fonctions compensées :

$$q_1 = \sqrt{U^0 p_2/p_1}, \qquad q_2 = \sqrt{U^0 p_1/p_2}\,.$$

Il est facile au lecteur de vérifier que ces fonctions sont homogènes de degré zéro par rapport aux prix.

Courbes de demande.

En général la courbe de demande classique pour le bien q_1 est écrite sous la forme :

$$q_1 = \varphi(p_1, p_2, y^0)$$

ou sous les hypothèses que p_2 et y^0 sont des paramètres (1) :

$$q_1 = D(p_1).$$

La forme de la fonction de demande dépend des propriétés de la fonction d'utilité du consommateur. On démontre en général que les courbes de demande ont une pente négative : pour un prix plus bas, une quantité plus grande est demandée. Dans des cas exceptionnels la proposition contraire peut être valable. Un exemple : le snobisme : si le consommateur attribue une utilité à un prix élevé, la fonction de demande pourra avoir une pente positive. La nature des variations de quantités demandées induites par les prix est étudiée au paragraphe 2.6. Nous ferons l'hypothèse que la fonction de demande a une pente négative.

On construit de la même façon la courbe de demande compensée du consommateur pour le bien Q_1 sous les hypothèses que p_2 et U^0 sont des paramètres. Dans le paragraphe 2.6, on montre que la convexité des courbes d'indifférence fait que les courbes de demande compensée ont toujours une pente négative.

La figure 2-5 montre deux courbes de demande, une courbe classique et une courbe compensée, DD est la courbe de demande classique, et $D'\,D'$ la courbe de demande compensée. Les valeurs correspondant au point d'intersection sont q_1^0 et p_1^0. En ce

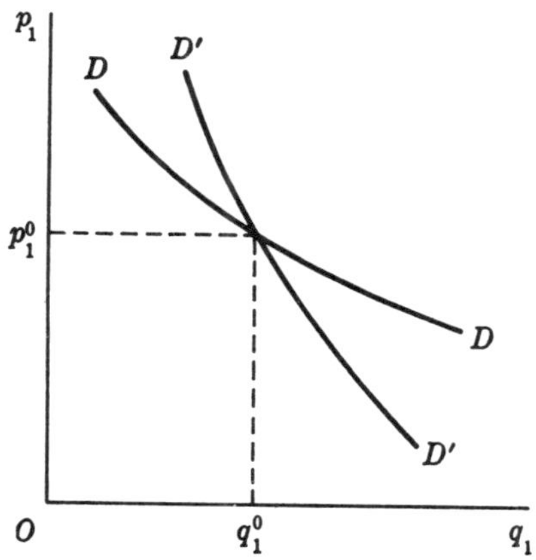

Fig. 2-5.

(1) En général, la courbe de demande peut aussi être écrite : $p_1 = \psi(q_1)$. Si le prix est p_1^0 et les achats du consommateur q_1^0 unités, sa dépense totale sur ce bien est $p_1^0\,q_1^0$ francs. On a prétendu que l'aire sous la courbe de demande jusqu'au point $q_1 = q_1^0$ représente la somme que le consommateur préférera payer pour q_1^0 unités plutôt que de n'avoir aucun bien. La différence entre ce qu'il voudra payer et ce qu'il paie effectivement :

$$\int_0^{q_1^0} \psi(q_1)\,dq_1 - p_1^0\,q_1^0,$$

est le « surplus du consommateur », c'est-à-dire une mesure du bénéfice net qu'il obtient en achetant Q_1. Il y a plusieurs définitions du surplus du consommateur, le concept a été considérablement précisé.

point le niveau d'utilité atteint avec la courbe de demande classique est égal à celui requis pour la courbe de demande compensée et le revenu minimum de la demande compensée est égal au revenu constant de la demande classique. Lorsque les prix sont supérieurs à p_1^0 la compensation de revenu sera positive et la demande compensée permettra d'obtenir des quantités plus grandes pour un prix donné. Lorsque les prix sont inférieurs à p_1^0 la compensation de revenu sera négative et les quantités obtenues à partir de la courbe de demande compensée seront inférieures.

Elasticités-prix et élasticités-revenu.

L'élasticité de la demande proprement dite pour un bien Q_1, soit ε_{11}, est définie par le rapport de la variation relative de q_1 à la variation relative de p_1

$$\varepsilon_{11} = \frac{\partial(\log q_1)}{\partial(\log p_1)} = \frac{p_1}{q_1}\frac{\partial q_1}{\partial p_1} \tag{2-22}$$

p_2 et y^0 étant constants.

Les élasticités-prix de la demande sont des nombres. Ils ne dépendent pas des unités qui mesurent les prix et les revenus. L'élasticité ε_{11} est négative si la courbe de demande correspondante est inclinée vers le bas.

La dépense du consommateur pour le bien Q_1 est $p_1 q_1$, et

$$\frac{\partial(p_1 q_1)}{\partial p_1} = q_1 + p_1\frac{\partial q_1}{\partial p_1} = q_1\left(1 + \frac{p_1}{q_1}\frac{\partial q_1}{\partial p_1}\right) = q_1(1 + \varepsilon_{11})\,.$$

La dépense du consommateur pour le bien Q_1 augmentera avec le prix p_1 si $\varepsilon_{11} > -1$, restera constante si $\varepsilon_{11} = -1$ et diminuera si $\varepsilon_{11} < -1$.

L'élasticité-prix croisée de la demande pour les fonctions de type classique lie la variation relative de la quantité d'un bien à la variation relative du prix d'un autre bien. Par exemple :

$$\varepsilon_{21} = \frac{\partial(\log q_2)}{\partial(\log p_1)} = \frac{p_1}{q_2}\frac{\partial q_2}{\partial p_1}\,. \tag{2-23}$$

Les élasticités-prix croisées peuvent être positives ou négatives.

En prenant la différentielle totale de la contrainte de budget (2-5) et en posant $\mathrm{d}y^0 = \mathrm{d}p_2 = 0$:

$$p_1\,\mathrm{d}q_1 + q_1\,\mathrm{d}p_1 + p_2\,\mathrm{d}q_2 = 0.$$

En multipliant par $p_1\, q_1\, q_2/y^0\, q_1\, q_2\, \mathrm{d}p_1$, on a :

$$\alpha_1\,\varepsilon_{11} + \alpha_2\,\varepsilon_{21} = -\,\alpha_1 \tag{2-24}$$

α_1 et α_2 étant les parts du revenu consacrées à l'achat des deux biens. Si l'on connaît l'élasticité-prix de la demande pour Q_1, on peut utiliser (2-24) pour calculer l'élasticité-prix croisée de la demande pour Q_2.

Si $\quad \varepsilon_{11} = -1, \quad \varepsilon_{21} = 0$;

Si $\quad \varepsilon_{11} < -1, \quad \varepsilon_{21} > 0$;

et si $\quad \varepsilon_{11} > -1, \quad \varepsilon_{21} < 0$.

On peut définir de la même manière l'élasticité-prix proprement dite et l'élasticité-prix croisée des fonctions de demande compensées en introduisant des fonctions de demande compensées à la place des fonctions de demande classiques dans les équations (2-22) et (2-23). L'équation (2-24) ne vaut pas pour les fonctions de demande compensées. En prenant la différentielle totale de la fonction d'utilité (2-1) et en posant $\mathrm{d}U = 0$, on a :

$$f_1\,\mathrm{d}q_1 + f_2\,\mathrm{d}q_2 = 0\,.$$

En tenant compte de la condition du premier ordre :

$$p_1/p_2 = f_1/f_2$$

et en multipliant par :

$$p_1\,q_1\,q_2/y^0\,q_1\,q_2\,\mathrm{d}p_1\,,$$

on a :

$$\alpha_1\,\xi_{11} + \alpha_2\,\xi_{21} = 0 \tag{2-25}$$

ξ_{11} et ξ_{21} étant les élasticités-prix compensées. Comme $\xi_{11} < 0$ il vient, d'après (2-25) : $\xi_{21} > 0$.

Reprenons l'exemple $U = q_1\,q_2$. L'élasticité-prix proprement dite et l'élasticité-prix croisée pour les fonctions de demande classiques sont :

$$\varepsilon_{11} = -\frac{p_1}{q_1}\,\frac{y^0}{2\,p_1^2} = -\frac{p_1}{y^0/2\,p_1}\,\frac{y^0}{2p_1^2} = -1$$

$$\varepsilon_{21} = \frac{p_1}{q_2}\,0 = 0\,.$$

Ce cas est un cas particulier. Toutes les fonctions de demande n'ont pas une élasticité-prix égale à 1 et une élasticité-prix croisée nulle, ou même des élasticités constantes. En général, les élasticités sont fonction de p_1, p_2 et y^0. Le lecteur pourra vérifier que les élasticités compensées sont ici :

$$\xi_{11} = -1/2 \qquad \text{et} \qquad \xi_{21} = 1/2\,.$$

L'élasticité-revenu de la demande dans le cas d'une fonction de type classique est définie par le rapport entre la variation relative des quantités achetées d'un bien et la variation relative du revenu à prix constants, soit :

$$\eta_1 = \frac{\partial(\log q_1)}{\partial(\log y)} = \frac{y}{q_1}\,\frac{\partial\Phi(p_1, p_2, y)}{\partial y} \tag{2-26}$$

η_1 étant l'élasticité-revenu de la demande pour q_1. Les élasticités-revenu peuvent être positives, négatives ou nulles. On fait en général l'hypothèse qu'elles sont positives.

En prenant la différentielle totale de la contrainte de budget (2-5) :

$$p_1 \, dq_1 + p_2 \, dq_2 = dy \, .$$

En multipliant les deux membres par y/y, le premier terme par q_1/q_1, le second par q_2/q_2, on a :

$$\alpha_1 \eta_1 + \alpha_2 \eta_2 = 1 \, . \tag{2-27}$$

La somme des élasticités-revenu pondérées par la part des dépenses consacrées à l'achat des biens est égale à un. On ne peut établir d'élasticités-revenu pour les fonctions de demande compensées puisque le revenu n'apparaît pas dans ces fonctions.

2.5 REVENU ET LOISIR.

Si le revenu du consommateur est la rémunération de son travail, la quantité optimale de travail fourni peut être obtenue à partir d'une analyse en termes de maximisation d'utilité. On peut aussi rattacher la courbe de demande du consommateur pour un revenu à l'analyse. Sous l'hypothèse que la satisfaction du consommateur dépend de son revenu et du loisir, sa fonction d'utilité sera :

$$U = g(L, y) \tag{2-28}$$

où L est le loisir. Revenu et loisir sont tous les deux désirables. Dans les paragraphes précédents nous avons fait l'hypothèse que le consommateur attribue une utilité aux biens qu'il achète avec son revenu. Pour former l'équation (2-24), nous avons supposé qu'il achète divers biens, en proportions fixées, à des prix constants, et son revenu est ainsi assimilé généralement au pouvoir d'achat.

Le taux de substitution du revenu pour le loisir est :

$$- dy/dL = g_1/g_2 \, .$$

Notons par W la somme de travail fournie par le consommateur et par r le taux de rémunération. Par définition :

$$L = T - W \tag{2-29}$$

où T est le temps total disponible (1).

La contrainte budgétaire est :

$$y = rW \, . \tag{2-30}$$

Substituons (2-25) et (2-26) dans (2-24) :

$$U = g(T - W, rW) \, . \tag{2-31}$$

(1) Par exemple si la période pour laquelle la fonction d'utilité est définie est la journée, $T = 24$ heures.

Pour maximiser l'utilité nous posons la dérivée partielle de (2-27) par rapport à W égale à zéro (1) :

$$\mathrm{d}U/\mathrm{d}W = -g_1 + g_2 r = 0$$
$$-\mathrm{d}y/\mathrm{d}L = g_1/g_2 = r \qquad (2\text{-}32)$$

(2-28) montre que le taux de substitution du revenu pour le loisir est égal au taux de salaire. La condition du second ordre est :

$$\mathrm{d}^2U/\mathrm{d}W^2 = g_{11} - 2g_{12}r + g_{22}r^2 < 0\,.$$

L'équation (2-28) est une relation fonction de W et r ; elle repose sur une hypothèse d'optimisation par le consommateur. C'est donc la courbe d'offre de travail par le consommateur ; cette courbe indique le travail qu'il désirera fournir aux divers taux de salaire. Puisque l'offre de travail est équivalente à la demande de revenu, (2-28) peut être indirectement assimilé à la courbe de demande du consommateur pour le revenu.

Admettons que la fonction d'utilité a la même forme que dans les sections précédentes : $U = Ly$. Alors :

$$U = (T - W)\,Wr\,.$$

Annulons la dérivée :

$$\mathrm{d}U/\mathrm{d}W = Tr - 2\,Wr = 0\,.$$

Alors :

$$W = T/2$$

que nous substituons dans (2-26) :

$$y = rT/2\,.$$

Si $T = 24$ heures : on peut en déduire que le consommateur devra travailler 12 heures par jour quel que soit le niveau de rémunération. La condition du second ordre est remplie :

$$\mathrm{d}^2U/\mathrm{d}W^2 = -2\,r < 0\,.$$

Un autre exemple est donné par la fonction d'utilité :

$$U = Ly - 0{,}1\,L^2 - 0{,}1\,y^2 = (T - W)\,Wr - 0{,}1(T - W)^2 - 0{,}1\,W^2\,r^2$$

Alors :

$$\mathrm{d}U/\mathrm{d}W = -\,Wr + (T - W)\,r + 0{,}2(T - W) - 0{,}2\,Wr^2 = 0$$

(1) La règle des fonctions composées est utilisée.

et

$$W = \frac{T(r + 0{,}2)}{2(0{,}1 + r + 0{,}1\, r^2)} .$$

Le niveau de travail à fournir dépend cette fois du taux de rémunération. Si $r = 1$ franc, l'individu devra travailler 12 heures par jour. La condition du second ordre est remplie :

$$\mathrm{d}^2U/\mathrm{d}W^2 = -\, 2(0{,}1 + r + 0{,}1\, r^2) < 0 .$$

2.6 EFFETS DE SUBSTITUTION ET DE REVENU.

L'équation de Slutsky.

Les quantités achetées par un consommateur rationnel devront toujours satisfaire l'équation (2-14). Si l'on fait varier les prix et le revenu, le consommateur sera conduit à modifier la composition de ses achats, mais les nouvelles quantités (ainsi que le prix et le revenu) devront toujours satisfaire (2-14). Pour déterminer l'effet de la variation des prix et du revenu sur les achats du consommateur nous ferons varier toutes les variables simultanément : c'est-à-dire que nous allons calculer les différentielles totales des équations (2-14).

$$\begin{aligned} f_{11}\, \mathrm{d}q_1 + f_{12}\, \mathrm{d}q_2 - p_1\, \mathrm{d}\lambda &= \lambda\, \mathrm{d}p_1 \\ f_{21}\, \mathrm{d}q_1 + f_{22}\, \mathrm{d}q_2 - p_2\, \mathrm{d}\lambda &= \lambda\, \mathrm{d}p_2 \\ -\, p_1\, \mathrm{d}q_1 - p_2\, \mathrm{d}q_2 &= -\, \mathrm{d}y + q_1\, \mathrm{d}p_1 + q_2\, \mathrm{d}p_2 . \end{aligned} \tag{2-33}$$

Nous aurons à résoudre ce système de trois équations à trois inconnues : $\mathrm{d}q_1$, $\mathrm{d}q_2$ et $\mathrm{d}\lambda$, les termes du second membre peuvent être considérés comme étant des constantes. Les coefficients de (2-33) sont identiques aux éléments du déterminant Hessien bordé. Notons ce déterminant par $\mathbf{D}$ et le cofacteur de l'élément de la première ligne et première colonne par $\mathbf{D}_{11}$, le cofacteur de l'élément de la première ligne et seconde colonne par $\mathbf{D}_{12}$, etc. La solution de (2-33) obtenue par la règle de Cramer (voir Par. A-1) est :

$$\mathrm{d}q_1 = \frac{\lambda \mathbf{D}_{11}\, \mathrm{d}p_1 + \lambda \mathbf{D}_{21}\, \mathrm{d}p_2 + \mathbf{D}_{31}(-\, \mathrm{d}y + q_1\, \mathrm{d}p_1 + q_2\, \mathrm{d}p_2)}{\mathbf{D}} \tag{2-34}$$

$$\mathrm{d}q_2 = \frac{\lambda \mathbf{D}_{12}\, \mathrm{d}p_1 + \lambda \mathbf{D}_{22}\, \mathrm{d}p_2 + \mathbf{D}_{32}(-\, \mathrm{d}y + q_1\, \mathrm{d}p_1 + q_2\, \mathrm{d}p_2)}{\mathbf{D}} . \tag{2-35}$$

Divisons les deux membres de (2-34) par $\mathrm{d}p_1$ et supposons que p_2 et y n'ont pas varié ($\mathrm{d}p_2 = \mathrm{d}y = 0$),

$$\partial q_1/\partial p_1 = \mathbf{D}_{11}\, \lambda/\mathbf{D} + q_1\, \mathbf{D}_{31}/\mathbf{D} \tag{2-36}$$

$\partial q_1/\partial p_1$ est le taux de variation des achats du consommateur en bien Q_1 en fonction de la variation de prix p_1, toutes choses étant égales par ailleurs. *Ceteris paribus*, le taux de variation par rapport au revenu est

$$\partial q_1/\partial y = -\, \mathbf{D}_{31}/\mathbf{D} . \tag{2-37}$$

Des variations dans les prix des biens modifient le niveau de satisfaction du consommateur, puisqu'un nouvel équilibre est établi et se situe sur une nouvelle courbe d'indifférence. Imaginons maintenant que la variation de prix est suivie d'une variation de revenu qui compense la variation de prix de telle sorte que la situation du consommateur ne soit ni améliorée ni dépréciée. Il restera donc ainsi, obligatoirement, sur la même courbe d'indifférence. Une baisse de prix d'un bien est suivie d'une baisse correspondante de son revenu telle que $\mathrm{d}U = 0$ et $f_1 \, \mathrm{d}q_1 + f_2 \, \mathrm{d}q_2 = 0$, à cause de (2-3). Puisque l'égalité $f_1/f_2 = p_1/p_2$ est vraie, $p_1 \, \mathrm{d}q_1 + p_2 \, \mathrm{d}q_2 = 0$ est aussi vérifiée. A partir de la dernière équation de (2-33), nous avons :

$$- \mathrm{d}y + q_1 \, \mathrm{d}p_1 + q_2 \, \mathrm{d}p_2 = 0 \, ,$$

et

$$(\partial q_1/\partial p_1)_{U=\mathrm{Cte}} = \mathbf{D}_{11} \, \lambda/\mathbf{D} \, . \tag{2-38}$$

L'équation (2-36) peut être écrite sous la forme :

$$\partial q_1/\partial p_1 = (\partial q_1/\partial p_1)_{U=\mathrm{Cte}} - q_1(\partial q_1/\partial y)_{\mathrm{prix}=\mathrm{Cte}} \, . \tag{2-39}$$

L'équation (2-39) est connue sous le nom *d'équation de Slutsky*. La quantité $\partial q_1/\partial p_1$ est la pente de la courbe de demande classique pour le bien Q_1 et le premier terme à droite est la pente de la courbe de demande compensée pour le bien Q_1.

On peut écrire l'équation de Slutsky en utilisant les élasticités-prix et les élasticités-revenu du paragraphe 2.4. En multipliant les deux membres de l'équation (2-39) par p_1/q_1 et en multipliant le dernier terme du second membre par y/y,

$$\varepsilon_{11} = \xi_{11} - \alpha_1 \, \eta_1 \, . \tag{2-40}$$

L'élasticité-prix de la courbe de demande classique est égale à l'élasticité-prix de la courbe de demande compensée moins l'élasticité-revenu correspondante que multiplie le rapport entre les dépenses totales et la somme dépensée à acheter Q_1. La courbe classique aura donc une élasticité supérieure à celle de la courbe compensée. ε_{11} sera donc moins négative que ξ_{11} si l'élasticité-revenu est positive.

Effet de substitution et de revenu.

Le premier terme du second membre de (2-35) représente *l'effet de substitution* ; c'est le taux auquel le consommateur substitue Q_1 pour un autre bien quand le prix de Q_1 change, et qu'il se déplace le long d'une courbe d'indifférence donnée ([1]). Le second terme du second membre représente l'effet de revenu qui décrit la réaction du consommateur devant ses achats en Q_1 lors des variations de son revenu, les prix restant constants. La somme des deux termes donne l'effet total sur les achats du consommateur en bien Q_1 d'une variation de p_1. Imaginons que le prix de Q_1 baisse. Le consommateur peut souhaiter substituer Q_1 à Q_2 car : (1) Q_1 est devenu meilleur marché, (2) la baisse du prix de Q_1 est équivalente à une augmentation de son revenu.

([1]) Slutsky l'appelle *variabilité résiduelle* du bien en question.

L'effet de substitution décrit la nouvelle répartition des achats du consommateur qui devra s'établir si la variation d'un prix est compensée par une variation simultanée de revenu qui l'oblige à rester sur la même courbe d'indifférence. L'écart entre ce point et le point final d'équilibre est dû à l'effet de revenu. Ces concepts sont illustrés par la figure 2-6. La ligne de prix initiale est AB, et le point d'équilibre correspondant est en R. Après la variation du prix p_1 la ligne de prix est AC et le point d'équilibre final est en T. Le mouvement de R à T peut être décomposé en deux stades : de R à S et de S à T. Le point S est le point de tangence entre la première courbe d'indifférence et la ligne de prix DE qui a la même pente (donc représente le même rapport de prix) que AC. Le mouvement de R à S est attribué à l'effet de substitution et le mouvement de S à T à l'effet de revenu [1].

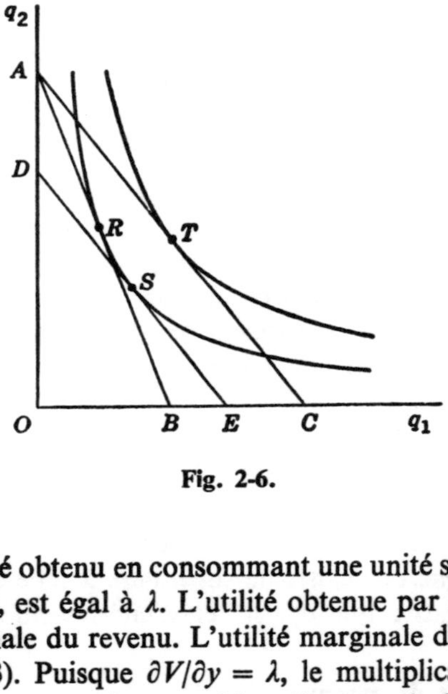

Fig. 2-6.

Le supplément d'utilité obtenu en consommant une unité supplémentaire de chaque bien divisé par son prix, est égal à λ. L'utilité obtenue par le dernier franc dépensé, s'appelle l'utilité marginale du revenu. L'utilité marginale du revenu peut être déterminée à partir de (2-13). Puisque $\partial V/\partial y = \lambda$, le multiplicateur de Lagrange λ est l'utilité marginale du revenu qui est positive. Le sens de l'effet de substitution est alors facilement déterminé. D'après (2-34) l'effet de substitution est $\mathbf{D}_{11}\,\lambda/\mathbf{D}$. Explicitons le déterminant $\mathbf{D}$:

$$\mathbf{D} = 2f_{12}\,p_1\,p_2 - p_1^2 f_{11} - p_2^2 f_{22}$$

qui est positif en raison de (2-10).

(1) La figure 2-6 n'est pas une représentation exacte de la discussion mathématique. L'équation de Slutsky fait intervenir des taux de variation ne pouvant pas être représentés directement par des diagrammes de courbes d'indifférence. Dans la figure 2-6 la somme des deux variations distinctes (plutôt que celles de deux taux) représente la variation totale (plutôt que le taux total de variation). Ces deux variations distinctes *correspondent à* (plutôt que *sont*) l'effet de substitution et à l'effet de revenu.

Explicitons $\mathbf{D}_{11}$:

$$\mathbf{D}_{11} = - p_2^2 ,$$

qui est évidemment négatif. Ce qui prouve que le signe de l'effet de substitution est toujours négatif. Si le prix de Q_1 monte et si le revenu du consommateur est ajusté de telle sorte que le point d'équilibre final soit sur la même courbe d'indifférence, les achats en bien Q_1 devront décroître.

Une variation dans le revenu réel peut être la cause d'une réallocation des ressources du consommateur même si les prix ne changent pas ou s'ils changent dans la même proportion. L'effet de revenu est $- q_1(\partial q_1/\partial y)_{\text{prix}=\text{Cte}}$ et peut avoir n'importe quel signe. L'effet final d'une variation de prix pour les achats de biens est donc inconnu. Cependant, on peut en tirer la conclusion importante que plus la quantité de Q_1 est faible, moins l'effet de revenu est significatif. Un bien Q_1 est dit **inférieur** si les achats du consommateur diminuent lorsque le revenu augmente et s'accroissent lorsque le revenu diminue ; i. e. si $\partial q_1/\partial y$ est négatif, ce qui donne un effet de revenu positif. Un bien inférieur est dit **bien Giffen** si l'effet de revenu est assez important pour contrebalancer l'effet de substitution négatif et rendre $\partial q_1/\partial p_1$ positif. Cela signifie que si le prix de Q_1 baisse, les achats du consommateur en bien Q_1 diminuent aussi. Un tel fait peut arriver si un consommateur est suffisamment pauvre pour qu'une partie importante de son revenu soit dépensée en achat de biens, tels que les pommes de terre, dont il a besoin pour sa nourriture. Le consommateur qui n'apprécie pas les pommes de terre découvrira soudain que son revenu réel a augmenté du fait de la chute du prix. Il achètera donc moins de pommes de terre mais davantage d'un aliment de goût plus agréable avec le reste de son revenu.

L'équation de Slutsky peut être obtenue à partir d'une fonction particulière, comme dans les exemples précédents. Ecrivons la contrainte budgétaire sous forme générale :

$$y - p_1 q_1 - p_2 q_2 = 0 ,$$

et formons la fonction :

$$V = q_1 q_2 + \lambda(y - p_1 q_1 - p_2 q_2)$$

Ecrivons que les dérivées partielles sont égales à zéro :

$$\begin{aligned} q_2 - \lambda p_1 &= 0 , \\ q_1 - \lambda p_2 &= 0 , \\ y - p_1 q_1 - p_2 q_2 &= 0 . \end{aligned}$$

La différentielle totale de ces fonctions est :

$$\begin{aligned} \mathrm{d}q_2 - \ p_1\,\mathrm{d}\lambda &= \lambda\,\mathrm{d}p_1\,, \\ \mathrm{d}q_1 - \ p_2\,\mathrm{d}\lambda &= \lambda\,\mathrm{d}p_2\,, \\ -\,p_1\,\mathrm{d}q_1 - p_2\,\mathrm{d}q_2 &= -\,\mathrm{d}y + q_1\,\mathrm{d}p_1 + q_2\,\mathrm{d}p_2\,. \end{aligned}$$

Appelons $\mathbf{D}$ le déterminant formé par les coefficients de ces équations et $\mathbf{D}_{ij}$ le cofacteur de l'élément de la i-ième ligne et j-ième colonne.

Des calculs simples montrent que :

$$\mathbf{D} = 2\,p_1\,p_2\,, \quad \mathbf{D}_{11} = -\,p_2^2\,, \quad \mathbf{D}_{21} = p_1\,p_2\,, \quad \mathbf{D}_{31} = -\,p_2\,.$$

La règle de Cramer donne :

$$\mathrm{d}q_1 = \frac{-\,p_2^2\,\lambda\,\mathrm{d}p_1 + p_1\,p_2\,\lambda\,\mathrm{d}p_2 - p_2(-\,\mathrm{d}y + q_1\,\mathrm{d}p_1 + q_2\,\mathrm{d}p_2)}{2\,p_1\,p_2}.$$

Nous supposerons que seul le prix du premier bien varie :

$$\frac{\partial q_1}{\partial p_1} = -\,\frac{p_2\,\lambda}{2\,p_1} - \frac{q_1}{2\,p_1}.$$

La valeur de λ peut être obtenue en substituant les valeurs de q_1 et q_2 tirées des deux premières équations de (2-14) dans la troisième et en résolvant λ en fonction des paramètres p_1, p_2 et y. Nous trouvons $\lambda = y/2\,p_1\,p_2$. Portons cette valeur dans l'équation ci-dessus et remplaçons chaque paramètre par sa valeur ($y = 100$, $p_1 = 2$, $p_2 = 5$), ainsi que la valeur d'équilibre de q_1 ($q_1 = 25$), le résultat numérique est :

$$\partial q_1/\partial p_1 = -\,12{,}5.$$

La signification de ce résultat est : si en partant de la situation d'équilibre initial, p_1 venait à varier, *ceteris paribus*, les achats du consommateur devraient se modifier au taux de 12,5 unités de Q_1 par franc de variation de prix de Q_1. De plus la direction de la variation des achats du consommateur est de sens contraire à la direction de la variation du prix. L'expression $-\,p_2\,\lambda/2\,p_1$ désigne l'effet de substitution, sa valeur dans l'exemple étudié est $-\,25/4$. L'expression $-\,q_1/2\,p_1$ représente l'effet de revenu, de valeur $-\,25/4$.

Effets croisés.

L'équation de Slutsky (2-39) et l'équation correspondante en termes d'élasticité (2-40) peuvent être étendues à l'étude de la variation de la demande d'un bien en fonction de la variation du prix d'un autre bien. Ces équations deviennent alors :

$$\partial q_i/\partial p_j = \mathbf{D}_{ji}\,\lambda/\mathbf{D} + q_j\,\mathbf{D}_{3i}/\mathbf{D} = (\partial q_i/\partial p_j)_{U=\mathrm{Cte}} - q_j(\partial q_i/\partial y)_{\mathrm{prix}=\mathrm{Cte}} \tag{2-41}$$

et

$$\varepsilon_{ij} = \xi_{ij} - \alpha_j\,\eta_i \qquad \text{pour} \qquad (i, j = 1,\ 2) \tag{2-42}$$

On ne connaît généralement pas le signe des effets croisés ($i \neq j$). Soit $S_{ij} = \mathbf{D}_{ji}\,\lambda/\mathbf{D}$ l'effet de substitution du i-ième bien résultant de la variation du prix du j-ième bien, $\mathbf{D}$ est un déterminant symétrique (1), $\mathbf{D}_{12} = \mathbf{D}_{21}$, donc $S_{ij} = S_{ji}$. L'effet de substitution du i-ième bien résultant de la variation du prix du j-ième bien est le même que l'effet de substitution du j-ième bien résultant de la variation du prix du i-ième bien.

C'est un résultat remarquable. Imaginons que la demande du consommateur pour du thé augmente au taux de 2 tasses de thé pour une augmentation de 1 % du prix du café. On pourra en déduire que ses achats de café augmenteront au taux de 2 tasses de café pour une augmentation de 1 % du prix du thé.

Additionnons les élasticités compensées pour le bien Q_1 résultant des variations de prix p_1 et p_2 :

$$\xi_{11} + \xi_{12} = \frac{p_1\,\mathbf{D}_{11}\,\lambda}{q_1\,\mathbf{D}} + \frac{p_2\,\mathbf{D}_{21}\,\lambda}{q_1\,\mathbf{D}} = \frac{\lambda(p_1\,\mathbf{D}_{11} + p_2\,\mathbf{D}_{21})}{q_1\,\mathbf{D}} = 0\,. \qquad (2\text{-}43)$$

Le terme entre parenthèses est égal à zéro puisque c'est le développement « suivant les cofacteurs étrangers (2) » du déterminant de (2-33) (c'est-à-dire que les cofacteurs des éléments de la première colonne sont multipliés par l'opposé des éléments de la dernière colonne). Ainsi donc l'élasticité compensée négative pour le bien Q_1 par rapport à p_1 est égale en valeur absolue à l'élasticité compensée positive pour le bien Q_1 par rapport à p_2.

Additionnons les opposées des élasticités de la demande classique pour le bien Q_1 résultant des variations des prix p_1 et p_2 que donne l'équation (2-42) :

$$-\,(\varepsilon_{11} + \varepsilon_{12}) = -\,(\xi_{11} + \xi_{12}) + (\alpha_1 + \alpha_2)\,\eta_1 = \eta_1 \qquad (2\text{-}44)$$

d'après (2-43) et sachant que $(\alpha_1 + \alpha_2) = 1$. L'élasticité-revenu de la demande pour un bien est égale à l'opposé de la somme des élasticités-prix classiques de la demande pour ce bien, par rapport à son propre prix et à celui de l'autre bien.

Biens complémentaires et biens substituts.

Deux biens sont des substituts s'ils peuvent tous les deux satisfaire le même besoin ; ils sont complémentaires s'ils sont consommés ensemble pour satisfaire un besoin défini. Ce sont des définitions imprécises mais l'expérience quotidienne peut nous suggérer quelques exemples valables. Le café et le thé sont le plus souvent des substituts tandis que le café et le sucre sont des compléments. Une définition plus rigoureuse de substitualité et de complémentarité peut être fournie par l'équation de Slutsky (2-41). Q_1 et Q_2 sont des substituts si l'effet de substitution $\mathbf{D}_{21}\,\lambda/\mathbf{D}$ est positif ; ils sont complémentaires s'il est négatif. Si Q_1 et Q_2 sont des substituts (au sens ordinaire) et si des variations compensées du revenu permettent au consom-

(1) Un déterminant est symétrique si son tableau est symétrique par rapport à la diagonale principale.

(2) Voir paragraphe A-1 de l'appendice (*N. d. T.*).

mateur de rester sur la même courbe d'indifférence, une augmentation du prix de Q_1 amènera le consommateur à substituer Q_2 à Q_1, ce qui entraînera :

$$(\partial q_2/\partial p_1)_{U=\text{Cte}} > 0 .$$

Pour des raisons analogues :

$$(\partial q_2/\partial p_1)_{U=\text{Cte}} < 0 ,$$

s'ils sont complémentaires (1).

Tous les biens ne peuvent être complémentaires entre eux. Dans le schéma à deux variables les biens ne peuvent d'ailleurs être que substituts. Ce théorème est facilement démontrable. Multiplions (2-36) par p_1, (2-37) par y et (2-41) par p_2 avec $i = 1$ et $j = 2$ puis additionnons :

$$\frac{\mathbf{D}_{11}\,\lambda}{\mathbf{D}}\,p_1 + q_1\,\frac{\mathbf{D}_{31}}{\mathbf{D}}\,p_1 + \frac{\mathbf{D}_{21}\,\lambda}{\mathbf{D}}\,p_2 + q_2\,\frac{\mathbf{D}_{31}}{\mathbf{D}}\,p_2 - \frac{\mathbf{D}_{31}}{\mathbf{D}}\,y =$$

$$= \frac{1}{\mathbf{D}}\left[\mathbf{D}_{11}\,\lambda p_1 + \mathbf{D}_{21}\,\lambda p_2 - \mathbf{D}_{31}(y - p_1\,q_1 - p_2\,q_2)\right]$$

$$= \frac{1}{\mathbf{D}}\left[\mathbf{D}_{11}\,\lambda p_1 + \mathbf{D}_{21}\,\lambda p_2 - \mathbf{D}_{31}(0)\right] = 0 . \qquad (2\text{-}45)$$

L'expression (2-45) est nulle puisqu'elle représente le développement du déterminant suivant les cofacteurs étrangers comme pour (2-43). Substituons $S_{ij} = \mathbf{D}_{ji}\,\lambda/\mathbf{D}$:

$$S_{11}\,p_1 + S_{12}\,p_2 = 0 . \qquad (2\text{-}46)$$

On sait que S_{11}, effet de substitution de Q_1 dû aux variations de p_1, est négatif. (2-46) implique donc que S_{12} est positif ; d'après la définition de la complémentarité et de la substituabilité, cela signifie que Q_1 et Q_2 sont nécessairement des substituts.

2.7 GÉNÉRALISATION A *n* VARIABLES.

L'analyse précédente va être généralisée au cas de n biens. La généralisation ne sera pas développée en détail mais les premiers pas seront indiqués. S'il y a n biens, la fonction d'utilité sera :

$$U = f(q_1, q_2, \ldots, q_n) .$$

La contrainte budgétaire est donnée par :

$$y - \sum_{i=1}^{n} p_i\,q_i = 0 .$$

(1) Quand $(\partial q_2/\partial p_1)_{U=\text{Cte}} = 0$, Q_1 et Q_2 sont indépendants.

Formons la fonction de Lagrange :

$$V = f(q_1, q_2, ..., q_n) + \lambda\left(y - \sum_{i=1}^{n} p_i q_i\right).$$

Les dérivées partielles sont nulles :

$$\partial V/\partial q_i = f_i - \lambda p_i = 0 \qquad (i = 1, ..., n). \tag{2-47}$$

Les conditions (2-47) peuvent être modifiées afin de faire apparaître pour tous les biens l'égalité du rapport de l'utilité marginale au prix. La dérivée partielle de V par rapport à λ est encore la contrainte budgétaire. Il y a au total $(n + 1)$ équations pour $(n + 1)$ variables (n biens et λ). Les fonctions de demande pour les n biens peuvent être obtenues en cherchant les q. Les conditions (2-47) peuvent être écrites :

$$-\partial q_i/\partial q_j = p_j/p_i$$

pour chaque i et chaque j.

C'est-à-dire le taux de substitution du bien i pour le bien j doit être égal au rapport des prix : p_j/p_i. Les conditions du second ordre doivent être remplies pour trouver une répartition des biens qui rendent (2-47) optimal. Les déterminants Hessiens bordés doivent être de signe alterné :

$$\begin{vmatrix} f_{11} & f_{12} & -p_1 \\ f_{21} & f_{22} & -p_2 \\ -p_1 & -p_2 & 0 \end{vmatrix} > 0, \quad \begin{vmatrix} f_{11} & f_{12} & f_{13} & -p_1 \\ f_{21} & f_{22} & f_{23} & -p_2 \\ f_{31} & f_{32} & f_{33} & -p_3 \\ -p_1 & -p_2 & -p_3 & 0 \end{vmatrix} < 0,$$

$$..., (-1)^n \begin{vmatrix} f_{11} & f_{12} & \cdots & f_{1n} & -p_1 \\ f_{21} & f_{22} & \cdots & f_{2n} & -p_2 \\ \cdots & \cdots & \cdots & \cdots & \cdots \\ f_{n1} & f_{n2} & \cdots & f_{nn} & -p_n \\ -p_1 & -p_2 & \cdots & -p_n & 0 \end{vmatrix} > 0.$$

On peut généraliser l'hypothèse de convexité faite sur les courbes d'indifférence à deux dimensions aux hypersurfaces d'indifférence à n dimensions. La première des conditions du second ordre dans le cas de n dimensions est identique à la condition du second ordre dans le cas de deux dimensions ; elle impliquait un TSB décroissant. Dans le cas de n dimensions, cette condition veut que les TSB soient décroissants pour les biens pris deux à deux. Si les conditions du second ordre sont satisfaites pour un ensemble de valeurs non négatives des biens, la fonction d'utilité sera *quasi-concave.* Cela signifie que l'ensemble de toutes les combinaisons de biens qui procurent un niveau d'utilité égal ou supérieur au niveau requis le long d'une hypersurface d'indifférence, U^0, forment un ensemble strictement convexe fermé ([1]).

([1]) Voir paragraphes 5.4 et 9.2.

On peut aussi généraliser les autres théorèmes de façon simple. Les équations (2-41) et (2-42) peuvent se généraliser pour $(i, j = 1, ..., n)$. (2-45) devient :

$$\sum_{j=1}^{n} S_{ij}\, p_j = 0 \qquad (i = 1, ..., n) \tag{2-48}$$

(2-48) implique que tous les biens ne peuvent être complémentaires ; certains biens peuvent cependant être complémentaires deux à deux (autrement dit certains $S_{ij} < 0$ pour $i \neq j$).

On peut généraliser toutes les relations relatives aux élasticités (2-24), (2-25) et (2-27) deviennent :

$$\sum_{i=1}^{n} \alpha_i\, \varepsilon_{ij} = -\alpha_j \qquad (j = 1, ..., n)$$

$$\sum_{i=1}^{n} \alpha_i\, \xi_{ij} = 0 \qquad (j = 1, ..., n)$$

$$\sum_{j=1}^{n} \alpha_j\, \eta_j = 1\,;$$

(2-43) et (2-44) deviennent :

$$\sum_{j=1}^{n} \xi_{ij} = 0 \qquad (i = 1, ..., n),$$

$$-\sum_{j=1}^{n} \varepsilon_{ij} = \eta_i \qquad (i = 1, ..., n)\,.$$

2.8 LA THÉORIE DES PRÉFÉRENCES RÉVÉLÉES.

Nous avons supposé dans les sections précédentes que le consommateur possédait une fonction d'utilité. Si son comportement obéit à des axiomes bien déterminés, l'existence et la nature de sa carte d'indifférence peuvent être déduites de ses actions.

Supposons qu'il y ait n biens. $[p^0]$ désigne un ensemble particulier de prix $p_1^0, p_2^0, ..., p_n^0$, $[q^0]$ les quantités correspondantes achetées par le consommateur. Les dépenses totales de ce consommateur sont $[p^0\, q^0]$ qui désigne la somme $\sum_{i=1}^{n} p_i^0\, q_i^0$. Considérons un autre ensemble de biens $[q^1]$ qui pourrait avoir été acheté par le consommateur, mais qui ne l'a pas été. Le coût total du jeu $[q^1]$ aux prix $[p^0]$ ne doit pas être plus grand que le coût total de $[q^0]$:

$$[p^0\, q^1] \leqslant [p^0\, q^0]\,. \tag{2-49}$$

Puisque $[q^0]$ est au moins aussi cher qu'une combinaison de biens $[q^1]$ et puisque le consommateur refuse la combinaison $[q^1]$, on dit que $[q^0]$ est « révélé » être préféré à $[q^1]$.

Axiome faible. — Si $[q^0]$ est révélé être préféré à $[q^1]$, $[q^1]$ ne doit pas être révélé être préféré à $[q^0]$.

La seule façon pour que $[q^1]$ puisse être révélé être préféré à $[q^0]$ est que le consommateur achète $[q^1]$ à un prix tel qu'il puisse aussi acheter $[q^0]$. En d'autres termes $[q^1]$ est révélé être préféré à $[q^0]$ si :

$$[p^1 q^0] \leqslant [p^1 q^1] \,. \tag{2-50}$$

L'axiome montre que si (2-49) est réalisée, la condition (2-50) ne peut jamais l'être. Par suite (2-49) implique l'opposé de (2-50) ou :

$$[p^0 q^1] \leqslant [p^0 q^0] \qquad \text{entraîne} \qquad [p^1 q^0] > [p^1 q^1] \,. \tag{2-51}$$

Axiome fort. — Si $[q^0]$ est révélé être préféré à $[q^1]$, lequel est révélé être préféré à $[q^2]$, ..., lequel est révélé être préféré à $[q^n]$, $[q^n]$ ne doit jamais être révélé être préféré à $[q^0]$ (1). Cet axiome entraîne la transitivité des préférences révélées, il est plus fort que la condition usuelle de transitivité.

Au début de ce chapitre nous avons rejeté l'étude cardinale pour la théorie de l'utilité car nous n'avions aucune raison de supposer que le consommateur pouvait déterminer une mesure cardinale de l'utilité. On pourrait de même se demander s'il possède une carte d'indifférence. On peut heureusement prouver que si le consommateur se conforme toujours aux axiomes précédents, il devra posséder une carte d'indifférence. Cette carte d'indifférence peut être construite d'une façon très précise (la « vraie » carte d'indifférence peut être déterminée aussi finement qu'on le désire) en la confrontant aux différentes combinaisons de prix choisies d'une manière appropriée et en observant ses achats (2). Si le consommateur ne se conforme pas aux

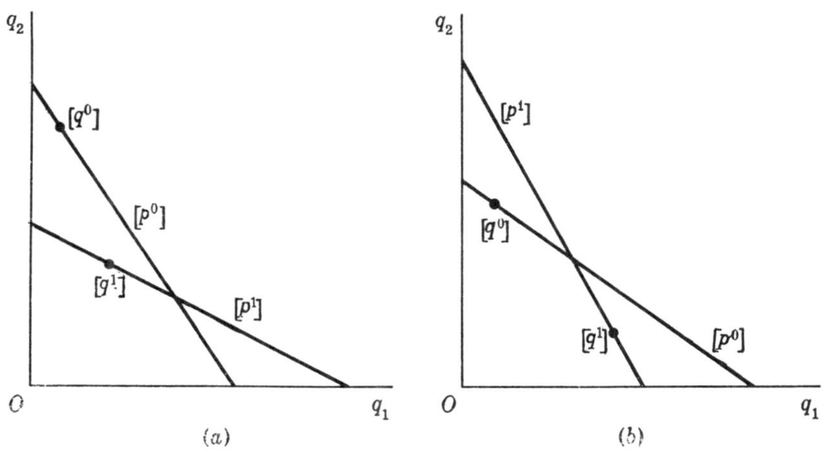

Fig. 2-7.

(1) Les deux axiomes peuvent n'en faire qu'un, mais ont été maintenus distincts par souci de clarté.

(2) La démonstration de ce théorème est quelquefois difficile et n'est pas reproduite ici. Voir H. S. Houthakker, « Préférence révélée et la Fonction d'utilité », *Economica*, n° 1, vol. 17 (mai 1950), pp. 159-174.

axiomes, il est irrationnel au sens défini dans les sections précédentes. S'il est irrationnel et agit de façon contradictoire, il ne possède pas de carte d'indifférence, la forme de sa fonction d'utilité ne peut pas être déterminée en observant son comportement.

La figure 2-7 illustre l' « axiome faible » dans le cas de deux biens. Supposons que le consommateur achète la combinaison de biens $[q^0]$ lorsque les prix sont donnés par les droites $[p^0]$, et $[q^1]$ lorsqu'ils sont donnés par $[p^1]$. D'après la figure 2-7, il aurait pu acheter $[q^1]$ aux prix $[p^0]$, puisque $[q^1]$ est situé sous les droites $[p^0]$. D'après l'Axiome faible, on ne peut obtenir $[q^0]$ quand on achète $[q^1]$; $[q^0]$ doit donc être situé au-dessus de $[p^1]$. Le comportement indiqué par la figure 2-7 (*a*) satisfait donc l'Axiome faible alors que la figure 2-7 (*b*) montre un comportement qui n'y est pas conforme. On ne peut alors trouver de courbes d'indifférence telles que l'une soit tangente à $[p^0]$ en $[q^0]$ et l'autre à p^1 en $[q^1]$.

L'effet de substitution.

On peut démontrer à partir de la théorie de la préférence révélée que l'effet de substitution est négatif ([1]). Supposons que le consommateur soit obligé de se déplacer le long d'une courbe d'indifférence donnée. Quand les prix sont $[p^0]$, il achète $[q^0]$ plutôt que $[q^1]$ qui est sur la même hypersurface d'indifférence. Puisqu'il y a indifférence entre $[q^0]$ et $[q^1]$ et qu'il achète pourtant $[q^0]$ cela signifie que $[q^0]$ ne doit pas être plus cher que $[q^1]$:

$$[p^0 q^0] \leqslant [p^0 q^1] . \tag{2-52}$$

La combinaison $[q^1]$ est achetée aux prix $[p^1]$, ce qui entraîne que la combinaison $[q^0]$ ne doit pas être meilleur marché aux prix $[p^1]$ que $[q^1]$:

$$[p^1 q^1] \leqslant [p^1 q^0] . \tag{2-53}$$

En faisant passer les termes du second membre de (2-52) et (2-53) dans le premier membre nous obtenons :

$$[p^0 q^0] - [p^0 q^1] = [p^0(q^0 - q^1)] = [(-p^0)(q^1 - q^0)] \leqslant 0 \tag{2-54}$$

$$[p^1 q^1] - [p^1 q^0] = [p^1(q^1 - q^0)] \leqslant 0 . \tag{2-55}$$

Ajoutons (2-53) et (2-54) :

$$[(-p^0)(q^1 - q^0)] + [p^1(q^1 - q^0)] =$$

$$= [(p^1 - p^0)(q^1 - q^0)] \leqslant 0 . \tag{2-56}$$

([1]) Ce n'est qu'un des théorèmes que l'on peut déduire de la théorie. Les autres sont : (1) l'homogénéité des fonctions de demande, de degré zéro pour les prix et les revenus (Par. 2.4), (2) l'égalité des effets de substitution croisés (Par. 2.6). Voir P. A. Samuelson, *Les fondements de l'analyse économique*, 2e édition (Paris : Gauthier-Villars, 1971), et J. R. Hicks, *A Revision of Demand Theory* (Oxford : Clarendon Press, 1956), p. 127.

Cette inégalité prouve que la somme de toutes les variations des quantités multipliée par les variations correspondantes du prix est non positive si le consommateur se déplace le long d'une courbe d'indifférence donnée. Supposons alors que seul le prix du premier bien varie, tous les autres prix restent inchangés. (2-56) se réduit à :

$$(p_1^1 - p_1^0)(q_1^1 - q_1^0) < 0\,; \tag{2-57}$$

l'inégalité stricte provient dans (2-57) de l'hypothèse que la variation de prix est non nulle et que q_1^0 et q_1^1 sont distincts, c'est-à-dire que la demande est une fonction monotone du prix. Si le prix augmente, la quantité achetée devra décroître et réciproquement. C'est la preuve que l'effet de substitution est négatif.

2.9 LES PROBLÈMES DE CHOIX EN SITUATION D'INCERTITUDE.

La théorie traditionnelle du comportement du consommateur ne comporte pas une analyse des situations d'incertitude. Von Neumann et Morgenstern ont montré que, sous certaines conditions, il est possible de construire une combinaison de nombres pour un consommateur particulier qui puisse être utilisée pour prédire ses choix dans les situations d'incertitude. Une querelle a lieu sur le point suivant : l'indice d'utilité résultant est-il ordinal ou cardinal ?... Nous allons montrer que les fonctions d'utilité de von Neumann et Morgenstern ont au moins quelques propriétés cardinales.

L'analyse précédente n'est pas réaliste car elle suppose que des actions spécifiques du consommateur entraînent des conséquences spécifiques déterminées qui sont connues à l'avance. Toutes les automobiles d'un même modèle, produites dans la même usine ne seront pas toujours capables des mêmes performances. Par suite d'accidents arrivant au hasard dans la chaîne de production quelques automobiles de moins bonne qualité sont de temps en temps fabriquées et vendues. Le consommateur n'a pas les moyens de reconnaître si la voiture qu'il achète est d'une qualité normale ou pas. A représente une situation dans laquelle le consommateur possède une voiture satisfaisante, B une situation dans laquelle il ne possède pas de voiture et C dans laquelle il possède une voiture de moins bonne qualité. Supposons que le consommateur préfère A à B et B à C (1). Offrons-lui un choix entre deux alternatives : *a*) Il peut rester au *statu quo* et ne pas avoir de voiture. C'est un choix avec un résultat certain : c'est-à-dire la probabilité de réalisation est égale à l'unité. *b*) Il peut obtenir un billet de loterie qui lui procurera une chance de gagner soit une automobile satisfaisante (alternative A), soit une défectueuse (alternative C). Le consommateur pourra préférer conserver son revenu (ou monnaie) avec certitude, ou pourra préférer acheter le billet de loterie avec un gain aléatoire, ou pourra être indifférent entre ces deux choix. Sa décision dépendra de ses chances de gagner ou de perdre à cette loterie. Si la probabilité de perdre est très élevée, il préférera conserver son argent avec certitude ; si la probabilité de gagner est très élevée il préférera le billet de loterie.

(1) Ne pas avoir de voiture est supposé préférable à en posséder une défectueuse, à cause de son incommodité et du coût de son entretien.

Les axiomes.

Il est possible de construire un indice d'utilité ordinal qui pourra être aussi utilisé pour prédire le choix dans des situations d'incertitude, si le consommateur se conforme aux cinq axiomes suivants :

1) *Axiome d'ordre complet.* — Pour les deux alternatives A et B, une de ces trois propositions doit être vraie : le consommateur préfère A à B, préfère B à A ou A et B lui sont indifférents. Ses préférences sont transitives : s'il préfère A à B et B à C, il préfère A à C.

2) *Axiome de continuité.* — Supposons que A soit préféré à B et B à C. Cet axiome affirme qu'il existe une probabilité P $(0 < P < 1)$ telle que le gain B avec certitude et le billet de loterie offrant les gains A et C avec des probabilités P et $(1 - P)$ respectivement soient jugés équivalents par le consommateur.

3) *Axiome d'indépendance.* — Supposons que le consommateur juge équivalents A et B et que C soit un résultat quelconque. Si un billet de loterie offre des choix A et C avec des probabilités P et $1 - P$ respectivement et un autre billet les choix B et C avec les mêmes probabilités P et $1 - P$, le consommateur jugera indifférents les deux billets de loterie.

4) *Axiome des probabilités inégales.* — Supposons que le consommateur préfère A à B. Si deux billets de loterie L_1 et L_2 offrent les deux mêmes gains possibles A et B, le consommateur préférera le billet de loterie L_2 si, et seulement si la probabilité de gagner A est plus grande avec L_2 qu'avec L_1.

5) *Axiome des probabilités complexes.* — Supposons qu'une personne joue au jeu du hasard suivant : elle jette un dé, si le un ou le deux sort, son partenaire lui versera 9 francs. Dans tous les autres cas c'est elle qui versera 3 francs à son partenaire. La probabilité de gagner est de 1/3, celle de perdre de 2/3.

Le joueur peut espérer gagner en moyenne :

$$(1/3)\,9 + (2/3)\,(-\,3) = 1 \text{ franc par coup}.$$

Si A et B sont les valeurs monétaires des deux gains avec des probabilités P et $1 - P$, l'espérance mathématique du jeu ou le gain espéré est : $PA + (1 - P)\,B$. Supposons que l'on offre au consommateur le choix entre deux billets de loterie. Le premier L_1 permet d'obtenir les gains A et B avec des probabilités données. Le second L_2 est un billet de loterie complexe en ce sens que l'on obtient des gains qui sont eux-mêmes des billets de loterie : si le consommateur choisit L_2 et gagne, il obtiendra un billet de loterie L_3 (offrant A et B avec certaines probabilités données) ; s'il perd on lui donne un autre billet L_4 (offrant aussi A et B avec certaines probabilités données). Avec l'hypothèse que la probabilité de gagner sur chaque billet arrive à être telle que l'espérance de gagner du consommateur (telle qu'elle a été définie plus haut) est la même qu'il choisisse L_1 ou L_2, l'axiome montre que le consommateur est alors indifférent à L_1 et L_2.

Ces axiomes sont très généraux et il peut être difficile de les rejeter sous prétexte qu'ils conduisent à des restrictions déraisonnables sur le comportement du consommateur. Cependant ils négligent quelques types de comportement possible. Considérons une personne dont la satisfaction provient de l'acte même de jouer. On peut admettre que pour une telle personne, il n'existe pas de valeur de P, autres que 0 ou 1, susceptibles de rendre équivalents pour elle le résultat certain B et la perspective aléatoire A ou C. Si elle a peur du jeu, elle pourra toujours préférer la « certitude » à une perspective aléatoire. Ce type de comportement n'est pas défini par les axiomes de continuité et des probabilités composées.

Construction des nombres d'utilité.

Imaginons que la satisfaction U_A du consommateur provienne du résultat A, la satisfaction U_C provient du résultat C. Ces résultats ont les probabilités P et $(1 - P)$, l'espérance de l'utilité du consommateur est :

$$PU_A + (1 - P)\, U_C\,.$$

On peut démontrer qu'un consommateur qui se conforme aux axiomes définis maximisera l'espérance mathématique de son utilité. S'il doit choisir entre un ensemble de perspectives aléatoires (c'est-à-dire, doit décider quel billet de loterie prendre) il choisira celle dont l'espérance de l'utilité est la plus grande. Les perspectives du consommateur peuvent être classées par ordre d'utilité ou de désirabilité espérée décroissante. Dans le cas spécial où une perspective conduit à un résultat certain (plutôt qu'incertain ou douteux) l'utilité espérée de cette perspective est égale à la valeur de l'utilité associée à la réalisation (unique). Par suite les valeurs de l'utilité associée aux différents résultats forment un (indice) d'utilité ordinal et permettent un classement correct.

Reprenons l'exemple précédent dans lequel les résultats A, B et C représentent la possession d'une automobile satisfaisante, pas d'automobile, ou une automobile de mauvaise qualité. Le consommateur préfère A à B et B à C. Pour obtenir un indice d'utilité il nous faut choisir une unité et une origine. Ceci peut être accompli en donnant des notes qui représentent les utilités de chaque couple de résultat. Ces notes sont absolument arbitraires, sauf que la note la plus élevée doit désigner le résultat préféré. L'index d'utilité $U_A = 100$ et $U_C = 10$ peut être utilisé puisque A est préféré à C. L'axiome de continuité affirme qu'il existe une probabilité P pour laquelle le consommateur juge équivalents le résultat B et le résultat hasardeux A ou C. Puisque le consommateur veut maximiser l'utilité espérée, l'utilité de B avec certitude doit être égale, pour une valeur de P, à l'utilité espérée de la perspective (ou du billet de loterie) entraînant A et C ou :

$$U_B = PU_A + (1 - P)\, U_C\,. \tag{2-57}$$

On pourrait lui demander de préciser la valeur de P pour laquelle il est indifférent au résultat B avec certitude et au tirage au sort entre A et C.

Supposons qu'il réponde $P = 0{,}1$ alors :

$$U_B = (0{,}1)\,(100) + (0{,}9)\,(10) = 19\,. \tag{2-58}$$

En procédant de cette façon on peut trouver les nombres d'utilité

$$U_A, U_B, U_C, U_D, ..., \text{etc.},$$

pour toutes les quantités et les combinaisons possibles de tous les biens. Il s'ensuit qu'un indice complet d'utilité peut être obtenu en prenant deux points de départ arbitraires et en confrontant successivement le consommateur avec des situations de choix variées comportant des probabilités ou du risque. Par exemple si le consommateur juge équivalents une automobile en bon état obtenue avec certitude, et 80 % de chance de gagner un yacht (résultat D) ou 20 % de chance de gagner une automobile défectueuse, l'application des techniques précédentes donne 122,5 pour l'utilité d'un yacht. Le choix du consommateur entre deux alternatives plus compliquées peut être prédit sur la base de ces valeurs de l'utilité. Le consommateur rationnel préfère 40 chances sur 60 de gagner D et B à 50 chances de gagner A et C puisque :

$$(0{,}5)(100) + (0{,}5)(10) < (0{,}4)(122{,}5) + (0{,}6)(19).$$

Unicité de la fonction d'utilité.

Imaginons qu'une répartition des valeurs de l'utilité satisfaisante pour les axiomes précédents, ait été trouvée pour un consommateur particulier. On a démontré que les fonctions d'utilité ordinales sont uniques à une transformation monotone près. Les résultats obtenus pour cet indice d'utilité (cardinal) peuvent varier lors de transformations monotones. Ce point peut être illustré par l'exemple ci-dessous. Comme auparavant,

$$U_A = 100 \qquad U_B = 19$$
$$U_C = 10 \qquad U_D = 122{,}5.$$

Le consommateur préfère 40 chances sur 60 de gagner D et B à 50 chances sur 50 de gagner A et C. Faisons subir une transformation monotone à ces nombres tels qu'ils deviennent [1] :

$$U_A = 120 \qquad U_B = 20$$
$$U_C = 18 \qquad U_D = 125.$$

Le consommateur préférera maintenant le cas 50 chances sur 50 de gagner A et C. Il n'est pas vrai que toute transformation monotone de l'indice d'utilité, dans le sens présent, peut aussi convenir comme indice d'utilité. Cependant des transformations linéaires des fonctions d'utilité sont aussi des fonctions d'utilité [2].

$$U_B = PU_A + (1 - P)\, U_C \text{ pour } P \text{ approprié}.$$

Transformons la fonction d'utilité par la formule :

$$U^* = aU + b, \qquad a > 0.$$

(1) La forme exacte de la transformation n'est pas indiquée. Le lecteur pourra voir que la transformation est monotone.

(2) Y est une transformation linéaire monotone de X si $Y = aX + b$ (et $a > 0$).

Alors

$$U = (U^* - b)/a \quad \text{ou} \quad U = cU^* + d, \quad \text{avec} \quad c = 1/a \quad \text{et} \quad d = -b/a.$$

$$cU_B^* + d = P(cU_A^* + d) + (1 - P)(cU_C^* + d) = PcU_A^* + (1 - P)\,cU_C^* + d.$$

Alors

$$cU_B^* = PcU_A^* + c(1 - P)\,U_C^*$$

et par conséquent

$$U_B^* = PU_A^* + (1 - P)\,U_C^*.$$

Ceci prouve qu'une transformation linéaire monotone de la fonction d'utilité initiale est elle-même une fonction d'utilité donnant les mêmes résultats.

L'utilité, dans l'analyse de von Neumann-Morgenstern, est cardinale mais dans un sens étroit. Elle provient du comportement du consommateur devant le risque et n'est valable, pour prédire ses choix, que dans la mesure où celui-ci maximisera l'espérance mathématique de son utilité. Elle est obtenue en lui présentant des choix mutuellement exclusifs. Donc essayer de déduire à partir de l'utilité d'un événement A et de l'utilité d'un événement B, l'utilité de la réunion des événements A et B, n'a pas de sens. Les utilités de von Neumann-Morgenstern possèdent quelques-unes, mais pas toutes, des propriétés de mesures cardinales. Etudions les utilités de trois alternatives : $U_A = 10$, $U_B = 30$, $U_C = 70$. Dire que le consommateur préfère C « sept fois plus que A » n'a pas de sens puisque le choix de l'origine est arbitraire. Les mêmes préférences peuvent être définies par $U_A = 1$, $U_B = 21$, $U_C = 61$. Les nombres qui représentent l'utilité sont différents de ceux qui mesurent des poids, distances, volumes. On peut dire qu'un objet pèse 7 fois plus qu'un autre. Cependant les différences entre les valeurs de l'utilité ont un sens, car les amplitudes relatives des différences entre les valeurs de l'utilité sont invariantes par rapport à des transformations linéaires :

$$U_C - U_B > U_B - U_A.$$

Choisissons une transformation linéaire :

$$U = cU^* + d, \qquad c > 0$$

et substituons U dans l'inéquation ci-dessus :

$$cU_C^* + d - cU_B^* - d > cU_B^* + d - cU_A^* - d$$

et

$$U_C^* - U_B^* > U_B^* - U_A^*.$$

Par opposition à la théorie traditionnelle du consommateur, le signe du taux de variation de l'utilité marginale (dérivée seconde de la fonction de l'utilité) est significatif, puisqu'il est invariant par rapport aux transformations linéaires. De telles comparaisons n'entraînent pas cependant que le consommateur préfère avoir C à B ou B à A puisque l'alternative choisie doit avoir le plus haut indice d'utilité.

Des comparaisons d'utilité entre plusieurs individus sont encore impossibles. Cependant la construction des utilités de von Neumann-Morgenstern permet : 1) de classer entièrement les choix alternatifs en situation de certitude ; 2) de comparer les différences d'utilité en vertu de la propriété cardinale précédente ; 3) de calculer l'espérance de l'utilité, donc de permettre de traiter le problème du comportement du consommateur devant des situations de risque.

2.10 RÉSUMÉ.

Les théoriciens économistes du XIXe siècle expliquaient le comportement du consommateur en supposant que l'utilité était mesurable. Cette hypothèse restrictive fut abandonnée vers la fin du siècle précédent, on supposa seulement que le consommateur pouvait établir un classement des combinaisons de biens selon un ordre de préférence. La fonction d'utilité ordinale du consommateur est la représentation mathématique de ce classement ; à une combinaison de biens plus désirée qu'une autre il correspondra toujours une valeur plus élevée de la fonction d'utilité. On suppose en général que les courbes d'indifférence sont convexes et donc que le taux de substitution des biens (TSB) est décroissant.

Le postulat de base de la théorie du comportement du consommateur suppose que ce dernier maximisera son utilité. Puisque son revenu est limité, il maximisera sa fonction d'utilité sous la contrainte budgétaire qui est l'expression sous forme mathématique de la limitation du revenu. Lorsque le maximum est atteint, le rapport des utilités marginales doit être égal au rapport des prix. Dans une représentation graphique la combinaison optimale des biens est obtenue par le point de tangence entre la ligne des prix et la courbe d'indifférence. La condition du second ordre pour que l'on soit effectivement à un maximum implique que les courbes d'indifférence soient convexes.

La fonction d'utilité du consommateur n'est pas unique. Si une fonction particulière représente convenablement les préférences du consommateur, toute autre fonction déduite de la précédente par une transformation monotone les représentera également. Les autres transformations ne conservent pas le classement et la fonction d'utilité est unique à une transformation monotone près.

La courbe de demande de type classique du consommateur pour un bien peut être obtenue à partir des conditions du premier ordre de la maximisation de l'utilité. Une courbe de demande de type classique lie la quantité demandée à tous les prix et au revenu du consommateur. Les courbes de demande de type classique sont monotones et homogènes de degré zéro par rapport aux prix et au revenu. Une variation proportionnelle de tous les prix et du revenu laisse la quantité demandée invariante. La courbe de demande compensée du consommateur pour un bien peut être obtenue en faisant l'hypothèse que son revenu augmente ou diminue selon les variations de prix, de manière à ce qu'il garde son niveau d'utilité initial. Ces courbes de demande lient la quantité demandée à tous les prix. Elles sont monotones et homogènes de degré zéro par rapport aux prix. On obtient la courbe de demande d'un bien à partir du prix de ce bien, les autres éléments de la fonction étant par hypothèse des paramètres. On peut définir des élasticités-prix pour les deux types de fonction de demande, mais on ne peut trouver d'élasticités-revenu que pour les fonctions de demande classiques.

En général le temps que le consommateur affecte à son travail influe sur le niveau de l'utilité. Ce temps consacré au travail peut être déterminé à partir du critère de décision rationnelle de la maximisation de l'utilité. Les conditions à l'équilibre sont identiques à celles obtenues pour le choix d'une combinaison de biens optimale.

La réaction du consommateur devant des variations de prix et de revenu peut être expliquée par l'effet de substitution et l'effet de revenu. L'effet d'une variation d'un prix donné peut être analytiquement décomposé en effet de substitution, qui représente le taux pour lequel le consommateur désirerait substituer des biens pour d'autres tout en se déplaçant le long de la même courbe d'indifférence, et en effet de revenu qui est une catégorie résiduelle. Si le prix d'un bien varie, la quantité demandée varie en sens contraire en supposant que le consommateur soit obligé de se déplacer sur la même courbe d'indifférence, l'effet de substitution est négatif. Si l'effet global est positif, on appelle aussi le bien « bien Giffen ». Des biens substituts ou complémentaires sont définis à partir du signe de l'effet de substitution pour un bien, quand le prix d'un autre varie : un effet de substitution croisé positif signifie substitualité, et s'il est négatif : complémentarité.

La théorie peut être généralisée à un nombre arbitraire de biens. Elle peut aussi être bâtie à partir de la théorie de la préférence révélée qui n'utilise pas les différentielles et arrive sensiblement aux mêmes conclusions que l'analyse précédente. Les résultats peuvent être obtenus en présentant au consommateur des situations hypothétiques de prix et de revenu et en observant ses choix. On en déduit ses courbes d'indifférence et les choix futurs seront prédits en se basant sur les choix passés à condition qu'il se comporte selon les axiomes fondamentaux de la préférence révélée.

L'étude de von Neumann et Morgenstern analyse le comportement du consommateur devant des situations caractérisées par l'incertitude. Si ce comportement suit certains axiomes fondamentaux, la fonction d'utilité sera obtenue en lui présentant toute une série de choix entre un gain certain d'un côté et une combinaison hasardeuse de deux gains incertains d'un autre côté. La fonction d'utilité qui en résulte est unique à une transformation linéaire près et donne un classement des choix dans des situations qui ne sont pas soumises à un risque. Le consommateur maximise l'espérance mathématique de l'utilité, et l'utilité de von Neumann-Morgenstern est cardinale en ce sens qu'elle permet de calculer des espérances d'utilité et peut être employée pour comparer des différences entre des utilités. Le calcul de l'espérance de l'utilité peut servir à déterminer les choix du consommateur pour des situations comportant un risque.

EXERCICES

2.1 Déterminer si les fonctions d'utilité suivantes ont une courbe d'indifférence convexe :

$$U = q_1^{\gamma} q_2\,; \quad U = aq_1 + q_2\,; \quad U = q_1 q_2\,; \quad U = q_1^2 + q_2^2\,; \quad U = q_1 + q_2 + 2\,q_1 q_2\,;$$
$$U = q_1 + q_2 + 2\,q_1 q_2 - 0{,}01(q_1^2 + q_2^2) \quad \text{et} \quad U = q_1 q_2 + q_1 q_3 + q_2 q_3\,.$$

2.2 Trouver la combinaison optimale de biens d'un consommateur dont la fonction d'utilité est : $U = q_1^{1,5} q_2$ et la contrainte de budget $3\,q_1 + 4\,q_2 = 100$.

2.3 On appelle courbe d'Engel le lieu des points de tangence entre les droites de budget et les courbes d'indifférence, les prix p_1^0, p_2^0 étant donnés et le revenu étant variable. Montrer que la courbe d'Engel est une droite dans le cas où la fonction d'utilité est donnée par $U = q_1^{\gamma} q_2\,; \gamma > 0$.

2.4 Montrer que les fonctions d'utilité $U = Aq_1^{\alpha} q_2^{\beta}$ et $W = q_1^{\alpha/\beta} q_2$ sont des transformations monotones l'une de l'autre, sachant que A, α et β sont positifs.

2.5 Construire les fonctions de demande classiques et compensées pour le bien Q_1, la fonction d'utilité étant donnée par $U = 2\,q_1 q_2 + q_2$. Ecrire les expressions donnant ε_{11}, ξ_{12} et η_1.

2.6 Dériver l'élasticité de l'offre de travail par rapport au taux de rémunération pour chacune des deux courbes d'offre de travail présentées dans le paragraphe 2.5.

2.7 Démontrer que Q_1 et Q_2 ne peuvent être à la fois des biens « inférieurs ».

2.8 Vérifier l'égalité $S_{11}\,p_1 + S_{12}\,p_2 = 0$ lorsque $U = q_1^{\gamma} q_2$.

2.9 Soit un consommateur qui achète $q_1 = 20$, $q_2 = 10$ aux prix $p_1 = 2$, $p_2 = 6$ et qui achète aussi $q_1 = 18$ au prix $p_1 = 3$ et $q_2 = 4$ au prix $p_2 = 5$. Son comportement satisfait-il aux axiomes de la théorie des préférences révélées ?

2.10 Soit un consommateur, dont le comportement satisfait les axiomes de von Neumann-Morgenstern, placé devant quatre situations A, B, C et D. Il préfère A à B, B à C, et C à D. L'expérience montre que le consommateur préfère indifféremment B ou un billet de loterie de probabilité 0,4 et 0,6 respectivement pour A et D d'une part, C ou un billet de loterie de probabilité 0,2 et 0,8 pour B et D respectivement, d'autre part. Construire un ensemble de nombres d'utilité von Neumann-Morgenstern pour les 4 situations.

***2.11** Imaginer la situation suivante : chaque bien a deux prix, l'un exprimé en francs, l'autre en coupons de rationnement. Soit trois biens et un consommateur doté d'un revenu en francs y et un montant de coupons z. Supposer de plus qu'il ne puisse pas acheter avec ses coupons n'importe quelle combinaison de biens qu'il pourrait acheter avec son revenu en francs. Formuler son problème de maximisation d'utilité sous-contrainte. Ecrire les conditions du premier et du second ordre pour être à un maximum. Donner une interprétation économique des conditions du premier ordre. Trouver une condition suffisante qui fasse que le rationnement n'altère pas les achats du consommateur.

(*) Les exercices les plus difficiles seront toujours précédés d'un astérisque.

BIBLIOGRAPHIE

Debreu, G., *Théorie de la valeur* (Paris : Dunod, 1966). On trouvera au chapitre 4 une discussion de la théorie du consommateur utilisant des mathématiques modernes d'un niveau élevé.

Ellsberg, D., « Classic and Current Notions of Measurable Utility » *Economic Journal*, vol. 64 (septembre 1954) pp. 528-556. Comparaison entre le concept de l'utilité mesurable du XIXe siècle et l'index de Von Neumann et Morgenstern. Pas de mathématiques.

Friedman, M., *Essays in Positive Economics* (Chicago : University of Chicago Press, 1953) « La Demande Marshallienne », pp. 47-99. Analyse des différents types de fonctions et de courbes de demande.

— et Savage, L. J., « The Utility Analysis of Choices Involving Risk » *Journal of Political Economy*, vol. 56 (août 1948), pp. 279-304. Egalement réédité dans American Economic Association, *Readings in Price Theory* (Homewood, Ill. Irwin, 1952), pp. 57-96. Une analyse des situations avec conséquences incertaines conduisant à une hypothèse concernant l'utilité comme fonction du revenu. Mathématiques élémentaires.

Georgescu-Roegen, N., « The Pure Theory of Consumer Behavior » *Quarterly Journal of Economics*, vol. 50 (août 1963), pp. 545-593. Une analyse mathématique de la théorie de l'utilité ordinale.

Hicks, J. R., *A Revision of Demand Theory* (Oxford : Clarendon Press, 1956). Une discussion de la théorie du consommateur reposant sur la théorie de la préférence révélée et utilisant peu de mathématiques. *Valeur et Capital* (2e édition ; Paris : Dunod, 1965). Les chapitres 1-3 contiennent un exposé de la théorie de l'utilité ordinale. L'analyse mathématique est en appendice.

Houthakker, H. S., « Revealed Preference and the Utility Function », *Economica*, n. s., vol. 17 (mai 1950), pp. 159-174. Contient une preuve de l'existence de courbes d'indifférence pour les consommateurs qui satisfont aux axiomes de la théorie de la préférence révélée.

Lancaster, K. J., « A New Approach to Consumer Theory », *Journal of Political Economy*, vol. 74 (avril 1966), pp. 132-157. Analyse des choix du consommateur en faisant l'hypothèse que le consommateur tire son utilité des attributs des biens.

Marschak, J., « Rational Behavior, Uncertain Prospects and Measurable Utility », *Econometrica*, vol. 18 (avril 1950), pp. 111-141. Extension de l'approche de von Neumann-Morgenstern. Mathématiques moyennement difficiles.

Marshall, Alfred, *Principles of Economics* (8e édit., Londres : Macmillan, 1920). Les chapitres 1-4 du livre III contiennent une discussion en termes non mathématiques des besoins, de l'utilité, de l'utilité marginale et de la demande du point de vue cardinaliste.

Neumann, J. von et O. Morgenstern, *Theory of Games and Economic Behavior* (2e édit. ; Princeton, N. J. : Princeton University Press, 1947). Le chapitre 1 et un Appendice contiennent la formulation originale de l'approche de von Neumann-Morgenstern.

Richter, M. K., « Revealed Preference Theory », *Econometrica*, vol. 34 (juillet 1966), pp. 635-645. Approche moderne ayant recours à des mathématiques de niveau élevé.

Samuelson, Paul A., « Consumption Theory in Terms of Revealed Preference », *Economica*, n. s. vol. 15 (novembre 1948), pp. 243-253. Présente une preuve de ce que l'approche de la préférence révélée peut conduire à la détermination des courbes d'indifférence.

— *Les fondements de l'analyse économique* (2 volumes), 2e édition (Paris : Dunod 1971). Les chapitres 5 et 7 contiennent une vaste analyse de la théorie de l'utilité utilisant des mathématiques d'un niveau assez élevé.

Slutsky, E. E., « On the theory of the Budget of the Consumer », *Giornale degli Economisti*, vol. 51 (juillet 1915), pp. 1-26. Egalement réédité dans : American Economic Association, *Readings in Price Theory* (Homewood, Ill. : Irwin, 1952), pp. 27-56. L'article sur lequel repose la théorie mathématique moderne du comportement du consommateur. Mathématiques assez difficiles.

CHAPITRE 3

LA THÉORIE DE L'ENTREPRISE

Une entreprise est une unité technique dans laquelle des biens sont produits. Son entrepreneur (propriétaire et directeur) décide en quelles quantités et comment une ou plusieurs marchandises seront produites, et encaisse le profit ou supporte la perte qui résulte de sa décision. Un entrepreneur transforme des inputs en outputs, compte tenu des règles techniques définies par sa fonction de production. La différence entre le revenu provenant de la vente des outputs et le coût des inputs constitue son profit si elle est positive, sa perte si elle est négative.

La fonction de production de l'entrepreneur donne une expression mathématique à l'ensemble des relations entre les quantités d'inputs qu'il emploie, et les quantités d'outputs qu'il produit. Ce concept est tout à fait général. Une fonction de production donnée peut être définie par un simple point, une seule fonction continue ou discontinue, ou par un système d'équations. Ce chapitre est limité aux fonctions de productions définies par une seule fonction continue admettant des dérivées partielles continues du premier et du second ordre. L'analyse aborde en premier lieu le cas relativement simple où deux inputs sont combinés pour la production d'un seul output, elle est étendue ensuite à des cas plus généraux.

Un input est un bien ou un service qui contribue à la production d'un output. Un entrepreneur utilise généralement de nombreux inputs différents pour la production d'un seul output. En général, une partie de ses inputs sont les outputs d'autres firmes. Par exemple, l'acier est un input pour le constructeur d'automobiles et un output pour le producteur d'acier. D'autres inputs — comme le travail, la terre, et les ressources minérales — ne sont pas fabriqués. Pour une période donnée de production, les inputs sont classés suivant qu'ils sont fixes ou qu'ils sont variables. Un input fixe est nécessaire pour la production, mais la quantité utilisée ne varie pas en fonction de la quantité d'output produite. Les coûts relatifs aux inputs fixes sont supportés par l'entrepreneur qui n'en tient pas compte dans ses décisions de maximisation en *courte période*. La quantité d'input variable nécessaire dépend de la quantité d'output produite. La distinction entre inputs fixes et inputs variables dépend de la longueur de la période considérée. Des inputs qui sont fixes pour une période de temps sont variables pour une période plus longue. L'entrepreneur d'un atelier peut demander un délai de trois mois afin d'acheter de nouvelles machines, ou se servir des machines existantes. Il devra considérer les machines comme un input fixe de production pour une période d'un mois, et comme un input variable pour une période d'un an. Tous les inputs sont variables si l'on considère une période de temps suffisamment longue.

L'analyse formelle de l'entreprise est similaire dans de nombreux domaines à l'analyse formelle du consommateur. Le consommateur achète des produits avec lesquels il « produit » de la satisfaction ; l'entrepreneur achète des inputs avec lesquels il produit des biens. Le consommateur a une fonction d'utilité ; l'entreprise une fonction de production. L'équation du budget du consommateur est une fonction linéaire du montant des marchandises qu'il achète ; l'équation du coût de production d'une entreprise en situation de concurrence parfaite est une fonction linéaire du montant des inputs achetés. Le postulat de la maximisation rationnelle du bien-être a aussi un équivalent dans la théorie de l'entreprise. Le consommateur rationnel désire maximiser l'utilité qu'il obtient en consommant des produits ; l'entrepreneur rationnel désire maximiser le profit qu'il obtient à partir de la production et de la vente des produits.

Les différences entre les analyses du consommateur et de l'entreprise ne sont pas aussi évidentes que les similitudes. Une fonction d'utilité est subjective, et l'utilité n'a pas une mesure cardinale définie sans ambiguïté ; une fonction de production est objective, et l'output de la firme est aisément mesuré. Une seule firme peut produire plus d'un output. Le procédé de maximisation de l'entrepreneur va d'habitude un peu plus loin que celui du consommateur. Le consommateur rationnel maximise son utilité pour un revenu donné. L'action analogue de l'entrepreneur est de maximiser la quantité de son output pour un niveau de coût donné, mais généralement son coût est variable et il désire maximiser son profit.

Le problème d'un entrepreneur qui utilise deux inputs pour la production d'un seul output est discuté dans les trois premiers paragraphes de ce chapitre. Dans le premier on étudiera la nature de la fonction de production et la construction des courbes de productivité et des courbes isoquantes. Dans le deuxième paragraphe, on analysera les divers modes de gestion correspondant à un comportement d'optimisation. Au paragraphe 3.3 on étudiera la demande d'inputs à partir du comportement d'optimisation. Au paragraphe 3.4 les fonctions de coût sont obtenues à partir des fonctions de production. Dans le paragraphe 3.5 on considère des fonctions de production homogènes ; dans le paragraphe 3.6, on étudie les fonctions de production CES (élasticité de substitution constante). Les problèmes relatifs à l'entrepreneur qui met en œuvre un input pour produire deux outputs sont abordés au paragraphe 3.7 et l'analyse est généralisée à un nombre quelconque d'inputs et d'outputs au paragraphe 3.8.

3.1 LES CONCEPTS DE BASE.

La fonction de production.

Considérons un procédé de production simple dans lequel un entrepreneur utilise deux inputs variables (X_1 et X_2) et un ou plusieurs inputs fixes afin de produire un seul output (Q). Sa fonction de production donne la quantité de l'output (q) en fonction des quantités des inputs variables (x_1 et x_2) :

$$q = f(x_1, x_2) \tag{3-1}$$

où (3-1) est astreinte à être une fonction continue monotone, admettant des dérivées partielles continues du premier et du second ordre. La fonction de production est définie seulement pour les valeurs non négatives des niveaux des inputs et de l'output. Les valeurs négatives sont sans signification dans le cas présent. La fonction de production est construite en admettant que les quantités d'inputs fixes sont à des niveaux, fixés à l'avance, que l'entrepreneur ne peut pas modifier pendant la période de temps considérée.

L'entrepreneur peut mettre en œuvre plusieurs combinaisons différentes de X_1 et de X_2 pour la production d'une quantité donnée d'output. En fait, comme (3-1) est continue, le nombre de combinaisons possibles est infini. La technologie de l'entrepreneur est constituée de l'ensemble de l'information technique relative aux combinaisons d'inputs nécessaires à la production de son output. Elle inclut toutes les possibilités physiques. La technologie peut établir qu'une combinaison donnée de X_1 et X_2 peut être utilisée de différentes façons, ce qui permet en conséquence d'obtenir différents niveaux d'output possibles. La fonction de production diffère de la technologie en ce sens qu'elle présuppose l'efficience technique et indique le maximum d'output pouvant être obtenu à partir de chaque combinaison d'inputs. La meilleure utilisation d'une quelconque combinaison d'inputs est un problème technique et non économique. La sélection de la meilleure combinaison d'inputs pour la production d'une quantité donnée d'outputs dépend des prix des inputs et des outputs et est du domaine de l'analyse économique.

Les niveaux d'inputs et d'outputs désignent des flux rapportés à l'unité de temps. La période de temps pour laquelle ce flux, et donc la fonction de production de courte période, sont définis est sujette à trois restrictions générales : elle doit être 1) suffisamment courte pour que l'entrepreneur ne puisse modifier les niveaux de ses inputs fixes, 2) suffisamment courte pour que la forme de la fonction de production ne soit pas modifiée par des améliorations technologiques, et 3) suffisamment longue pour permettre l'achèvement des processus techniques nécessaires. La sélection d'une période particulière à l'intérieur des limites spécifiées est arbitraire. L'analyse peut être modifiée pour un raisonnement à long terme en supprimant la condition 1) et en définissant la fonction de production pour une période suffisamment longue pour permettre la variation des inputs considérés comme fixes jusqu'ici. La différence majeure entre l'analyse à court terme et à long terme est le nombre d'inputs variables. Presque tous les résultats pour une courte période subsisteront sous une forme légèrement différente pour une période de longue durée.

Courbes de productivité.

La productivité totale de X_1 dans la production de Q est définie comme la quantité de Q qui peut être obtenue de l'input X_1 si l'on donne à X_2 une valeur fixe x_2^0 :

$$q = f(x_1, x_2^0)\,. \tag{3-2}$$

Le niveau d'input x_2^0 est considéré comme un paramètre, et q devient une fonction de x_1 seulement. La relation entre q et x_1 peut se modifier si l'on fait varier x_2^0. Une famille représentative de courbes de productivité totale est présentée sur la figure 3-1. Chaque courbe donne la relation entre q et x_1 pour une valeur différente de x_2^0. Normalement, un accroissement de x_2^0 entraîne une réduction de la quantité de X_1 nécessaire pour produire chaque niveau d'output à l'intérieur du domaine des possibilités.

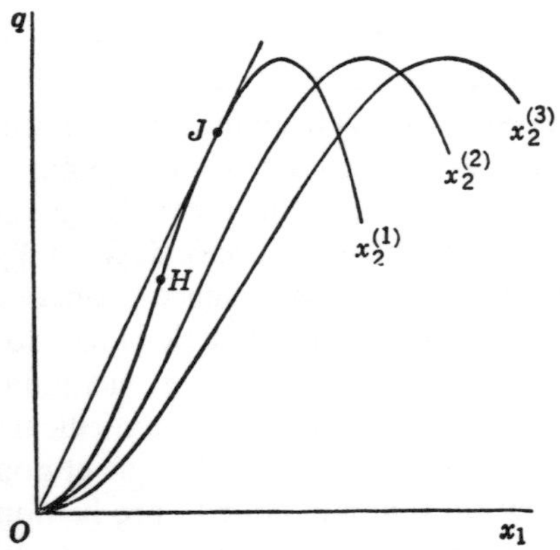

Fig. 3-1.

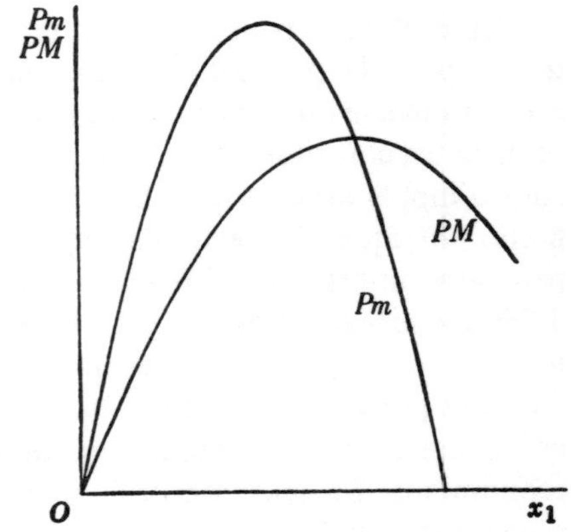

Fig. 3-2.

Si une courbe de productivité totale est placée à la gauche d'une autre, elle correspond à une plus grande valeur de x_2^0 :

$$x_2^{(1)} > x_2^{(2)} > x_2^{(3)}$$

Les productivités moyennes et marginales de X_1 sont définies d'une manière analogue pour les valeurs particulières de x_2^0. La *productivité moyenne* (PM) de X_1 est sa productivité totale divisée par sa quantité :

$$PM = q/x_1 = f(x_1, x_2^0)/x_1 \, .$$

La *productivité marginale* (Pm) de X_1 est le taux de variation de sa productivité totale par rapport aux variations de sa quantité, c'est-à-dire la dérivée partielle de (3-1) par rapport à x_1 :

$$Pm = \partial q/\partial x_1 = f_1(x_1, x_2^0) \, . \tag{3-3}$$

Les familles de courbes PM et Pm peuvent être construites en donnant différentes valeurs à x_2^0.

Les courbes PM et Pm correspondantes à l'une des courbes de productivité totale de (3-1) sont présentées sur la figure 3-2. Chacune des courbes PM et Pm croît, puis décroît lorsque l'utilisation de X_1 augmente. La courbe Pm atteint un maximum à un niveau d'input plus bas que pour la courbe PM et coupe la courbe PM en son maximum (1). Le niveau d'input pour lequel *Pm* est égale à zéro est le même que le niveau d'input pour lequel la courbe de productivité totale correspondante est à un maximum, c'est-à-dire, le point pour lequel la pente de sa tangente est nulle. Le niveau d'input pour lequel *Pm* atteint un maximum est le même que le niveau d'input du point d'inflexion de la courbe correspondante de productivité totale, c'est-à-dire le point pour lequel la pente de sa tangente est maximale (voir le point *H* sur la courbe $x_2^{(1)}$ de la Fig. 3-1). Le niveau d'input pour lequel la courbe *PM* atteint un maximum est le même que le niveau d'input pour lequel la pente d'un vecteur mené de l'origine à la courbe de productivité totale est maximum (voir le point *J* sur la courbe $x_2^{(1)}$ de la Fig. 3-1).

Les courbes de productivité données dans les figures 3-1 et 3-2 satisfont à la loi presqu'universelle de la *productivité marginale décroissante*. La *Pm* de X_1 diminuera éventuellement en même temps que x_1 augmentera sans variation de x_2^0 (2). Cette loi n'inclut pas la phase initiale d'accroissement de *Pm* mis en évidence dans l'exemple présent. Considérons un procédé de production dans lequel le travail et la terre sont combinés pour produire du blé et calculons la quantité de blé produite lorsque de plus en plus de travail est appliqué à une surface fixe de terre. Initialement, un accroissement du nombre de travailleurs employés peut permettre la spécialisation et il en résulte un accroissement de la *Pm* du travail. Néanmoins, après que ces économies initiales aient été réalisées, à des accroissements de la quantité de travail correspondent des accroissements pour l'output blé de plus en plus petits. La quantité de travail devient de plus en plus grande par rapport à la quantité fixe de terre. La loi de la productivité marginale décroissante concerne les quantités relatives des inputs et n'est pas applicable si les deux inputs augmentent.

L'élasticité output de X_1, notée ω_1, se définit comme le taux de variation relative de Q par rapport à X_1 :

$$\omega_1 = \frac{\partial(\log q)}{\partial(\log x_1)} = \frac{x_1\, \partial q}{q\, \partial x_1} = \frac{Pm}{PM} \tag{3-4}$$

On peut exprimer les élasticités output comme des rapports entre les productivités moyennes et marginales. Elles sont positives si *PM* et *Pm* sont positives. L'élasticité output d'un input sera supérieure, égale ou inférieure à la producti-

(1) Pour déterminer l'abscisse du maximum de *PM*, annulons sa dérivée partielle par rapport à x_1 :

$$\partial PM/\partial x_1 = [x_1 f_1(x_1, x_2^0) - f(x_1, x_2^0)]/x_1^2 = 0.$$

Si une fraction est nulle, son numérateur doit être nul :

$$x_1 f_1(x_1, x_2^0) - f(x_1, x_2^0) = 0.$$

Faisons passer dans le membre de droite le second terme et divisons l'ensemble par x

$$f_1(x_1, x_2^0) = f(x_1, x_2^0)/x_1$$

PM et *Pm* sont égales au point où *PM* est maximale, si un tel point existe.

(2) Cette loi a été établie sous bien des formes différentes. Voir K. Menger, « The Laws of Return » O. Morgenstern (éd.), *Economic Activity Analysis* (New York : Wiley, 1954), pp. 419-482.

vité moyenne. On peut appliquer l'étude de la productivité aux variations de x_2, x_1 étant considéré comme un paramètre.

Prenons un exemple précis et considérons la fonction de production donnée par l'équation du sixième degré

$$q = Ax_1^2 x_2^2 - Bx_1^3 x_2^3 \tag{3-5}$$

où A, $B > 0$. Les courbes de productivité correspondantes sont décrites sur les figures 3-1 et 3-2(1). Posant $Ax_2^2 = k_1$, et $Bx_2^3 = k_2$, la famille des courbes de productivité totale de X_1 est donnée par l'équation du 3e degré

$$q = k_1 x_1^2 - k_2 x_1^3$$

où k_1 et k_2 dépendent de la valeur fixée que l'on donne à x_2. Les courbes PM et Pm sont données par les équations du deuxième degré.

$$PM = k_1 x_1 - k_2 x_1^2 , \qquad Pm = 2 k_1 x_1 - 3 k_2 x_1^2$$

PM atteint un maximum pour $x_1 = k_1/2 k_2$, et Pm atteint un maximum pour $x_1 = k_1/3 k_2$. Or $x_1, k_1, k_2 > 0$, Pm atteint son maximum pour une valeur plus petite de l'input X_1 que PM. Le lecteur peut vérifier que $PM = Pm$ pour $x_1 = k_1/2 k_2$.

Isoquantes.

Une isoquante est l'équivalent pour l'entreprise de la courbe d'indifférence du consommateur. C'est le lieu de toutes les combinaisons possibles de x_1 et x_2 donnant un niveau d'output donné. Pour un niveau d'output donné (3-1) devient

$$q^0 = f(x_1, x_2) \tag{3-6}$$

où q^0 est un paramètre. Le lieu de toutes les combinaisons de x_1 et x_2 qui satisfont à (3-6) forme une isoquante. Comme la fonction de production est continue, chaque isoquante est constituée par un nombre infini de points correspondant à une infinité de combinaisons d'inputs. Trois courbes d'une famille d'isoquantes sont dessinées sur la figure 3-3. Toutes les combinaisons d'inputs d'une isoquante donnent le même niveau d'output, caractéristique de la courbe. Dans les limites d'opérations convenablement choisies, un accroissement de l'un et de l'autre des deux inputs entraînera une augmentation de l'output. Plus l'isoquante est loin de l'origine, plus le niveau d'output qu'elle représente est élevé : $q^{(3)} > q^{(2)} > q^{(1)}$.

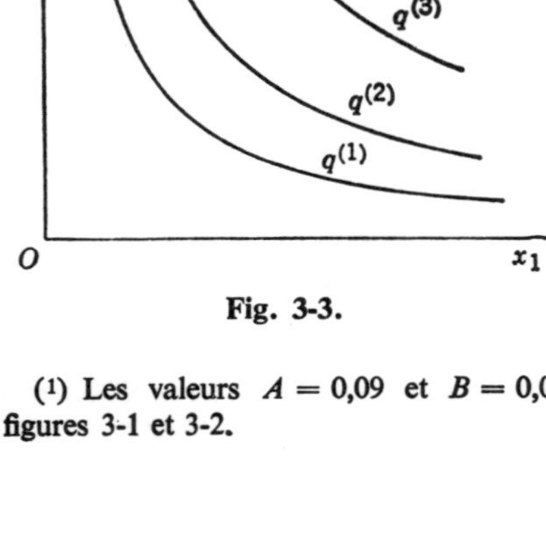

Fig. 3-3.

(1) Les valeurs $A = 0{,}09$ et $B = 0{,}0001$ ont été utilisées pour construire les courbes des figures 3-1 et 3-2.

La pente de la tangente en un point d'une isoquante est le taux auquel X_1 doit être substitué à X_2 (ou X_2 à X_1) afin de maintenir le niveau de l'output correspondant. L'opposée de la pente est définie comme le *taux de substitution technique* (TST) :

$$\text{TST} = - \mathrm{d}x_2/\mathrm{d}x_1 \,. \tag{3-7}$$

Le TST d'une entreprise est analogue au TSB (taux de substitution entre biens) d'un consommateur. Le TST est en chaque point le même si l'on se déplace dans l'une ou l'autre direction sur la courbe.

La différentielle totale de la fonction de production est :

$$\mathrm{d}q = f_1 \, \mathrm{d}x_1 + f_2 \, \mathrm{d}x_2 \tag{3-8}$$

où f_1 et f_2 sont les dérivées partielles de q par rapport à x_1 et x_2 (les *Pm* de X_1 et X_2). Comme $\mathrm{d}q = 0$ le long de l'isoquante,

$$0 = f_1 \, \mathrm{d}x_1 + f_2 \, \mathrm{d}x_2$$

et

$$\text{TST} = - \mathrm{d}x_2/\mathrm{d}x_1 = f_1/f_2 \,. \tag{3-9}$$

Le TST en un point est égal au rapport de *Pm* de X_1 et X_2 en chaque point.

Des isoquantes ayant la forme de celles présentées sur la figure 3-3 (hyperboles équilatères de pente toujours négative) peuvent être obtenues à partir de la fonction de production donnée par (3-5). Posons $z = x_1 x_2$ et réécrivons (3-5) sous la forme :

$$q^0 = Az^2 - Bz^3 \,.$$

Formons l'équation du troisième degré

$$Bz^3 - Az^2 + q^0 = 0 \,,$$

qui peut être résolue en z. Considérons la plus petite racine positive comme la solution en z. La valeur de z dépend du paramètre q^0

$$z = \psi(q^0) \qquad \text{ou} \qquad x_1 x_2 = \psi(q^0) \,.$$

Ce qui définit les isoquantes comme une famille d'hyperboles équilatères car $\psi(q^0)$ est constant pour toute valeur fixée de q^0.

La *Pm* de X_1 peut devenir négative si le domaine de variation de X_1 est suffisamment grand. On peut imaginer une situation dans laquelle la quantité de travail utilisée est tellement grande par rapport aux autres inputs qu'un accroissement de la quantité de travail entraîne le surpeuplement et l'inefficacité. La définition de la fonction de production comme donnant le maximum d'output pour chaque combinaison possible d'input n'exclut pas cette possibilité. Si la *Pm* de X_1 est négative et la *Pm* de X_2 positive [1], le TST est négatif, comme au point A de la figure 3-4. Un mouvement le long de l'isoquante de A à B entraînera une réduction à la fois de x_1

(1) Cette situation ne se présente jamais pour la fonction de production définie par (3-5). Si la *Pm* de l'un de ces inputs est négative, la *Pm* de l'autre doit alors l'être aussi.

et de x_2. Il est clair que le point *B* est préférable à *A* si l'entrepreneur doit payer des prix positifs pour les inputs. Un entrepreneur rationnel ne devra jamais opérer en une partie de l'isoquante où la pente est positive ; c'est-à-dire qu'il ne devra jamais utiliser une combinaison entraînant une *Pm* négative pour l'un des inputs. Les courbes limites *OC* et *OD* déterminent le domaine des opérations rationnelles.

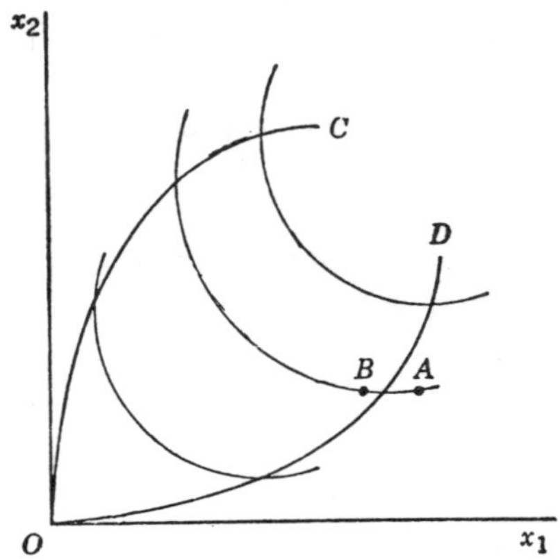

Fig. 3-4.

Forme de la fonction de production.

On a l'habitude d'associer aux fonctions de production des isoquantes convexes, incurvées vers l'origine. Les TST sont décroissants lorsque l'on se déplace le long des isoquantes en substituant X_1 à X_2. La figure 3-3 et la figure 3-4 montrent des isoquantes de cette forme. (Sur la Fig. 3-4 on voit également les courbes limites.) A cet égard il y a similitude entre les fonctions de production et les fonctions d'utilité. La ressemblance s'arrête pourtant là. On suppose généralement que la fonction de production elle-même est concave (souvent même strictement concave) au moins pour les valeurs positives des inputs ([1]). Dans le cas de deux dimensions, on a une fonction de production concave sur un domaine donné (voir Par. A-2) si

$$f_{11} \leqslant 0, \qquad f_{22} \leqslant 0$$

et

$$\begin{vmatrix} f_{11} & f_{12} \\ f_{21} & f_{22} \end{vmatrix} = f_{11} f_{22} - f_{12}^2 \geqslant 0 \,. \tag{3-10}$$

Elle est strictement concave si l'on a les inégalités strictes.

Soit la classe des fonctions de production données par

$$q = A x_1^{\alpha} x_2^{\beta} \qquad (\alpha, \beta > 0) \,.$$

([1]) Les isoquantes seront strictement convexes si la fonction de production est strictement concave si la fonction de production est concave, elles seront convexes ou strictement convexes.

Il est facile de vérifier la convexité des isoquantes obtenues à partir de ces fonctions pour x_1, $x_2 > 0$:

$$x_2 = (q^0/A)^{1/\beta}\, x_1^{-\alpha/\beta}$$

$$\frac{\partial^2 x_2}{\partial x_1^2} = \frac{\alpha(\alpha+\beta)}{\beta^2}\left(\frac{q^0}{A}\right)^{1/\beta} x_1^{-(\alpha+2\beta)/\beta} > 0\,.$$

Les isoquantes auront la forme voulue pour toutes les valeurs positives de α et de β. Les dérivées secondes partielles seront négatives, condition de la concavité, si α et β sont tous deux inférieurs à 1 :

$$f_{11} = \alpha(\alpha - 1)\, q/x_1^2 \qquad f_{22} = \beta(\beta - 1)\, q/x_2^2\,.$$

D'après (3-10) on peut écrire :

$$\alpha(\alpha-1)\frac{q}{x_1^2}\,\beta(\beta-1)\frac{q}{x_2^2} - \left(\frac{\alpha\beta q}{x_1\, x_2}\right)^2 = (1-\alpha-\beta)\frac{\alpha\beta q^2}{x_1^2\, x_2^2} \qquad (3\text{-}11)$$

qui peut être positive, négative ou nulle selon les valeurs de α et de β. Si $\alpha + \beta < 1$, (3-11) est positive et la fonction de production est strictement concave pour toutes les valeurs positives de x_1 et de x_2. Si $\alpha + \beta = 1$, elle est nulle et la fonction de production est concave. Si $\alpha + \beta > 1$, elle est négative et la fonction de production n'est ni concave ni convexe.

La fonction de production donnée par l'équation (3-5), $q = Ax_1^2\, x_2^2 - Bx_1^3\, x_2^3$ n'a pas un comportement « aussi simple ». Les isoquantes sont des hyperboles équilatères convexes pour toutes les valeurs positives des niveaux d'outputs donnés par la fonction. Les dérivées secondes partielles sont négatives pour $x_1\, x_2 > A/3\, B$. Le déterminant Hessien (3-10) est positif seulement pour le domaine défini par :

$$2\, A/5\, B < x_1\, x_2 < 2\, A/3\, B\,.$$

La fonction de production est strictement concave dans ce domaine. La productivité moyenne des deux facteurs est positive et décroissante.

Elasticité de substitution.

Si à une fonction de production correspondent des isoquantes convexes, le TST de X_1 à X_2 et le rapport des inputs x_2/x_1 seront décroissants lorsque l'on se déplacera le long de l'isoquante en substituant X_1 à X_2. L'élasticité de substitution, notée σ, est un nombre qui mesure le taux de la substitution. On la définit comme le rapport de la variation relative du rapport des inputs à la variation relative du TST :

$$\sigma = \frac{\mathrm{d}\log(x_2/x_1)}{\mathrm{d}\log(f_1/f_2)} = \frac{f_1/f_2}{x_2/x_1}\,\frac{\mathrm{d}(x_2/x_1)}{\mathrm{d}(f_1/f_2)}.$$

Puisque :

$$d(x_2/x_1) = (x_1\, dx_2 - x_2\, dx_1)/x_1^2\,,$$

$$d(f_1/f_2) = \frac{\partial(f_1/f_2)}{\partial x_1} dx_1 + \frac{\partial(f_1/f_2)}{\partial x_2} dx_2\,,$$

et $dx_2 = -(f_1/f_2)\, dx_1$ d'après (3-9), on a :

$$\sigma = \frac{f_1(f_1 x_1 + f_2 x_2)}{f_2 x_1 x_2 \left[f_1 \dfrac{\partial(f_1/f_2)}{\partial x_2} - f_2 \dfrac{\partial(f_1/f_2)}{\partial x_1} \right]}\,.$$

D'après (3-9), en calculant le terme entre crochets du dénominateur, il vient

$$\sigma = \frac{f_1 f_2(f_1 x_1 + f_2 x_2)}{x_1 x_2} \qquad (3\text{-}12)$$

où $\mathbf{D} = 2f_{12}f_1f_2 - f_1^2 f_{22} - f_2^2 f_{11}$ est positif d'après l'hypothèse de convexité des isoquantes ([1]). Tous les termes de (3-11) sont positifs, l'élasticité de substitution est donc positive. Certaines fonctions de production ont une élasticité de substitution constante, mais en général σ varie lorsque l'on se déplace le long de la fonction de production. **D** reflète le taux de variation de la pente d'une isoquante. Plus **D** croît, plus l'isoquante s'incurve.

Soit la classe des fonctions de production du type $q = Ax_1^\alpha x_2^\beta$, avec $\alpha, \beta > 0$. Calculons σ d'après (3-11) :

$$\sigma = \frac{\alpha q}{x_1} \frac{\beta q}{x_2} \frac{(\alpha q + \beta q)}{x_1 x_2} \frac{x_1^2 x_2^2}{q^3 \alpha\beta(\alpha + \beta)} = 1\,.$$

Les fonctions de production du type $q = Ax_1^\alpha x_2^\beta$ ont une élasticité de substitution constante égale à l'unité.

3.2 GESTION OPTIMALE.

L'analyse ci-dessous est limitée au cas où l'entrepreneur achète X_1 et X_2 sur des marchés parfaitement concurrentiels à des prix uniques constants. Son coût de production total (C) est donné par l'équation linéaire

$$C = r_1 x_1 + r_2 x_2 + b \qquad (3\text{-}13)$$

où r_1 et r_2 sont les prix respectifs de X_1 et X_2 et b est le coût des inputs fixes. Une courbe isocoût est définie comme étant le lieu des combinaisons d'inputs pouvant être achetés pour un coût total fixé :

$$C^0 = r_1 x_1 + r_2 x_2 + b \qquad (3\text{-}14)$$

où C^0 est un paramètre.

(1) Comparer à l'équation (2-11).

En résolvant (3-14) par rapport à x_1

$$x_1 = \frac{C^0 - b}{r_1} - \frac{r_2}{r_1} x_2 .$$

Les pentes des courbes isocoût sont égales au rapport des prix des inputs. L'intersection d'une courbe isocoût avec l'axe des x_1, $[(C^0 - b)/r_1]$, représente la quantité de X_1 qui pourrait être achetée si la dépense totale, indépendamment du coût des inputs fixes, était consacrée à X_1, et l'intersection avec l'axe des x_2, $[(C^0 - b)/r_2]$, représente la quantité de X_2 qui pourrait être achetée si la dépense totale était consacrée à X_2. Trois courbes de la famille d'isoquantes sont données sur la figure 3-5. Plus la dépense totale à laquelle correspond une droite isocoût est grande, plus la droite est éloignée de l'origine : $C^{(3)} > C^{(2)} > C^{(1)}$. La famille des droites isocoût remplit entièrement le premier quadrant du plan $x_1 x_2$.

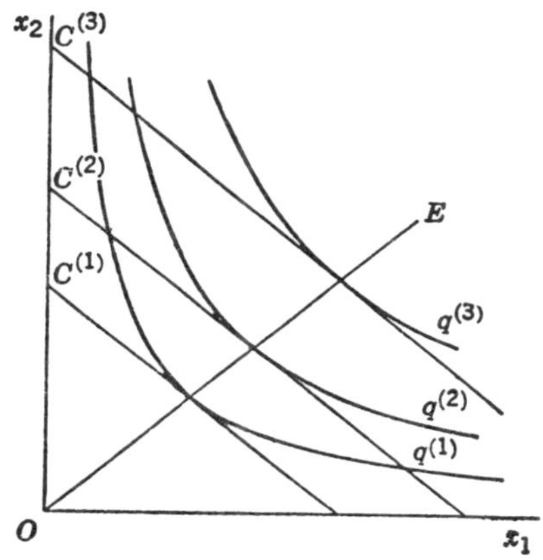

Fig. 3-5.

Maximisation de l'output sous contrainte.

Le consommateur maximise son utilité sous sa contrainte budgétaire. Le problème analogue pour l'entreprise est la maximisation de l'output (3-1) sujette à une contrainte de coût (3-14). L'entrepreneur désirerait obtenir la plus grande quantité d'output possible pour une dépense donnée. Formons la fonction

$$V = f(x_1, x_2) + \mu(C^0 - r_1 x_1 - r_2 x_2 - b) \tag{3-15}$$

où $\mu \neq 0$ est le multiplicateur de Lagrange, à déterminer, et posons que les dérivées partielles de V par rapport à x_1, x_2 et μ sont égales à zéro :

$$\partial V/\partial x_1 = f_1 - \mu r_1 = 0 ,$$
$$\partial V/\partial x_2 = f_2 - \mu r_2 = 0 ,$$
$$\partial V/\partial \mu = C^0 - r_1 x_1 - r_2 x_2 - b = 0 .$$

En faisant passer les termes de prix des deux premières équations vers la droite et en divisant la première par la seconde

$$f_1/f_2 = r_1/r_2 \,. \tag{3-16}$$

Les conditions du premier ordre établissent que le rapport des *Pm* de X_1 et de X_2 doit égaler le rapport de leur prix.

Les conditions du premier ordre peuvent être établies sous plusieurs formes équivalentes. En résolvant les deux premières équations en μ

$$\mu = f_1/r_1 = f_2/r_2 \,. \tag{3-17}$$

Le supplément d'output correspondant au dernier franc dépensé sur chaque input, doit être égal à μ. Le multiplicateur de Lagrange μ est la dérivée totale de l'output par rapport au coût (1).

Finalement en remplaçant le TST $= f_1/f_2$ de (3-9) dans (3-16),

$$\text{TST} = r_1/r_2 \,. \tag{3-18}$$

Les conditions du premier ordre peuvent aussi être exprimées comme l'égalité du TST et du rapport du prix des inputs. Les trois formules des conditions du premier ordre données par (3-16) (3-17) et (3-18) sont équivalentes. Si l'une d'elles est satisfaite, toutes les trois le sont.

La formule donnée par (3-18) a une interprétation géométrique simple. La combinaison optimale d'inputs est donnée par le point de tangence entre une isoquante et la droite isocoût choisie. Si $C^{(3)}$ (voir Fig. 3-5) est le niveau de coût fixé, le maximum d'output a pour valeur $q^{(3)}$. Les output correspondants à toutes les autres isoquantes qui ont des points communs avec la droite d'isocoût donnée, comme $q^{(1)}$ et $q^{(2)}$, sont plus faibles que $q^{(3)}$.

Les conditions du second ordre exigent que le déterminant Hessien, convenablement bordé soit positif :

$$\begin{vmatrix} f_{11} & f_{12} & -r_1 \\ f_{21} & f_{22} & -r_2 \\ -r_1 & -r_2 & 0 \end{vmatrix} > 0 \,. \tag{3-19}$$

(1) En supposant que le coût est variable, la différentielle totale de l'équation de coût est :

$$dC = r_1\,dx_1 + r_2\,dx_2.$$

En remplaçant r_1 par f_1/μ et r_2 par f_2/μ obtenus par les conditions du premier ordre,

$$dC = \frac{1}{\mu}(f_1\,dx_1 + f_2\,dx_2).$$

En divisant la différentielle totale de la fonction de production (3-8) par cette expression, la dérivée totale de l'ouptut par rapport au coût est :

$$\frac{dq}{dC} = \mu\frac{f_1\,dx_1 + f_2\,dx_2}{f_1\,dx_1 + f_2\,dx_2} = \mu \,.$$

Les conditions du second ordre peuvent être utilisées pour démontrer que la dérivée de la pente de la tangente à une isoquante doit être positive ($d^2x_2/dx_1^2 > 0$) au point de tangence avec la courbe isocoût ([1]). Cela signifie que les isoquantes doivent tourner leur concavité vers le haut comme cela est montré sur la figure 3-5.

Minimisation du coût sous contrainte.

L'entrepreneur peut désirer minimiser le coût de production pour un niveau d'output donné. Dans ce cas on minimisera (3-13) sous la contrainte (3-6).

Formons la fonction

$$Z = r_1 x_1 + r_2 x_2 + b + \lambda[q^0 - f(x_1 x_2)] \tag{3-20}$$

et écrivons que les dérivées partielles de Z par rapport à x_1, x_2 et λ sont égales à zéro :

$$\partial Z/\partial x_1 = r_1 - \lambda f_1 = 0\,,$$

$$\partial Z/\partial x_2 = r_2 - \lambda f_2 = 0\,,$$

$$\partial Z/\partial \lambda = q^0 - f(x_1, x_2) = 0\,.$$

Comme r_1 et f_1 sont tous deux positifs, λ est aussi positif. En faisant passer les termes de prix à droite pour les deux premières équations et en divisant la première par la seconde,

$$f_1/f_2 = r_1/r_2 \quad \text{ou} \quad 1/\lambda = f_1/r_1 = f_2/r_2 \quad \text{ou} \quad \text{TST} = r_1/r_2\,.$$

Les conditions du premier ordre de minimisation du coût sous une contrainte d'output sont semblables aux conditions de maximisation d'un output sous une contrainte de coût. Le multiplicateur λ est l'inverse du multiplicateur μ, ou la dérivée totale du coût par rapport à l'output (définie comme le coût marginale dans le Par. 3.3). Dans le cas présent, l'entrepreneur trouve la courbe isocoût la plus basse qui a au moins un point commun avec l'isoquante choisie. Il pourrait produire (voir Fig. 3-5) à un coût $C^{(3)}$ ou $C^{(2)}$, mais $C^{(1)}$ leur est inférieur. Son coût minimal est donné par la courbe isocoût qui est tangente à l'isoquante choisie.

Les conditions du second ordre nécessitent que le déterminant Hessien, convenablement bordé, soit négatif :

$$\begin{vmatrix} -\lambda f_{11} & -\lambda f_{12} & -f_1 \\ -\lambda f_{21} & -\lambda f_{22} & -f_2 \\ -f_1 & -f_2 & 0 \end{vmatrix} < 0\,.$$

En remplaçant $-f_1$ par $-r_1/\lambda$ et $-f_2$ par $-r_2/\lambda$, en multipliant les deux premières

([1]) La dérivation formelle est identique à celle utilisée pour démontrer que le taux de variation de la pente de la courbe d'indifférence doit être positif au point d'utilité maximale (voir Par. 2.2).

colonnes de la matrice par $-1/\lambda$, puis en multipliant la troisième ligne par $-\lambda^2$ et la troisième colonne par λ (1)

$$\begin{vmatrix} -\lambda f_{11} & -\lambda f_{12} & -r_1/\lambda \\ -\lambda f_{21} & -\lambda f_{22} & -r_2/\lambda \\ -r_1/\lambda & -r_2/\lambda & 0 \end{vmatrix} = \lambda^2 \begin{vmatrix} f_{11} & f_{12} & -r_1/\lambda \\ f_{21} & f_{22} & -r_2/\lambda \\ r_1/\lambda^2 & r_2/\lambda^2 & 0 \end{vmatrix}$$

$$= -\frac{1}{\lambda} \begin{vmatrix} f_{11} & f_{12} & -r_1 \\ f_{21} & f_{22} & -r_2 \\ -r_1 & -r_2 & 0 \end{vmatrix} < 0 .$$

Or $\lambda > 0$,

$$\begin{vmatrix} f_{11} & f_{12} & -r_1 \\ f_{21} & f_{22} & -r_2 \\ -r_1 & -r_2 & 0 \end{vmatrix} > 0 .$$

Les conditions du second ordre sont les mêmes que celles données par (3-19).

Si les conditions du second ordre sont satisfaites, chaque point de tangence entre une isoquante et une courbe isocoût est à la fois solution d'un problème de maximum sous contrainte et d'un problème de minimum sous contrainte. Si $q^{(1)}$ (voir Fig. 3-5) est le maximum d'output pouvant être obtenu à partir d'une dépense de $C^{(1)}$ francs, $C^{(1)}$ francs est le coût minimal pour lequel la quantité q_1 d'output peut être produite. Le lieu des points de tangence (*OE* sur la Fig. 3-5) donne le *chemin d'expansion* de l'entreprise.

L'entrepreneur rationnel ne choisira que les combinaisons d'inputs se trouvant sur ce chemin. Formellement, le chemin d'expansion est défini par une fonction implicite de x_1 et x_2 :

$$g(x_1, x_2) = 0 \tag{3-21}$$

pour laquelle les conditions du premier et du second ordre sont remplies par la maximisation et la minimisation sous contrainte.

Si les isoquantes tournent leur concavité vers le haut, les conditions du second ordre seront toujours satisfaites, et le chemin d'expansion pourra être obtenu à partir des conditions du premier ordre. Considérons la fonction de production donnée par (3-5) par exemple. Calculons le rapport des *Pm* de X_1 et X_2 :

$$\frac{f_1}{f_2} = \frac{2\,Ax_1\,x_2^2 - 3\,Bx_1^2\,x_2^3}{2\,Ax_1^2\,x_2 - 3\,Bx_1^3\,x_2^2} = \frac{x_2(2\,Ax_1\,x_2 - 3\,Bx_1^2\,x_2^2)}{x_1(2\,Ax_1\,x_2 - 3\,Bx_1^2\,x_2^2)} = \frac{x_2}{x_1}$$

(1) La multiplication de la première colonne par $-1/\lambda$ multiplie la valeur du déterminant par la même quantité. La multiplication des deux premières colonnes par $-1/\lambda$ multiplie la valeur du déterminant par $1/\lambda^2$. Sa valeur ne change pas si la matrice entière est alors multipliée par λ^2 (voir Par. A-1).

et écrivons qu'il est égal au rapport du prix des inputs

$$x_2/x_1 = r_1/r_2$$

en mettant cette condition du premier ordre sous la forme d'une fonction implicite, le chemin d'expansion est donné par l'équation linéaire

$$r_1 x_1 - r_2 x_2 = 0 .$$

Cela correspond au chemin d'expansion *OE* de la figure 3-5.

Maximisation du profit.

L'entrepreneur est en général libre de faire varier à la fois le niveau du coût et celui de l'output, et son dessein ultime est la maximisation du profit plus que la résolution des problèmes de maximisation et de minimisation sous contrainte. Le revenu total d'un entrepreneur qui vend son output sur un marché de concurrence parfaite est donné par le produit du nombre d'unités qu'il vend par le prix unitaire fixé (p) qu'il reçoit. Son profit (π) est la différence entre son revenu total et son coût total :

$$\pi = pq - C$$

en remplaçant $q = f(x_1, x_2)$ obtenu en (3-1) et $C = r_1 x_1 + r_2 x_2 + b$ obtenu en (3-11)

$$\pi = pf(x_1, x_2) - r_1 x_1 - r_2 x_2 - b . \qquad (3\text{-}22)$$

Le profit est une fonction de x_1 et de x_2 et elle est maximisée par rapport à ces variables.

En posant que les dérivées partielles de (3-22) par rapport à x_1 et x_2 sont égales à zéro,

$$\partial\pi/\partial x_1 = pf_1 - r_1 = 0 \qquad \partial\pi/\partial x_2 = pf_2 - r_2 = 0 . \qquad (3\text{-}23)$$

En faisant passer les termes relatifs aux prix des inputs à droite,

$$pf_1 = r_1 , \qquad pf_2 = r_2 . \qquad (3\text{-}24)$$

Les dérivées partielles de la fonction de production par rapport aux inputs sont les *Pm* des inputs. La valeur de la *Pm* de $X_1(pf_1)$ est le taux auquel le revenu de l'entre preneur augmenterait pour une augmentation de la quantité de X_1. Les conditions du premier ordre pour la maximisation du profit (3-24) nécessitent que chaque input soit utilisé jusqu'à ce que sa *Pm* soit égale à son prix. L'entrepreneur peut augmenter son profit aussi longtemps que le supplément de revenu provoqué par l'utilisation d'une unité supplémentaire de X_1, excède son coût. La combinaison d'inputs assurant le maximum de profit se trouve sur le chemin d'expansion, car (3-24) est un cas particulier de (3-16).

Les conditions du second ordre nécessitent que les mineurs principaux du déterminant Hessien adéquat aient des signes alternés :

$$\partial^2\pi/\partial x_1^2 = pf_{11} < 0 , \qquad \partial^2\pi/\partial x_2^2 = pf_{22} < 0 \qquad (3\text{-}25)$$

et

$$\begin{vmatrix} \partial^2\pi/\partial x_1^2 & \partial^2\pi/\partial x_1\,\partial x_2 \\ \partial^2\pi/\partial x_2\,\partial x_1 & \partial^2\pi/\partial x_2^2 \end{vmatrix} = p^2 \begin{vmatrix} f_{11} & f_{12} \\ f_{21} & f_{22} \end{vmatrix} > 0 . \qquad (3\text{-}26)$$

D'après les conditions (3-25) le profit doit décroître en fonction des augmentations de X_1 *ou de* X_2. La condition (3-26) assure que le profit décroît en fonction des augmentations simultanées de X_1 *et de* X_2. Comme $p > 0$, d'après les conditions (3-25) il faut que les *Pm* des deux inputs soient décroissantes. Si la *Pm* de l'un des inputs était croissante, un petit déplacement à partir du point où les conditions du premier ordre sont satisfaites suffirait à augmenter la *Pm* de cet input. Comme son prix est constant, l'entrepreneur pourrait accroître son profit en augmentant sa quantité.

D'après les conditions (3-25) et (3-26) la fonction de production sera strictement concave au voisinage du point où les conditions du premier ordre sont satisfaites, $x_1\,x_2 \geqslant 0$, et à condition que ce point existe. Les solutions sont limitées aux domaines strictement concaves de la fonction de production, les niveaux d'input et d'output étant non négatifs. Si la fonction de production ne remplit ces conditions en aucun point, on ne peut trouver de solutions aux problèmes de maximisation du profit sur un marché concurrentiel dans le contexte décrit ici.

3.3 FONCTIONS DE DEMANDE D'INPUT.

On déduit la demande d'input pour la production, de la demande correspondante du bien produit. On obtient les fonctions de la demande d'input du producteur en résolvant les conditions du premier ordre (3-24) pour x_1 et x_2 en fonction de r_1, r_2 et p. Elles sont définies pour les domaines strictement concaves de la fonction de production, c'est-à-dire lorsque les conditions du second ordre sont satisfaites. Les fonctions de demande du producteur sont analogues aux fonctions de demande classique du consommateur à maints égards. On voit d'après (3-24) que les fonctions de la demande d'input sont homogènes de degré zéro pour les trois prix (voir Par. 2.4). On peut définir des élasticités pour chacun des inputs en fonction des prix. On obtient la courbe de la demande pour l'input X_1 en représentant graphiquement la fonction de la demande d'input en fonction de r_1 seulement, r_2 et p étant pris comme paramètres.

Soit la classe des fonctions de production du type $q = Ax_1^\alpha x_2^\beta$, avec $\alpha, \beta > 0$ et $\alpha + \beta < 1$. On a montré dans le paragraphe 3.1 que ces fonctions étaient strictement convexes pour x_1, $x_2 \geqslant 0$.

Ecrivons la fonction de profit :

$$\pi = pAx_1^\alpha x_2^\beta - r_1 x_1 - r_2 x_2 .$$

Posons ensuite que ses dérivées partielles sont égales à zéro :

$$\partial\pi/\partial x_1 = p\alpha Ax_1^{\alpha-1} x_2^\beta - r_1 = 0$$

$$\partial\pi/\partial x_2 = p\beta Ax_1^\alpha x_2^{\beta-1} - r_2 = 0 .$$

En résolvant ces équations en x_1 et en x_2, les fonctions de la demande d'input sont :

$$x_1 = (\alpha/r_1)^{(1-\beta)/\gamma} (\beta/r_2)^{\beta/\gamma} (Ap)^{1/\gamma} ,$$

$$x_2 = (\alpha/r_1)^{\alpha/\gamma} (\beta/r_2)^{(1-\alpha)/\gamma} (Ap)^{1/\gamma} ,$$

avec $\gamma = 1 - \alpha - \beta$. La demande pour chaque input décroîtra lorsque r_1 ou r_2 augmenteront et augmentera lorsque p augmentera.

Lorsque les prix varient, le producteur modifiera ses niveaux d'input pour satisfaire les conditions du premier ordre (3-24). En prenant la différentielle totale de (3-24) et en regroupant les termes :

$$pf_{11}\,dx_1 + pf_{12}\,dx_2 = -f_1\,dp + dr_1 \qquad (3\text{-}27)$$

$$pf_{21}\,dx_1 + pf_{22}\,dx_2 = -f_2\,dp + dr_2 .$$

Résolvons (3-27) pour dx_1 et dx_2 en appliquant la règle de Cramer.

$$dx_1 = \frac{p}{\mathbf{H}}[f_{22}\,dr_1 - f_{12}\,dr_2 + (f_{12}f_2 - f_{22}f_1)\,dp]$$

$$dx_2 = \frac{p}{\mathbf{H}}[-f_{21}\,dr_1 + f_{11}\,dr_2 + (f_{21}f_1 - f_{11}f_2)\,dp] \qquad (3\text{-}28)$$

avec $\mathbf{H} = p^2(f_{11}f_{22} - f_{12}^2) > 0$ d'après (3-26). En divisant les deux membres de (3-28) par dr_1 et en posant $dr_2 = dp = 0$,

$$\partial x_1/\partial r_1 = pf_{22}/\mathbf{H} < 0 .$$

Comme $p > 0$ et $f_{22} < 0$ d'après (3-25) le taux de variation des achats de X_1 (par le producteur) résultant des variations du prix de X_1, les autres prix restant constants, est toujours négatif. Par conséquent les courbes de la demande d'input du producteur sont toujours inclinées vers le bas. C'est un des rares cas où l'on trouve en économie une dérivée dont le signe est sans équivoque. Il y a seulement effet de substitution. On ne trouve pas d'équivalent de l'effet-revenu du consommateur dans la théorie du producteur maximisant son profit.

Divisons les deux membres de (3-28) par dr_2 et posons

$$dr_1 = dp = 0 ,$$

$$\partial x_1/\partial r_2 = -pf_{12}/\mathbf{H} .$$

Le signe de cette dérivée sera inverse de celui de la dérivée seconde partielle croisée f_{12}. Dans la plupart des cas traités en économie, une augmentation de la quantité d'un input augmentera la productivité marginale du second, soit : $f_{12} > 0$. Par conséquent, une augmentation du prix d'un des inputs diminuera la quantité utilisée du second input.

3.4 FONCTION DE COÛT.

L'économiste admet fréquemment que le problème de la combinaison optimum des inputs a été résolu, et conduit son analyse de l'entreprise en termes de revenu et de coûts exprimés comme des fonctions de l'output. Le problème de l'entrepreneur est alors de choisir le niveau d'output pour lequel ses profits sont maximaux.

Fonctions de coût à court terme.

Les fonctions de coût peuvent être obtenues à partir des indications contenues dans les paragraphes 3.1 et 3.2 (1). Considérons le système d'équations formé par la fonction de production (3-1), l'équation du coût (3-13), et l'équation du chemin d'expansion (3-21) :

$$q = f(x_1, x_2)\,,$$
$$C = r_1 x_1 + r_2 x_2 + b\,,$$
$$0 = g(x_1, x_2)\,.$$

Ce système de trois équations à quatre inconnues peut être réduit à une seule équation dans laquelle le coût est égal à une fonction explicite du niveau d'output à laquelle on ajoute le coût des inputs fixes :

$$C = \varphi(q) + b\,. \tag{3-30}$$

Le coût des inputs fixes, le *coût fixe*, doit être supporté quelle que soit la quantité produite par l'entreprise et même si la production est nulle. La fonction de coût donne le coût minimum de production de chaque output et elle est obtenue à condition que l'entrepreneur agisse rationnellement. Un couple de valeurs du coût et de la quantité q d'output qui vérifie (3-30) peut être obtenu de la façon suivante : 1) choisir un point sur le chemin d'expansion, 2) remplacer les niveaux d'input par les valeurs correspondantes dans la fonction de production pour obtenir la quantité d'output correspondante, 3) multiplier les quantités d'input par les prix donnés des inputs pour obtenir le coût variable total pour cette quantité d'output, et 4) ajouter le coût fixe.

Plusieurs relations particulières de coûts qui sont aussi des fonctions de la quantité d'output peuvent être obtenues à partir de (3-30). Le coût total moyen (CTM), le coût variable moyen (CVM), et le coût fixe moyen (CFM) sont définis respectivement par le coût total, le coût variable, les coûts fixes, divisés par la quantité d'output :

$$CTM = [\varphi(q) + b]/q\,,$$
$$CVM = \varphi(q)/q\,,$$
$$CFM = b/q\,.$$

(1) L'expression *fonction de coût* est utilisée pour décrire le coût exprimé comme fonction de la quantité d'output. L'expression *équation de coût* est utilisée pour décrire le coût exprimé en fonction des quantités et des prix des inputs.

Le *CTM* est la somme du *CVM* et du *CFM*. Le coût marginal (*Cm*) est la dérivée du coût total par rapport à la quantité d'output :

$$Cm = dC/dq = \varphi'(q) .$$

La dérivée du coût total est identique à celle du coût variable car la dérivée du coût fixe est nulle.

Des fonctions de coût peuvent avoir de nombreuses formes différentes. L'une de ces formes possibles, qui a les propriétés généralement admises par les économistes, est dessinée sur les figures 3-6 et 3-7. Le coût total est une fonction du troisième degré de l'output. Le *CTM*, le *CVM* et le *Cm* sont tous des courbes du second degré qui commencent par décroître puis croissent ensuite lorsqu'on augmente la quantité d'output.

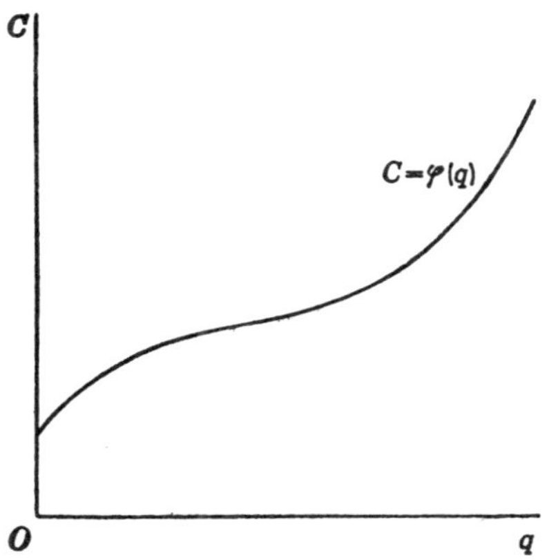

Fig. 3-6.

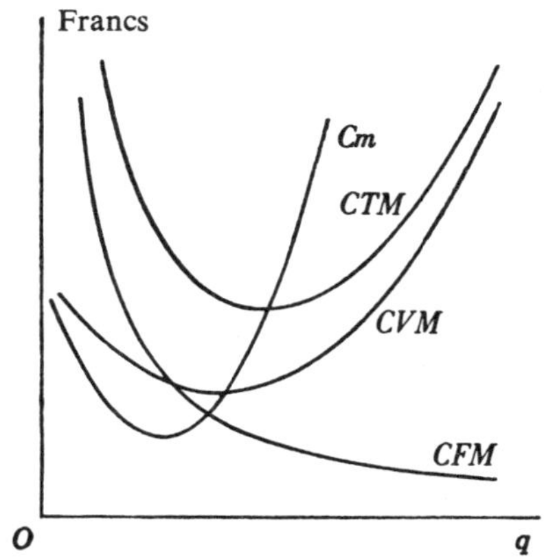

Fig. 3-7.

Le *Cm* atteint son minimum avant le *CTM* et le *CVM*, et le *CVM* atteint son minimum avant le *CTM*. Le lecteur peut vérifier que la courbe de *Cm* passe par le minimum de la courbe de *CVM* et par celui de la courbe de *CTM* ([1]). La courbe de *CFM* est une hyperbole équilatère indépendante de la forme des autres courbes de coût ; le coût fixe s'étale sur un nombre de plus en plus grand d'unités quand la quantité d'output augmente, et par suite il décroît de façon monotone. La distance d'un point de la courbe de *CTM* à son correspondant de la courbe de *CVM*, situé sur la même verticale, est égale au *CFM*, et donc décroît lorsque la quantité d'output augmente.

Le revenu d'un entrepreneur qui vend son output à un prix déterminé est aussi une fonction de la quantité de cet output. Par suite, son profit est une fonction de la quantité d'output :

$$\pi = pq - \varphi(q) - b . \qquad (3\text{-}31)$$

([1]) Ecrire que la dérivée du *CTM* (ou du *CVM*) est égale à zéro et transformer l'équation pour établir l'égalité entre le *CTM* (ou le *CVM*) et le *Cm* (voir Par. A-2).

Pour maximiser le profit, écrivons que la dérivée de (3-31) par rapport à q est égale à zéro :

$$d\pi/dq = p - \varphi'(q) = 0\,.$$

En faisant passer le *Cm* à droite,

$$p = \varphi'(q)\,. \tag{3-32}$$

L'entrepreneur doit égaler son *Cm* au prix de vente constant de son output. Il peut augmenter son profit en augmentant son output si l'accroissement (p) de son revenu provoqué par la vente d'une unité supplémentaire excède l'augmentation de son coût (*Cm*).

La condition du second ordre pour la maximisation du profit nécessite que :

$$d^2\pi/dq^2 = -\, d^2C/dq^2 < 0$$

ou en multipliant par -1 et en changeant l'inégalité de sens,

$$d^2C/dq^2 > 0\,.$$

Le *Cm* doit être croissant pour la valeur de l'output qui maximise le profit. Si le *Cm* était décroissant, l'égalité du prix et du *Cm* donnerait un point pour lequel le profit serait minimal.

Le niveau du coût fixe de l'entrepreneur (b) n'a généralement pas d'effet sur ses décisions d'optimisation en courte période. Il doit être assuré indépendamment du niveau de l'output et il n'ajoute qu'un terme constant à l'équation du profit. Le terme du coût fixe disparaît par dérivation, et le *Cm* est indépendant du coût fixe. Comme les conditions du premier et du second ordre pour la maximisation du profit sont exprimées en termes de *Cm*, le niveau d'output à l'équilibre n'est pas affecté par le niveau du coût fixe. Les analyses mathématiques de l'optimisation effectuées dans cette section et dans le paragraphe 3.2 peuvent généralement être reprises dans le cas où le coût est constitué uniquement par le coût variable.

Le niveau de coût fixe a une signification pour l'analyse de la maximisation du profit en courte période dans un cas spécial. L'entrepreneur a une option qui n'est pas prise en compte par le calcul. Il peut arrêter la production et accepter une perte égale au coût fixe. Cette option est la meilleure si le profit maximal, provenant de la production à un niveau positif d'output, est négatif et est plus grand en valeur absolue que le coût fixe. L'entrepreneur peut toujours rendre sa perte inférieure au montant de son coût fixe. Il produira à perte en courte période si sa perte est moins importante que le montant du coût fixe, c'est-à-dire, si le revenu excède le coût variable total, et s'il est capable de recouvrir aussi une partie de la perte sur les inputs fixes.

Une description géométrique de la maximisation du profit est donnée sur la figure 3-8. La quantité optimale d'output (q^0) est donnée par l'intersection de l'horizontale menée par le point d'ordonnée (p^0) avec la portion croissante de la courbe de *Cm*. Le revenu de l'entrepreneur est donné par l'aire du rectangle $Op^0\,Bq^0$, le coût total par $OADq^0$ et le profit par $Ap^0\,BD$.

Considérons par exemple la fonction de coût total du troisième degré

$$C = 0{,}04\,q^3 - 0{,}9\,q^2 + 10\,q + 5\,. \tag{3-33}$$

Supposons que le prix de q est de 4 francs par unité. En égalant le Cm et le prix,

$$0{,}12\,q^2 - 1{,}8\,q + 10 = 4$$

qui donne l'équation du deuxième degré

$$q^2 - 15\,q + 50 = 0$$

dont les racines sont $q = 5$ et $q = 10$. Deux quantités différentes d'output satisfont à la condition du premier ordre pour la maximisation du profit, et le taux de variation du Cm doit être calculé pour chacune d'elles. Le taux de variation du Cm est

$$\mathrm{d}^2C/\mathrm{d}q^2 = 0{,}24\,q - 1{,}8$$

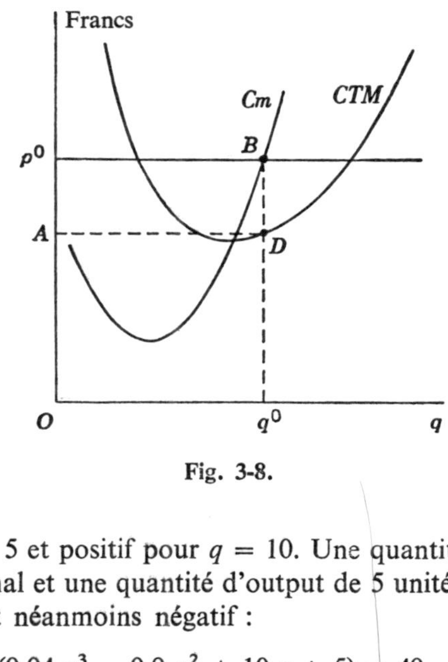

Fig. 3-8.

il est négatif pour $q = 5$ et positif pour $q = 10$. Une quantité d'output de 10 unités donne un profit maximal et une quantité d'output de 5 unités un profit minimal. Le profit pour $q = 10$ est néanmoins négatif :

$$\pi = 4\,q - (0{,}04\,q^3 - 0{,}9\,q^2 + 10\,q + 5) = 40 - 55 = -15\,.$$

La courbe de CTM de l'entrepreneur est située au-dessus de la droite de prix p^0 pour chaque quantité d'output, et le profit maximal est une perte de 15 francs. L'entrepreneur devrait arrêter la production, car son coût fixe (5 francs) est inférieur à la plus petite perte possible pour une quantité positive d'output.

Fonctions de coût à long terme.

Représentons les niveaux des inputs fixes de l'entrepreneur par un paramètre k, qui donne la « taille de son équipement » — plus la valeur de k est élevée, plus son équipement est important. Les problèmes de l'entrepreneur en courte période concernent l'utilisation optimale d'un équipement d'importance donnée. En longue période l'entrepreneur est libre de faire varier et de choisir un équipement de dimension optimale. Les formes de la fonction de production et de la fonction de coût de l'entrepreneur dépendent de l'importance de son équipement. Elles sont déterminées de façon unique en courte période. En longue période, l'entrepreneur peut choisir entre des fonctions de production et de coût de différentes formes. Le nombre de ces éventualités est égal au nombre de valeurs différentes que peut prendre k. A partir du moment où l'entrepreneur a choisi une forme particulière parmi ces fonctions, c'est-à-dire choisi une valeur de k, il se trouve placé devant les problèmes connus de l'optimisation en courte période.

Pour illustrer ceci, considérons un entrepreneur qui a un grand magasin d'épicerie ; la « taille » de son équipement est donnée par le nombre de mètres carrés de surface de vente qu'il possède. Supposons que les seules alternatives possibles soient des surfaces de 500, 1 000 et 2 000 mètres carrés et qu'il possède actuellement 1 000 mètres carrés. La taille actuelle de son équipement est le résultat d'une décision à long terme prise dans le passé. Quand vient le moment de remplacer son magasin, il doit être capable de choisir à nouveau la dimension de ses installations. Si les conditions n'ont pas changé depuis sa dernière décision, il choisira à nouveau 1 000 mètres carrés. Si le magasin a été très fréquenté et qu'il prévoit une augmentation à long terme de ses ventes, il passera à 2 000 mètres carrés. Dans d'autres conditions il pourrait construire un magasin de 500 mètres carrés. Une fois le nouveau magasin construit, son problème consiste en l'utilisation optimale d'une surface de vente de grandeur donnée.

Supposons que k varie de façon continue et introduisons, de façon explicite ce nouveau paramètre dans la fonction de production, dans l'équation du coût, et dans l'équation du chemin d'expansion :

$$q = f(x_1, x_2, k)\,,$$
$$C = r_1 x_1 + r_2 x_2 + \psi(k)\,,$$
$$0 = g(x_1, x_2, k)\,.$$

Le coût fixe est une fonction croissante de l'importance des équipements $\psi'(k) > 0$. Les formes des familles d'isoquantes et de courbes isocoût et la forme du chemin d'expansion dépendent de la valeur que prend le paramètre k. Généralement deux des relations ci-dessus peuvent être utilisées pour éliminer x_1 et x_2, et le coût total peut être exprimé en fonction de la quantité d'output et de l'importance de l'équipement :

$$C = \varphi(q, k) + \psi(k) \tag{3-34}$$

qui décrit une famille de courbes de coût total obtenue en donnant différentes valeurs au paramètre k. Aussi longtemps que l'importance de l'équipement a une valeur particulière $k = k_0$, (3-34) est équivalente à la fonction de coût total particulière donnée par (3-30), et l'analyse en courte période est applicable.

La fonction de coût total à long terme de l'entrepreneur donne le coût minimal de production pour chaque niveau d'output, s'il est possible de faire varier l'importance de l'équipement. Pour un niveau d'output donné l'entrepreneur calcule le coût total pour chaque taille d'équipement possible et choisit la taille de l'équipement pour laquelle le coût est minimal. La figure 3-9 montre les courbes de coût total correspondant à trois niveaux d'équipement possibles. L'entrepreneur peut produire la quantité OR d'output pour chacun de ces niveaux d'équipement. Son coût total devrait être RS pour l'équipement de taille $k^{(1)}$, RT pour l'équipement de taille $k^{(2)}$ et RU pour $k^{(3)}$. L'équipement de taille $k^{(1)}$ le coût de production minimal pour une quantité d'output OR. Par suite le point S est sur la courbe de coût total à long terme. Le procédé est répété pour chaque niveau d'output, et la courbe de coût total à long terme est définie comme étant le lieu des points de coût minimal.

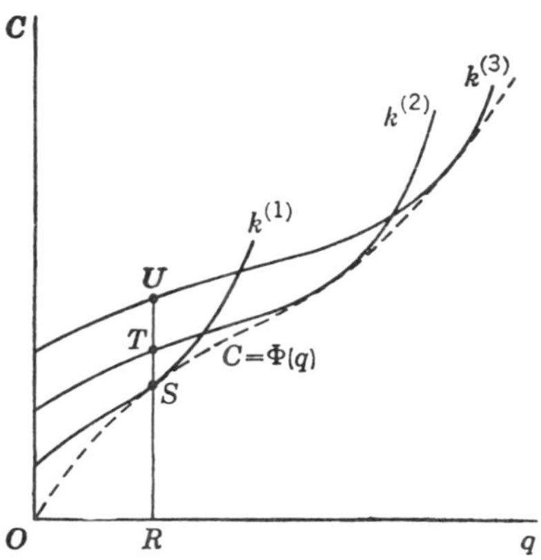

Fig. 3-9.

La courbe de coût à long terme est l'enveloppe des courbes de coût à court terme ; elle est tangente à chacune d'elles. Ecrivons l'équation de la famille des fonctions de coût à court terme (3-34) sous une forme implicite :

$$C - \varphi(q, k) - \psi(k) = G(C, q, k) = 0 \tag{3-35}$$

et posons que la dérivée partielle de (3-35) par rapport à k est égale à zéro :

$$G_k(C, q, k) = 0 \,. \tag{3-36}$$

L'équation de l'enveloppe (courbe de coût à long terme) est obtenue en éliminant k de (3-35) et (3-36) et en exprimant C en fonction de q (voir Par. A-3) :

$$C = \varphi(q) \,.$$

Le coût total à long terme est une fonction du niveau d'output, à condition que chaque niveau d'output soit produit avec un équipement de taille optimale. La courbe de coût à long terme n'est pas indépendante des courbes de coût à court terme. Elle est construite à partir de points des courbes à court terme. Comme k varie de façon continue par hypothèse, la courbe de coût à long terme (voir Fig. 3-9) a un et un seul point commun avec chacune des courbes de coût à court terme.

Comme le *CM* est égal au coût total divisé par la quantité d'output, le *CM* minimal de production d'une quantité particulière d'output est atteint pour la même taille d'équipement que le coût total minimal de production de cette quantité d'output. La courbe de *CM* à long terme peut être obtenue en divisant le coût total à long terme par la quantité d'output, ou en construisant l'enveloppe des courbes de *CM* en courte période. Les deux constructions sont équivalentes.

La courbe de *Cm* de longue période peut être construite en calculant la dérivée de la fonction de coût total à long terme par rapport au niveau de l'output, ou peut être obtenue à partir des courbes de *Cm* en courte période. Néanmoins, la courbe de *Cm* de longue période n'est pas l'enveloppe des courbes de *Cm* de courte période. Le *Cm* de courte période est égal au rapport de la variation du coût variable en courte période à celle de la quantité d'output ; le *Cm* de longue période est le taux de variation du coût total en supposant que tous les coûts sont variables. Par suite, des portions de courbes de *Cm* de courte période peuvent être situées, en dessous de la courbe de *Cm* de longue période. La courbe de *Cm* de longue période peut être définie comme le lieu des points des courbes de *Cm* de courte période qui correspondent à la taille optimale de l'équipement pour chaque quantité d'output ([1]). L'équivalence des deux méthodes d'obtention de la courbe de *Cm* en longue période est évidente sur la figure 3-9. La courbe de coût total de longue période est tangente à chaque courbe de courte période en un point où le niveau d'output est tel que la courbe de courte période en question représente l'équipement optimal. Puisque les *Cm* sont définis comme étant les pentes des tangentes à ces courbes, les *Cm* de courte et longue période sont égaux en de tels points.

Supposons que l'entrepreneur désire construire des équipements pour les utiliser pendant un certain nombre de courtes périodes et qu'il s'attende à recevoir la même rémunération pour sa production durant chacune de ces périodes. Comme les conditions demeureront inchangées d'une période à l'autre, il produira la même quantité d'output à chaque période. Son profit durant l'une de ces périodes est la différence entre son revenu et son coût en considérant comme variable la taille de l'équipement :

$$\pi = pq - \varphi(q)$$

écrivons que la dérivée de π par rapport à q est nulle

$$d\pi/dq = p - \varphi'(q) = 0$$

ou

$$p = \varphi'(q)\,.$$

Les profits sont maximisés en égalant le *Cm* à long terme au prix, si le coût marginal à long terme est croissant (condition du second ordre). Lorsque la quantité optimale d'output est fixée, la valeur optimale de k peut être déterminée à partir de (3-35) et de (3-36).

(1) Il *n'est pas correct* de construire la courbe de *Cm* de longue période en choisissant des points sur les courbes de *Cm* de courte période qui correspondent à la quantité optimale d'output (c'est-à-dire point de *CM* minimal) pour chaque taille d'équipement.

Considérons la famille des courbes de coût en courte période déterminées par

$$C = 0{,}04\,q^3 - 0{,}9\,q^2 + (11 - k)\,q + 5\,k^2\,. \qquad (3\text{-}37)$$

Pour le niveau d'équipement $k = 1$, la courbe de coût à court terme est celle donnée par (3-33). En posant que la dérivée partielle de la forme implicite de (3-37) par rapport à k est égale à zéro,

$$G_k(C, q, k) = -\,q + 10\,k = 0$$

qui a une solution $k = 0{,}1\,q$. La substitution dans (3-37) donne la fonction de coût à long terme :

$$\begin{aligned} C &= 0{,}04\,q^3 - 0{,}9\,q^2 + (11 - 0{,}1\,q)\,q + 5(0{,}1\,q)^2 \\ &= 0{,}04\,q^3 - 0{,}95\,q^2 + 11\,q\,. \end{aligned}$$

Le coût fixe à long terme est nul.

Supposons que le prix du produit de l'entrepreneur soit de 4 francs, comme dans l'exemple de la fonction de coût à court terme. Ecrivons que le prix est égal au *Cm* en longue période,

$$4 = 0{,}12\,q^2 - 1{,}9\,q + 11$$

ce qui donne l'équation du second degré

$$0{,}12\,q^2 - 1{,}9\,q + 7 = 0$$

dont les racines sont $q = 5{,}83$ et $q = 10$. Ce profit est maximal pour 10 unités d'output. En utilisant la relation $k = 0{,}1\,q$, la dimension optimale de l'équipement est donnée par $k = 1$. Le profit de l'entrepreneur par courte période est

$$\pi = pq - (0{,}04\,q^3 - 0{,}95\,q^2 + 11\,q) = 40 - 55 = -\,15\,.$$

Comme dans le dernier exemple, le profit maximal est une perte de 15 francs. En longue période l'entrepreneur est incapable de réaliser un profit positif et ne devra pas construire d'équipement quelle que soit son importance.

La situation est tout à fait différente si le prix augmente jusqu'à 6 francs. Ecrire que le *Cm* de longue période égale le prix conduit à l'équation du deuxième degré

$$0{,}12\,q^2 - 1{,}9\,q + 5 = 0$$

dont les racines sont $q = 3{,}3$ et $q = 12{,}5$. Le profit est maximal pour une quantité de 12,5 unités d'output. Le profit est positif pour cette taille d'équipement :

$$\pi = 75 - 67{,}187\,5 = 7{,}812\,5$$

et l'entrepreneur construira des équipements d'importance optimale ($k = 1{,}25$).

3.5 FONCTIONS DE PRODUCTION HOMOGÈNES.

Les « rendements d'échelle » décrivent la manière dont varie l'output à la suite d'une variation équiproportionnelle de tous les inputs. Si l'output augmente dans la même proportion, les rendements d'échelle sont constants pour l'ensemble des combinaisons d'inputs considérées. Ils sont croissants si l'output augmente dans une proportion plus grande et décroissants s'il augmente dans une proportion moindre. Une seule fonction de production peut présenter ces trois types de rendements. Certains économistes affirment que les fonctions de production présentent tout d'abord, des rendements croissants pour des quantités petites des inputs ; vient ensuite une zone de rendements constants ; il apparaît enfin, quand les quantités d'inputs demeurent de plus en plus importantes, des rendements d'échelle décroissants.

Propriétés.

Les rendements d'échelle se définissent aisément pour une fonction de production homogène. Une fonction de production est homogène de degré k si :

$$f(tx_1, tx_2) = t^k f(x_1, x_2) \quad (3\text{-}38)$$

où k est une constante et t un nombre réel positif quelconque. Si, en même temps, on augmente t fois chacun des 2 facteurs l'output s'accroît de t^k. Les rendements d'échelle sont croissants si $k > 1$, constants si $k = 1$, décroissants si $k < 1$. On utilise rarement, pour les fonctions de production, d'autre degré d'homogénéité que le degré un (1).

Les dérivées partielles d'une fonction homogène de degré k sont homogènes de degré $(k - 1)$. En différentiant (3-38) partiellement par rapport à x_1 et en utilisant la règle de dérivation des fonctions de fonctions (voir Par. A-2).

$$tf_1(tx_1, tx_2) = t^k f_1(x_1, x_2) .$$

En divisant par t, il vient :

$$f_1(tx_1, tx_2) = t^{k-1} f_1(x_1, x_2)$$

ce qui est la définition de l'homogénéité de degré $(k - 1)$. Si une fonction de production est homogène de degré un, les productivités marginales de X_1 et X_2 sont homogènes de degré zéro, c'est-à-dire qu'elles demeurent inchangées pour une modification proportionnelle des deux facteurs à la fois

$$f_1(x_1, x_2) = f_1(tx_1, tx_2)$$
$$f_2(x_1, x_2) = f_2(tx_1, tx_2) .$$

Les productivités marginales (Pm) dépendent seulement de la proportion dans laquelle sont utilisés X_1 et X_2.

Une ligne droite partant de l'origine, dans le plan des isoquantes est définie par (0,0) et un point quelconque de coordonnées (x_1^0, x_2^0). Une telle droite est le lieu de tous les points (tx_1^0, tx_2^0) pour $t \geqslant 0$.

En chaque point arbitrairement choisi sur la droite, le TST est égal au rapport des productivités marginales pour la combinaison des facteurs correspondant à ce point :

$$\frac{f_1(tx_1^0, tx_2^0)}{f_2(tx_1^0, tx_2^0)} = \frac{t^{k-1} f_1(x_1^0, x_2^0)}{t^{k-1} f_2(x_1^0, x_2^0)} = \frac{f_1(x_1^0, x_2^0)}{f_2(x_1^0, x_2^0)} .$$

(1) Une fonction homogène de degré un est dite linéairement homogène. Ceci, bien évidemment, n'implique pas que la fonction de production soit linéaire.

Le TST au point (tx_1^0, tx_2^0) est égal au TST au point (x_1^0, x_2^0). Le chemin d'expansion, lieu des points dont le TST est égal au rapport des prix des inputs, est une droite si la fonction de production est homogène de degré quelconque. Toutefois un chemin d'expansion figuré par une droite n'implique pas nécessairement que la fonction de production soit homogène. La fonction de production donnée en (3-5) possède un chemin d'expansion qui est une droite, mais elle n'est pas homogène.

Parmi les fonctions de production, celle la plus couramment utilisée est la fonction de Cobb-Douglas, pour l'économie dans son ensemble

$$q = Ax_1^{\alpha}\, x_2^{1-\alpha} \tag{3-39}$$

où q désigne l'output agrégé, x_1 et x_2 respectivement les inputs agrégés travail et capital, avec $0 < \alpha < 1$. Si l'on accroît à la fois travail et capital dans la proportion t,

$$f(tx_1, tx_2) = A(tx_1)^{\alpha}\,(tx_2)^{1-\alpha} = tAx_1^{\alpha}\,x_2^{1-\alpha}\,.$$

La fonction Cobb-Douglas est homogène de degré un. Les *Pm* du travail et du capital sont homogènes de degré zéro :

$$f_1(x_1, x_2) = \alpha(Ax_1^{\alpha-1}\,x_2^{1-\alpha})$$

$$f_2(x_1, x_2) = (1-\alpha)\,(Ax_1^{\alpha}\,x_2^{-\alpha})$$

$$f_1(tx_1, tx_2) = \alpha(At^{\alpha-1}\,x_1^{\alpha-1}\,t^{1-\alpha}\,x_2^{1-\alpha}) = \alpha(Ax_1^{\alpha-1}\,x_2^{1-\alpha})$$

$$f_2(tx_1, tx_2) = (1-\alpha)\,(At^{\alpha}\,x_1^{\alpha}\,t^{-\alpha}\,x_2^{-\alpha}) = (1-\alpha)\,(Ax_1^{\alpha}\,x_2^{-\alpha})\,.$$

Le chemin d'expansion engendré à partir de la fonction de Cobb-Douglas est linéaire.

Les conditions du premier ordre, pour la recherche de l'optimum sous contrainte, requièrent que :

$$\frac{r_1}{r_2} = \frac{f_1}{f_2} = \frac{\alpha(Ax_1^{\alpha-1}\,x_2^{1-\alpha})}{(1-\alpha)\,(Ax_1^{\alpha}\,x_2^{-\alpha})} = \frac{\alpha x_2}{(1-\alpha)\,x_1}\,.$$

Le chemin d'expansion est donc donné par la fonction implicite :

$$(1-\alpha)\,r_1\,x_1 - \alpha r_2\,x_2 = 0\,,$$

laquelle décrit, dans le plan des isoquantes, une droite issue de l'origine.

Théorème d'Euler et distribution.

Le théorème d'Euler énonce que la condition suivante est satisfaite par une fonction homogène [1] :

$$x_1 f_1 + x_2 f_2 = kf(x_1, x_2)\,. \tag{3-40}$$

(1) En différentiant (3-38) partiellement par rapport à t et en utilisant la règle de dérivation des fonctions composées, il vient :

$$x_1 f_1(tx_1, tx_2) + x_2 f_2(tx_1, tx_2) = kt^{k-1} f(x_1, x_2)\,.$$

On obtient (3-40) en faisant $t = 1$ dans l'équation.

Ce théorème permet d'aboutir à des résultats intéressants du point de vue économique. Ainsi par exemple si l'on divise (3-40) par q,

$$\omega_1 + \omega_2 = k \, .$$

Autrement dit, la somme des élasticités par rapport à l'output [voir Equation (3-4)] de X_1 et de X_2 est égale au degré d'homogénéité.

En supposant que la fonction de production soit homogène de degré un, et en substituant $f(x_1, x_2) = q$ dans (3-40) il vient :

$$x_1 f_1 + x_2 f_2 = q \, . \tag{3-41}$$

L'output total est égal à la Pm de x_1 multipliée par sa quantité plus la Pm de x_2 multipliée par sa quantité. Si l'entreprise doit rémunérer les offreurs d'input suivant leur productivité physique marginale, la totalité de l'output est ainsi épuisée. L'ensemble des paiements excéderait l'output si le degré d'homogénéité était supérieur à un. Il serait inférieur à l'output pour un degré d'homogénéité plus petit que un.

Le théorème d'Euler a joué un rôle de premier plan dans le développement de la théorie de la distribution reposant sur le principe de la productivité marginale. Les postulats fondamentaux de cette théorie sont : 1) chaque facteur de production est payé à la valeur de son produit marginal et 2) tout l'output est épuisé. Puisque ces conditions sont satisfaites par les fonctions de production homogène de degré un, il a été généralement admis à tort que toute fonction de production était de ce type.

La fonction de Cobb-Douglas fut utilisée pour essayer d'établir une vérification empirique de la théorie marginaliste de la production. La variable q représente l'output agrégé, x_1 et x_2 les inputs agrégés (travail et capital). Elle satisfait au théorème d'Euler :

$$\begin{aligned} q &= x_1(\alpha A x_1^{\alpha-1} x_2^{1-\alpha}) + x_2[(1-\alpha) A x_1^{\alpha} x_2^{-\alpha}] \\ &= \alpha A x_1^{\alpha} x_2^{1-\alpha} + (1-\alpha) A x_1^{\alpha} x_2^{1-\alpha} \, . \end{aligned}$$

En remplaçant q par sa valeur exprimée en (3-39) il vient :

$$q = \alpha q + (1-\alpha) q \, .$$

Si chaque facteur reçoit une rémunération unitaire égale à son produit marginal, tout l'output est distribué entre le travail et le capital dans les proportions respectives de α et $(1-\alpha)$. Paul Douglas a estimé α à partir des séries temporelles agrégées et a comparé ses résultats à la part du travail dans l'output total (1).

La condition d'épuisement de l'output est équivalente à celle du profit maximal nul à long terme. En multipliant (3-41) par le prix du produit, il vient :

$$x_1(pf_1) + x_2(pf_2) = pq \, .$$

En substituant $r_1 = pf_1$ et $r_2 = pf_2$ dans les conditions de premier ordre pour la recherche du profit maximal, il vient :

$$r_1 x_1 + r_2 x_2 = pq \, . \tag{3-42}$$

(1) Se reporter aux références données à la fin de ce chapitre.

Les dépenses totales de longue période sont égales au revenu total de longue période. En suivant les hypothèses de la théorie de la production marginale, l'équation (3-42) conduit à cette saisissante conclusion que les profits, dans le long terme, sont nuls indépendamment du niveau de prix du produit.

L'analyse marginaliste de la distribution est fallacieuse, sinon erronée. L'analyse conventionnelle de la maximisation du profit perd toute valeur si l'entrepreneur vend son produit à un prix constant et si la fonction de production est homogène, de degré un. Le lecteur peut vérifier qu'en ce cas, sa fonction de profit est également homogène de degré un :

$$t\pi = pf(tx_1, tx_2) - r_1 tx_1 - r_2 tx_2 .$$

Trois résultats sont possibles. Si les prix sont tels qu'une certaine combinaison de facteurs rend un profit positif, ce dernier peut être porté à tous les niveaux par le choix d'une valeur suffisamment grande de t. En ce cas, la fonction de profit n'a pas de maximum fini. Si les prix sont tels que toute combinaison de facteurs rend un profit négatif, l'entrepreneur se retirera des affaires.

Dans la troisième possibilité, celle à laquelle les théoriciens de la productivité marginale limitent le plus souvent leur étude, est la plus intéressante. En ce cas, il n'y a pas de combinaison de facteurs qui donne un profit positif, mais la combinaison (x_1^0, x_2^0) donne un profit nul. Il découle de l'homogénéité de la fonction de profit que la combinaison des facteurs (tx_1^0, tx_2^0) donnera aussi un profit nul. Le profit maximal de longue période est égal à zéro, mais la taille de l'entreprise est indéterminée. Si l'entrepreneur peut tirer un profit nul d'une combinaison particulière de facteurs, son profit reste inchangé, qu'il multiplie ou divise par deux l'échelle de ses opérations. Si une échelle lui est imposée de façon arbitraire, le théorème d'Euler joue, et son produit est tout juste épuisé.

L'hypothèse d'une fonction de production homogène n'est pas nécessaire pour qu'il soit pleinement satisfait aux postulats de la théorie de la productivité marginale. Ces postulats sont satisfaits si 1) la fonction de production n'est pas homogène, si 2) les conditions du premier et du second ordre pour la maximisation du profit sont remplies, et si 3) le profit maximal de l'entrepreneur est égal à zéro. Les conditions 1) et 2) ont été présumées tout au long du développement de la théorie de l'entreprise dans les paragraphes 3.1 et 3.2. Il sera démontré dans le chapitre 4 que la condition de libre entrée et sortie de firmes concurrentes entraîne la condition 3).

La condition 3) requiert

$$\pi = pq - r_1 x_1 - r_2 x_2 = 0 .$$

En substituant $r_1 = pf_1$ et $r_2 = pf_2$ (conditions du premier ordre) et en résolvant en q :

$$q = x_1 f_1 + x_2 f_2 .$$

Ici, le résultat de (3-41) est atteint sans l'aide du théorème d'Euler. Bien plus, puisque la fonction de production n'est pas homogène, la combinaison optimale des inputs, pour l'entrepreneur, est généralement déterminée.

On peut envisager le problème de l'indétermination de la combinaison optimale en pensant à l'entrepreneur qui ne peut satisfaire ses conditions du second ordre pour maximiser son profit. En prenant la différentielle totale de (3-41),

$$(f_1 + x_1 f_{11} + x_2 f_{21})\,\mathrm{d}x_1 + (f_2 + x_1 f_{12} + x_2 f_{22})\,\mathrm{d}x_2 = \mathrm{d}q\,.$$

Posons $\mathrm{d}x_2 = 0$ et divisons par $\mathrm{d}x_1$, ou posons $\mathrm{d}x_1 = 0$ et divisons par $\mathrm{d}x_2$, nous aurons :

$$f_1 + x_1 f_{11} + x_2 f_{21} = \partial q/\partial x_1 = f_1 \tag{3-43}$$

$$f_2 + x_1 f_{12} + x_2 f_{22} = \partial q/\partial x_2 = f_2\,. \tag{3-44}$$

En soustrayant f_1 aux deux membres de la première équation (3-43) et en résolvant pour f_{11} :

$$f_{11} = -\frac{x_2}{x_1} f_{21}\,. \tag{3-45}$$

En soustrayant f_2 aux deux membres de (3-44) et en résolvant pour f_{22} :

$$f_{22} = -\frac{x_1}{x_2} f_{12}\,. \tag{3-46}$$

Ainsi $f_{12} = f_{21}$ est positive si f_{11} et f_{22} sont négatives, ce qui a été supposé. Evaluons le déterminant Hessien de la fonction de production en utilisant (3-45) et (3-46) :

$$f_{11} f_{22} - f_{12}^2 = \left(-\frac{x_2}{x_1} f_{12}\right)\left(-\frac{x_1}{x_2} f_{12}\right) - f_{12}^2 = 0\,.$$

Une fonction de production homogène de degré un est concave ; sur certaines portions linéaires elle peut ne pas être strictement concave.

On a souvent recours à des fonctions de production homogènes de degré un en économie en dépit des problèmes d'indétermination au niveau de l'entreprise individuelle. On fait un certain nombre d'hypothèses pour se prémunir contre cette difficulté. On peut faire deux hypothèses : 1) la taille et le nombre des entreprises sont déterminés par un mécanisme arbitraire, à condition toutefois que la production satisfasse à la demande ; 2) toute industrie a une fonction de production homogène de degré un même si les entreprises individuelles de cette branche n'ont pas de fonction de production homogène de degré un. On verra au chapitre 6 que la taille de l'entreprise peut être déterminée si les entreprises travaillent dans une situation de concurrence imparfaite.

La fonction de coût de longue période.

Lorsque la fonction de production est homogène et a des courbes d'indifférence convexes, on peut construire la fonction de coût de longue période en tenant compte de tous les inputs. Soit (x_1^0, x_2^0) la combinaison de facteurs optimale nécessaire à la production d'une unité de Q. Le coût de production correspondant est égal à : $a = r_1 x_1^0 + r_2 x_2^0$. Puisque la fonction de production est homogène et le chemin d'expansion linéaire, (tx_1^0, tx_2^0) est la combinaison de facteurs optimaux. On peut donc écrire la fonction de production :

$$q = f(tx_1^0, tx_2^0) = t^k ,$$

et l'équation du coût de production correspondant :

$$C = (r_1 x_1^0 + r_2 x_2^0)\, t = at .$$

En résolvant la première équation en t et en substituant dans la seconde, on obtient la fonction de coût total

$$C = aq^{1/k} .$$

On aura

$$\frac{\mathrm{d}C}{\mathrm{d}q} = \frac{a}{k} q^{(1-k)/k} , \quad \frac{\mathrm{d}^2C}{\mathrm{d}q^2} = \frac{a(1-k)}{k^2} q^{(1-2k)/k} .$$

Les fonctions homogènes de degré un ont un Cm et CTM constants. La fonction de coût de longue période est linéaire. Lorsque $k < 1$ le Cm décroît constamment ; lorsque $k > 1$, il croît constamment. La condition du second ordre nécessitant un Cm croissant n'est satisfaite que si le degré d'homogénéité est inférieur à l'unité.

La fonction du coût total pour la fonction de production de Cobb-Douglas peut être obtenue de façon ordinaire. En écrivant la fonction de production, l'équation du coût et la fonction du chemin d'expansion,

$$q = Ax_1^\alpha x_2^{1-\alpha} ,$$

$$C = r_1 x_1 + r_2 x_2 ,$$

$$(1 - \alpha) r_1 x_1 - \alpha r_2 x_2 = 0 .$$

En résolvant la seconde et la troisième équation en x_1 et x_2 :

$$x_1 = \alpha C/r_1, \qquad x_2 = (1 - \alpha)C/r_2 ,$$

et en substituant ces valeurs dans la fonction de production,

$$q = A(\alpha C/r_1)^\alpha [(1 - \alpha)\, C/r_2]^{1-\alpha} .$$

En résolvant l'équation en C en fonction de q et des paramètres, la fonction du coût total s'écrit

$$C = aq ,$$

où

$$a = \frac{r_1^\alpha r_2^{1-\alpha}}{A\alpha^\alpha(1 - \alpha)^{1-\alpha}} .$$

3.6 FONCTIONS DE PRODUCTION CES (1).

Une fonction de production appartenant à la classe des fonctions CES présente deux caractéristiques importantes : (1) elle est homogène de degré un, et (2) son élasticité de substitution est constante (voir Par. 3.1). Les fonctions de production qui ne possèdent pas ces deux caractéristiques n'appartiennent pas à la classe des fonctions CES. On a montré (Par. 3-1) que les fonctions de production du type $q = Ax_1^\alpha x_2^\beta$ ont une élasticité de substitution constante égale à l'unité. Toutes les fonctions de ce type satisfont donc la condition (2). La condition (1), cependant, n'est satisfaite que pour $\alpha + \beta = 1$, c'est-à-dire pour la fonction Cobb-Douglas. La fonction de production $q = Ax_1^\alpha x_2^{1-\alpha} + x_1$ est homogène de degré un, mais n'a pas d'élasticité de substitution constante. Ce n'est pas une fonction CES.

Propriétés des fonctions CES.

On peut montrer en recourant à des mathématiques de niveau élevé (2) que les fonctions de productions CES peuvent s'écrire sous la forme :

$$q = A[\alpha x_1^{-\rho} + (1 - \alpha) x_2^{-\rho}]^{-1/\rho} \tag{3-47}$$

où $A > 0$ et $0 < \alpha < 1$. On peut facilement vérifier que (3-47) est homogène de degré un :

$$A[\alpha(tx_1)^{-\rho} + (1 - \alpha)(tx_2)^{-\rho}]^{-1/\rho} = tA[\alpha x_1^{-\rho} + (1 - \alpha) x_2^{-\rho}]^{-1/\rho} .$$

Les productivités marginales des inputs sont données par :

$$\partial q/\partial x_1 = \alpha/A^\rho(q/x_1)^{\rho+1} \qquad \partial q/\partial x_2 = (1 - \alpha)/A^\rho(q/x_2)^{\rho+1}$$

et le taux de substitution technique par :

$$\text{TST} = \alpha/(1 - \alpha)(x_2/x_1)^{\rho+1} . \tag{3-48}$$

En substituant (3-45) et (3-46) dans (3-12) on obtient l'élasticité de substitution de fonctions de production homogènes de degré un :

$$\sigma = \frac{f_1 f_2(x_1 f_1 + x_2 f_2)}{f_{12}(x_1 f_1 + x_2 f_2)^2} .$$

D'après le théorème d'Euler (3-40)

$$\sigma = f_1 f_2 / f_{12}\, q \tag{3-49}$$

$$f_{12} = \frac{(1 + \rho)\,\alpha(1 - \alpha)\, q^{1+2\rho}}{A^{2\rho}(x_1 x_2)^{1+\rho}} .$$

(1) CES initiales correspondant à l'anglais : Constant Elasticity of Substitution

(2) Voir K. Arrow, H. B. Chenery, B. Minhas et R. M. Solow « Capital-Labor Substitution and Economic Efficiency », *Review of Economics and Statistics*, vol. 43 (août 1961), pp. 228-232.

En tenant compte de (3-49) et de (3-47) :

$$\sigma = 1/(1 + \rho) \qquad \rho = (1 - \sigma)/\sigma\,. \tag{3-50}$$

Il existe donc une relation entre ρ et l'élasticité de substitution constante.

Isoquantes.

En prenant la différentielle de (3-48) :

$$\frac{\partial \mathrm{TST}}{\partial x_1} = -(\rho + 1)\frac{\alpha}{1 - \alpha}\frac{x_2^{\rho+1}}{x_1^{\rho+2}}\,.$$

Le TST est décroissant et les isoquantes sont convexes si $\rho > -1$. La forme des isoquantes convexes correspondant aux fonctions CES dépendent de la valeur de σ. On décrit ici les différentes configurations possibles de ces isoquantes à l'aide de deux cas limites et de trois autres cas.

Cas 1 : $\sigma \to 0$, $\rho \to +\infty$.

Le TST (3-48) tend vers 0 si $x_1 > x_2$, vers $+\infty$ si $x_1 < x_2$; à la limite il n'y a plus de substitution. La courbure des isoquantes tend vers un angle droit.

Cas 2 : $0 < \sigma < 1$, $\rho > 0$.

On peut écrire les isoquantes sous la forme

$$\alpha x_1^{-\rho} + (1 - \alpha)\, x_2^{-\rho} = (q/A)^{-\rho} = K \tag{3-51}$$

où K est une constante positive, quel que soit q positif. Aucun des termes du premier membre de l'équation (3-51) ne peut être négatif. Aucun des termes de ce membre de l'équation ne peut donc être supérieur à K. Quand $x_1 \to 0$, $ax_1^{-\rho} \to +\infty$. Comme $ax_1^{-\rho}$ ne peut être supérieur à K, x_1 ne peut être nul. Par analogie, x_2 ne peut être nul. Aucune isoquante ne peut donc couper l'un des axes ou tendre vers l'un des axes. Elles ont pour asymptotes :

$$x_1 = (K/\alpha)^{-1/\rho} \qquad \text{et} \qquad x_2 = [K/(1 - \alpha)]^{-1/\rho}\,.$$

Cas 3 : $\sigma = 1$, $\rho = 0$.

On a déjà noté que les fonctions CES sont des fonctions Cobb-Douglas lorsque $\sigma = 1$. (3-47) ne permet pas cependant une interprétation claire. Prenons (3-50), lorsque $\rho = 0$, l'équation devient une identité, elle ne permet donc pas d'établir les propriétés du cas 3. On peut pourtant les étudier en utilisant la règle de l'Hôpital selon laquelle [1] :

si l'on a :

$$\lim_{z \to b} h(z) = 0 \qquad \text{et} \qquad \lim_{z \to b} g(z) = 0$$

(1) Voir W. Rudin, *Principles of Mathematical Analysis* (New York, McGraw-Hill, 1953), pp. 82-83.

et si

$$\lim_{z \to b} h'(z)/g'(z) = \alpha$$

alors :

$$\lim_{z \to b} h(z)/g(z) = \alpha \, .$$

Ecrivons le logarithme naturel de (3-47) sous la forme d'un quotient de deux fonctions de ρ :

$$\log q - \log A = \frac{-\log\left[\alpha x_1^{-\rho} + (1-\alpha)\, x_2^{-\rho}\right]}{\rho} = \frac{h(\rho)}{g(\rho)}$$

où $h(\rho) \to 0$ et $g(\rho) \to 0$ lorsque $\rho \to 0$.
Dérivons le numérateur :

$$h'(\rho) = \frac{\alpha x_1^{-\rho} \log x_1 + (1-\alpha)\, x_2^{-\rho} \log x_2}{x x_1^{-\rho} + (1-\alpha)\, x_2^{-\rho}} \, ,$$

qui converge vers $\alpha \log x_1 + (1-\alpha) \log x_2$ lorsque $\rho \to 0$. Finalement : $g'(\rho) = 1$. D'après la règle de l'Hôpital, à la limite :

$$\log q - \log A = \alpha \log x_1 + (1-\alpha) \log x_2 \, ,$$

et $q = A x_1^{\alpha} x_2^{1-\alpha}$ est une fonction Cobb-Douglas.

Cas 4 : $\sigma > 1, \; -1 < \rho < 0$.

Les exposants dans le premier membre de l'équation (3-51) sont positifs. Les isoquantes couperont les axes.

Si $x_1 = 0, \quad x_2 = [K/(1-\alpha)]^{-\rho}$.

Si $x_2 = 0, \quad x_1 = (K/\alpha)^{-\rho}$.

Cas 5 : $\sigma \to +\infty, \rho \to -1$.

Les exposants des termes du premier membre de l'équation (3-51) ont pour limite l'unité et les isoquantes sont représentées par des lignes droites. Dans ce cas limite les inputs sont parfaitement substituables.

Condition d'existence de l'équilibre.

La fonction de production CES, que donne l'équation (3-47), n'est pas facile à utiliser. Le TST par contre s'exprime simplement ; c'est une des raisons pour lesquelles on l'emploie souvent. En remplaçant ρ par sa valeur en fonction de σ (d'après 3-50) dans l'équation (3-48) et en posant le TST égal au rapport du prix des inputs :

$$\alpha/1 - \alpha(x_2/x_1)^{1/\sigma} = r_1/r_2$$

et :

$$x_2/x_1 = a(r_1/r_2)^\sigma \quad (3\text{-}52)$$

où $a = [(1 - \alpha)/\alpha]^\sigma$. Le lecteur peut vérifier d'après (3-52) que l'élasticité de substitution est égale à l'élasticité du rapport des quantités d'inputs utilisées x_2/x_1 par rapport au rapport du prix des inputs. Ces deux élasticités sont constantes.

L'équation (3-52) établit que le rapport des quantités utilisées d'input est une fonction puissance simple du rapport des prix des inputs. Cette fonction est linéaire sous sa forme logarithmique, on peut donc estimer les paramètres a et σ par les techniques de régression linéaire à partir de séries temporelles. Si x_1 est le travail et x_2 le capital, l'équation (3-52) montre comment le rapport capital-travail varie en fonction des variations du rapport rémunération du travail-location du capital. Ce type d'analyse se montre particulièrement fructueux pour l'étude de problèmes liés au commerce international (1).

3.7 LES PRODUCTIONS JOINTES.

Il y a des procédés de production qui fournissent plus d'un produit. L'élevage des moutons est l'exemple classique de tels procédés. Deux produits, la laine et la viande, peuvent être obtenus dans des proportions différentes au cours d'un seul procédé de production (2). Le traitement particulier des productions jointes se justifie plus par des arguments d'ordre technique que par l'organisation économique des entreprises ; il apparaît nécessaire toutes les fois que les quantités obtenues d'un ou plusieurs outputs sont interdépendantes sur le plan technique. Les cas dans lesquels une seule entreprise produit deux biens (ou plus), indépendants sur le plan technique, ne relèvent pas de cette définition.

Concepts fondamentaux.

Considérons le cas le plus simple dans lequel un entrepreneur utilise un seul input (X) pour la production de deux outputs (Q_1 et Q_2). Sa fonction de production, sous la forme implicite est :

$$H(q_1, q_2, x) = 0 \quad (3\text{-}53)$$

où q_1, q_2 et x sont les quantités respectives de Q_1, Q_2 et X. Supposons que (3-53) puisse être résolue explicitement en x :

$$x = h(q_1, q_2)\,. \quad (3\text{-}54)$$

Le coût de production *en termes de x* est une fonction des quantités des deux outputs.

(1) Voir B. S. Minhas, « The Homohypallagic Production Function, Factor-intensity Reversals, and the Heckscher-Ohlin Theorem », *Journal of Political Economy*, vol. 70 (avril 1962), pp. 138-156.

(2) La production de produits joints ne requiert pas une analyse particulière à moins que ces produits puissent être obtenus dans des proportions variables. Si deux produits sont toujours obtenus dans un rapport fixe $q_1/q_2 = k$, où k est une constante, l'analyse pour un seul produit s'applique. Il s'agit de définir une unité composée de k unités de Q_1 et d'une unité de Q_2 et dont le prix est $(kp_1 + p_2)$. On la traite comme un produit simple.

Une *courbe de transformation des produits* est définie comme le lieu des combinaisons d'outputs qui peuvent être obtenues à partir d'un niveau donné de l'input X :

$$x^0 = h(q_1, q_2)\,. \tag{3-55}$$

Trois courbes de la famille des courbes de transformation du produit sont représentées sur le graphique 3-10. Plus une courbe est éloignée de l'origine, plus la quantité d'input X qui lui correspond est élevée.

$$x^{(3)} > x^{(2)} > x^{(1)}\,.$$

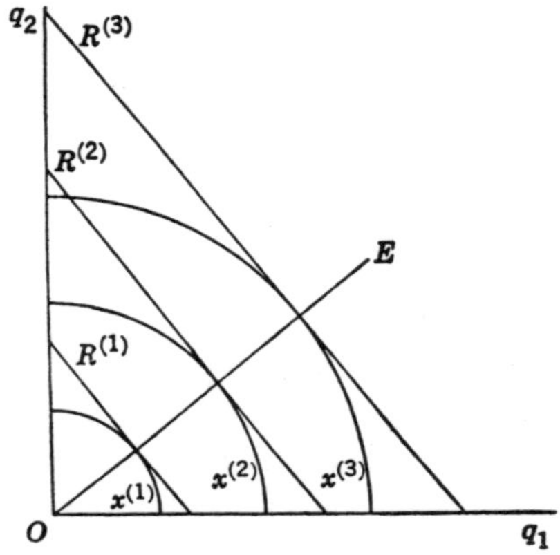

Fig. 3-10.

La pente de la tangente en un point, de la courbe de transformation du produit représente la proportion suivant laquelle il faut sacrifier Q_2 pour obtenir plus de Q_1 (ou, inversement, sacrifier Q_1 pour obtenir plus de Q_2) sans que varie l'input X. Cette pente affectée du signe moins est définie comme étant le *taux de transformation des produits* (TTP)

$$\text{TTP} = -\,\mathrm{d}q_2/\mathrm{d}q_1\,. \tag{3-56}$$

Si on prend la différentielle totale de (3-54)

$$\mathrm{d}x = h_1\,\mathrm{d}q_1 + h_2\,\mathrm{d}q_2\,.$$

Puisque $\mathrm{d}x = 0$ tout au long d'une courbe de transformation des produits,

$$\text{TTP} = -\,\mathrm{d}q_2/\mathrm{d}q_1 = h_1/h_2\,. \tag{3-57}$$

Le taux de transformation des produits en un point de la courbe de transformation des produits, est égal au rapport du coût marginal de Q_1 *en termes de* X au coût marginal de Q_2 *en termes de* X en ce point.

D'un autre point de vue, le TTP peut s'exprimer en termes de productivités marginales. La règle sur la dérivation des fonctions inverses s'applique :

$$\partial q_1/\partial x = 1/h_1\,, \qquad \partial q_2/\partial x = 1/h_2\,. \tag{3-58}$$

En substituant (3-58) dans (3-57) :

$$\mathrm{TTP} = -\frac{\mathrm{d}q_2}{\mathrm{d}q_1} = \frac{\partial q_2/\partial x}{\partial q_1/\partial x}. \tag{3-59}$$

Le taux de transformation des produits est égal au rapport de la productivité marginale de X pour la production de Q_2 à la productivité marginale de X pour la production de Q_1. Si les deux productivités marginales sont positives, comme l'exige une action conduite rationnellement, les pentes des courbes de transformation du produit sont négatives et le taux de transformation est positif.

Prenons la dérivée totale de (3-57), le taux de variation du TTP est :

$$-\frac{\mathrm{d}^2 q_2}{\mathrm{d}q_1^2} = \frac{1}{h_2^3}(h_{11}\, h_2^2 - 2\, h_{12}\, h_1\, h_2 + h_{22}\, h_1^2). \tag{3-60}$$

On suppose en général que (3-60) est positif, c'est-à-dire que le TTP augmente lorsque l'on se déplace le long d'une courbe de transformation des produits en allant de la gauche vers la droite. Lorsque la quantité produite du bien Q_1 augmente et celle du bien Q_2 diminue, pour une même combinaison d'inputs, il faut sacrifier une quantité croissante de Q_2 pour obtenir une unité supplémentaire de Q_1. Si (3-60) est positive, une courbe de transformation des produits donne q_2 en fonction de q_1, la dérivée seconde étant négative ; c'est-à-dire que q_2 est une fonction strictement concave de q_1 (voir Par. A-2). Les courbes de transformation des produits tournent leur concavité vers le bas comme le montre la figure 3-10.

Le système de courbes de transformation des produits de la figure 3-10 est engendré par la fonction implicite de production

$$q_1^2 + q_2^2 - x = 0.$$

Les courbes de transformation des produits sont des cercles concentriques :

$$x^0 = q_1^2 + q_2^2$$

avec $\mathrm{TTP} = q_1/q_2$. Puisque, $q_1, q_2 > 0$, les pentes des courbes de transformation des produits sont négatives, et les taux de transformation sont partout positifs.

Le taux de variation du TTP que donne l'équation (3-60) est alors égal à :

$$\mathrm{TTP} = (q_1^2 + q_2^2)/q_2^3.$$

Maximisation du revenu sous contrainte.

Si l'entrepreneur vend ses outputs à des prix déterminés, son revenu est donné par l'équation linéaire

$$R = p_1\, q_1 + p_2\, q_2 \tag{3-61}$$

où p_1 et p_2 sont les prix de Q_1 et Q_2 respectivement. Une ligne d'iso-revenu est la contrepartie d'une ligne d'iso-coût et elle se définit comme le lieu des combinaisons d'output qui permettent de gagner un certain revenu. Trois courbes d'un système d'iso-revenu sont représentées sur la figure 3-10. Ce sont des lignes droites parallèles dont les pentes sont égales au rapport des prix des outputs, multiplié par − 1, $(-p_1/p_2)$.

Pour résoudre le problème de la maximisation sous contrainte d'un entrepreneur qui cherche à maximiser son revenu pour une certaine quantité d'input X, formons la fonction

$$W = p_1 q_1 + p_2 q_2 + \mu[x^0 - h(q_1, q_2)] \tag{3-62}$$

où μ est un multiplicateur de Lagrange, à déterminer, et annulons ses dérivées partielles :

$$\partial W/\partial q_1 = p_1 - \mu h_1 = 0\,,$$
$$\partial W/\partial q_2 = p_2 - \mu h_2 = 0\,,$$
$$\partial W/\partial \mu = x^0 - h(q_1, q_2) = 0\,.$$

En faisant passer à droite le deuxième terme des deux premières équations et en faisant le rapport de la première et de la seconde.

$$p_1/p_2 = h_1/h_2 = \text{TTP}$$

ou, en substituant, à partir des résultats de (3-58) :

$$\frac{p_1}{p_2} = \frac{\partial q_2/\partial x}{\partial q_1/\partial x} = \text{TTP}\,. \tag{3-63}$$

Le taux de transformation des produits doit être égal au rapport des prix. En termes géométriques, cela signifie que la courbe de transformation des produits doit être tangente à une ligne d'iso-revenu.

On peut également poser, comme conditions du premier ordre :

$$\mu = p_1/h_1 = p_2/h_2$$

ou, en substituant, à partir des résultats de (3-58)

$$\mu = p_1\,\partial q_1/\partial x = p_2\,\partial q_2/\partial x\,.$$

La valeur de la productivité marginale de X dans la production de chaque output doit être égale à μ, dérivée totale de R par rapport à x (1).

(1) La différentielle totale de (3-61) est :

$$\mathrm{d}R = p_1\,\mathrm{d}q_1 + p_2\,\mathrm{d}q_2\,.$$

En substituant $p_1 = \mu h_1$ et $p_2 = \mu h_2$,

$$\mathrm{d}R = \mu(h_1\,\mathrm{d}q_1 + h_2\,\mathrm{d}q_2)\,.$$

En divisant cette expression par la différentielle totale de (3-54), la dérivée totale de R par rapport à x est :

$$\frac{\mathrm{d}R}{\mathrm{d}x} = \frac{\mu(h_1\,\mathrm{d}q_1 + h_2\,\mathrm{d}q_2)}{h_1\,\mathrm{d}q_1 + h_2\,\mathrm{d}q_2} = \mu$$

et est appelée la productivité marginale par rapport au revenu de X.

Les conditions du second ordre requièrent que le déterminant Hessien bordé soit positif :

$$\begin{vmatrix} -\mu h_{11} & -\mu h_{12} & -h_1 \\ -\mu h_{21} & -\mu h_{22} & -h_2 \\ -h_1 & -h_2 & 0 \end{vmatrix} > 0 .$$

En développant :

$$\mu(h_{11}\, h_2^2 - 2\, h_{12}\, h_1\, h_2 + h_{22}\, h_1^2) > 0 . \tag{3-64}$$

Puisque $\mu > 0$,

$$(h_{11}\, h_2^2 - 2\, h_{12}\, h_1\, h_2 + h_{22}\, h_1^2) > 0 .$$

Avec $h_2 > 0$ d'après la condition du premier ordre. Il découle de (3-60) et de la condition du deuxième ordre que la courbe de transformation des produits doit avoir un TTP croissant.

Un entrepreneur peut avoir le désir de rendre minimale la quantité de X nécessaire à l'obtention d'un certain revenu. En ce cas il minimisera (3-54) assujettie à une contrainte de revenu. Géométriquement, il désire atteindre la courbe de transformation des produits, la plus basse qui possède un point commun avec une certaine ligne d'iso-revenu. Pour la maximisation du revenu sous contrainte, il désire atteindre une ligne d'iso-revenu, la plus élevée qui possède un point commun avec une certaine courbe de transformation des produits. Si les courbes de transformation des produits tournent leur concavité vers le bas, chaque point de tangence entre une ligne d'iso-revenu et une courbe de transformation du produit représente à la fois la solution d'un problème de maximisation du revenu sous contrainte et de minimisation de l'input, également sous contrainte. Le lieu de tous les points de tangence (cf. *OE* sur le graphique 3-10) représente le *chemin d'expansion de l'output* dont l'interprétation ressemble à celle du chemin d'expansion de l'input pour une entreprise produisant un seul bien.

Maximisation du profit.

Exprimons le profit comme une fonction de q_1 et de q_2 :

$$\pi = p_1\, q_1 + p_2\, q_2 - rh(q_1, q_2) \tag{3-65}$$

et annulons ses dérivées partielles :

$$\partial\pi/\partial q_1 = p_1 - rh_1 = 0 ,$$
$$\partial\pi/\partial q_2 = p_2 - rh_2 = 0 .$$

En faisant passer les prix à droite et en divisant par les coûts marginaux exprimés en fonction de X,

$$r = p_1/h_1 = p_2/h_2 \tag{3-66}$$

ou, en substituant à partir de (3-58) :

$$r = p_1\, \partial q_1/\partial x = p_2\, \partial q_2/\partial x\,. \qquad (3\text{-}67)$$

La valeur de la productivité marginale (*PM*) de X pour la production de chaque output doit être égale au prix de X (1). L'entrepreneur pourrait accroître son profit en augmentant l'emploi de X si le rendement dans la production de chaque bien était supérieur à son coût.

Les conditions du second ordre requièrent que :

$$-\,rh_{11} < 0\,, \qquad \begin{vmatrix} -\,rh_{11} & -\,rh_{12} \\ -\,rh_{21} & -\,rh_{22} \end{vmatrix} > 0\,.$$

En développant le second déterminant,

$$r^2[h_{11}\, h_{12} - (h_{12})^2] > 0\,.$$

Puisque $r > 0$, les conditions du second ordre s'établissent comme suit :

$$h_{11} > 0\,, \qquad h_{11}\, h_{22} - (h_{12})^2 > 0\,. \qquad (3\text{-}68)$$

Toutes deux impliquent que $h_{22} > 0$. Le coût marginal de chaque output en termes de X doit être croissant. Les conditions du second ordre (3-68) requièrent que la relation de production (3-54) soit strictement convexe au voisinage des points qui satisfont les conditions du premier ordre (3-67) (2). Si (3-54) est strictement convexe partout, tout maximum sera un maximum absolu.

Considérons la maximisation du profit par un entrepreneur dont les courbes de transformation du produit sont données par un système de cercles concentriques. Son profit est

$$\pi = p_1\, q_1 + p_2\, q_2 - r(q_1^2 + q_2^2)\,.$$

En annulant les dérivées partielles

$$\partial\pi/\partial q_1 = p_1 - 2\, rq_1 = 0\,, \qquad \partial\pi/\partial q_2 = p_2 - 2\, rq_2 = 0\,.$$

Les conditions du premier ordre sont :

$$r = p_1/2\, q_1 = p_2/2\, q_2\,,$$

les conditions du deuxième ordre (3-68) sont satisfaites :

$$2 > 0\,, \qquad 4 - 0 = 4 > 0\,.$$

(1) D'après les dérivations de (3-63) et la note 1 page 86, il n'est pas surprenant d'apprendre que la maximisation du profit requiert que $r = \mathrm{d}R/\mathrm{d}x$. Le taux auquel l'application d'une unité supplémentaire de X augmentera le revenu de l'entrepreneur doit être égal à son prix.

(2) La convexité stricte de (3-54) signifie la concavité stricte de la courbe de transformation des produits.

3.8 GÉNÉRALISATION A m VARIABLES.

L'analyse de l'entreprise est aisément généralisable à un processus de production à n inputs et s outputs. On pose que la fonction de production est une fonction implicite de la forme

$$F(q_1, ..., q_s, x_1, ..., x_n) = 0 \tag{3-69}$$

où (3-69), par hypothèse, a des dérivées partielles du premier ordre et du deuxième ordre différentes de zéro pour toutes ses solutions. On suppose que (3-69) est telle que les dérivées partielles par rapport aux outputs sont positives et les dérivées partielles par rapport aux inputs sont négatives. Ainsi par exemple on peut écrire la relation de production sous la forme d'une fonction implicite de deux façons :

$$q_1^2 + q_2^2 - x_1 = 0 \qquad \text{ou} \qquad x_1 - q_1^2 - q_2^2 = 0 .$$

on prend par hypothèse la première écriture. On écrit la fonction Cobb-Douglas :

$$q_1 - Ax_1^{\alpha} x_2^{1-\alpha} = 0 .$$

La maximisation du profit.

Le profit est la différence entre le revenu total que procure la vente de tous les outputs et les dépenses impliquées par tous les inputs.

$$\pi = \sum_{i=1}^{s} p_i q_i - \sum_{j=1}^{n} r_j x_j . \tag{3-70}$$

L'entrepreneur désire maximiser son profit sous la contrainte technique imposée par sa fonction de production. Formons la fonction :

$$J = \sum_{i=1}^{s} p_i q_i - \sum_{j=1}^{n} r_j x_j + \lambda F(q_1, ..., x_n)$$

et posons que chacune de ses $(s + n + 1)$ dérivées partielles est égale à zéro :

$$\begin{aligned} \partial J/\partial q_i &= p_i + \lambda F_i = 0 & i &= 1, ..., s \\ \partial J/\partial x_j &= - r_j + \lambda F_{s+j} = 0 & j &= 1, ..., n \\ \partial J/\partial \lambda &= F(q_1, ..., x_n) = 0 \end{aligned} \tag{3-71}$$

où F_i $(i = 1, ..., s + n) = m$ est la dérivée partielle de (3-69) par rapport à son i-ième terme.

Prenons deux équations quelconques parmi les s premières équations de (3-71), faisons passer le deuxième terme à droite et divisons l'une des équations par l'autre (1) :

$$p_j/p_k = F_j/F_k = - \partial q_k/\partial q_j \qquad j, k = 1, ..., s . \tag{3-72}$$

(1) La règle de dérivation des fonctions implicites : $F_i/F_j = - \partial q_j/\partial q_i$ est utilisée au (3-72) (se reporter au paragraphe A-3).

Le TTP pour chaque couple d'outputs — le niveau des autres outputs et de tous les inputs étant maintenu constant — doit être égal au rapport de leur prix. Prenons la k-ième variable comme output et la j-ième comme input, d'après (3-71) :

$$r_j/p_k = -F_{s+j}/F_k = \partial q_k/\partial x_j \quad \text{ou} \quad r_j = p_k\,\partial q_k/\partial x_j \quad \begin{array}{l} k = 1, ..., s \\ j = 1, ..., n\,. \end{array}$$

Les valeurs des productivités marginales d'un input, par rapport à chaque output, doivent être égales au prix de l'input. Supposons finalement que les deux variables soient des inputs. Les conditions du premier ordre deviennent :

$$r_j/r_k = -\partial x_k/\partial x_j \qquad j, k = 1, ..., n\,.$$

Les taux de substitution technique (TST) pour chaque paire d'inputs — en maintenant constant les niveaux de tous les outputs et de tous les autres inputs — doivent être égaux au rapport de leurs prix.

Les conditions du deuxième ordre pour la maximisation du profit, requièrent que les déterminants Hessiens bordés correspondants soient de signes alternés :

$$\begin{vmatrix} \lambda F_{11} & \lambda F_{12} & F_1 \\ \lambda F_{21} & \lambda F_{22} & F_2 \\ F_1 & F_2 & 0 \end{vmatrix} > 0\,; ...\,; (-1)^m \begin{vmatrix} \lambda F_{11} & \cdots & \lambda F_{1m} & F_1 \\ \cdots & \cdots & \cdots & \cdots \\ \lambda F_{m1} & \cdots & \lambda F_{mm} & F_m \\ F_1 & \cdots & F_m & 0 \end{vmatrix} > 0\,. \tag{3-73}$$

En multipliant les deux premières colonnes du premier déterminant et les m premières du dernier par $1/\lambda$, et en multipliant la dernière ligne de ces déterminants par λ,

$$\lambda \begin{vmatrix} F_{11} & F_{12} & F_1 \\ F_{21} & F_{22} & F_2 \\ F_1 & F_2 & 0 \end{vmatrix} > 0\,; ...\,; (-1)^m \lambda^{m-1} \begin{vmatrix} F_{11} & \cdots & F_{1m} & F_1 \\ \cdots & \cdots & \cdots & \cdots \\ F_{m1} & \cdots & F_{mm} & F_m \\ F_1 & \cdots & F_m & 0 \end{vmatrix} > 0\,.$$

Puisque $\lambda < 0$ d'après (3-71), les conditions du deuxième ordre requièrent que

$$\begin{vmatrix} F_{11} & F_{12} & F_1 \\ F_{21} & F_{22} & F_2 \\ F_1 & F_2 & 0 \end{vmatrix} < 0\,; ...\,; \begin{vmatrix} F_{11} & \cdots & F_{1m} & F_1 \\ \cdots & \cdots & \cdots & \cdots \\ F_{m1} & \cdots & F_{mm} & F_m \\ F_1 & \cdots & F_m & 0 \end{vmatrix} < 0\,. \tag{3-74}$$

Les conditions (3-74) requièrent que les combinaisons input-output que définit :

$$F(q_1, ..., q_s, x_1, ..., x_n) \leqslant 0$$

forment un ensemble de points fermé strictement convexe (voir Par. 5.4 et 9.2) au voisinage des points qui satisfont les conditions du premier ordre (3-71). Ces conditions comprennent les conditions du second ordre que nous avions rencontrées plus haut au cours de ce chapitre en traitant de cas particuliers.

Si (3-74) est satisfaite pour un vaste échantillon de valeurs des inputs et des outputs, toutes les fonctions de production à output unique obtenues en fixant les valeurs des autres $(n - 1)$ inputs, seront strictement convexes. Supposons que nous ayons un output pour deux inputs. La fonction de production implicite est

$$q - f(x_1, x_2) = 0 .$$

Elle a pour dérivées partielles

$$F_1 = 1 \qquad F_2 = -f_1 \quad \text{et} \quad F_3 = -f_2 .$$

Les conditions (3-74) s'écrivent alors :

$$\begin{vmatrix} 0 & 0 & 1 \\ 0 & -f_{11} & -f_1 \\ 1 & -f_1 & 0 \end{vmatrix} < 0 \qquad \begin{vmatrix} 0 & 0 & 0 & 1 \\ 0 & -f_{11} & -f_{12} & -f_1 \\ 0 & -f_{21} & -f_{22} & -f_2 \\ 1 & -f_1 & -f_2 & 0 \end{vmatrix} < 0 .$$

Développons chacun des déterminants par rapport au dernier élément de la première ligne, puis par rapport au dernier élément de la première colonne. Multiplions les deux colonnes du second déterminant par -1 et enfin multiplions ce déterminant par -1 :

$$f_{11} < 0 \qquad \begin{vmatrix} f_{11} & f_{12} \\ f_{21} & f_{22} \end{vmatrix} > 0$$

(3-1) est donc strictement concave. Il est facile d'étendre ce résultat au cas de la production d'un output à l'aide de n inputs. On peut également montrer que les conditions (3-74) relatives à la fonction implicite de la relation de production : un input pour s outputs, sont équivalentes à la condition nécessitant la convexité stricte de la relation écrite sous forme explicite.

Effets de substitution.

L'entrepreneur qui maximise son profit fera varier les niveaux de ses inputs et de ses outputs, en réponse à une variation de prix des inputs et des outputs, afin de toujours satifaire aux conditions du premier ordre (3-71). En prenant la différentielle totale de (3-71) :

$$\begin{array}{l} \lambda F_{11}\, dq_1 + \cdots + \lambda F_{1m}\, dx_n + F_1\, d\lambda = -\, dp_1 \\ \cdots\cdots\cdots\cdots\cdots\cdots\cdots\cdots\cdots\cdots \\ \lambda F_{m1}\, dq_1 + \cdots + \lambda F_{mm}\, dx_n + F_m\, d\lambda = dr_n \\ \quad F_1\, dq_1 + \cdots + \quad F_m\, dx_n \qquad\qquad = 0 . \end{array} \tag{3-75}$$

Supposons les variations de prix données et considérons (3-75) comme un système de $(m + 1)$ équations à $(m + 1)$ variables : dq_i $(i = 1, ..., s)$, dx_j $(j = 1, ..., n)$ et $d\lambda$. En utilisant la règle de Cramer (cf. Par. A-1), nous résolvons (3-75) en dq_j et dx_j :

$$\begin{array}{ll} dq_j = \dfrac{-\,\mathbf{D}_{1j}\, dp_1 - \cdots + \mathbf{D}_{mj}\, dr_n}{\mathbf{D}} & j = 1, ..., s \\[2ex] dx_j = \dfrac{-\,\mathbf{D}_{1,s+j}\, dp_1 - \cdots + \mathbf{D}_{m,s+j}\, dr_n}{\mathbf{D}} & j = 1, ..., n \end{array} \tag{3-76}$$

où **D** est le déterminant des coefficients de (3-75) et $\mathbf{D}_{ij}$ est le cofacteur de l'élément situé à l'intersection de la i-ième ligne et de la j-ième colonne du tableau. Le déterminant **D** est le même que le déterminant d'ordre le plus élevé de (3-73).

Le taux de variation de la quantité par rapport au prix s'obtient en divisant de part et d'autre de (3-76) par la différentielle du prix et en posant les autres différentielles de prix égales à zéro :

$$\begin{aligned} \partial q_j/\partial p_k &= \partial q_k/\partial p_j = -\mathbf{D}_{kj}/\mathbf{D} && (j, k = 1, ..., s) \\ \partial x_j/\partial r_k &= \partial x_k/\partial r_j = \mathbf{D}_{s+k,s+j}/\mathbf{D} && (j, k = 1, ..., n) \\ \partial q_j/\partial r_k &= \partial x_k/\partial p_j = \mathbf{D}_{s+k,j}/\mathbf{D} && (j = 1, ..., s\ ;\ k = 1, ..., n) \end{aligned} \tag{3-77}$$

D est un déterminant symétrique, les dérivées partielles de (3-77) sont donc symétriques. On ne trouve pas dans la théorie de l'entreprise un équivalent de l'effet non symétrique de revenu pour le consommateur. L'effet total, pour l'entreprise, est un effet symétrique de substitution.

La plupart des dérivées de (3-77) peuvent être positives ou négatives selon la forme de la fonction implicite de production. On peut toutefois déterminer le signe des effets prix lorsque le prix est le prix du bien. En effet d'après (3-73) $\mathbf{D}_{jj}$ et **D** doivent être de signes contraires pour $j = 1, ..., m$. Donc :

$$\begin{aligned} \partial q_j/\partial p_j &> 0 && (j = 1, ..., s) \\ \partial x_k/\partial r_k &< 0 && (k = 1, ..., n)\,. \end{aligned}$$

Une augmentation du prix du j-ième output, les autres prix restant constants, augmentera toujours la production du j-ième output. Une augmentation du prix du k-ième input, les autres prix restant constants, diminuera toujours la quantité utilisée du k-ième input.

3.9 RÉSUMÉ.

La fonction de production, dans le cas où il y a un output et deux variables inputs, donne le niveau maximal d'output qui peut être atteint pour chaque combinaison possible d'inputs. On obtient les courbes de productivité en considérant la quantité de l'une des variables inputs comme un paramètre et en exprimant l'output comme une fonction de la quantité de l'autre. Une isoquante est le lieu de toutes les combinaisons d'inputs qui conduisent à un certain niveau d'output.

Un entrepreneur peut souhaiter maximiser son niveau d'output pour un coût donné, ou minimiser le coût de production d'un certain niveau d'output. Les conditions du premier ordre pour les deux problèmes requièrent que le taux de substitution technique entre les inputs soit égalé au rapport de leurs prix. Graphiquement, les deux problèmes conduisent à une condition de tangence entre une isoquante et une ligne d'iso-coût. Le lieu de ces points de tangence constitue le chemin d'expansion de l'entreprise. L'entrepreneur peut faire varier à la fois le niveau d'output et le coût pour maximiser son profit. Les conditions du premier ordre nécessitent que la valeur de la productivité marginale physique de chaque input soit égalée à son prix. Les conditions du second ordre nécessitent que la fonction de production soit strictement concave au voisinage des points qui satisfont les conditions du premier ordre. Les productivités marginales des deux inputs doivent être décroissantes.

La fonction de la demande d'input du producteur est déduite de la demande du bien qu'il produit. Ses fonctions de demande sont obtenues en résolvant ses conditions du premier ordre pour ses niveaux d'inputs comme fonctions des prix des inputs et des outputs. La courbe de la demande d'input lie la demande d'un input au prix de cet input ; ces courbes sont toujours inclinées vers le bas.

Etant données la fonction de production de l'entrepreneur, l'équation du coût et la fonction représentative du chemin d'expansion, son coût total peut être exprimé comme une fonction de son niveau d'output. Dans la courte période, il lui faut, indépendamment du niveau de son output, supporter le coût de ses inputs fixes. Les conditions du premier ordre pour la maximisation du profit conduisent l'entrepreneur à égaler son coût marginal à son prix de vente. Les conditions du second ordre impliquent que le coût marginal soit croissant. L'entrepreneur est à même de faire varier dans la longue période, les niveaux de ses inputs fixes et donc, de choisir une fonction de coût de courte période particulière. La fonction de coût total de longue période est l'enveloppe de ces différentes fonctions de coût total de courte période. La maximisation du profit en longue période requiert que le coût marginal de longue période soit égal au prix de vente et qu'il soit croissant.

Si la fonction de production est homogène, de degré un, il en découle un certain nombre de résultats intéressants. Une variation proportionnelle de tous les niveaux d'inputs entraîne un changement proportionnel du niveau d'output et laisse inchangées les productivités marginales des inputs. On s'est servi du théorème d'Euler pour démontrer que l'output total est juste épuisé si chaque input est rémunéré suivant sa productivité marginale physique. Toutefois, les hypothèses concurrentielles de maximisation du profit s'effondrent si la fonction de production de l'entrepreneur est homogène de degré un.

Les fonctions de production CES sont homogènes de degré un et ont une élasticité de substitution constante. Les isoquantes de ces fonctions CES ont un angle variable qui varie de quatre-vingt dix à cent quatre-vingts degrés selon la valeur de l'élasticité de substitution qui varie entre deux limites : zéro et $+\infty$. La fonction Cobb-Douglas a une élasticité de substitution constante égale à l'unité ; c'est une fonction CES. D'après les conditions du premier ordre, le rapport des quantités d'inputs utilisées pour une fonction CES est une fonction linéaire, logarithmiquement, du rapport des prix des inputs.

Deux ou plus de deux outputs sont fréquemment produits conjointement au cours d'un même processus de production. Dans le plus simple des cas les quantités des deux outputs peuvent être exprimées en fonction de la quantité d'un seul input. Une courbe de transformation du produit est le lien de toutes les combinaisons d'output que l'on peut obtenir à partir d'un niveau donné d'input. On suppose en général que la relation de production est telle que les courbes de transformation des produits sont concaves. Un entrepreneur peut souhaiter maximiser le revenu qu'il obtient à partir d'un certain niveau d'input. Les conditions du premier ordre requièrent que le taux de transformation des produits soit égal au rapport des prix de ces outputs. Graphiquement, il se placera au point pour lequel une ligne d'iso-revenu est tangente à une certaine courbe de transformation des produits. S'il souhaite maximiser son profit, il devra rendre égale la valeur de productivité marginale de l'input, pour chacun des outputs, au prix de cet input. Les conditions du second ordre requièrent que la relation de production soit strictement convexe au voisinage des points qui satisfont aux conditions du premier ordre.

Dans le cas général, n inputs sont utilisés pour la production de s outputs, et la fonction de production est donnée sous une forme implicite. Les conditions du premier ordre pour la maximisation du profit requièrent que 1) le taux de transformation des produits entre chaque couple d'outputs soit égal au rapport de leur prix, 2) que la valeur de la productivité marginale de chaque input correspondant à chaque output soit égale au prix de l'input, et 3) que le taux de substitution technique entre chaque paire d'inputs soit égal au rapport de leurs prix. Les effets de substitution correspondant à des variations de prix peuvent être calculés, mais il n'y a pas de contrepartie à l'effet de revenu asymétrique de la théorie du consommateur.

EXERCICES

3.1 Construire les fonctions *PM* et *Pm* pour X_1 correspondant à la fonction de production

$$q = x_1 x_2 - 0{,}2\, x_1^2 - 0{,}8\, x_2^2 .$$

Soit $x_2 = 10$. Pour quelles valeurs de x_1 la *PM* de X_1 d'une part, la *Pm* de X_1 d'autre part serontelles nulles ?

3.2 Déterminer les élasticités de X_1 et de X_2 par rapport aux outputs pour la fonction de production CES de l'équation (3-47). Montrer que leur somme est nulle.

3.3 Trouver un chemin d'expansion pour la fonction de production $q = Ax_1^{\alpha} x_2^{\beta}$ où $\alpha, \beta > 0$.

3.4 Supposer que la fonction du coût total à court terme d'un entrepreneur s'écrive :

$$C = q^3 - 10\, q^2 + 17\, q + 66.$$

Déterminer le niveau d'output qui lui permet de maximiser son profit, sachant que $p = 5$. Calculer l'élasticité-coût par rapport à cet output.

3.5 Les deux fonctions de production suivantes sont homogènes de degré un. Calculer les productivités marginales en X_1 et X_2 et démontrer qu'elles sont homogènes de degré zéro :

$$a) \quad q = \frac{(ax_1 x_2 - bx_1^2 - cx_2^2)}{(\alpha x_1 + \beta x_2)}$$

$$b) \quad q = Ax_1^{\alpha} x_2^{1-\alpha} + bx_1 + cx_2 .$$

3.6 Un entrepreneur utilise deux procédés de production distincts pour produire deux biens, Q_1 et Q_2. La fonction de production dans les deux cas est une fonction CES ; l'entrepreneur satisfait la condition d'équilibre (3-52). Supposer que Q_1 a une élasticité de substitution supérieure à Q_2 et que le paramètre a est inférieur pour Q_1 à celui correspondant à Q_2. Déterminer le rapport des prix des inputs auquel correspondrait un même rapport d'utilisation des inputs pour les deux biens. Lequel des deux biens aurait le rapport d'utilisation des inputs le plus élevé lorsque le rapport des prix des inputs augmente, lorsqu'il diminue ?

3.7 Un entrepreneur utilise un input pour produire deux outputs, la relation de production étant : $x = A(q_1^\alpha + q_2^\beta)$, où $\alpha\beta > 1$. Il achète les inputs et vend ses outputs à des prix fixés. Exprimer les outputs correspondant au profit maximum en fonction des prix. Montrer que cette relation de production est strictement convexe pour $q_1, q_2 > 0$.

***3.8** Un entrepreneur produit un output à l'aide de deux inputs. Sa fonction de production est une fonction Cobb-Douglas (3-39). Il achète ses inputs et vend ses outputs à des prix fixés. Il ne peut pas acheter plus de x_1^0 unités de X_1. Si ce quota n'existait pas, il achèterait plus. Ecrire les conditions de maximisation du profit. Quelle est la relation optimale entre la valeur de la productivité marginale de chaque input et son prix ? Quelle est la relation optimale entre le TTS et le rapport du prix des inputs ?

BIBLIOGRAPHIE

ALLEN, R. G. D., *Mathematical Economics* (Londres : Macmillan, 1956). Le chapitre 18 contient un exposé mathématique de la théorie de l'entreprise. L'algèbre nécessaire est développée dans le texte.

ARROW, K., CHENERY, H. B., MINHAS, B., et SOLOW, R. M., « Capital-Labor Substitution and Economic Efficiency », *Review of Economics and Statistics*, vol. 43 (août 1961), pp. 228-232. Premier énoncé des propriétés des fonctions de production CES.

BRONFENBRENNER, M. et DOUGLAS, Paul H., « Cross-section Studies in the Cobb-Douglas Function », *Journal of Political Economy*, vol. 47 (décembre 1939), pp. 761-785. Discussion générale de la fonction de production Cobb-Douglas.

CARLSON, Sune, *A Study on the Theory of Production* (New York, Kelley et Millman, 1956). Un exposé de la théorie de l'entreprise à l'aide de mathématiques élémentaires.

FRISCH, Ragnar, *Theory of Production* (Chicago : Rand Mc Nally, 1965). Utilisation extensive du calcul différentiel et intégral.

HICKS, J. R., *Valeur et Capital* (Paris : Dunod, 1956). Les chapitres 6 à 7 contiennent un exposé de la théorie de l'entreprise. L'analyse mathématique est en appendice.

MC FADDEN, Daniel, « Constant Elasticity of Substitution Production Functions », *Review of Economic Studies*, vol. 30 (juin 1963), pp. 73-83. Mathématiques de niveau difficile.

MENGER, K., « The laws of Return », in O. Morgenstern (éd.), *Economic Activity Analysis* (New York : Wiley, pp. 419-482). Une étude mathématique des formulations alternatives de la loi des rendements décroissants.

SAMUELSON, Paul A., *Les fondements de l'analyse économique*, 2e édition (Paris : Dunod, 1971). Le chapitre 4 contient un exposé mathématique de la théorie de l'entreprise.

SHEPHARD, Ronald W., *Cost and Production Functions* (Princeton, N. J. : Princeton, 1953). Outils mathématiques : analyse et théorie des ensembles convexes.

CHAPITRE 4

L'ÉQUILIBRE SUR UN SEUL MARCHÉ

L'analyse du comportement des consommateurs et de l'entrepreneur repose sur l'hypothèse que ceux-ci ne peuvent pas agir sur les prix auxquels ils achètent et vendent les produits. Le consommateur individuel, confronté à des prix qui sont pour lui des données, achète la combinaison de biens et services qui lui procure une satisfaction maximale. Le chef d'entreprise, pour lequel les prix des inputs et des outputs sont aussi des données, décide de produire la quantité d'output qui lui assure un profit maximal. Chacun d'eux est donc placé devant un problème de maximisation. Mais l'ensemble des actions individuelles, à la fois de tous les consommateurs et de tous les producteurs, détermine les prix, que chacun isolément considère comme paramètres. C'est sur le marché où se rencontrent les consommateurs et les producteurs, et où ils échangent des biens et services, que les prix sont déterminés. Le consommateur est acheteur et l'entrepreneur vendeur sur le marché d'un bien de consommation finale. Leurs rôles sont inversés sur le marché d'un facteur primaire de production, comme le travail. Certains inputs sont les outputs d'autres entreprises (le blé est un input pour les minoteries, mais un output pour l'agriculture) et sur les marchés de tels biens intermédiaires, les acheteurs et les vendeurs sont tous les deux des entrepreneurs. L'analyse de l'équilibre de marché a pour but de décrire les mécanismes de la détermination des prix de marché et des quantités achetées et vendues. On se limitera dans ce chapitre au comportement sur un marché unique.

Les hypothèses fondamentales et les caractéristiques d'un marché de concurrence parfaite seront énoncées au paragraphe 4.1. On étudiera au paragraphe 4.2 comment construire les fonctions de demande globale et, au paragraphe 4.3, les fonctions d'offre globale pour le très court terme, le court terme et le long terme ; cette section sera également consacrée aux économies et déséconomies externes. On utilisera les fonctions d'offre et de demande pour la détermination de l'équilibre sur le marché des produits au paragraphe 4.4. Dans le paragraphe 4.5, on appliquera l'analyse au cas où les entreprises ne sont pas groupées en un même lieu et à l'étude de l'incidence d'un impôt. L'analyse statique de l'équilibre de marché sera étendue au marché des facteurs de production dans le paragraphe 4.6. On discutera de l'existence d'un équilibre de marché unique au paragraphe 4.7 ; la stabilité de cet équilibre est étudiée au paragraphe 4.8. Enfin on analysera dans le paragraphe 4.9 les propriétés de l'équilibre sur les marchés où les réactions de l'offre sont retardées. Tout au long de ce chapitre, on supposera que le ou les marchés envisagés est ou sont dans une situation de concurrence parfaite et que les prix restent inchangés sur tous les autres marchés.

4.1 LES HYPOTHÈSES DE LA CONCURRENCE PARFAITE.

Un marché de biens ou services, parfaitement concurrentiel, satisfait aux hypothèses suivantes : 1) les entreprises produisent un bien homogène, et les consommateurs sont identiques, pour les vendeurs, en ce sens qu'ils ne trouvent aucun avantage ou inconvénient à vendre leur produit à un consommateur plutôt qu'à un autre ; 2) les entreprises et les consommateurs sont nombreux, et les ventes ou les achats de chaque unité prise individuellement sont petits par rapport au volume global des transactions ; 3) les entreprises et les consommateurs ont une connaissance parfaite des prix pratiqués et des offres courantes, et ils tirent parti de toute occasion qui se présente à eux d'accroître respectivement leur profit ou leur utilité ; 4) il y a libre entrée sur le marché et libre sortie à la fois pour les producteurs et pour les consommateurs.

La condition 1), assure l'anonymat des producteurs et des consommateurs. En ce qui concerne les producteurs, cette condition signifie qu'il est impossible de distinguer le produit fabriqué par une entreprise du produit fabriqué par une autre : il n'existe ni marque, ni brevet, ni label. Les consommateurs n'ont aucune raison de préférer le produit d'une entreprise à celui d'une autre. D'autre part, de l'uniformité des consommateurs il résulte que l'entrepreneur vendra toujours au plus offrant. Il n'existe pas de coutumes ou de règles, institutionnelles ou empiriques (telles que le premier arrivé est le premier servi) réglementant la distribution de l'output parmi les consommateurs.

D'après la condition 2), il y a un grand nombre de vendeurs en face d'un grand nombre d'acheteurs. Si les entreprises sont nombreuses, un entrepreneur peut accroître ou réduire individuellement son niveau de production sans modifier de façon sensible le prix du marché. L'augmentation ou la diminution de la demande d'un bien par un consommateur individuel n'entraînent pas de variation perceptible du prix. Un individu, qu'il achète ou qu'il vende, se comporte comme s'il n'avait aucune influence sur le prix : il ne fait que s'adapter à une situation de marché donnée.

D'après la condition 3), d'un côté du marché comme de l'autre, tous les agents sont parfaitement informés. Les vendeurs et les acheteurs possèdent une connaissance complète de tout ce qui concerne la qualité et la nature du produit en même temps que le prix qui prévaut. A partir du moment où les acheteurs n'ignorent rien, les entrepreneurs ne peuvent pas essayer de leur faire payer un prix plus élevé que celui qui prévaut. Pour des raisons analogues, les consommateurs ne peuvent pas tenter d'acheter le produit à quelques entrepreneurs en le payant moins cher. Et puisque le produit est homogène et que chacun est parfaitement informé, il ne peut être pratiqué qu'un seul prix sur un marché en situation de concurrence parfaite : on le démontre en prouvant que le contraire est impossible. Supposons que le produit soit vendu à deux prix différents. Par hypothèse, les consommateurs savent que : *a*) le bien peut être acheté à deux prix différents, *b*) une unité de ce bien est exactement semblable à n'importe quelle autre. Comme ils cherchent à maximiser leur utilité ils ne l'achèteront pas au prix le plus élevé. Par conséquent il y a un prix qui prévaut et il est unique.

La dernière condition permet, à long terme, un libre déplacement des ressources entre des emplois alternatifs. Cette condition suppose que les ressources sont mobiles et se dirigent toujours vers les emplois où on en tire le meilleur parti. Les entreprises se déplacent vers les marchés sur lesquels elles peuvent faire des profits : elles quittent ceux sur lesquels elles encourent des pertes. Des ressources telles que le travail ont tendance à être attirées par des industries dont les produits font l'objet d'une demande importante. Les entreprises inefficaces sont éliminées du marché et remplacées par des entreprises efficaces.

Il y a concurrence parfaite entre les vendeurs si tout vendeur individuel n'exerce qu'une influence imperceptible sur le prix du marché et sur les actions des autres : chaque vendeur agit alors comme s'il n'avait aucune influence. La concurrence parfaite entre les acheteurs est soumise à des conditions analogues. On dit qu'un marché est en situation de concurrence parfaite si la concurrence parfaite joue des deux côtés du marché, à la fois entre les vendeurs et entre les acheteurs. Le prix du marché, que l'on considérait comme un paramètre dans les chapitres précédents, est maintenant une variable ; sa valeur est déterminée à la fois par les actions des acheteurs et des vendeurs.

4.2 LES FONCTIONS DE DEMANDE.

La fonction de demande d'un bien donné sur un marché est la somme de toutes les fonctions de demande des consommateurs individuels. Etant donné sa petite taille par rapport au marché tout entier, un entrepreneur individuel n'est pas confronté à la fonction de demande globale. Sa fonction de demande correspond à son hypothèse de vente : il peut vendre la quantité qu'il veut au prix du marché.

La demande de marché.

D'après les paragraphes 2.4 et 2.7, la demande du bien Q_j par le i-ième consommateur dépend du prix de ce bien, du prix des autres biens et du revenu

$$D_{ij} = D_{ij}(p_1, p_2, \ldots, p_m, y_i) . \tag{4-1}$$

On construit les fonctions de demande du consommateur à partir des conditions du premier ordre rencontrées lors de l'analyse de la maximisation de l'utilité. On suppose les conditions du deuxième ordre satisfaites. Lorsque surviennent des variations de prix et de revenus, il modifiera sa demande de biens de façon à conserver un TSB égal au rapport des prix des biens pris deux à deux, tout en tenant compte de sa contrainte budgétaire.

Une variation de la demande de Q_j par le consommateur i peut être due à une variation de p_k $(k \neq j)$, même si p_j n'a pas changé, ou résulter d'une variation du revenu, tous les prix étant constants. Pour isoler le comportement du consommateur sur le j-ième marché, on suppose que tous les prix autres que p_j et son revenu sont constants. Alors sa demande de Q_j ne dépend que de p_j :

$$D_{ij} = D_{ij}(p_j) . \tag{4-2}$$

La quantité demandée est toujours fonction des prix de tous les autres biens et du revenu du consommateur, mais ces variables sont maintenant considérées comme des paramètres. Pour que les conditions du premier ordre soient toujours réalisées, le consommateur modifie sa demande de biens autres que Q_j lorsque p_j varie. On ne tient pas compte de ces modifications, en général, lorsque l'analyse porte sur le marché du bien Q_j.

Supprimons dans l'équation (4-2) l'indice des biens j :

$$D_i = D_i(p) \qquad (i = 1, 2, ..., n) . \tag{4-3}$$

La demande globale de la quantité Q, quel que soit le prix, est la somme de toutes les quantités demandées par les n consommateurs individuels à ce prix :

$$D = \sum_{i=1}^{n} D_i(p) = D(p) , \tag{4-4}$$

où D est la demande globale. La forme de l'expression (4-4) résulte de ce que l'on a supposé constants tous les autres prix et les revenus des n consommateurs. On suppose que la demande de chaque consommateur individuel est une fonction monotone décroissante du prix, il est toutefois possible d'avoir une fonction croissante du prix — c'est le cas des biens Giffen (voir Par. 2.6). Si la fonction de demande de chaque consommateur individuel est monotone décroissante, il est évident que la fonction de demande globale sera aussi monotone décroissante.

La courbe de demande globale s'obtient à partir de (4-4). La forme et la position de cette courbe peuvent varier avec les paramètres de l'expression (4-4), c'est-à-dire lorsque les prix des autres biens et les revenus des consommateurs varient. En fait, la courbe de demande globale peut se déplacer sans que le revenu global ait varié, si la répartition des revenus est différente. Si le revenu d'un consommateur diminue et que celui d'un autre augmente exactement de la même quantité, il est vraisemblable que leurs courbes de demande individuelles se déplaceront et que cela aura une répercussion sur la courbe de demande globale, à moins que les déplacements se compensent.

En utilisant les graphiques habituels, la courbe de demande globale est la somme « horizontale » des courbes de demande individuelles. Les graphiques (a) et (b) de la

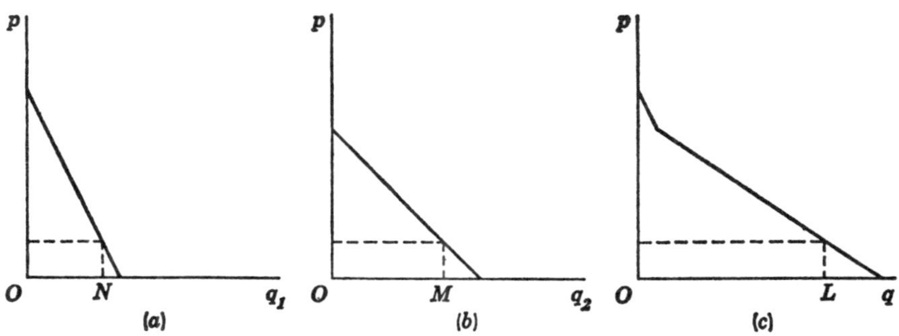

Fig. 4-1.

figure 4-1 représentent les courbes de demande de deux consommateurs seulement sur un marché hypothétique [1]. Le graphique (*c*) représente la courbe de demande globale que l'on construit en portant une distance *OL* égale à la somme des distances *OM* et *ON*.

La demande qui s'adresse à l'entrepreneur.

La fonction de demande globale (ou demande de marché) est confrontée à l'ensemble de tous les vendeurs. L'entrepreneur individuel se considère lui-même comme incapable d'avoir une influence sur le prix du marché. Une variation de sa production se traduit par un déplacement imperceptible le long de la courbe de demande du marché, et il croit qu'il peut vendre toute quantité qu'il est capable de produire au prix qui prévaut sur le marché. La courbe de demande qui s'adresse à une entreprise prise individuellement apparaît à celle-ci comme une droite horizontale d'équation :

$$p = \text{Cte} . \tag{4-5}$$

La courbe de demande de marché n'est pas la somme « horizontale » des courbes de demande auxquelles se trouvent confrontées les entreprises.

La recette totale de l'entreprise est :

$$R = pq .$$

La recette marginale est le rapport de l'accroissement de la recette à un petit accroissement des ventes. Mathématiquement :

$$\mathrm{d}R/\mathrm{d}q = p ,$$

puisque p est constant. La courbe de recette marginale d'une entreprise considérée individuellement est identique à la courbe de demande qui s'adresse à elle.

4.3 LA CONSTRUCTION DES FONCTIONS D'OFFRE.

Les fonctions de coût des entreprises considérées individuellement peuvent être définies : 1) pour une très courte période pendant laquelle le niveau de production ne peut pas varier, 2) pour une courte période, au cours de laquelle le niveau de production peut varier mais la taille des équipements reste constante, 3) pour une longue période au cours de laquelle tous les facteurs sont variables.

La très courte période.

Supposons que l'entrepreneur décide chaque matin de la quantité qu'il produira dans la journée. Sa décision de production est mise en œuvre aussitôt, et il passe le reste de la journée à essayer de vendre son output au prix le plus élevé possible. Il ne

(1) Le nombre deux ne représente pas le grand nombre de consommateurs que requiert la concurrence parfaite. On choisit deux consommateurs à titre d'illustration du comportement d'un plus grand nombre de consommateurs.

peut pas pendant la journée accroître la quantité de bien qu'il produit, et c'est un stock donné du bien qu'il vend (1). Puisque la quantité q^0 est déjà produite, le coût marginal pour n'importe quelle quantité inférieure à q^0 est nul. D'autre part, à très court terme, il est impossible de produire plus que cette quantité, en sorte que le coût marginal pour des quantités supérieures à q^0 peut être considéré comme infini. La courbe de coût marginal est représentée par une droite verticale passant par ce point.

Le profit de l'entreprise est maximum lorsqu'elle vend une quantité pour laquelle $Cm = p$. Mais puisque le Cm de n'importe quelle quantité inférieure à q^0 est nul, et que le Cm de n'importe quelle quantité supérieure à q^0 est infini, l'égalité $Cm = p$ ne peut pas être satisfaite, et l'entreprise développera ses ventes jusqu'à ce que le prix de vente cesse d'être supérieur au Cm. Par conséquent, elle vendra toute sa production (c'est-à-dire tout son stock du bien en question) au prix qui prévaut sur le marché (2). Son profit est donc maximal, car il est impossible de vendre à un prix plus élevé que celui qui prévaut sur le marché. En général, la fonction d'offre globale définit la quantité offerte par l'ensemble des producteurs en fonction du prix. Si la quantité produite par chaque entreprise ne peut pas varier, l'offre globale du bien est aussi une donnée, et ne dépend pas du prix. La courbe d'offre est une droite verticale, et sa distance à l'axe des prix est égale à la somme des quantités produites par les entreprises individuelles.

Le court terme.

La fonction d'offre d'une entreprise en situation de concurrence parfaite donne la quantité qu'elle produira en fonction du prix du marché ; cette fonction peut être déduite de la condition du premier ordre relative à la maximisation du profit. L'abscisse d'un point de la partie croissante de la courbe Cm correspondant à un prix donné est la mesure de la quantité que l'entreprise offrirait à ce prix. La courbe d'offre à court terme de l'entreprise se confond avec la portion de la courbe Cm à court terme située au-dessus de la courbe CVM. Sa fonction d'offre n'est pas définie pour des quantités inférieures à l'abscisse de l'intersection des courbes Cm et CVM. La quantité offerte serait nulle pour tout prix inférieur à l'ordonnée de ce point. La courbe d'offre de l'entreprise est composée des segments OA et BC (en trait gras) sur la figure 4-2.

Le Cm à court terme, de la i-ième entreprise dépend de la quantité produite :

$$Cm_i = \Phi_i'(q_i) \, . \tag{4-6}$$

(1) On simplifie l'analyse actuelle en supposant que la production et toutes les autres adaptations ont lieu instantanément. Il peut être plus réaliste de supposer que l'output est produit comme un flux continu et régulier. Si la production est un processus consommant du temps, une modification du niveau de production ne peut pas être réalisée immédiatement. La très courte période est alors tout intervalle de temps plus court que la période qui s'écoule entre la variation du niveau des inputs et la variation correspondante du niveau d'output.

(2) Etant donné que cette analyse est statique, les coûts correspondant à la tenue d'inventaires sont négligés.

La fonction d'offre de la *i*-ième entreprise s'obtient en écrivant la condition du premier ordre pour que son profit soit maximal avec $p = Cm$, et en résolvant l'équation (4-6) pour $q_i = S_i$:

$$S_i = S_i(p) \quad \text{pour} \quad p \geqslant CVM \text{ minimal} \tag{4-7}$$
$$S_i = 0 \quad \text{pour} \quad p < CVM \text{ minimal}.$$

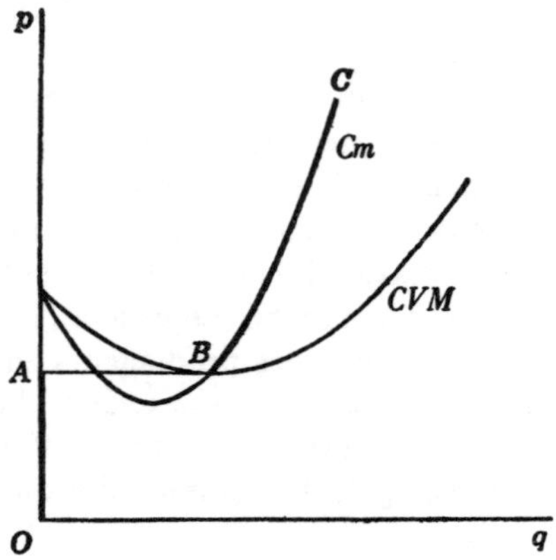

Fig. 4-2.

La fonction d'offre globale s'obtient en faisant la somme des n fonctions d'offre individuelles. L'offre globale est :

$$S = \sum_{i=1}^{n} S_i(p) = S(p). \tag{4-8}$$

La courbe d'offre globale est la somme « horizontale » des courbes d'offre individuelles.

La condition du deuxième ordre pour que le profit soit maximal n'est satisfaite que si la courbe *Cm* est croissante. La fonction d'offre de l'entreprise est par conséquent monotone croissante [1]. La somme « horizontale » de fonctions monotones croissantes est elle-même monotone croissante et la fonction d'offre globale à court terme a une pente positive.

Considérons la courbe de coût total :

$$C_i = 0{,}1\, q_i^3 - 2\, q_i^2 + 15\, q_i + 10.$$

Alors :

$$Cm_i = 0{,}3\, q_i^2 - 4\, q_i + 15.$$

(1) Il se peut que les courbes *Cm* des entreprises individuelles aient des parties à pente négative dans le domaine où $Cm > CVM$. La fonction d'offre de l'entreprise individuelle sera alors discontinue. Dans certains cas exceptionnels la fonction d'offre globale n'a pas besoin d'être monotone croissante.

En posant $Cm_i = p$ et en résolvant en q_i (1) :

$$q_i = S_i = (4 \pm \sqrt{1{,}2\, p - 2})/0{,}6\,. \tag{4-9}$$

La fonction d'offre individuelle s'applique à tous les prix supérieurs ou égaux au minimum du CVM. La fonction CVM est :

$$CVM_i = 0{,}1\, q_i^2 - 2\, q_i + 15\,.$$

Le minimum de la fonction CVM est obtenu en annulant sa dérivée par rapport à q_i et en résolvant en q_i (2) :

$$\mathrm{d}(CVM_i)/\mathrm{d}q_i = 0{,}2\, q_i - 2 = 0\,, \qquad q_i = 10\,.$$

Pour $q_i = 10$, la fonction CVM prend la valeur 5. Quand le prix sera inférieur à 5 francs, l'entreprise trouvera plus profitable de ne rien produire. La fonction d'offre de l'entreprise est :

$$S_i = (4 + \sqrt{1{,}2\, p - 2})/0{,}6 \qquad \text{pour} \qquad p \geqslant 5$$

$$S_i = 0 \qquad \text{pour} \qquad p < 5\,.$$

Si l'on suppose que la branche est composée de cent entreprises identiques, la fonction d'offre globale s'écrit :

$$S = 100(4 + \sqrt{1{,}2\, p - 2})/0{,}6 \qquad \text{pour} \qquad p \geqslant 5$$

$$S = 0 \qquad \text{pour} \qquad p < 5\,.$$

L'offre globale pour un prix de 22,50 francs sera de 1 500 unités.

Le long terme.

La quantité optimale produite par l'entreprise en longue période est déterminée par l'égalité du prix et du Cm à long terme. La production est nulle pour tout prix inférieur à CM, et la fonction d'offre en longue période de l'entreprise est composée de la partie de la fonction Cm en longue période pour laquelle Cm est supérieur à CM. La fonction d'offre globale en longue période se déduit mathématiquement par des calculs analogues à ceux qui définissent l'offre globale à court terme. La fonction Cm de la i-ième entreprise est :

$$Cm_i = \Phi_i'(q_i) \qquad (i = 1, \ldots, n)\,. \tag{4-10}$$

En posant $p = Cm_i$, et en résolvant par rapport à $q_i = S_i$:

$$S_i = S_i(p) \qquad (i = 1, \ldots, n)\,. \tag{4-11}$$

(1) La solution mathématique (4-9) décrit une courbe à deux branches correspondant aux signes + et — devant le radical. La branche correspondant au signe — a une pente négative et peut être négligée, puisque la condition du second ordre exige que Cm soit croissant.

(2) Le lecteur pourra vérifier que la condition du second ordre d'un minimum est bien remplie.

La fonction d'offre globale s'obtient en ajoutant les n fonctions d'offre individuelles de la relation (4-11). La fonction d'offre en longue période a une pente positive ; la raison est la même que pour la fonction d'offre à court terme.

Economies et déséconomies externes.

On a supposé que le coût total de chaque entreprise individuelle ne dépendait que de son niveau de production. Cependant, le coût total d'une entreprise peut très souvent être aussi fonction du niveau de production d'autres entreprises. Il y a économie externe si un accroissement de la production de la j-ième entreprise fait baisser la courbe de coût total de la i-ième entreprise. Il y a déséconomie externe si un accroissement de la production de la j-ième entreprise élève le coût total de la i-ième entreprise (1). Les économies et les déséconomies externes peuvent avoir un grand nombre de causes. Il se peut qu'un accroissement de la production d'une branche mène à la découverte de nouvelles sources de matières premières, moins chères, et à la diffusion de nouvelles connaissances techniques ; ces phénomènes en général réduiront les coûts de la i-ième entreprise (sans que celle-ci produise une quantité inférieure). Réciproquement, une augmentation de l'ensemble de la production d'une branche peut provoquer une élévation du prix des matières premières et aussi une augmentation du coût total de la i-ième entreprise.

Supposons d'une façon générale que les coûts en longue période de la i-ième entreprise soient fonctions du niveau de production de la branche et de son propre niveau de production

$$C_i = \Phi_i(q_i, q) \qquad (i = 1, 2, ..., n) \tag{4-12}$$

où q_i est l'output de la i-ième entreprise et où $q = \sum_{i=1}^{n} q_i$. Chaque entrepreneur contribue pour une petite partie à la production de la branche en produisant la quantité qui maximise son profit. Son niveau de production n'affecte pas le niveau de production de la branche d'après les hypothèses. Les fonctions de profit s'écrivent :

$$\pi_i = R_i - C_i \qquad (i = 1, 2, ..., n) \tag{4-13}$$

avec $R_i = pq_i$. En différentiant π_i par rapport à q_1 (q étant constant), π_2 par rapport à q_2, etc., et en annulant ces dérivées partielles :

$$\partial\pi_i/\partial q_i = p - \partial\Phi_i(q_i, q)/\partial q_i = 0 \qquad (i = 1, 2, ..., n) \tag{4-14}$$

Pour que les conditions du second ordre soient satisfaites il faut que :

$$\partial^2\Phi_i(q_i, q)/\partial q_i^2 > 0$$

(1) Des définitions alternatives pourraient être formulées en termes d'effet d'une augmentation de la production globale (1) sur le coût marginal de l'entreprise i, son propre niveau de production restant constant, (2) sur son niveau de production, son usage des facteurs de production restant constant.

pour tout $i = 1, 2, ..., n$. En remplaçant q par sa valeur, $q = \sum_{i=1}^{n} q_i$, en résolvant le système de n équations (4-14) en q_i et en remplaçant q_i par S_i :

$$\begin{aligned} S_1 &= S_1(p) \\ S_2 &= S_2(p) \\ &\dots\dots\dots \\ S_n &= S_n(p)\,. \end{aligned} \tag{4-15}$$

Chaque entreprise fonde son comportement sur sa propre fonction *Cm*. Chacune observe ou anticipe les quantités produites par la branche et décide de son niveau de production de façon à égaler son prix et son coût marginal. Si tous les entrepreneurs font la même anticipation sur le niveau de production de la branche et si ce niveau est cohérent avec le niveau de production de chacun, il n'y aura pas de phénomène d'ajustement. Dans le cas contraire, les courbes de coût marginal se déplaceront pour quelques-uns ou pour tous et les entrepreneurs devront ajuster leur niveau de production anticipé. Ce processus se déroulera jusqu'à ce qu'il n'y ait plus d'ajustements à effectuer. Les fonctions d'offre (4-15) définissent l'offre optimale de chaque entreprise comme fonction du prix une fois que tous ces ajustements ont été faits. La fonction d'offre globale s'obtient comme précédemment en faisant la somme des fonctions d'offres individuelles

$$S = \sum_{i=1}^{n} S_i(p) = S(p)\,. \tag{4-16}$$

Lorsqu'il se produit des économies externes, la pente de la fonction d'offre globale peut être négative. Pour que les conditions du second ordre soient satisfaites, il faut que les courbes individuelles *Cm* soient croissantes quand le niveau de production de la branche est considéré comme un paramètre donné.

Prenons un exemple simple. La branche est représentée par deux entreprises concurrentielles dont la fonction de coût total est :

$$C_1 = \alpha q_1^2 - \beta q_1 + b q_1 q\,, \qquad C_2 = \alpha q_2 - \beta q_2 + b q_2 q\,,$$

avec $q = q_1 + q_2$; les coefficients α_1 et α_2 étant positifs. Si $b < 0$, il se produira des économies externes ; si $b > 0$, il se produira des déséconomies externes. Nous pouvons écrire les conditions du premier ordre correspondant à (4-14) :

$$p - 2\,\alpha q_1 + \beta - bq = 0, \qquad p - 2\,\alpha q_2 + \beta - bq = 0\,.$$

Résolvons ces équations en $q_1 = S_1$ et $q_2 = S_2$:

$$S_1 = S_2 = \frac{p + \beta}{2\,(\alpha + \beta)}\,.$$

La fonction d'offre globale est linéaire :

$$S = S_1 + S_2 = \frac{p + \beta}{\alpha + \beta}$$

Dans le cas de déséconomies externes ($b > 0$), la courbe d'offre aura une pente positive. L'offre croîtra moins rapidement en fonction du prix qu'en l'absence de ces déséconomies. Dans le cas d'économies externes ($b < 0$), la courbe d'offre aura une pente négative ou positive selon le signe du dénominateur de la fonction d'offre globale (1). La courbe d'offre à long terme sera de pente négative si les réductions de prix entraînées par un accroissement du niveau de production de la branche sont suffisamment importantes pour compenser les augmentations de coût entraînées par un niveau de production supérieur pour chaque entreprise.

4.4 L'ÉQUILIBRE DU MARCHÉ D'UN BIEN.

Equilibre à court terme.

On peut considérer que les forces de marché, qui déterminent le prix et les quantités vendues se manifestent dans les fonctions d'offre et de demande globales. La pente des fonctions de demande $[D'(p)]$ est toujours négative. La pente des fonctions d'offre $[S'(p)]$ est toujours positive en l'absence d'économies externes. A moins de mentionner le contraire, on supposera $S'(p)$ positif.

Imaginons que les acheteurs et les vendeurs arrivent sur le marché sans avoir la moindre idée du niveau auquel va s'établir le prix. Puisque le bien est homogène, il ne peut prévaloir qu'un seul prix. La quantité demandée doit être égale à la quantité offerte au prix d'équilibre :

$$D(p) - S(p) = 0 . \tag{4-17}$$

Si cette égalité n'est pas vérifiée pour un certain prix $p = p^0$, les désirs des acheteurs et des vendeurs sont incompatibles : ou bien les acheteurs désirent acquérir plus que n'offrent les vendeurs, ou bien les vendeurs offrent plus que ne souhaitent acquérir les acheteurs. Il est nécessaire et suffisant que l'équation (4-17) soit vérifiée pour que les désirs des acheteurs et des vendeurs soient compatibles.

Supposons que la production soit instantanée, et que les producteurs arrivent sur le marché sans avoir encore pris leurs décisions de production. Dès que le marché s'ouvre aux échanges, acheteurs et vendeurs commencent à faire des offres, et essayent de passer des *contrats* qui leur soient avantageux. Si un acheteur et un vendeur passent un contrat, ils se réservent cependant à chaque fois le droit d'en passer un autre avec toute personne qui ferait une offre plus avantageuse : il est ainsi permis de rompre des contrats. Supposons qu'un certain consommateur fasse une première offre et propose de payer le bien p^0 francs. Ce prix est enregistré et rendu public par un commissaire-priseur qui est un observateur impartial du processus d'échanges. Supposons que le prix initial soit inférieur au prix d'équilibre : les acheteurs et les vendeurs essayeront de passer des contrats entre eux au prix p^0 ; mais les consommateurs désireux d'acheter à ce prix s'aperçoivent que la quantité offerte n'est pas suffisante pour les satisfaire (c'est-à-dire que les vendeurs n'acceptent pas de passer des contrats pour une quantité

(1) Si le dénominateur est nul, la courbe d'offre est représentée par une droite horizontale.

égale à celle que souhaitent les acheteurs). Certains des consommateurs qui n'ont pas pu satisfaire leur demande seront amenés à faire une enchère plus élevée dans l'espoir que les vendeurs seront tentés de rompre leurs contrats avec d'autres consommateurs. Aussitôt que ce prix plus élevé $p^{(1)}$ est enregistré et rendu public par le commissaire-priseur, les vendeurs rompent leurs anciens contrats et en passent de nouveaux à ce prix plus élevé. Comme les prix proposés sont plus élevés, la quantité demandée diminue, puisque les consommateurs marginaux sont chassés du marché et que chaque consommateur demande moins. Simultanément, la quantité offerte par les vendeurs augmente. Ce processus de contrats passés et rompus pour en contracter d'autres se poursuit aussi longtemps que le prix annoncé par le commissaire-priseur est inférieur au prix d'équilibre, c'est-à-dire tant que la quantité demandée est plus grande que la quantité offerte. Quand le prix d'équilibre est atteint, les consommateurs et les producteurs ne sont plus incités à passer d'autres contrats, les enchères sont fermées. Les entrepreneurs produisent et distribuent instantanément la quantité de bien pour laquelle ils ont passé contrat, et l'échange est complètement réalisé. S'il arrive que le prix initial arbitraire p^0 soit supérieur à p^e, certains producteurs se trouveront dans l'impossibilité de vendre intégralement la quantité jugée par eux optimale à ce prix : ils ne peuvent pas trouver de consommateurs désireux de passer des contrats avec eux. Pour éviter que cette situation ne se produise, les vendeurs qui n'ont pas pu trouver d'acheteurs au prix initial réduiront ce prix. Des consommateurs, qui avaient passé des contrats au prix le plus élevé trouveront avantageux de les annuler pour en passer d'autres. Ce processus de contrats passés et rompus pour en conclure d'autres se poursuit jusqu'à ce que le prix d'équilibre soit atteint. Quand le prix p^e s'établit, les désirs des acheteurs aussi bien que des consommateurs sont satisfaits, et personne ne peut plus trouver avantage à passer d'autres contrats.

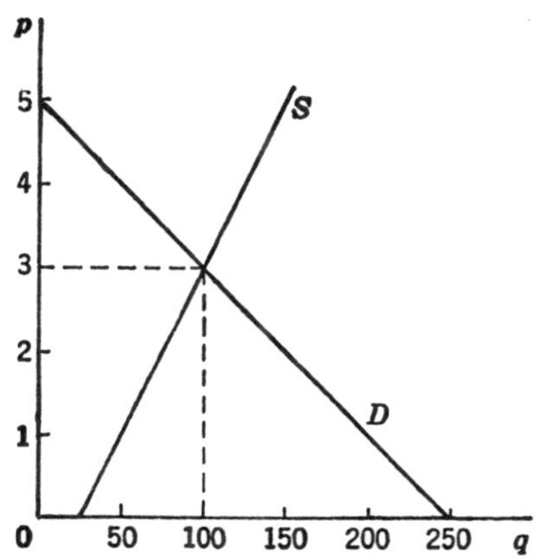

Fig. 4-3.

Le prix et la quantité d'équilibre doivent satisfaire à la fois les fonctions d'offre et de demande. Et ils sont le seul prix et la seule quantité pour lesquels les désirs des acheteurs et des vendeurs soient compatibles entre eux. Le prix d'équilibre est déterminé en résolvant en p la *condition d'équilibre* (4-17). La quantité d'équilibre est déterminée en appliquant le prix d'équilibre soit à la fonction d'offre soit à la fonction de demande. Mais puisque le prix et la quantité d'équilibre satisfont à la fois les fonctions d'offre et de demande, l'opération ci-dessus revient à trouver les coordonnées du point d'intersection des courbes d'offre et de demande.

Supposons que les courbes d'offre et de demande soient :

$$S = 25p + 25$$
$$D = -50p + 250 .$$

Ecrivons : $D - S = 0$, soit :

$$-50p + 250 - 25p - 25 = 0 .$$

D'où

$$p = 3 \quad \text{et} \quad D = S = 100 .$$

Ces fonctions sont représentées sur la figure 4-3.

L'équilibre en longue période.

Si les équipements peuvent varier, l'équilibre des entreprises *existant* sur le marché est donné par l'intersection de la courbe d'offre en longue période et de la courbe de demande correspondante. Les courbes d'offre et de coût en longue période tiennent compte du « profit normal », c'est-à-dire de la rémunération minimale nécessaire à l'entreprise pour continuer d'exister. C'est le profit qui revient à l'entrepreneur en paiement de ses services de direction et d'organisation, en contrepartie des risques qu'il supporte, etc. Si l'intersection de la courbe de demande et de la courbe d'offre en longue période se produit à un prix tel que des entreprises de la branche réalisent un profit supérieur au « profit normal », alors de nouveaux chefs d'entreprise seront incités à entrer sur le marché. D'après l'hypothèse de libre entrée, ils peuvent le faire, ils peuvent produire le même bien homogène et posséder la même connaissance parfaite que les anciennes entreprises. Les nouveaux producteurs ajouteront leurs offres à l'offre déjà existante, et il en résultera un déplacement vers la droite de la courbe d'offre en longue période. De nouveaux producteurs continueront d'entrer sur le marché tant que des profits positifs seront réalisés, et le déplacement de la courbe d'offre vers la droite se poursuivra jusqu'à ce que son intersection avec la courbe de demande détermine un prix pour lequel les profits sont nuls.

Dans le cas où des entreprises existant encourent des pertes, le raisonnement est analogue. Certaines entreprises se retirent du marché et l'offre globale diminuera ; la courbe d'offre se déplacera vers la gauche. Les entreprises continueront à quitter la branche jusqu'à ce que l'intersection de la courbe de demande et de la courbe d'offre détermine un prix pour lequel les pertes (et par conséquent aussi les profits) soient nulles.

Pour que l'équilibre en longue période soit réalisé, il faut que la demande soit égale à l'offre et que tous les profits soient nuls. Si la fonction d'offre de la i-ième entreprise est $S_i = S_i(p)$, si n est le nombre des entreprises de la branche, et si l'on suppose que toutes les entreprises ont la même fonction de coût, la fonction d'offre globale est :

$$S = nS_i(p) = S(p)\,. \tag{4-18}$$

Comme précédemment, la fonction de demande globale est :

$$D = D(p)\,. \tag{4-19}$$

L'équilibre en longue période s'obtient en écrivant, en plus de l'égalité de l'offre et de la demande pour chaque entreprise :

$$\pi_i = pS_i - \Phi(S_i) = 0 \tag{4-20}$$

avec $\Phi(S_i)$ coût total en longue période de la production $q_i = S_i = S/n$ de la i-ièm entreprise. D'après l'équation (4-20) le prix doit être égal au CM : $p = \Phi(S_i)/S_i$. En général, on peut résoudre les équations (4-17) à (4-20) pour les quatre variables (D, S_i, p, n). En longue période donc, les forces de la concurrence parfaite ne déterminent pas seulement le prix et la quantité, mais aussi le nombre n d'entreprises de la branche.

Ce raisonnement est illustré par la figure 4-4. La partie gauche du graphique représente les courbes de coût d'une entreprise typique ou « représentative ». La partie droite représente les courbes d'offre et de demande de marché ; l'échelle en abscisse a été comprimée. Du point de vue de la branche, l'équilibre final est déterminé par l'intersection des courbes d'offre et de demande, à condition que les profits soient nuls. Du point de vue du chef d'entreprise, l'équilibre est atteint lorsque le prix est égal à Cm et à CM. L'optimum est réalisé grâce à l'égalité $p = Cm$ et l'annulation des profits grâce à l'égalité $p = CM$. Chaque entreprise se place au minimum de sa courbe CM en longue période, puisqu'au minimum de la courbe CM, on a $Cm = CM$.

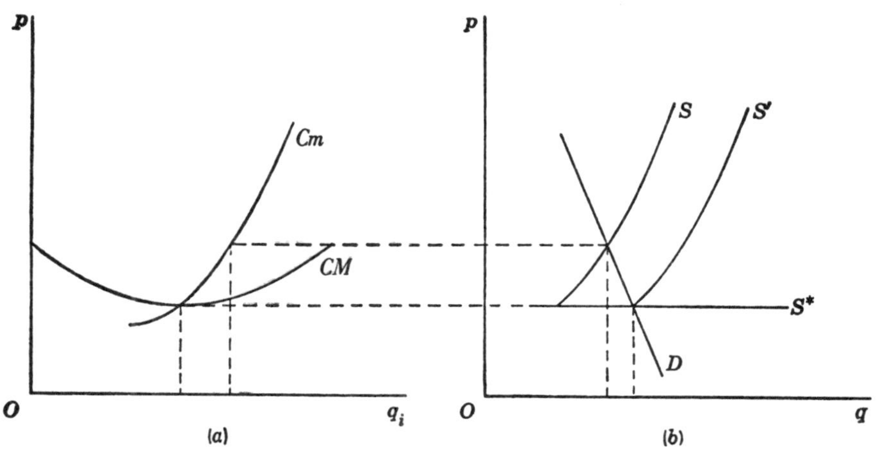

Fig. 4-4.

Par définition, la courbe d'offre S tient compte de toutes les offres faites par les entreprises déjà sur le marché, mais n'inclut pas celles des producteurs en puissance. Dans la situation caractérisée par la courbe d'offre S (Fig. 4-4), les entreprises réalisent des profits positifs. De nouvelles entreprises entrent sur le marché, et la courbe d'offre se déplace jusqu'en S'. Si on avait défini la courbe d'offre comme devant inclure toutes les offres (que les producteurs soient réels ou potentiels, comme en S^*), l'intersection des courbes d'offre et de demande aurait déterminé l'équilibre final sans déplacement. La courbe S n'est donnée que pour n fixé (4-18) ; S^* s'obtient à partir de l'équation (4-20) en posant $p = \min_i (CM)$. L'offre de la branche à long terme, soit S^*, est une droite horizontale, qui représente aussi le coût moyen à long terme de la branche ainsi que le coût marginal à long terme dans l'exemple que nous avons pris. Nous avons vu au paragraphe 3.5 que les fonctions de production homogènes de degré un engendrent un coût moyen constant égal au coût marginal pour des prix des facteurs donnés. D'après le théorème d'Euler les profits sont nuls si le prix des inputs est égal à la valeur de la production marginale qu'ils permettent. Dans le cas présenté par la figure 4-4, les conditions sont valables pour la branche prise dans son ensemble. C'est pourquoi l'on suppose souvent que la fonction de production à long terme de la branche est homogène de degré un même si les entreprises de la branche n'ont pas individuellement une fonction de production homogène de degré un.

Les courbes d'offre à long terme ne sont pas toujours horizontales, elles peuvent avoir une pente positive si les entreprises n'ont pas des fonctions de coût identiques. Il n'y a pas alors d'effet d'économies externes. Si les fonctions de coût sont identiques, des phénomènes d'économies externes (de déséconomies externes) engendreront une courbe d'offre à long terme de pente négative (positive).

Rentes et conditions de coûts différenciés.

L'hypothèse d'identité des courbes de coût est utile pour la clarté de l'exposé, mais elle n'est pas nécessaire pour la réalisation de l'équilibre. Les entreprises peuvent choisir leurs propres techniques, les chefs d'entreprise peuvent ne pas avoir les mêmes talents d'organisation, ils peuvent implanter des équipements de tailles différentes correspondant à des prévisions différentes quant aux prix ; certains d'entre eux peuvent être en possession de ressources rares, comme une terre fertile par exemple, que d'autres n'ont pas. Si n'importe laquelle de ces hypothèses est réalisée, les courbes de coût de toutes les entreprises ne seront pas identiques.

Supposons qu'il y ait deux types distincts d'entreprises. Leurs courbes CM et Cm en longue période sont représentées sur la figure 4-5 en (*a*) et (*b*). Le graphique (*c*) représente la courbe d'offre de la branche, et cinq courbes de demande que l'on se donne. La construction de la courbe d'offre repose sur l'hypothèse qu'il y a cinquante entreprises de chaque catégorie ; supposons que le nombre d'entreprises par catégorie ne puisse augmenter, par exemple, le nombre de producteurs produisant à un coût peu élevé (catégorie I) peut être définitivement limité par la rareté d'une ressource, fertilité des terres par exemple : aucune nouvelle entreprise ne peut entrer dans la catégorie I, même si les entreprises de cette catégorie font des profits.

Considérons la courbe de demande D_4. Chaque entreprise produisant à un coût peu élevé fabrique 16 unités d'output, et chacune des autres, 10 unités : ces dernières se trouvent au minimum de leurs courbes *CM* et réalisent des profits normaux ; mais chaque entreprise produisant à un coût peu élevé réalisera un profit supérieur à la normale de *NM* unités. Si la courbe de demande se déplaçait jusqu'en D_2, toutes les entreprises produisant à un coût élevé (catégorie II) quitteraient le marché, mais chaque entreprise à bas coût réaliserait le même profit positif. Elles auraient des profits positifs même si la courbe était D_1. Si cette courbe de demande était D_3, certaines entreprises produisant à un coût élevé — mais pas toutes — quitteraient la branche ; celles qui resteraient réaliseraient un profit normal. Si la courbe de demande était D_5, toutes les entreprises de la branche gagneraient un profit positif, et un troisième groupe d'entreprises (non représenté sur la Fig. 4-5) pourrait trouver intérêt à entrer sur le marché ; les entreprises produisant à coût peu élevé se trouveraient donc encore en situation privilégiée.

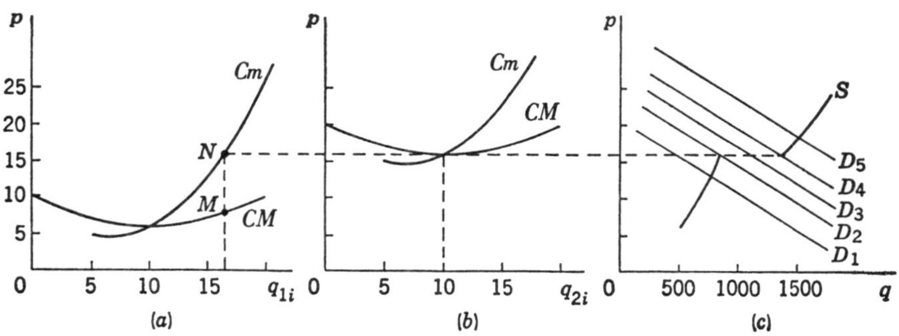

Fig. 4-5.

Supposons que les fonctions de coût total des entreprises représentatives des deux catégories soient :

$$C_{1i} = 0{,}04\, q_{1i}^3 - 0{,}8\, q_{1i}^2 + 10\, q_{1i}\,,$$

$$C_{2i} = 0{,}04\, q_{2i}^3 - 0{,}8\, q_{2i}^2 + 20\, q_{2i}\,.$$

Les fonctions de coût moyen et le coût marginal correspondantes sont :

$$Cm_{1i} = 0{,}12\, q_{1i}^2 - 1{,}6\, q_{1i} + 10 \qquad Cm_{2i} = 0{,}12\, q_{2i}^2 - 1{,}6\, q_{2i} + 20$$

$$CM_{1i} = 0{,}04\, q_{1i}^2 - 0{,}8\, q_{1i} + 10 \qquad CM_{2i} = 0{,}04\, q_{2i}^2 - 0{,}8\, q_{2i} + 20\,.$$

Les minima des courbes de coût moyen sont respectivement ($q_1\ i = 10$, $p = 6$) et ($q_{2i} = 10$, $p = 16$). La courbe d'offre d'une entreprise individuelle produisant à coût peu élevé s'obtient en posant $Cm_{1i} = p$:

$$p = 0{,}12\, q_{1i}^2 - 1{,}6\, q_{1i} + 10\,.$$

En résolvant l'équation du deuxième degré en q_{1i} :

$$q_{1i} = \frac{1{,}6 \pm \sqrt{2{,}56 - 0{,}48(10 - p)}}{0{,}24}$$

le signe (−) précédant la racine doit être éliminé car il correspond à une situation dans laquelle les conditions du deuxième ordre ne sont pas vérifiées. En remplaçant q_{1i} par S_{1i}, la courbe d'offre est :

$$S_{1i} = 0 \qquad \text{si } p < 6$$

$$S_{1i} = \frac{1{,}6 + \sqrt{2{,}56 - 0{,}48(10 - p)}}{0{,}24} \qquad \text{si } p \geqslant 6\,.$$

De façon analogue, on écrit la courbe d'offre de l'entreprise représentative de la catégorie où le coût est élevé :

$$S_{2i} = 0 \qquad \text{si } p < 16$$

$$S_{2i} = \frac{1{,}6 + \sqrt{2{,}56 - 0{,}48(20 - p)}}{0{,}24} \qquad \text{si } p \geqslant 16\,.$$

Si l'on conserve l'hypothèse selon laquelle il y a cinquante entreprises dans chaque catégorie, la fonction d'offre globale est définie par l'ensemble des trois équations suivantes :

$$S = 0 \qquad \text{si } 0 \leqslant p < 6$$

$$S = 50\,\frac{1{,}6 + \sqrt{2{,}56 - 0{,}48(10 - p)}}{0{,}24} \qquad \text{si } 6 \leqslant p < 16$$

$$S = \frac{160}{0{,}24} + \frac{50}{0{,}24}\left[\sqrt{2{,}56 - 0{,}48(10 - p)} + \sqrt{2{,}56 - 0{,}48(20 - p)}\right] \qquad \text{si } p \geqslant 16\,.$$

Supposons que la courbe de demande qui s'applique soit D_1, d'équation :

$$D = -\,100\,p + 2\,050\,.$$

La partie convenable de la courbe d'offre est donnée par :

$$S = 50\,\frac{1{,}6 + \sqrt{2{,}56 - 0{,}48(10 - p)}}{0{,}24}\,.$$

En écrivant $D = S$ et en résolvant en S et p, on trouve

$$\boxed{p = 13 \qquad S = 750}$$ (1).

(1) La détermination de la partie de la courbe d'offre qui convient n'est pas évidente ; écrivons $D = S$ pour chacune des trois parties de la courbe d'offre séparément et résolvons par rapport au prix. Seul un des trois prix calculés sera dans l'intervalle correspondant à la branche utilisée de la courbe d'offre. Cette partie est celle qui convient.

Si $p = 13$, chaque entreprise produisant à un coût peu élevé fabriquera 15 unités avec un coût moyen de 7 francs, et les entreprises ayant un coût élevé ne produiront rien. La quantité totale produite, déterminée par la résolution des équations d'offre ou de demande, est de $50 \times 15 = 750$ unités. Chaque entreprise produisant à coût peu élevé réalisera un profit de 90 francs.

Les entreprises produisant à un coût peu élevé ont une courbe *CM* plus basse que les autres car elles possèdent une ressource rare, comme la terre fertile, que ces dernières ne peuvent se procurer. Si la courbe de demande coupe la courbe d'offre au point où certaines entreprises réalisent un profit supérieur au profit normal, les possesseurs de la ressource rare détiennent un avantage considérable au point de vue du profit. Certains producteurs (potentiels), voyant les grands profits obtenus par les entreprises aux coûts de production peu élevés, voudraient persuader les propriétaires de la terre fertile de leur *louer* celle-ci au lieu de la louer aux entreprises l'utilisant couramment. Ils essaieraient d'obtenir ce résultat en offrant de payer plus pour l'utilisation de la terre que ne paient les entreprises existantes. Les utilisateurs actuels lutteraient contre ces offres jusqu'à ce que la concurrence fasse monter la somme payée pour l'usage de la terre fertile jusqu'au point où cet usage ne puisse plus apporter d'avantage marginal au point de vue profit. Les propriétaires pourront ainsi enlever aux entreprises utilisant la ressource rare tout leur profit excédant le profit normal. Les sommes ainsi obtenues constituent la rente, payée par l'entrepreneur pour l'usage de la ressource rare. On peut en conclure que le fait d'être un producteur plus efficace (au coût peu élevé) ne procure aucun avantage : l'avantage marginal, au point de vue profit, est « mangé » par la rente supplémentaire que doit payer le producteur dont les coûts sont peu élevés. Dans notre exemple, les ressources rares utilisées par chaque entreprise dont les coûts de production sont peu élevés rapportent une rente de 90 francs. S'il arrivait qu'un entrepreneur possède lui-même la ressource rare, il n'y aurait aucun paiement réel et la rente lui reviendrait. Sinon l'entrepreneur aurait à payer 90 francs pour louer la terre. La rente est ainsi définie comme étant cette partie du revenu d'un individu, ou d'une entreprise, qui excède la somme minima nécessaire pour maintenir cet individu ou cette entreprise dans son activité donnée. La question de savoir si elle est réellement payée au propriétaire de la ressource rare est sans objet. La classification des parties prenantes dans la distribution repose plus sur la fonction, que sur les individus qui en bénéficient.

4.5 APPLICATIONS DE LA THÉORIE.

On peut appliquer la théorie de la concurrence parfaite à de nombreux cas particuliers. Nous examinerons deux exemples dans cette section. Le premier est une extension de la théorie au cas d'entreprises réparties dans l'espace. Le second comporte une analyse des effets de la fiscalité sur la production en concurrence parfaite.

Les entreprises réparties dans l'espace.

On suppose généralement que la production et la consommation prennent place en un seul point de l'espace. En réalité, il existe de nombreux marchés où producteurs et consommateurs sont séparés dans l'espace. Les situations géographiques et les coûts de transport sont fréquemment des facteurs d'une importance considérable. On explique ci-après comment la théorie des marchés de concurrence parfaite peut être étendue au cas où les producteurs sont séparés dans l'espace.

De nombreux marchés centraux sont approvisionnés par un certain nombre d'entreprises situées à une certaine distance de ces marchés. On peut citer en exemple les marchés laitiers urbains. Les agriculteurs des environs approvisionnent un marché central à des coûts de transport unitaires variables. Si un entrepreneur produit à une distance quelconque de son marché, son coût total se compose des coûts de production et de transport :

$$C_i = \varphi_i(q_i) + b_i + \beta_i q_i \tag{4-21}$$

où β_i est le coût de transport d'une unité de son produit jusqu'au marché central. Son profit est égal à la différence entre sa recette totale et son coût total de production et de transport :

$$\pi_i = pq_i - \varphi_i(q_i) - b_i - \beta_i q_i . \tag{4-22}$$

Annulons la dérivée de (4-22) :

$$d\pi_i/dq_i = p - \varphi_i'(q_i) - \beta_i = 0$$

ou

$$p = \varphi_i'(q_i) + \beta_i . \tag{4-23}$$

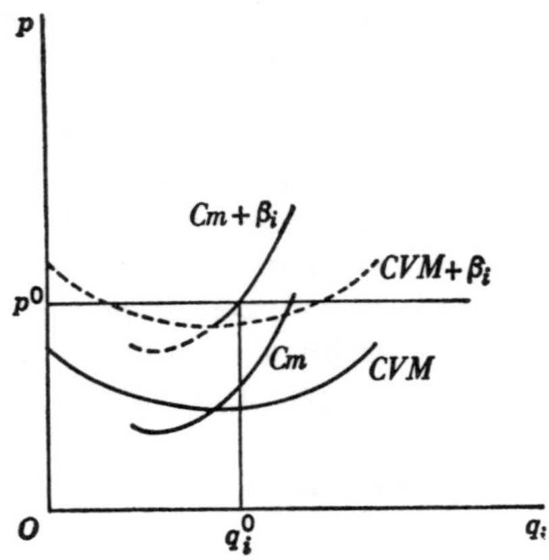

Fig. 4-6.

La condition du premier ordre de maximisation du profit requiert que l'entrepreneur rende son coût marginal de production plus son coût de transport unitaire égal au prix de son produit sur le marché. La condition du second ordre, comme précédemment, requiert que son coût marginal de production soit croissant.

Les courbes *Cm* et *CVM* de l'entrepreneur subissent une translation verticale dont l'amplitude est égale au montant de son coût de transport unitaire (voir Fig. 4-6).

Sa production est déterminée par l'intersection de la partie montante de sa courbe $Cm + \beta_i$ et de la courbe de demande horizontale. Etant donné que l'entrepreneur ne fera pas d'offres à des prix inférieurs à $CVM + \beta_i$, sa courbe d'offre coïncide avec la partie montante de sa courbe $Cm + \beta_i$, située au-dessus de sa courbe $CVM + \beta_i$. Un entrepreneur qui n'est pas situé sur le marché même offrira moins à chaque prix (auquel il offre une quantité non nulle) qu'un entrepreneur qui y est situé.

La fonction d'offre globale pour le marché central est la somme horizontale des courbes d'offre des n producteurs individuels :

$$S = \sum_{i=1}^{n} S_i(p) = S(p)$$

où $S_i(p)$ est la fonction d'offre du producteur i. L'équilibre de marché est atteint quand l'offre est égale à la demande.

Supposons que cinquante des cent entreprises offrant le bien Q soient à l'endroit I et les cinquante autres à l'endroit II. Le coût de transport d'une unité au marché est de 6 francs à partir de I et de 10 francs à partir de II. Toutes les entreprises possèdent les mêmes fonctions de coût de production, et les coûts totaux des entreprises-types sont :

$$C_1 = 0{,}5\, q_1^2 + 6\, q_1 \qquad C_2 = 0{,}5\, q_2^2 + 10\, q_2$$

où les indices 1 et 2 représentent respectivement des entreprises aux endroits I et II. Les conditions du premier ordre pour la maximisation du profit $p = q_1 + 6$ et $p + q_2 + 10$. Les fonctions d'offre sont obtenues en portant $q_1 = S_1$ et $q_2 = S_2$ dans les conditions du premier ordre et en tenant compte de la condition $S_i = 0$ à moins que $p > CMV + \beta_i$:

$$\begin{array}{lll} S_1 = 0 & \text{si} & 0 \leqslant p < 6 \\ S_1 = p - 6 & \text{si} & 6 \leqslant p \\ S_2 = 0 & \text{si} & 0 \leqslant p < 10 \\ S_2 = p - 10 & \text{si} & 10 \leqslant p\,. \end{array} \qquad (4\text{-}24)$$

Un entrepreneur en I n'offrira aucun output si le prix du marché est inférieur à 6 francs et un entrepreneur en II n'offrira rien si le prix du marché est inférieur à 10 francs. La courbe $Cm + \beta_i$ pour un entrepreneur en I est donnée par $q_1 + 6$ et son $CVM + \beta_i$ par $0{,}5\, q_1 + 6$. Sa courbe d'offre coïncide avec sa courbe $Cm + \beta_i$ pour des prix de 6 francs ou plus.

L'offre globale pour le marché central est donnée par les trois équations suivantes :

$$\begin{array}{lll} S = 0 & \text{si} & 0 \leqslant p < 6 \\ S = 50(p - 6) = 50\,p - 300 & \text{si} & 6 \leqslant p < 10 \\ S = 50(p - 6) + 50(p - 10) = 100\,p - 800 & \text{si} & 10 \leqslant p\,. \end{array} \qquad (4\text{-}25)$$

L'offre globale est nulle si le prix est inférieur à 6 francs. Les cinquante entrepreneurs en I offriront une quantité positive si le prix dépasse 6 francs et les cinquante entrepreneurs en II feront des offres si celui-ci dépasse 10 francs.

Supposons que la fonction de demande globale soit :

$$D = -20p + 1\,600 .$$

La partie appropriée de la fonction d'offre est donnée par la troisième équation de (4-25). Ecrivons $D = S$,

$$-20p + 1\,600 = 100p - 800 ,$$
$$p = 20, S = D = 1\,200 .$$

D'après (4-24), chaque entrepreneur en I offre 14 unités et gagne un profit de 98 francs et chaque entrepreneur en II offre 10 unités et gagne un profit de 50 francs. En général, si tous les entrepreneurs produisent avec les mêmes conditions de coût, la production et le profit sont inversement liés au niveau du coût de transport unitaire. L'existence de localisations privilégiées peut donner lieu à une augmentation à long terme des paiements de rentes si les sites correspondant à des localisations privilégiées sont en nombre limité. La lutte pour les sites privilégiés permettra aux propriétaires de ces sites de faire payer aux entrepreneurs une rente qui dépasse la rente dans les sites moins avantageux, d'un montant égal à la différence de profit entre les deux endroits, c'est-à-dire de 48 francs (1).

La fiscalité et la production de concurrence parfaite.

Une taxe sur les ventes modifie en général le niveau de production optimum de l'entrepreneur individuel. Cela déplace la courbe d'offre individuelle et donc également la courbe d'offre globale. Cela change la combinaison d'équilibre quantité-prix. Les taxes sur les ventes sont soit *spécifiques* soit *ad valorem*. Une taxe spécifique s'exprime en nombre de francs que l'entrepreneur a à payer par unité vendue. Une taxe *ad valorem* s'exprime en un pourcentage du prix de vente.

Supposons que la taxe sur les ventes soit une taxe spécifique de t francs par unité. Les coûts totaux de l'entrepreneur-type sont :

$$C_i = \varphi(q_i) + b_i + tq_i . \tag{4-26}$$

La condition du premier ordre de maximisation du profit requiert qu'il produise le niveau de production pour lequel $Cm = p$:

$$\varphi'(q_i) + t = p$$

ou

$$\varphi'(q_i) = p - t . \tag{4-27}$$

L'entrepreneur rend égal au prix le coût marginal de production plus la taxe unitaire. La condition du second ordre requiert que la courbe Cm soit croissante. La fonction d'offre de l'entrepreneur est obtenue en résolvant (4-27) en q_i et en écrivant $q_i = S_i$ pour tous les prix supérieurs ou égaux au CMV minimum :

$$S_i = S_i(p - t) . \tag{4-28}$$

(1) On peut facilement étendre l'analyse au cas où les consommateurs sont répartis dans l'espace.

La fonction d'offre globale est obtenue en faisant la somme des fonctions d'offre individuelles :

$$S = \sum_{i=1}^{n} S_i(p - t) = S(p - t) . \tag{4-29}$$

L'offre globale est fonction du prix net $(p - t)$ encaissé par les vendeurs. Si, en l'absence d'une taxe sur les ventes, l'offre globale est S^0 unités au prix p^0 francs, les entrepreneurs offriront la même quantité S^0 avec une taxe sur les ventes de 1 franc, si le prix payé par les consommateurs est $(p^0 + 1)$ francs. Ceci est équivalent à un déplacement vertical vers le haut de 1 franc de la courbe d'offre. Les entrepreneurs sont disposés à offrir moins qu'auparavant à chaque prix. Pour déterminer la combinaison d'équilibre quantité-prix, on écrira l'égalité de l'offre et de la demande :

$$D(p) - S(p - t) = 0$$

et on résoudra en p.

Soit v pour cent du prix de vente le taux de la taxe *ad valorem*. Les coûts totaux sont :

$$C_i = \varphi(q_i) + b + vpq_i . \tag{4-30}$$

Egalons *Cm* au prix :

$$\varphi'(q_i) + vp = p$$

ou

$$\varphi'(q_i) = p(1 - v) . \tag{4-31}$$

Donc la fonction d'offre individuelle est :

$$S_i = S_i[p(1 - v)]$$

et la fonction d'offre globale est :

$$S = \sum_{i=1}^{n} S_i[p(1 - v)] = S[p(1 - v)] . \tag{4-32}$$

L'offre globale est fonction du prix net, et la taxe sur les ventes entraîne un déplacement vers le haut de la courbe d'offre dont l'amplitude est proportionnelle à la hauteur de la courbe d'offre originale au-dessus de l'axe des quantités. La combinaison d'équilibre quantité-prix est de nouveau déterminée en égalant la demande à l'offre.

Soit un secteur industriel se composant de 100 entreprises aux fonctions de coût identiques :

$$C_i = 0{,}1\, q_i^2 + q_i + 10 .$$

En égalant le *Cm* au prix, en résolvant en q_i et en écrivant que $q_i = S_i$, on obtient :

$$S_i = 0 \qquad \text{si} \qquad p < 1$$
$$S_i = 5p - 5 \qquad \text{si} \qquad p \geqslant 1 .$$

La fonction globale est :

$$S = 0 \qquad \text{si} \quad p < 1$$
$$S = 500\,p - 500 \qquad \text{si} \quad p \geqslant 1\,.$$

Supposons que la fonction de demande soit :

$$D = -\,400\,p + 4\,000\,.$$

En égalant la demande à l'offre, la combinaison d'équilibre quantité-prix est :

$$p = 5\,, \qquad D = S = 2\,000\,.$$

Supposons maintenant que l'on impose une taxe spécifique de t dollars. La fonction de coût total type devient :

$$C_i = 0{,}1\,q_i^2 + (1 + t)\,q_i + 10\,.$$

Egalons Cm au prix et résolvons en $q_i = S_i$:

$$S_i = 0 \qquad \text{si} \quad p < 1 + t$$
$$S_i = 5(p - t) - 5 \qquad \text{si} \quad p \geqslant 1 + t\,.$$

D'où la fonction d'offre globale est :

$$S = 0 \qquad \text{si} \quad p < 1 + t$$
$$S = 500(p - t) - 500 \qquad \text{si} \quad p \geqslant 1 + t\,.$$

Egalisons la demande à l'offre et résolvons en p :

$$p = 5 + \frac{5}{9}\,t\,.$$

Si le taux de la taxe est de 90 centimes par unité de vente, la combinaison d'équilibre quantité-prix est :

$$p = 5{,}50\,, \qquad D = S = 1\,800\,.$$

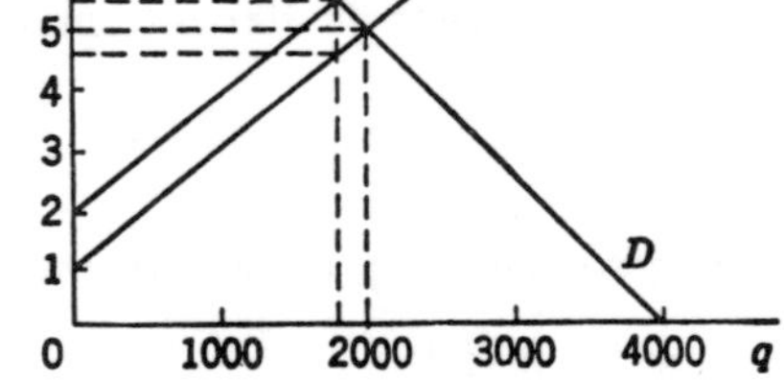

Fig. 4-7.

Comme conséquences de la taxe, le prix monte et la quantité vendue diminue. L'augmentation du prix est inférieure au montant de la taxe unitaire. L'augmentation de prix de 50 centimes représente la partie de la taxe unitaire qui est répercutée sur le consommateur ; les 40 centimes restants sont à la charge de l'entrepreneur. L'exemple est représenté sur la figure 4-7. La courbe d'offre est S avant et S' après l'imposition de la taxe. La taxe est de 90 centimes, la distance verticale entre S et S'. Le prix payé monte de 5 à 5,50 francs et le prix reçu par les entrepreneurs tombe à 4,60. Le lecteur pourra vérifier que plus grande est la proportion de la taxe unitaire reportée sur le consommateur, plus petites (algébriquement) sont les pentes des courbes de demande et d'offre. *Ceteris paribus*, le prix varie dans le même sens que le taux de la taxe et la quantité en sens contraire ([1]).

4.6 L'ÉQUILIBRE DU MARCHÉ DES FACTEURS.

Les sections précédentes sont limitées aux cas de marchés de biens et services en concurrence parfaite. On peut obtenir des conclusions analogues pour les marchés des inputs (facteurs de production). Un marché de facteur est un marché de concurrence parfaite si (1) l'input est homogène et les acheteurs uniformes du point de vue des vendeurs, (2) acheteurs et vendeurs sont nombreux, (3) acheteurs et vendeurs à la fois ont une information parfaite, (4) acheteurs et vendeurs à la fois sont libres de pénétrer sur le marché ou de le quitter. Les consommateurs achètent des biens et services parce qu'ils en retirent une satisfaction. Les inputs sont achetés en vue de la contribution qu'ils apportent à la production. Les courbes de demande de produits de consommation finale sont construites à partir des fonctions d'utilité des consommateurs avec l'hypothèse de maximisation de l'utilité. Les courbes de demande des inputs sont construites à partir des fonctions de production avec l'hypothèse de maximisation du profit.

La fonction de demande.

Une combinaison d'inputs optimum pour l'entrepreneur rationnel satisfait la condition suivant laquelle le prix de chaque input est égal à sa productivité marginale. Les conditions du premier ordre de maximisation du profit permettaient d'obtenir les demandes d'inputs de l'entreprise en fonction du prix des inputs et du prix du bien produit (cf. Par. 3.3). Dans le cas d'un output produit à l'aide de deux inputs :

$$\begin{aligned} D_{i1} &= D_{i1}(r_1, r_2, p) \\ D_{i2} &= D_{i2}(r_1, r_2, p) \end{aligned} \qquad (4\text{-}33)$$

où D_{ij} est la demande de la i-ième entreprise de l'input j. Les autres prix étant supposés constants, supprimons les indices relatifs aux inputs et écrivons la fonction de demande d'un facteur donné de l'entreprise i :

$$D_i = D_i(r) \qquad (4\text{-}34)$$

([1]) On peut utiliser cette analyse pour montrer les effets de subventions en considérant une subvention comme une taxe négative.

où r est le prix du facteur. La fonction de demande globale est obtenue en additionnant les fonctions de demande individuelles. S'il y a m entreprises demandant ce facteur :

$$D = \sum_{i=1}^{m} D_i(r) = D(r). \tag{4-35}$$

On a montré dans le paragraphe 3.3 que les courbes de demande individuelles ont toujours une pente négative. Les courbes de demande globales ont aussi une pente négative ; soit $\partial D/\partial r < 0$.

La fonction d'offre.

Les inputs sont soit primaires, soit produits. Les inputs produits sont les outputs d'autres entreprises. La fonction d'offre d'un input produit est la fonction d'offre globale des entreprises qui le produisent. De telles fonctions ont été établies au paragraphe 4.3. On emploie une procédure différente dans le cas d'inputs primaires comme le travail. On suppose en général que ces inputs primaires sont détenus par les consommateurs qui les vendent aux entrepreneurs dans le but d'acquérir le revenu qui leur permettra d'acheter des biens et des services. On suppose parfois que le vendeur vend complètement son stock au prix du marché quel qu'il soit. La fonction d'offre de facteur est alors représentée par une droite verticale ayant pour abscisse le stock global du facteur.

Dans le cas du travail, on supposait au paragraphe 2.5 que l'utilité était fonction du loisir et du revenu :

$$U = g(T - W, y),$$

où T est la quantité totale de temps disponible (la longueur de la période pour laquelle la fonction d'utilité est définie) et W la quantité de travail accompli en heures. On a montré que l'individu rendant son utilité maxima répartit son temps en travail et en loisir de telle façon que :

$$g_1/g_2 = r \tag{4-36}$$

où r est le taux de salaire et g_i la dérivée partielle de la fonction d'utilité par rapport à sa i-ième variable. Les g_i dépendent du revenu et de la quantité de travail accompli. Etant donné que $y = rW$, (4-36) ne contient que les variables r et W. En résolvant (4-36) en W et en écrivant $W = S_i$, la fonction d'offre de travail de l'individu i est :

$$S_i = S_i(r). \tag{4-37}$$

La fonction d'offre exprime la quantité de travail que l'individu est disposé à accomplir, comme fonction du taux de salaire. La fonction d'offre globale est obtenue en faisant la somme des fonctions d'offre individuelles. S'il y a n individus qui sont disposés à offrir du travail à un certain taux de salaire, la fonction d'offre globale est :

$$S = \sum_{i=1}^{n} S_i(r) = S(r). \tag{4-38}$$

La fonction d'offre peut avoir une pente soit négative soit positive. Si les individus reconnaissent une grande valeur au loisir et sont plus intéressés par une augmentation de leur temps de loisir que par une augmentation de leurs revenus, il se peut que la courbe d'offre de travail ait une pente négative : plus les salaires sont hauts, moins le travail est accompli.

L'équilibre du marché.

Les fonctions de demande et d'offre d'un input étant données, la combinaison d'équilibre quantité-prix est déterminée en se référant à la condition d'équilibre $D = S$. Des forces du marché semblables à celles discutées au paragraphe 4.4 modifient la situation existante chaque fois que le prix réel diffère du prix d'équilibre. L'équilibre n'est atteint que lorsque la quantité demandée est égale à la quantité offerte. Comme pour les marchés de produits, aucun participant ne peut améliorer sa position en redéfinissant les termes de son échange une fois que l'équilibre est atteint.

Etant donné que la combinaison d'équilibre quantité-prix doit se trouver sur la courbe d'offre et sur la courbe de demande, elle doit aussi satisfaire aux conditions d'équilibre à partir desquelles est déduite la courbe de demande. Le prix d'équilibre d'un input est toujours égal à sa productivité marginale en valeur, c'est-à-dire que la valeur du franc marginal dépensé pour des inputs est la même pour chaque usage (1).

Cette égalité est une condition nécessaire pour la maximisation du profit, et chaque entrepreneur peut atteindre sa situation optimale sur un marché de concurrence parfaite si les conditions du second ordre de maximisation sont remplies.

4.7 EXISTENCE D'UN ÉQUILIBRE UNIQUE.

Jusqu'à maintenant, nous avons considéré qu'il existait un équilibre unique caractérisé par un prix et une quantité d'équilibre, sur chacun des marchés étudiés. Il n'est pourtant pas difficile de trouver des situations où cette hypothèse d'existence n'est pas respectée ; la demande et l'offre peuvent ne jamais être égales pour une combinaison prix-quantité non négative. On peut de même trouver des situations telles que l'hypothèse d'un équilibre unique n'est pas respectée : l'offre et la demande peuvent être égales pour plus d'une combinaison prix-quantité. Nous nous limiterons ici à certaines observations et à l'étude de quelques cas particuliers. Les problèmes liés à l'existence d'un équilibre et à l'unicité seront examinés du chapitre 5 dans le cadre de l'équilibre général.

(1) Ceci a une analogie dans la théorie du comportement du consommateur. Rappelons que $f_1 = \lambda p_1$ est une des conditions d'équilibre du consommateur, où f_1 est l'utilité marginale du premier bien et λ l'utilité marginale de l'argent. Dans ce cas, $f_1(1/\lambda) = p_1$, ou le prix du bien doit être égal à son utilité marginale multipliée par la quantité d'argent additionnelle qui doit être payée par unité d'utilité additionnelle $(1/\lambda)$.

Existence.

Il y aura équilibre sur un marché en situation de concurrence parfaite s'il existe au moins un prix non négatif pour lequel la demande et l'offre seront égales et non négatives. Graphiquement l'équilibre existera si les courbes de demande et d'offre se coupent au moins en un point d'ordonnées non négatives.

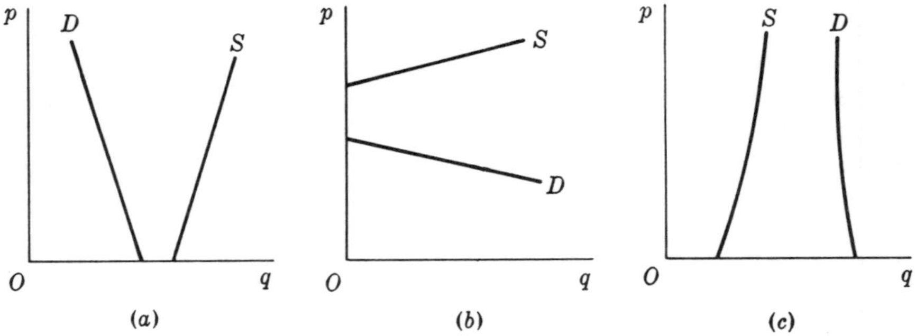

Fig. 4-8.

La figure 4-8 montre trois situations telles que les courbes d'offre et de demande n'ont aucun point commun. Sur la figure 4-8 *a* l'offre est supérieure à la demande pour tout prix non négatif. Il n'y a donc aucun point d'équilibre répondant à la définition donnée plus haut, On peut cependant élargir cette définition pour tenir compte de ce cas de figure. Posons $p = 0$ lorsque $S(0) > D(0)$. Un *bien gratuit* a un prix nul et est caractérisé par une offre en excès par rapport à la demande. Le consommateur peut obtenir la quantité qu'il veut de ce bien sans rien payer. L'air et l'eau par exemple peuvent être des biens gratuits. L'eau peut être gratuite jusqu'à un certain point. A partir du moment où il faut la transporter et la purifier, son prix peut devenir positif.

La figure 4-8 *b* décrit le cas d'un prix de demande inférieur à celui de l'offre pour tout niveau de production non négatif. Les prix que les consommateurs sont prêts à payer ne suffisent pas à indemniser les producteurs. Il n'y a pas de point d'équilibre sur ce marché au sens où nous l'avons entendu jusqu'ici. Il est possible une fois encore d'élargir notre définition pour prendre en considération ce cas de figure. Il y aura équilibre pour une quantité produite nulle si le prix offert est supérieur au prix demandé pour tous les niveaux de production non négatifs. Il est techniquement possible de fabriquer des plumiers d'écolier en or massif mais on n'en fabrique pas parce qu'aucun parent ne serait prêt à payer un prix suffisamment élevé pour que les fabricants puissent couvrir leur coût.

Le cas des biens gratuits comme celui des biens non produits ont un sens. Les méthodes générales décrites au chapitre 5 en traitent. Souvent on ne trouve pas de point d'équilibre, pour des cas différents, parce que le modèle est mal défini. Il faut alors modifier les hypothèses concernant la production et la demande de ces biens de façon à permettre l'analyse. La figure 4-8 *c* est un exemple de modèle mal spécifié. La demande est supérieure à l'offre pour tout prix et il n'y a pas d'explication rationnelle de ce comportement.

Unicité.

Il se peut qu'il existe plus d'un équilibre, c'est-à-dire que la demande et l'offre soient égales pour plus d'une combinaison prix-quantité non négative. Les points *A* et *B* de la figure 4-9 *a* sont tous deux des points d'équilibre. La courbe de demande a une pente négative, c'est une courbe usuelle, mais la courbe d'offre fait un retour en arrière lorsque le prix augmente. La quantité est une fonction monotone du prix, mais le prix n'est pas une fonction monotone de la quantité. Certains économistes ont rencontré ce type de courbe d'offre sur le marché du travail dans certains pays en voie de développement. La pente de la courbe d'offre est positive lorsque les salaires sont relativement bas et une augmentation du taux de rémunération augmente l'offre de travail. Mais lorsque le taux de salaire continue à augmenter et que le revenu de chaque salarié augmente, on atteint un point où les salariés préfèrent plus de loisir à un revenu plus élevé.

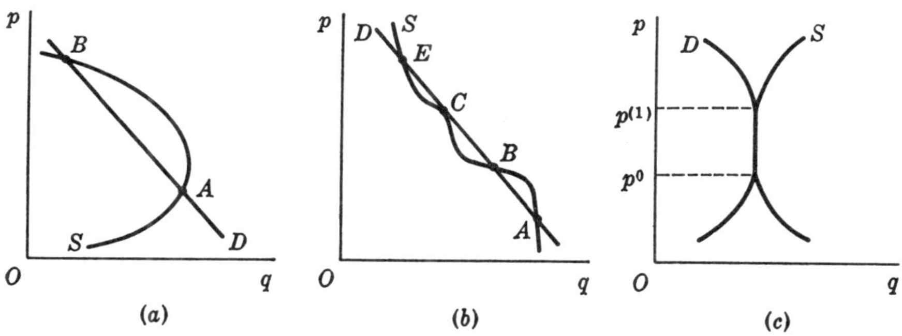

Fig. 4-9.

Soit δ la différence entre la pente de la courbe de demande et celle de la courbe d'offre : $\delta = D'(p) - S'(p)$. Si la courbe de demande a une pente toujours négative et la courbe d'offre une pente toujours positive, $\delta < 0$, quel que soit p et il ne peut y avoir plus d'un point d'équilibre. Soit le prix d'équilibre p^0 et δ négatif en ce point, la demande sera inférieure à l'offre lorsque le prix s'élèvera et sera supérieure à l'offre dès que le prix sera inférieur à p^0. Tant que δ est négatif, la courbe de demande se situe à la gauche de la courbe d'offre pour tout prix supérieur à p^0 et à sa droite pour tout prix inférieur à p^0. Il ne peut donc y avoir de second point d'équilibre. On peut prouver de la même façon qu'il n'existe qu'un point d'équilibre lorsque δ est positif.

Sur la figure 4-9 *a*, δ est négatif au point d'équilibre *A*. Au point *B*, la demande et l'offre ont une pente négative. La courbe de demande a une pente plus forte que celle de l'offre et δ est alors positif [1]. La figure 4-9 *b* présente quatre points d'équilibre *A*, *B*, *C*, *E*. La courbe d'offre est de pente négative tout au long en raison de phénomènes d'économies externes. En *A*, δ est négatif, en *B* positif, en *C* nul et en *E* négatif. De manière générale, abstraction faite des points où δ est nul, δ doit changer de signe lorsque l'on passe d'un point d'équilibre au point d'équilibre suivant. Les points d'équilibre où $\delta = 0$ se situent soit entre deux points d'équilibre où la différence change de signe, soit de part et d'autre de tels points.

Il y aura une série de points d'équilibre avec $\delta = 0$ si les courbes d'offre et de demande coïncident sur toute ou partie de leur trajectoire (cf. Fig. 4-9 *c*). La quantité d'équilibre sur cette figure est toujours la même, mais tous les prix entre p^0 et p^1 sont des prix d'équilibre.

4.8 LA STABILITÉ DE L'ÉQUILIBRE.

Le prix et la quantité d'équilibre sont déterminés par l'égalité de la demande et de l'offre. L'équilibre se caractérise par l'acceptation du *statu quo* par les acheteurs et les vendeurs : aucun participant au marché n'est incité à modifier son comportement. Cependant, l'existence d'une situation d'équilibre ne garantit pas que celle-ci sera atteinte. Rien ne garantit que le prix d'équilibre s'établira si le marché n'est pas en équilibre quand les négociations commencent. Il n'y a également aucune raison de supposer que le prix initial se trouvera être le prix d'équilibre. De plus, en général, des modifications dans les préférences des consommateurs changeront la courbe de demande et des innovations changeront la courbe d'offre. Les deux facteurs tendent à perturber une situation d'équilibre établie. La modification définit un nouvel équilibre, mais, de nouveau, il n'y a aucune garantie que pour celui-ci soit atteint.

En général, on désigne par perturbatoin une situation où le prix réel est différent du prix d'équilibre. Un équilibre est *stable* si une perturbation est suivie d'un retour à l'équilibre et instable dans le cas contraire [2]. On a implicitement supposé dans la discussion de l'équilibre du paragraphe 4.4 que l'équilibre de marché était stable.

La stabilité statique.

Une perturbation crée habituellement un processus d'adaptation dans le marché. Par exemple, si le prix réel est inférieur au prix d'équilibre, l'adaptation peut se traduire par une hausse des offres faites par les acheteurs. Dans une analyse statique on fait abstraction du déroulement dans le temps du processus d'adaptation et on ne considère que la nature de la variation, c'est-à-dire que l'on ne regarde que si cette variation rapproche ou éloigne de l'équilibre.

(1) Les dérivées $D'(p)$ et $S'(p)$ sont des fonctions du prix. Une pente plus verticale vers le bas pour la courbe de demande signifie donc que $D'(p) > S'(p)$.

(2) Ceci n'est pas une définition rigoureuse de la stabilité et n'est qu'une définition parmi plusieurs définitions possibles. Voir P. A. Samuelson, *Les fondements de l'analyse économique*, 2e édition (Paris : Gauthier-Villars, 1971).

Définissons :

$$E(p) = D(p) - S(p) \tag{4-39}$$

comme la demande nette au prix p. Sur la figure 4-10, la demande nette est positive au prix p^0, négative au prix $p^{(1)}$. Les conditions de stabilité sont déduites des hypothèses concernant le comportement sur le marché des acheteurs et des vendeurs. La *condition de stabilité Walrasienne* repose sur l'hypothèse que les acheteurs tendent à élever leurs offres si la demande nette est positive et les vendeurs tendent à baisser leurs prix si celle-ci est négative. Si cette hypothèse de comportement est correcte, un marché est stable si une augmentation de prix diminue la demande nette, c'est-à-dire si :

$$\mathrm{d}E(p)/\mathrm{d}p = E'(p) = D'(p) - S'(p) < 0\,. \tag{4-40}$$

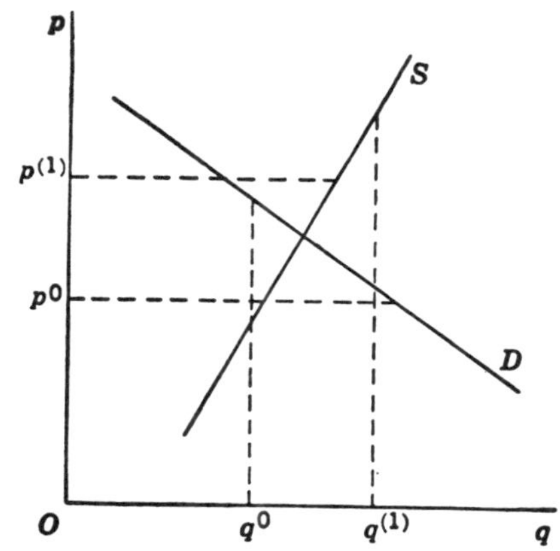

Fig. 4-10.

En écrivant p_d le prix auquel une quantité donnée est demandée, p_s le prix auquel cette même quantité est offerte et en écrivant $D = S = q$, les fonctions de demande et d'offre peuvent être inversées par rapport au prix de demande p_d et au prix d'offre p_s :

$$p_d = D^{-1}(q)\,, \qquad p_s = S^{-1}(q)$$

où D^{-1} et S^{-1} sont les inverses des fonctions D et S (¹). Le prix de demande nette est défini comme étant :

$$F(q) = D^{-1}(q) - S^{-1}(q)\,. \tag{4-41}$$

C'est la différence entre le prix que les acheteurs sont disposés à payer et le prix que les vendeurs demandent pour une quantité donnée. Sur la figure 4-10, il y a un prix

(¹) Si $y = f(x)$ peut être résolue en x, la solution s'écrit $x = f^{-1}(y)$. La fonction notée f^{-1} est la fonction inverse de la fonction $f(x)$.

de demande nette positif à q^0 et un prix de demande nette négatif à $q^{(1)}$. L'hypothèse de comportement sur laquelle repose la *condition de stabilité Marshallienne* pour un marché exprime que les producteurs tendent à augmenter leur production quand le prix de demande nette est positif et à la diminuer quand celui-ci est négatif. Si le prix de demande nette est positif, le producteur se rend compte que les consommateurs sont en train d'offrir un prix plus élevé que celui qu'il demande et il en conclut qu'il peut augmenter avec profit la quantité offerte. Un raisonnement analogue se tient dans le cas contraire. L'équilibre est stable au sens Marshallien si une augmentation de la quantité réduit le prix de demande nette, c'est-à-dire si :

$$\mathrm{d}F(q)/\mathrm{d}q = F'(q) = D^{-1'}(q) - S^{-1'}(q) < 0 . \qquad (4\text{-}42)$$

Etant donné que la courbe de demande a une pente négative, (4-40) et (4-42) sont toutes deux satisfaites si la courbe d'offre a une pente positive [1]. La situation ordinaire de l'offre et la demande est donc stable selon les deux définitions Walrasienne et Marshallienne à la fois. Si la courbe d'offre a une pente négative, un équilibre ne peut pas être stable selon les deux définitions [2]. Divisons les deux membres de (4-42) par $D^{-1'}(q).S^{-1'}(q)$,

$$\frac{1}{S^{-1'}(q)} - \frac{1}{D^{-1'}(q)} < 0 . \qquad (4\text{-}43)$$

Dans le diagramme habituel où la quantité est représentée sur l'axe horizontal, $D^{-1'}(q)$ et $S^{-1'}(q)$ sont les pentes des courbes de demande et d'offre. D'après la règle des fonctions inverses :

$$\frac{1}{D^{-1'}(q)} = D'(p) , \qquad \frac{1}{S^{-1'}(q)} = S'(p) .$$

Portons ces valeurs dans (4-43) :

$$S'(p) - D'(p) < 0 . \qquad (4\text{-}44)$$

Les conditions (4-40) et (4-44) ne peuvent pas être remplies simultanément. Si un équilibre est stable au sens de Walras, (4-40) est remplie et l'équilibre est instable au sens de Marshall. L'énoncé contraire est vrai si (4-44) est remplie [3].

Si la courbe d'offre et la courbe de demande ont toutes les deux une pente positive la condition de stabilité Marshallienne implique (4-44) qui est contraire à la condi-

(1) Le signe $D'(p)$ est le même que celui de $D^{-1'}(q)$; le signe de $S'(p)$ est le même que celui de $S^{-1'}(q)$. Voir la règle des fonctions inverses, paragraphe A-2.

(2) Les courbes d'offre qui peuvent avoir une pente négative sont les courbes d'offre d'inputs primaires tels que le travail et les courbes d'offre de produits en présence d'économies ou de déséconomies externes. Des équilibres instables ne peuvent se rencontrer que dans ces cas.

(3) Il n'y a pas contradiction entre les deux conditions si la courbe d'offre a une pente positive. Quand (4-15) est divisée par $D^{-2'}(q).S^{-1'}(q)$ le sens de l'inégalité est renversé dans (4-43) et (4-44) à cause de la division par un nombre négatif. L'inégalité (4-44) devient $S'(p) — D'(p) > 0$, qui est la même que (4-40).

tion Walrasienne (4-40). Enfin lorsque la courbe de demande a une pente positive et la courbe d'offre une pente négative, les deux conditions aboutissent au même résultat.

D'après (4-40) et (4-44) l'équilibre est stable au sens de Walras si la courbe d'offre a une pente plus raide que la courbe de demande $[S^{-1'}(q) < D^{-1'}(q)$ ou $D'(p) < S'(p)]$ et instable dans le cas contraire. L'équilibre est stable au sens de Marshall si la courbe d'offre est moins raide que la courbe de demande et instable dans le cas contraire. Ces concepts sont représentés sur la figure 4-11. Au prix p^0 la demande nette est égale à MN ; la concurrence entre consommateurs tendra à faire monter le prix et la demande nette diminuera. Cependant la quantité offerte au prix p^0 est q^0 : le prix de la demande nette correspondant RM est positif. La quantité produite tendra à augmenter mais le prix de demande nette augmentera aussi. Prix et quantité réels s'éloignent de l'équilibre.

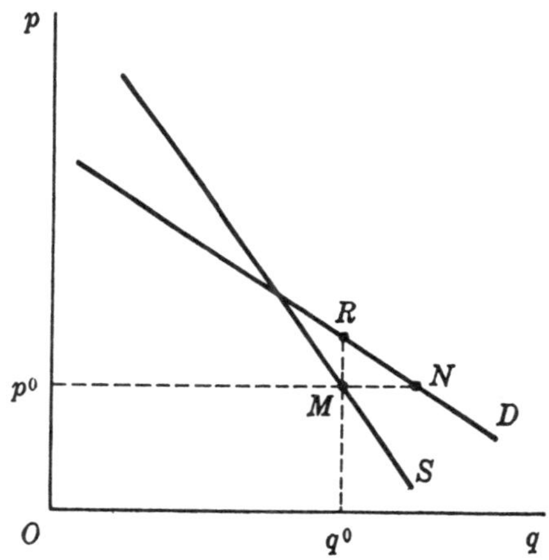

Fig. 4-11.

La courbe d'offre à pente négative de la figure 4-9 *b* nous donne quatre points d'équilibre. Les points d'équilibre successifs *A*, *B* et *E* sont alternativement stables et instables au sens Walrasien (4-40). La courbe d'offre a une pente plus raide que la courbe de demande au point *A* et l'équilibre en ce point est stable ([1]). Une autre intersection, *B*, ne peut exister que si la courbe d'offre a une pente qui devient moins raide que la courbe de demande ; *B* est donc instable. Par un raisonnement semblable on voit que *E* est de nouveau stable. La condition de stabilité (4-40) n'est plus suffisante dans des cas inhabituels tels que le point d'équilibre *C*. La demande nette est positive à des prix inférieurs à p^0 et également à des prix supérieurs à p^0. Le prix tendra à augmenter lorsque l'on s'éloignera de l'équilibre vers le haut ou vers le bas. On dit que le point *C* est semi-stable.

Les affirmations au sujet de la stabilité de l'équilibre dépendent des hypothèses faites concernant le mécanisme du marché et le comportement des participants. On

(1) On pourrait faire un raisonnement analogue en se basant sur l'hypothèse Marshallienne.

ne peut pas dire à priori si c'est la condition Walrasienne ou la condition Marshallienne qui est plus plausible en réalité. Dans n'importe quelle situation concrète, la stabilité de l'équilibre ne peut être affirmée qu'après avoir recueilli une information empirique concernant les modèles de comportement des participants au marché.

La stabilité dynamique avec adaptation retardée.

Les conditions de stabilité statique s'expriment en termes de taux de variation de la demande nette par rapport au prix ou de taux de variation du prix de demande nette par rapport à la quantité. L'analyse statique de la stabilité n'essaie pas d'étudier le déroulement dans le temps du processus d'adaptation. On ne s'attendrait certainement pas à des adaptations instantanées dans ce modèle. Si le prix initial n'est pas égal au prix d'équilibre, il varie, et des redéfinitions des conditions d'échange ont lieu. Si le nouveau prix est encore différent du prix d'équilibre, il est de nouveau obligé de varier. La nature dynamique du modèle de redéfinition des conditions de l'échange peut s'exposer formellement comme suit. Quand le marché s'ouvre, un certain consommateur fait une enchère. Cette enchère est enregistrée et rendue publique par le commissaire-priseur. Après que le prix correspondant ait été annoncé, les participants disposent d'une période de temps déterminé (disons une heure) pour passer les contrats qu'ils jugent favorables à ce prix. Après une heure, on réouvre les enchères. Les premières enchères sont à nouveau enregistrées par le commissaire-priseur, et une période d'une heure, pendant laquelle sont passés de nouveaux contrats, commence. Ce processus continue jusqu'à ce que l'équilibre soit atteint. Un prix relatif à chacune des périodes d'une heure est observé et l'analyse dynamique de la stabilité étudie l'évolution du prix dans le temps, c'est-à-dire de période en période (1). L'équilibre est stable au sens dynamique si le prix converge (ou tend vers) le prix d'équilibre au cours du temps ; il est instable si la variation du prix l'éloigne de l'équilibre. La stabilité dynamique peut également être définie en termes de convergence de la quantité offerte vers la quantité d'équilibre. La première définition correspond à la définition Walrasienne de la stabilité et la seconde à la définition Marshallienne.

En supposant que c'est le mécanisme Walrasien qui a lieu sur le marché, une demande nette positive tend à faire monter le prix. Ceci s'exprime mathématiquement de la façon suivante :

$$p_t - p_{t-1} = kE(p_{t-1}) \tag{4-45}$$

où p_t est le prix de la période t et k une constante positive. L'équation (4-45) exprime un type possible de comportement des acheteurs et des vendeurs. En supposant qu'il y a une demande nette positive $E(p_{t-1})$ à la période $(t - 1)$, elle exprime l'hypothèse qu'une demande nette $E(p_{t-1})$ amène les acheteurs à offrir un prix :

$$p_t = p_{t-1} + kE(p_{t-1}) > p_{t-1}$$

(1) Les prix qui sont enregistrés sont des prix potentiels plutôt que des prix effectifs, jusqu'à ce que l'équilibre soit atteint. Aussi longtemps que $D \neq S$, aucun des contrats n'est exécuté et la redéfinition des termes des contrats continue.

à la période suivante. Supposons que les fonctions de demande et d'offre soient :

$$D_t = ap_t + b \tag{4-46}$$

$$S_t = Ap_t + B\,. \tag{4-47}$$

La demande nette à la période $(t - 1)$ est :

$$E(p_{t-1}) = (a - A)\,p_{t-1} + b - B\,.$$

Portons ceci dans (4-45) :

$$p_t - p_{t-1} = k[(a - A)\,p_{t-1} + b - B]$$

ou

$$p_t = [1 + k(a - A)]\,p_{t-1} + k(b - B)\,. \tag{4-48}$$

L'équation aux différences finies du premier ordre (4-48) décrit l'évolution dans le temps du prix reposant sur l'hypothèse de comportement contenue dans (4-45). La condition initiale, $p = p^0$ quand $t = 0$, étant donnée, sa solution est :

$$p_t = \left(p_0 - \frac{b - B}{A - a}\right)[1 + k(a - A)]^t + \frac{b - B}{A - a}\,. \tag{4-49}$$

La demande nette est nulle à l'équilibre. On peut trouver le prix d'équilibre p^e à partir de (4-46) et (4-47) en écrivant $D_t - S_t = 0$. Résolvons en $p_t = p^e$:

$$p^e = \frac{b - B}{A - a}\,.$$

Donc, le terme constant de (4-49) est le prix d'équilibre. L'équilibre est stable si le niveau du prix réel tend vers le niveau d'équilibre lorsque t augmente. Le niveau de prix converge vers p^e sans oscillations si $0 < 1 + k(a - A) < 1$. L'inégalité de droite est satisfaite si :

$$a < A\,. \tag{4-50}$$

L'inégalité de gauche est vraie si :

$$k < \frac{1}{A - a}\,. \tag{4-51}$$

La condition (4-50) est automatiquement vérifiée si la courbe d'offre a une pente positive $(A > 0)$. Le niveau de prix se déplace vers le haut au cours du temps si le prix initial est inférieur au prix d'équilibre :

$$p_0 - \frac{b - B}{A - a} < 0\,,$$

et vers le bas s'il est plus grand. Si la pente de la courbe d'offre est négative, la stabilité requiert que la pente de la courbe de demande $(1/a)$ soit algébriquement supérieure à la pente de la courbe d'offre ($1/A$) ; c'est-à-dire que la courbe d'offre doit couper la courbe de demande en étant d'abord située au-dessus ([1]). L'équilibre est instable si la courbe d'offre coupe la courbe de demande en étant d'abord située en dessous ; et n'importe quel écart par rapport à l'équilibre est suivi d'écarts croissants par rapport à cet équilibre. Si k est suffisamment grand et $a - A$ négatif, $1 + k(a - A)$ est aussi négatif et le niveau de prix doit osciller au cours du temps ([2]).

Les deux stabilités statique et dynamique dépendent des pentes des courbes de demande et d'offre. La stabilité dynamique dépend en plus de la grandeur du paramètre k qui indique la mesure suivant laquelle le marché s'adapte à une différence entre les quantités demandées et offertes par unité de temps. Un k grand indique qu'acheteurs et vendeurs tendent à « suradapter » : si la demande nette est positive, l'offre des acheteurs est suffisamment active pour faire monter le prix au-dessus du niveau d'équilibre. Par exemple, supposons que le prix d'équilibre soit 5 francs et que l'offre de prix par les acheteurs soit de 3 francs à une période donnée. Les acheteurs se rendent compte qu'il y a une demande nette, mais surestiment l'adaptation nécessaire pour équilibrer le marché et offrent 6 francs à la période suivante. Les vendeurs deviennent conscients de l'excès de l'offre et baissent leurs prix mais surestiment aussi l'importance de l'adaptation requise : le prix tombe à 4 francs. Chaque adaptation est dans la bonne direction mais est exagérée en grandeur. L'analyse dynamique prend ainsi en compte la force des réactions aux perturbations.

La stabilité dynamique de l'équilibre peut être analysée graphiquement de la façon suivante. En portant le prix sur l'axe horizontal, la droite en pointillé de la figure 4-12 *a* représente la fonction de demande nette. En supposant que $k < 1$, la droite pleine représente $kE(p_{t-1})$. La droite à 45° de la figure 4-12 *b* représente le lieu des points définis par $p_t = p_{t-1}$. La fonction

$$p_t = p_{t-1} + kE(p_{t-1}) = f(p_{t-1}) \tag{4-52}$$

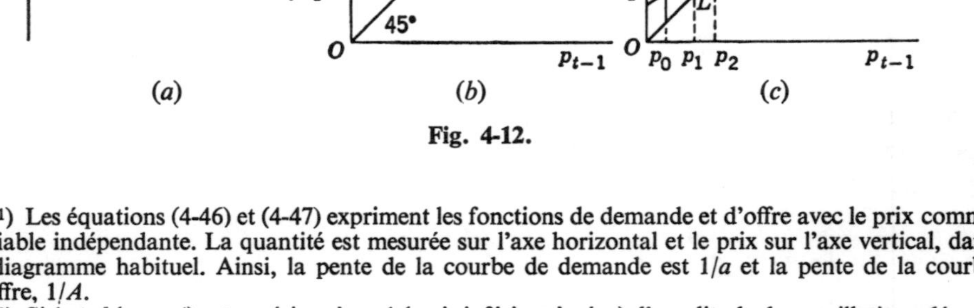

(*a*) (*b*) (*c*)

Fig. 4-12.

(1) Les équations (4-46) et (4-47) expriment les fonctions de demande et d'offre avec le prix comme variable indépendante. La quantité est mesurée sur l'axe horizontal et le prix sur l'axe vertical, dans le diagramme habituel. Ainsi, la pente de la courbe de demande est $1/a$ et la pente de la courbe d'offre, $1/A$.

(2) Si $1 + k(a - A)$ est supérieur à -1 (mais inférieur à zéro), l'amplitude des oscillations décroît au cours du temps et le déroulement dans le temps tend vers le niveau d'équilibre. S'il est inférieur à -1, le marché est soumis à des fluctuations de prix croissantes.

est obtenue en additionnant les ordonnées (correspondant aux mêmes abscisses) des droites pleines des figures 4-12 *a* et 4-12 *b*. Le résultat en est représenté sur la figure 4-12 *c*. Supposons que le prix initial soit p_0. Le prix de la période suivante, p_1, est donné par l'ordonnée du point de $f(p_{t-1})$ directement au-dessus de p_0. En vue de calculer le prix de la période suivante, p_1 est reporté sur l'axe horizontal en traçant une ligne horizontale de *K* à *L*. *L* se trouve sur une droite à 45° et l'abscisse de chacun de ses points est égale à son ordonnée. Le prix p_2 est obtenu en se déplaçant verticalement en *M* sur $f(p_{t-1})$. Tous les prix suivants sont obtenus de cette manière. Le niveau des prix converge dans cet exemple vers le prix d'équilibre donné par l'intersection de $f(p_{t-1})$ et de la droite à 45° [1]. La stabilité de l'équilibre dépend de la pente de la fonction de demande nette et de la grandeur de k. Si la fonction de demande nette sur la figure 4-12 *a* avait une pente positive, la fonction $f(p_{t-1})$ couperait la droite à 45° en étant d'abord située en dessous et l'équilibre serait instable. Si la fonction de demande nette avait une pente négative comme sur la figure 4-12 *a*, mais si k était très grand, $f(p_{t-1})$ aurait une pente négative, et le niveau de prix oscillerait.

On peut formuler de façon semblable un énoncé dynamique de la condition de stabilité Marshallienne. Les conclusions de l'analyse statique de la stabilité sont conservées : l'équilibre est dynamiquement stable à la fois au sens de Walras et au sens de Marshall si la fonction de demande a une pente négative et la fonction d'offre une pente positive. L'équilibre est dynamiquement instable si la pente de la courbe de la demande est positive et celle de la courbe de l'offre négative. L'équilibre est stable selon une définition et instable selon l'autre si les deux courbes ont une pente de direction semblable.

Les approches statique et dynamique de la stabilité sont fondamentalement différentes. La stabilité statique n'implique pas nécessairement la stabilité dynamique, mais la stabilité dynamique implique la stabilité statique. La raison de cette différence provient de ce que l'analyse dynamique est un instrument plus général d'étude des propriétés de l'équilibre. L'analyse statique ne s'intéresse qu'à la direction de l'adaptation et néglige la grandeur de l'adaptation de période à période :

Soit :

$$D_t = -0{,}5\, p_t + 100$$
$$S_t = -0{,}1\, p_t + 50$$

et soit $k = 6$ [2]. L'équilibre est stable au sens de Walras si $D'(p) - S'(p) < 0$. En remplaçant dans les fonctions de demande et d'offre :

$$-0{,}5 - (-0{,}1) = -0{,}4 < 0\,.$$

(1) On peut vérifier facilement que le point *N* est le point d'équilibre. En *N*, $p_t = p_{t-1}$ (pour la droite à 45°) et $p_t = p_{t-1} + kE(p_{t-1})$. Remplaçons p_{t-1} par p_t,

$$p_{t-1} = p_{t-1} + kE(p_{t-1})$$

ou $kE(p_{t-1}) = 0$. La demande nette est nulle au point *N*.

(2) La grande valeur de k indique qu'acheteurs et vendeurs réagissent violemment aux perturbations.

La stabilité dynamique requiert que $-1 < 1 + k(a - A) < 1$. En remplaçant par les valeurs appropriées, cela donne :

$$1 + k(a - A) = -1{,}4\,,$$

et l'inégalité requise de gauche n'est pas satisfaite. Le marché présentera des oscillations explosives.

La stabilité dynamique avec adaptation continue.

L'équation (4-45) décrivait un processus d'adaptation du prix au cours d'une période divisée en intervalles de temps discrets. On pourrait tout aussi bien supposer que l'adaptation se fait par un processus continu. L'équation (4-45) est alors remplacée par :

$$\mathrm{d}p/\mathrm{d}t = kE(p) \tag{4-53}$$

k et $E(p)$ ont toujours la même signification (1). En remplaçant $E(p)$ par les fonctions de demande et d'offre des équations (4-46) et (4-47), (4-53) s'écrit :

$$\mathrm{d}p/\mathrm{d}t = k(a - A)\,p + k(b - B)\,. \tag{4-54}$$

Cette équation est une équation différentielle du premier ordre. Sa solution (cf. Par. A-6) est donnée par :

$$p = \left(p_0 - \frac{b - B}{A - a}\right)\mathrm{e}^{k(a-A)t} + \frac{b - B}{A - a} \tag{4-55}$$

avec p_0 comme prix initial au temps $t = 0$ et $\mathrm{e} = 2{,}718\,28...$ (e est la base des logarithmes népériens).

Le prix d'équilibre $p_e = (b - B)/(A - a)$ est dynamiquement stable ; autrement dit $p \to p_e$ lorsque $t \to \infty$ si $a - A < 0$, c'est-à-dire si la fonction de demande a une pente négative et la fonction d'offre une pente positive. La valeur du coefficient d'adaptation a une incidence sur la rapidité de la convergence ou de la divergence, mais contrairement au modèle avec adaptation retardée, il ne joue aucun rôle dans la détermination de la stabilité ou de l'instabilité d'un point d'équilibre. Les conditions de stabilité sont les mêmes que l'on parle d'un équilibre statique ou d'un équilibre dynamique.

Un point d'équilibre sera *localement* stable si le système revient à ce point d'équilibre après un léger écart. Il est *globalement* stable si le système revient à cette position d'équilibre dès que l'on s'en éloigne, pour tout écart. Les modèles non linéaires peuvent avoir plusieurs points d'équilibre ; le fait qu'un point d'équilibre soit localement stable ne veut en aucun cas dire que c'est un point globalement stable.

Il est utile de recourir à une analyse de type linéaire pour déterminer la stabilité locale de modèles non linéaires. Supposons que la fonction de demande nette $E(p)$

(1) p est défini quel que soit t. Il est alors courant d'omettre l'indice t. Lorsque p dépend de tg, on indique explicitement cette dépendance en écrivant p_t.

est une fonction de p très peu simple et qu'il est donc difficile, voire impossible de résoudre l'équation différentielle (4-53). La dérivée $E'(p_e)$ est peu différente de :

$$\frac{E(p) - E(p_e)}{p - p_e} \simeq E'(p_e) \tag{4-56}$$

avec p_e comme prix d'équilibre, si l'on s'en tient à la définition de la dérivée (voir Eq. A-5). A la limite lorsque $p \to p_e$, il y a égalité et l'on peut s'attendre à ce que (4-56) soit une bonne approximation lorsque p diffère peu de p_e. En remplaçant $E(p_e)$ par zéro et en résolvant (4-56) en $E(p)$, on obtient en reportant le résultat dans (4-27) :

$$\mathrm{d}p/\mathrm{d}t = kE'(p_e)(p - p_e)\,. \tag{4-57}$$

Cette dernière équation est une équation linéaire puisque $E'(p_e)$, dérivée de la demande nette pour p_e, est constante. La racine de l'équation caractéristique (au voisinage de p_e) est $kE'(p_e)$. Si donc la fonction de la demande nette est de pente négative au voisinage de p_e, l'équilibre est stable localement. Une fois encore les conditions de l'équilibre statique et dynamique sont les mêmes.

On peut s'assurer de l'existence d'une stabilité globale en utilisant une méthode connue sous le nom de méthode directe de Liapunov. Il faut pour cela trouver d'abord une fonction Liapunov, $V(p)$, telle que $V(p) > 0$ si $p \neq p_e$ et $V(p_e) = 0$. Si $\mathrm{d}V/\mathrm{d}t$ est négatif lorsque $p \neq p_e$, la solution d'équilibre est globalement stable ([1]), la fonction

$$V(p) = (p - p_e)^2 \tag{4-58}$$

est souvent la fonction qui convient ; $(p - p_e)^2$ est le carré de la distance entre le point p où l'on se trouve au temps t et le point d'équilibre.

Prenons, à titre d'exemple, la fonction de demande nette $E = b/(p - a)$, avec $p_e = b/a$ et $a, b > 0$; (4-53) s'écrit :

$$\mathrm{d}p/\mathrm{d}t = k(b/p - a)\,.$$

En utilisant (4-58) :

$$\mathrm{d}V/\mathrm{d}t = 2(p - p_e)\,\mathrm{d}p/\mathrm{d}t\,.$$

Remplaçons p_e et $\mathrm{d}p/\mathrm{d}t$ par leur valeur en fonction de b, a et k :

$$\mathrm{d}V/\mathrm{d}t = -\,2\,k(ap - b)^2/ap\,.$$

Cette équation est négative pour tout $p \neq p_e$ puisque k, a et p sont positifs. L'équilibre est donc globalement stable dans cet exemple.

(1) Des ouvrages d'un niveau théorique plus élevé font la distinction entre la *stabilité* et la *stabilité asymptotique*. Voir J. La Salle et S. Lefschetz, *Stability by Liapunov's Direct Method* (New York : Academic, 1961), pp. 31-32.

4.9 L'ÉQUILIBRE DYNAMIQUE AVEC ADAPTATION RETARDÉE.

Les fonctions d'offre des producteurs montrent comment ils adaptent leurs productions au prix régnant sur le marché. Etant donné que la production demande du temps, il se peut que l'adaptation ne soit pas instantanée mais ne devienne perceptible sur le marché qu'après une certaine période de temps. Les biens agricoles fournissent souvent de bons exemples d'offre retardée. Il se peut qu'un agriculteur individuel fasse reposer ses plans de production sur le prix du marché à l'automne ; la production ne se matérialise que pendant l'été suivant.

Adaptation retardée sur un marché unique.

Considérons le marché du blé d'hiver comme exemple de marché à réaction de l'offre retardée. Les plans de production sont faits après la moisson. La production correspondant à ces plans de production apparaît sur le marché un an plus tard. Supposons que les fonctions de demande et d'offre soient :

$$D_t = ap_t + b \tag{4-59}$$

$$S_t = Ap_{t-1} + B\,. \tag{4-60}$$

La quantité demandée à une période quelconque dépend du prix à cette période, mais la quantité offerte dépend du prix de la période précédente. On suppose que la quantité offerte à la période t est toujours égale à la quantité demandée à cette période ; c'est-à-dire p_t s'adapte de façon à ce qu'il y ait égalité de D_t et S_t aussitôt que S_t apparaît sur le marché. Ceci implique qu'aucun producteur n'est laissé avec des stocks invendus et aucun consommateur avec une demande insuffisante. Donc :

$$D_t - S_t = 0\,.$$

Soit, d'après (4-59) et (4-60),

$$ap_t + b - Ap_{t-1} - B = 0\,.$$

Résolvons en p_t :

$$p_t = \frac{A}{a}\,p_{t-1} + \frac{B-b}{a}\,. \tag{4-61}$$

En supposant que la condition initiale est donnée par $p = p_0$ quand $t = 0$, la solution de l'équation aux différences finies du premier ordre (4-61) est :

$$p_t = \left(p_0 - \frac{B-b}{a-A}\right)\left(\frac{A}{a}\right)^t + \frac{B-b}{a-A}\,. \tag{4-62}$$

La solution (4-62) décrit l'évolution du prix comme fonction du temps. Quelques-unes des évolutions possibles dans le temps sont représentées sur les figures 4-13 *a* et 4-13 *b*.

Supposons que l'offre initiale ne soit pas égale à la quantité d'équilibre, conséquence d'une perturbation telle qu'une sécheresse. Soit q_0 l'offre initiale sur la figure 4-13 *a*. Le prix initial correspondant est p_0. Les consommateurs demandent $p_0\, M_0$, et cette quantité est égale à l'offre initiale. Le prix p_0 amène les entrepreneurs à offrir la quantité $p_0\, N_1$ à la prochaine période. Le prix tombe instantanément à p_1. La quantité demandée est alors $p_1\, M_1$ (qui est égale à $p_0\, N_1$, quantité offerte à cette période). A la période suivante, le prix p_1 entraîne une offre de $p_1\, N_2$. Ce processus continue indéfiniment, formant un modèle de « toile d'araignée ». Le niveau du prix est soumis à des fluctuations mais converge vers le niveau d'équilibre indiqué par l'intersection des courbes de demande et d'offre. C'est le même mécanisme qui fonctionne sur la figure 4-13 *b* mais les fluctuations du prix tendent à devenir de plus en plus grandes : le marché est soumis à des oscillations explosives.

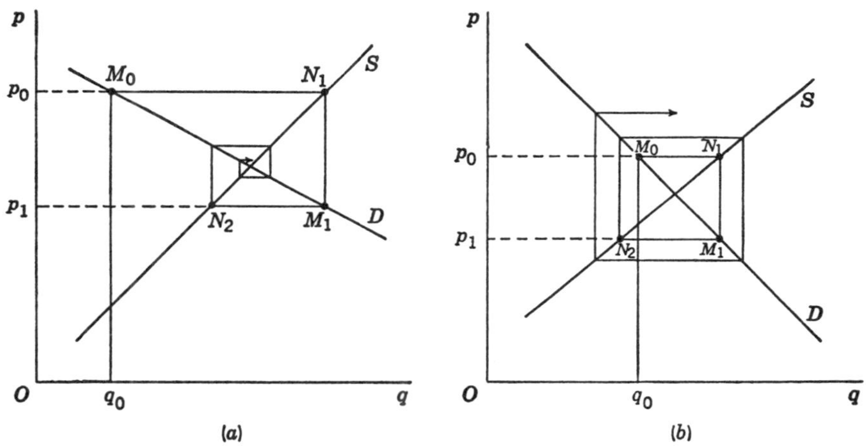

Fig. 4-13.

Les conditions de convergence vers un prix d'équilibre peuvent s'établir à partir de (4-62). Le marché est en équilibre dynamique si le prix est stable de période en période, c'est-à-dire si $p_t = p_{t-1}$. Le terme constant $(B - b)/(a - A)$ de (4-62) est le prix d'équilibre [1]. Le marché est en équilibre dynamique stable si $p_t \to p_e$ lorsque $t \to \infty$. Si le rapport (A/a) est inférieur à l'unité en valeur absolue, le premier terme du second membre de (4-62) tendra vers zéro lorsque $t \to \infty$ et le marché sera en équilibre dynamique stable. Si la pente de la courbe de demande $(1/a)$ et celle de la courbe d'offre $(1/A)$ sont de signes contraires, le prix oscillera autour de la position d'équilibre du prix. Si la pente de la courbe de demande est inférieure en valeur absolue à celle de la courbe d'offre, soit $1/|\,a\,| < 1/|\,A\,|$, l'amplitude des oscillations diminuera, le marché est dynamiquement stable comme le montre la figure 4-13 *a*. Si la pente de la courbe de demande est supérieure en valeur absolue à celle de la courbe d'offre, soit $1/|\,a\,| > 1/|\,A\,|$, l'amplitude des oscillations ira croissante, le

(1) Ecrire $D_t = S_t$ et $p_{t-1} = p_t$ dans (4-55) et (4-60) et résoudre en p_t.

marché est instable du point de vue dynamique comme le montre la figure 4-13 *b*. Enfin si les pentes des courbes d'offre et de demande sont égales en valeur absolue, $1/|a| = 1/|A|$, les oscillations seront d'amplitude constante et le marché est dynamiquement instable.

Si les courbes d'offre et de demande sont toutes deux de pente négative ou positive, le niveau du prix n'oscillera pas ; il augmentera ou diminuera continuellement ([1]). Les mêmes conditions que ci-dessus sont valables : le prix convergera vers sa valeur d'équilibre si la courbe d'offre a une pente plus forte que la courbe de demande (Fig. 4-14) et il sera explosif vers le haut ou vers le bas si elle a une pente moins raide.

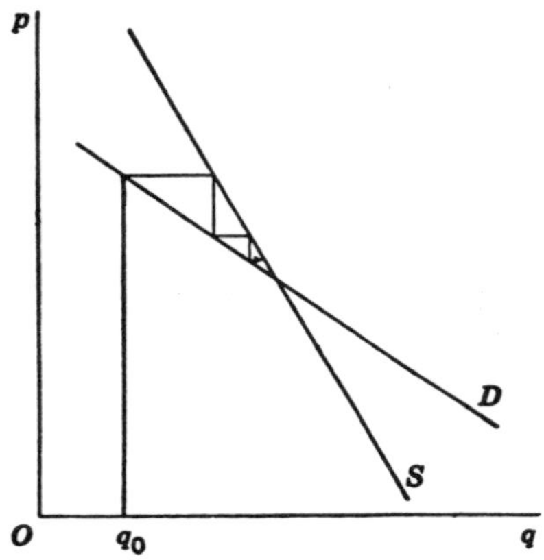

Fig. 4-14.

Les conditions de la stabilité dynamique ne sont pas les mêmes que dans le cas dynamique simple. Acheteurs et vendeurs réagissent à une demande nette dans le cas dynamique simple. La demande nette est nulle dans les situations « toile d'araignée ». Les acheteurs réagissent à des offres données par les prix qu'ils offrent. Les vendeurs répondent à des prix donnés par les quantités qu'ils offrent à la période suivante.

Adaptation retardée dans le cas de deux marchés liés.

On peut obtenir un comportement oscillatoire intéressant dans le cas de deux marchés liés. Un cas remarquable est celui qu'on appelle le cycle du « porc et du maïs ». Une version simplifiée de ce type de marché est discutée ci-dessous. Nous n'établissons pas la solution complète et la discussion se limite au développement des conditions sous lesquelles les deux marchés sont stables ou instables.

(1) Il se peut que le prix reste constant si les courbes de demande et d'offre coïncident. Il n'y a pas d'équilibre unique dans ce cas.

Soient les indices c et h concernant respectivement le maïs (corn) et le porc (hog). Les fonctions de demande et d'offre de maïs sont :

$$D_{ct} = a_{11}\, p_{ct} + b_1 \tag{4-63}$$

$$S_{ct} = a_{21}\, p_{c,t-1} + b_2\,. \tag{4-64}$$

Le marché du maïs possède les mêmes caractéristiques que celles que nous avons supposé vérifiées pour le marché du blé d'hiver. La demande de maïs à une période quelconque dépend du prix du maïs à la même période et l'offre de maïs est retardée et dépend du prix du maïs à la période précédente. Les fonctions de demande et d'offre du porc sont :

$$D_{ht} = a_{31}\, p_{ht} + b_3 \tag{4-65}$$

$$S_{ht} = a_{41}\, p_{h,t-1} + a_{42}\, p_{c,t-1} + b_4\,. \tag{4-66}$$

La demande de porcs est fonction du pıix des porcs à la même période. L'offre de porcs dépend à la fois du prix des porcs et du prix du maïs à la période précédente. L'équation (4-66) contient deux hypothèses concernant le comportement des producteurs de porcs : leurs plans de production pour une période quelconque t dépend 1) du prix de leur produit au temps $(t - 1)$ et 2) du prix du maïs au temps $(t - 1)$. La seconde hypothèse représente le fait que le maïs est un input important de la production de porcs. Le prix du maïs tend ainsi à affecter les plans de production des producteurs de porcs. Une modification de $p_{c,t-1}$ entraîne une modification de la fonction d'offre conventionnelle de porc.

Les équations (4-63) à (4-66) constituent un système de quatre équations aux différences finies que l'on doit résoudre pour établir les conditions sous lesquelles p_{ct} et p_{ht} tendent vers leurs valeurs d'équilibre. Ecrivons l'égalité de l'offre et la demande sur chaque marché :

$$D_{ct} - S_{ct} = 0$$

$$D_{ht} - S_{ht} = 0\,.$$

Remplaçons par les valeurs tirées de (4-63) à (4-66) :

$$a_{11}\, p_{ct} - a_{21}\, p_{c,t-1} = b_2 - b_1 \tag{4-67}$$

$$a_{31}\, p_{ht} - a_{41}\, p_{h,t-1} - a_{42}\, p_{c,t-1} = b_4 - b_3\,. \tag{4-68}$$

Les équations (4-67) et (4-68) décrivent les comportements des prix sur les marchés du maïs et du porc respectivement. Le comportement du prix du maïs est indépen dant du prix du porc puisque celui-ci ne se trouve pas dans (4-67). Le cycle du maïs est autodéterminé et indépendant du fait que les fluctuations puissent exister dans le mouvement du prix du porc. Cependant, le prix du porc à la période t dépend du prix du maïs à la période $(t - 1)$. Le cycle du porc n'est pas indépendant du cycle du maïs. Pour trouver une solution en p_{ht}, on doit établir une équation qui ne contienne pas le prix du maïs. Résolvons (4-68) en $p_{c,t-1}$:

$$p_{c,t-1} = \frac{a_{31}\, p_{ht} - a_{41}\, p_{h,t-1} - b_4 + b_3}{a_{42}}\,. \tag{4-69}$$

L'équation (4-69) est valable pour n'importe quelle valeur de t ; ainsi :

$$p_{ct} = \frac{a_{31}\, p_{h,t+1} - a_{41}\, p_{ht} - b_4 + b_3}{a_{42}}. \tag{4-70}$$

Portons (4-66) et (4-67) dans (4-64) :

$$p_{ht} - \left(\frac{a_{41}}{a_{31}} + \frac{a_{21}}{a_{11}}\right) p_{h,t-1} + \frac{a_{21}\, a_{41}}{a_{11}\, a_{31}}\, p_{h,t-2} = K \tag{4-71}$$

où :

$$K = \frac{(b_2 - b_1)\, a_{42} + (b_4 - b_3)(a_{11} - a_{21})}{a_{11}\, a_{31}}.$$

L'évolution des prix sur le marché du porc est décrite par une équation aux différences finies du second ordre et deux conditions initiales sont nécessaires pour obtenir une solution générale. La solution générale de (4-71) est de la forme :

$$p_{ht} = c_1\, x_1^t + c_2\, x_2^t + Q \tag{4-72}$$

où c_1 et c_2 sont des constantes déterminées en tenant compte des conditions initiales et où Q est la solution particulière (voir Par. A-5). L'évolution dans le temps (explosive ou convergente) dépend des grandeurs de x_1 etx_2 qui sont les racines de l'équation du second degré déduite de (4-71) en négligeant le terme constant du membre de droite. L'équation homogène correspondant à (4-71) est :

$$p_{ht} - \left(\frac{a_{41}}{a_{31}} + \frac{a_{21}}{a_{11}}\right) p_{h,t-1} + \frac{a_{21}\, a_{41}}{a_{11}\, a_{31}}\, p_{h,t-2} = 0\,. \tag{4-73}$$

Supposons que la solution soit de la forme x^t. Ecrivons $p_{ht} = x^t$ dans (4-73) et divisons par x^{t-2} :

$$x^2 - \left(\frac{a_{41}}{a_{31}} + \frac{a_{21}}{a_{11}}\right) x + \frac{a_{21}}{a_{11}}\frac{a_{41}}{a_{31}} = 0\,. \tag{4-74}$$

La solution de l'équation du second degré (4-74) est :

$$x = \frac{\dfrac{a_{41}}{a_{31}} + \dfrac{a_{21}}{a_{11}} \pm \sqrt{\left(\dfrac{a_{41}}{a_{31}} + \dfrac{a_{21}}{a_{11}}\right)^2 - 4\,\dfrac{a_{21}\, a_{41}}{a_{11}\, a_{31}}}}{2}$$

$$= \frac{\dfrac{a_{41}}{a_{31}} + \dfrac{a_{21}}{a_{11}} \pm \left(\dfrac{a_{41}}{a_{31}} - \dfrac{a_{21}}{a_{11}}\right)}{2}.$$

Donc :

$$x_1 = a_{41}/a_{31}\,, \qquad x_2 = a_{21}/a_{11}\,.$$

L'évolution dans le temps du prix du porc convergera si les deux racines sont inférieures à l'unité en valeur absolue. Cette condition est remplie si la courbe de demande a une pente moins raide que la courbe d'offre sur les deux marchés. Par conséquent, les évolutions dans le temps des prix sur les deux marchés *pris séparément* doivent converger. $| x_2 | < 1$ est une condition nécessaire de stabilité dynamique du marché du maïs. $| x_1 | < 1$ est une condition nécessaire de stabilité dynamique du marché du porc, le prix du maïs étant supposé constant. Les deux inéquations sont simultanément nécessaires pour la stabilité du marché du porc si l'on considère l'effet de variations des prix du maïs. La stabilité sur les deux marchés liés pris ensemble implique la stabilité sur chacun d'eux séparément, mais la stabilité sur le marché du maïs seul n'implique pas la stabilité sur les deux.

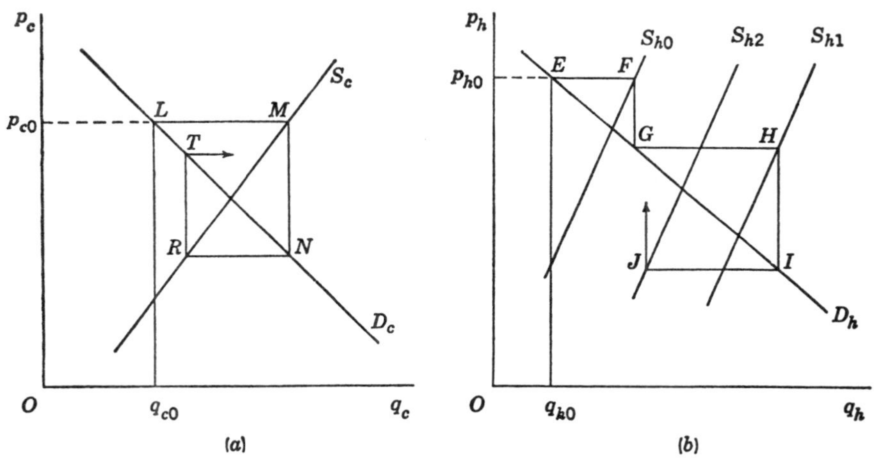

Fig. 4-15.

Une représentation graphique peut clarifier l'analyse. Soit la figure 4-15 *a* représentant le marché du maïs et la figure 4-15 *b* représentant le marché du porc. Une variation du prix du maïs modifie la courbe d'offre de porcs selon (4-66). Notons respectivement q_{c0} et q_{h0} les quantités initiales sur les marchés du maïs et du porc et p_{c0} et p_{h0} les prix initiaux. Supposons que la courbe d'offre de porcs correspondante soit S_{h0} si le prix du maïs est p_{c0}. L'évolution sur le marché du maïs est représentée par les droites *LM* et *MN* sur la figure 4-15 *a*. L'évolution correspondante sur le marché du porc est *EF*, *FG*. Mais le prix du maïs a diminué de la quantité *MN*. La courbe d'offre de porcs est donc déplacée à la position S_{h1} et l'évolution qui s'ensuit sur le marché du porc va de *G* à *H* et de *H* à *I*. Pendant le même temps, l'offre de maïs est diminuée de *RN* et le prix du maïs augmente de *RT*. Cette augmentation de prix du maïs fait varier la courbe d'offre de porcs en direction opposée jusqu'à la position S_{h2} et l'offre de porcs diminue de la quantité *IJ*. Ces résultats reposent sur l'hypothèse que a_{42} de (4-66) est négatif c'est-à-dire que plus le prix du maïs à une période $(t - 1)$ est haut, plus l'offre de porcs à la période t est basse. La conclusion suivant laquelle la stabilité globale exige que les deux marchés soient stables séparément est maintenant claire : si le marché du maïs était instable, les fluctuations du prix du maïs tendraient à devenir de plus en plus grandes, et la courbe d'offre de porcs varierait également de quantités de plus en plus grandes à des périodes consécutives. Le marché du porc ne pourrait pas être stable. Même si le marché du maïs était stable, et par conséquent si les variations successives de la courbe d'offre de porcs étaient d'amplitude décroissante, le prix du porc présenterait encore des oscillations croissantes si la courbe de demande de porcs avait une pente plus raide que la courbe d'offre.

Si les producteurs de porcs achetaient une partie importante de l'offre totale de maïs, il pourrait être raisonnable de supposer que la demande de maïs dépend des prix du maïs et du porc à la fois. Cette hypothèse augmenterait la complexité du modèle, mais ne modifierait pas les outils de base de l'analyse ([1]).

4.10 RÉSUMÉ.

Dans la théorie de la concurrence parfaite, on analyse les facteurs qui déterminent le prix et la quantité sur les marchés où 1) le produit est homogène et les acheteurs sont uniformes, 2) acheteurs et vendeurs sont nombreux, 3) acheteurs et vendeurs ont une information parfaite, 4) il y a libre entrée et libre sortie pour les acheteurs et les vendeurs à la fois. Les participants au marché agissent comme s'ils n'avaient pas d'influence sur le prix et chaque individu considère le prix comme un paramètre donné.

La quantité achetée et vendue et le prix correspondant sont déterminés par l'offre et la demande. La fonction de demande globale est déduite des fonctions de demande des consommateurs individuels, qui, à leur tour, sont déduites des conditions du premier ordre de maximisation de l'utilité des consommateurs individuels. La fonction d'offre globale est déduite des fonctions d'offre individuelle qui reposent sur les conditions du premier ordre de maximisation du profit des entreprises individuelles. L'équilibre est atteint quand la demande est égale à l'offre. L'égalité de la demande et de l'offre garantit que les désirs des acheteurs et des vendeurs sont compatibles. L'analyse d'un marché de concurrence parfaite est étendue aux entreprises réparties dans l'espace et à certains problèmes de fiscalité.

L'analyse des marchés en facteurs de concurrence parfaite est semblable à l'analyse des marchés de biens et services. La combinaison d'équilibre quantité-prix est déterminée par la demande et l'offre, et l'égalité de la demande et l'offre assure la compatibilité des désirs des acheteurs et des vendeurs. La fonction de demande d'un facteur est déduite des conditions du premier ordre de maximisation du profit des entreprises individuelles. La fonction d'offre d'un input primaire telle que le travail est déduite des conditions du premier ordre de maximisation de l'utilité des travailleurs individuels. L'équilibre sur le marché d'un facteur assure que le prix du facteur est égal à sa production marginale en valeur.

L'existence des fonctions d'offre et de demande ne garantit pas l'égalité entre l'offre et la demande pour une combinaison d'équilibre quantité-prix au moins. Le concept d'équilibre de marché est élargi de façon à rendre compte de deux situations pour

(1) Les résultats du paragraphe 4-8 reposent sur l'hypothèse que les fonctions de demande et d'offre sont linéaires. Si l'on abandonne cette hypothèse, le nombre de résultats possibles augmente considérablement. Les techniques analytiques nécessaires pour traiter les cas non linéaires sont d'autant plus difficiles et ne peuvent pas être discutées dans le cadre de ce chapitre.

lesquelles l'offre et la demande ne sont pas égales. L'équilibre pour un *bien gratuit* est ainsi caractérisé par un excès de l'offre par rapport à la demande pour un prix nul. L'équilibre de *production nulle* est caractérisé par un prix d'offre supérieur au prix de demande pour toute production non négative. Il est possible de trouver plus d'une combinaison d'équilibre quantité-prix sur un marché donné. On ne peut rencontrer pourtant plusieurs positions d'équilibre si la différence entre la valeur de la pente de la courbe de la demande et celle de l'offre est négative quel que soit le prix, ou si cette différence est positive quel que soit le prix.

L'existence d'un point d'équilibre ne garantit pas que celui-ci soit atteint. L'analyse de la stabilité de l'équilibre concerne les effets des perturbations. L'équilibre est stable si une perturbation est suivie d'un retour à l'équilibre, et instable si elle ne l'est pas. Dans l'analyse statique de la stabilité on considère simplement la direction de l'adaptation qui suit la perturbation. Dans l'analyse dynamique on considère également le degré ou la force des adaptations. Les conclusions des analyses statique et dynamique diffèrent en ce sens qu'un marché qui est stable, selon l'analyse statique, peut être dynamiquement instable. Les deux analyses font des hypothèses concernant le comportement des acheteurs ou des vendeurs. Selon l'hypothèse de la condition de stabilité Walrasienne, acheteurs et vendeurs réagissent par rapport à la demande nette. Selon l'hypothèse Marshallienne, les vendeurs réagissent par rapport au prix de demande nette.

Ces hypothèses ne sont, en général, pas équivalentes et leur vraisemblance doit être vérifiée empiriquement. Des problèmes dynamiques particuliers se posent sur les marchés où les réactions de l'offre sont retardées.

Sur les marchés de ce type, on suppose qu'à la fois les acheteurs et les vendeurs réagissent par rapport au prix. L'évolution dans le temps du prix du marché oscille et conduit à un modèle semblable à une toile d'araignée si la fonction d'offre a une pente positive ; un équilibre est stable si la courbe d'offre est plus proche de la verticale que la courbe de demande.

L'analyse peut également être étendue aux cas particuliers où deux marchés sont liés et les conditions de stabilité peuvent être déduites de façon analogue.

EXERCICES

4.1 Deux cents consommateurs dérivent leur utilité de la consommation de deux biens. La fonction d'utilité de chacun est donnée par : $U = 10\,q_1 + 5\,q_2 + q_1 q_2$. Chaque consommateur a un revenu fixe de 100 francs. Supposer que le prix d'une unité de Q_2 coûte 4 francs. Exprimer la demande globale de Q_1 en fonction de p_1. La courbe est-elle de pente négative ?

4.2 Etablir la fonction d'offre à court terme d'un entrepreneur dont la fonction de coût à court terme est donnée par $C = 0{,}04\,q^3 - 0{,}8\,q^2 + 10\,q + 5$.

4.3 Le bien Q est produit à l'aide d'un seul input X. La quantité offerte sur le marché de ce bien est produite par 100 entreprises concurrentielles identiques ; chacune a pour fonction de production : $q = x^\beta$, avec $0 < \beta < 1$. Chaque entreprise se comporte en considérant le prix de X comme une constante. Pourtant, la branche entière doit faire face à une courbe d'offre de X dont la pente est positive : $r = b(100\,x)$, avec $b > 0$. Déduire la courbe d'offre à long terme de la branche.

4.4 La courbe à long terme de chaque entreprise produisant Q est $C = q^3 - 4q^2 + 8q$. De nouvelles entreprises entreront dans la branche si les profits sont positifs, d'autres la quitteront si les profits sont négatifs. Décrire la fonction d'offre à long terme de la branche. Supposons que la fonction de demande correspondante soit $D = 2\,000 - 100\,p$. Déterminer le prix d'équilibre, la quantité globale et le nombre d'entreprises pour ce point d'équilibre.

4.5 Déterminer le prix et la quantité d'équilibre sur un marché dont les fonctions de demande et d'offre sont respectivement : $D = 20 - 2p$ et $S = 40 - 6p$. Supposons que l'on établisse un impôt spécifique d'un franc par unité. Calculer la variation induite pour le prix et la quantité d'équilibre.

4.6 Un consommateur partage son temps de manière fixe entre loisir et travail. Il tire satisfaction du temps qu'il consacre à ses loisirs, L, et du revenu y qu'il assure en vendant sa force de travail pour un taux de rémunération fixe. Sa fonction d'utilité s'écrit : $U = Ly + aL$, a étant un paramètre positif. Déduire sa fonction d'offre de travail. La pente de cette fonction est-elle positive ?

4.7 Déterminer les solutions d'équilibre, si elles existent, des marchés caractérisés par les fonctions de demande (D) et d'offre (S) suivantes :

(*a*) $D = 12 - 3p\,;\quad S = -10 + 2p\,.$

(*b*) $D = 16 - 2p\,;\quad S = 20 - 2p\,.$

(*c*) $D = 50 - 4p\,;\quad S = 10 + 10p - p^2\,.$

(*d*) $D = 50 - 4p\,;\quad S = 2 + 10p - p^2\,.$

4.8 Supposons que les fonctions de demande et d'offre globales soient données par : $D = 25/p$ et $S = \sqrt{5p}$. Le processus dynamique que décrit l'équation (4-53) est-il stable localement ?

4.9 Soit les marchés suivants caractérisés par une adaptation retardée de l'offre :

(*a*) $D_t = 40 - 10p_t\,;\quad S_t = 2 + 9p_{t-1}\,.$

(*b*) $D_t = 30 - 5p_t\,;\quad S_t = 20 - p_{t-1}\,.$

Déterminer le prix et la quantité d'équilibre de chaque marché. Supposons que le prix initial soit de 20 % inférieur au prix d'équilibre, déterminer le nombre d'adaptations nécessaires pour que le prix avoisine l'équilibre à 1 % près sur chaque marché.

***4.10** Soit une branche avec n entreprises identiques et la fonction du coût total de la i-ième entreprise.

$$C_i = aq_i^2 + bq_i q \qquad (i = 1, \ldots, n)\,, \qquad \text{avec} \qquad q = q_1 + q_2 + \cdots + q_n\,.$$

Déduire la fonction d'offre de la branche.

BIBLIOGRAPHIE

Baumol, W. J., *Economic Dynamics* (New York : Macmillan, 1951). Le chapitre VII contient une discussion en termes non mathématiques de la statique et la dynamique comparées et du théorème de la toile d'araignée.

Boulding, K. E., *Economic Analysis* (3e éd. ; New York : Harper, 1955). Le modèle d'une économie de concurrence parfaite est développé en termes non mathématiques dans les parties I et III.

Buchanan, N. S., « A Reconsideration of the Cobweb Theorem », *Journal of Political Economy*, vol. 47 (février 1939), pp. 67-81. Une extension du théorème de la toile d'araignée avec utilisation de géométrie.

Ellis, H. S. et William Fellner, « External Economies and Deseconomies », *Economic Review*, vol. 33 (septembre 1943), pp. 493-511. Egalement réédité in : American Economic Association. *Readings in Price Theory* (Chicago : Irwin, 1952), pp. 242-263. Une explication géométrique de ces concepts.

Knight, F. H., *Risk, Uncertainty and Profit* (Boston : Houghton Mifflin, 1921). Egalement réédité par la London School of Economics en 1937. Une analyse non mathématique d'une économie de concurrence parfaite insistant sur l'effet de l'incertitude sur les profits.

Marshall, Alfred, *Principles of Economics* (8e éd., Londres : Macmillan, 1920). Le Livre V contient une analyse non mathématique de l'offre et la demande et de la détermination de l'équilibre de marché.

Samuelson, Paul A., *Les fondements de l'analyse économique*, 2e édition (Paris : Dunod, 1971). Le chapitre IX contient une discussion de la stabilité du marché. Il est nécessaire d'avoir une connaissance de l'analyse à un niveau élevé.

Schneider, Erich, *Pricing and Equilibrium* (Londres : William Hodge, 1952). Le chapitre 4 contient une discussion géométrique de l'équilibre sur un seul marché de concurrence parfaite.

Stigler, George J., *La théorie des prix* (Paris : Dunod, 1972). Les théories de la concurrence parfaite sont développées aux chapitres 9 et 10 sans utiliser de mathématiques.

CHAPITRE 5

L'ÉQUILIBRE GÉNÉRAL

L'analyse de la détermination des prix et des allocations peut s'effectuer à trois niveaux, de généralité croissante : 1) l'équilibre d'un consommateur ou d'un producteur individuel, 2) l'équilibre d'un marché unique et 3) l'équilibre simultané de tous les marchés. Le premier type d'analyse constitue le sujet des chapitres 2 et 3 et le second le sujet du chapitre 4. Le présent chapitre est consacré au troisième type.

Une analyse théorique comporte des données, des variables et des hypothèses de comportement qui permettent la détermination des valeurs particulières des variables une fois que les données sont connues. Considérons l'analyse relative à un consommateur individuel. Les données sont sa fonction d'utilité, son revenu, et les prix de tous les biens et facteurs. Les variables sont les quantités de biens qu'il achète et qu'il consomme, et l'hypothèse fondamentale sur son comportement est son désir de rendre maximale son utilité. L'analyse concernant un producteur individuel est semblable. Les données sont sa fonction de production et les prix de tous les biens et facteurs. Les variables sont les quantités d'inputs qu'il achète et les quantités d'outputs qu'il obtient et qu'il vend. L'hypothèse de comportement est son désir de maximiser son profit. Cependant, l'analyse relative à une unité individuelle n'apporte aucune lumière sur la détermination des prix de concurrence parfaite, étant donné que tous les prix sont considérés comme des paramètres.

L'analyse de l'équilibre sur un marché unique est un peu plus générale. Un prix unique est déterminé comme le résultat d'un comportement d'optimisation de la part d'un grand nombre de producteurs et de consommateurs. Les données pour l'analyse de l'équilibre sur le marché d'un bien sont les fonctions d'utilité et de production de tous les consommateurs et tous les producteurs, les revenus de tous les consommateurs, les prix de tous les facteurs et les prix de tous les biens autres que celui considéré. Les variables expliquées sont le prix du bien, les achats de chaque consommateur et les ventes de chaque producteur. La condition suivant laquelle le marché doit être équilibré, c'est-à-dire que la demande globale doit être égale à l'offre globale, s'ajoute aux hypothèses de maximisation de l'utilité et du profit. L'analyse du marché d'un seul facteur (de production) est semblable, à cette exception près que les revenus des consommateurs sont déterminés par leurs ventes de ce facteur.

Les fonctions de demande d'un consommateur s'obtiennent à partir des conditions d'équilibre dans l'hypothèse où celui-ci cherche à maximiser son utilité. S'il achète et consomme deux biens, sa demande pour chacun d'entre eux est fonction des deux prix et de son revenu :

$$D_1 = D_1(p_1, p_2, y)\,, \qquad D_2 = D_2(p_1, p_2, y)\,.$$

Dans l'analyse d'un marché unique Q_1, les variables p_2 et y deviennent des paramètres et D_1 devient fonction de p_1 seul :

$$D_1 = D_1(p_1, p_2^0, y^0)\,, \qquad D_2 = D_2(p_1, p_2^0, y^0)\,.$$

Il résulte de ces hypothèses que D_2 devient fonction de p_1 seul, bien que cette relation soit rarement explicite. Si le consommateur augmente sa dépense en Q_1, il doit réduire sa dépense en Q_2 en raison de la contrainte budgétaire. Les quantités, achetées par le consommateur, de tous les biens autres que celui considéré, sont les variables implicites de l'analyse de l'équilibre d'un marché unique. Des considérations semblables s'appliquent aux producteurs. Les quantités de facteurs de production qu'un producteur emploie deviennent fonctions seulement du prix de son produit.

Le prix de chaque facteur et de chaque bien est une variable pour l'analyse de son propre marché et un paramètre pour l'analyse de tous les autres marchés. Il n'y a aucune raison pour qu'on obtienne un groupe de prix cohérent à partir d'une solution fragmentaire, en ne prenant qu'un seul marché à la fois. C'est seulement par hasard que le prix supposé fixé pour Q_j dans l'analyse du marché de Q_k sera le même que le prix déterminé dans l'analyse du marché de Q_j seul.

Tous les marchés sont liés. Les consommateurs dépensent leurs revenus pour tous les biens, et la demande de chaque bien dépend de tous les prix. Si les biens Q_1 et Q_2 sont des substituts globaux, une augmentation du prix de Q_1 amènera l'ensemble des consommateurs à substituer Q_2 *à* Q_1. S'ils sont complémentaires une augmentation du prix de Q_1 amènera les consommateurs à réduire leur consommation des deux biens (voir Par. 2.6). Des couples de facteurs de production peuvent aussi être définis comme substituts ou complémentaires. De plus, production et consommation ne sont pas indépendantes. Les consommateurs se procurent des revenus en vendant aux producteurs des services de travail et d'autres facteurs de production. Comme conséquence de ces liaisons, les équilibres des marchés de tous les produits et tous les facteurs doivent être déterminés simultanément en vue d'obtenir un groupe de prix cohérent.

Les données nécessaires à la détermination de l'équilibre général sur plusieurs marchés sont les fonctions d'utilité et de production de tous les producteurs et tous les consommateurs et leurs dotations initiales en facteurs de production et (ou) en biens. Les variables sont les prix de tous les facteurs et tous les biens, et les quantités achetées par chaque consommateur et vendues par chaque producteur. Les hypothèses de comportement requièrent la maximisation de l'utilité et du profit, ainsi que la condition que chaque marché soit équilibré.

Une analyse de l'équilibre sur plusieurs marchés est développée pour un système d'échange pur au paragraphe 5.1 et est ensuite étendue de façon à inclure la production au paragraphe 5.2. Au paragraphe 5.3, on s'attachera aux problèmes relatifs à la détermination de prix absolus et au choix d'un étalon de valeur. On discutera de l'existence de solutions d'équilibre sur plusieurs marchés au paragraphe 5.4. Les conditions de la stabilité statique et dynamique sont étendues au cas de plusieurs marchés au paragraphe 5.5. Dans ce même paragraphe on parlera de l'unicité de l'équilibre.

5.1 L'ÉCHANGE PUR.

L'échange pur traite des problèmes de prix et de répartition d'une société dans laquelle n individus échangent et consomment des quantités fixées de m biens. Chaque individu possède un stock initial d'un bien ou plus et est libre d'acheter ou de vendre aux prix du marché. Achats et ventes peuvent s'interpréter comme des transactions de troc. Imaginons un consommateur dont le stock initial se compose de vingt poires et trois pommes et supposons qu'il n'y ait pas d'autre bien. Les prix régnant sur le marché déterminent les conditions suivant lesquelles il peut troquer des poires contre des pommes ou des pommes contre des poires. Si les prix sont 5 centimes pour une poire et 10 centimes pour une pomme, il pourra obtenir une pomme en vendant deux poires ou deux poires en vendant une pomme. Les prix de marché et les stocks initiaux étant donnés, le niveau d'échange de chaque consommateur sera déterminé par sa fonction d'utilité ordinale. Ce serait un cas exceptionnel si aucun consommateur n'était susceptible d'augmenter son niveau de satisfaction par un échange. Un consommateur désirera vendre une partie de son stock initial de certains biens et accroîtra son stock d'autres biens aussi longtemps qu'il pourra augmenter sa fonction d'utilité.

L'équilibre du consommateur *i*.

La demande nette du consommateur i pour le bien j, (E_{ij}), est définie comme étant la différence entre la quantité qu'il consomme (q_{ij}) et son stock initial (q_{ij}^0) :

$$E_{ij} = q_{ij} - q_{ij}^0 \qquad (j = 1, ..., m) . \tag{5-1}$$

Si sa consommation de Q_j dépasse son stock initial, sa demande nette est positive ; il achète du bien Q_j sur le marché. Si sa consommation est inférieure au stock initial, sa demande nette est négative ; il vend du bien Q_j sur le marché. Il n'est pas possible de déterminer à priori le signe de sa demande nette. Il peut soit vendre soit acheter du bien Q_j. La distinction tranchée entre acheteurs et vendeurs, utilisée dans tout le chapitre 4, n'est plus possible.

Le revenu du consommateur est égal à la valeur de son stock initial :

$$y_i = \sum_{j=1}^{m} p_j q_{ij}^0 . \tag{5-2}$$

C'est le pouvoir d'achat total qu'il obtiendrait s'il vendait tout son stock initial. En vue de relier l'analyse présente à celle du chapitre 2, supposons pour le moment qu'il vend tout son stock, et qu'il en affecte le résultat à l'achat de biens aux prix du marché. La valeur des biens qu'il achète et qu'il consomme est égale à son revenu donné par (5-2) :

$$y_i = \sum_{j=1}^{m} p_j q_{ij} . \tag{5-3}$$

Ses achats vont très probablement contenir certains des biens qu'il a vendus, mais cela n'a pas d'importance étant donné que les opérations d'achat et de vente sont supposées exemptes de frais. On peut omettre les transactions s'annulant elles-mêmes sans que cela affecte notre analyse. Donc, on suppose désormais que le consommateur n'achète et ne vend pas à la fois le même bien. On peut exprimer sa contrainte budgétaire en termes de demandes nettes. En soustrayant (5-2) de (5-3) et en remplaçant dans (5-1), on obtient :

$$\sum_{j=1}^{m} p_j(q_{ij} - q_{ij}^0) = \sum_{j=1}^{m} p_j E_{ij} = 0 . \tag{5-4}$$

La valeur nette des demandes nettes du consommateur doit être égale à zéro. Sous cette forme, sa contrainte budgétaire exprime que la valeur des biens qu'il achète doit être égale à la valeur des biens qu'il vend.

L'analyse de l'équilibre du consommateur développée au chapitre 2 a besoin d'une légère modification pour être applicable à un consommateur dans une économie d'échange pur. La fonction d'utilité du consommateur dépend des quantités de biens qu'il consomme, mais elle peut être exprimée comme une fonction de demandes nettes et des stocks initiaux en remplaçant $q_{ij} = E_{ij} + q_{ij}^0$ à partir de (5-1) :

$$U_i = U_i(q_{i1}, ..., q_{im}) = U_i(E_{i1} + q_{i1}^0, ..., E_{im} + q_{im}^0) . \tag{5-5}$$

Le consommateur désire maximiser la valeur de sa fonction d'utilité compte tenu de la contrainte budgétaire. En utilisant la forme de la fonction d'utilité donnée par (5-5) et la contrainte budgétaire (5-4), formons la fonction

$$V_i = U_i(E_{i1} + q_{i1}^0, ..., E_{im} + q_{im}^0) - \lambda\left(\sum_{j=1}^{m} p_j E_{ij}\right) \tag{5-6}$$

et écrivons que les dérivées partielles de V_i par rapport aux demandes nettes et à λ sont égales à zéro :

$$\begin{aligned} \frac{\partial V_i}{\partial E_{ij}} &= \frac{\partial U_i}{\partial E_{ij}} - \lambda p_j = 0 \qquad (j = 1, ..., m) \\ \frac{\partial V_i}{\partial \lambda} &= -\left(\sum_{j=1}^{m} p_j E_{ij}\right) = 0 . \end{aligned} \tag{5-7}$$

Etant donné que $\mathrm{d}E_{ij}/\mathrm{d}q_{ij} = 1$, le premier groupe d'équations de (5-7) peut s'exprimer en fonction des dérivées de la fonction d'utilité :

$$\frac{\partial U_i}{\partial E_{ij}} \frac{\mathrm{d}E_{ij}}{\mathrm{d}q_{ij}} - \lambda p_j = \frac{\partial U_i}{\partial q_{ij}} - \lambda p_j = 0 \qquad (j = 1, ..., m).$$

Les conditions du premier ordre pour le consommateur individuel sont les conditions habituelles développées au chapitre 2. Il achète et il vend des biens jusqu'à ce que le taux de substitution pour chaque couple de biens (rapport des dérivées partielles) soit égal au rapport de leurs prix. Les conditions du second ordre exigent que les déterminants Hessiens convenablement bordés aient des signes alternés (voir paragraphe 2.7).

Si les conditions du second ordre sont satisfaites, les fonctions de demande nette du consommateur i peuvent s'obtenir à partir des conditions du premier ordre. Utilisons une équation de (5-7) pour éliminer λ et résolvons les m équations qui restent en considérant les demandes nettes comme fonctions des prix des biens :

$$E_{ij} = E_{ij}(p_1, ..., p_m) \qquad (j = 1, ..., m). \tag{5-8}$$

Les demandes nettes du consommateur dépendent des prix de tous les biens. Si son stock de Q_j n'est pas nul, sa demande nette peut être positive pour certains groupes de prix et négative pour d'autres.

On a montré au paragraphe 2.4 que les fonctions de demande du consommateur sont homogènes de degré zéro par rapport au revenu et aux prix. Un théorème semblable peut être établi pour l'économie de troc et d'échange pur : les fonctions de demande nette du consommateur sont homogènes de degré zéro par rapport aux prix, c'est-à-dire les demandes nettes resteront inchangées si tous les prix sont augmentés ou diminués dans le même rapport (1). Un doublement de tous les prix doublerait à la fois la valeur du stock initial du consommateur et le coût de tous les biens qu'il achète. Si le stock du consommateur se composait de poires et de pommes et si leurs prix augmentaient de 5 et 10 centimes à 10 et 20 respectivement, il pourrait encore obtenir une pomme contre deux poires ou deux poires contre une pomme. Dans une économie de troc de ce type, le consommateur s'intéresse aux taux d'échange plutôt qu'aux niveaux de prix absolus.

La figure 5-1 donne une description graphique de l'équilibre d'un consommateur individuel. Le stock initial est représenté par les coordonnées de R. La droite de revenu est le lieu de toutes les combinaisons de quantités ayant la même valeur de marché que le stock initial. Si $y_i^{(1)}$ est sa droite de revenu, le consommateur maximisera son utilité en se plaçant en T. Il vendra RS unités de Q_2 et achètera ST unités de Q_1 en se déplaçant de R à T. Sa demande nette en Q_1 est positive et sa demande nette en Q_2 négative.

(1) La démonstration est semblable à celle utilisée au paragraphe 2.4. Substituons kp_j dans la contrainte de budget (5-6), écrivons que ses dérivées partielles sont égales à zéro pour obtenir un système semblable à (5-7), divisons les $(m - 1)$ premières équations par la m-ième pour éliminer λ et k et le facteur k sort de la $(m + 1)$-ième.

Supposons que le prix de Q_1 augmente par rapport au prix de Q_2 et que la nouvelle droite de revenu du consommateur soit $y_i^{(2)}$. Le point L correspond au maximum de l'utilité sur cette droite de revenu. Le consommateur vendra MR unités de Q_1 et achètera ML unités de Q_2 en se déplaçant de R à L. Un changement de prix a eu pour conséquence un changement dans les signes des demandes nettes. La demande nette en Q_1 est maintenant négative et la demande en Q_2 positive.

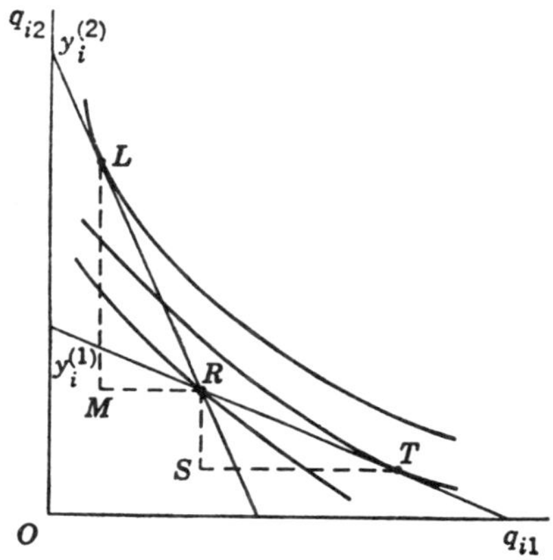

Fig. 5-1.

Il devient évident, si on raisonne géométriquement, que les niveaux absolus des prix n'ont aucune importance. Le stock initial du consommateur est donné par un point représentant des quantités physiques. Sa droite de revenu est tracée de façon à passer par ce point, avec une pente égale à l'opposé du rapport des prix des biens. Une variation proportionnelle des deux prix laissera leur rapport inchangé et ni la pente, ni la position de la droite de revenu ne changera.

L'équilibre sur un seul marché.

Une fonction de demande nette globale en Q_j est obtenue en faisant la somme des fonctions de demande nette individuelles des n consommateurs :

$$E_j = \sum_{i=1}^{n} E_{ij}(p_1, ..., p_j, ..., p_m) = E_j(p_1, ..., p_j, ..., p_m) .$$

La fonction de demande nette globale est aussi fonction des m prix des biens. L'équilibre partiel est obtenu sur le marché j si la demande nette en Q_j est égale à zéro quand les $(m - 1)$ prix restant ont des valeurs fixées :

$$E_j(p_1^0, ..., p_j, ..., p_m^0) = 0 . \qquad (5\text{-}9)$$

La condition (5-9) est équivalente à la condition suivant laquelle l'offre est égale à la demande. Le prix d'équilibre pour Q_j est obtenu par la résolution de (5-9) en p_j

et dépend des prix fixés pour les $(m - 1)$ autres biens. Les achats et les ventes des consommateurs individuels sont déterminés en portant le prix d'équilibre dans les fonctions de demande nette individuelles.

L'équilibre sur plusieurs marchés.

Traitons maintenant tous les prix comme des variables et considérons l'équilibre simultané de tous les m marchés. La fonction de demande globale doit être nulle pour chaque marché :

$$E_j(p_1, ..., p_m) = 0 \qquad (j = 1, ..., m)\,. \tag{5-10}$$

Les conditions d'équilibre forment un système de m équations à m inconnues. Cependant (5-10) ne contient que $(m - 1)$ équations indépendantes et ne peut pas être résolue en fonction des valeurs absolues des m prix.

Les contraintes budgétaires de chacun des n consommateurs ne sont pas des conditions d'équilibre mais sont des identités satisfaites par n'importe quel groupe de prix. En faisant la somme des contraintes budgétaires, données par (5-4), pour tous les consommateurs, on obtient :

$$\sum_{i=1}^{n} \sum_{j=1}^{m} p_j E_{ij} = \sum_{j=1}^{m} p_j E_j = 0 \tag{5-11}$$

étant donné que

$$E_j = \sum_{i=1}^{n} E_{ij}\,.$$

On appelle cette identité la loi de Walras.

La forme agrégée de la contrainte budgétaire est aussi une identité satisfaite par n'importe quel groupe de prix. Les conditions d'équilibre requièrent que chaque demande globale soit nulle. Bien entendu si $E_j = 0$, la valeur de la demande nette en $Q_j(p_j\, E_j)$ doit aussi être nulle. Si les $(m - 1)$ premiers marchés sont en équilibre la valeur globale de leurs demandes nettes est nulle :

$$\sum_{j=1}^{m-1} p_j E_j = 0\,. \tag{5-12}$$

En soustrayant (5-12) de (5-11), on obtient :

$$\sum_{j=1}^{m} p_j E_j - \sum_{j=1}^{m-1} p_j E_j = p_m E_m = 0\,.$$

Il s'ensuit que $E_m = 0$, puisque $p_m \neq 0$. Si l'équilibre est atteint sur $(m - 1)$ marchés, il est automatiquement atteint sur le m-ième.

L'équilibre général est complètement décrit par tout système de $(m - 1)$ équations de (5-10). Le fait d'ajouter une m-ième équation qui est dépendante des $(m - 1)$ autres n'apporte aucune information nouvelle. Les valeurs absolues des prix des m biens ne peuvent être obtenues à partir des $(m - 1)$ équations indépendantes.

L'impossibilité de déterminer les niveaux de prix absolus ne devrait pas être un résultat surprenant, si on se rappelle que, dans une économie d'échange, les consommateurs ne s'intéressent qu'aux taux d'échange.

Etant donné que les fonctions de demande nette sont homogènes de degré zéro par rapport aux prix, le nombre de variables peut être ramené à $(m - 1)$ en divisant les m prix absolus par le prix d'un bien choisi arbitrairement. Si l'on choisit Q_1, (5-10) peut s'écrire alors :

$$E_j = E_j(1, p_2/p_1, ..., p_m/p_1) \qquad (j = 1, ..., m)\,. \tag{5-13}$$

Les variables de (5-13) sont les prix des Q_j $(j \neq 1)$ par rapport au prix de Q_1, c'est-à-dire les taux d'échange par rapport à Q_1. Ce système de $(m - 1)$ équations indépendantes peut généralement être résolu en $(m - 1)$ taux d'échange par rapport à n'importe quel bien choisi arbitrairement (1). Au paragraphe 5.3 on montre que ces $(m - 1)$ taux d'échange sont suffisants pour déterminer les conditions d'échange entre chaque couple de biens.

Les achats et les ventes de chaque individu peuvent être obtenus, une fois que les taux d'échange d'équilibre sont déterminés à partir de 5-13, en reportant ceux-ci dans les fonctions de demande nette individuelles. Cependant, un équilibre général peut s'obtenir directement sans avoir recours aux fonctions de demande nette globales. Les fonctions de demande nette individuelles sont homogènes de degré zéro par rapport aux prix et peuvent être écrites sous la même forme que (5-13) :

$$E_{ij} = E_{ij}(1, p_2/p_1, ..., p_m/p_1) \qquad \begin{array}{l}(i = 1, ..., n)\\(j = 1, ..., m)\,.\end{array} \tag{5-14}$$

Ajoutons maintenant la condition que chaque marché doit être équilibré :

$$\sum_{i=1}^{n} E_{ij} = 0 \qquad (j = 1, ..., m)\,. \tag{5-15}$$

Le système formé par (5-14) et (5-15) contient $(mn + m)$ équations avec les mn demandes nettes individuelles et les $(m - 1)$ taux d'échanges comme inconnues. De nouveau une des équations est fonctionnellement dépendante des autres et le système ne peut pas être résolu par rapport à des niveaux de prix absolus.

Echange de deux biens.

On peut illustrer l'analyse de l'échange pur par un exemple dans lequel deux biens sont échangés par deux individus. Supposons que l'individu I ait un stock de 78 unités de Q_1 et pas de Q_2, et que sa fonction d'utilité soit :

$$U_1 = q_{11}\,q_{12} + 2\,q_{11} + 5\,q_{12}\,.$$

(1) Ceci n'est pas toujours vrai (voir Par. 5.5 ci-dessous).

Portons $q_{11} = E_{11} + 78$ et $q_{12} = E_{12}$ dans sa fonction d'utilité et formons la fonction

$$V_1 = (E_{11} + 78) E_{12} + 2(E_{11} + 78) + 5 E_{12} - \lambda(p_1 E_{11} + p_2 E_{12}) .$$

Annulons les dérivées partielles de V_1 :

$$\begin{aligned} \partial V_1/\partial E_{11} &= E_{12} + 2 - \lambda p_1 = 0 , \\ \partial V_1/\partial E_{12} &= E_{11} + 83 - \lambda p_2 = 0 , \\ \partial V_1/\partial \lambda &= -(p_1 E_{11} + p_2 E_{12}) = 0 . \end{aligned}$$

Le lecteur pourra vérifier que la condition du second ordre présentée au paragraphe 2.2 est satisfaite.

En éliminant λ et en résolvant les conditions du premier ordre en E_{11} et E_{12}, on obtient les fonctions de demande nette de I :

$$E_{11} = \frac{p_2}{p_1} - 41{,}5 , \qquad E_{12} = 41{,}5 \frac{p_1}{p_2} - 1 .$$

Ses demandes nettes sont fonction du rapport des prix des biens et sont homogènes de degré zéro par rapport à ces prix. La contrainte budgétaire de I est satisfaite pour n'importe quel groupe de prix :

$$p_1\left(\frac{p_2}{p_1} - 41{,}5\right) + p_2\left(41{,}5 \frac{p_1}{p_2} - 1\right) = 0 .$$

Les fonctions de demande nette possèdent les propriétés habituelles. Une augmentation de p_1 par rapport à p_2 diminuera E_{11} et augmentera E_{12}. Une augmentation de p_2 par rapport à p_1 augmentera E_{11} et diminuera E_{12}.

Supposons que la fonction d'utilité de II soit :

$$U_2 = q_{21} q_{22} + 4 q_{21} + 2 q_{22}$$

et que son stock se compose de 164 unités de Q_2 et pas de Q_1. Une dérivation semblable à celle employée pour I donne les fonctions de demande nette :

$$E_{21} = 84 \frac{p_2}{p_1} - 1 , \qquad E_{22} = \frac{p_1}{p_2} - 84 .$$

La contrainte budgétaire de II est toujours satisfaite et ses fonctions de demande nette sont homogènes de degré zéro par rapport aux prix.

En tenant compte de la condition suivant laquelle chaque marché doit être équilibré, on obtient :

$$E_1 = E_{11} + E_{21} = 85 \frac{p_2}{p_1} - 42{,}5 = 0$$

$$E_2 = E_{12} + E_{22} = 42{,}5 \frac{p_1}{p_2} - 85 = 0 .$$

L'une ou l'autre des équations est suffisante pour la détermination du taux d'échange d'équilibre. En résolvant la première équation $p_2/p_1 = 0{,}5$. En résolvant la seconde $p_1/p_2 = 2$. Les solutions sont identiques. A l'équilibre, 1 unité de Q_1 peut s'échanger contre 2 unités de Q_2.

En portant le rapport des prix d'équilibre dans les fonctions de demande nette individuelles, il vient :

$$E_{11} = -41, \quad E_{12} = 82, \quad E_{21} = 41, \quad E_{22} = -82$$

I donne 41 unités de Q_1 à II en échange de 82 unités de Q_2.

Les diagrammes emboîtés d'Edgeworth.

On peut représenter graphiquement l'échange pur de deux biens par deux individus à l'aide des *diagrammes emboîtés d'Edgeworth*. La carte d'indifférence de l'individu I conserve sa représentation habituelle, l'origine des coordonnées étant 0_1, soit le coin sud-ouest du graphique. La figure 5-2 *a* représente trois de ses courbes d'indifférence : $U_1^{(1)} < U_1^{(2)} < U_1^{(3)}$. La carte d'indifférence de l'individu II se lit en prenant comme origine des coordonnées O_2, c'est-à-dire le coin nord-est. Ainsi les quantités q_{21} et q_{22} se lisent de droite à gauche et du sommet de la « boîte » à la base, l'individu II s'éloignant de l'origine O_2. Son utilité croît au fur et à mesure qu'il se déplace vers le bas : $U_2^{(1)} < U_2^{(2)} < U_2^{(3)}$. Les deux cartes d'indifférence sont « emboîtées », formant ainsi un diagramme dont la largeur est égale au stock global du bien Q_1 possédé par les deux consommateurs et la hauteur égale au stock global du bien Q_2 possédé par les deux individus. Tout point situé à l'intérieur de la boîte ou sur son pourtour décrit une répartition différente du stock des deux biens entre les deux individus. Ainsi par exemple O_2 décrit le cas où I détient la totalité des deux biens.

Soit les stocks initiaux q_{11}^0 et q_{12}^0 détenus par I et q_{21}^0 et q_{22}^0 détenus par II, c'est-à-dire le point A de la figure 5-2 *a*. La contrainte budgétaire de chaque consomma-

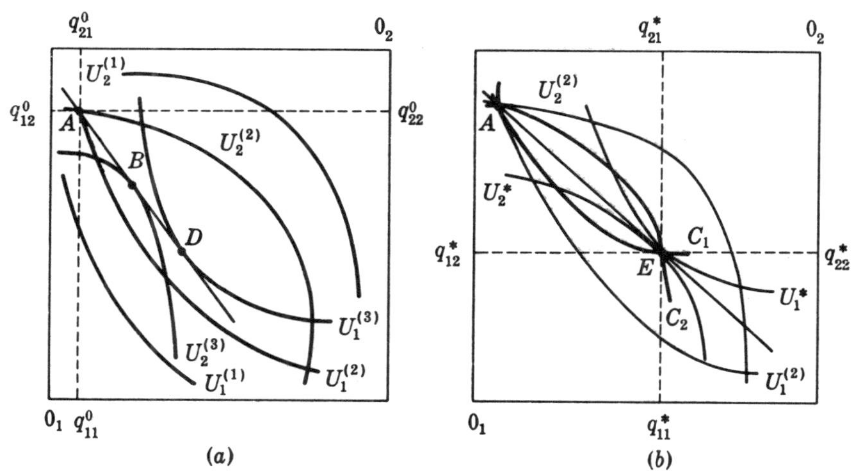

Fig. 5-2.

teur est une droite passant par A ; la pente de chacune de ces droites est égale à l'opposé du rapport des prix. Considérons la droite de budget passant par B et D. L'individu I, pour maximiser son utilité, échangera Q_2 contre Q_1 et se déplacera de A en D, où son TSB égale le rapport des prix. Pour maximiser son utilité, II échangera de même Q_1 contre Q_2 pour se déplacer de A en B. Ce rapport des prix ne permet pas d'obtenir une position d'équilibre. Les TSB des consommateurs sont égaux, mais I désire obtenir plus de Q_1 que Q_2 ne veut en céder et vendre plus de Q_2 que II ne désire en acheter.

Une *courbe d'offre* de l'individu I est le lieu des points d'utilité maximale, comme D, que l'on obtient en faisant pivoter la droite de bugdet autour de A pour tenir compte des différents rapports de prix. Sur la figure 5-2 *b* on la désigne par C_1. Elle passe par A puisque A serait le point d'utilité maximale si le rapport des prix était égal à la pente de la courbe d'indifférence en A. Si la droite de budget de I était plus inclinée, il vendrait Q_1 et achèterait Q_2. Si sa droite de budget était moins inclinée, il vendrait au contraire Q_2 pour acheter Q_1. Sa courbe d'offre est située au-dessus de sa courbe d'indifférence initiale, $U_1^{(2)}$, sauf au point A où les deux courbes coïncident. La courbe d'offre de l'individu II, soit C_2, se construit de la même manière. Le point E de la figure 5-2 *b*, point d'intersection de C_1 et C_2, est un point d'équilibre général. Le rapport d'équilibre des prix est égal à l'opposé de la pente de la droite de budget passant par A et E. I et II ont respectivement pour niveaux d'utilité U_1^* et U_2^* au point d'équilibre. Le consommateur I cède $(q_{12}^0 - q_{12}^*)$ unités de Q_2 au consommateur II en échange de $(q_{21}^0 - q_{21}^*)$ unités de Q_1.

5.2 PRODUCTION ET ÉCHANGE.

Nous étendons maintenant l'analyse de l'équilibre général à une économie dans laquelle les biens sont à la fois produits et échangés. Les stocks initiaux des consommateurs se composent de facteurs primaires tels que la terre et le travail. De plus, tous les profits des entreprises sont distribués aux consommateurs. En général, le consommateur vend des facteurs et emploie le résultat de cette vente et des profits qui lui sont distribués à acheter des produits. Il peut toutefois garder une partie de son stock de facteurs pour sa consommation directe. Le travail en fournit un exemple. Le consommateur offrira rarement la totalité de sa capacité de travail, mais il en réservera généralement une partie pour sa consommation finale sous forme de loisir. Si un consommateur possède un facteur qui ne lui est d'aucune utilité, il offrira tout son stock de ce facteur sans s'occuper des prix des biens et des facteurs. Certains consommateurs peuvent vendre un facteur et en acheter un autre, par exemple un propriétaire terrien qui emploie des domestiques. Les entrepreneurs utilisent à la fois des facteurs et des biens intermédiaires. Les biens produits sont utilisables à la fois comme inputs et comme biens de consommation finale [1].

[1] Il est parfois nécessaire de distinguer des biens purement intermédiaires qui ne sont pas désirés par les consommateurs. Ils sont produits par les entrepreneurs et utilisés comme facteurs de production.

L'équilibre du consommateur *i*.

Chacun des n consommateurs est doté de stocks initiaux de un ou plus des s biens primaires. La dotation initiale du consommateur i est notée $(q_{i1}^0, q_{i2}^0, ..., q_{is}^0)$. Il peut vendre (et acheter) aux prix régnant sur le marché $(p_1, p_2, ..., p_s)$. Le consommateur retire une utilité des quantités de biens primaires qu'il garde et des quantités des $(m - s)$ biens produits qu'il achète :

$$U_i = U_i(q_{i1}, q_{i2}, ..., q_{im}) \qquad (5\text{-}16)$$

où les biens produits sont numérotés de $(s + 1)$ à m.

La demande nette du consommateur relative à un facteur est égale à la quantité qu'il consomme moins son stock initial et sa demande nette relative à un bien est égale à la quantité qu'il consomme :

$$\begin{aligned} E_{ij} &= q_{ij} - q_{ij}^0 \qquad (j = 1, ..., s) \\ E_{ij} &= q_{ij} \qquad (j = s + 1, ..., m)\,. \end{aligned} \qquad (5\text{-}17)$$

La demande nette relative à un facteur peut être positive, négative ou nulle mais sera le plus souvent négative, étant donné que, généralement, le consommateur vend des facteurs pour acheter des biens. Ses demandes nettes relatives aux biens doivent être positives ou nulles.

Le revenu du consommateur est égal à la valeur de son stock de facteurs augmentée de sa part des profits distribués :

$$y_i = \sum_{j=1}^{s} p_j q_{ij}^0 + \sum_{k=s+1}^{m} \sum_{h=1}^{N_k} \theta_{ihk} \pi_{hk} \qquad (5\text{-}18)$$

où N_k est le nombre d'entreprises produisant le k-ième bien, π_{hk} les profits de la h-ième entreprise produisant ce k-ième bien et $\theta_{ihk} \geqslant 0$ la part de ces profits distribuée au i-ième consommateur (1).

La valeur des facteurs et des biens qu'un individu consomme doit aussi être égale à son revenu :

$$y_i = \sum_{j=1}^{m} p_j q_{ij}\,. \qquad (5\text{-}19)$$

La contrainte budgétaire s'obtient en soustrayant (5-18) de (5-19) et en reportant dans (5-17)

$$\sum_{j=1}^{m} p_j E_{ij} - \sum_{h=s+1}^{m} \sum_{k=1}^{N_k} \theta_{ihk} \pi_{hk} = 0\,. \qquad (5\text{-}20)$$

La valeur nette des demandes nettes relatives aux facteurs et aux biens doit être égale aux profits distribués, ou aux pertes pour chaque consommateur.

(1) On suppose que chaque entreprise produit un seul produit. Dans le cas d'entreprises produisant des produits joints, il faudrait modifier les indices de sommation de l'équation (5-18)

De nouveau, le consommateur désire maximiser son niveau d'utilité compte tenu de sa contrainte budgétaire. Formons la fonction :

$$Z_i = U_i(E_{i1} + q_{i1}^0, ..., E_{is} + q_{is}^0, E_{i,s+1}, ..., E_{im}) - \\ - \mu\left(\sum_{j=1}^{m} p_j E_{ij} - \sum_{h=s+1}^{m} \sum_{k=1}^{N_k} \theta_{ihk} \pi_{hk}\right)$$

et annulons les dérivées partielles de Z_i :

$$\begin{aligned} \frac{\partial Z_i}{\partial E_{ij}} &= \frac{\partial U_i}{\partial E_{ij}} - \mu p_j = 0 \qquad (j = 1, ..., m) \\ \frac{\partial Z_i}{\partial \mu} &= -\left(\sum_{j=1}^{m} p_j E_{ij} - \sum_{h=s+1}^{m} \sum_{k=1}^{N_k} \theta_{ihk} \pi_{hk}\right) = 0 . \end{aligned} \tag{5-21}$$

Les conditions du premier ordre requièrent que le consommateur rende égal le taux de substitution de chaque couple de biens au rapport de leurs prix.

Aux points qui satisfont (5-21), les conditions du second ordre requièrent que le signe des déterminants appropriés alterne :

$$\begin{vmatrix} U_{11} & U_{12} & -p_1 \\ U_{21} & U_{22} & -p_2 \\ -p_1 & -p_2 & 0 \end{vmatrix} > 0, \quad \begin{vmatrix} U_{11} & U_{12} & U_{13} & -p_1 \\ U_{21} & U_{22} & U_{23} & -p_2 \\ U_{31} & U_{32} & U_{33} & -p_3 \\ -p_1 & -p_2 & -p_3 & 0 \end{vmatrix} < 0,$$

$$..., (-1)^m \begin{vmatrix} U_{11} & U_{12} & \cdots & U_{1m} & -p_1 \\ U_{21} & U_{22} & \cdots & U_{2m} & -p_2 \\ \cdots & \cdots & \cdots & \cdots & \cdots \\ U_{m1} & U_{m2} & \cdots & U_{mm} & -p_m \\ -p_1 & -p_2 & \cdots & -p_m & 0 \end{vmatrix} > 0 \tag{5-22 a}$$

avec $U_{jk} = \partial^2 U_i/\partial E_{ij}\, \partial E_{ik}$. En sachant que $U_j = \partial U_i/\partial E_{ij}$ et en remplaçant p_j par U_j/μ ($j = 1, ..., m$) d'après (5-21), puis en multipliant la dernière ligne et la dernière colonne de chacun des déterminants de (5-22 *a*) par $-\mu$, et en omettant enfin $1/\mu^2 > 0$, les contraintes décrites en (5-22 *a*) seront satisfaites si :

$$\begin{vmatrix} U_{11} & U_{12} & U_1 \\ U_{21} & U_{22} & U_2 \\ U_1 & U_2 & 0 \end{vmatrix} > 0, \quad \begin{vmatrix} U_{11} & U_{12} & U_{13} & U_1 \\ U_{21} & U_{22} & U_{23} & U_2 \\ U_{31} & U_{32} & U_{33} & U_3 \\ U_1 & U_2 & U_3 & 0 \end{vmatrix} < 0,$$

$$..., (-1)^m \begin{vmatrix} U_{11} & U_{12} & \cdots & U_{1m} & U_1 \\ U_{21} & U_{22} & \cdots & U_{2m} & U_2 \\ \cdots & \cdots & \cdots & \cdots & \cdots \\ U_{m1} & U_{m2} & \cdots & U_{mm} & U_m \\ U_1 & U_2 & \cdots & U_m & 0 \end{vmatrix} > 0 \tag{5-22 b}$$

Si les conditions du second ordre sont satisfaites pour un domaine donné, on obtiendra les fonctions de demande nette dans ce domaine en résolvant (5-21) par rapport aux m demandes nettes, fonctions des parts de profit qui lui sont distribuées et des m prix. On montrera plus loin que l'on peut exprimer les profits en fonction du prix des biens et des facteurs. Les fonctions de demande nette du i-ième consommateur peuvent donc s'exprimer en fonction des seuls prix :

$$E_{ij} = E_{ij}(p_1, ..., p_m) \qquad (j = 1, ..., m) \tag{5-23}$$

Les profits sont homogènes de degré un par rapport aux prix. Il est donc facile de voir que les demandes nettes du consommateur sont homogènes de degré zéro par rapport aux prix des biens et des facteurs.

L'équilibre de l'entreprise *h* dans l'industrie *j*.

Chaque entreprise combine les facteurs de production pour la production d'un seul bien selon les règles techniques spécifiées dans sa fonction de production (1)

$$\overline{q}_{hj} = f_{hj}(q^*_{hj1}, ..., q^*_{hjm}) \tag{5-24}$$

où q_{hj} est le niveau de l'output de l'entreprise h dans l'industrie j et q^*_{hjk} est la quantité de bien k que l'entrepreneur utilise comme input. Ce sont à la fois les s facteurs et les $(m - s)$ biens intermédiaires qui servent d'inputs.

Le profit de l'entrepreneur est égal aux recettes diminuées des coûts afférant aux inputs :

$$\pi_{hj} = p_j f_{hj}(q^*_{hj1}, ..., q^*_{hjm}) - \sum_{k=1}^{m} p_k q^*_{hjk}. \tag{5-25}$$

En annulant les dérivées partielles du profit par rapport à chacun des facteurs de production, on obtient :

$$\frac{\partial \pi_{hj}}{\partial q^*_{hjk}} = p_j \frac{\partial \overline{q}_{hj}}{\partial q^*_{hjk}} - p_k = 0 \qquad (k = 1, ..., m). \tag{5-26}$$

L'entrepreneur utilisera chaque facteur de production jusqu'au moment où la valeur de la productivité physique marginale sera égale à son prix. Les conditions du second ordre requièrent que les mineurs principaux du déterminant Hessien correspondant aient des signes alternés :

$$f_{11} < 0, \quad \begin{vmatrix} f_{11} & f_{12} \\ f_{21} & f_{22} \end{vmatrix} > 0, ..., (-1)^m \begin{vmatrix} f_{11} & \cdots & f_{1m} \\ \cdots & \cdots & \cdots \\ f_{m1} & \cdots & f_{mm} \end{vmatrix} > 0 \tag{5-27}$$

avec $f_{ku} = \partial^2 \overline{q}_{hj} / \partial q^*_{hjk} \, \partial q^*_{hju}$. Si la fonction de production est strictement concave sur un certain domaine, les conditions du second ordre (5-27) seront satisfaites sur ce domaine (voir Par. A-3).

(1) La production est quelquefois introduite avec l'hypothèse alternative que chaque entreprise produit conjointement tous les biens.

Les conditions (5-26) impliquent que $\partial\bar{q}_{hj}/\partial q^*_{hjj} = 1$. Si l'entrepreneur utilise sa propre production comme facteur de production — comme un producteur de blé qui utilise du blé comme semence — il l'utilisera jusqu'au moment où sa productivité physique marginale sera égale à l'unité.

Les fonctions de demande nette de l'entrepreneur relatives aux inputs, sur un domaine strictement concave de sa fonction de production, sont obtenues par la résolution des m équations de (5-26) par rapport à $q^*_{hjk} = E^*_{hjk}$:

$$E^*_{hjk} = E^*_{hjk}(p_1, ..., p_m) \qquad (k = 1, ..., m)\,. \tag{5-28}$$

La quantité de chaque input qu'il achète est fonction de tous les prix. Etant donné que l'entrepreneur n'offre (ne vend) jamais d'inputs, ses demandes nettes sont toujours strictement positives.

Si l'industrie j contient N_j entreprises identiques, sa demande nette globale relative à l'input k est égale à la demande nette d'une entreprise multipliée par le nombre d'entreprises dans l'industrie :

$$E^*_{jk} = N_j\, E^*_{hjk}(p_1, ..., p_m) = E^*_{jk}(p_1, ..., p_m, N_j)\,. \tag{5-29}$$

La demande nette d'une industrie relative à un input est fonction de tous les prix et du nombre d'entreprises dans l'industrie.

La demande (ou l'offre) nette de l'entrepreneur relative à son propre output est déterminée en reportant les fonctions de demande nette relatives aux inputs (5-28) dans sa fonction de production (5-24) et en posant $\bar{E}_{hj} = -\bar{q}_{hj}$ (1) :

$$\bar{E}_{hj} = -f_{hj}[E^*_{hj1}(p_1, ..., p_m), ..., E^*_{hjm}(p_1, ..., p_m)]$$

ou plus simplement :

$$\bar{E}_{hj} = \bar{E}_{hj}(p_1, ..., p_m)\,.$$

La demande nette pour l'industrie tout entière est égale à la demande nette d'une entreprise multipliée par le nombre d'entreprises :

$$\bar{E}_j = N_j\, \bar{E}_{hj}(p_1, ..., p_m) = \bar{E}_j(p_1, ..., p_m, N_j)\,. \tag{5-30}$$

La demande nette de l'industrie dépend des prix de tous les biens et du nombre d'entreprises dans la branche.

Les fonctions de demande nette de l'entrepreneur relatives aux inputs et aux outputs sont homogènes de degré zéro par rapport à tous les prix. Si tous les prix sont multipliés par le facteur $t > 0$, (5-25) devient :

$$\pi_{hj} = (tp_j)\, f_{hj}(q^*_{hj1}, ..., q^*_{hjm}) - \sum_{k=1}^{m} (tp_k)\, q^*_{hjk}\,.$$

(1) Des fonctions de demande nette séparées sont définies pour Q_j en tant que production et en tant que facteur de production. Les deux pourraient être combinées en une seule demande nette sans affecter notre analyse.

En annulant les dérivées partielles, il vient :

$$\frac{\partial \pi_{hj}}{\partial q^*_{hjk}} = tp_j \frac{\partial \bar{q}_{hj}}{\partial q^*_{hjk}} - tp_k = 0 \qquad (k = 1, ..., m)$$

ou

$$t\left(p_j \frac{\partial \bar{q}_{hj}}{\partial q^*_{hjk}} - p_k\right) = 0 \qquad (k = 1, ..., m).$$

Etant donné que $t \neq 0$,

$$p_j \frac{\partial \bar{q}_{hj}}{\partial q^*_{hjk}} - p_k = 0 \qquad (k = 1, ..., m).$$

Les conditions du premier ordre d'où sont tirées les demandes nettes peuvent s'exprimer sous une forme identique à (5-26). Etant donné que les conditions du second ordre aussi demeurent inchangées, les demandes nettes ne sont pas affectées par une variation proportionnelle de tous les prix.

L'équilibre sur un seul marché.

Les fonctions de demande nette des consommateurs et des entrepreneurs peuvent être agrégées pour les deux types de biens. La demande nette globale relative à un facteur est la somme des demandes nettes des n consommateurs (5-23) et des $(m - s)$ branches à titre d'input (5-29).

$$E_j = \sum_{i=1}^{n} E_{ij}(p_1, ..., p_m) + \sum_{k=s+1}^{m} E^*_{kj}(p_1, ..., p_m, N_k) \quad (j = 1, ..., s). \quad (5\text{-}31)$$

La demande nette globale relative à un bien est la somme des demandes nettes des n consommateurs (5-23), des $(m - s)$ branches à titre d'input (5-29) et de ses producteurs (5-30) :

$$E_j = \sum_{i=1}^{n} E_{ij}(p_1, ..., p_m) + \sum_{k=s+1}^{m} E^*_{kj}(p_1, ..., p_m, N_k) + $$
$$+ \bar{E}_j(p_1, ..., p_m, N_j) \qquad (j = s + 1, ..., m). \quad (5\text{-}32)$$

Les demandes nettes globales données par (5-31) et (5-32) peuvent s'exprimer simplement sous la forme :

$$E_j = E_j(p_1, ..., p_m, N_{s+1}, ..., N_m) \qquad (j = 1, ..., m). \quad (5\text{-}33)$$

La demande nette en chaque bien est fonction des m prix et du nombre d'entreprises dans les $(m - s)$ branches productrices.

On suppose que l'on peut déterminer un prix d'équilibre de courte période pour n'importe lequel des m marchés considéré comme isolé des $(m - 1)$ autres marchés. Il suffit pour cela d'annuler la demande nette globale pour le bien considéré. Le nombre des entreprises de la branche comme le prix des $(m - 1)$ autres biens et le nombre des entreprises dans les $(m - s - 1)$ autres branches sont considérés comme des paramètres. Dans une analyse de l'équilibre en longue période, la période de temps sur laquelle les fonctions d'utilité, de production et de demande nette sont définies sera plus longue. Le nombre des entreprises de la branche devient, en plus, une variable. Demande nette et profit sont tous deux posés égaux à zéro et l'on résout les équations par rapport au profit et au nombre des entreprises. Les prix d'équilibre de courte et de longue période sont non négatifs et définissent les quantités produites et consommées dans le domaine pour lequel les fonctions de demande nette sont définies.

La loi de Walras.

Exprimons le profit de la h-ième entreprise de la i-ième branche en fonction de la demande nette, changeons l'ordre des termes, il vient :

$$p_j \bar{E}_{hj} + \sum_{k=1}^{m} p_k E^*_{hjk} + \pi_{hj} = 0 . \qquad (5\text{-}34)$$

La valeur nette de la demande nette de l'entreprise est égale à l'opposée de la valeur du profit.

Si l'on calcule (5-20) pour tous les consommateurs et (5-33) pour tous les producteurs on obtient :

$$\sum_{j=1}^{m} p_j E_j = 0 .$$

La loi de Walras se vérifie donc pour n'importe quel ensemble de prix du système de production et d'échange. L'existence de profits positifs ne modifie pas ce résultat. Les profits globaux sont affectés d'un signe positif dans la somme (5-31) et d'un signe négatif dans les sommes (5-20) et (5-34).

L'équilibre général.

Un équilibre général de longue période exige que chaque marché soit équilibré et que le profit soit nul dans chaque branche [1] :

$$\begin{aligned} E_j(p_1, ..., p_m, N_{s+1}, ..., N_m) &= 0 \qquad (j = 1, ..., m) \\ \pi_j(p_1, ..., p_m) &= 0 \qquad (j = s + 1, ..., m) \end{aligned} \qquad (5\text{-}35)$$

où π_j est le profit d'une entreprise représentative de la branche j. Là encore, c'est la loi de Walras, les demandes nettes ne sont pas indépendantes et l'équation (5-35) ne permet pas d'obtenir les niveaux absolus des prix à l'équilibre.

(1) Dans une analyse de l'équilibre général de courte période, on néglige les équations de profit et l'on suppose que le nombre d'entreprises dans chaque branche est prédéterminé.

L'équilibre, une fois encore, dépend des prix relatifs plutôt que des prix absolus. Puisque les demandes nettes de chaque consommateur et chaque entrepreneur sont homogènes de degré un par rapport aux prix, les demandes nettes globales sont aussi homogènes de degré un par rapport aux prix. Les fonctions de profit sont elles aussi homogènes de degré un par rapport aux prix. Si tous les prix sont multipliés par deux les niveaux d'output et d'input de production de l'entrepreneur resteront inchangés mais son revenu total et son coût total, et par conséquent son profit, doubleront. Cependant, si un équilibre de longue période s'établit pour un ensemble de prix, le système restera en équilibre si tous les prix se modifient dans le même rapport. Un doublement de tous les prix laissera les demandes nettes nulles. Les revenus et les coûts des entreprises doubleront mais les niveaux de profit resteront nuls et aucune entreprise nouvelle ne sera tentée d'entrer sur le marché de quelque branche que ce soit.

On peut diminuer le nombre de variables de (5-35) d'une unité en divisant les m prix absolus par le prix d'un bien choisi arbitrairement. Si l'on choisit Q_1, (5-35) peut s'écrire :

$$\begin{aligned} E_j(1, p_2/p_1, ..., p_m/p_1, N_{s+1}, ..., N_m) &= 0 \qquad (j = 1, ..., m) \\ \pi_j(1, p_2/p_1, ..., p_m/p_1) &= 0 \qquad (j = s+1, ..., m)\,. \end{aligned} \tag{5-36}$$

En général, on peut résoudre ce système de $(2\,m - s - 1)$ équations indépendantes en fonction des valeurs d'équilibre des $(m - 1)$ taux d'échange par rapport à Q_1 et des $(m - s)$ nombres d'entreprises. Les valeurs d'équilibre des variables sont toutes non négatives.

Une fois que les taux d'échange et les nombres d'entreprises à l'équilibre sont déterminés, on peut, en portant leurs valeurs dans les fonctions de demande nette, calculer les demandes nettes de chaque consommateur et de chaque entrepreneur. Une solution d'équilibre de longue période satisfait les conditions suivantes :

1) chaque consommateur maximise son utilité,
2) chaque entrepreneur maximise son profit,
3) chaque marché est épuisé,
4) le profit de chaque entrepreneur est nul.

5.3 LE NUMÉRAIRE, LA MONNAIE ET LA LOI DE SAY.

Aux sections 5.1 et 5.2, nous avons étudié l'équilibre général pour les économies de troc dans lesquelles il n'existe pas de monnaie circulante. Des biens et des facteurs sont échangés contre d'autres biens et d'autres facteurs et les conditions d'échange sont décrites entièrement par les taux d'échange. Nous avons résolu ces systèmes en $(m - 1)$ taux d'échange par rapport à un bien choisi arbitrairement et généralement appelé le *numéraire* (1). N'importe quel ensemble de prix absolus qui conduit aux

(1) En français dans le texte original (*N. d. T.*).

taux d'échange d'équilibre est une solution d'équilibre. S'il existe une telle solution, il en existe une infinité.

On peut introduire plusieurs sortes de monnaie dans un modèle d'équilibre général. Un bien peut être choisi comme étalon de valeur et servir de monnaie en ce sens que tous les prix sont exprimés en termes d'unités de ce bien. On peut constituer une monnaie comme une unité de compte abstraite qui sert d'étalon de valeur mais ne circule pas. Dans certaines circonstances, on peut introduire un papier-monnaie circulant. Dans d'autres circonstances si l'on essaye d'introduire le papier-monnaie on est conduit à une contradiction.

Le numéraire.

Pour m biens il y a m^2 taux d'échange relatifs à deux biens à la fois :

$$p_j/p_k \qquad (j, k = 1, ..., m) .$$

Parmi ceux-ci, m sont des identités qui expriment que le taux d'échange d'un bien par rapport à lui-même est égal à l'unité : $p_j/p_k = 1$ pour $j = k$. Ces m^2 taux d'échange ne sont pas indépendants. Considérons l'identité et les $(m - 1)$ taux d'échange avec Q_1 comme *numéraire*. Les $m(m - 1)$ autres taux d'échange et identités peuvent s'obtenir à partir de ceux-ci :

$$\frac{p_j}{p_k} = \frac{p_j}{p_1} : \frac{p_k}{p_1} \qquad (j, k = 1, ..., m) . \tag{5-37}$$

Imaginons que Q_1 représente des poires, Q_2 des oranges et Q_3 des pommes, et que deux oranges s'échangent contre une poire ($p_2/p_1 = 0{,}5$) et une pomme contre deux poires ($p_3/p_1 = 2$). D'après (5-37), quatre oranges s'échangent contre une pomme : ($p_3/p_2 = 4$). L'ensemble complet des taux d'échange est donné soit directement, soit indirectement par les $(m - 1)$ taux d'échange et l'identité concernant le *numéraire*.

On peut passer du *numéraire* Q_1 au *numéraire* Q_k en divisant les taux d'échange et l'identité concernant Q_1 par p_k/p_1 :

$$\frac{1}{p_k/p_1}\left(1, \frac{p_2}{p_1}, ..., \frac{p_k}{p_1}, ..., \frac{p_m}{p_1}\right) = \left(\frac{p_1}{p_k}, \frac{p_2}{p_k}, ..., 1, ..., \frac{p_m}{p_k}\right).$$

Les taux d'échange ne sont pas modifiés par cette transformation et le choix du *numéraire* est vraiment arbitraire.

Le *numéraire* peut aussi servir d'étalon de valeur. En égalant son prix à l'unité, les taux d'échange deviennent $p_j/p_1 = p_j$. Les taux d'échange d'équilibre ne sont pas modifiés par cette transformation. Le prix d'équilibre de chaque bien s'exprime comme le nombre d'unités de numéraire que l'on doit échanger pour obtenir 1 unité de ce bien. Le prix des oranges devient 0,5 poire par orange, et le prix des pommes 2 poires par pomme. Le prix des pommes est quatre fois plus élevé que le prix des oranges et une pomme s'échange encore contre quatre oranges à l'équilibre. Le numéraire est devenu une monnaie en ce sens que ses unités servent d'étalon de valeur. Cependant, il ne sert pas de réserve de valeur, étant donné qu'il n'est désiré qu'en tant que facteur de production ou que bien consommable, au même titre que tous les autres biens. En ce sens, n'importe quel bien peut servir d'étalon de valeur.

L'expression des prix en termes d'un bien tel que les poires n'est pas une pratique courante. Les prix sont généralement exprimés en termes d'une unité monétaire telle que le franc. On introduit facilement une monnaie de compte dans le cadre d'un modèle d'équilibre général. Il n'y a pas de raison pour que le prix du *numéraire* soit égal à l'unité. On pourrait le rendre égal à 2, $\sqrt{2}$, 25 ou 200 millions. Les taux d'échange d'équilibre ne seraient pas modifiés. On peut introduire une monnaie de compte en égalant le prix du *numéraire* (ou de tout autre bien) à un nombre bien défini d'unités monétaires. Les prix en monnaie peuvent alors être obtenus, pour tous les autres biens. Si Q_1 est le *numéraire* et si l'on pose que p_1 est égal à β francs, le prix en francs de $Q_k(\rho_k)$ est :

$$\rho_k = \beta(p_k/p_1) \qquad (k = 2, ..., m) .$$

Si l'on convient que le prix d'une poire est égal à 2 francs, le prix d'une orange est 1 franc et le prix d'une pomme 4 francs. Dans ce cas, la monnaie ne sert que comme unité de compte abstraite. Elle n'existe pas physiquement. Les biens s'échangent encore contre des biens. Personne ne détient de monnaie et personne ne désire en détenir. La monnaie de compte sert d'étalon de valeur, mais non de réserve de valeur (1).

Il est parfois commode de normaliser les prix en définissant une unité de compte telle que : $\sum_{i=1}^{m} p_i = 1$. Ce n'est plus un seul bien mais plutôt une combinaison de tous les facteurs et de tous les biens qui sert de base d'évaluation. Cette définition permet d'éviter les difficultés qui surgiraient si à l'équilibre un facteur ou un bien choisi comme numéraire se révélait un bien gratuit (voir Par. 5.4).

L'équilibre monétaire.

Une monnaie en bien et une monnaie de compte sont tout à fait différentes d'une monnaie circulante qui sert de réserve de valeur. Les économistes classiques du XIXe siècle divisaient fréquemment l'économie en deux secteurs en ce qui concerne la détermination du prix d'équilibre : le secteur réel dans lequel sont déterminés les taux d'échange, et le secteur monétaire dans lequel les prix absolus en monnaie sont déterminés par la quantité de monnaie existante. Le secteur réel est décrit aux paragraphes 5.1 et 5.2. Notre tâche présente est d'ajouter le secteur monétaire à cette analyse. Par souci de simplicité, l'analyse est développée dans le cas de l'échange pur bien qu'elle soit facile à étendre de façon à comprendre la production et l'échange.

Supposons que les n consommateurs possèdent aussi des stocks initiaux de papier-

(1) L'hypothèse que la monnaie est seulement une unité de compte est implicite tout au long des analyses du consommateur et de l'entrepreneur. On peut exprimer le revenu du consommateur en unités monétaires, mais il dépense tout son revenu et ne désire pas détenir de monnaie. L'entrepreneur maximise son profit monétaire mais lui aussi n'a aucunement le désir de détenir de la monnaie. S'il gagne un profit positif, il le dépensera en tant que consommateur.

monnaie repérés par l'indice $(m + 1)$: $(q^0_{1,m+1}, ..., q^0_{n,m+1})$. Le papier-monnaie sert de réserve de valeur mais n'entre pas dans les fonctions d'utilité des consommateurs. La demande nette en papier-monnaie du consommateur i se définit comme le stock qu'il désire détenir moins son stock initial :

$$E_{i,m+1} = q_{i,m+1} - q^0_{i,m+1} \,. \tag{5-38}$$

Sa demande nette est positive s'il augmente son stock initial de monnaie et négative s'il le réduit. La contrainte budgétaire du consommateur (5-4) doit être redéfinie pour inclure la monnaie :

$$\sum_{j=1}^{m+1} p_j \, E_{ij} = 0 \tag{5-39}$$

où p_j est le prix du bien j. Le prix de la monnaie p_{m+1} est égal à l'unité par définition. Le consommateur peut échanger de la monnaie contre des biens ou des biens contre de la monnaie. Si sa demande nette en monnaie est positive, la valeur des biens qu'il vend est plus grande que la valeur de ceux qu'il achète, et il échange des biens contre de la monnaie.

Puisque la monnaie n'entre pas dans la fonction d'utilité du consommateur sa demande nette en monnaie ne peut pas être déterminée par les principes de la maximisation de l'utilité. On suppose habituellement que le consommateur trouve commode de détenir de la monnaie de façon à faciliter les transactions de biens. Supposons que le consommateur i désire détenir une quantité de monnaie qui est une proportion fixée de la valeur monétaire de son stock initial de biens :

$$q_{i,m+1} = \alpha_i \sum_{j=1}^{m} p_j \, q^0_{ij} \tag{5-40}$$

où α_i est une constante. En portant (5-40) dans (5-38), on obtient :

$$E_{i,m+1} = \alpha_i \sum_{j=1}^{m} p_j \, q^0_{ij} - q^0_{i,m+1} \,. \tag{5-41}$$

La demande nette globale en monnaie est obtenue en faisant la somme de (5-41) pour tous les n consommateurs :

$$E_{m+1} = \alpha \sum_{i=1}^{n} \sum_{j=1}^{m} p_j \, q^0_{ij} - \sum_{i=1}^{n} q^0_{i,m+1} = E_{m+1}(p_1, ..., p_m) \,. \tag{5-42}$$

On ne perd rien d'essentiel en supposant que $\alpha_i = \alpha$ pour $(i = 1, ..., n)$. Si les stocks initiaux de biens et de monnaie sont fixés, la demande nette en monnaie est fonction des prix des m biens.

Les fonctions de demande nette pour les m biens sont déterminées en maximisant l'utilité de chaque consommateur compte tenu de sa contrainte budgétaire comprenant la monnaie, en résolvant les conditions du premier ordre en vue d'obtenir les fonctions de demande nette individuelles, puis en faisant la somme pour tous les consommateurs. Un équilibre général s'établit si la demande nette relative à chaque bien et à la monnaie est nulle :

$$E_j(p_1, ..., p_m) = 0 \qquad (j = 1, ..., m + 1) \,. \tag{5-43}$$

Ceci donne un système de $(m + 1)$ équations à m prix de biens comme variables. Etant donné que la contrainte budgétaire globale comprenant la monnaie est toujours satisfaite, seules m de ces équations sont indépendantes. Donc, si les m marchés de biens sont en équilibre, le marché de la monnaie est aussi en équilibre, c'est-à-dire que l'ensemble des consommateurs ne désire pas échanger de biens contre de la monnaie ou de la monnaie contre des biens. La quantité de monnaie que les consommateurs désirent détenir est égale à la quantité existante. On peut généralement résoudre les m équations indépendantes de (5-43) par rapport au prix en monnaie des m biens.

Les demandes nettes en biens et en monnaie ne sont pas homogènes de degré zéro par rapport aux prix des biens. Si l'on multiplie les prix de tous les biens par le facteur $t > 0$, la demande nette en monnaie (5-42) devient :

$$E_{m+1} = \alpha \sum_{i=1}^{n} \sum_{j=1}^{m} (tp_j)\, q_{ij}^0 - \sum_{i=1}^{n} q_{i,m+1}^0 \, . \qquad (5\text{-}44)$$

La dérivée partielle de (5-44) par rapport à t est :

$$\frac{\partial E_{m+1}}{\partial t} = \alpha \sum_{i=1}^{n} \sum_{j=1}^{m} p_j\, q_{ij}^0 > 0 \, .$$

Une augmentation proportionnelle des prix de tous les biens augmentera la demande nette en monnaie. Si le système est en équilibre avant que les prix augmentent, les consommateurs désireront échanger des biens contre de la monnaie en vue d'adapter leur stock de monnaie à la valeur monétaire de leurs stocks initiaux de biens. Cependant il n'y aura pas de demande nette négative correspondante pour les biens. Toute variation équiproportionnelle des prix d'équilibre des biens éloignera le système de la situation d'équilibre.

Les demandes nettes relatives aux biens et à la monnaie sont homogènes de degré zéro par rapport aux prix des biens et aux stocks initiaux de monnaie. La demande nette en monnaie devient :

$$E_{m+1} = \alpha \sum_{i=1}^{n} \sum_{j=1}^{m} (tp_j)\, q_{ij}^0 - \sum_{i=1}^{n} (tq_{i,m+1}^0)$$

et

$$\frac{\partial E_{m+1}}{\partial t} = \alpha \sum_{i=1}^{n} \sum_{j=1}^{m} p_j\, q_{ij}^0 - \sum_{i=1}^{n} q_{i,m+1}^0$$

quantité égale à zéro si le marché de la monnaie était en équilibre avant la variation des prix. Le stock de monnaie de chaque consommateur respecte le rapport souhaité avec la valeur de son stock de biens et aucun consommateur ne désirera échanger de biens contre de la monnaie et de la monnaie contre des biens.

On peut aussi démontrer qu'une multiplication par le facteur t du stock de monnaie de chaque consommateur entraînera une multiplication par le même facteur du prix en monnaie de chaque bien, mais laissera le secteur réel inchangé. Si l'équilibre s'est établi et qu'alors chaque stock de monnaie est multiplié par le facteur t, chaque consommateur désirera échanger des biens contre de la monnaie. Il s'ensuivra que les prix des biens augmenteront jusqu'à ce que les stocks de monnaie existants ne soient plus supérieurs aux stocks que les consommateurs désirent détenir.

L'équilibre monétaire se rétablira quand les valeurs des stocks de tous les biens seront multipliées par le facteur t

$$\sum_{i=1}^{n} \sum_{j=1}^{m} \rho_j q_{ij}^0 = t \sum_{i=1}^{n} \sum_{j=1}^{m} p_j q_{ij}^0 \tag{5-45}$$

où ρ_j est le prix du bien j après le rétablissement de l'équilibre. Des augmentations proportionnelles des prix de tous les biens : $\rho_j = tp_j$ ($j = 1, ..., m$), satisferont (5-45), mais il en sera de même, pour beaucoup d'autres séries de prix. Considérons une variation non équiproportionnelle des prix qui satisfasse (5-45). Il s'ensuit que $\rho_h = up_h$ et $\rho_k = vp_k$, où $u > t > v$ pour certains h et k. Le taux d'échange entre Q_h et Q_k est maintenant $up_h/vp_k > p_h/p_k$. Le prix de Q_h a augmenté par rapport au prix de Q_k et les consommateurs voudront échanger Q_h contre Q_k. Si le système était en équilibre au taux d'échange initial, le nouveau taux d'échange entraînerait une demande nette globale en Q_k positive et une demande nette globale en Q_h négative. Les demandes nettes globales en tous les biens s'annuleront si et seulement si $\rho_h/\rho_k = p_h/p_k$ pour ($h, k = 1, ..., m$). Ceci est compatible avec l'équilibre monétaire si et seulement si $\rho_j = tp_j$ ($j = 1, ..., m$). La dichotomie dans la détermination des prix d'équilibre est complète. Les taux d'échange d'équilibre sont déterminés par les fonctions d'utilité des consommateurs et les valeurs réelles de leurs stocks initiaux. Les prix en monnaie sont déterminés par la quantité de monnaie.

L'introduction de papier-monnaie circulant dans un système d'équilibre général statique est possible mais plutôt artificielle. L'équation (5-40) postule un mode de comportement qui est logiquement, bien que non mathématiquement, incompatible avec la maximisation de l'utilité : le consommateur désire obtenir un stock de monnaie dont il ne retire aucune utilité plutôt que de le dépenser en biens dont il retire une utilité. Il est difficile de trouver des motifs à la détention de monnaie dans un système statique qui n'est d'aucune façon relié à des instants antérieurs ou postérieurs. Les problèmes intéressants à propos de la monnaie ne se posent que dans une analyse dynamique où l'on considère le comportement dans le temps.

La loi de Say.

Les économistes classiques ont fréquemment nié la possibilité d'une demande nette en tous les biens positive. En termes de la présente analyse, ceci peut être interprété comme l'affirmation que :

$$\sum_{j=1}^{m} p_j E_j = 0 \tag{5-46}$$

où la demande nette en tous les biens est mesurée en termes monétaires. Cette proposition est connue sous le nom de loi de Say en l'honneur de l'économiste français du XIXe siècle Jean-Baptiste Say qui l'a formulée le premier. Say n'a pas utilisé de mathématiques et est resté vague quant aux conditions dans lesquelles sa loi s'applique. Certains économistes du XXe siècle l'ont interprétée comme une condition d'équilibre et d'autres comme une identité valable sans considérer si le système était ou non en équilibre. La quantité de monnaie déterminera le niveau absolu des prix si (5-46) est une condition d'équilibre ; il n'en ira pas de même s'il s'agit d'une identité.

Nous avons étudié l'équilibre monétaire dans le cas où les contraintes budgétaires sont définies de façon à inclure la monnaie. L'identité (5-39) qui s'y rapporte est valable pour tous les biens et la monnaie et (5-46) est une condition d'équilibre. A l'équilibre, les consommateurs ne désirent pas échanger de monnaie contre des biens ou des biens contre de la monnaie.

Si (5-46) est une identité, les consommateurs ne désirent jamais échanger de la monnaie contre des biens ou des biens contre de la monnaie. Ceci implique que la demande nette en monnaie soit identiquement nulle :

$$E_{m+1} \equiv 0 \,. \tag{5-47}$$

Indépendamment des prix des biens, les consommateurs ne désireront jamais augmenter ou diminuer leurs stocks de monnaie. Ceci implique que leur comportement serait en contradiction avec l'introduction d'équations quantitatives telles que (5-40) qui exprime que les demandes nettes en monnaie des consommateurs dépendent des prix des biens. Donc, la quantité de monnaie ne peut pas servir à déterminer les niveaux des prix absolus. Puisque (5-46) est une identité, si $(m - 1)$ marchés de biens sont en équilibre, le m-ième doit aussi être en équilibre. Le système d'équilibre général contient $(m - 1)$ équations indépendantes que l'on peut résoudre par rapport aux $(m - 1)$ taux d'échange. L'affirmation que le marché de la monnaie est toujours en équilibre n'ajoute aucune information utile et les prix absolus sont indéterminés. Le point crucial à propos de la loi de Say et de la monnaie est de savoir si la monnaie est comprise ou non dans les contraintes budgétaires des consommateurs. Si elle l'est, (5-46) est une condition d'équilibre. Si elle ne l'est pas, (5-46) est une identité.

5.4 EXISTENCE DE L'ÉQUILIBRE.

Le fait de pouvoir formuler un modèle rendant compte de l'ensemble du marché ne permet pas d'assurer qu'un équilibre général existe. Il existe en effet des systèmes auxquels on ne peut pas trouver de solution mathématique ; il en existe d'autres pour lesquels on peut au contraire trouver de nombreuses solutions d'équilibre. Enfin la solution mathématique peut ne pas convenir. L'économie fixe certaines limites aux valeurs que peuvent prendre les variables. Ainsi les prix doivent-ils être des nombres réels non négatifs (1). Le niveau de consommation de chaque consommateur,

(1) Si le prix d'un bien était négatif, il y aurait un transfert du pouvoir d'achat des vendeurs aux acheteurs et non des acheteurs aux vendeurs. L'existence de prix négatifs n'est pas toujours dénuée de sens pour autant. La détention de non-biens comme les ordures, diminuera le niveau d'utilité du consommateur ; il sera donc prêt à payer pour qu'on l'en débarrasse. On élimine la possibilité d'une signification pour des prix négatifs en prêtant attention à la contrepartie bien ou service des non-biens : ainsi dans le cas des ordures, on considérera que le consommateur paiera le service de nettoiement plutôt que de considérer qu'il vend des ordures. Le service de nettoiement vendra ses services plutôt qu'il n'achètera des ordures. Le prix du service de nettoiement est positif et égal en valeur absolue au prix négatif des ordures.

le niveau d'input utilisé et le niveau d'output produit par chaque entrepreneur doivent aussi être non négatifs. Une solution mathématique du système qui comportera donc des niveaux de consommation négatifs, par exemple, n'aura pas de sens pour l'économiste.

On peut envisager le problème de l'existence d'une solution possible de deux façons différentes. On peut vouloir déterminer si un système comportant un certain nombre de marchés en place possède un état d'équilibre. On peut vouloir trouver un théorème d'existence beaucoup plus général, permettant d'affirmer que des solutions d'équilibre existent pour les systèmes qui satisfont un certain nombre de conditions générales.

Nous discuterons d'abord de l'existence de solutions pour des ensembles particuliers de fonctions de demande nette. Nous parlerons ensuite du problème général de l'existence de l'équilibre de courte période pour le système de production et d'échange présenté au paragraphe 5.2. Nous ferons d'abord quelques restrictions sur les utilités individuelles et les fonctions de production de façon à s'assurer de l'existence de fonctions appropriées de demande nette, tant au niveau des individus que de la collectivité. Nous parlerons ensuite des techniques mathématiques à la base du théorème du point fixe de Brouwer. Ce théorème servira à prouver l'existence d'équilibres généraux pour tous les systèmes conformes aux restrictions imposées aux fonctions d'utilité et de production. Enfin nous parlerons brièvement du théorème d'existence de Debreu qui est d'un niveau mathématique plus difficile et impose des restrictions plus générales.

Existence de solutions : systèmes particuliers.

Un système de N équations différentiables à N variables possède une solution localement univalente si son jacobien ne s'annule pas au voisinage de ce point-solution (cf. Par. A-3). On ne peut donc obtenir la valeur absolue des m prix en résolvant le système des m équations obtenu en annulant les demandes nettes. En effet la contrainte budgétaire collective étant toujours satisfaite, les demandes nettes sont fonctionnellement dépendantes et le jacobien du système devient identiquement nul. Cette absence de solution locale unique donnant des niveaux de prix absolus a un sens du point de vue économique puisque les demandes nettes sont homogènes de degré un par rapport à tous les prix.

Si l'on pose $p_1 = 1$ et si l'on néglige la demande nette correspondant au bien Q_1, le système est réduit à un système à $(m - 1)$ équations en $(m - 1)$ variables-prix. Jusqu'à maintenant, l'on avait supposé que ces équations étaient indépendantes et que le système réduit avait une solution univalente. Cette hypothèse n'est pas nécessairement vraie. Considérons le système réduit à trois biens donné par :

$$E_2 = -2p_2 - 4p_3 + 10 = 0,$$

$$E_3 = -3p_2 - 6p_3 + 15 = 0.$$

Le jacobien de ce système devient identiquement nul ; on ne peut donc résoudre le système en obtenant des valeurs uniques pour p_2 et p_3. Les fonctions de demande nette de Q_2 et Q_3 ne sont pas indépendantes. La dépendance fonctionnelle des équations du système s'écrit : $E_3 = 1{,}5\, E_2$. La collectivité dans son ensemble demande et offre Q_2 et Q_3 dans un rapport donné. Toutes les valeurs de p_2 et p_3 qui seront solutions de l'équation :

$$p_2 = 5 - 2\,p_3$$

fourniront un équilibre général. Ainsi par exemple le point de coordonnées $p_2 = 1$, $p_3 = 2$, le point $p_2 = 3$, $p_3 = 1$. Le test du jacobien permet de dire qu'il n'y a pas de solution localement univalente, mais ne permet pas de déterminer s'il existe d'autres solutions.

Un système qui « réussit » le test du jacobien a une solution mathématique unique. Cette solution peut comporter des prix négatifs ou impliquer des consommations ou des productions négatives pour certains participants, elle peut donc ne pas convenir à l'économiste. On peut étudier chaque système comportant un certain nombre de marchés de manière individuelle. Il suffit pour cela de regarder d'abord si le jacobien ne s'annule pas pour savoir s'il existe une solution locale unique au système, d'un point de vue mathématique. S'il y en a une, il faut ensuite résoudre le système et voir si la ou les solutions sont des solutions possibles. Si le jacobien s'annule, il faut utiliser la méthode qui semble la plus adaptée au cas étudié, pour voir s'il existe ou non des solutions d'équilibre.

Théorème du point fixe de Brouwer.

La méthode de résolution que nous venons de proposer dans le cas de systèmes particuliers ne peut aider à prouver l'existence d'un équilibre pour des systèmes comportant plusieurs marchés abstraits. Il faut alors trouver un théorème d'existence qui permette d'affirmer que tous les systèmes répondant à un certain nombre de conditions connaissent des solutions d'équilibre. La plupart des démonstrations prouvant l'existence de ces solutions s'appuient sur l'un des théorèmes dit « théorème du point fixe ». Le théorème du point fixe de Brouwer est un des théorèmes les plus simples et les plus utilisés en économie. Nous indiquerons ici les techniques mathématiques sur lesquelles s'appuie le théorème.

Une *transformation ponctuelle* dans un espace à n dimensions est une règle ou un ensemble de règles qui permettent d'associer un point d'un espace à n dimensions à un autre point de cet espace. Soit (x_1, x_2) un point de l'espace à deux dimensions et (x'_1, x'_2) le point auquel il est associé. Les règles :

$$x'_1 = x_1 + x_2 \qquad \text{et} \qquad x'_2 = x_1^2\, x_2$$

définissent une transformation dans l'espace à deux dimensions. On peut exprimer x'_1 et x'_2 en fonction de x_1 et x_2. De manière générale, on peut écrire une transformation dans l'espace à n dimensions sous la forme :

$$x'_i = f_i(x_1, ..., x_n) \qquad (i = 1, ..., n)\,.$$

On peut l'écrire aussi plus rapidement :

$$\mathbf{x}' = F(\mathbf{x}),$$

avec $\mathbf{x} = (x_1, ..., x_n)$ et $\mathbf{x}' = (x'_1, ..., x'_n)$.

Cette forme est analogue à celle des fonctions, mais $\mathbf{x}$ et $\mathbf{x}'$ sont des points à n coordonnées et non des chiffres. On appelle le point $\mathbf{x}'$ *l'image* du point $\mathbf{x}$. Une transformation est *continue* si chacune des fonctions $f_i(\mathbf{x})$, avec $(i = 1, ..., n)$, appartenant à la transformation est continue.

On peut définir une transformation pour un sous-ensemble de points de l'espace. Ainsi par exemple, on peut définir $F(\mathbf{x})$ pour les points qui sont sur le cercle de centre O (O étant l'origine) et de rayon unité, c'est-à-dire pour les points dont les coordonnées satisfont l'équation :

$$x_1^2 + x_2^2 = 1 .$$

Une transformation est dite d'*un ensemble en lui-même* si les points-images appartiennent aussi à l'ensemble pour lequel la transformation est définie. Les fonctions suivantes constituent une transformation de l'ensemble des points du cercle unité en lui-même ([1]).

$$x'_1 = x_1/\sqrt{(x_1^2 + x_2^2)}, \qquad x'_2 = x_2/\sqrt{(x_1^2 + x_2^2)} .$$

Un ensemble est *convexe* si tous les points d'un segment de droite reliant deux points quelconques de l'ensemble sont aussi dans l'ensemble. L'ensemble des points appartenant à la circonférence d'un cercle n'est pas un ensemble convexe, car un segment de droite reliant deux points distincts de cet ensemble, comporte des points appartenant à l'intérieur du cercle qui ne sont pas des points de l'ensemble. Par contre, l'ensemble des points appartenant à la circonférence ou à l'intérieur du cercle est un ensemble convexe.

Un ensemble de points dans l'espace à n dimensions est borné supérieurement s'il existe un ensemble de n nombres finis

$$\mathbf{x}^* = (x_1^*, ..., x_n^*)$$

tels que

$$x_i^* \geqslant x_i$$

pour tout $\mathbf{x} = (x_1, ..., x_n)$ de l'ensemble. Un ensemble *borné* est un ensemble borné à la fois supérieurement et inférieurement. L'ensemble des points appartenant à la circonférence d'un cercle est borné, mais l'ensemble des points du quadrant positif de l'espace des coordonnées ne l'est pas.

Un ensemble est fermé si, lorsque tout point d'une suite infinie convergente appartient à l'ensemble, le point limite de la suite est aussi un point de l'ensemble ([2]).

(1) Si $F(\mathbf{x})$ était définie pour tous les points de l'espace à deux dimensions, F ferait correspondre à l'espace à deux dimensions le cercle unitaire et non l'espace lui-même.

(2) On trouvera au paragraphe 9.2 une définition différente mais équivalente d'un ensemble fermé.

L'ensemble des points défini par $0 < x < 1$ n'est pas un ensemble fermé parce que tous les points de la suite 1/2, 1/3, 1/4, ..., $1/n$, ... appartiennent à cet ensemble, mais le point limite, 0, n'y est pas. Par contre, l'ensemble défini par $0 \leqslant x \leqslant 1$ est fermé.

Le théorème du point fixe de Brouwer dit que : *une transformation continue faisant correspondre un ensemble convexe, fermé, borné à lui-même, a un point fixe.* Autrement dit, si $F(\mathbf{x})$ est la transformation, il existe un point $\mathbf{x}^*$ appartenant à l'ensemble, tel que :

$$\mathbf{x}^* = F(\mathbf{x}^*) .$$

Un point au moins correspond à lui-même. Prenons comme exemple la transformation $F(x)$ de la figure 5-3. La transformation est définie dans l'intervalle $0 \leqslant x \leqslant 1$ qui constitue un ensemble convexe, fermé et borné de la droite des réels. La transformation est aussi continue. Il y a donc un point au moins pour lequel le graphe de $F(x)$ coupe la diagonale. Le point A de la figure 5-3 est un des points tels que :

$$x^* = F(x^*) .$$

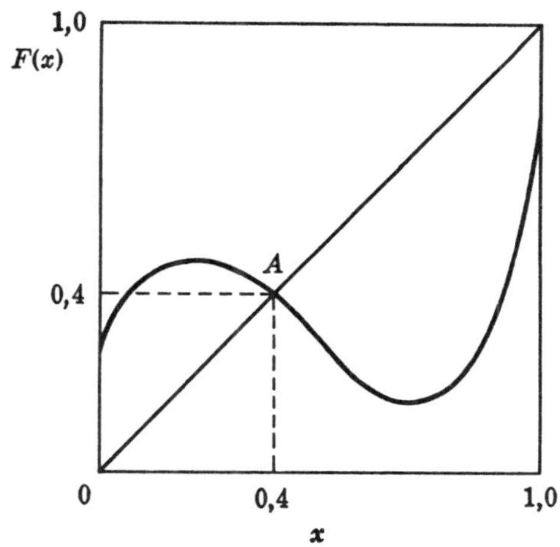

Fig. 5-3.

A titre d'illustration de l'existence d'un équilibre, nous allons utiliser le théorème du point fixe de Brouwer dans le cas d'un système d'équilibre général de courte période. Dans ce contexte, courte période veut dire que le nombre d'entreprises dans chaque branche est prédéterminé et que le profit des entreprises individuelles n'a pas besoin d'être nul. La démonstration se fait en deux étapes. On démontre d'abord l'existence de fonctions globales de demande nette correctes. On cherche ensuite s'il existe des prix d'équilibre compatibles avec ces fonctions.

Existence de fonctions de demande nette.

On suppose que le consommateur-type, ou consommateur i, est doté de stocks initiaux des s biens primaires. Il peut vendre une partie de ses stocks initiaux et acheter les s biens primaires et les $(m - s)$ biens produits sur le marché à des prix non négatifs. Il choisit la consommation qui maximise son niveau d'utilité, compte tenu de sa contrainte budgétaire. Autrement dit, la valeur de sa consommation doit être égale à la valeur de son stock initial de biens primaires, plus la part des profits de la production qu'il reçoit. On suppose, pour simplifier, qu'il reçoit une part des profits d'au moins une entreprise de chaque branche d'industrie. Sa fonction d'utilité est définie pour des niveaux de consommation non négatifs. Elle est continue et a des dérivées partielles premières et secondes continues. On suppose de plus que la fonction d'utilité a les propriétés suivantes pour tout $q_{ij} > 0$, avec $(j = 1, ..., m)$: (1) les inégalités (5-22 *b*) sont satisfaites ; (2) $\partial U_i/\partial q_{ij} > 0 \; (j = 1, ..., m)$; (3) $U_i = U_i^0$, U_i^0 étant une constante, si $q_{ij} = 0$ pour tout j, et $U_i > U_i^0$ si $q_{ij} > 0$ pour tous les j. La contrainte (1) permet d'être sûr que le TSB est décroissant pour tout couple de biens. La contrainte (2) implique que le consommateur peut toujours accroître son niveau d'utilité en accroissant sa consommation de biens. La contrainte (3) élargit la définition de la fonction d'utilité pour comprendre le cas où le niveau de consommation d'un ou de plusieurs biens est nul. Elle élimine la possibilité d'une solution en coin semblable à celle de la figure 2-4 *b* qui n'est pas compatible avec les conditions marginales de maximisation. On peut lever cette restriction dans le cadre d'analyses plus élaborées.

Le i-ième consommateur aura des fonctions de demande nette monotones si les mineurs principaux du jacobien (**J**) de (5-21) :

$$\mathbf{J} = \begin{vmatrix} U_{11} & \cdots & U_{1m} & -p_1 \\ \cdots & \cdots & \cdots & \cdots \\ U_{m1} & \cdots & U_{mm} & -p_m \\ -p_1 & \cdots & -p_m & 0 \end{vmatrix} \neq 0$$

sont alternativement positifs et négatifs (voir Nikaido, *Convex Structures*, chap. VII). D'après (1), les mineurs seront du signe requis à l'intérieur du domaine de la fonction d'utilité. D'après (2) et (3), les conditions du premier ordre sont satisfaites pour tout niveau de consommation positif si tous les prix sont positifs [1]. Il existe donc des fonctions de demande nette monotones de la forme :

$$E_{ij} = E_{ij}(p_1, ..., p_m) \qquad (j = 1, ..., m) \tag{5-48}$$

pour le i-ième consommateur. Ces fonctions sont continues et homogènes de degré zéro par rapport aux prix.

Il est commode de se limiter aux combinaisons de prix appartenant à l'ensemble des prix normalisés, c'est-à-dire aux nombres $(p_1, ..., p_m)$ qui satisfont la condition de normalisation :

$$\sum_{j=1}^{m} p_j = 1 \qquad p_j \geqslant 0 . \tag{5-49}$$

(1) Ce résultat n'est pas vrai en général si le consommateur peut recevoir une somme de profits négatifs suffisamment importante pour que son revenu global soit négatif ou nul. Dans le système que nous étudions ici, la possibilité d'un revenu composé de profits négatifs est exclue d'après les hypothèses sur le processus de production.

Puisque les fonctions de demande nette sont ici homogènes de degré zéro par rapport aux prix, on ne restreint pas la généralité du raisonnement en ne considérant que les prix normalisés (voir Par. 5.3) (1).

Les fonctions de demande nette (5-48) ont pour domaine $p_k > 0$, $(k = 1, ..., m)$. On ne peut pas associer directement des prix nuls à des fonctions de demande nette. Les contraintes imposées à la fonction d'utilité impliquent que $E_{ij} \to \infty$ lorsque $p_j \to 0$. L'application du théorème du point fixe de Brouwer que l'on utilisera pour démontrer l'existence de prix d'équilibre veut que des demandes nettes finies soient engendrées par des prix nuls. On peut satisfaire cette condition en recourant à un artifice. Définissons les nombres k_j $(j = 1, ..., m)$, tels que pour un bien primaire $(j = 1, ..., s)$, k_j dépasse le stock total de tous les consommateurs réunis. Pour un bien produit $(j = s + 1, ..., m)$, k_j est supérieur à la production maximum de Q_j, que l'on pourrait obtenir si tout le stock de biens primaires était consacré à la production de Q_j.

Construisons maintenant un ensemble de *pseudo-fonctions de demande nette* en supposant que le i-ième consommateur maximise son niveau d'utilité compte tenu de sa contrainte budgétaire et des contraintes $E_{ij} \leqslant k_j$ $(j = 1, ..., m)$. Ces fonctions ont pour domaine l'ensemble des prix normalisés défini par (5-49). Les pseudo-fonctions sont identiques aux fonctions conventionnelles (5-48) pour tous les prix tels que :

$$E_{ij}(p_1, ..., p_m) \leqslant k_{ij} \qquad (j = 1, ..., m)\,.$$

Ces inégalités ne sont cependant pas satisfaites pour tous les points de l'ensemble normalisé des prix. Une des inégalités au moins n'est pas respectée si au moins l'un des prix est nul ou suffisamment petit pour engendrer des demandes nettes ne correspondant pas aux limites supérieures.

Supposons que u des limites supérieures sont des égalités strictes et numérotons à nouveau les biens de façon à ce que :

$$E_{ij} = k_j \qquad (j = 1, ..., u)\,.$$

Formons la fonction de Lagrange à partir de ces nouvelles égalités :

$$Z_i = U_i(k_1, ..., k_u, E_{i,u+1}, ..., E_{im}) - \\ - \mu\left(\sum_{j=1}^{u} p_j\, k_j + \sum_{j=u+1}^{m} p_j\, E_{ij} - \sum_{k=s+1}^{m} \sum_{h=1}^{N_h} \theta_{ihk}\, \pi_{hk}\right).$$

Annulons les $(m - u + 1)$ dérivées partielles de la fonction :

$$\partial Z_i / \partial E_{ij} = U_j - \mu p_j = 0 \qquad (j = u + 1, ..., m)$$

$$\frac{\partial Z_i}{\partial \mu} = -\left(\sum_{j=1}^{u} p_j\, k_j + \sum_{j=u+1}^{m} p_j\, E_{ij} - \sum_{k=s+1}^{m} \sum_{h=1}^{N_h} \theta_{ihk}\, \pi_{hk}\right) = 0$$

(1) Dans l'ensemble des prix normalisés, le cas où tous les prix sont nuls n'est pas représenté. Ce n'est pas une restriction puisque une telle situation ne peut pas représenter un équilibre général.

avec $U_j = \partial U_i/\partial E_{ij}$. Le jacobien du système s'écrit :

$$\mathbf{H} = \begin{vmatrix} U_{u+1,u+1} & \cdots & U_{u+1,m} & -p_{u+1} \\ \cdots & \cdots & \cdots & \cdots \\ U_{m,u+1} & \cdots & U_{mm} & -p_m \\ -p_{u+1} & \cdots & -p_m & 0 \end{vmatrix}$$

avec $U_{jh} = \partial^2 U_i/\partial E_{ij}\, \partial E_{ih}$. Par construction :

$$p_j > 0 \qquad (j = u + 1, ..., m)\,.$$

Les contraintes liées à la fonction d'utilité du i-ième consommateur permettent d'être sûr que les mineurs principaux de **H**, sous-ensemble de ceux de **J** seront alternativement positifs et négatifs. Il existe donc des fonctions de demande nette limitées avec l'hypothèse que u demandes nettes sont égales à leur limite supérieure. Ces fonctions limitées sont les pseudo-demandes nettes correspondant à tous les prix pour lesquels les valeurs engendrées des $(m - u)$ demandes nettes ne dépassent pas leur limite supérieure.

Les fonctions de demande nette habituelles (5-48) englobent le cas $u = 0$. L'indice u peut prendre toutes les valeurs depuis 0 jusqu'à $(m - 1)$ inclus. Les hypothèses liées aux fonctions d'utilité et à la construction des k_j excluent le cas où toutes les limites supérieures sont atteintes, soit le cas où $u = m$. Il y a $m\,!/(m - u)\,!\,u\,!$ combinaisons (1) parmi les m limites supérieures possibles pour lesquelles u peuvent être atteintes. Le nombre total des ensembles de fonctions limitées de demande nette (L) pour toutes les combinaisons possibles est :

$$L = \sum_{u=1}^{m-1} \frac{m\,!}{(m - u)\,!\,u\,!} = 2^m - 1.$$

Le nombre L peut être aussi grand que possible, mais c'est une quantité finie. A partir des L ensembles de fonctions limitées de demande nette, on peut former des pseudo-fonctions de demande nette pour le i-ième consommateur, notées :

$$E_{ij} = \hat{E}_{ij}(p_1, ..., p_m) \qquad (j = 1, ..., m)\,. \tag{5-50}$$

Ces pseudo-fonctions ne sont pas données par un ensemble unique de m équations comme on l'a généralement admis juqu'ici. Elles sont données par L ensembles de m équations chacun et par des règles qui précisent quel ensemble convient à tel prix. On peut prouver à l'aide de méthodes assez élaborées que les pseudo-fonctions de demande nette : (1) ont pour domaine l'ensemble des prix normalisés, (2) sont monotones (c'est-à-dire que si à un point de l'ensemble des prix peut correspondre plus d'un ensemble de fonctions de demande nette, chacun de ces ensembles fournira des E_{ij} identiques en ce point) et (3) sont continues sans avoir en général, de dérivées partielles premières et secondes continues. Comme les L ensembles de

(1) Le nombre n ! (lire factorielle b) est égal au produit des entiers de 1 à n, soit :

$$n\,! = 1.2.3.....(n-1)\,n\,.$$

Par définition $0\,! = 1$.

fonctions limitées de demande nette satisfont la contrainte budgétaire du consommateur, les pseudo-fonctions la satisfont aussi. La construction de ces pseudo-fonctions représenterait un travail considérable, même dans le cas d'un nombre de biens relativement petit. Aussi est-il seulement nécessaire de savoir qu'elles existent et de connaître leurs propriétés.

La construction des fonctions de demande nette de l'entreprise est identique à celle des fonctions du consommateur. L'entrepreneur de la h-ième entreprise de la j-ième branche utilise les m biens comme inputs pour la production du j-ième bien. Il vend sa production et achète ses inputs sur le marché à des prix non négatifs. Sa fonction de production est définie pour des niveaux non négatifs des inputs et des outputs. Elle est continue et a des dérivées partielles du premier et du second ordre continues. Il veut maximiser son profit et distribue ce profit aux consommateurs de façon prédéterminée. Un certain nombre de conditions définissent également la fonction de production de l'entrepreneur : sur tout le domaine $q^*_{hjk} > 0$ $(k = 1, ..., m)$: (1) la fonction est strictement concave, (2) $\partial \bar{q}_{hj}/\partial q^*_{hjk} > 0$ $(k = 1, ..., m)$ si $q^*_{hjk} > 0$, (3) $\bar{q}_{hj} = 0$ si $q^*_{hjk} = 0$ pour tout k, et $\bar{q}_{hj} > 0$ si $q^*_{hjk} > 0$ pour tous les k et (4) $\lim \bar{q}_{hj} = 0$ et $\lim \partial \bar{q}_{hj}/\partial q^*_{hjk} = +\infty$ lorsque $q^*_{hjk} \to 0$. La première et la seconde conditions impliquent que le TST entre les inputs pris deux à deux est décroissant et que le produit marginal de chaque input est toujours positif et décroissant. La troisième et quatrième conditions permettent d'élargir la définition de la fonction de production et d'englober le cas où les niveaux d'input sont nuls ; elles permettent aussi d'exclure les solutions en coin.

On pourra trouver des fonctions monotones de demande nette pour la h-ième entreprise de la j-ième industrie productive si les mineurs principaux du jacobien (**K**) correspondant aux conditions du premier ordre (5-26) sont alternativement négatifs et positifs :

$$K = p_j^m \begin{vmatrix} f_{11} & \cdots & f_{1m} \\ \cdots & \cdots & \cdots \\ f_{m1} & \cdots & f_{mm} \end{vmatrix} \neq 0$$

avec $f_{ku} = \partial^2 q_{hj}/\partial q^*_{hjk}\, \partial q^*_{hju}$. L'hypothèse de concavité stricte assure que les conditions du second ordre (5-27) sont satisfaites si $p_j > 0$, et que les mineurs de **K** seront du signe requis. Les fonctions de demande nette classiques relatives aux inputs et aux outputs sont respectivement de la forme :

$$E^*_{hjk} = E^*_{hjk}(p_1, ..., p_m) \qquad (k = 1, ..., m) \tag{5-51}$$
$$\bar{E}_{hj} = \bar{E}_{hj}(p_1, ..., p_m)\,.$$

Elles ont pour domaine de définition $p_i > 0$ $(i = 1, ..., m)$. Les conditions imposées à la fonction de production impliquent que les E^*_{hjk} soient positifs, $(k = 1, ..., m)$, et $\bar{E}_{hj} < 0$.

Les fonctions classiques (5-51) ne peuvent pas directement tenir compte de prix nuls. On définit des pseudo-fonctions de demande nette pour l'entrepreneur en supposant qu'il maximise son profit compte tenu de contraintes supplémentaires, soit $E^*_{hju} = q^*_{hju} \leqq k_u$ $(u = 1, ..., m)$. Sa production n'est pas directement assujettie à une limite. On suppose que les niveaux d'input et d'output sont nuls si le prix de l'output est nul :

$$\bar{q}_{hj} = q^*_{hj1} = \cdots = q^*_{hjm} = 0$$

si $p_j = 0$. On définit des fonctions limitées de demande nette pour toutes les combinaisons possibles de limites supérieures atteintes. Pour cela on remplace par les $q^*_{hju} = k_u$ appropriés dans l'équation du profit de l'entreprise et on détermine des valeurs optimales en fonction des prix pour les inputs restants et la production. On forme à partir des fonctions limitées des pseudo-fonctions de demande nette pour la -ième entreprise de la h-ième branche, soit :

$$E^*_{hjk} = \widehat{E}^*_{hjk}(p_1, ..., p_m) \qquad (k = 1, ..., m) \tag{5-52}$$

$$\overline{E}_{hj} = \widehat{E}_{hj}(p_1, ..., p_m) \, .$$

Comme dans le cas du consommateur, on peut prouver : (1) que les pseudo-fonctions ont pour domaine l'ensemble des prix normalisés, (2) qu'elles sont monotones et (3) qu'elles sont continues.

A l'aide de techniques relativement élaborées, on peut prouver que le profit maximal de chaque entrepreneur est positif si le prix de la production est positif et nul si le prix de la production est nul. Cela veut d'abord dire qu'aucun entrepreneur ne produira si son profit est négatif et ensuite que tous les consommateurs auront un revenu positif si les prix sont positifs. Les consommateurs détiennent chacun un stock de tous les biens primaires et auront un revenu positif si les prix de tous les biens primaires est positif. Si le prix de tous ces biens est nul, ils auront quand même un revenu positif si les prix des outputs sont positifs. En effet, par hypothèse, chaque consommateur reçoit une partie des profits d'au moins une entreprise par branche.

On obtient les fonctions globales de demande nette définies pour le domaine $p_k > 0$, $(k = 1, ..., m)$ en faisant la somme des fonctions individuelles des consommateurs et des entrepreneurs données par (5-48) et (5-51). On note ces fonctions :

$$E_j = E_j(p_1, ..., p_m) \qquad (j = 1, ..., m) \, . \tag{5-53}$$

On obtient les pseudo-fonctions globales de demande nette ayant pour domaine l'ensemble des prix normalisés en faisant la somme des pseudo-fonctions individuelles des consommateurs et des entrepreneurs. On les note :

$$E_j = \widehat{E}_j(p_1, ..., p_m) \qquad (j = 1, ..., m) \, . \tag{5-54}$$

Les pseudo-fonctions globales donnent en chaque point de l'ensemble des prix la somme des demandes nettes que dégagent les fonctions limitées appropriées des consommateurs et des entrepreneurs individuels.

La continuité des deux ensembles de fonctions globales découle de la continuité des fonctions individuelles correspondantes. Les deux ensembles satisfont la loi de Walras. La propriété suivante des pseudo-fonctions globales est importante pour démontrer leur existence. E_j est positive et finie si $p_j = 0$.

Existence de prix d'équilibre (¹).

En général, il existe une position d'équilibre général s'il y a au moins un point de l'ensemble des prix normalisés tel que :

$$E_j = 0 \quad \text{si} \quad p_j > 0 \qquad \text{et} \qquad E_j \leqslant 0 \quad \text{si} \quad p_j = 0 \qquad (j = 1, ..., m).$$

Pour simplifier les notations, notons un point de l'ensemble normalisé des prix :

$$\mathbf{p} = (p_1, ..., p_m).$$

L'ensemble des prix normalisés est fermé, borné et convexe. Lorsque $m = 2$, l'ensemble est une droite allant du point (1, 0) au point (0, 1). Lorsque $m = 3$, c'est un triangle. Pour démontrer l'existence d'un équilibre, on commence par construire une transformation convenable qui fait correspondre l'ensemble des prix normalisés à lui-même. On montre ensuite qu'elle a un point fixe et que ce point fixe définit un équilibre général.

Définissons m fonctions :

$$g_j(\mathbf{p}) = \max\left[p_j + \hat{E}_j(\mathbf{p})\,;\, 0{,}5\, p_j\right] > 0 \qquad j = 1, ..., m. \tag{5-55}$$

D'après (5-49), les prix ne peuvent être négatifs, de plus un prix nul implique une demande nette positive, il s'ensuit donc que les fonctions définies par (5-55) ont toujours des valeurs positives. Soit :

$$h(\mathbf{p}) = \sum_{j=1}^{m} g_j(\mathbf{p}) > 0. \tag{5-56}$$

Comme $h(\mathbf{p})$ est toujours positif, on peut toujours diviser par $h(\mathbf{p})$ et on peut définir m nouvelles fonctions telles que :

$$f_j(\mathbf{p}) = g_j(\mathbf{p})/h(\mathbf{p}) > 0 \qquad j = 1, ..., m. \tag{5-57}$$

Ces définitions définissent une transformation continue. La continuité de la transformation découle de (5-55) et (5-56). Comme :

$$\sum_{j=1}^{m} f_j(\mathbf{p}) = \left(\sum_{j=1}^{m} g_j(\mathbf{p})\right) \Big/ h(\mathbf{p}) = 1$$

d'après (5-56), les points-images satisfont les définitions de l'ensemble des prix normalisés et la transformation (5-57) fait correspondre cet ensemble à lui-même. Il découle du théorème du point fixe de Brouwer que l'ensemble normalisé contient au moins un point $\mathbf{p}^*$ tel que :

$$p_j^* = f_j(\mathbf{p}^*) = g_j(\mathbf{p}^*)/h(\mathbf{p}^*) > 0 \qquad j = 1, ..., m. \tag{5-58}$$

(¹) La forme générale de la démonstration de l'existence nous a été suggérée par J. C. Kemeny et J. L. Snell *Mathematical Methods in the Social Sciences* (Boston : Ginn, 1962), pp. 38-39.

Toutes les cimposantes de $\mathbf{p}^*$ sont positives puisque (5-58) est un cas particulier de (5-57). Il reste à démontrer que toutes les demandes nettes sont nulles en un point défini par (5-58) avant que l'on puisse conclure qu'un tel point constitue un point d'équilibre général.

Si chacun des $g_j(\mathbf{p}^*)$ était égal à sa limite inférieure, soit 0,5 p_j^*, la somme $h(\mathbf{p}^*)$ serait égale à sa limite inférieure, 0,5, d'après (5-55) et (5-49). Si l'un des $g_j(\mathbf{p}^*)$ est supérieur à 0,5 p_j^*, $h(\mathbf{p}^*)$ sera supérieur à 0,5. Si tous les $g_j(\mathbf{p}^*) = 0{,}5\ p_j^*$, il découle de (5-55) que tous les $\widehat{E}_j(\mathbf{p}^*) < 0$. Ce qui implique que

$$\sum_{j=1}^{m} p_j^* \, \widehat{E}_j(\mathbf{p}^*) < 0 \, ,$$

ce qui est contraire à la loi de Walras. On ne peut donc avoir $g_j(\mathbf{p}^*) = 0{,}5\, p_j^*$ pour tous les j. Supposons maintenant que cela soit vrai pour certains j. Alors d'après (5-58) :

$$p_j^* = g_j(\mathbf{p}^*)/h(\mathbf{p}^*) = 0{,}5\ p_j^*/h(\mathbf{p}^*) < p_j^*$$

puisque $h(\mathbf{p}^*) > 0{,}5$, mais c'est aussi contradictoire. Il suit donc de (5-55) et (5-58) que :

$$p_j^* = \frac{p_j^* + \widehat{E}_j(\mathbf{p}^*)}{h(\mathbf{p}^*)} \qquad j = 1, \ldots, m \, . \tag{5-59}$$

Multiplions les deux membres de la j-ième équation de (5-59) par $\widehat{E}_j(\mathbf{p}^*)$ et faisons la somme des m équations qui résultent de cette multiplication :

$$\sum_{j=1}^{m} p_j^* \, \widehat{E}_j(\mathbf{p}^*) = \frac{\sum_{j=1}^{m} p_j^* \, \widehat{E}_j(\mathbf{p}^*) + \sum_{j=1}^{m} [\widehat{E}_j(\mathbf{p}^*)]^2}{h(\mathbf{p}^*)} \, .$$

Il résulte de la loi de Walras que le premier membre et le premier terme du numérateur du second membre de l'équation sont nuls ; donc :

$$\sum_{j=1}^{m} [\widehat{E}_j(\mathbf{p}^*)]^2 = 0 \, .$$

Une somme de carrés ne peut être nulle que si tous les termes de la somme sont nuls, il en résulte donc que $\widehat{E}_j(\mathbf{p}^*) = 0$ pour tout j et que le point fixe $\mathbf{p}^*$ est un système de prix d'équilibre. Comme tous les prix d'équilibre sont positifs les équations du type (5-53) représentent les fonctions globales de demande nette, tandis que (5-48) et (5-51) représentent les demandes nettes individuelles. Le niveau de consommation de tous les biens consommés par tous les consommateurs est positif et fini. Les niveaux d'input et d'output sont positifs et finis pour toutes les entreprises.

La construction pesante des pseudo-demandes nettes pour des prix nuls a servi à montrer que les conditions imposées aux fonctions d'utilité individuelles et aux fonctions de production permettent d'avoir toujours des prix d'équilibre positifs. Si l'on n'avait pas pris le soin de traiter du cas où les prix sont nuls, il n'aurait pas été possible de définir une transformation de l'ensemble *fermé* des prix normalisés (5-49) ni d'appliquer le théorème du point fixe de Brouwer.

Autres théorèmes d'existence.

Nous avons montré l'existence d'un équilibre dans le cas d'une économie concurrentielle où les fonctions d'utilité et de production individuelles sont continues, ont des dérivées partielles du premier et du second ordre continues et obéissent à certaines conditions. Comme toutes les autres démonstrations traitant de l'existence, cette démonstration repose sur un raisonnement montrant la suffisance plutôt que la nécessité. Tous les systèmes qui respectent les conditions posées possèdent un point d'équilibre, mais il y a des systèmes possédant des points d'équilibre qui ne les respectent pas. Certains auteurs ont fait appel à des mathématiques d'un niveau plus difficile pour formuler des démonstrations d'existence qui s'appuient sur des conditions moins strictes (1).

Gérard Debreu (2) a formulé l'un des théorèmes d'existence les plus complets et les plus généraux. On en donnera un aperçu approximatif ici. La démonstration s'appuie sur les ensembles de points plutôt que sur des fonctions. Debreu utilise le théorème du point fixe de Kakutani qui est une généralisation du théorème de Brouwer (la transformation fait correspondre un point à un ensemble au lieu de faire correspondre un point à un point). On définit l'ensemble de consommation du i-ième consommateur comme l'ensemble de tous les points possibles représentant des niveaux de consommation des biens (valeurs non négatives) et des stocks (valeurs non positives). On suppose que chaque ensemble de consommation : (1) est fermé, convexe et borné inférieurement, (2) ne renferme aucun point de saturation et (3) contient une combinaison inférieure strictement aux stocks initiaux détenus par le consommateur. Les hypothèses relatives aux préférences du consommateur reposent sur des ordonnancements. Une combinaison optimale de biens pour un système de prix donnés n'a pas besoin d'être unique.

Les entrepreneurs peuvent produire plus d'un bien. Les outputs sont affectés de valeurs positives et les inputs de valeurs négatives. On suppose que les entrepreneurs peuvent n'utiliser aucun input et rester oisifs. Les autres hypothèses de Debreu relatives à la production concernent l'économie tout entière plutôt que les entrepreneurs individuels. On définit l'ensemble global de production comme l'ensemble de toutes les combinaisons possibles d'input et d'output. Cet ensemble est convexe et fermé. Il ne peut donc y avoir de rendements croissants pour le système économique dans

(1) On trouvera dans James Quirk et Rubin Saposnik, *Introduction to General Equilibrium Theory and Welfare Economics* (New York : Mc Graw Hill, 1968), chap. 3, un excellent résumé des hypothèses que posent différents auteurs.

(2) *Theory of Value* (New York : Wiley, 1959). Edition française : *Théorie de la Valeur* (Dunod, Paris, 1966).

son ensemble, mais il peut y en avoir pour les entreprises individuelles. On peut se procurer gratuitement des inputs. On suppose la production irréversible, c'est-à-dire que les inputs ne peuvent pas être produits avec des outputs. Tous les systèmes concurrentiels qui satisfont les hypothèses de Debreu ont au moins un point d'équilibre. Il existe cependant des systèmes qui ne respectent pas l'une ou l'autre des conditions de Debreu et qui, pourtant, ont des points d'équilibre.

Applications empiriques.

Le fait de savoir que des systèmes à plusieurs marchés, abstraits, ont des solutions d'équilibre est d'une utilité limitée en ce qui concerne les études empiriques. Un système élémentaire comprenant 2 biens primaires, 50 biens produits, 10 000 consommateurs et 2 000 entreprises comprend plus de 600 000 fonctions de demande nette individuelles. Il n'est pas possible d'obtenir la solution numérique de systèmes de cette taille, même si l'on pouvait réunir les données nécessaires. S'il veut faire une application pratique, l'économiste doit se limiter à une version simplifiée de l'analyse de l'équilibre partiel ou à une version encore plus simplifiée de l'analyse de l'équilibre général.

5.5 STABILITÉ ET UNICITÉ.

Après avoir prouvé l'existence d'un équilibre, on peut se demander à quelles conditions un système reviendra à sa position d'équilibre après s'en être écarté, et à quelles conditions un système n'aura qu'un point d'équilibre.

On peut faire plusieurs remarques à propos de la stabilité et de l'unicité de l'équilibre de systèmes qui obéissent aux hypothèses générales envisagées dans la section précédente. Jusqu'à maintenant, on n'a pas pu aller très loin en ce qui concerne les systèmes qui obéissent aux hypothèses relativement souples du théorème d'existence de Debreu.

L'étude de la stabilité offrant certains repères à l'étude de l'unicité, nous commencerons par étudier la stabilité de l'équilibre.

Les effets d'une perturbation, se produisant sur un marché, sur les équilibres des autres marchés sont ignorés au paragraphe 4.8. suivant en cela les hypothèses de l'analyse de l'équilibre partiel. Une analyse d'équilibre général entraîne une reconnaissance explicite de la dépendance naturelle de tous les marchés. La demande nette relative à chaque bien est fonction des prix de tous les biens. Une perturbation sur un marché fera sortir les autres marchés de leur position d'équilibre. La stabilité d'un marché unique dépend des ajustements faisant suite aux perturbations induites sur les autres marchés. Dans cette section, nous allons étendre au cas de plusieurs marchés les conditions de stabilité, à la fois statiques et dynamiques, d'un marché unique. Les conditions statiques sont souvent appelées les conditions *Hicksiennes* en l'honneur de celui qui les a formulées, J. R. Hicks. Nous utiliserons les hypothèses de comportement Walrasiennes (voir Par. 4.8) tout au long de la présente section.

La stabilité statique.

Revenons au cas où la monnaie n'est pas introduite explicitement dans le système d'équilibre général. Supposons que Q_1 sert de numéraire et identifions son prix à l'unité.

La condition de stabilité d'un système de deux marchés est la même que la condition pour un marché unique. Il n'y a qu'une équation indépendante et il n'y a qu'un prix variable : $E_1 = E_1(p_2)$ et $E_2 = E_2(p_2)$. La contrainte budgétaire globale, $E_1 + p_2 E_2 = 0$, est toujours satisfaite. Une modification de la condition d'équilibre pour Q_2, telle que $E_2 \neq 0$, implique nécessairement une modification de la condition d'équilibre pour Q_1 telle que $dE_1 + p_2 \, dE_2 = 0$. Les différentielles dE_1 et dE_2, et donc les dérivées dE_1/dp_2 et dE_2/dp_2, doivent être de signes opposés sauf dans le cas trivial où elles sont nulles toutes les deux. L'équilibre est stable, selon l'hypothèse statique Walrasienne, si $dE_2/dp_2 < 0$ (ou de façon équivalente, si $dE_1/dp_2 > 0$). Si l'équilibre se rétablit sur le marché de Q_2, l'équilibre se rétablit automatiquement sur le marché du numéraire, c'est-à-dire que si E_2 est nulle, E_1 doit aussi être nulle. Les seuls problèmes de la stabilité sur plusieurs marchés ne se posent que pour des systèmes avec trois marchés dépendants ou plus.

Si $\partial E_k/\partial p_j \neq 0$, un déplacement de l'équilibre sur le marché de Q_j produira un déplacement de l'équilibre sur le marché de Q_k. La stabilité Walrasienne pour un marché isolé requiert que $\partial E_j/\partial p_j < 0$, où $\partial E_j/\partial p_j$ est une dérivée partielle, tous les autres prix étant supposés demeurer inchangés. Pour une analyse relative au cas de plusieurs marchés, on doit utiliser la dérivée totale dE_j/dp_j. Sa valeur peut être calculée avec un certain nombre d'hypothèses différentes concernant l'adaptation des autres marchés. Une possibilité est de supposer que l'équilibre se rétablit sur tous les marchés autres que ceux de Q_j et du *numéraire* [1]. Il y a de nombreux modèles d'adaptation des prix possibles autres que le cas d'inélasticité totale où aucun des $(m - 2)$ autres marchés ne s'adapte et le cas d'élasticité totale où ils s'adaptent tous. En général on peut imaginer un système avec M prix « rigides » qui ne changeront pas de leurs valeurs d'équilibre initiales pendant la période considérée et où M peut être tout nombre de 1 à $(m - 1)$. Le prix du numéraire est toujours rigide par définition.

Les conditions de stabilité les plus strictes pour le marché de $Q_j (j \neq 1)$ requièrent que la dérivée totale dE_j/dp_j soit négative pour toutes les combinaisons possibles de prix rigides et flexibles. Le marché de Q_j est parfaitement stable d'après la définition Hicksienne si $dE_j/dp_j < 0$ avec les conditions suivantes : (1) si tous les $(m - 1)$ prix autres que p_j sont rigides, (2) si $(m - 2)$ prix sont rigides mais p_h est élastique et s'adapte de façon que $E_h = 0$, (3) si $(m - 3)$ prix sont rigides mais p_h et p_k sont élastiques et s'adaptent de façon que $E_h = 0$ et $E_k = 0$, et ainsi de suite jusqu'au cas final où les prix de tous les biens autres que le numéraire sont élastiques. Le système global est parfaitement stable si les $(m - 1)$ marchés de biens autres que le numéraire sont parfaitement stables.

(1) Etant donné que la contrainte budgéraire globale est toujours remplie, $p_j E_j + E_1 = 0$ si Q_1 est le numéraire. La variation de la condition d'équilibre pour le numéraire fournit le « jeu » nécessaire pour permettre à la demande nette en Q_j de garder une valeur différente de zéro.

Les fonctions de demande nette pour un système avec m biens sont :

$$E_j = E_j(p_2, ..., p_m) \qquad (j = 2, ..., m)\,. \tag{5-60}$$

On peut omettre la fonction de demande nette du numéraire étant donné qu'on peut la déduire des $(m - 1)$ autres. Les effets des changements de prix sur les demandes nettes sont calculés par la différentiation totale de (5-60)

$$\begin{aligned} \mathrm{d}E_2 &= b_{22}\,\mathrm{d}p_2 + b_{23}\,\mathrm{d}p_3 + \cdots + b_{2m}\,\mathrm{d}p_m \\ \mathrm{d}E_3 &= b_{32}\,\mathrm{d}p_2 + b_{33}\,\mathrm{d}p_3 + \cdots + b_{3m}\,\mathrm{d}p_m \\ &\cdots\cdots\cdots\cdots\cdots\cdots \\ \mathrm{d}E_m &= b_{m2}\,\mathrm{d}p_2 + b_{m3}\,\mathrm{d}p_3 + \cdots + b_{mm}\,\mathrm{d}p_m \end{aligned} \tag{5-61}$$

où $b_{jk} = \partial E_j/\partial p_k$. Etant donné que b_{jk} peut être supposé constant au voisinage immédiat du point d'équilibre, (5-61) constitue un système de $(m - 1)$ variables $(\mathrm{d}p_2, ..., \mathrm{d}p_m)$. Les coefficients de (5-61) forment le jacobien (voir Par. A-3) de $(E_2, ..., E_m)$ par rapport à $(p_2, ..., p_m)$.

Considérons le cas où l'équilibre se déplace sur le marché de Q_j et où tous les autres prix sont rigides. Portons $\mathrm{d}p_k = 0$ (pour $k = 2, ..., m$ et $j \neq k$) dans (5-61) ; la $(j - 1)$-ième équation devient (1) :

$$\mathrm{d}E_j = b_{jj}\,\mathrm{d}p_j\,.$$

En divisant par $\mathrm{d}p_j$, la première condition pour la stabilité parfaite du marché de Q_j est :

$$\mathrm{d}E_j/\mathrm{d}p_j = b_{jj} < 0\,. \tag{5-62}$$

La condition (5-62) est identique à la condition de stabilité d'un marché isolé. La stabilité parfaite pour le système global requiert que (5-62) soit valable pour $j = 2, ..., m$ et ainsi la première condition de stabilité parfaite implique la stabilité isolée de chaque marché du système.

Considérons maintenant le cas où l'équilibre se déplace sur le marché de Q_j, où p_h s'adapte, et où tous les autres prix sont rigides. En portant $\mathrm{d}E_h = 0$ et $\mathrm{d}p_k = 0$ (pour $k \neq j, h$) dans (5-61), les équations pour Q_j et Q_h deviennent :

$$\begin{aligned} \mathrm{d}E_j &= b_{jj}\,\mathrm{d}p_j + b_{jh}\,\mathrm{d}p_h \\ 0 &= b_{hj}\,\mathrm{d}p_j + b_{hh}\,\mathrm{d}p_h\,. \end{aligned}$$

(1) Un déplacement de l'équilibre sur le marché de Q_j produira des déplacements d'équilibre sur les autres marchés. Les autres équations de (5-61) deviennent :

$$\mathrm{d}E_k = b_{kj}\,\mathrm{d}p_j\,.$$

Puisque les autres prix sont supposés rigides, ces déplacements ne réagiront pas sur les demandes nettes en Q_j et des demandes nettes non nulles continueront d'exister sur les autres marchés.

En utilisant la règle de Cramer pour résoudre en dp_j,

$$dp_j = \frac{\begin{vmatrix} dE_j & b_{jh} \\ 0 & b_{hh} \end{vmatrix}}{\begin{vmatrix} b_{jj} & b_{jh} \\ b_{hj} & b_{hh} \end{vmatrix}} = dE_j \frac{b_{hh}}{\begin{vmatrix} b_{jj} & b_{jh} \\ b_{hj} & b_{hh} \end{vmatrix}}.$$

En divisant par le terme constant de droite et par dp_j, la seconde condition pour la stabilité parfaite du marché Q_j est

$$\frac{dE_j}{dp_j} = \frac{\begin{vmatrix} b_{jj} & b_{jh} \\ b_{hj} & b_{hh} \end{vmatrix}}{b_{hh}} < 0. \tag{5-63}$$

La stabilité parfaite du marché de Q_h requiert que le dénominateur de (5-63) soit négatif. Dans la stabilité parfaite pour le système global impose que le numérateur de (5-63) soit positif.

Enfin, considérons le cas où l'équilibre se déplace sur le marché de Q_j, où p_h et p_i s'adaptent et où les autres prix sont rigides. En portant $dE_h = dE_i = 0$ et $dp_k = 0$ pour les autres prix dans (5-61), les équations correspondantes deviennent :

$$\begin{aligned} dE_j &= b_{jj}\,dp_j + b_{jh}\,dp_h + b_{ji}\,dp_i \\ 0 &= b_{hj}\,dp_j + b_{hh}\,dp_h + b_{hi}\,dp_i \\ 0 &= b_{ij}\,dp_j + b_{ih}\,dp_h + b_{ii}\,dp_i . \end{aligned}$$

D'où, en utilisant la règle de Cramer pour résoudre en dp_j :

$$dp_j = \begin{vmatrix} dE_j & b_{jh} & b_{ji} \\ 0 & b_{hh} & b_{hi} \\ 0 & b_{ih} & b_{ii} \end{vmatrix} : \begin{vmatrix} b_{jj} & b_{jh} & b_{ji} \\ b_{hj} & b_{hh} & b_{hi} \\ b_{ij} & b_{ih} & b_{ii} \end{vmatrix}.$$

En développant le numérateur par rapport à sa première colonne et en résolvant en dE_j/dp_j, la troisième condition pour la stabilité parfaite du marché de Q_j est :

$$dE_j/dp_j = \begin{vmatrix} b_{jj} & b_{jh} & b_{ji} \\ b_{hj} & b_{hh} & b_{hi} \\ b_{ij} & b_{ih} & b_{ii} \end{vmatrix} : \begin{vmatrix} b_{hh} & b_{hi} \\ b_{ih} & b_{ii} \end{vmatrix} < 0. \tag{5-64}$$

En remplaçant (respectivement) $j = h$ et $h = i$ dans la condition (5-63), la stabilité parfaite du marché de Q_h requiert que le dénominateur de (5-64) soit positif. Donc, la stabilité parfaite du système global requiert que le numérateur de (5-64) soit négatif.

La stabilité parfaite du système global requiert que les déterminants Jacobiens d'ordres $[1, 2, 3, \ldots, (m-1)]$:

$$b_{jj}, \quad \begin{vmatrix} b_{jj} & b_{jh} \\ b_{hj} & b_{hh} \end{vmatrix}, \quad \begin{vmatrix} b_{jj} & b_{jh} & b_{ji} \\ b_{hj} & b_{hh} & b_{hi} \\ b_{ij} & b_{ih} & b_{ii} \end{vmatrix}, \ldots$$

soient alternativement négatifs et positifs pour toutes les valeurs de j, h, i, ...

Les conditions de la stabilité parfaite sont plus fortes qu'il n'est nécessaire pour l'étude de nombreux systèmes de marché multiple. Si le système ne contient pas de prix rigides, la seule valeur convenable pour dE_j/dp_j est celle calculée avec l'hypothèse que les $(m - 2)$ autres marchés s'adaptent. En suivant le procédé de calcul esquissé ci-dessus, le marché de Q_2 est stable si

$$dE_2/dp_2 = \mathbf{B}/\mathbf{B}_{22} < 0 \qquad (5\text{-}65)$$

où $\mathbf{B}$ est le déterminant Jacobien du système complet donné par (5-61) et $\mathbf{B}_{22}$ le cofacteur de b_{22}. Dans la terminologie Hicksienne, le système global est *imparfaitement stable* si une condition semblable à (5-65) est valable pour tous les biens autres que le *numéraire*. Il est intéressant de remarquer que la stabilité imparfaite n'implique pas nécessairement la stabilité isolée de chaque marché.

Considérons les fonctions de demande nette suivantes pour des systèmes de trois biens :

$$(1)\ E_2 = -2p_2 + 3p_3 - 5, \qquad E_3 = 4p_2 - 8p_3 + 16,$$
$$(2)\ E_2 = 2p_2 - 3p_3 + 5, \qquad E_3 = -4p_2 + 4p_3 - 4,$$
$$(3)\ E_2 = 2p_2 + 3p_3 - 13, \qquad E_3 = 4p_2 - 8p_3 + 16.$$

Les prix d'équilibre sont $p_2 = 2$ et $p_3 = 3$ pour les trois exemples, le système (1) satisfait toutes les conditions de la stabilité parfaite :

$$\frac{dE_2}{dp_2} = \frac{\partial E_2}{\partial p_2} = -2 < 0, \qquad \frac{dE_2}{dp_2} = \frac{\begin{vmatrix} -2 & 3 \\ 4 & -8 \end{vmatrix}}{-8} = -0{,}5 < 0,$$

$$\frac{dE_3}{dp_3} = \frac{\partial E_3}{\partial p_3} = -8 < 0, \qquad \frac{dE_3}{dp_3} = \frac{\begin{vmatrix} -2 & 3 \\ 4 & -8 \end{vmatrix}}{-2} = -2 < 0.$$

Le système (2) ne satisfait pas les conditions de la stabilité parfaite mais satisfait les conditions de la stabilité imparfaite :

$$\frac{dE_2}{dp_2} = \frac{\begin{vmatrix} 2 & -3 \\ -4 & 4 \end{vmatrix}}{4} = -1 < 0, \qquad \frac{dE_3}{dp_3} = \frac{\begin{vmatrix} 2 & -3 \\ -4 & 4 \end{vmatrix}}{2} = -2 < 0.$$

Les marchés des deux biens Q_2 et Q_3 sont instables quand on les considère isolément mais le système global est stable si les deux prix s'adaptent. Le système (3) ne satisfait les conditions ni de la stabilité parfaite ni de la stabilité imparfaite.

La stabilité dynamique avec adaptation retardée.

Les conditions de la stabilité dynamique d'un système de plusieurs marchés avec adaptation retardée constituent une généralisation de la condition de stabilité dynamique d'un marché unique avac adaptation avec retard, exposée au paragraphe 4.8.

On explicite la loi de variation des prix et on étudie l'évolution dans le temps des prix, après perturbation. On peut introduire de nombreux types de processus différents d'adaptation dynamique pour décrire le comportement des participants à des systèmes particuliers. En général, un équilibre général est dynamiquement stable si chaque prix tend vers son niveau d'équilibre au cours du temps, après un léger déplacement à partir de l'équilibre, c'est-à-dire si :

$$\lim_{t \to \infty} p_{jt} = p_j^e \qquad (j = 2, ..., m)$$

où p_{jt} est le prix de Q_j à l'instant t et p_j^e le prix d'équilibre de Q_j.

Une grande partie des mathématiques nécessaires pour un développement complet de la stabilité dynamique sort du cadre de ce livre, mais on peut indiquer la nature générale de l'analyse avec l'aide d'un exemple linéaire pour un système à trois biens :

$$\begin{aligned} E_{2t} &= a_{22} p_{2t} + a_{23} p_{3t} + a_{20} \\ E_{3t} &= a_{32} p_{2t} + a_{33} p_{3t} + a_{30} . \end{aligned} \tag{5-65}$$

On peut calculer les prix d'équilibre en annulant E_{2t} et E_{3t} et en résolvant en p_{2t} et p_{3t} :

$$p_2^e = \frac{a_{23} a_{30} - a_{33} a_{20}}{a_{22} a_{33} - a_{23} a_{32}}, \qquad p_3^e = \frac{a_{32} a_{20} - a_{22} a_{30}}{a_{22} a_{33} - a_{23} a_{32}}. \tag{5-66}$$

Supposons que les lois dynamiques d'adaptation des prix soient données par les équations linéaires :

$$\begin{aligned} p_{2,t+1} - p_{2t} &= kE_{2t} \\ p_{3,t+1} - p_{3t} &= kE_{3t} \end{aligned} \tag{5-67}$$

où $k > 0$ est la « vitesse d'adaptation », c'est-à-dire la variation (positive ou négative) du prix pour une unité de demande nette. Le processus d'adaptation de prix qui est décrit par (5-67) suit les hypothèses de comportement Walrasiennes. Une demande nette positive signifie que les acheteurs désirent acquérir plus qu'il n'est offert au prix courant. La concurrence entre acheteurs conduira alors à une augmentation du prix. Une demande nette négative signifie que les vendeurs offrent plus que les acheteurs désirent acquérir au prix courant. La concurrence entre vendeurs conduira alors à une diminution de prix. Aucun prix ne changera si les deux marchés sont en équilibre, c'est-à-dire si la demande nette en chaque bien est nulle. La « vitesse d'adaptation » n'a pas besoin d'être la même pour les deux marchés, mais on ne perd aucune généralité en supposant qu'elle l'est puisque les unités mesurant les biens sont arbitraires.

Portons les valeurs des demandes nettes de (5-65) dans (5-67) et écrivons les équations sous forme implicite :

$$\begin{aligned} p_{2,t+1} - (1 + ka_{22}) p_{2t} - ka_{23} p_{3t} - ka_{20} &= 0 \\ p_{3,t+1} - (1 + ka_{33}) p_{3t} - ka_{32} p_{2t} - ka_{30} &= 0 . \end{aligned} \tag{5-68}$$

Résolvons la seconde équation de (5-68) en p_{2t} :

$$p_{2t} = \frac{1}{ka_{32}} p_{3,t+1} - \frac{1 + ka_{33}}{ka_{32}} p_{3t} - \frac{a_{30}}{a_{32}}. \tag{5-69}$$

Portons maintenant les valeurs de p_{2t} et $p_{2,t+1}$ données par (5-57) dans la première équation de (5-68) :

$$p_{3,t+2} + \alpha_3 p_{3,t+1} + \beta_3 p_{3t} + \gamma_3 = 0 \tag{5-70}$$

où :

$$\alpha_3 = -(2 + ka_{33} + ka_{22}),$$
$$\beta_3 = 1 + ka_{33} + ka_{22} + k^2 a_{22} a_{33} - k^2 a_{23} a_{32},$$
$$\gamma_3 = k^2 a_{22} a_{30} - k^2 a_{32} a_{20}.$$

L'évolution dans le temps du prix de Q_3 est décrite par une équation aux différences du second ordre non homogène à coefficients constants. La solution de (5-70) (voir Par. A-5) est :

$$p_{3t} = A_3 \sigma_{31}^t + B_3 \sigma_{32}^t + \frac{a_{32} a_{20} - a_{22} a_{30}}{a_{22} a_{33} - a_{23} a_{32}} \tag{5-71}$$

où σ_{31} et σ_{32} sont les racines de l'équation homogène associée à (5-70), et où A_3 et B_3 sont des constantes déterminées par les conditions initiales. Le terme constant de (5-71) est le prix d'équilibre de Q_3 tel qu'il est donné par (5-66) [1].

L'évolution dans le temps de p_{2t} peut être décrite par une équation semblable à (5-71). En remplaçant le terme constant de (5-71) par p_3^e et en écrivant une équation semblable pour le prix de Q_2, on obtient :

$$p_{2t} = A_2 \sigma_{21}^t + B_2 \sigma_{22}^t + p_2^e$$
$$p_{3t} = A_3 \sigma_{31}^t + B_3 \sigma_{32}^t + p_3^e. \tag{5-72}$$

Le système est dynamiquement stable et p_{2t} et p_{3t} tendront vers leurs valeurs d'équilibre au cours du temps si $-1 < \sigma_{ij} < 1$ ($i = 2, 3$ et $j = 1, 2$). Les valeurs absolues des racines des équations homogènes associées à (5-70) et à l'équation correspondante pour Q_2, doivent être inférieures à l'unité.

Les racines σ_{ij} et donc la stabilité dynamique dépendent de la « vitesse d'adaptation » aussi bien que les coefficients des équations de demande nette. La stabilité Hicksienne ne dépend que des valeurs des coefficients. Un système satisfaisant les conditions Hicksiennes de stabilité parfaite se révélera dynamiquement instable pour certaines valeurs de k. Considérons le système donné par

$$E_2 = -2p_2 + 3p_3 - 5,$$
$$E_3 = 4p_2 - 8p_3 + 16,$$

(1) Le lecteur pourra vérifier ceci en portant $p_{3t} = K$ dans (5-70) et en résolvant en K :

$$K + \alpha_3 K + \beta_3 K + \gamma_3 = 0.$$

dont nous avons démontré qu'il satisfaisait les conditions Hicksiennes de stabilité parfaite. Supposons que le processus d'adaptation dynamique soit décrit par (5-67). Pour cet exemple, (5-70) devient :

$$p_{3,t+2} + (10\,k - 2)\,p_{3,t+1} + (4\,k^2 - 10\,k + 1)\,p_{3t} - 12\,k^2 = 0\,.$$

Les racines de l'équation homogène sont :

$$\sigma_{31} = -\,0{,}41\,k + 1, \qquad \sigma_{32} = -\,9{,}58\,k + 1\,.$$

Etant donné que $k > 0$, σ_{31} et $\sigma_{32} < 1$ pour toutes les vitesses d'adaptation admissibles et le marché de Q_3 est dynamiquement stable si la valeur de k est telle que les deux racines soient supérieures à $-\,1$. Puisque $\sigma_{32} < \sigma_{31}$, la stabilité dynamique requiert que $\sigma_{32} > -\,1$, ou de façon équivalente $k < 0{,}21$. Si k était supérieur à 0,21, le marché de Q_3 serait caractérisé par une suradaptation de la part des acheteurs et des vendeurs et p_{3t} montrerait des fluctuations toujours croissantes autour de p_{3e}.

La stabilité dynamique avec adaptation continue.

On peut également étendre au cas d'un système de plusieurs marchés l'étude de la stabilité dynamique avec adaptation continue dans le cas d'un marché unique. Supposons que le premier des m biens soit encore le numéraire. Les équations d'adaptation dynamique sont :

$$\mathrm{d}p_j/\mathrm{d}t = k_j\,E_j(p_2, ..., p_m) \qquad j = 2, ..., m \tag{5-74}$$

avec $k_j > 0$, les k_j étant les vitesses d'adaptation des coefficients. Supposons que l'on ait défini des unités telles que tous les k_j soient égaux à l'unité.

La différentielle totale de la j-ième fonction de demande nette est :

$$\mathrm{d}E_j = \sum_{k=2}^{m} \frac{\partial E_j}{\partial p_k}\,\mathrm{d}p_k \qquad j = 2, ..., m\,.$$

On peut obtenir une valeur approchée semblable à celle obtenue en (4-56) pour un marché unique en remplaçant $\mathrm{d}E_j$ et $\mathrm{d}p_k$ par les différences $[E_j - E_{je}]$ et $[p_k - p_{ke}]$, c'est-à-dire par les écarts par rapport à l'équilibre ;

$$E_j \approx \sum_{k=2}^{m} \frac{\partial E_j}{\partial p_k}(p_k - p_{ke}) \qquad j = 2, ..., m \tag{5-75}$$

puisque $E_{je} = 0$. Remplaçons dans (5-74) :

$$\mathrm{d}p_j/\mathrm{d}t = b_{j2}\,p_2 + \cdots + b_{jm}\,p_m + c_j \qquad j = 2, ..., m \tag{5-76}$$

où les c_j sont des constantes qui dépendent des valeurs à l'équilibre des prix. On peut s'assurer de la stabilité locale de (5-74) en étudiant la solution de ce système d'équations linéaires différentielles simultanées. Une solution de (5-76) est de la forme [1] (voir Par. A-6) :

$$p_j = a_{j2}\, e^{\lambda_2 t} + \cdots + a_{jm}\, e^{\lambda_m t} + p_{je} \qquad j = 2, \ldots, m \tag{5-77}$$

les a_{jk} sont des coefficients qui dépendent des conditions initiales ; les λ_k sont les $(m - 1)$ racines du polynôme

$$\begin{vmatrix} b_{22} - \lambda & \ldots & b_{2m} \\ \ldots & \ldots & \ldots \\ b_{m2} & \ldots & b_{mm} - \lambda \end{vmatrix} = \beta_{m-1}\, \lambda^{m-1} + \cdots + \beta_1\, \lambda + \beta_0 = 0 \,. \tag{5-78}$$

L'évolution dans le temps des p_j les fait converger vers leurs valeurs d'équilibre, soit p_{je}, si les $(m - 1)$ racines de (5-78) sont toutes négatives ou ont une partie réelle négative.

En général la condition de stabilité Hicksienne n'est ni nécessaire, ni suffisante, pour qu'il y ait stabilité dynamique dans le cas d'un système avec adaptation continue. On a eu recours à des mathématiques difficiles pour démontrer des théorèmes sur les conditions de stabilité de (5-74) et d'équivalence entre la stabilité au sens de Hicks et la stabilité dynamique [2]. D'après un important théorème : *le système dynamique est localement stable et est stable au sens de Hicks, si tous les biens sont des substituts bruts par rapport à tous les vendeurs et tous les acheteurs,* c'est-à-dire si $b_{ii} < 0$ pour tous les i et $b_{ij} > 0$ pour tous les $j \neq i$.

Nous allons démontrer ce théorème dans le cas de trois biens. La condition Hicksienne de stabilité requiert que :

$$b_{22} < 0 \qquad b_{33} < 0 \qquad b_{22}\, b_{33} - b_{23}\, b_{32} > 0 \,. \tag{5-79}$$

Les deux premières inégalités de (5-79) découlent immédiatement de la substituabilité brute. Différentions totalement la contrainte de budget globale :

$$dE_1 + p_2\, dE_2 + E_2\, dp_2 + p_3\, dE_3 + E_3\, dp_3 = 0 \,.$$

Soit $dp_3 = 0$, puis $dp_2 = 0$:

$$b_{12} + p_2\, b_{22} + E_2 + p_3\, b_{32} = 0$$
$$b_{13} + p_2\, b_{23} + p_3\, b_{33} + E_3 = 0 \,.$$

(1) La forme de la solution de (5-77) est légèrement modifiée s'il y a au moins deux racines identiques. La condition de stabilité locale reste pourtant identique.

(2) On trouvera dans K. J. Arrow et L. Hurwicz, « On the Stability of Competitive Equilibrium, I » *Econometrica*, vol. 26 (octobre 1958), pp. 522-552, les principaux théorèmes de stabilité ainsi que dans K. J. Arrow, L. Hurwicz et H. D. Block, « On the Stability of Competitive Equilibrium, II », *ibidem*, vol. 27 (janvier 1959), pp. 82-109. Ces articles font appel à des mathématiques difficiles. On trouvera dans J. Quirk et R. Saposnik, *op. cité*, chap. 5, une discussion simplifiée de ces théorèmes et d'autres théorèmes de stabilité.

A l'équilibre $E_2 = E_3 = 0$:

$$p_2 b_{22} + p_3 b_{32} = -b_{12} < 0,$$
$$p_2 b_{23} + p_3 b_{33} = -b_{13} < 0,$$

et

$$-p_2 b_{22} > p_3 b_{32}, \qquad -p_3 b_{33} > p_2 b_{23}.$$

Comme les seconds membres de ces inégalités sont positifs par hypothèse, tous les termes sont positifs et en les multipliant :

$$p_2 p_3 b_{22} b_{33} > p_2 p_3 b_{23} b_{32}$$

soit la troisième inégalité de (5-79). La substituabilité brute implique donc la stabilité Hicksienne.

Dans le cas de trois biens, le polynôme de (5-78) s'écrit :

$$\lambda^2 + \beta_1 \lambda + \beta_0 = \lambda^2 - (b_{22} + b_{33}) \lambda + (b_{22} b_{33} - b_{23} b_{32}) = 0.$$

Comme β_1 et β_0 sont positifs, les deux racines sont négatives si elles sont réelles ; elles ont une partie réelle négative si elles sont complexes. Il découle donc de la substituabilité brute que le système dynamique est localement stable.

Un système est *globalement stable* s'il revient à sa position d'équilibre, quelle que soit l'importance de la perturbation. Il est facile d'étendre aux systèmes de plusieurs marchés, l'analyse de la stabilité globale d'un équilibre unique basée sur une fonction Liapunov (voir Par. 4.8). Définissons une fonction Liapunov, $V(t)$, comme étant la somme des carrés des distances des prix à leur valeur d'équilibre :

$$V(t) = \sum_{j=1}^{m} [p_j - p_{je}]^2. \tag{5-80}$$

La fonction possède les propriétés requises : elle est nulle si tous les prix sont des prix d'équilibre et positive si l'un des prix au moins n'est pas un prix d'équilibre. Un système est globalement stable si $dV(t)/dt < 0$ lorsque $p_j \neq p_e$.

A titre d'illustration, prouvons le théorème suivant : *un système qui possède un équilibre unique et satisfait l'Axiome faible de la théorie des préférences révélées* (voir Par. 2.8) *est globalement stable.* En différentiant (5.80), en introduisant E_j d'après (5-74) et en utilisant la loi de Walras :

$$\frac{dV(t)}{dt} = 2 \sum_{j=1}^{m} (p_j - p_{je}) \frac{dp_j}{dt} = 2 \sum_{j=1}^{m} (p_j - p_{je}) E_j = -2 \sum_{j=1}^{m} p_{je} E_j. \tag{5-81}$$

L'Axiome faible énoncé à propos des demandes nettes s'écrit :

$$\sum_{j=1}^{m} p_j E_{je} \leqslant \sum_{j=1}^{m} p_j E_j \quad \text{implique} \quad \sum_{j=1}^{m} p_{je} E_{je} < \sum_{j=1}^{m} p_{je} E_j \tag{5-82}$$

où les p_j sont tels que $p_j \neq p_{je}$ pour un j au moins et les E_j sont les demandes nettes correspondant à ces prix. Le premier membre de la première inégalité de (5-82) est nul puisque $E_{je} = 0$ pour tout j et le second membre de cette inégalité est nul d'après la loi de Walras. C'est donc l'égalité stricte qui se vérifie pour la première expression et la seconde inégalité de (5-82) est vérifiée. Le premier membre de la seconde inégalité est aussi nul. Donc :

$$\sum_{j=1}^{m} p_{je} E_j > 0$$

la dérivée de (5-81) est négative et le système est globalement stable.

Unicité.

La plupart des théorèmes d'existence établissent que des classes de systèmes d'équilibre général ont un ou plusieurs points d'équilibre. Les théorèmes d'unicité montrent que des sous-classes de ces systèmes ont un point d'équilibre unique. On peut généraliser la plupart des observations faites à propos de l'unicité dans le cas d'un marché unique (Par. 4.7) au cas de systèmes de plusieurs marchés. En général, si les dérivées totales dE_j/dp_j $(j = 2, ..., m)$ ne changent pas de signe, et ne s'annulent pas pour une valeur de p_j, il ne peut pas y avoir plus d'un point d'équilibre. Cette condition est une condition suffisante de l'unicité, mais n'est pas une condition nécessaire.

La figure 5-4 donne une illustration graphique d'un certain nombre de cas de systèmes de deux biens. En 5-4 *a*, $dE_2/dp_2 < 0$ tout au long de la courbe, mais il n'y a pas de point d'équilibre ; l'unicité n'a donc pas de zéro. Ce cas permet de voir qu'il est important de prouver d'abord l'existence de l'équilibre avant de chercher à démontrer l'unicité. En 5-4 *b*, $dE_2/dp_2 < 0$ en tout point, il y a un point d'équilibre

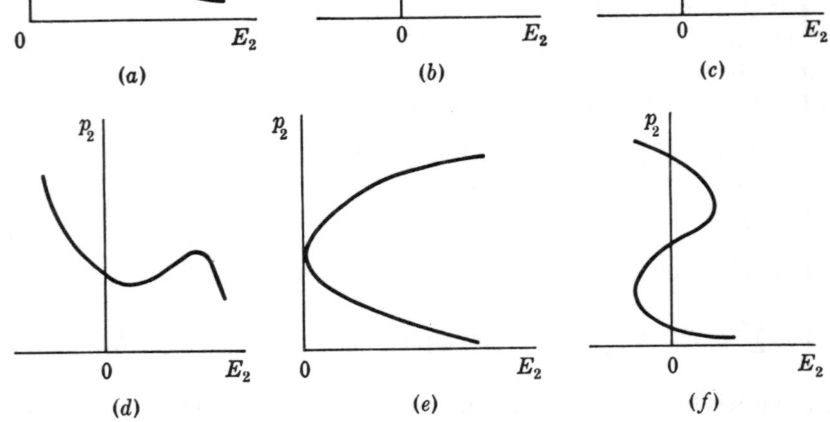

Fig. 5-4.

unique, globalement stable. En 5-4 *a*, $dE_2/dp_2 > 0$ en tout point, il y a un point d'équilibre unique, mais il est instable. Ce type de cas présente un intérêt limité en raison de leur instabilité. Les systèmes des figures 5-4 *d* et 5-4 *e* ont un point d'équilibre unique mais la condition $dE_2/dp_2 < 0$ n'est pas satisfaite. En 5-4 *f*, cette condition n'est pas respectée non plus, il y a aussi plusieurs points d'équilibre.

La stabilité au sens de Hicks (voir équations 5-62 à 5-65) requiert que $dE_j/dp_j < 0$ pour tous les j au voisinage de l'équilibre. Un système qui satisfait les conditions Hicksiennes de stabilité en tout point a une position d'équilibre unique. On peut donc prouver l'unicité en prouvant la stabilité au sens de Hicks pour tout point. On a montré dans le paragraphe précédent que la substituabilité brute dans le cas d'un système de trois biens impliquait la stabilité au sens de Hicks en tout point. Ainsi la substituabilité brute dans le cas d'un système de trois biens implique l'unicité de l'équilibre. On peut généraliser ce théorème au cas de m biens.

Si l'Axiome faible (5-82) est vérifié pour la demande nette globale, il est trivial de montrer l'unicité. Le raisonnement se fait *a contrario*. Supposons qu'il y ait deux points d'équilibre, et calculons (5-82) pour ces deux points. La première relation de (5-82) est satisfaite puisque $E_{je} = E_j = 0$. Pour la même raison, les deux membres de la seconde relation sont nuls ; on a donc $0 < 0$, ce qui est contradictoire.

5.6 RÉSUMÉ.

Une analyse d'équilibre général permet la détermination d'un ensemble cohérent de prix pour tous les biens. Dans un système d'échange pur, les individus sont dotés de stocks de biens. Chacun est libre d'acheter et de vendre des biens aux prix courants, compte tenu de sa contrainte budgétaire qui exprime que la valeur de ses ventes doit être égale à la valeur de ses achats. Des fonctions de demande nette individuelles sont déduites des conditions du premier ordre de la maximisation de l'utilité. Des fonctions globales sont obtenues en faisant la somme des fonctions individuelles de chaque bien. La somme des demandes nettes globales multipliées par les prix est identiquement nulle. Ce résultat se déduit des contraintes budgétaires individuelles et est connu sous le nom de *loi de Walras*. Toutes les fonctions individuelles, et donc les fonctions globales, sont homogènes de degré zéro par rapport aux prix. Le comportement du consommateur est déterminé par les taux d'échange au lieu des prix absolus. L'équilibre général exige que la demande nette relative à chaque bien soit nulle. Les m demandes nettes sont dépendantes fonctionnellement d'après la loi de Walras. La solution d'équilibre du système s'exprime donc en fonction des $(m - 1)$ taux d'échange des biens par rapport à un numéraire arbitrairement choisi.

Au second stade on introduit la production. On suppose que les stocks des consommateurs se composent de facteurs primaires qu'ils vendent généralement aux entrepreneurs de façon à pouvoir acheter les biens produits. Le consommateur reçoit en outre une part prédéterminée des pertes et des gains des entreprises. Les fonctions de demande nette en facteurs et en biens du consommateur sont déduites des conditions du premier ordre pour la maximisation de son utilité. Chaque entrepreneur utilise à la fois des facteurs et des biens comme inputs pour la production d'un seul bien.

Les fonctions de demande nette d'un entrepreneur relatives aux inputs sont déduites des conditions du premier ordre de maximisation du profit. La demande nette relative à son output est obtenue en portant les valeurs des inputs dans sa fonction de production. Les demandes nettes de l'entrepreneur sont aussi homogènes de degré zéro par rapport aux prix. Les fonctions de demande nette globales relatives à chaque facteur et chaque bien sont obtenues en faisant la somme des fonctions des consommateurs et entrepreneurs individuels. La loi de Walras se vérifie là encore pour les fonctions globales. On introduit l'hypothèse de symétrie et les demandes nettes globales deviennent des fonctions des prix et du nombre d'entreprises dans chaque secteur industriel.

L'équilibre de longue période exige que l'équilibre soit réalisé sur chaque marché et que le profit de l'entreprise représentative soit nul dans chaque industrie. A nouveau, une des équations d'équilibre est redondante, et on résout le système en calculant les taux d'échange et le nombre d'entreprises dans chaque industrie.

Les taux d'échange entre chaque couple de biens peuvent être déterminés à partir des taux d'échange par rapport au numéraire. Le numéraire peut servir de monnaie au sens de l'étalon de valeur. On peut poser son prix égal à un et exprimer tous les prix par rapport à l'unité de numéraire. On peut aussi « normaliser » les prix en écrivant que leur somme est égale à l'unité. Une monnaie de compte abstraite peut servir d'étalon de valeur. On peut introduire un papier-monnaie circulant et sa quantité déterminera le niveau des prix absolus si la loi de Say est interprétée comme une condition d'équilibre et si la monnaie est comprise dans les contraintes budgétaires. La quantité de monnaie ne peut pas déterminer le niveau des prix absolus si la loi de Say est interprétée comme une identité et si la monnaie est exclue des contraintes budgétaires.

La simple mise en équations d'un système d'équilibre général ne donne aucunement l'assurance qu'une solution d'équilibre existe. On peut examiner individuellement des systèmes numériques particuliers pour déterminer l'existence de solutions d'équilibre. Un théorème d'existence affirme que des systèmes qui remplissent un certain nombre de conditions générales possèdent des solutions d'équilibre. On démontre l'existence de fonctions de demande nettes sur un système à titre d'illustration. On utilise ensuite le théorème du point fixe de Brouwer pour montrer que le système possède au moins un ensemble de prix d'équilibre.

On esquisse ensuite les traits principaux du théorème d'existence de Debreu basé sur des hypothèses beaucoup moins contraignantes.

Les conditions, statiques et dynamiques, de la stabilité de l'équilibre général représentent une généralisation de la condition Walrasienne pour un marché unique. La stabilité parfaite au sens Hicksien requiert que les dérivées totales $\mathrm{d}E_j/\mathrm{d}p_j$ $(j = 2, ..., m)$ soient négatives pour toutes les combinaisons possibles de prix rigides et flexibles. La stabilité imparfaite requiert que les dérivées totales soient négatives avec l'hypothèse que tous les prix sont flexibles. Une analyse de la stabilité dynamique requiert un exposé explicite des lois d'adaptation des prix dans le temps. Un système d'équilibre général est dynamiquement stable, si après perturbation, tous les prix tendent vers leurs valeurs d'équilibre au cours du temps. La stabilité dynamique d'un système avec adaptation retardée dépend de la vitesse avec laquelle l'adaptation se fait et de la forme des fonctions de demande nette. La stabilité dynamique et la stabilité Hicksienne s'impliquent mutuellement dans le cas d'un système avec adaptation continue si tous les biens sont des substituts du point de vue du marché global. Un système possédant un équilibre unique est globalement stable si les fonctions de demande nette satisfont l'Axiome faible de la théorie des préférences révélées. Si un système possède une solution d'équilibre satisfaisant les conditions Hicksiennes de stabilité parfaite, cette solution d'équilibre est unique. L'Axiome faible implique aussi l'unicité.

EXERCICES

5.1 Soit une économie concurrentielle d'échange pur à deux personnes et deux biens. Les fonctions d'utilité des consommateurs sont :

$$U_1 = q_{11}\,q_{12} + 12\,q_{11} + 3\,q_{12} \qquad \text{et} \qquad U_2 = q_{21}\,q_{22} + 8\,q_{21} + 9\,q_{22}\,.$$

Le consommateur I a pour stocks initiaux 8 unités de Q_1 et 30 unités de Q_2 : le consommateur II a 10 unités de chacun des biens. Déterminer les fonctions de demande nette des deux consommateurs. Déterminer le rapport des prix d'équilibre de ce système.

5.2 Construire mathématiquement les courbes d'offre en les déduisant des conditions du premier ordre des consommateurs de l'exercice 5.1. Montrer que le rapport d'équilibre de 5.1 est compatible avec ces deux courbes d'offre.

5.3 Déduire les fonctions de demande nette d'input et d'output de la firme représentative dont la fonction de production est :

$$\bar{q}_{hj} = (q^*_{hj1})^{\alpha}\,(q_{hj2})^{\beta} \qquad \text{avec} \qquad \alpha, \beta > 0 \qquad \text{et} \qquad \alpha + \beta < 1\,.$$

5.4 Soit une économie d'échange pur dans laquelle deux biens sont échangés par deux individus contre de l'argent. Les fonctions d'utilité sont

$$U_1 = q_{11}\,q_{12}^{1/2} \qquad \text{et} \qquad U_2 = q_{21}\,q_{22}^{1/2}\,.$$

Le consommateur I a pour stocks initiaux 30 unités de Q_1, 5 unités de Q_2 et 43 unités de papier monnaie. II a 20 unités de Q_1, 10 de Q_2 et 2 de papier monnaie. Chaque consommateur désire conserver un stock monétaire égal au cinquième de son stock initial de biens. Déterminer les prix d'équilibre de Q_1 et Q_2 en termes monétaires. Montrer que ces prix d'équilibre seraient multipliés par trois si les stocks monétaires initiaux de I et II étaient respectivement de 129 et 6.

5.5 A l'aide du test du Jacobien montrer si les systèmes de trois biens suivants ont une solution.

(*a*) $E_2 = -8\,p_2 + 24\,p_3 + 6 = 0\,;\quad E_3 = 10\,p_2 - 30\,p_3 + 8 = 0\,.$

(*b*) $E_2 = -3\,p_2 - p_2\,p_3 + p_3 = 0\,;\quad E_3 = p_2 - p_2\,p_3 - 3\,p_3 = 0\,.$

(*c*) $E_2 = -4\,p_2 + 8\,p_3 + 4 = 0\,;\quad E_3 = p_2^2 - 2\,p_2 - 4\,p_2\,p_3 + 4\,p_3 + 4\,p_3^2 + 1 = 0\,.$

5.6 Soit le système (5-61) avec $b_{ii} < 0$ ($i = 2, ..., m$) et $b_{ij} = 0$ pour $i > j$. Montrer que ce système est parfaitement stable au sens de Hicks.

5.7 Trouver les prix d'équilibre du système de trois biens donné par :

$$E_2 = 2\,p_2^2 + 22\,p_2 - 13\,p_2\,p_3 - 64\,p_3 + 20\,p_3^2 + 48 = 0\,,$$

$$E_3 = p_2 - 2\,p_3 + 2 = 0\,.$$

5.8 Si l'on se place dans le cas d'une adaptation continue du système, les solutions de l'exercice 5.7 satisfont-elles les conditions de stabilité dynamique localement ?

***5.9** Soit un système comprenant un bien primaire Q_1 et un bien produit Q_2. Supposons que chaque consommateur détienne un stock initial positif du bien primaire et une part positive des profits d'une entreprise au moins. Supposons que toutes les fonctions d'utilité individuelles sont de la forme

$$U_i = q_{i1} q_{i2} \qquad (i = 1, ..., n)$$

et que la fonction de production d'une entreprise représentative est de la forme

$$\bar{q}_{h2} = (q_{h21})^{\alpha} (q_{h22})^{\beta} \qquad \text{avec} \qquad \alpha, \beta > 0 \qquad \text{et} \qquad \alpha + \beta < 1 .$$

Montrer que le système satisfait les hypothèses retenues pour la démonstration du théorème d'existence du paragraphe 5.4.

BIBLIOGRAPHIE

Allen, R. G. D., *Mathematical Economics* (Londres : Macmillan, 1956). L'équilibre général est traité au chapitre 10, le système d'input-output au chapitre 11 et la stabilité de l'équilibre général au chapitre 12. Les concepts mathématiques nécessaires autres que l'analyse sont développés dans le texte.

Debreu, Gérard, *Theory of Value* (New York : Wiley, 1959). Edition française *Théorie de la Valeur* (Dunod : Paris, 1966). Démonstration avancée sur le plan mathématique de l'existence d'un équilibre général.

Hicks, J. R., *Value and Capital* (2e éd., Oxford : Clarendon Press, 1946). Edition française : *Valeur et Capital* (Dunod, Paris, 1965). L'équilibre général est traité dans les chapitres IV-VIII. Les développements mathématiques figurent en appendice.

Kuenne, Robert E., *The Theory of General Economic Equilibrium* (Princeton, N. J. : Princeton, 1963). Traité détaillé utilisant des mathématiques relativement simples.

Lancaster, Kelvin, *Mathematical Economics* (New York : Macmillan, 1968). On trouvera aux chapitres 9 et 12 respectivement une étude de l'existence et de la stabilité. Les développements mathématiques, difficiles, sont présentés en appendice.

Lange, Oscar, « Say's Law : A Restatement and Criticism », in Lange, McIntyre, and Yntema (eds.), *Studies in Mathematical Economics and Econometrics* (Chicago : University of Chicago Press, 1942), pp. 49-68. Un traitement mathématique des différentes versions de la loi de Say et la possibilité d'introduire la monnaie dans les systèmes d'équilibre général.

Metzler, Lloyd A., « Stability of Multiple Markets : The Hicks Conditions », *Econometrica*, vol. 13 (octobre 1945), pp. 277-292. Une discussion avancée sur le plan mathématique, des conditions Hicksiennes et des conditions dynamiques de stabilité de l'équilibre général.

Nikaido, Hukukane, *Convex Structures and Economic Theory* (New York : Academic, 1968). Ce volume traite de l'existence de la stabilité et de l'unicité mais ne peut être lu que par des lecteurs disposant de connaissances mathématiques très approfondies.

Quirk, James et Rubin Saposnik, *Introduction to General Equilibrium Theory and Welfare Economics* (New York : Mc Graw-Hill, 1968). Les chapitres 3 et 5 traitent respectivement de l'existence et de la stabilité. L'auteur utilise une expression simplifiée de concepts mathématiques.

Samuelson, Paul A., *Foundations of Economic Analysis* (Cambridge, Mass. : Harvard University Press, 1948). Edition française : *Les fondements de l'analyse économique*, 2e édition (Paris : Dunod, 1971). La stabilité dynamique de l'équilibre général est discutée au chapitre IX.

Walras, Léon, *Eléments d'économie politique pure*, Lausanne, Corbaz, 1874-1877. Traduction anglaise : *Elements of Pure Economics* (Homewood, Ill. : Irwin, 1954). La première formulation de la théorie de l'équilibre général.

CHAPITRE 6

CONCURRENCE MONOPOLISTIQUE

Jusqu'ici, nous avons supposé que les conditions de la concurrence parfaite étaient satisfaites dans tous les marchés. Une industrie parfaitement concurrentielle comporte un grand nombre d'entreprises vendant un produit homogène. Les prix des inputs et des outputs ne sont pas affectés par les actions d'une quelconque des entreprises considérée individuellement. Chaque entreprise se trouve devant une courbe de demande horizontale, et maximise son profit en choisissant un niveau de production pour lequel le coût marginal est égal au prix du marché.

Un marché est en situation de concurrence monopolistique si les actions de l'un ou de plusieurs des acheteurs ou vendeurs ont une influence perceptible sur le prix. Cette définition large de la concurrence monopolistique recouvre de nombreux marchés de types différents, qui peuvent être distingués dans une classification plus poussée. On classe souvent les marchés des produits et des inputs suivant le nombre de vendeurs et d'acheteurs qu'ils comportent. Un marché à un seul vendeur est un *monopole*, à deux vendeurs, un *duopole*, et à plus de deux, un *oligopole*, tant que le nombre reste petit. Un marché à un seul acheteur est un *monopsone*, à deux acheteurs, un *duopsone*, et à plus de deux, un *oligopsone*, tant que le nombre reste petit. N'importe quelle combinaison de relations entre acheteurs et vendeurs est possible. Une entreprise peut être en concurrence parfaite sur le marché de ses inputs, et en situation de monopole sur le marché de son produit. Une autre entreprise peut être en duopsone sur le marché de ses inputs, et en oligopole sur celui de son produit. En fait, une entreprise particulière peut acheter ses divers inputs sur des marchés dont l'organisation est totalement différente.

On peut, en outre, classer les marchés des produits en tenant compte de la différenciation. La théorie de la concurrence parfaite repose sur l'hypothèse que toutes les entreprises d'une branche industrielle produisent un seul produit homogène, et que les acheteurs ne distinguent pas entre les produits des diverses entreprises. Mais le lecteur n'aura pas à chercher bien loin pour trouver des industries dans lesquelles les produits des diverses entreprises sont tout à fait substituables, mais différents aux yeux des acheteurs. L'industrie de la cigarette en fournit un bon exemple. Les « Camels » et les « Chesterfields » ne sont pas un même produit, bien qu'elles représentent un même besoin, et la demande pour les unes dépend du prix des autres. L'industrie de la cigarette est un oligopole *avec différenciation des produits.*

La concurrence monopolistique n'est pas limitée aux marchés à petit nombre d'acheteurs et de vendeurs. La seule différenciation des produits suffit à la faire apparaître. Une industrie comportant un grand nombre d'entreprises qui vendent des produits très voisins, mais différenciés, se trouve en situation de concurrence monopolistique, puisque chaque entreprise, bien que petite par rapport au marché dans son ensemble, possède une certaine liberté d'action sur ses prix de vente.

La courbe de demande sur le marché d'un bien indique les achats des consommateurs en fonction du prix, dans l'hypothèse où les prix de tous les autres biens restent fixes. La relation entre les prix et les ventes pour un vendeur individuel dépend de l'organisation du marché sur lequel il vend. La courbe de demande d'un monopoleur est la même que la courbe de demande du marché correspondant. La courbe de demande pour un producteur en situation de concurrence parfaite ne dépend pas directement de la courbe de demande sur le marché de son output, puisqu'il ne peut influer sur le prix. La relation entre ses ventes et le prix est représentée par une droite horizontale au prix donné du marché. Ses ventes tomberaient à zéro s'il essayait de vendre à un prix supérieur au prix donné. Il peut vendre toute sa production à ce prix, et n'agirait pas rationnellement s'il le réduisait. En fin de compte, la courbe de demande adressée au vendeur individuel est construite en faisant l'hypothèse que tous les vendeurs demandent un même prix.

La construction des courbes de demande individuelles pour les duopoleurs et oligopoleurs pose un certain nombre de nouveaux problèmes. Considérons d'abord le marché d'un produit homogène. De la concurrence entre les acheteurs va résulter l'unicité du prix pour tous les vendeurs, mais chaque vendeur est d'une taille assez importante par rapport au marché pour que ses actions aient des effets non négligeables sur ses rivaux. Une variation de la production d'un vendeur va affecter le prix reçu par tous. Si l'un des vendeurs essaye isolément de faire varier les prix, les conséquences sont incertaines. Il se peut que ses rivaux le suivent dans cette variation de prix, il se peut qu'ils ne le fassent pas, mais il est impossible de considérer que les autres ne le remarqueront pas. Les résultats de n'importe quelle modification effectuée par un duopoleur ou un oligopoleur dépendent des réactions de ses rivaux. Puisque, en général, les réactions possibles sont incertaines, les relations générales prix-ventes ne peuvent être définies pour une entreprise considérée individuellement.

Le champ d'action de chacun est plus vaste si le produit est différencié. Un vendeur individuel ne verra pas ses ventes s'annuler s'il fixe un prix plus élevé que ses concurrents. Certains de ses anciens acheteurs se tourneront vers ses concurrents, mais d'autres, plus fidèles, continueront à acheter son produit différencié à un prix plus élevé, à cause d'une préférence relativement forte pour ce produit. Une courbe de demande couvrant l'ensemble du secteur industriel ne peut pas être définie, puisque chaque partenaire sur le marché produit un bien qui est distinct aux yeux des consommateurs. Chaque producteur se trouve en face d'une courbe de demande distincte. La quantité vendue par un producteur individuel est une fonction de son prix, et des prix pratiqués par tous ses concurrents. Ses actions sont en général gouvernées par les actions et réactions de ses concurrents.

Un monopoleur qui maximise son profit agit sans être entravé par la concurrence de ses proches rivaux. Un producteur individuel dans un vaste groupe qui vend un produit différencié sait que ses actions auront un effet négligeable sur chacun de ses concurrents, et il peut maximiser son profit comme un producteur individuel en concurrence parfaite. Les actions des vendeurs (ou acheteurs) individuels sont fortement interdépendantes dans toutes les autres formes de la concurrence monopolistique. Les actions d'une entreprise ont des effets significatifs sur les quantités, prix et profits des autres. Une maximisation du profit sans précaution n'est pas possible, puisqu'une entreprise individuelle n'a pas le contrôle de toutes les variables qui affectent son profit. Si un entrepreneur désire maximiser son profit, il doit tenir compte des réactions de ses rivaux à ses décisions. Il y a un très grand nombre de catégories de réactions possibles pour des marchés duopolistiques et oligopolistiques, et en conséquence il existe un très grand nombre de théories du duopole et de l'oligopole. Seules, quelques-unes des nombreuses catégories de réactions possibles peuvent être présentées dans le cadre de ce chapitre.

La théorie traditionnelle du monopole, concernant un secteur industriel à une seule entreprise, est développée dans le paragraphe 6.1. On trouve au paragraphe 6.2 une application de cette théorie à des situations particulières. Quant aux problèmes particuliers aux secteurs industriels comprenant un petit nombre d'entreprises, la différenciation du produit et cinq théories différentes du duopole et de l'oligopole sont discutées dans le paragraphe 6.3. Le cas de la concurrence monopolistique est décrit au paragraphe 6.4. Les cas du monopsone, du duopsone et de l'oligopsone sont brièvement esquissés au paragraphe 6.5. Le paragraphe 6.6 traite du monopole bilatéral.

6.1 LE MONOPOLE : LA THÉORIE TRADITIONNELLE.

Il n'y a aucune différence entre le secteur industriel et l'entreprise dans un marché de monopole. L'entreprise en monopole représente tout le secteur industriel ; elle n'a pas de concurrents ([1]). La fonction de demande adressée à un monopoleur possède les mêmes propriétés générales que la fonction de demande qui s'adresse à un secteur industriel sur un marché de concurrence parfaite. C'est un agrégat des fonctions de demande des consommateurs individuels, et la pente est donc négative. La quantité vendue est une fonction univoque du prix demandé :

$$q = f(p) \tag{6-1}$$

où $dq/dp < 0$. La fonction de demande a une inverse unique, et on peut exprimer le prix comme une fonction univoque de la quantité :

$$p = F(q) \tag{6-2}$$

([1]) Au sens large, tous les produits sont en concurrence pour attirer les revenus limités des consommateurs. Le terme de monopole définit une situation dans laquelle une seule entreprise produit un bien pour lequel il n'y a pas de substitut *voisin*. Le prix de tous les autres biens est supposé constant, comme c'est toujours le cas pour l'analyse d'un seul marché, et la concurrence des autres biens pour attirer le revenu du consommateur se répercute sur la position et la forme de la courbe de demande qui s'adresse au monopoleur.

où $\mathrm{d}q/\mathrm{d}p < 0$. Une différence majeure entre monopole et concurrence parfaite est que le prix diminue à mesure que les ventes augmentent. Un producteur en concurrence parfaite, accepte le prix comme un paramètre, et maximise son profit en faisant varier le niveau de sa production ; un monopoleur peut maximiser son profit en faisant varier soit sa production soit son prix. Bien sûr, il ne peut pas les fixer tous les deux indépendamment l'un de l'autre, puisque le prix (le niveau de sa production) est uniquement déterminé par la courbe de demande, une fois qu'il a choisi son niveau de production (son prix). La combinaison prix-quantité qui maximise son profit est la même quelle que soit la variable indépendante retenue.

Revenu marginal et revenu moyen.

Le revenu total du monopoleur (R) est le prix multiplié par la quantité vendue :

$$R = pq\,. \tag{6-3}$$

Son revenu marginal (Rm) est la dérivée de son revenu total par rapport à son niveau de production. En dérivant (6-3) par rapport à q, on obtient :

$$Rm = \mathrm{d}R/\mathrm{d}q = p + q\,\mathrm{d}p/\mathrm{d}q\,. \tag{6-4}$$

Puisque $\mathrm{d}p/\mathrm{d}q < 0$, Rm est inférieur au prix. Le Rm en concurrence parfaite est ainsi défini par (6-4). Il est égal au prix puisque $\mathrm{d}p/\mathrm{d}q = 0$. Le Rm du monopoleur est égal au prix diminué du taux de variation du prix par rapport à la quantité multiplié par la quantité. En concurrence parfaite, si le producteur accroît ses ventes d'une unité, son revenu augmentera de la valeur sur le marché de l'unité additionnelle. Pour vendre une unité supplémentaire, le monopoleur doit abaisser le prix qu'il reçoit pour chaque unité.

Des courbes de demande et de Rm linéaires sont représentées sur la figure 6-1. La demande décroît de façon monotone, et le Rm est inférieur au prix pour toute

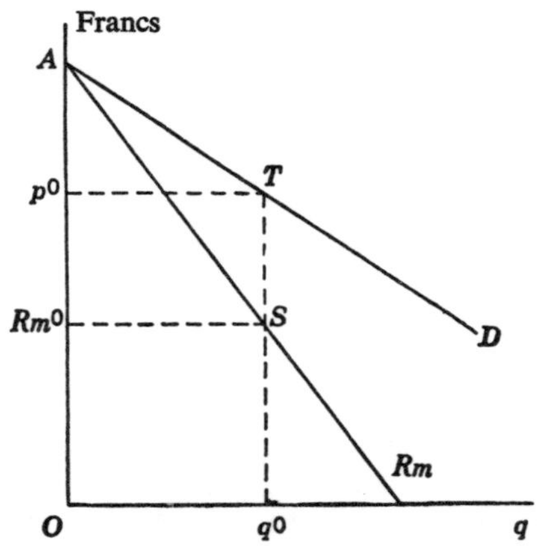

Fig. 6-1.

production supérieure à zéro. Le taux de décroissance du *Rm* est le double du taux de décroissance du prix :

$$p = a - bq\,, \quad R = aq - bq^2\,, \quad Rm = \mathrm{d}R/\mathrm{d}q = a - 2\,bq\,.$$

Puisque $\mathrm{d}p/\mathrm{d}q = -b$ est une constante, la distance entre les deux courbes ($q\,\mathrm{d}p/\mathrm{d}q = bq$) est une fonction linéaire de la production. Le revenu total pour la combinaison prix-quantité (p^0, q^0) est égal à la surface du rectangle $Op^0\,Tq^0$. La surface $OASq^0$ limitée supérieurement par la courbe *Rm* est aussi égale au revenu total :

$$\int_0^q (a - 2\,bq)\,\mathrm{d}q = aq - bq^2 = R\,.$$

Ce résultat est applicable aux courbes de demande non linéaires. En général :

$$\int_0^q \left(p + q\,\frac{\mathrm{d}p}{\mathrm{d}q}\right)\mathrm{d}q = pq = R\,,$$

puisque la constante d'intégration est toujours nulle. Le revenu total est toujours donné par la surface limitée supérieurement par la courbe *Rm*.

L'élasticité de la demande (e) en un point de la courbe de demande est définie comme la valeur absolue du rapport de la variation relative de la production à la variation relative du prix (¹) :

$$e = -\,\frac{\mathrm{d}(\log q)}{\mathrm{d}(\log p)} = -\,\frac{p}{q}\,\frac{\mathrm{d}q}{\mathrm{d}p} \tag{6-5}$$

Rm, donné par (6-4), peut être exprimé en termes de prix et d'élasticité de la demande

$$Rm = p\left(1 + \frac{q}{p}\,\frac{\mathrm{d}p}{\mathrm{d}q}\right) = p\left(1 - \frac{1}{e}\right) \tag{6-6}$$

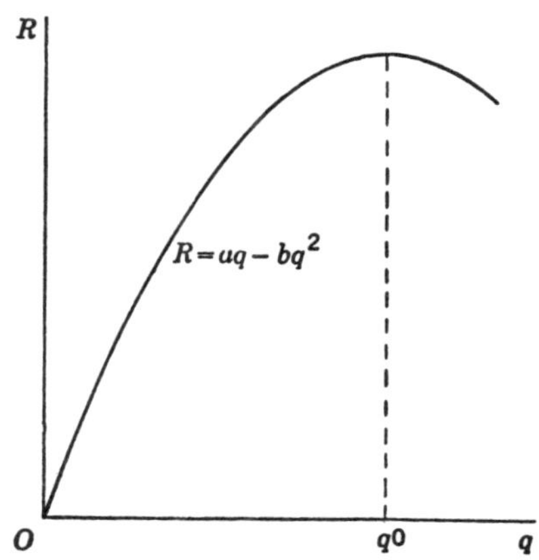

Fig. 6-2.

(¹) Puisque nous ne considérons que des courbes de demande de pente négative, il est commode de définir l'élasticité de la demande par un nombre positif. Au paragraphe 2.4, au contraire, les élasticités prenaient le signe de la pente des courbes de demande auxquelles elles correspondaient.

Rm est positif si $e > 1$, nul si $e = 1$, et négatif si $e < 1$. La différence entre *Rm* et le prix décroît lorsque l'élasticité de la demande croît, et *Rm* tend vers le prix lorsque l'élasticité de la demande tend vers l'infini.

La figure 6-2 représente une courbe du revenu total parabolique, qui correspond à la courbe de demande linéaire de la figure 6-1. La dérivée première du revenu total (*Rm*) décroît de façon monotone et s'annule pour le niveau de production q^0. Le revenu total croît et l'on a $e > 1$ pour $q < q^0$, il est à un maximum et l'on a $e = 1$ pour $q = q^0$, il décroît enfin, avec $e < 1$, pour $q > q^0$.

Profit maximum et fonction de coût.

Le revenu total et le coût total du monopoleur peuvent tous deux être exprimés en fonction de la production

$$R = R(q), \qquad C = C(q).$$

Son profit est la différence entre son revenu total et son coût total :

$$\pi = R(q) - C(q). \tag{6-7}$$

Pour maximiser le profit, ou annuler la dérivée de (6-7) par rapport à q :

$$d\pi/dq = R'(q) - C'(q) = 0$$

ou

$$R'(q) = C'(q) \tag{6-8}$$

Rm doit être égal à *Cm* pour que le profit soit maximal. Le monopoleur peut accroître son profit en augmentant (en réduisant) sa production, aussi longtemps que le revenu supplémentaire obtenu (*Rm*) est supérieur (inférieur) au coût supplémentaire supporté (*Cm*). Comme le revenu marginal est positif lorsque la quantité produite maximise le profit, (6-6) entraîne que le monopoleur choisira toujours un point de sa courbe de demande tel que $e > 1$. En situation de concurrence parfaite, il n'y a pas de restriction comparable sur la valeur d'équilibre de e.

La condition du second ordre pour la maximisation du profit exige que :

$$d^2\pi/dq^2 = R''(q) - C''(q) < 0$$

ou, en ajoutant $C''(q)$ aux deux nombres de l'inégalité :

$$R''(q) < C''(q). \tag{6-9}$$

Le taux d'accroissement du *Rm* doit être inférieur au taux d'accroissement du *Cm*. La condition du second ordre est à fortiori satisfaite si *Rm* est décroissant et *Cm* croissant, comme on le suppose en général. Si le *Cm* est décroissant, (6-9) exige que le *Rm* décroisse plus rapidement. Si les deux conditions de maximisation du profit sont satisfaites pour plus d'un niveau de production, celui qui fournit le profit le plus élevé peut être déterminé par simple examen de la figure.

La condition du premier ordre peut être satisfaite dans chacun des trois cas de la figure 6-3. L'égalisation du *Rm* et du *Cm* pour (*a*) détermine une quantité q^0 et un prix p^0. Le monopoleur peut fixer le prix p^0 et permettre aux consommateurs d'acheter q^0, ou il peut offrir q^0 à la vente et permettre aux consommateurs de déterminer un prix p^0. La condition du second ordre exige que la valeur algébrique de la pente de la courbe de *Cm* soit supérieure à celle de la courbe de *Rm*, c'est-à-dire que la courbe de *Cm* doit venir couper la courbe de *Rm* « par en dessous ». Cette condition est satisfaite aux points d'intersection, en (*a*) et (*b*). Il n'y a pas de point de profit maximum en (*c*) puisque la courbe de *Cm* vient couper la courbe de *Rm* « par en dessus » à leur seul point d'intersection. La condition du premier ordre est satisfaite, mais la condition du second ordre ne l'est pas.

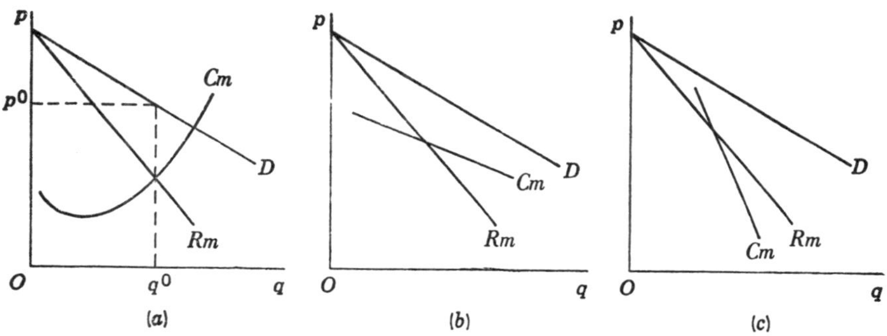

Fig. 6-3.

Si un monopoleur jouait le jeu de la concurrence parfaite et rendait le *Cm* égal au prix, il produirait un output plus important et ferait payer un prix plus bas. Ceci est évident sur la figure 6-3 *a*. Les coordonnées du point d'intersection des courbes de *Cm* et de demande donnent un prix inférieur à p^0 et une quantité supérieure à q^0.

Considérons un monopoleur confronté à une courbe de demande linéaire :

$$p = 100 - 4q, \qquad R = pq = 100q - 4q^2 \tag{6-10}$$

et produisant à un *Cm* constant de 20 francs. Son coût total est une fonction linéaire de son niveau de production :

$$C = 50 + 20q. \tag{6-11}$$

Son profit est

$$\pi = (100q - 4q^2) - (50 + 20q).$$

En rendant égaux le *Cm* et le *Rm* :

$$100 - 8q = 20$$

$$q = 10, \qquad p = 60, \qquad \pi = 350.$$

La condition du second ordre est satisfaite. Le taux de variation du *Cm* (nul) est supérieur au taux de variation du *Rm* (− 8). Si le monopoleur devait suivre la règle de la concurrence parfaite et fixer un prix égal au *Cm* :

$$100 - 4q = 20$$

$$q = 20, \qquad p = 20, \qquad \pi = -50$$

il vendrait une quantité plus importante à un prix plus bas et obtiendrait un profit inférieur. Dans cet exemple, le profit de 350 francs du monopoleur se verrait réduire à une perte de 50 francs.

Profit maximum et fonction de production.

On étudie généralement le monopole en partant des fonctions de coût. Il est pourtant des cas où il vaut mieux étudier la fonction de production et les achats de facteurs de manière explicite. Supposons qu'un monopoleur utilise pour sa production deux facteurs qu'il achète sur le marché. Son profit s'écrit :

$$\pi = R(q) - r_1 x_1 - r_2 x_2 .$$

Annulons les dérivées partielles par rapport aux inputs :

$$\partial\pi/\partial x_i = R'(q)\, h_i - r_i = 0 \qquad (i = 1, 2) \tag{6-12}$$

avec $q = h(x_1, x_2)$ et $h_i = \partial q/\partial x_i$. (6-12) peut aussi s'écrire :

$$R'(q)\, h_i = r_i \qquad (i = 1, 2).$$

S'il veut maximiser son profit, le monopoleur doit donc rendre la *productivité marginale par rapport au revenu* de chaque input égale au prix de cet input. Dans le cas du monopole, le revenu marginal que multiplie la productivité marginale est égal au prix de l'input ; dans le cas de la concurrence parfaite, le prix de l'output que multiplie la productivité marginale est égal au prix de l'input.

Les conditions du second ordre de maximisation du profit requièrent que :

$$\pi_{11} < 0 \qquad \pi_{22} < 0 \qquad \pi_{11}\,\pi_{22} - \pi_{12}^2 > 0 \tag{6-13}$$

avec $\pi_{ij} = \partial^2\pi/\partial x_i\,\partial x_j$. Différentions à nouveau (6-12) :

$$\pi_{ii} = R'(q)\, h_{ii} + R''(q)\, h_i^2 < 0 \qquad (i = 1, 2)$$

d'où en utilisant (6-12) [1] :

$$R''(q) < -R'(q)\, h_{ii}/h_i^2 = -r_i\, h_{ii}/h_i^3 = C''(q) \qquad (i = 1, 2). \tag{6-14}$$

[1] Soit :

$$F(q, x_1, x_2) = q - h(x_1, x_2),$$

et

$$\partial x_i/\partial q = -F_q/F_{x_i} = -1/h_i .$$

Différentions une seconde fois par rapport à q :

$$\frac{\partial^2 x_i}{\partial q^2} = \frac{h_{ii}(\partial x_i/\partial q)}{h_i^2} = -\frac{h_{ii}}{h_i^3}.$$

La règle des fonctions composées per met d'obtenir la dernière égalité de (6-14) :

$$C''(q) = \frac{\partial^2 C}{\partial x_i^2}\left(\frac{\partial x_i}{\partial q}\right)^2 + \frac{\partial C}{\partial x_i}\,\frac{\partial^2 x_i}{\partial q^2} = -\frac{r_i h_{ii}}{h_i^3}.$$

Le coût marginal obtenu en faisant varier l'un ou l'autre des inputs ne peut dépasser le revenu marginal. La troisième inégalité de (6-13) requiert que le *Cm* obtenu en faisant varier les deux inputs à la fois ne dépasse pas le *Rm*.

Comme $R''(q) = 0$ en concurrence parfaite, le $C''(q)$ doit être positif ; autrement dit la fonction de production doit être strictement concave au voisinage d'un point d'équilibre. Dans le cas du monopole, $R''(q)$ est en principe négatif, le $C''(q)$ peut aussi être négatif et satisfaire quand même (6-14). Il est donc possible d'avoir un point d'équilibre de monopole en un point où la fonction de production n'est pas strictement concave, c'est-à-dire en un point où $h_{ii} > 0$. La concavité stricte de la fonction de production en un point qui satisfait (6-12) est suffisante pour qu'il y ait un point d'équilibre de monopole, mais ce n'est pas une condition nécessaire.

6.2 LE MONOPOLE : APPLICATIONS.

Il suffit d'apporter quelques modifications à la théorie classique du monopole pour analyser un vaste éventail de situations. Nous envisagerons quatre de ces cas particuliers au cours de ce paragraphe.

Le monopole « discriminant ».

Le monopoleur n'a pas besoin de toujours vendre toute sa production sur un marché unique à un prix uniforme. Dans certaines situations, il peut vendre sur deux marchés distincts (ou plus) à des prix différents, et accroître ainsi son profit. La discrimination par les prix n'est réalisable que si les acheteurs n'ont pas la possibilité d'acheter le produit sur un marché et de le vendre sur un autre. Autrement, des spéculateurs achèteraient sur un marché où les prix sont bas et revendraient sur un marché où les prix sont élevés pour réaliser un profit, et rendraient ainsi égaux les prix sur tous les marchés. Les services personnels sont rarement transférables, et leur vente constitue fréquemment une occasion de discrimination des prix. La revente de biens tels que l'électricité, le gaz et l'eau, qui exigent des liens matériels entre producteurs et consommateurs, est extrêmement difficile, et la discrimination par les prix est largement appliquée dans la fixation des tarifs des services publics. La discrimination par les prix est souvent possible sur des marchés séparés dans l'espace, tels que les marchés « intérieur » et « extérieur » d'un monopoleur qui vend à l'étranger ; la revente peut être évitée grâce à un tarif douanier suffisamment élevé.

Si un monopoleur pratique la discrimination par les prix sur deux marchés distincts, son profit est la différence entre son revenu total sur les deux marchés et son coût total de production :

$$\pi = R_1(q_1) + R_2(q_2) - C(q_1 + q_2) \tag{6-15}$$

où q_1 et q_2 sont les quantités qu'il vend sur les deux marchés, $R_1(q_1)$ et $R_2(q_2)$ ses fonctions de revenu, et $C(q_1 + q_2)$ sa fonction de coût. En annulant les dérivées partielles de (6-15) :

$$\partial\pi/\partial q_1 = R_1'(q_1) - C'(q_1 + q_2) = 0\,,$$
$$\partial\pi/\partial q_2 = R_2'(q_2) - C'(q_1 + q_2) = 0\,,$$

ou

$$R_1'(q_1) = R_2'(q_2) = C'(q_1 + q_2)\,.$$

Le Rm sur chaque marché doit être égal au Cm de la production totale. Si les *Rm* n'étaient pas égaux, le monopoleur pourrait accroître son revenu total sans affecter son coût total, en transférant des ventes du marché à faible *Rm* vers le marché à haut *Rm*. L'égalité des *Rm* n'implique pas nécessairement l'égalité des prix sur les deux marchés. En désignant les prix et les élasticités de la demande sur les deux marchés par p_1, p_2, e_1 et e_2, et en utilisant (6-6), l'égalité des *Rm* entraîne :

$$p_1(1 - 1/e_1) = p_2(1 - 1/e_2)$$

et

$$\frac{p_1}{p_2} = \frac{1 - 1/e_2}{1 - 1/e_1}\,.$$

Le prix sera plus bas sur le marché où l'élasticité de la demande est la plus forte. Les prix seront égaux si, et seulement si les élasticités de demande sont égales.

Les conditions du second ordre exigent que les mineurs principaux du déterminant Hessien correspondant :

$$\begin{vmatrix} R_1'' - C'' & -C'' \\ -C'' & R_2'' - C'' \end{vmatrix}$$

soient des signes alternés, le premier étant négatif. En explicitant les mineurs principaux,

$$R_1'' - C'' < 0\,, \qquad (R_1'' - C'')(R_2'' - C'') - (C'')^2 > 0\,.$$

Ceci entraîne que $(R_2'' - C'') < 0$. Le *Rm* sur chaque marché doit croître moins rapidement que le *Cm* correspondant à la production totale.

Supposons que le monopoleur dont les fonctions de demande et de coût sont données par (6-10) et (6-11) soit capable de séparer les consommateurs qui s'adressent à lui en deux marchés distincts (1) :

$$p_1 = 80 - 5\,q_1\,, \qquad R_1 = 80\,q_1 - 5\,q_1^2\,,$$
$$p_2 = 180 - 20\,q_2\,, \qquad R_2 = 180\,q_2 - 20\,q_2^2\,,$$
$$C = 50 + 20(q_1 + q_2)\,.$$

(1) Sa courbe de demande globale reste inchangée. Si l'on résout en q_1 et q_2 les équations de demande

$$q_1 = 16 - 0{,}2\,p_1\,, \qquad q_2 = 9 - 0{,}05\,p_2\,.$$

La demande totale à un prix p quelconque est la somme des demandes sur les deux marchés :

$$q = q_1 + q_2 = 16 - 0{,}2\,p + 9 - 0{,}05\,p = 25 - 0{,}25\,p\,.$$

En résolvant en p :

$$p = 100 - 4\,q\,,$$

qui est la fonction de demande (6-10).

En rendant égaux les *Rm* sur chaque marché au *Cm* de la production totale :

$$80 - 10\,q_1 = 20\,, \qquad 180 - 40\,q_2 = 20\,.$$

Si l'on résout en q_1 et q_2 et que l'on reporte dans les équations de demande, de profit et d'élasticité,

$$q_1 = 6\,, \qquad p_1 = 50\,, \qquad e_1 = 1{,}67\,,$$
$$q_2 = 4\,, \qquad p_2 = 100\,, \qquad e_2 = 1{,}25\,,$$
$$\pi = 450\,.$$

Les conditions du second ordre sont satisfaites :

$$-\,10 < 0\,; \quad \begin{vmatrix} -\,10 & 0 \\ 0 & -\,40 \end{vmatrix} = 400 > 0\,.$$

Le monopoleur a accru son profit de 350 à 450 francs grâce à la discrimination. Le prix est plus bas sur le marché où l'élasticité de la demande est la plus forte. Une discrimination plus poussée serait profitable si le monopoleur était capable de subdiviser les consommateurs en groupes plus nombreux, avec des élasticités de demandes différentes.

Chacun des points de la courbe de demande indique le prix le plus élevé que sont prêts à payer les consommateurs pour obtenir la quantité correspondante du bien produit. Certains consommateurs seraient prêts à payer un prix plus élevé plutôt que de ne pas consommer le bien. Le système de prix étant unique, ils jouissent ainsi d'un *surplus du consommateur*. Supposons, pour simplifier, que les effets revenu sont nuls. Courbe classique et courbe « compensée » coïncident donc (cf. Par. 2.4). Ce surplus est égal à la surface comprise entre les axes et la courbe de demande, moins le montant correspondant au prix que paient les consommateurs pour acquérir le bien.

Le *parfait monopoleur discriminant* peut vendre sa production sur autant de marchés qu'il est nécessaire pour que chaque unité vendue le soit au prix maximum que le consommateur est prêt à payer. Le monopoleur absorbe ainsi la totalité du surplus du consommateur. Son revenu total représente l'aire comprise entre les axes et la courbe de demande ; son profit s'écrit :

$$\pi = \int_0^q F(q)\,\mathrm{d}q - C(q)\,.$$

Prenons la dérivée du profit par rapport à la quantité produite et annulons-la :

$$\mathrm{d}\pi/\mathrm{d}q = F(q) - C'(q) = 0\,,$$

et $F(q) = C'(q)$. Le profit est maximum lorsque le prix marginal est égal au coût marginal. Le parfait monopoleur discriminant se place donc au point d'intersection entre la courbe *Cm* et la courbe de demande. La condition du deuxième ordre de maximisation du profit :

$$\mathrm{d}^2\pi/\mathrm{d}q^2 = F''(q) - C''(q) < 0$$

requiert que la pente de la courbe *Cm* soit supérieure à celle de la courbe de demande.

Supposons que l'on soit en situation de parfait monopole discriminant et reprenons l'exemple donné en (6-10) et (6-11), le profit est :

$$\pi = \int_0^q (100 - 4q)\,\mathrm{d}q - (50 + 20q)\,.$$

Ecrivons que le prix marginal est égal au *Cm* :

$$100 - 4q = 20 \qquad q = 20 \qquad \pi = 750\,.$$

Le parfait monopoleur discriminant produit plus que le simple monopoleur (20 unités contre 10) et gagne plus que ce dernier (750 contre 350). Son prix marginal est de 20, mais son revenu moyen unitaire est de 100 alors que le simple monopoleur a un prix unitaire uniforme de 60.

Le monopole dans le cas de plusieurs établissements.

Soit un monopoleur vendant sur un marché unique, qui peut produire son output dans deux établissements différents. Son profit est la différence entre son revenu total et ses coûts totaux de production pour les deux établissements :

$$\pi = R(q_1 + q_2) - C_1(q_1) - C_2(q_2) \tag{6-16}$$

où q_1 et q_2 sont les quantités qu'il produit dans les deux établissements, $R(q_1 + q_2)$ sa fonction de revenu, et $C_1(q_1)$ et $C_2(q_2)$ ses fonctions de coût. En annulant les dérivées partielles de (6-16) :

$$\partial\pi/\partial q_1 = R'(q_1 + q_2) - C_1'(q_1) = 0$$

$$\partial\pi/\partial q_2 = R'(q_1 + q_2) - C_2'(q_2) = 0$$

ou

$$R'(q_1 + q_2) = C_1'(q_1) = C_2'(q_2)\,.$$

Le *Cm* dans chaque établissement doit être égal au *Rm* de la production totale. Les conditions du second ordre exigent que les mineurs principaux du déterminant Hessien correspondant :

$$\begin{vmatrix} R'' - C_1'' & R'' \\ R'' & R'' - C_2'' \end{vmatrix} \tag{6-17}$$

soient de signes alternés, le premier étant négatif. Le lecteur peut vérifier que (6-17) exige que le *Cm* dans chaque établissement croisse plus rapidement que le *Rm* de la production totale.

Impôts et production du monopole.

Un impôt forfaitaire ou un impôt sur le profit (avec taux marginal inférieur à 100 %) vont réduire le profit après impôt d'un monopoleur qui maximise son profit, mais n'auront pas d'incidence sur la combinaison optimale prix-quantité. Un impôt sur les ventes, qu'il ait pour assiette la quantité vendue ou la valeur des ventes, va réduire son profit et son niveau de production, et accroître son prix.

Le monopoleur ne peut éviter un impôt forfaitaire. Celui-ci doit être payé indépendamment de la quantité physique ou de la valeur de ses ventes, ou du montant de son profit. Son profit devient :

$$\pi = R(q) - C(q) - T \tag{6-18}$$

où T est le montant de l'impôt forfaitaire et π le profit après le paiement de l'impôt. En annulant les dérivées de (6-18),

$$\mathrm{d}\pi/\mathrm{d}q = R'(q) - C'(q) = 0\,, \qquad R'(q) = C'(q)\,.$$

Puisque T est une constante, elle disparaît par différenciation ; le niveau de production et le prix du monopoleur sont déterminés par l'égalité de *Rm* et *Cm*, comme ce serait le cas s'il n'y avait pas d'impôt ([1]).

Un impôt sur le profit exige que le monopoleur paie à l'Etat une proportion donnée de la différence entre son revenu total et son coût total. Si l'impôt est à taux uniforme (proportion fixe), le profit après impôt est :

$$\pi = R(q) - C(q) - t[R(q) - C(q)] = (1 - t)\,[R(q) - C(q)] \tag{6-19}$$

où $0 < t < 1$. En annulant la dérivée de (6-19),

$$\mathrm{d}\pi/\mathrm{d}q = (1 - t)\,[R'(q) - C'(q)] = 0\,.$$

Puisque $(1 - t) \neq 0$,

$$R'(q) - C'(q) = 0\,, \qquad R'(q) = C'(q)\,.$$

La condition du premier ordre est la même que (6-8) ; le niveau de production et le prix sont donc inchangés. La seule manière pour un monopoleur d'éviter un impôt sur le profit est de réduire son profit avant impôt. S'il a la possibilité de conserver une fraction d'une augmentation de son profit avant impôt, il maximisera son profit après impôt en rendant égaux le *Rm* et le *Cm*.

Si un impôt spécifique sur les ventes, α dollars par unité produite, est instauré :

$$\pi = R(q) - C(q) - \alpha q$$

et

$$\mathrm{d}\pi/\mathrm{d}q = R'(q) - C'(q) - \alpha = 0 \qquad R'(q) = C'(q) + \alpha\,. \tag{6-20}$$

Le monopoleur maximise son profit après paiement de l'impôt en rendant le *Rm* égal au *Cm* augmenté de l'impôt unitaire. En prenant la différentielle totale de (6-20)

$$R''(q)\,\mathrm{d}q = C''(q)\,\mathrm{d}q + \mathrm{d}\alpha$$

([1]) Les conditions du second ordre sont désormais supposées satisfaites, à moins que l'on ne spécifie le contraire.

et

$$dq/d\alpha = 1/[R''(q) - C''(q)] .$$

Puisque $R''(q) - C''(q) < 0$ d'après l'hypothèse selon laquelle la condition du second ordre est remplie, $dq/d\alpha < 0$, et le niveau de production optimal décroît lorsque le taux d'imposition augmente. L'instauration d'un impôt spécifique sur les ventes entraîne la diminution de la quantité vendue et la hausse du prix.

Revenons à l'exemple donné par (6-10) et (6-11), et supposons que le gouvernement instaure un impôt de 8 francs par unité sur l'output du monopoleur :

$$\pi = (100\,q - 4\,q^2) - (50 + 20\,q) - 8\,q ,$$

$$d\pi/dq = 72 - 8\,q = 0 , \qquad q = 9 , \qquad p = 64 , \qquad \pi = 274 .$$

Les ventes diminuent d'une unité, le prix augmente de 4 francs, et le profit du monopoleur diminue de 76 francs, une fois que l'impôt a été instauré. Le prix augmente d'un montant inférieur à celui de l'impôt unitaire, mais le profit du monopoleur subit une diminution plus importante que le montant de 72 francs versés au titre de l'impôt. Si le gouvernement imposait au forfait le monopoleur pour un montant de 72 francs, il recevrait le même revenu, le profit du monopoleur diminuerait de 4 francs de moins, et les consommateurs n'auraient pas à payer un prix plus élevé pour ce produit. En conséquence on avance souvent qu'un impôt forfaitaire est préférable à un impôt sur les ventes.

Le résultat est le même si l'impôt sur les ventes est proportionnel à la valeur des ventes (revenu total),

$$\pi = R(q) - C(q) - sR(q) = (1 - s)\,R(q) - C(q) ,$$

$$d\pi/dq = (1 - s)\,R'(q) - C'(q) = 0 , \quad (1 - s)\,R'(q) = C'(q) , \qquad (6\text{-}21)$$

où $0 < s < 1$. Les profits sont maximaux si on rend le *Cm* égal à la portion du *Rm* que le monopoleur peut conserver. En prenant la différentielle totale de (6-21)

$$(1 - s)\,R''(q)\,dq - R'(q)\,ds = C''(q)\,dq$$

et

$$\frac{dq}{ds} = \frac{R'(q)}{(1 - s)\,R''(q) - C''(q)} . \qquad (6\text{-}22)$$

Puisque la condition du premier ordre exige que le *Rm* soit positif, et que celle du second ordre exige que le dénominateur de (6-22) soit négatif, $dq/ds < 0$. L'instauration d'une taxe *ad valorem* sur les ventes entraîne aussi une réduction du niveau de production et une hausse du prix.

Le monopoleur maximise son revenu.

Il a été dit que les grandes entreprises ne cherchent pas à maximiser leur profit, mais plutôt leur chiffre d'affaires, compte tenu d'une contrainte sur le profit qui doit être au moins égal à un seuil minimal (1). Le monopoleur désire donc maximiser $R(q)$ compte tenu de la contrainte :

$$\pi = R(q) - C(q) \geqslant \pi^0 \tag{6-23}$$

π^0 étant le seuil minimal.

Supposons qu'il existe un profit maximal unique, sans contrainte, π^*, pour une production q^*, tel que $R'(q^*) > 0$, $C''(q) > 0$ pour $q \geqslant q^*$ et $R''(q) < 0$ pour $q > 0$. Si $\pi^0 > \pi^*$, (6-23) ne peut être vérifiée et le problème de maximisation du revenu n'a pas de solution. Il n'y aura de solution que si $\pi^* \geqslant \pi^0$. Si $\pi^0 = \pi^*$, q^* est la quantité produite permettant d'obtenir un revenu maximal, puisque c'est le seul niveau d'output qui satisfait (6-23). Si $\pi^0 < \pi^*$ le revenu augmentera et le profit décroîtra lorsque l'on accroîtra q au-delà de q^*. Le monopoleur augmentera donc q jusqu'à ce qu'il atteigne le maximum sans contrainte de $R(q)$ ou que (6-23) soit vérifiée en tant qu'égalité, selon le niveau de q. On choisit le q le plus bas. On peut donc déterminer le niveau de production procurant le revenu maximal de la façon suivante : trouver le q qui correspond au maximum sans contrainte de $R(q)$. Ce q est la solution si le profit qui lui correspond est compatible avec (6-23). Si l'équation (6-23) n'est pas vérifiée, on obtient la solution en résolvant l'égalité (6-23) en q.

Reprenons l'exemple défini par (6-10) et (6-11). Supposons que

$$334 = \pi^0 < \pi^* = 350 .$$

Le maximum sans contrainte de $R(q)$ est 625, qui correspond à $q = 12{,}5$, avec $\pi = 325$. On peut exclure ce niveau d'output puisqu'il procure un profit trop bas. L'égalité (6-23) s'écrit :

$$(100\,q - 4\,q^2) - (50 + 20\,q) = 334 ,$$

soit, en développant :

$$q^2 - 20\,q + 96 = 0 .$$

Cette équation du second degré a pour racines 8 et 12 ; les revenus correspondants sont 544 et 624 respectivement. Le monopoleur qui maximise son chiffre d'affaires produit donc 12 unités qu'il vend au prix de 52 francs pour se procurer un revenu total de 624 francs et un profit de 334 francs. Le simple monopoleur produisait 10 unités qu'il vendait au prix de 60 francs, se procurant ainsi un revenu total de 600 francs et un profit de 350 francs.

Le monopoleur qui maximise son revenu, contrairement au simple monopoleur, peut modifier sa production si les profits sont imposés. Soit le cas où l'égalité (6-23) détermine le niveau d'output avant et après introduction de l'impôt. Supposons que l'impôt, $0 < t < 1$, représente un pourcentage constant du profit. L'égalité (6-23) devient :

$$(1 - t)\left[R(q) - C(q)\right] = \pi^0 . \tag{6-24}$$

(1) Voir William J. Baumol, *Business Behavior, Value and Growth* (New York : Harcourt, Brace et World, 1967), Chap. 6.

Différentions (6-24) :

$$\frac{\mathrm{d}q}{\mathrm{d}t} = \frac{R(q) - C(q)}{(1 - t)\left[R'(q) - C'(q)\right]} .$$

Comme la valeur de q qui satisfait (6-24) est supérieure à q^*, $R'(q) - C'(q)$ est négatif. Comme $R(q) - C(q)$ et $(1 - t)$ sont positifs, $\mathrm{d}q/\mathrm{d}t$ est négatif ; autrement dit une augmentation de l'impôt sur les profits réduit la quantité qui maximise le revenu. Si la production correspondant à un revenu maximal sans contrainte procurait un profit au moins égal au minimum acceptable, tant après qu'avant introduction de l'impôt, le monopoleur ne modifierait pas sa production.

6.3 DUOPOLE ET OLIGOPOLE.

Une branche en duopole comprend deux vendeurs. Une branche en oligopole comprend un nombre de vendeurs suffisamment petit pour que les actions de n'importe quel vendeur individuel aient une influence significative sur ses concurrents. Le seul nombre des vendeurs ne suffit pas à distinguer l'oligopole de la concurrence parfaite, dans le cas d'un produit différencié. Le critère de distinction essentiel est l'interdépendance des actions des différents vendeurs. Si l'influence de la décision d'un vendeur concernant la quantité sur le profit d'un autre, $\partial\pi_i/\partial q_j$ n'est pas significative, la branche satisfait la condition de base soit de la concurrence parfaite, soit de la concurrence monopolistique à grand nombre de vendeurs. Si $\partial\pi_i/\partial q_j$ a un ordre de grandeur notable, on a affaire à un duopole ou un oligopole [1].

Sur un marché de duopole ou d'oligopole, la combinaison prix-quantité et le profit de chaque agent dépendent des actions de tous les agents. Chacun peut fixer son propre niveau de production (ou son prix, si le produit est différencié) mais il n'a aucune action directe sur les autres variables qui agissent sur son profit. Le profit de chaque vendeur est le résultat de l'interaction des décisions de tous les membres du marché. Il n'y a pas d'hypothèses de comportement généralement acceptées pour

(1) Dans tout ce chapitre le marché est supposé symétrique, en ce sens que l'on suppose que les dérivées partielles $\partial\pi_i/\partial q_j$ sont du même ordre de grandeur pour tout i différent de j. On peut analyser de nombreuses situations de marché asymétrique en modifiant et en combinant les analyses de marchés symétriques. Considérons le cas du monopole partiel, c'est-à-dire du marché comprenant un grand vendeur et un grand nombre de petits vendeurs. Les dérivées partielles $\partial\pi_i/\partial q_j$ ont un ordre de grandeur négligeable pour

$$i = 1, ..., n ; \qquad j = 2, ..., n \qquad \text{et} \qquad i \neq j \qquad \text{et} \qquad \partial\pi_i/\partial q_1$$

(où l'indice 1 représente le grand vendeur) a un ordre de grandeur non négligeable pour tout i.

On peut formuler une théorie du monopole partiel en combinant les théories du monopole pur et de la concurrence parfaite. Les petites entreprises accepteront le prix dominant et adapteront leurs niveaux de production pour maximiser leurs profits de la même façon qu'une entreprise de concurrence parfaite. On obtient la fonction de demande effective du monopoleur partiel en soustrayant l'offre des petites entreprises, fonction du prix, de la courbe de demande du marché, également fonction du prix. En utilisant cette fonction de demande, le monopoleur partiel maximise son profit en choisissant soit un prix, soit un niveau de production de la même façon qu'un monopoleur pur.

les agents dans le cas d'un oligopole ou d'un duopole comme il y en avait dans le cas de la concurrence parfaite et du monopole. Il existe de nombreuses solutions différentes pour les marchés en duopole et en oligopole. Chaque solution repose sur un ensemble différent d'hypothèses de comportement. Dans cette section on décrit six solutions parmi les plus intéressantes. Chacune est développée dans le cas du duopole mais toutes, sauf la solution de Stackelberg et la solution de la théorie des jeux se généralisent facilement aux oligopoles. Les solutions de Cournot, avec entente et de Stackelberg sont développées pour des marchés relatifs à des produits homogènes mais elles s'étendent facilement de façon à traiter le cas de marchés avec produits différenciés. La solution de la théorie des jeux est développée pour l'application aux deux types de marché.

La solution de Cournot.

La solution classique du problème du duopole (et de l'oligopole) est associée au nom d'Augustin Cournot, un économiste français du début du XIXe siècle. On suppose que deux entreprises produisent un bien homogène. L'inverse de la fonction de demande exprime le prix en fonction de la quantité globale vendue :

$$p = F(q_1 + q_2)$$

où q_1 et q_2 sont les niveaux de production des duopoleurs. Le revenu total de chaque duopoleur dépend de son propre niveau de production et de celui de son concurrent :

$$R_1 = q_1 F(q_1 + q_2) = R_1(q_1, q_2),$$
$$R_2 = q_2 F(q_1 + q_2) = R_2(q_1, q_2).$$

Le profit de chacun est égal à son revenu total diminué de son coût qui ne dépend que de son niveau de production :

$$\begin{aligned} \pi_1 &= R_1(q_1, q_2) - C_1(q_1) \\ \pi_2 &= R_2(q_1, q_2) - C_2(q_2). \end{aligned} \qquad (6\text{-}26)$$

L'hypothèse de comportement fondamentale de la solution de Cournot est que chaque duopoleur maximise son profit avec l'hypothèse que la quantité produite par son concurrent n'est pas modifiée par sa propre décision de production. Le premier duopoleur (I pour être bref) maximise π_1 par rapport à q_1 en considérant q_2 comme un paramètre et le second (II pour être bref) maximise π_2 par apport à q_2, en considérant q_1 comme un paramètre.

Annulons les dérivées partielles appropriées de (6-26) :

$$\begin{aligned} \frac{\partial \pi_1}{\partial q_1} &= \frac{\partial R_1}{\partial q_1} - \frac{dC_1}{dq_1} = 0, \qquad & \frac{\partial R_1}{\partial q_1} &= \frac{dC_1}{dq_1} \\ \frac{\partial \pi_2}{\partial q_2} &= \frac{\partial R_2}{\partial q_2} - \frac{dC_2}{dq_2} = 0, \qquad & \frac{\partial R_2}{\partial q_2} &= \frac{dC_2}{dq_2}. \end{aligned} \qquad (6\text{-}27)$$

Les conditions du premier ordre exigent que chaque duopoleur rende son *Cm* égal à son *Rm*. Les *Rm* des duopoleurs ne sont pas nécessairement égaux. Soit $q = q_1 + q_2$ et $\partial q/\partial q_1 = \partial q/\partial q_2 = 1$. Les *Rm* des duopoleurs sont :

$$\partial R_i/\partial q = p + q_i \, \mathrm{d}p/\mathrm{d}q \qquad (i = 1, 2) .$$

Le duopoleur produisant le plus aura le plus petit *Rm*. Une augmentation de production d'un des deux duopoleurs agissant seul entraînera une réduction de prix, c'est-à-dire un déplacement vers le bas sur la courbe de demande du marché et les revenus totaux des deux duopoleurs seront modifiés. Les taux des variations des revenus totaux dépendent des niveaux de production. Imaginons que le prix diminue au taux de 1 franc pour un accroissement des ventes globales d'une unité et que $q_1 = 100$ et $q_2 = 200$. Si I augmente sa production en la portant à 101 unités, il recevra 100 francs de moins pour les 100 unités qu'il aurait vendues précédemment à un prix supérieur. Si la production de II demeure inchangée, la conséquence de l'action de I sera pour II une perte de 200 francs de revenu, mais cela ne concerne pas I dans le cadre des hypothèses de Cournot. Si II augmente sa production d'une unité, avec un niveau de production de I inchangé, II recevra 200 francs de moins pour les unités qu'il aurait vendues précédemment.

La condition du second ordre pour chaque duopoleur exige que :

$$\frac{\partial^2 \pi_i}{\partial q_i^2} = \frac{\partial^2 R_i}{\partial q_i^2} - \frac{\mathrm{d}^2 C_i}{\mathrm{d}q_i^2} < 0 \qquad (i = 1, 2)$$

ou

$$\partial^2 R_i/\partial q_i^2 < \mathrm{d}^2 C_i/\mathrm{d}q_i^2 \qquad (i = 1, 2) . \tag{6-28}$$

Le *Rm* de chaque monopoleur doit croître moins rapidement que son *Cm*. Le processus de maximisation de la solution de Cournot n'est pas le même que dans le cas du monopoleur à deux établissements, où un seul individu fixe les valeurs des deux niveaux de production. Ici chaque duopoleur maximise son profit par rapport à la variable unique sur laquelle il peut agir.

Le marché de duopole est en équilibre si les valeurs de q_1 et q_2 sont telles que chaque duopoleur maximise son profit, la production de l'autre étant donnée, et telles qu'aucun des deux ne désire modifier sa production. La solution d'équilibre peut être obtenue en résolvant (6-27) en q_1 et q_2 si (6-28) est satisfaite. On peut écrire plus complètement le mécanisme du marché en introduisant une étape supplémentaire avant la résolution par rapport aux niveaux de production. On détermine des fonctions de réaction qui expriment la production de chaque duopoleur en fonction de la production du concurrent en résolvant la première équation de (6-27) en q_1 et la seconde en q_2 :

$$\begin{aligned} q_1 &= \Psi_1(q_2) \\ q_2 &= \Psi_2(q_1) . \end{aligned} \tag{6-29}$$

La fonction de réaction de I donne une relation entre q_1 et q_2 telle que, pour toute valeur fixée de q_2, la valeur correspondante de q_1 maximise π_1. La fonction de réaction de II donne la valeur de q_2 qui maximise π_2 pour toute valeur fixée de q_1. Une solution d'équilibre est un couple de valeurs de q_1 et q_2 qui satisfont les deux fonctions de réaction.

Si les fonctions de demande et de coût sont :

$$p = A - B(q_1 + q_2) \qquad C_1 = a_1 q_1 + b_1 q_1^2 \qquad C_2 = a_2 q_2 + b_2 q_2^2$$

tous les paramètres étant positifs, les profits des duopoleurs sont :

$$\pi_1 = Aq_1 - B(q_1 + q_2) q_1 - a_1 q_1 - b_1 q_1^2 ,$$

$$\pi_2 = Aq_2 - B(q_1 + q_2) q_2 - a_2 q_2 - b_2 q_2^2 .$$

Annulons les dérivées partielles appropriées :

$$\partial\pi_1/\partial q_1 = A - B(2 q_1 + q_2) - a_1 - 2 b_1 q_1 = 0 ,$$

$$\partial\pi_2/\partial q_2 = A - B(q_1 + 2 q_2) - a_2 - 2 b_2 q_2 = 0 .$$

Les fonctions de réaction correspondantes sont :

$$\begin{aligned} q_1 &= \frac{A - a_1}{2(B + b_1)} - \frac{B}{2(B + b_1)} q_2 \\ q_2 &= \frac{A - a_2}{2(B + b_2)} - \frac{B}{2(B + b_2)} q_1 . \end{aligned} \qquad (6\text{-}30)$$

Puisque B, b_1 et b_2 sont positifs, une augmentation du niveau de production de l'un des duopoleurs entraînera une diminution de la production optimale de l'autre. Les fonctions de réaction sont linéaires comme le montre la figure 6-4. La solution d'équilibre est donnée par (6-30), ou, graphiquement, par l'intersection des courbes de réaction, le point E de la figure 6-4. Résolvons (6-30) en q_1 et q_2

$$q_1 = \frac{2(B + b_2)(A - a_1) - B(A - a_2)}{4(B + b_1)(B + b_2) - B^2} ,$$

$$q_2 = \frac{2(B + b_1)(A - a_2) - B(A - a_1)}{4(B + b_1)(B + b_2) - B^2} .$$

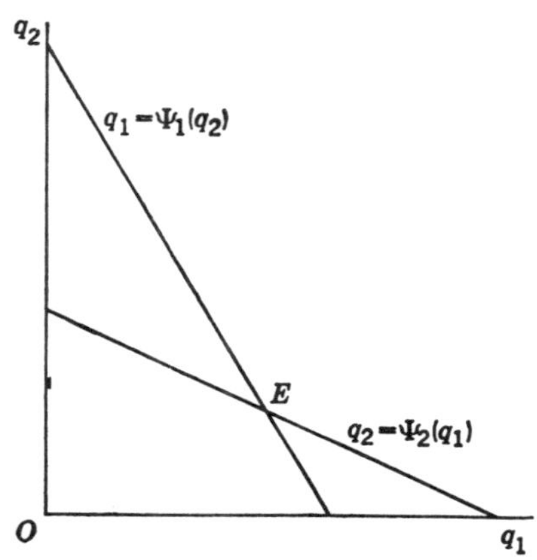

Fig. 6-4.

La fonction linéaire de demande et les fonctions quadratiques de coût satisfont les conditions du second ordre :

$$\partial^2 H_1/\partial q_1^2 = -2(B + b_1) < 0 \,; \quad \partial^2 H_2/\partial q_2^2 = -2(B + b_2) < 0 \,.$$

A titre d'exemple, considérons les fonctions de demande et de coût données par :

$$p = 100 - 0{,}5(q_1 + q_2) \,; \quad C_1 = 5\, q_1 \,; \quad C_2 = 0{,}5\, q_2^2 \,. \tag{6-31}$$

Le lecteur peut vérifier que les fonctions de réaction sont :

$$q_1 = 95 - 0{,}5\, q_2 \,; \qquad q_2 = 50 - 0{,}25\, q_1 \tag{6-32}$$

et que la solution d'équilibre est :

$$q_1 = 80 \,; \quad q_2 = 30 \,; \quad p = 45 \,; \quad \pi_1 = 3\,200 \,; \quad \pi_2 = 900 \,.$$

On a supposé jusqu'ici que l'on atteint un point d'équilibre de Cournot grâce à une série de déplacements instantanés. Il est intéressant de savoir si l'on atteindrait un équilibre de Cournot si chacun des déplacements avait lieu dans un intervalle de temps limité. Avant de répondre à cette question, il faut introduire un processus dynamique qui définisse les déplacements. Supposons que chacun des duopoleurs parte pour commencer d'un niveau d'output, choisi arbitrairement, qu'il modifie périodiquement en fonction de l'écart entre le niveau effectivement produit et le niveau désiré pour la période antérieure :

$$\begin{aligned} q_{1t} - q_{1,t-1} &= k[\Psi_1(q_{2,t-1}) - q_{1,t-1}] \\ q_{2t} - q_{2,t-1} &= k[\Psi_2(q_{1,t-1}) - q_{2,t-1}] \end{aligned} \tag{6-33}$$

où k est une constante positive. Supposons, pour simplifier, que la même valeur de k, coefficient d'adaptation, est applicable aux deux duopoleurs. Le niveau de production désiré des deux duopoleurs est donné par leur fonction de réaction.

A titre d'exemple, considérons la fonction de demande :

$$p = 100 - q_1 - q_2$$

et les fonctions de coût :

$$C_1 = 3\, q_1 \,; \qquad C_2 = 2\, q_2 \,.$$

Ecrivons les fonctions de profit correspondantes et annulons les dérivées appropriées pour obtenir les fonctions de réaction :

$$2\, q_1 + q_2 = 97 \,; \qquad q_1 + 2\, q_2 = 98$$

pour I et II respectivement. Les niveaux d'output à l'équilibre sont :

$$q_1 = 32 \,; \qquad q_2 = 33 \,.$$

En remplaçant dans (6-33) et en regroupant les termes :

$$\begin{aligned} q_{1t} - (1 - k)\, q_{1\,t-1} + 0{,}5\, k q_{2,t-1} - 48{,}5\, k &= 0 \\ q_{2t} - (1 - k)\, q_{2\,t-1} + 0{,}5\, k q_{1\,t-1} - 49\, k &= 0 \,. \end{aligned}$$

En faisant les mêmes calculs qu'au paragraphe 4.8, résolvons la première équation en $q_{2,t-1}$ et portons ce résultat, en modifiant les « retards » appropriés pour $q_{2,t}$ et $q_{2,t-1}$, dans la seconde équation :

$$q_{1t} - 2(1 - k)\, q_{1,t-1} + \left[(1 - k)^2 - 0{,}25\, k^2\right] q_{1,t-2} - 24\, k^2 = 0\,,$$

qui est une équation aux différences finies du second degré non homogène (voir Par. A-5). La solution de cette équation est :

$$q_{1t} = c_1(1 - 0{,}5\, k)^t + c_2(1 - 1{,}5\, k)^t + 32\,,$$

où c_1 et c_2 dépendent des conditions initiales. Le terme constant, 32, est la valeur d'équilibre de q_1. Les deux premiers termes tendront vers zéro lorsque t tendra vers l'infini, si les racines des parenthèses sont toutes les deux inférieures à l'unité, en valeur absolue. Puisque $k > 0$, les deux racines sont inférieures à l'unité. La deuxième racine est inférieure à la première. Le système sera donc stable et tendra vers un équilibre de Cournot si la seconde racine est supérieure à (-1), ce qui est le cas lorsque $k < 4/3$. Une vitesse d'adaptation suffisamment grande peut rendre l'équilibre inatteignable. Le lecteur peut vérifier que la vitesse d'adaptation n'aura pas cet effet si l'on écrit le processus d'ajustement à l'aide d'une équation différentielle.

L'hypothèse de comportement fondamentale de la solution de Cournot est plutôt faible. Chaque duopoleur agit comme si la production de son concurrent était fixée. Cependant, ce n'est pas le cas. L'équilibre est atteint après une suite d'adaptations instantanées. L'un fixe une production ; ceci amène l'autre à adapter sa production, ce qui, en retour, amène le premier à adapter la sienne, etc. Il est assez improbable que chacun suppose que ses décisions de production n'affectent pas la décision de production de son concurrent si chacune des adaptations est immédiatement suivie par une réaction de la part du concurrent. D'autres économistes ont supposé que chacun maximisait son profit avec l'hypothèse que le prix de son concurrent demeurait inchangé, mais ceci est une hypothèse encore plus irréalisable si le produit est homogène. En général, duopoleurs et oligopoleurs sont conscients de l'interdépendance de leurs décisions et de celles de leurs concurrents.

La solution de Cournot s'étend facilement à des marchés comportant plus de deux vendeurs. Lorsque le nombre de vendeurs augmente, la production de chacun représente une proportion de plus en plus petite de la production totale de la branche et les effets des actions d'un vendeur individuel sur ses concurrents deviennent de plus en plus négligeables. A la limite, la solution de Cournot tend vers le résultat de la concurrence parfaite. Un vendeur individuel sera incapable d'avoir une influence sur le prix, son *Rm* sera égal au prix du marché et ses actions n'entraînent pas de réactions de la part de ses concurrents.

La solution de l'entente.

Il se peut que les duopoleurs (ou les oligopoleurs) reconnaissent leur interdépendance et acceptent d'agir en commun en vue de maximiser le profit total de la branche. Les deux variables sont alors soumises à un contrôle unique et la branche est, en fait, un monopole. La maximisation s'effectue de la même manière que pour le monopoleur à deux établissements.

Si nous nous reportons à l'exemple donné par (6-31), le profit de la branche est :

$$\pi = \pi_1 + \pi_2 = 100(q_1 + q_2) - 0{,}5(q_1 + q_2)^2 - 5\,q_1 - 0{,}5\,q_2^2\,.$$

Annulons les dérivées partielles de π :

$$\partial\pi/\partial q_1 = 95 - q_1 - q_2 = 0\,, \qquad \partial\pi/\partial q_2 = 100 - q_1 - 2\,q_2 = 0\,.$$

Résolvons en q_1 et q_2 et reportons les valeurs obtenues dans les fonctions de profit et de demande :

$$q_1 = 90\,, \qquad q_2 = 5\,, \qquad \pi = 4\,525\,, \qquad p = 52{,}5\,.$$

Une comparaison avec la solution de Cournot montre que les duopoleurs avec entente produisent une quantité totale moindre à un prix supérieur avec un profit total plus grand. Du point de vue de la branche prise globalement, il est avantageux pour l'entreprise au *Cm* croissant le moins rapidement (I dans cet exemple) d'augmenter sa part relative de la production totale. Les *Cm* d'équilibre des deux entreprises sont égaux dans la solution de l'entente.

Le profit de la branche augmente de 4 100 à 4 525 francs. Le profit de I augmente de 3 200 à 4 275 francs et celui de II diminue de 900 à 250 francs. L'augmentation de I est supérieure à la réduction de II et l'entente est profitable aux deux si I donne une compensation à II en lui versant une somme supérieure à la réduction de II (650 francs) mais inférieure à l'augmentation de I (1 075 francs).

La solution de Stackelberg.

En général, le profit de chaque duopoleur est fonction des deux niveaux de production :

$$\pi_1 = h_1(q_1, q_2)\,, \qquad \pi_2 = h_2(q_1, q_2)\,. \tag{6-34}$$

La solution de Cournot est obtenue en maximisant π_1 par rapport à q_1 et π_2 par rapport à q_2. La solution de l'entente est obtenue en maximisant $(\pi_1 + \pi_2)$ par rapport à q_1 et q_2 à la fois. Beaucoup d'autres comportements de maximisation sont possibles pour les duopoleurs dont les fonctions de profit sont données par (6-34). Un des plus intéressants provient de l'analyse formulée par l'économiste allemand Heinrich von Stackelberg distinguant l'entreprise-pilote de l'entreprise-satellite.

Une entreprise-satellite tient compte de sa fonction de réaction (6-29) et adapte son niveau de production pour maximiser son profit ; la décision de production de son concurrent, qu'il suppose être une entreprise-pilote, est ici une donnée. Une entreprise-pilote ne tient pas compte de sa fonction de réaction. Elle suppose que l'entreprise concurrente agit comme un satellite et maximise son profit, la fonction de réaction de son concurrent étant donnée. Si I désire jouer le rôle de pilote, elle suppose que II obéit à sa fonction de réaction et elle porte cette relation dans sa fonction de profit :

$$\pi_1 = h_1[q_1, \Psi(q_1)]\,.$$

Le profit de I est maintenant fonction de q_1 seul et peut être maximisé par rapport à cette seule variable. II peut aussi déterminer son profit maximal d'entreprise-pilote avec l'hypothèse que I tient compte de sa fonction de réaction et agit comme une entreprise-satellite. Le profit maximal de satellite pour I est déterminé en portant le niveau de production optimal de l'entreprise-pilote II dans la fonction de réaction de I ; le profit maximum de satellite pour II est déterminé en portant le niveau de production optimal de I, considérée comme entreprise-pilote, dans la fonction de réaction de II.

Chaque duopoleur détermine ses niveaux de profit maxima à la fois d'entreprise-pilote et d'entreprise-satellite et désire jouer le rôle qui donne le maximum le plus grand. Quatre issues sont possibles : (1) I désire être pilote et II satellite ; (2) II désire être pilote et I satellite ; (3) tous les deux désirent être pilotes ; ou (4) tous les deux désirent être satellites. L'éventualité (1) conduit à des schémas de comportement compatibles et donc à un équilibre déterminé ([1]). I suppose que II agira comme un satellite et celui-ci le fait ; II suppose que I agira comme un pilote et celui-ci le fait. De la même façon (2) conduit à un équilibre déterminé. Si les deux désirent être des satellites, leurs anticipations ne sont pas réalisées, étant donné que chacun suppose que l'autre agira comme un pilote. Les duopoleurs doivent réviser leurs anticipations. Avec les hypothèses de Stackelberg, la solution de Cournot est atteinte si chacun désire agir comme satellite, sachant que l'autre agira aussi comme un satellite. Sinon, l'un des deux doit changer son schéma de comportement et agir comme pilote pour que l'équilibre soit atteint.

Si les deux désirent être pilotes, chacun suppose que le comportement de l'autre est guidé par sa fonction de réaction mais, en fait, aucune des deux fonctions de réactions n'est observée et l'on rencontre un *déséquilibre de Stackelberg*. Stackelberg croyait que ce déséquilibre était le cas le plus fréquent. Le résultat final d'un déséquilibre de Stackelberg ne peut pas être prédit *a priori*. Si les hypothèses de Stackelberg sont vérifiées, cette situation conduira à une guerre économique et l'équilibre ne sera pas atteint jusqu'à ce que l'un des deux soit tombé sous la dépendance de l'autre ou qu'une entente ait été conclue.

Reportons-nous de nouveau à l'exemple donné par (6-31). Le profit maximal d'entreprise-pilote de I est obtenu en portant la fonction de réaction de II (6-32) dans la fonction de profit de I :

$$\pi_1 = 100\, q_1 - 0{,}5\, q_1^2 - 0{,}5\, q_1(50 - 0{,}25\, q_1) - 5\, q_1$$
$$= 70\, q_1 - 0{,}375\, q_1^2 .$$

Maximisons par rapport à q_1 :

$$d\pi_1/dq_1 = 70 - 0{,}75\, q_1 = 0\,, \qquad q_1 = 93\ 1/3\,, \qquad \pi_1 = 3{,}266\ 2/3\,.$$

([1]) On suppose que les conditions du premier et du second ordre pour la maximisation sont remplies dans tous les cas.

De la même façon pour II :

$$\pi_2 = 100\, q_2 - 0{,}5\, q_2^2 - 0{,}5\, q_2(95 - 0{,}5\, q_2) - 0{,}5\, q_2^2\,,$$

$$= 52{,}5\, q_2 - 0{,}75\, q_2^2\,,$$

$$d\pi_2/dq_2 = 52{,}5 - 1{,}5\, q_2 = 0\,, \quad q_2 = 35\,, \quad \pi_2 = 918{,}75\,.$$

Pour déterminer le profit maximal d'entreprise-satellite de I, déterminons d'abord sa production en portant la production d'entreprise-pilote de II (35 unités) dans sa fonction de réaction (6-32), et calculons alors son profit :

$$q_1 = 95 - 0{,}5\, q_2 = 77{,}5\,, \qquad \pi_1 = 3\,003{,}125\,.$$

De la même façon, portons 93 1/3 dans la fonction de réaction de II et calculons alors son profit :

$$q_2 = 50 - 0{,}25\, q_1 = 26\ 2/3\,, \qquad \pi_2 = 155\ 5/9\,.$$

Chaque duopoleur reçoit un profit supérieur lorsqu'il est pilote et les deux désirent agir comme pilotes. Un exemple dans lequel on détermine facilement la solution de Cournot est devenu un déséquilibre de Stackelberg ; c'est une conséquence d'une modification des hypothèses de comportement fondamentales.

La différenciation du produit.

Le producteur individuel d'un produit différencié sur un marché d'oligopole est confronté à une courbe de demande distincte et qui lui est propre. La quantité qu'il peut vendre dépend des décisions de prix de tous les membres de la branche :

$$q_i = f_i(p_1, p_2, \dots, p_n) \qquad (i = 1, \dots, n) \tag{6-35}$$

où $\partial q_i/\partial p_i < 0$ et $\partial q_i/\partial p_j > 0$ pour tout $i \neq j$. Une augmentation de prix de la part du vendeur i, tous les autres prix demeurant inchangés, conduit à une diminution de son niveau de production. Certains des clients se tourneront vers ses concurrents. Si un autre vendeur augmente son prix, le vendeur i peut vendre une plus grande quantité à un prix fixé. Certains clients de son concurrent se tourneront vers lui.

Les producteurs individuels peuvent fixer soit le prix, soit la quantité. On peut exprimer les fonctions de demande sous la forme inverse, les niveaux de production étant les variables indépendantes (1) :

$$p_i = F_i(q_1, q_2, \dots, q_n) \qquad (i = 1, \dots, n)\,. \tag{6-36}$$

Toutes les dérivées partielles de (6-36) sont négatives. Si le vendeur i augmente son niveau de production, tous les autres niveaux de production étant constants, p_i diminuera étant donné qu'une quantité plus grande entraîne toujours un prix plus

(1) Les fonctions de demande peuvent être construites pour décrire une situation où le prix est la variable indépendante pour certains vendeurs et la quantité pour les autres. La variable dépendante de chaque vendeur s'exprime alors en fonction des variables indépendantes de tous les vendeurs.

bas. Si un autre vendeur augmente son niveau de production son prix diminuera et le prix de l'entreprise i doit aussi diminuer de façon à maintenir q_i à un niveau constant. Sinon, certains de ses clients se tourneraient vers l'entreprise au prix abaissé.

Les solutions de Cournot, de l'entente et de Stackelberg sont facilement modifiées pour la différenciation du produit en remplaçant $p = F(q_1 + q_2)$ par les fonctions de demande individuelles :

$$p_1 = F_1(q_1, q_2), \qquad p_2 = F_2(q_1, q_2).$$

On peut aussi étendre l'analyse aux cas où les prix sont les variables indépendantes :

$$q_1 = f_1(p_1, p_2), \qquad q_2 = f_2(p_1, p_2).$$

Les profits s'expriment en fonction des quantités :

$$\pi_1 = h_1(q_1, q_2), \qquad \pi_2 = h_2(q_1, q_2).$$

Par substitution :

$$\pi_1 = h_1[f_1(p_1, p_2), f_2(p_1, p_2)] = H_1(p_1, p_2),$$
$$\pi_2 = h_2[f_1(p_1, p_2), f_2(p_1, p_2)] = H_2(p_1, p_2).$$

Le profit de chaque duopoleur est fonction des deux prix et la maximisation peut avoir lieu par rapport aux prix.

Dans le cas de produits différenciés, les profits des duopoleurs peuvent aussi dépendre des montants de leurs dépenses de publicité. Si la publicité est efficace, elle permet à l'entreprise de vendre une plus grande quantité à un prix donné ou une quantité donnée à un prix plus élevé. Les courbes de demande sont :

$$p_1 = F_1(q_1, q_2, A_1, A_2), \qquad p_2 = F_2(q_1, q_2, A_1, A_2)$$

où A_1 et A_2 sont les montants des dépenses de publicité de I et II respectivement. Les fonctions de profit deviennent :

$$\pi_1 = q_1 F_1(q_1, q_2, A_1, A_2) - C_1(q_1) - A_1,$$
$$\pi_2 = q_2 F_2(q_1, q_2, A_1, A_2) - C_2(q_2) - A_2.$$

Chaque duopoleur doit maintenant maximiser son profit par rapport à sa dépense de publicité comme à son niveau de production.

La solution des parts du marché.

Supposons que II désire conserver une part fixée des ventes totales d'un produit différencié, sans tenir compte des effets de ses actions sur ses profits à court terme. Sa préoccupation majeure concerne les avantages à long terme provenant de la conservation d'une part donnée du marché. Une variation de quantité q_1 modifiant la part de I sera immédiatement suivie d'une variation proportionnelle de la part de II. La relation :

$$q_2/(q_1 + q_2) = k, \qquad q_2 = kq_1/(1 - k) \qquad (6\text{-}37)$$

où k est la part de marché désirée de II sera toujours valable. I est une entreprise-pilote du marché en ce sens que ses actions seront toujours suivies par II de façon prédéterminée.

La fonction de demande de I est $p_1 = F_1(q_1, q_2)$ et sa fonction de profit est :

$$\pi_1 = q_1 F_1(q_1, q_2) - C_1(q_1).$$

Portons la valeur de q_2 de (6-37) :

$$\pi_1 = q_1 F_1\left(q_1, \frac{kq_1}{1-k}\right) - C_1(q_1).$$

Le profit de I est fonction de q_1 seul et peut être maximisé par rapport à cette seule variable tant que II réagit pour maintenir sa part du marché.

Soient les fonctions de demande et de coût de I :

$$p_1 = 100 - 2q_1 - q_2, \quad C_1 = 2{,}5\, q_1^2. \tag{6-38}$$

Soit $k = 1/3$ et donc $q_2 = 0{,}5\, q_1$. Le profit de I est :

$$\pi_1 = q_1(100 - 2q_1 - 0{,}5\, q_1) - 2{,}5\, q_1^2 = 100\, q_1 - 5\, q_1^2. \tag{6-39}$$

Annulons la dérivée première de (6-39), résolvons en q_1 et portons la valeur obtenue dans les relations ci-dessus :

$$\mathrm{d}\pi_1/\mathrm{d}q_1 = 100 - 10\, q_1 = 0 \tag{6-40}$$

$$q_1 = 10, \qquad q_2 = 5, \qquad p_1 = 75, \qquad \pi_1 = 500.$$

I maximise son profit avec une production de 10 unités et II réagit en produisant 5 unités.

La solution de la courbe de demande coudée.

Les marchés de duopole et d'oligopole se caractérisent par des variations de prix peu fréquentes. Les entreprises ne modifient habituellement pas leurs combinaisons prix-quantité en réponse à de petits déplacements de leurs courbes de coût ainsi que le suggéraient les analyses de marché précédentes. La solution de la courbe de demande coudée présente une analyse théorique qui est compatible avec ce comportement observé. En partant de combinaisons prix-quantité prédéterminées, si l'un des duopoleurs baisse son prix (augmente sa quantité) on suppose que l'autre réagit en baissant son prix (en augmentant sa quantité) en vue de conserver sa part du marché. Si l'un des duopoleurs élève son prix, on suppose que son concurrent laisse son prix inchangé et donc augmente sa part du marché. Les diminutions de prix seront suivies, mais les augmentations ne le seront pas.

On suppose que les fonctions de demande et de coût des duopoleurs soient :

$$\begin{aligned} p_1 &= 100 - 2q_1 - q_2, \qquad & C_1 &= 2{,}5\, q_1^2 \\ p_2 &= 95 - q_1 - 3q_2, \qquad & C_2 &= 25\, q_2 \end{aligned} \tag{6-41}$$

et que les prix et quantités qui se sont établis soient : $p_1 = 70$, $q_1 = 10$, $p_2 = 55$, et $q_2 = 10$ (1). Si I augmentait son prix, II laisserait son propre prix inchangé à 55 francs. Portons $p_2 = 55$ dans la fonction de demande de II (6-41) et résolvons en q_2 :

$$q_2 = (40 - q_1)/3 . \tag{6-42}$$

Le niveau de production et la part du marché de II augmenteront lorsque I augmentera son prix et donc diminuera son niveau de production. Portons la valeur de q_2 donnée par (6-42) dans la fonction de demande de I (6-42) :

$$p_1 = (260 - 5\,q_1)/3 . \tag{6-43}$$

Le prix de I est fonction de q_1 seul, si l'on admet l'hypothèse que II maintient son prix à 55 francs. En partant de la position initiale, (6-43) n'est valable que pour $p_1 > 70$ et $q_1 < 10$. La fonction de *Rm* de I pour les augmentations de prix peut être établie en formant sa fonction de revenu total à partir de (6-43) :

$$R_1 = q_1\left(\frac{260 - 5\,q_1}{3}\right)$$

et

$$\mathrm{d}R_1/\mathrm{d}q_1 = (260 - 10\,q_1)/3 . \tag{6-44}$$

A $q_1 = 10$, le *Rm* de I pour une augmentation de prix est 53 1/3 francs.

Les fonctions de demande et de *Rm* données par (6-43) et (6-44) ne sont pas valables si I diminue son prix. Dans ce cas, II suivra en diminuant son prix d'un montant suffisant pour lui permettre de conserver la moitié du volume total des ventes. II doit augmenter son niveau de production de la même quantité que I en vue de conserver sa part du marché : $q_2 = q_1$. Portons $q_2 = q_1$ dans la fonction de demande de I (6-41)

$$p_1 = 100 - 3\,q_1 . \tag{6-45}$$

Le prix de I est fonction de q_1 seul, une fois admis que II conserve sa part du marché. La fonction de demande donnée par (6-45) est valable pour $p_1 < 70$ et $q_1 > 10$. La fonction de *Rm* de I pour les diminutions de prix peut être établie en formant une fonction de revenu total à partir de (6-45) :

$$R_1 = q_1(100 - 3\,q_1)$$

et

$$\mathrm{d}R_1/\mathrm{d}q_1 = 100 - 6\,q_1 . \tag{6-46}$$

A $q_1 = 10$, le *Rm* de I pour une diminution de prix est 40 francs.

La position initiale représente un point de profit maximal pour I. Son *Cm* pour une production de 10 unités est 50 francs. Il ne peut pas augmenter son profit en

(1) Le lecteur pourra vérifier que ces combinaisons prix-quantité représentent une solution de Cournot. *Cm* est égal à *Rm* pour chaque duopoleur, avec l'hypothèse que le niveau de production de son concurrent demeure inchangé. La méthode par laquelle les combinaisons initiales prix-quantité ont été obtenues n'a pas d'intérêt pour l'analyse de la courbe de demande coudée.

augmentant son prix (en réduisant son niveau de production), étant donné que son *Rm* est supérieur à son *Cm* (53 1/3 > 50) et cette différence serait augmentée par une augmentation de prix. Il ne peut pas augmenter son profit en diminuant son prix (en augmentant son niveau de production), étant donné que son *Rm* est inférieur à son *Cm* (40 < 50) et cette différence serait augmentée par une diminution de prix. Sa combinaison initiale prix-quantité est optimale pour toute valeur de *Cm* de 53 1/3 à 40 francs. Une diminution de son *Cm* d'un montant inférieur à 10 francs ne l'amènerait pas à abaisser son prix et à étendre ses ventes. De la même façon une augmentation du *Cm* d'un montant inférieur à 3 1/3 francs ne l'amènerait pas à augmenter son prix et à diminuer ses ventes.

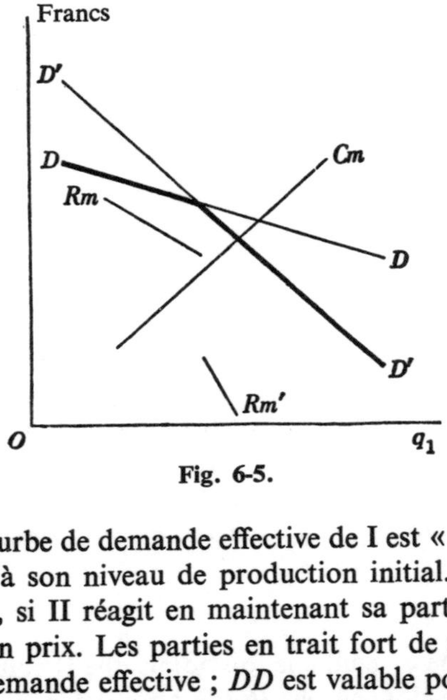

Fig. 6-5.

Graphiquement, la courbe de demande effective de I est « coudée » et sa courbe de *Rm* effectif discontinue à son niveau de production initial. Sa courbe de demande est *D'D'* (voir Fig. 6-5), si II réagit en maintenant sa part du marché et *DD* si II réagit en maintenant son prix. Les parties en trait fort de ces courbes de demande donnent sa courbe de demande effective ; *DD* est valable pour les augmentations de prix et *D'D'* pour les diminutions de prix. Sa courbe de *Rm* effective suit la courbe de *Rm* correspondant à *DD* à la gauche de son niveau de production initial et la courbe de *Rm* correspondant à *D'D'* à la droite de son niveau de production initial. I est incapable de rendre égaux *Rm* et *Cm*.

6.4 LA DIFFÉRENCIATION DU PRODUIT : UN GRAND NOMBRE DE VENDEURS.

Le cas de concurrence monopolistique avec un grand nombre de vendeurs tient à la fois du monopole et de la concurrence parfaite ([1]). Ce cas s'apparente à la concurrence parfaite en ce sens que le nombre de vendeurs est suffisamment grand pour que

([1]) Voir Edward H. Chamberlin, *The Theory of Monopolistic Competition* (7ᵉ éd., Cambridge, Mass. : Harvard University Press, 1956).

les actions d'un vendeur individuel n'aient pas d'influence perceptible sur ses concurrents. Il s'apparente au monopole et à l'oligopole avec différenciation des produits, en ce sens que chaque vendeur a une courbe de demande de pente négative pour son produit distinct.

En supposant que les courbes de demande sont linéaires, le prix perçu par chaque vendeur est fonction des quantités vendues par chacune des n entreprises de la branche :

$$p_k = A_k - a_{kk}\, q_k - \sum_{\substack{i=1 \\ i \neq k}}^{n} b_{ki}\, q_i \qquad (k = 1, ..., n) \tag{6-47}$$

où $\partial p_k / \partial q_i = - b_{ki}$ est négatif, mais numériquement petit. Pour faciliter l'exposé, supposons que toutes les entreprises ont des fonctions de demande et de coût identiques, c'est-à-dire que $b_{ki} = b$ pour tout k et i sauf $k = i$, $a_{kk} = a$, $A_k = A$ et $C_k(q_k) = C(q_k)$ pour tout k. En supposant des combinaisons prix-quantités initiales, les mêmes pour toutes les entreprises, la branche peut être décrite en s'attachant aux actions de l'entreprise « représentative ». Les fonctions de revenu et de coût de toutes les entreprises et leur comportement de maximisation sont identiques, bien que leurs produits soient différenciés aux yeux des consommateurs. La courbe de demande se présentant à l'entreprise devient :

$$p_k = A - aq_k - b \sum_{\substack{i=1 \\ i \neq k}}^{n} q_i \,. \tag{6-48}$$

Le profit de l'entreprise représentative est :

$$\pi_k = q_k\left(A - aq_k - b \sum_{\substack{i=1 \\ i \neq k}}^{n} q_i\right) - C(q_k) \,. \tag{6-49}$$

Puisque b est numériquement petit et qu'une variation de quantité de la part de l'entreprise représentative touche chacun de ses $(n - 1)$ concurrents au même degré, les effets de ses mouvements sur le prix de n'importe quel concurrent particulier sont négligeables. Donc l'entrepreneur de l'entreprise représentative agit comme si ses actions n'avaient pas d'effet sur ses concurrents. En rendant son *Rm* et son *Cm* égaux avec l'hypothèse que les niveaux de production de ses concurrents demeurent inchangés :

$$A - 2\, aq_k - b \sum_{\substack{i=1 \\ i \neq k}}^{n} q_i = C'(q_k) \,. \tag{6-50}$$

La condition du second ordre exige que son *Cm* croisse plus rapidement que son *Rm*. Le niveau de production optimal de l'entreprise k dépend des niveaux de production courants de tous ses concurrents.

L'hypothèse de symétrie assure que, s'il est intéressant pour l'entreprise représentative de procéder à un déplacement particulier, il est intéressant pour toutes les autres entreprises de procéder au même déplacement. Toutes les entreprises essaieront de maximiser leur profit simultanément, et les variations de quantité de l'entreprise k

seront accompagnées de variations identiques de la part de toutes les autres entreprises de la branche. L'entreprise représentative ne se déplacera pas le long de la courbe de demande (6-48) qui est construite avec l'hypothèse que les niveaux de production des autres entreprises demeurent inchangés. Sa courbe de demande effective est construite en portant $q_k = q_i$ dans (6-48) :

$$p_k = A - [a + (n - 1) b] q_k . \tag{6-51}$$

Le nombre $(n - 1)$ n'est pas d'un ordre de grandeur négligeable. Une augmentation de 1 % du niveau de production d'un concurrent peut entraîner une baisse de 0,02 % de p_k mais une augmentation simultanée de la part de 1 000 entreprises peut faire diminuer p_k de 20 % ou plus. La courbe de demande effective (6-51) qui tient compte de déplacements simultanés et identiques de la part de tous les vendeurs a une pente plus forte que (6-48). Il se peut que l'entrepreneur de l'entreprise représentative se rende compte qu'il ne peut pas se déplacer sur la courbe de demande individuelle, mais cette information ne lui sert à rien étant donné qu'il n'a aucun pouvoir sur les niveaux de production de ses concurrents. Les autres entreprises modifient leurs niveaux de production parce qu'elles peuvent augmenter leurs profits. Leurs actions ne sont pas commandées par les actions de l'entreprise représentative. L'entreprise représentative doit profiter de la possibilité qu'elle a d'augmenter son profit et agir de la même façon que les autres entreprises.

L'entreprise représentative partant d'une certaine combinaison initiale quantité-prix arbitraire a affaire à deux courbes de demande séparées. Sur la figure 6-6 *a*, *DD* est sa courbe de demande pour des variations de son niveau de production seul et *D'D'* est sa courbe de demande effective pour des variations identiques des niveaux de production de toutes les entreprises de la branche. Les deux courbes se coupent au point représentant la combinaison initiale quantité-prix. Lorsque toutes les entreprises augmentent leurs niveaux de production, la forme et la position de *D'D'*, qui est fonction de q_k seul [voir (6-51)], demeurent inchangés, et *DD* dont la position dépend des productions de toutes les entreprises [voir (6-48)], « glisse » le long de *D'D'*, coupant toujours celle-ci au niveau de production courant de l'entreprise représentative.

La branche atteint un équilibre quand le *Rm* est égal au *Cm* pour toutes les entreprises. Les *n* équations simultanées de (6-50) doivent être résolues par rapport aux *n* quantités inconnues. On peut trouver par des méthodes complexes que l'hypothèse de symétrie garantit que (6-50) entraînera des niveaux de production égaux pour toutes les *n* entreprises. Donc, on peut obtenir la solution en portant $q_k = q_i$ dans (6-50) et en résolvant

$$A - [2 a + (n - 1) b] q_k = C'(q_k) \tag{6-52}$$

par rapport à q_k (1). Cette formulation n'implique qu'une équation et une variable. Le profit maximal et la combinaison quantité-prix optimale sont les mêmes pour

(1) Cette solution n'est pas la même que celle d'un marché d'oligopole où un des entrepreneurs sait que (6-51) est sa courbe de demande effective. Le *Rm* est $A - [2 a + 2(n - 1) b] q_k$ dans ce cas, soit $(n - 1) bq_k$ francs de moins pour chaque niveau de production. Le niveau de production où le *Rm* est égal au *Cm* est plus petit que celui obtenu à partir d'une solution de (6-52).

toutes les entreprises. Une description graphique de l'équilibre à court terme est représentée sur la figure 6-6 *b*. Le *Rm* est égal au *Cm* et *DD* coupe *D'D'* au point représentant la combinaison d'équilibre quantité-prix.

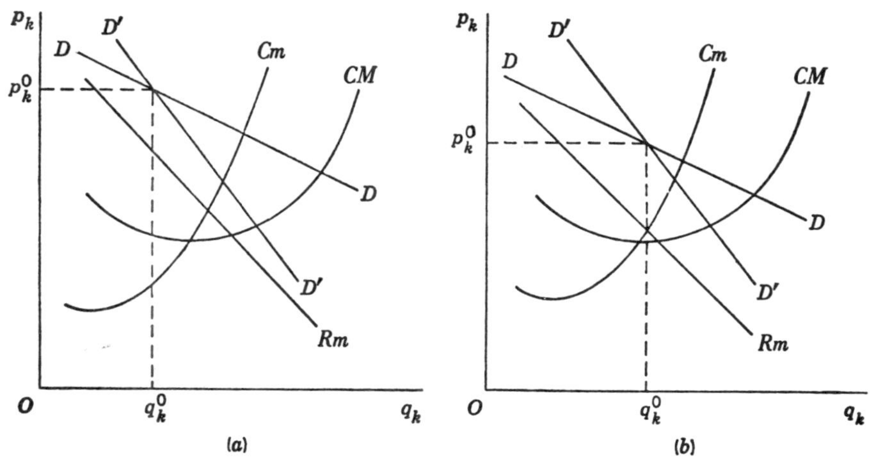

Fig. 6-6.

Libre entrée et libre sortie amènent le profit pur à zéro dans une branche à concurrence parfaite et peuvent avoir le même effet dans le cas de concurrence monopolistique à grand nombre de vendeurs. On peut exprimer le profit de l'entreprise représentative en fonction de sa production et du nombre d'entreprises dans la branche si l'égalité $q_k = q_l$ est portée dans (6-49) :

$$\pi_k = Aq_k - [a + (n-1)\, b]\, q_k^2 - C(q_k)\,. \tag{6-53}$$

En annulant π_k, (6-52) et (6-53) forment un système de deux équations à deux inconnues : q_k et n. La résolution de ces équations donne les valeurs d'équilibre à long

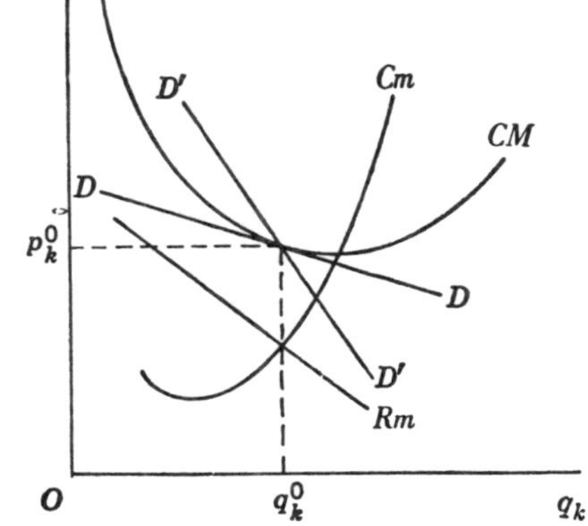

Fig. 6-7.

terme du niveau de production de l'entreprise représentative et du nombre d'entreprises.

La position d'équilibre à long terme de l'entreprise représentative est représentée sur la figure 6-7. De nouvelles entreprises seront amenées à entrer dans la branche si le profit pur de l'entreprise représentative est strictement positif. Lorsque le nombre d'entreprises augmente, l'entreprise représentative peut vendre une production moindre à n'importe quel prix donné, c'est-à-dire que DD et $D'D'$ à la fois se déplacent vers la gauche. L'équilibre à long terme est atteint lorsque le Rm est égal au Cm, DD est tangente à la courbe de coût moyen (ce qui montre que le revenu total est égal au coût total et donc que le profit est nul), et le point de tangence est le point d'intersection avec $D'D'$.

Le point d'équilibre à long terme de l'entreprise représentative est à gauche du point minimal sur sa courbe de coût total moyen. Le prix est égal au coût moyen, comme pour l'entreprise représentative en concurrence parfaite, mais le prix n'est pas égal au Cm. Par rapport aux résultats de la concurrence parfaite, l'entreprise représentative fournit une production moindre à un coût total moyen supérieur.

6.5 LE MONOPSONE, LE DUOPSONE ET L'OLIGOPSONE.

Les sections précédentes ont trait à des entrepreneurs qui achètent leurs inputs sur des marchés de concurrence parfaite. Le prix des inputs est indépendant des quantités achetées. Sur certains marchés, le nombre des acheteurs est si restreint que l'on ne peut maintenir l'hypothèse d'achats à un prix fixe, indépendant de la quantité achetée. C'est ce type de marché que nous étudierons dans cette section. On appelle *monopsone* une situation de marché où il n'y a qu'un acheteur face à un grand nombre de vendeurs. Le *duopsone* est caractérisé par deux vendeurs. Dans le cas de l'*oligopsone*, il y a un petit nombre d'acheteurs (plus de deux).

Le monopsone.

Un monopsoneur ne peut acheter une quantité illimitée d'un input à un prix uniforme ; le prix qu'il lui faut payer pour chaque quantité achetée est donné par la courbe d'offre de marché relative à son input. Etant donné que les courbes d'offre de la plupart des inputs ont une pente positive, le prix à payer par le monopsoneur est généralement une fonction croissante de la quantité achetée.

Considérons d'abord le cas d'un monopsoneur qui utilise un seul input que nous appellerons le travail, pour la production d'un bien qu'il vend sur un marché de concurrence parfaite. Un exemple pourrait en être fourni par un producteur qui est le seul employeur sur un marché du travail local et qui vend sa production sur un marché concurrentiel national ou international. Sa fonction de production exprime la production en fonction de la quantité de travail x employée :

$$q = h(x) . \tag{6-54}$$

L'équation de coût et la fonction de revenu sont, comme auparavant :

$$R = pq\,, \qquad C = rx$$

où r est le prix du travail. Cependant, le prix du travail est maintenant une fonction croissante de la quantité employée :

$$r = g(x) \tag{6-55}$$

où $\mathrm{d}r/\mathrm{d}x > 0$. Le *coût marginal du travail* est le taux de variation de son coût par rapport à la quantité employée (1) :

$$\mathrm{d}C/\mathrm{d}x = r + xg'(x)\,. \tag{6-56}$$

Puisque $g'(x) > 0$, le coût marginal du travail est supérieur à son prix pour $x > 0$.

On peut exprimer le profit du monopsoneur en fonction de la quantité de travail qu'il emploie :

$$\pi = R - C = ph(x) - rx\,. \tag{6-57}$$

Annulons la dérivée de (6-57) par rapport à x :

$$\mathrm{d}\pi/\mathrm{d}x = ph'(x) - r - xg'(x) = 0$$

$$ph'(x) = r + xg'(x)\,. \tag{6-58}$$

La condition du premier ordre de maximisation du profit exige que le travail soit employé jusqu'à un point où la valeur de son produit marginal est égale à son coût marginal. La condition du second ordre exige que le taux de variation de la valeur du produit marginal du travail soit inférieur au taux de variation de son coût marginal :

$$\mathrm{d}^2\pi/\mathrm{d}x^2 = ph''(x) - 2\,g'(x) - xg''(x) < 0$$

$$ph''(x) < 2\,g'(x) + xg''(x)\,. \tag{6-59}$$

La production optimale du monopsoneur et le prix du travail sont déterminés en résolvant (6-58) par rapport à x et en portant la valeur pour laquelle la condition du second ordre est satisfaite dans (6-54) et (6-55).

Le monopsoneur maximisant son profit (voir Fig. 6-8) emploiera x^0 unités de travail à un taux de salaire de r^0 francs. L'égalité du prix du travail et de la valeur de son produit marginal, c'est-à-dire le point d'équilibre pour un entrepreneur qui achète du travail sur un marché de concurrence parfaite, aboutirait à l'emploi de x^1 unités de travail à un taux de salaire r^1. Le monopsoneur emploie une quantité de travail plus petite à un taux de salaire plus bas.

(1) Le lecteur devrait noter qu'ici le coût marginal est défini par rapport à la quantité de travail employée au lieu de l'output produit. La forme abrégée (Cm) est réservée au coût marginal par rapport au niveau de production.

Si les fonctions d'offre de travail et de production du monopsoneur sont :

$$q = 15\,x^2 - 0{,}2\,x^3, \qquad r = 144 + 23{,}4\,x$$

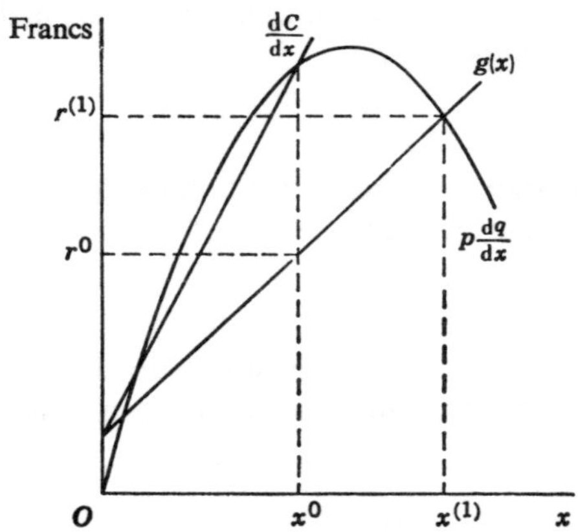

Fig. 6-8.

et s'il vend sa production sur un marché de concurrence parfaite à un prix de 3 francs, sa fonction de revenu total et son équation de coût sont :

$$R = 45\,x^2 - 0{,}6\,x^3, \qquad C = 144\,x + 23{,}4\,x^2\,.$$

Egalons la valeur du produit marginal du travail à son coût marginal :

$$90\,x - 1{,}8\,x^2 = 144 + 46{,}8\,x\,.$$

Ce qui donne l'équation du second degré :

$$1{,}8\,x^2 - 43{,}2\,x + 144 = 0$$

avec les racines : $x = 4$ et $x = 20$. La condition du second ordre :

$$90 - 3{,}6\,x < 46{,}8$$

est satisfaite pour $x = 20$. La solution $x = 4$ est une position de profit minimum. Portons $x = 20$ dans les fonctions appropriées :

$$q = 4\,400, \qquad r = 612, \qquad \pi = 960\,.$$

Si un monopsoneur est aussi un monopoleur sur le marché de son output, le prix qu'il reçoit est fonction de la quantité qu'il vend :

$$p = F(q)\,.$$

On peut de nouveau exprimer son profit en fonction de la quantité de travail qu'il emploie :

$$\pi = pq - rx = F\big[h(x)\big]\,h(x) - rx$$

ou, plus simplement,

$$\pi = R(x) - C(x) \tag{6-60}$$

où le revenu total et le coût total sont exprimés en fonction de la quantité de travail employé. L'annulation de la dérivée de (6-60) donne la condition du premier ordre suivant laquelle le taux d'accroissement du revenu total provenant de l'emploi d'une unité supplémentaire de travail (le produit marginal du travail en termes de revenu) doit être égal à son coût marginal. La condition du second ordre exige que le produit marginal du travail en termes de revenu augmente moins rapidement que son coût marginal.

Le duopsone et l'oligopsone.

La situation de marché dans laquelle il y a un petit nombre d'acheteurs est semblable à celle où se présente un petit nombre de vendeurs. Il n'y a pas d'hypothèses générales de comportement. Chacun des acheteurs peut contrôler le niveau de ses achats, mais chacun est affecté par les actions des autres acheteurs. La plupart des théories traitant du duopole et de l'oligopole dans le cas de produits non différenciés, peuvent être adaptées au cas du duopsone et de l'oligopsone. Nous étudierons ici, à titre d'exemple, une transposition de la solution de Cournot.

Considérons le cas de deux entrepreneurs, seuls employeurs sur un marché du travail local. Comme précédemment, le prix du travail est une fonction croissante de la quantité :

$$r = g(x_1 + x_2)$$

x_1 et x_2 étant les quantités achetées par les deux entreprises. On suppose que chacun des employeurs n'utilise que du travail pour produire un bien qu'il vend sur un marché national concurrentiel à un prix donné. Les fonctions de production sont :

$$q_1 = h_1(x_1) \; ; \qquad q_2 = h_2(x_2)$$

et les fonctions de profit :

$$\begin{aligned} \pi_1 &= p_1\, h_1(x_1) - g(x_1 + x_2)\, x_1 \\ \pi_2 &= p_2\, h_2(x_2) - g(x_1 + x_2)\, x_2 \,. \end{aligned} \tag{6-61}$$

On peut admettre l'hypothèse de comportement fondamentale de la solution de Cournot. Chaque duopsoneur maximise son profit avec l'hypothèse que l'autre n'est pas affecté par ses actions.

Annulons les dérivées partielles appropriées :

$$\partial\pi_1/\partial x_1 = p_1\, h_1'(x_1) - r - x_1\, g'(x_1 + x_2) = 0\,,$$

$$\partial\pi_2/\partial x_2 = p_2\, h_2'(x_2) - r - x_2\, g'(x_1 + x_2) = 0\,,$$

et :

$$p_1 \, h_1'(x_1) = r + x_1 \, g'(x_1 + x_2)$$
$$p_2 \, h_2'(x_2) = r + x_2 \, g'(x_1 + x_2) \, . \qquad (6\text{-}62)$$

Chaque duopsoneur rend son coût marginal égal au produit marginal de l'input. Les coûts marginaux des duopsoneurs ne sont pas égaux à l'équilibre, à moins que $x_1 = x_2$. Le duopsoneur achetant la plus grande quantité aura le coût marginal le plus élevé. Les conditions du second ordre sont la généralisation pure et simple de (6-59) : le produit marginal doit augmenter moins rapidement que le coût marginal.

On obtient les fonctions de réaction des duopoleurs en résolvant la première équation de (6-62) en x_1 et la seconde en x_2. Ces fonctions de réaction expriment les achats de l'un des duopsoneurs en fonction des achats de l'autre :

$$x_1 = \Phi_1(x_2) \, ; \qquad x_2 = \Phi_2(x_1) \, .$$

Considérons le cas particulier où la fonction d'offre d'input et les fonctions de production sont :

$$r = 2 + 0{,}1(x_1 + x_2) \, ,$$
$$q_1 = 13 \, x_1 - 0{,}2 \, x_1^2 \, , \qquad q_2 = 12 \, x_2 - 0{,}1 \, x_2^2 \, .$$

Supposons que $p_1 = 2$ et $p_2 = 3$. Les fonctions de profit sont :

$$\pi_1 = 2(13 \, x_1 - 0{,}2 \, x_1^2) - [2 + 0{,}1(x_1 + x_2)] \, x_1 \, ,$$
$$\pi_2 = 3(12 \, x_2 - 0{,}1 \, x_2^2) - [2 + 0{,}1(x_1 + x_2)] \, x_2 \, .$$

Annulons les dérivées partielles appropriées. Nous obtenons les fonctions de réaction :

$$x_1 = 24 - 0{,}1 \, x_2, \qquad x_2 = 42{,}5 - 0{,}125 \, x_1 \, .$$

Le lecteur pourra vérifier qu'à l'équilibre :

$$r = 8$$
$$x_1 = 20, \qquad q_1 = 180, \qquad \pi_1 = 200 \, ,$$
$$x_2 = 40, \qquad q_2 = 320, \qquad \pi_2 = 640 \, .$$

6.6 LE MONOPOLE BILATÉRAL

Le monopoleur n'a pas de fonction d'offre d'output liant prix et quantités. Il choisit un point de la fonction de demande de ses acheteurs qui maximise son profit. De même, le monopsoneur n'a pas de courbe de demande d'input. Il choisit un point de la courbe d'offre de ses vendeurs qui maximise son profit. Le monopole bilatéral met en présence un vendeur et un acheteur. Le vendeur ne peut pas se conduire comme un monopoleur, ni l'acheteur se comporter comme un monopsoneur. Le vendeur ne peut tirer parti d'une fonction de demande inexistante, ni l'acheteur d'une fonction inexistante elle aussi. Il y a trois solutions possibles : (1) l'un des participants domine l'autre et le force à accepter son prix, sa quantité ou les deux ; (2) l'acheteur et le vendeur s'entendent pour fixer un prix et une quantité ; enfin (3) le mécanisme du marché ne joue plus. Les théories du monopole et du monopsone permettent de traiter des deux premières solutions, en fournissant des solutions de référence.

Solutions de référence.

Soit le cas d'un monopole bilatéral sur le marché du bien Q_2. L'acheteur utilise Q_2 comme input pour produire Q_1 ; sa fonction de production est : $q_1 = h(q_2)$. Il vend Q_1 sur un marché concurrentiel au prix donné p_1. Le vendeur utilise un seul input X pour la production de Q_2. Il achète X sur un marché concurrentiel au prix donné r. Supposons que l'on puisse exprimer sa fonction de production sous forme inverse : $x = H(q_2)$. Les solutions dans les cas du monopole, du monopsone et de la concurrence parfaite, fournissent des points de repère utiles pour l'étude de ce cas de marché.

Si le vendeur domine l'acheteur et le force à accepter son prix, quel qu'il soit, on aura une solution de monopole. Le profit de l'acheteur (A) est :

$$\pi_A = p_1\, h(q_2) - p_2\, q_2\,.$$

Il annule $\mathrm{d}\pi_A/\mathrm{d}q_2$ pour maximiser son profit :

$$\mathrm{d}\pi_A/\mathrm{d}q_2 = p_1\, h'(q_2) - p_2 = 0$$

et :

$$p_2 = p_1\, h'(q_2) \tag{6-63}$$

soit la fonction de demande de Q_2 (1) de l'acheteur. L'acheteur se procure Q_2 jusqu'à ce que son produit marginal égale le prix décidé par le vendeur. Le vendeur monopoleur remplace p_2 par sa valeur d'après (6-63) et maximise son profit :

$$\pi_V = p_1\, h'(q_2)\, q_2 - rH(q_2)$$
$$\mathrm{d}\pi_V/\mathrm{d}q_2 = p_1\big[h'(q_2) + h''(q_2)\, q_2\big] - rH'(q_2) = 0 \tag{6-64}$$
$$p_1\big[h'(q_2) + h''(q_2)\, q_2\big] = rH'(q_2)\,.$$

D'après la condition d'équilibre (6-64), le vendeur rend son *Rm* égal à son *Cm*. Résolvons (6-64) en q_{2V}^*, niveau de production du monopole, et remplaçons par cette valeur dans (6-63) pour obtenir le prix de monopole, p_{2V}^*. Le point V de la figure 6-9 fournit un exemple d'une solution de monopole.

On aurait une solution de monopsone si l'acheteur pouvait forcer le vendeur à accepter son prix. Le profit du vendeur est :

$$\pi_V = p_2\, q_2 - rH(q_2)\,.$$

(1) Le terme fonction de demande est utilisé ici pour définir le prix en fonction de la quantité ; en général on définit au contraire la quantité en fonction du prix. On utilise le terme fonction d'offre dans le même sens.

Il annule $d\pi_V/dq_2$ pour maximiser son profit :

$$d\pi_V/dq_2 = p_2 - rH'(q_2) = 0$$

et

$$p_2 = rH'(q_2) \tag{6-65}$$

qui représente la fonction d'offre du vendeur du bien Q_2. Le vendeur produit et vend Q_2 jusqu'au point où son coût marginal devient égal au prix imposé par l'acheteur. L'acheteur monopsoneur maximise son profit en prenant pour valeur de p_2 l'expression (6-65) :

$$\begin{aligned} \pi_A &= p_1\, h(q_2) - rH'(q_2)\, q_2 \\ d\pi_A/dq_2 &= p_1\, h'(q_2) - r[H'(q_2) + H''(q_2)\, q_2] = 0 \qquad (6\text{-}66) \\ p_1 h'(q_2) &= r[H'(q_2) + H''(q_2)\, q_2] \end{aligned}$$

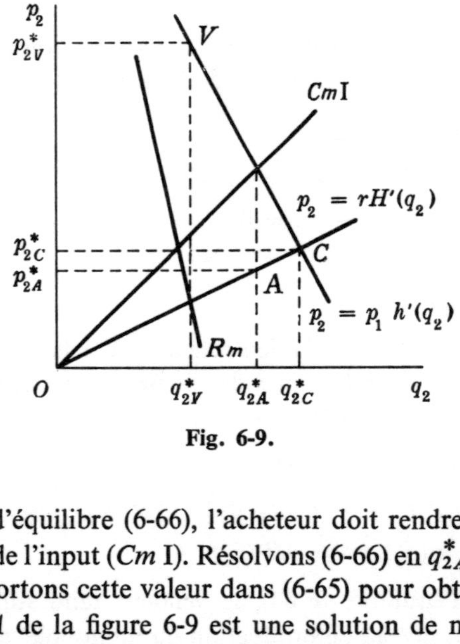

Fig. 6-9.

D'après la condition d'équilibre (6-66), l'acheteur doit rendre son produit marginal égal au coût marginal de l'input (*Cm* I). Résolvons (6-66) en q^*_{2A}, niveau de production du monopsoneur, et portons cette valeur dans (6-65) pour obtenir le prix de monopsone p^*_{2A}. Le point *A* de la figure 6-9 est une solution de monopsone.

Considérons enfin le cas où le vendeur comme l'acheteur acceptent le prix du marché. Les fonctions de demande (6-63) et d'offre (6-65) sont donc les fonctions de marché. On obtient la quantité d'équilibre q^*_{2C} en rendant le prix d'offre égal au prix de demande :

$$p^*_{2C} = p_1\, h'(q^*_{2C}) = rH'(q^*_{2C})\,. \tag{6-67}$$

Le prix d'équilibre p^*_{2C} est égal au produit marginal de l'acheteur et au coût marginal du vendeur. Ce résultat, semblable à celui que l'on obtiendrait en concurrence parfaite, n'est peut-être pas un résultat probable sur un marché de monopole bilatéral, mais il permet d'avoir un autre « point de repère » utile. Le point C de la figure 6-9 donne un exemple de point d'équilibre concurrentiel.

On peut généraliser certains des résultats que permet la comparaison des solutions de monopole (point V), de monopsone (point A) et de concurrence (point C) de la figure 6-9, à tous les cas où la courbe de demande $[p_1 h'(q_2)]$ a une pente négative et la courbe d'offre $[rH'(q_2)]$ une courbe positive, c'est-à-dire aux cas où $h''(q_2) < 0$ et $H''(q_2) > 0$. Les points d'équilibre de monopsone et de monopole seront toujours situés à gauche de l'intersection des courbes d'offre et de demande. q_{2C}^* est donc toujours supérieur à q_{2A}^* et q_{2V}^*. Sur la figure 6-9, $q_{2A}^* > q_{2V}^*$. Ce résultat n'est pas général. Le niveau d'output de monopole et de monopsone dépend des courbes d'offre et de demande. Le lecteur peut trouver un exemple tel que $q_{2A}^* < q_{2V}^*$. Le prix d'équilibre de concurrence parfaite se situera toujours entre le prix d'équilibre de monopole et le prix d'équilibre de monopsone. Etant donné que l'équilibre de monopole est situé à gauche du point d'équilibre de concurrence parfaite, $p_{2V}^* > p_{2C}^*$. Etant donné que l'équilibre de monopole est situé sur la courbe d'offre à gauche de l'équilibre de concurrence parfaite, $p_{2C}^* > p_{2A}^*$. Soit π_{VV}^*, π_{VC}^* et π_{VA}^* les niveaux de profit du vendeur dans les trois situations, en général :

$$\pi_{VV}^* > \pi_{VC}^* > \pi_{VA}^*$$

Soit π_{AV}^*, π_{AC}^* et π_{AA}^*, les niveaux de profit de l'acheteur, en général :

$$\pi_{AV}^* < \pi_{AC}^* < \pi_{AA}^* .$$

Nous laissons au lecteur la démonstration de ces deux résultats à titre d'exercice.

La solution de l'entente.

On admet en général que les participants reconnaissent leur interdépendance et acceptent un prix et une quantité satisfaisants pour les deux parties en présence. On peut distinguer deux étapes. Les participants déterminent d'abord la quantité qui maximise leur profit global et ensuite le prix qui répartit le profit global entre eux. Le profit global est :

$$\begin{aligned} \pi = \pi_A + \pi_V &= [p_1 h(q_2) - p_2 q_2] + [p_2 q_2 - rH(q_2)] \\ &= p_1 h(q_2) - rH(q_2) . \end{aligned}$$

Annulons la dérivée du profit par rapport à (q_2) :

$$\mathrm{d}\pi/\mathrm{d}q_2 = p_1 h'(q_2) - rH'(q_2) = 0$$

et :

$$p_1 h'(q_2) = rH'(q_2) .$$

Le profit global est maximal au niveau de production qui rend le produit marginal de l'acheteur égal au coût marginal du vendeur. Cette solution est identique à celle de (6-67). La quantité optimale avec entente est la même que la quantité de concurrence parfaite q_{2C}^*. Un monopole bilatéral avec entente conduit à un comportement identique à celui d'une branche concurrentielle en ce qui concerne les tiers.

Une solution d'entente n'aboutit pas nécessairement à un prix d'équilibre de concurrence. Le vendeur désire vendre la quantité décidée au prix le plus élevé tandis que l'acheteur veut l'acquérir au prix le plus bas possible. Les prix-limites seront ceux qui procureront à l'acheteur un profit nul (limite supérieure) et au vendeur un profit nul (limite inférieure) :

$$p_1\, h(q_{2C}^*)/q_{2C}^* \geqslant p_2 \geqslant rH(q_{2C}^*)/q_{2C}^* \,. \tag{6-68}$$

Le prix ne peut être établi en dehors de ces limites puisqu'un profit négatif conduirait l'une des entreprises à cesser sa production.

On peut également supposer que l'acheteur ne peut pas accepter une solution inférieure à celle de monopole et le vendeur à celle de monopsone :

$$p_1\, h(q_{2C}^*) - p_2\, q_{2C}^* \geqslant \pi_{AV}^*$$
$$p_2\, q_{2C}^* - rH(q_{2C}^*) \geqslant \pi_{VA}^* \,.$$

Résolvons chacune des inégalités en p_2 :

$$\frac{p_1\, h(q_{2C}^*) - \pi_{AV}^*}{q_{2C}^*} \geqslant p_2 \geqslant \frac{rH(q_{2C}^*) + \pi_{VA}^*}{q_{2C}^*} \,.$$

On peut déterminer les limites à l'aide des solutions de référence. Si π_{AV}^* et π_{VA}^* sont positifs, (6-69) laisse un intervalle d'accord moins grand que (6-68). La détermination du prix à l'intérieur des limites d'entente dépendra toujours du pouvoir de discussion de l'acheteur et du vendeur.

Un exemple.

Les courbes d'offre et de demande de la figure 6-9 correspondent à un marché pour lequel les fonctions de production sont :

$$q_1 = 270\, q_2 - 2\, q_2^2 \,; \quad q_2 = 2\sqrt{x} \,; \quad x = 0{,}25\, q_2^2 \,,$$

avec $p_1 = 3$ et $r = 6$. Dans le cas du monopole, on obtient le profit maximal de l'acheteur en dérivant la fonction :

$$\pi_A = 3(270\, q_2 - 2\, q_2^2) - p_2\, q_2 :$$
$$\mathrm{d}\pi_A/\mathrm{d}q_2 = 810 - 12\, q_2 - p_2 = 0 \,.$$

La fonction de demande est :

$$p_2 = 810 - 12\, q_2 \,. \tag{6-70}$$

Le profit maximal du vendeur s'obtient de façon analogue :

$$\pi_V = (810 - 12\, q_2)\, q_2 - 1{,}5\, q_2^2 \,,$$
$$\mathrm{d}\pi_V/\mathrm{d}q_2 = 810 - 27\, q_2 = 0 \,.$$

La solution de monopole est :

$$q_{2V}^* = 30\,; \quad p_{2V}^* = 450\,; \quad \pi_{AV}^* = 5\,400\,; \quad \pi_{VV}^* = 12\,150\,.$$

Dans le cas du monopsone, on obtient le profit maximal du vendeur en prenant la dérivée par rapport à q_2 de :

$$\pi_V = p_2\,q_2 - 1{,}5\,q_2^2\,,$$

$$d\pi_V/dq_2 = p_2 - 3\,q_2 = 0\,,$$

et la fonction d'offre est :

$$p_2 = 3\,q_2\,. \tag{6-71}$$

On obtient le profit maximal de l'acheteur monopsoneur en prenant la dérivée de :

$$\pi_A = 3(270\,q_2 - 2\,q_2^2) - (3\,q_2)\,q_2\,,$$

$$d\pi_A/dq_2 = 810 - 18\,q_2 = 0\,.$$

La solution de monopsone est :

$$q_{2A}^* = 45\,; \quad p_{2A}^* = 135\,; \quad \pi_{VA}^* = 3\,037{,}50\,; \quad \pi_{AA}^* = 18\,225\,.$$

On obtient la solution d'équilibre de concurrence en rendant (6-70) égal à (6-71) :

$$q_{2C}^* = 54\,; \quad p_{2C}^* = 162\,; \quad \pi_{2C}^* = 4\,374\,; \quad \pi_{AC}^* = 17\,496\,.$$

Le niveau de production de concurrence est identique à celui de l'entente. Le profit maximal global, $\pi^* = 21\,870$, est égal à la somme des profits de concurrence.

En calculant (6-68), on obtient les limites d'entente correspondant à un profit nul :

$$486 \geqslant p_2 \geqslant 81\,.$$

En calculant (6-69), on obtient de même les limites correspondant aux profits-limites π_{AV}^* et π_{VA}^*.

$$386 \geqslant p_2 \geqslant 137{,}25\,.$$

Il est intéressant de remarquer que, dans notre exemple, la limite supérieure du prix, soit 386, qui garantit à l'acheteur un profit minimal, π_{AV}^*, est considérablement inférieur à $p_{2V}^* = 450$.

6.7 RÉSUMÉ.

Une entreprise en situation de monopole constitue une branche et n'est pas gênée par la concurrence de rivaux proches. Un monopoleur est libre de choisir toute combinaison quantité-prix située sur sa courbe de demande à pente négative. Etant donné qu'une expansion de sa production entraîne une réduction de son prix, son *Rm* est inférieur à son prix. Sa condition du premier ordre de maximisation du profit requiert l'égalité du *Rm* et du *Cm*. Sa condition du second ordre requiert que le *Cm* croisse plus rapidement que le *Rm*. Si l'on introduit explicitement la fonction de production du monopoleur, on voit qu'il maximise son profit en rendant la productivité marginale par rapport au revenu de chaque input égale au prix.

Si les conditions du second ordre sont satisfaites, un monopoleur qui pratique la discrimination maximise son profit en rendant le *Rm* sur chacun de ses marchés égal au *Cm* de sa production globale. Un monopoleur parfaitement discriminant absorbe la totalité du surplus du consommateur en rendant son prix marginal égal au *Cm*. De même, un monopoleur à plusieurs établissements maximise son profit en rendant le *Cm* de chacune de ses usines égal au *Rm* de sa production globale.

Ni un impôt forfaitaire, ni un impôt sur les profits ne modifieront la combinaison quantité-prix optimale d'un monopoleur maximisant son profit. Un impôt sur les ventes, spécifique ou *ad valorem* entraînera une diminution de sa production et une augmentation de son prix. Un monopoleur qui maximise son revenu, maximise son chiffre d'affaires compte tenu d'une contrainte sur son profit qui ne peut être inférieur à un seuil minimal. Un impôt sur les profits peut l'inciter à diminuer sa production et à accroître son prix.

Le profit d'un duopoleur ou d'un oligopoleur dépend des actions et des réactions de ses concurrents. Des théories différentes reposent sur des hypothèses diverses quant aux comportements sur le marché. La théorie de Cournot est réalisée si chacun des participants au marché maximise son profit vers l'hypothèse que les niveaux de production de ses concurrents ne sont pas modifiés par ses actions. La solution de l'entente est réalisée si les participants au marché s'unissent pour maximiser le profit total de la branche. La solution de Stackelberg repose sur l'hypothèse que les duopoleurs reconnaissent explicitement l'indépendance de leurs actions. Chacun désire jouer le rôle soit d'une entreprise-pilote soit d'une entreprise-satellite et l'équilibre de marché est atteint si leurs désirs sont compatibles. Ces trois solutions sont applicables à la fois pour des produits homogènes et pour des produits différenciés. Les producteurs des produits différenciés peuvent trouver dans la publicité une source de profit.

La solution des parts du marché est réalisée si un participant au marché suit les décisions de son concurrent de façon à maintenir son ancienne part des ventes totales de la branche. La solution de la courbe de demande coudée est réalisée si un vendeur suppose que ses concurrents suivront ses diminutions de prix mais laisseront leurs prix inchangés en réponse à ses augmentations de prix.

Dans le cas de concurrence monopolistique à grand nombre de vendeurs, un vendeur individuel possède une courbe de demande à pente négative pour son produit distinct, mais sa production constitue une part tellement petite du marché total que ses actions n'ont pas d'effets sensibles sur ses concurrents. Cependant, des déplacements simultanés de la part de tous les vendeurs entraînent des déplacements des courbes de demande individuelles. L'équilibre à court terme est atteint quand chaque vendeur a rendu son *Rm* et son *Cm* égaux. Le nombre d'entreprises dans la branche croît ou décroît suffisamment pour amener le profit pur de l'entreprise représentative à être nul à long terme.

Un monopsoneur est en présence d'une courbe d'offre croissante pour un input. Il peut être le seul acquéreur d'un type particulier de travail. Le coût marginal du travail d'un monopsoneur est supérieur au taux de salaire puisqu'il doit augmenter le taux de salaire de tous ses employés en vue d'augmenter l'emploi. La condition du premier ordre de maximisation du profit requiert qu'il emploie du travail jusqu'au point où la valeur de sa productivité marginale est égale à son coût marginal. Si le monopsoneur est aussi un monopoleur sur le marché de son produit, la condition du premier ordre requiert qu'il rende le produit marginal du travail en termes de revenu égal à son coût marginal.

Le duopsone et l'oligopsone ressemblent au duopole et à l'oligopole en ce sens que les théoriciens ne retiennent pas les mêmes hypothèses de comportement. On peut adapter à l'oligopsone et au duopsone la plupart des théories du duopole et de l'oligopole pour des produits non différenciés. Avec l'hypothèse de comportement de Cournot, chacun des acheteurs choisit un niveau d'achats en supposant que les autres acheteurs ne modifient pas leur comportement en fonction des actions. Dans le cas du monopole bilatéral, un seul vendeur est confronté à un seul acheteur. Le prix et la quantité sont déterminés par le participant qui « domine » l'autre ou sur la base d'une entente. Les prix, les quantités et les profits que l'on obtiendrait dans le cas d'un monopole, d'un monopsone et en concurrence parfaite fournissent les points de repère qui permettent d'étudier le monopole bilatéral. Le niveau d'output de concurrence maximise le profit global du vendeur et de l'acheteur. Le prix d'entente s'établit entre des limites que l'on établit en se basant sur le niveau de profit minimal de chaque participant.

EXERCICES

6.1 Déterminer le profit maximal, le prix et le niveau de production d'un monopoleur dont les fonctions de demande et de coût, sont :

$$p = 20 - 0{,}5\,q\,; \qquad c = 0{,}04\,q^3 - 1{,}94\,q^2 + 32{,}96\,q\,.$$

6.2 Soit un monopoleur utilisant un input X qu'il achète au prix donné $r = 5$ pour la production du bien Q. Ses fonctions de demande et de production sont :

$$p = 85 - 3\,q \qquad \text{et} \qquad q = 2\sqrt{x}\,.$$

Déterminer p, q et x qui permettent au monopoleur de maximiser le profit.

6.3 Déterminer le profit maximal, le prix et le niveau de production en cas de monopole « discriminant parfait ». Les fonctions de coût et de demande sont :

$$p = 2\,200 - 60\,q\,; \qquad c = 0{,}5\,q^3 - 61{,}5\,q^2 + 2\,740\,q\,.$$

6.4 Soit

$$p = a - b(q_1 + q_2)\,, \qquad c_1 = \alpha_1 q_1 + \beta_1 q_1^2\,, \qquad c_2 = \alpha_2 q_2 + \beta_2 q_2^2$$

les fonctions de demande et de coût dans le cas d'un monopole à plusieurs établissements. Tous les paramètres sont positifs. Supposer qu'un accroissement autonome de la demande accroisse a, les autres paramètres restant constants. Montrer que le niveau d'output augmentera dans chacun des établissements, l'accroissement étant plus fort dans l'établissement qui a le coût marginal croissant le moins rapidement.

6.5 Un monopoleur qui maximise son revenu a un seuil minimal de profit de 1 500. Ses fonctions de demande et de coût sont :

$$p = 304 - 2\,q\,, \qquad c = 500 + 4\,q + 8\,q^2\,.$$

Déterminer le niveau d'output et le prix de vente de cette production. Comparer ces valeurs à celles que l'on obtiendrait si l'on maximisait le profit.

6.6 Soit $p = 100 - 3\,q + 4\,\sqrt{A}$, $c = 4\,q^2 + 10\,q + A$ les fonctions de demande et de coût d'un monopoleur, A étant le niveau des dépenses de publicité. Trouver les valeurs de A, q et p qui maximisent le profit.

6.7 Soit un duopole avec différenciation des produits. Les fonctions de demande et de coût des entreprises I et II sont : $q_1 = 88 - 4\,p_1 + 2\,p_2$; $c_1 = 10\,q_1$; $q_2 = 56 + 2\,p_1 - 4\,p_2$; $c_2 = 8\,q_2$. Trouver les *fonctions de réaction de prix* de chaque entreprise en supposant que chacune maximise son profit par rapport à son prix. Déterminer le prix, la quantité et le profit d'équilibre de I et II.

6.8 Soit un marché de concurrence monopolistique avec 101 entreprises. Les fonctions de demande et de coût sont identiques :

$$p_k = 150 - q_k - 0{,}02 \sum_{\substack{i=1 \\ i \neq k}}^{101} q_i\,, \qquad C_k = 0{,}5\,q_k^3 - 20\,q_k^2 + 270\,q_k \qquad (k = 1, ..., 101)\,.$$

Déterminer le profit maximal, le prix et la quantité correspondant à ce profit pour une entreprise représentative. Supposer que le nombre d'entreprises de la branche ne varie pas.

6.9 Un monopoleur utilise un seul input, le travail X, pour produire un output Q, qu'il vend sur un marché concurrentiel au prix donné $p = 2$. Ses fonctions de production et d'offre de travail sont :

$$q = 6\,x + 3\,x^2 - 0{,}02\,x^3\,; \qquad r = 60 + 3\,x\,.$$

Déterminer x, q et r qui maximisent le profit. La fonction de production du monopoleur est-elle strictement concave au voisinage du point d'équilibre de production.

6.10 Soit le monopole bilatéral pour le bien produit Q_2. Les fonctions de l'acheteur et du vendeur sont : $q_1 = 728\,q_2 - 3\,q_2^2$; $q_2 = \sqrt{x}$.

Supposer que $p_1 = 6$ et $r = 3$. Déterminer les solutions de monopole, de monopsone et de concurrence. Trouver les limites d'entente sur le prix en supposant que l'acheteur ne peut pas accepter un prix inférieur à celui qu'il aurait en situation de monopole et le vendeur en situation de monopsone.

***6.11** Un monopoleur veut construire un seul établissement pour fournir deux marchés distincts sur lesquels il peut vendre sa production à des prix différents sans craindre la concurrence ou une vente d'un marché à l'autre. Les marchés sont distants de d kilomètres et sont reliés par une autoroute. Le monopoleur peut faire construire son établissement près d'un des marchés ou en un point de l'autoroute les reliant. Soit z et $(d - z)$ les distances entre le marché 1 et l'établissement, le marché 2 et l'établissement. Les fonctions de demande et de coût de production ne sont pas affectées par l'emplacement de l'établissement :

$$p_1 = a_1 - b_1\,q_1\,; \qquad p_2 = a_2 - b_2\,q_2\,; \qquad c_1 = \alpha(q_1 + q_2) - \beta(q_1 + q_2)^2\,.$$

Déterminer les valeurs optimales de q_1, q_2 et z si les coûts de transports du monopoleur sont :

$$T = \gamma_1\,zq_1 + \gamma_2(d - z)\,q_2\,,$$

tous les paramètres étant positifs.

BIBLIOGRAPHIE

Andrews, P. W. S., *On competition in Economic Theory* (New York : St Martin's, 1964). Une revue et une critique non mathématiques des différentes théories de la concurrence monopolistique.

Baumol, William, J., *Business Behavior, Value and Growth* (nouvelle édition, New York : Harcourt, Brace and World, 1967). La Partie I traite de l'oligopole. Utilisation de l'analyse et de la géométrie.

Buchanan, Norman S., « Advertising Expenditures : A. Suggested Treatment », *Journal of Political Economy*, vol. 50 (août 1942), pp. 537-557. Egalement réédité in R. V. Clemence (éd.), *Readings in Economic Analysis* (Cambridge, Mass. : Addison-Wesley, 1950), vol. 2, pp. 230-250. Une détermination géométrique de la dépense optimale de publicité pour une entreprise.

Chamberlin, E. H., *The Theory of Monopolistic Competition* (7e édit., Cambridge, Mass. : Harvard University Press, 1956). Le premier exposé des problèmes de la concurrence monopolistique et de la différenciation des produits. Utilisation de la géométrie.

Cohen, Kalman J. et Richard M. Cyert, *Theory of the Firm* (Englewood Cliffs, N. J. : Prentice-Hall, 1965). La concurrence monopolistique est traitée dans les chapitres 10 à 13. Utilisation de l'analyse et de la géométrie.

Cournot, Augustin, *Recherches sur les principes mathématiques de la théorie des richesses* (1890). L'exposé original de la solution de Cournot. Egalement une des premières applications des mathématiques à l'économie.

Efroymson, Clarence W., « A note on Kinked Demand Curves », *American Economic Review*, vol. 33 (mars 1943), *Economic Analysis*, vol. 2, pp. 98-109. Egalement réédité in : Clemence, *Readings in Economic Analysis*, vol. 2, pp. 218-229. Une discussion en termes non mathématiques des courbes de demande coudées et de la tarification à coût complet.

Fellner, William, *Competition Among the Few* (New York : Knopf, 1949). Une discussion non mathématique de l'oligopole et du monopole bilatéral. Contient un exposé de la solution de Stackelberg.

Hicks, J. R., « Annual Survey of Economic Theory : The Theory of Monopoly », *Econometrica*, vol. 3 (janvier 1935), pp. 1-20. Egalement réédité in : American Economic Association, *Readings in Price Theory* (Homewood, Ill. : Irwin, 1952), pp. 361-383. Une étude des théories de la concurrence monopolistique développées entre 1925 et 1935.

Kuenne, Robert E. (éd.), *Monopolistic Competition Theory* (New York : Wiley, 1967). Trois essais à la mémoire de E. H. Chamberlin traitent de nombreux aspects de la théorie de Chamberlin. Très peu de mathématiques en dehors du recours à la géométrie.

Nicholls, William A., *A Theoretical Analysis of Imperfect Competition with Special Application to the Agricultural Industries* (Ames, Iowa : Iowa State College Press, 1941). Contient d'abondantes descriptions non mathématiques de nombreuses formes différentes de concurrence monopolistique. Particulièrement utile pour l'analyse de l'oligopsone.

Robinson, Joan, *L'économie de la concurrence imparfaite* (Paris : Dunod, 1975). Une étude d'avant-garde du monopole, de la discrimination par le prix et du monopsone dans laquelle furent développés beaucoup de concepts modernes. L'analyse se limite généralement à la géométrie.

CHAPITRE 7

LA THÉORIE DE L'OPTIMUM

La théorie de l'optimum a pour objet de comparer, dans l'optique du rendement social, des états alternatifs de l'économie. Un état de l'économie est une spécification particulière des activités et des ressources de l'économie. Chaque état est caractérisé par un système particulier d'allocation des ressources et par une distribution particulière des revenus de l'activité économique. Bien que les économistes ne soient pas toujours capables d'indiquer comment passer d'un état de l'économie à un autre, on dispose souvent de mesures de politique économique pour modifier une situation existante. Dans de tels cas, il est important de savoir si la modification envisagée est souhaitable. Supposons par exemple que l'économie puisse atteindre une position d'équilibre général pour deux ensembles de prix des biens et des facteurs de production. Puisqu'il y a cohérence entre les desiderata des consommateurs et des entreprises pour chacun des équilibres, la société ne peut choisir entre eux, si même elle le peut, qu'en faisant intervenir des critères d'optimum collectif. Les principes sur lesquels on peut s'appuyer pour résoudre de tels problèmes relèvent de la théorie de l'optimum.

L'appréciation d'un état économique — dans le sens le plus large du terme — dépend des niveaux de satisfaction de tous les consommateurs (1). Mais presque tous les états sur lesquels l'économiste, en quête d'un optimum, doit faire porter son jugement, auront des conséquences favorables pour certains, défavorables pour d'autres. Les comparaisons seraient aisées s'il était possible d'agréger les utilités individuelles en une seule fonction d'utilité. Malheureusement, une telle opération n'est pas réalisable. Les comparaisons en termes d'utilité, d'un individu à l'autre sont impossibles. On ne saurait déterminer, de manière objective, si un individu I ou un individu II tire une satisfaction plus grande de la consommation d'une collection de biens donnés (2).

De telles comparaisons ne sont possibles que dans un sens très restrictif. L'écono-

(1) De telles affirmations reposent sur des convictions éthiques ou sur des jugements de valeur et ne sauraient être démontrées. Il est raisonnable de postuler que le concept d'optimum social dépasse la notion plus restrictive de bien-être économique. Pour des raisons évidentes, la présente analyse ne porte que sur ce second aspect.

(2) On supposera tout au long de ce chapitre que l'utilité n'est définie que de manière ordinale. On ne supprimerait en rien la difficulté en faisant l'hypothèse que l'on a affaire à des fonctions cardinales puisque le caractère mesurable pour un consommateur n'est ni nécessaire ni suffisant pour effectuer des comparaisons entre individus.

miste peut dire si un état donné de l'économie est caractérisé par une répartition efficiente des ressources ; il peut dire comment passer d'un état à un autre et décrire les conséquences à attendre de cette transformation. Il n'est pourtant pas plus à même que les autres de dire si une transformation donnée est souhaitable lorsqu'elle entraîne certains effets défavorables pour certains individus.

Les conditions de l'optimum de Pareto et l'étude corrélative de la concurrence parfaite sont discutées au paragraphe 7.1. Les conséquences de la concurrence monopolistique quant à la théorie de l'optimum sont mises en évidence au paragraphe 7.2. Au paragraphe 7.3, on montre comment les conditions d'optimalité au sens de Pareto ne sont plus respectées en cas de concurrence parfaite lorsque l'on introduit les économies et déséconomies externes. Au paragraphe 7.4, on montre comment les conditions d'optimalité peuvent être retrouvées en utilisant impôts et subventions et l'on indique des critères de compensation. Les fonctions d'utilité sociale sont envisagées au paragraphe 7.5. Enfin la théorie du « second best » est présentée au paragraphe 7.6.

7.1 L'EFFICIENCE DE LA CONCURRENCE PARFAITE.

L'allocation des ressources se traduit, dans le secteur de la consommation, par des niveaux de consommation déterminés pour chaque consommateur et, dans le secteur de la production, par des niveaux de production et d'utilisation de facteurs déterminés pour chaque entreprise. L'optimalité au sens de Pareto permet de donner de l'efficience économique une définition que l'on retrouve très souvent à la base de la théorie de l'optimum. L'allocation des ressources sera *optimale au sens de Pareto* si l'on ne peut modifier le système de production et de répartition en accroissant le niveau d'utilité d'un individu au moins, sans diminuer celui des autres. Inversement, une allocation des ressources ne sera *pas optimale au sens de Pareto* si l'on peut augmenter le niveau d'utilité d'un individu, sans diminuer celui d'un autre. Du fait que l'on ne peut comparer les niveaux d'utilité individuels, on ne peut apprécier en termes d'efficience des modifications qui améliorent la situation des uns et détériorent celle des autres. On peut seulement dire que les effets de ces modifications sont ou ne sont pas souhaitables. Cependant, on peut dire que le rendement social augmente (ou diminue) si la situation d'une personne au moins s'améliore (ou se détériore), tandis que celle des autres ne se modifie pas. Il est clair qu'aucune situation ne peut être considérée comme optimale, si l'on n'a pas réalisé toutes les améliorations possibles du type envisagé ci-dessus ([1]).

On établit au cours de cette section les conditions nécessaires pour qu'il y ait optimalité au sens de Pareto. Ces conditions sont exprimées en unités physiques d'output et d'input, sans référence à un système de prix. On démontre ensuite que la concurrence parfaite est un optimum au sens de Pareto si : (1) les conditions du pre-

(1) La discussion actuelle est limitée à l'efficience statique. On ne se préoccupe pas de l'allocation intertemporelle des ressources envisagée sur le plan du rendement social, de l'évolution dans le temps des satisfactions ou des différents types de croissances envisageables pour l'économie.

mier ordre sont satisfaites pour chaque consommateur et chaque producteur, (2) il n'y a pas saturation au niveau des consommateurs, et (3) il n'y a pas d'effets externes tant pour la consommation que pour la production. On étudiera d'abord séparément le secteur de la consommation et le secteur de la production, avant de formuler les conditions que le système économique, dans son ensemble, doit satisfaire.

Le secteur de la consommation.

La distribution entre les consommateurs des biens de consommation (y compris le loisir et les autres facteurs primaires que le consommateur peut conserver en partie) est efficiente si tout autre système possible d'allocation des biens entre les consommateurs conduit à une réduction de la satisfaction d'au moins un d'entre eux. L'optimalité au sens de Pareto sera réalisée si le niveau d'utilité de chaque consommateur est maximum, étant donné le niveau d'utilité des autres consommateurs. Supposons, à titre d'illustration, qu'il n'y ait que deux consommateurs, repérés par les indices 1 et 2, et deux biens seulement Q_1 et Q_2. Les fonctions d'utilité des consommateurs sont :

$$U_1(q_{11}, q_{12}) \text{ et } U_2(q_{21}, q_{22}), \text{ avec } q_{11} + q_{21} = q_1^0 \text{ et } q_{12} + q_{22} = q_2^0 .$$

Supposons maintenant que le consommateur II soit au niveau de satisfaction $U_2^0 = \text{Cte}$ Pour rendre maximale l'utilité du consommateur I, compte tenu de cette contrainte, formons la fonction :

$$U_1^* = U_1(q_{11}, q_{12}) + \lambda[U_2(q_1^0 - q_{11}, q_2^0 - q_{12}) - U_2^0] ,$$

où λ est un multiplicateur de Lagrange ; en annulant les dérivées partielles :

$$\frac{\partial U_1^*}{\partial q_{11}} = \frac{\partial U_1}{\partial q_{11}} - \lambda \frac{\partial U_2}{\partial q_{21}} = 0 ,$$

$$\frac{\partial U_1^*}{\partial q_{12}} = \frac{\partial U_1}{\partial q_{12}} - \lambda \frac{\partial U_2}{\partial q_{22}} = 0 ,$$

$$\frac{\partial U_1^*}{\partial \lambda} = U_2(q_1^0 - q_{11}, q_2^0 - q_{12}) - U_2^0 = 0$$

et

$$\frac{\partial U_1/\partial q_{11}}{\partial U_1/\partial q_{12}} = \frac{\partial U_2/\partial q_{21}}{\partial U_2/\partial q_{22}} . \tag{7-1}$$

Le membre de gauche de (7-1) est le TSB (taux de substitution des biens) du consommateur I, et le membre de droite celui du consommateur II. Les TSB doivent être égaux pour que l'optimalité au sens de Pareto soit réalisée dans le secteur de la consommation [1]. Si (7-1) n'était pas satisfaite, il serait possible d'augmenter

(1) Naturellement les conditions du second ordre doivent aussi être satisfaites. On supposera tout au long de ce paragraphe que les conditions du second ordre sont satisfaites.

la satisfaction de I sans réduire celle de II. Le raisonnement est symétrique pour II. La condition (7-1) résulte aussi de la maximisation de la satisfaction de II, celle de I' étant donnée. Aussi, si (7-1) n'était pas satisfaite, serait-il également possible d'accroître la satisfaction de II sans réduire celle de I. Il est facile de généraliser à un nombre quelconque de consommateurs l'analyse mathématique relative au cas de deux consommateurs.

On peut reprendre le raisonnement ci-dessus sur un diagramme emboîté (diagramme d'Edgeworth, cf. Par. 5.1). Les côtés du rectangle de la figure 7-1 représentent les quantités totales disponibles de Q_1 et Q_2 dans une économie d'échange. Un point quelconque de la boîte représente une distribution particulière des biens entre les

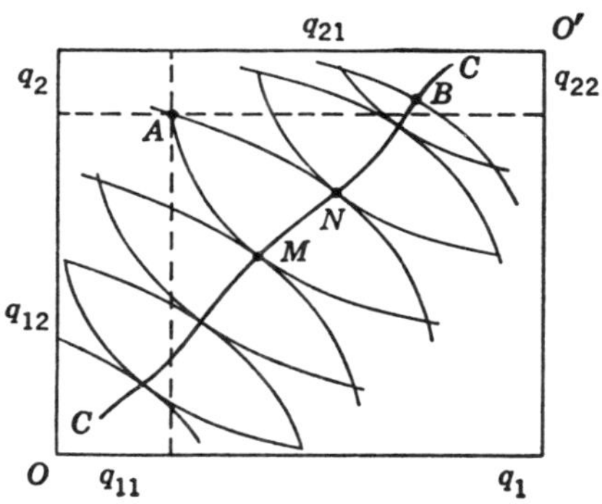

Fig. 7-1.

deux consommateurs. Par exemple, si la distribution des biens est donnée par le point A, les quantités de Q_1 et Q_2 consommées par I sont mesurées par les coordonnées de A, en prenant le coin sud-ouest O comme origine ; les quantités consommées par II sont mesurées par les coordonnées de A en prenant le coin nord-est O' comme origine. On établit la carte d'indifférence de I en prenant O comme origine et celle de II en prenant O' comme origine. Les TSB des deux consommateurs sont égaux lorsqu'une courbe d'indifférence de I est tangente à une courbe d'indifférence de II. Le lieu des points qui satisfont cette condition constitue la *courbe de contrat CC*. La définition analytique de la courbe de contrat est donnée par (7-5) qui est une fonction de q_{11} et q_{12}.

Les taux de substitution entre biens ne sont pas égaux au point A, et il est possible d'augmenter les niveaux d'utilité de l'un et l'autre des consommateurs en modifiant la distribution initiale. Par exemple, si la situation finale est entre M et N, chacun des deux consommateurs y a gagné, puisque chacun serait à un niveau d'utilité supérieur à celui défini par A. Si la situation finale est en M ou en N, un consommateur y aura gagné sans que la situation de l'autre se trouve détériorée. Si l'on atteint un point de la courbe de contrat, il n'est pas possible d'améliorer davantage la situation de l'un d'entre eux sans qu'il en résulte une détérioration de la situation de l'autre. Si l'on se réfère aux conditions imposées par l'optimalité au sens de Pareto, n'importe quel point entre M et N est, sans conteste préférable à A. Cependant, l'arbitrage entre divers points de la courbe de contrat impliquerait des comparaisons interpersonnelles d'utilité ; ceci est impossible si l'on ne pose pas explicitement qu'un individu a la possibilité d'effectuer de telles comparaisons.

On a montré, au chapitre 2, que le consommateur qui maximise son utilité rend son TSB entre Q_1 et Q_2 égal au rapport des prix de ces biens :

$$\frac{\partial U_i/\partial q_{i1}}{\partial U_i/\partial q_{i2}} = \frac{p_1}{p_2} \qquad (i = 1, 2)\,.$$

Le système de prix étant le même pour tous les consommateurs, il résulte de la concurrence parfaite que les TSB sont identiques pour tous les consommateurs. Sous certaines hypothèses, la concurrence parfaite entre les consommateurs satisfait (7-1) et l'état de l'économie est optimal au sens de Pareto dans le secteur de la consommation.

Le secteur de la production.

Etant donné l'hypothèse de non-saturation, et si l'on suppose que le niveau d'utilité de chaque individu est indépendant des quantités consommées par les autres individus, une augmentation de la quantité disponible d'un bien de consommation quelconque, sans diminution de la quantité disponible d'un autre bien, conduira à un accroissement de la satisfaction d'un consommateur au moins, sans qu'il y ait réduction de la satisfaction d'un autre consommateur au moins. Pour qu'il y ait optimalité au sens de Pareto dans le secteur de la production, il faut donc que le niveau de production de chacun des biens de consommation soit maximum étant donné le niveau de production des autres biens de consommation.

Supposons qu'il y ait deux producteurs utilisant deux inputs pour produire deux biens, avec les fonctions de production :

$$q_1 = f_1(x_{11}, x_{12})$$

et

$$q_2 = f_2(x_{21}, x_{22})\,,$$

où $x_{11} + x_{21} = x_1^0$ et $x_{12} + x_{22} = x_0^2$ sont les quantités totales des deux inputs et q_1 et q_2 les outputs. Maximisons le niveau de l'output du bien I compte tenu de la contrainte : l'output de II est au niveau donné q_2^0. Formons la fonction :

$$L = f_1(x_{11}, x_{12}) + \lambda[f_2(x_1^0 - x_{11}, x_2^0 - x_{12}) - q_2^0]$$

et écrivons que les dérivées partielles sont nulles :

$$\frac{\partial L}{\partial x_{11}} = \frac{\partial f_1}{\partial x_{11}} - \lambda \frac{\partial f_2}{\partial x_{21}} = 0\,,$$

$$\frac{\partial L}{\partial x_{12}} = \frac{\partial f_1}{\partial x_{12}} - \lambda \frac{\partial f_2}{\partial x_{22}} = 0\,,$$

$$\frac{\partial L}{\partial \lambda} = f_2(x_1^0 - x_{11}, x_2^0 - x_{12}) - q_2^0 = 0$$

et

$$\frac{\partial f_1/\partial x_{11}}{\partial f_1/\partial x_{12}} = \frac{\partial f_2/\partial x_{21}}{\partial f_2/\partial x_{22}}. \tag{7-2}$$

Le terme de gauche de (7-2) est le TST (taux de substitution technique) de I entre X_1 et X_2 et le terme de droite celui de II. Les TST doivent être égaux pour qu'il y ait optimalité au sens de Pareto dans le secteur de la production. Si (7-2) n'était pas satisfaite, il serait possible d'augmenter la production d'un bien sans réduire celle de l'autre. Il serait en fait possible d'augmenter la production des deux biens, comme le lecteur pourra le vérifier.

On a montré, au chapitre 3, que le producteur qui maximise son revenu rend son TST entre X_1 et X_2 égal au rapport du prix de ces facteurs :

$$\frac{\partial f_i/\partial x_{i1}}{\partial f_i/\partial x_{i2}} = \frac{r_1}{r_2} \qquad (i = 1, 2).$$

Etant donné que le prix des facteurs est le même pour tous les producteurs, il résulte de la concurrence parfaite que les TST sont identiques. Sous certaines hypothèses, la concurrence parfaite entre les producteurs satisfait donc (7-2) et l'état de l'économie est optimal au sens de Pareto dans le secteur de la production.

L'optimalité au sens de Pareto pour l'ensemble de l'économie.

On considérera maintenant l'économie dans son ensemble et l'on étendra à l'ensemble de l'économie les conditions formulées pour les consommateurs et les producteurs. Soit une économie avec m consommateurs, N producteurs, n facteurs primaires et s biens produits. Supposons, pour simplifier, que tous les consommateurs consomment de chaque bien produit et que tous les producteurs utilisent tous les facteurs primaires et produisent tous les biens. Les fonctions d'utilité des consommateurs sont :

$$U_i = U_i(q_{i1}^*, ..., q_{is}^*, x_{i1}^0 - x_{i1}^*, ..., x_{in}^0 - x_{in}^*) \quad (i = 1, ..., m) \tag{7-3}$$

où q_{ik}^* est la quantité du bien Q_k consommée par le i-ième consommateur, x_{ij}^0, le stock du j-ième facteur qu'il détient, x_{ij}^* la quantité qu'il fournit aux producteurs et $x_{ij}^0 - x_{ij}^*$ celle qu'il consomme. Les fonctions de production implicites sont :

$$F_h(q_{h1}, ..., q_{hs}, x_{h1}, ..., x_{hm}) = 0 \qquad (h = 1, ..., N) \tag{7-4}$$

où q_{hk} est le niveau du bien Q_k produit par l'entreprise h et x_{hj} la quantité de X_j qu'elle utilise. Les quantités globales de facteurs primaires fournies par les consommateurs sont égales aux quantités globales utilisées par les producteurs :

$$\sum_{i=1}^{m} x_{ij}^* = \sum_{h=1}^{N} x_{hj} \qquad (j = 1, ..., n). \tag{7-5}$$

Les quantités consommées globales des biens produits sont égales aux quantités produites globales :

$$\sum_{i=1}^{m} q_{ik}^{*} = \sum_{h=1}^{N} q_{hk} \qquad (k = 1, ..., s)\,. \tag{7-6}$$

L'optimalité au sens de Pareto sera réalisée si la satisfaction de chaque consommateur est maximale, pour des niveaux d'utilité des autres consommateurs donnés, compte tenu des contraintes (7-4), (7-5) et (7-6). Maximisons l'utilité du consommateur I compte tenu de ces contraintes. Formons la fonction de Lagrange :

$$\begin{aligned} Z = {} & U_1(q_{11}^{*}, ..., x_{1n}^{0} - x_{1n}^{*}) + \\ & + \sum_{i=2}^{m} \lambda_i [U_i(q_{i1}^{*}, ..., x_{in}^{0} - x_{in}^{*}) - U_i^{0}] + \sum_{h=1}^{N} \theta_h \, F_h(q_{h1}, ..., x_{hn}) \\ & + \sum_{j=1}^{n} \delta_j \left(\sum_{i=1}^{m} x_{ij}^{*} - \sum_{h=1}^{N} x_{hj} \right) + \sum_{k=1}^{s} \sigma_k \left(\sum_{h=1}^{N} q_{hk} - \sum_{i=1}^{m} q_{ik}^{*} \right) \end{aligned}$$

où λ_i, θ_h, δ_j et σ_k sont les multiplicateurs de Lagrange. Annulons les dérivées partielles :

$$\begin{aligned} & \frac{\partial Z}{\partial q_{1k}^{*}} = \frac{\partial U_1}{\partial q_{1k}^{*}} - \sigma_k = 0 \qquad && \frac{\partial Z}{\partial x_{1j}^{*}} = - \frac{\partial U_1}{\partial (x_{1j}^{0} - x_{1j}^{*})} + \delta_j = 0 \\ & \frac{\partial Z}{\partial q_{ik}^{*}} = \lambda_i \frac{\partial U_i}{\partial q_{ik}^{*}} - \sigma_k = 0 && \frac{\partial Z}{\partial x_{ij}^{*}} = - \lambda_i \frac{\partial U_i}{\delta (x_{ij}^{0} - x_{ij}^{*})} + \delta_j = 0 \\ & \frac{\partial Z}{\partial q_{hk}} = \theta_h \frac{\partial F_h}{\partial q_{hk}} + \sigma_k = 0 && \frac{\partial Z}{\partial x_{hj}} = \theta_h \frac{\partial F_h}{\partial x_{hj}} - \delta_j = 0 \end{aligned} \tag{7-7}$$

où $(i = 2, ..., m)$; $(h = 1, ..., N)$; $(k = 1, ..., s)$ et $(j = 1, ..., n)$. Il faut aussi satisfaire les contraintes.

On peut écrire les conditions d'optimalité au sens de Pareto sous la forme habituelle, en résolvant (7-7) en (σ_j/σ_k)

$$\begin{aligned} \frac{\sigma_j}{\sigma_k} & = \frac{\partial U_1/\partial q_{1j}^{*}}{\partial U_1/\partial q_{1k}^{*}} = \cdots = \frac{\partial U_m/\partial q_{mj}^{*}}{\partial U_m/\partial q_{mk}^{*}} = \frac{\partial F_1/\partial q_{1j}}{\partial F_1/\partial q_{1k}} = \cdots \\ & = \frac{\partial F_N/\partial q_{Nj}}{\partial F_N/\partial q_{Nk}} \qquad (j, k = 1, ..., s)\,. \end{aligned} \tag{7-8}$$

D'après les conditions (7-8), les TSB de tous les consommateurs et les TTP de tous les producteurs doivent être égaux pour tous les biens pris produits deux à deux. Imaginons que (7-8) ne soit pas respectée pour Q_j et Q_k et que TSB = 1/3 pour un des consommateurs et TTP = 2/3 pour un des producteurs. On pourrait remplacer trois unités de Q_j par deux unités de Q_k en se déplaçant le long de la courbe de transformation du producteur. Si le consommateur décide de sacrifier trois unités de Q_j (la situation des autres consommateurs restant inchangée), il acceptera une unité de p_k seulement en échange, pour rester sur la même courbe d'indifférence et ne pas diminuer son niveau d'utilité. On pourrait donc accroître le niveau de satisfaction du consommateur si l'on effectuait la transformation technique de trois unités de Q_k par deux unités de Q_j. Cette amélioration n'est pas possible si les TSB et les TTP sont égaux.

Résolvons (7-7) en δ_j/δ_k :

$$\frac{\delta_j}{\delta_k} = \frac{\partial U_1/\partial(x_{1j}^0 - x_{1j}^*)}{\partial U_1/\partial(x_{1k}^0 - x_{1k}^*)} = \cdots = \frac{\partial U_m/\partial(x_{mj}^0 - x_{mj}^*)}{\partial U_m/\partial(x_{mk}^0 - x_{mk}^*)} = \frac{\partial F_1/\partial x_{1j}}{\partial F_1/\partial x_{1k}} = \cdots$$

$$= \frac{\partial F_N/\partial x_{Nj}}{\partial F_N/\partial x_{Nk}} \qquad (j, k = 1, \ldots, n)\,. \tag{7-9}$$

D'après les conditions (7-9), il faut que les TSB de tous les consommateurs et les TST de tous les producteurs soient égaux pour tous les biens primaires pris deux à deux. Si l'un des consommateurs et l'un des producteurs ne satisfaisaient pas cette condition, il serait possible d'accroître la satisfaction de ce consommateur en faisant un échange entre le producteur et le consommateur.

Résolvons enfin (7-7) en δ_j/δ_k de la façon suivante :

$$\frac{\delta_j}{\sigma_k} = \frac{\partial U_1/\partial(x_{1k}^0 - x_{1j}^*)}{\partial U_1/\partial q_{1k}^*} = \cdots = \frac{\partial U_m/\partial(x_{mj}^0 - x_{mj}^*)}{\partial U_m/\partial q_{mk}^*} = -\frac{\partial F_1/\partial x_{1j}}{\partial F_1/\partial q_{1k}} = \cdots$$

$$= -\frac{\partial F_N/\partial x_{Nj}}{\partial F_N/\partial q_{Nk}} \qquad \begin{matrix}(j = 1, \ldots, n)\\(k = 1, \ldots, s)\end{matrix} \tag{7-10}$$

D'après les conditions (7-10), il faut que les taux de substitution bien-facteur des consommateurs soient égaux aux taux de transformation correspondants facteur-bien des producteurs, soit des *Pm* (productivité marginale) ([1]). Si l'un des consommateurs et l'un des producteurs ne satisfaisaient pas (7-10), le consommateur pourrait accroître sa satisfaction en cédant une partie du stock d'un facteur contre une quantité plus grande d'un bien, ou une partie du stock d'un bien contre une quantité plus importante d'un facteur.

Les conditions (7-8), (7-9) et (7-10) définissent un état optimal au sens de Pareto. On les appelle conditions marginales. Il faut ajouter de plus la condition selon laquelle un état est optimal s'il n'est pas possible d'accroître l'utilité d'un consommateur au moins, sans diminuer celle des autres, en cessant de produire un bien au moins. On admettra que cette dernière condition est toujours satisfaite. L'optimalité au sens de Pareto est définie en fonction des taux de substitution physiques entre facteurs et biens, il n'y a pas de référence au système de prix du marché. Les multiplicateurs de Lagrange représentent les prix efficaces ; l'optimalité serait réalisée si les consommateurs et les producteurs rendaient les taux de substitution égaux aux rapports des prix efficaces correspondants ([2]). Tout système de prix de marché pour les biens et

([1]) Voir au paragraphe 3.8 la définition de la productivité marginale.
([2]) On reparlera des prix efficaces au paragraphe 9.2.

les facteurs tel que $r_j = \alpha\delta_j$ (pour $j = 1, ..., n$) et que $p_k = \alpha\sigma_k$ (pour $k = 1, ..., s$), avec $\alpha > 0$ peut servir de système de prix efficaces et conduira à un état optimal au sens de Pareto.

L'optimalité au sens de Pareto en situation de concurrence parfaite.

On a montré que la concurrence parfaite entre consommateurs, assortie de quelques hypothèses simples, peut conduire à un état optimal au sens de Pareto dans le secteur de la consommation et que la concurrence parfaite entre producteurs peut aussi conduire à un état optimal au sens de Pareto. On peut étendre ces résultats à toute l'économie. Le TSB entre deux biens quelconques Q_k et Q_j est égal au rapport des prix s'il y a concurrence parfaite entre les consommateurs :

$$\text{TSB} = p_j/p_k .$$

S'il y a concurrence parfaite entre les entrepreneurs sur les marchés des biens et des facteurs :

$$p_j = r/Pm_j \; ; \quad p_k = r/Pm_k . \tag{7-11}$$

(On supposera, pour simplifier les notations, qu'il n'existe qu'un facteur primaire, X) r est le prix du facteur, Pm_j et Pm_k la productivité marginale, lorsque X sert à fabriquer Q_j et Q_k. Puisqu'en état de concurrence parfaite les prix sont les mêmes pour les producteurs et les consommateurs :

$$\text{TSB} = \frac{p_j}{p_k} = \frac{r/Pm_j}{r/Pm_k} = \frac{1/Pm_j}{1/Pm_k}$$

$$= \frac{\text{coût marginal de } Q_j \text{ en } X}{\text{coût marginal de } Q_k \text{ en } X} = \text{TTP} \tag{7-12}$$

ce qui démontre l'optimalité au sens de Pareto.

L'équation (7-12) serait satisfaite, même si (7-11) ne l'était pas, pourvu que :

$$\frac{p_j}{p_k} = \frac{r/Pm_j}{r/Pm_k}. \tag{7-13}$$

Mais (7-13) ne peut être satisfaite sans que (7-11) le soit que si :

$$p_j = kr/Pm_j \qquad (j = 1, ..., m) \tag{7-14}$$

où $k \neq 1$ est un facteur de proportionnalité, c'est-à-dire si les prix sont proportionnels aux coûts marginaux ($= r/Pm$). L'équation (7-14) devient :

$$r/p_j = (1/k)\, Pm_j . \tag{7-15}$$

Le membre de gauche de (7-15) est égal au taux de substitution du consommateur entre Q_j et X ; le membre de droite est égal à $(1/k)$ fois le taux, pour le producteur, de transformation de X en Q_j. Par suite, les taux qui correspondent aux mêmes biens ne sont pas égaux pour les producteurs et pour les consommateurs. Les consommateurs ne fournissent pas le montant optimal de X (travail) et l'allocation ne peut être optimale au sens de Pareto [1]. Supposons, par exemple, que le prix soit égal à trois fois le coût marginal, c'est-à-dire que $k = 3$. Supposons le TSB entre le travail et le bien Q égal à 2 et le Pm du travail, à 6. Un consommateur serait désireux d'abandonner une heure de loisir (travailler une heure de plus) s'il recevait deux unités de Q en plus. Mais l'application d'une heure de travail supplémentaire conduirait à produire 6 unités de Q en plus. Ainsi la situation n'est pas optimale au sens de Pareto.

La concurrence parfaite représente un état d'optimum économique, en ce sens seulement qu'elle satisfait les conditions de l'optimalité au sens de Pareto. L'optimalité repose sur l'hypothèse que toutes les conditions du second ordre sont satisfaites. Si l'une d'elles n'était pas respectée (par exemple si les courbes de transformation tournaient leur convexité vers l'origine ou si les courbes d'indifférence et les isoquantes tournaient leur concavité vers l'origine), l'égalité des taux de substitution ou de transformation n'assurerait pas l'optimalité. En fait, le point auquel les taux de substitution et de transformation sont égaux peut être un « pessimum » au lieu d'un optimum. L'optimum est alors représenté par une solution en coin (voir Fig. 2-4 *a*). S'il y a saturation pour un consommateur au moins, la concurrence parfaite ne peut conduire à un optimum de Pareto. Les accroissements marginaux du niveau d'utilité d'un consommateur sont nuls pour tous les biens, lorsqu'il y a saturation, et l'on ne peut définir de taux de substitution. On peut le priver de biens au profit d'autres consommateurs sans diminuer sa satisfaction et sans accroître celle des autres. On donnera au paragraphe 7.3 des exemples d'absence d'optimalité au sens de Pareto, en situation de concurrence parfaite, lorsqu'il y a des effets externes de production ou de consommation.

Dans certains cas, la concurrence parfaite mène à un état optimal au sens de Pareto sans que toutes les équations (7-8), (7-9) et (7-10) soient satisfaites. Des solutions en coin peuvent apparaître, même si les fonctions d'utilité et de production ont toutes la forme voulue, pourvu que les TSB des consommateurs soient toujours plus grands (ou plus petits) que les TTP correspondants pour les producteurs.

Une difficulté supplémentaire apparaît, du fait que l'analyse de l'optimalité au sens de Pareto admet la distribution des revenus qui existent, c'est-à-dire les dotations qui existent en facteurs de production. Le problème de la recherche d'une distribution des revenus optimale n'est pas abordé. Il est concevable que la norme de l'économie de concurrence parfaite puisse conduire à une situation dans laquelle la majorité des individus serait au minimum vital, ou même en dessous. Au point B de la figure 7-1, le consommateur I est dans une situation aisée, mais il n'en va pas de même pour le consommateur II. Comme le point B est sur la courbe de contrat, on ne saurait améliorer la situation d'un consommateur sans entraîner une détérioration de celle de l'autre. C'est un point efficient, et il ne saurait être considéré comme

(1) Comme r/Pm est le coût marginal de l'output (Cm), (7-12) peut s'écrire sous la forme :

$$p_k/p_j = Cm_j/Cm_k\,.$$

La démonstration ci-dessus implique qu'à l'optimum, $p = Cm$ pour tout bien ; la proportionnalité des prix et des coûts marginaux n'est pas suffisante.

inférieur à aucun autre point, tel que A. L'analyse de l'optimum au sens de Pareto laisse une large zone d'indétermination dans la solution : il y a un nombre infini de points sur la figure 7-1 qui sont optimaux au sens de Pareto. Accepter la courbe de contrat comme représentation des états optimaux est déjà un jugement de valeur. Pour juger de la désirabilité sociale de divers points de la courbe de contrat, la société doit effectuer un jugement de valeur de plus qui fixe ses préférences entre les différentes manières de donner satisfaction aux individus. Les jugements de valeur se placent sur un plan éthique, et sortent du domaine de l'analyse économique. On les prend comme tels et ils peuvent dès lors être incorporés à l'analyse économique. L'indétermination est la conséquence du fait que l'on ne considère comme amélioration sans ambiguïté que les transformations où l'amélioration de la situation d'un individu n'est pas accompagnée de la détérioration de celle d'un autre. Cette indétermination ne peut être levée qu'en formulant de nouveaux jugements de valeur.

7.2 L'EFFICIENCE DE LA CONCURRENCE MONOPOLISTIQUE.

A quelques cas près, le monopole, l'oligopole, le monopsone et les autres formes de concurrence imparfaite conduiront toujours à une allocation des ressources non efficiente. En général, les critères de concurrence imparfaite ne vérifient pas les conditions d'optimalité données par les équations (7-8), (7-9) et (7-10).

Le secteur de la consommation.

Il y a concurrence imparfaite dès qu'un consommateur ne peut acheter autant de biens ou vendre autant de facteurs qu'il le désirerait sans affecter sensiblement les prix. Supposons que le marché comprenne deux consommateurs, un facteur et deux biens. Les fonctions d'utilité sont :

$$U_1 = U_1(q_{11}, q_{12}, x_1^0 - x_1)\,; \quad U_2 = U_2(q_{21}, q_{22}, x_2^0 - x_2)$$

où x_i^0 est le stock de facteur détenu par le i-ième consommateur, x_i la quantité de facteur qu'il vend et q_{ik} la quantité du bien Q_k qu'il consomme. Supposons que le prix d'offre de Q_1 dépende de la demande globale de Q_1 :

$$p_1 = g(q_1)\,,$$

avec $q_1 = q_{11} + q_{12}$ et $g'(q_1) > 0$. Les contraintes de budget des deux consommateurs sont :

$$rx_1 - g(q_1)\,q_{11} - p_2\,q_{12} = 0\,,$$

$$rx_2 - g(q_1)\,q_{21} - p_2\,q_{22} = 0\,.$$

Chacun maximise sa fonction d'utilité, compte tenu de sa contrainte budgétaire. Formons les fonctions :

$$L_1 = U_1(q_{11}, q_{12}, x_1^0 - x_1) + \lambda_1[rx_1 - g(q_1)\,q_{11} - p_2\,q_{12}]\,,$$

$$L_2 = U_2(q_{21}, q_{22}, x_2^0 - x_2) + \lambda_2[rx_2 - g(q_1)\,q_{21} - p_2\,q_{22}]\,,$$

et écrivons que les dérivées partielles appropriées sont nulles :

$$\frac{\partial U_i}{\partial q_{i1}} - \lambda_i[p_1 + q_{i1}\, g'(q_1)] = 0$$

$$\frac{\partial U_i}{\partial q_{i2}} - \lambda_i\, p_2 = 0 \quad - \frac{\partial U_i}{\partial(x_i^0 - x_i)} + \lambda_i\, r = 0 \qquad (i = 1, 2)$$

et

$$\frac{\partial U_i/\partial q_{i1}}{\partial U_i/\partial q_{i2}} = \frac{p_1 + q_{i1}\, g'(q_1)}{p_2}$$

$$\frac{\partial U_i/\partial q_{i1}}{\partial U_i/\partial(x_i^0 - x_i)} = \frac{p_1 + q_{i1}\, g'(q_1)}{r} \qquad (i = 1, 2)\,. \tag{7-16}$$

Les deux consommateurs ont des comportements de duopsoneurs (cf. Par. 6.5). Les TSB d'équilibre que donnent (7-16) dépendent des coûts marginaux qu'entraînent l'acquisition d'unités additionnelles de Q_1, plutôt que du prix p_1 (1).

Si $q_{11} \neq q_{21}$, les coûts marginaux pour Q_1 sont différents pour les deux consommateurs, les TSB sont différents et l'allocation de Q_1, Q_2 et X n'est pas optimale au sens de Pareto. Si $q_{11} = q_{21}$, les TSB sont égaux, mais sont différents des TTP et des *Pm* des producteurs qui sont égaux aux rapports des prix.

Le marché des biens.

Nous nous limiterons au cas d'un seul bien, Q_1 et d'un seul facteur, X. Les conditions (7-10) d'optimalité au sens de Pareto seront satisfaites si les producteurs rendent leurs *Pm*, et les consommateurs leurs TSB, égaux au rapport des prix du facteur et du bien :

$$Pm = r/p = \text{TSB}\,. \tag{7-17}$$

On suppose que les consommateurs satisfont toujours (7-17). L'optimalité au sens de Pareto sera donc réalisée si les producteurs rendent le prix égal au coût marginal (*Cm*) :

$$p = r/Pm = Cm\,. \tag{7-18}$$

Si l'un des producteurs au moins ne satisfait pas (7-18), l'allocation des ressources ne sera pas optimale au sens de Pareto. En concurrence parfaite, il est normal que le prix soit égal au coût marginal. En concurrence imparfaite, ce n'est généralement pas le cas.

(1) Ici encore on suppose remplies les conditions du second ordre.

Le simple monopoleur (cf. Par. 6.1) rend son *Rm* (revenu marginal), inférieur au prix, égal à son *Cm*. L'allocation est donc non optimale au sens de Pareto. Le monopoleur parfaitement discriminant (cf. Par. 6.2) est un cas d'exception. Il rend son *Cm* égal à son prix marginal. Les conditions (7-17) et (7-18) sont donc satisfaites si l'on considère p comme le prix marginal pour les consommateurs et le producteur. En concurrence parfaite, l'acheteur tire profit du marché comme le vendeur. Dans le cas du monopole parfaitement discriminant, le vendeur absorbe tous les gains qui résultent du marché. La répartition des revenus qui en résulte est différente de celle qui résulte de la concurrence parfaite, mais les deux répartitions sont optimales au sens de Pareto.

Le monopoleur qui maximise son revenu (voir Par. 6.2) maximise son chiffr d'affaires, compte tenu d'un profit minimal acceptable. Ce profit minimal acceptable est en général inférieur au profit de monopole maximum et le niveau de production est en général supérieur à celui que l'on obtiendrait dans le cas du monopole simple. Le monopoleur qui maximise son revenu satisferait la condition (7-18) si : (1) son profit minimal acceptable était égal au profit qui résulterait d'un niveau de production tel, que le prix serait égal à un *Cm* croissant et (2) le *Rm* était non négatif en ce point. Etant donné que le monopoleur n'a pas de motif particulier pour retenir un tel point, que (1) et (2) soient remplies serait pure coïncidence. Dans le cas général, on ne peut donc s'attendre à ce que le monopoleur qui maximise son revenu satisfasse les conditions d'optimalité au sens de Pareto.

Le duopole et l'oligopole conduisent aussi, en général, à une allocation non optimale des ressources. Aucun des cas envisagés au paragraphe 6.3 ne satisfait la condition (7-18). A chaque fois, un des participants au moins rend son *Rm* égal au *Cm*. On pourrait en dire autant de l'analyse de la concurrence monopolistique traitée au paragraphe 6.4.

Le marché des facteurs.

Soit un marché des facteurs sur lequel les consommateurs ont un comportement de concurrence parfaite. Les conditions (7-10) d'optimalité au sens de Pareto seront satisfaites si chacun des acheteurs de facteur rend sa *Pm* égale au prix du facteur :

$$pPm = r \,. \tag{7-19}$$

Si l'un des acheteurs au moins ne satisfait pas (7-19), les allocations résultantes ne seront pas optimales au sens de Pareto. La condition (7-19) est satisfaite en général lorsqu'il y a concurrence parfaite ; elle n'est pas satisfaite au contraire lorsqu'il y a concurrence imparfaite entre les acheteurs.

Le monopsoneur (cf. Par. 6.5) rend son *Pm* égale à son coût marginal pour le facteur ; ce coût est supérieur au prix et donc l'allocation est non optimale au sens de Pareto. A titre d'exercice, on laisse au lecteur le soin de faire une étude du monopsoneur parfaitement discriminant parallèle à celle du monopoleur parfaitement discriminant. Il démontrera que l'allocation des ressources qui en résulte n'est pas optimale au sens de Pareto. Presque toutes les théories du duopsone et de l'oligopsone impliquent que l'on rende la *Pm* égale à une certaine forme de coût marginal du facteur. (7-19) est donc rarement respectée.

Efficience du monopole bilatéral.

Nous avons envisagé jusqu'ici des marchés sur lesquels les vendeurs avaient un comportement de concurrence imparfaite tandis que les acheteurs avaient un comportement de concurrence parfaite, ou le contraire. Le monopole bilatéral dans son sens le plus large est caractérisé par des marchés sur lesquels la concurrence est imparfaite à la fois entre les vendeurs et entre les acheteurs.

Nous avons traité au paragraphe 6.6 du cas d'un acheteur monopsoneur et d'un vendeur monopoleur. Nous avons vu que l'issue du marché dépend du pouvoir de marchandage des participants. Les niveaux d'input et d'output étaient identiques à ceux que l'on aurait obtenus en concurrence parfaite lorsque le monopoleur et le monopsoneur décidaient de maximiser leur profit global. L'allocation qui en résultait était donc optimale au sens de Pareto. La répartition de ce profit entre eux n'a pas de consonance matérielle du point de vue de l'optimum de Pareto, bien qu'elle puisse être importante pour eux. Il est facile d'étendre ce résultat au cas de marchés où le nombre global de vendeurs et d'acheteurs est supérieur à deux, pourvu que vendeurs et acheteurs maximisent leur profit global.

7.3 EFFETS EXTERNES DE CONSOMMATION ET DE PRODUCTION.

Les conclusions de l'analyse qui précède n'ont pas une valeur universelle. Elles reposent sur l'hypothèse qu'il n'y a pas d'effet externe de consommation et de production, c'est-à-dire que le niveau d'utilité d'un consommateur ne dépend pas des niveaux de consommation des autres et que le coût total d'un entrepreneur ne dépend pas du niveau des outputs des autres. L'optimum de Pareto peut ne pas être réalisé en concurrence parfaite s'il y a des effets externes de consommation et de production.

Fonctions d'utilité interdépendantes.

Supposons que le niveau d'utilité d'un consommateur dépende de la consommation d'un autre. Un altruisme très poussé peut accroître la satisfaction du *i*-ième consommateur si le niveau de consommation du *j*-ième est augmenté. Le désir du « keep up with the Joneses » (*) peut avoir un effet contraire.

Supposons que l'on ait affaire à deux consommateurs dont les fonctions d'utilité sont :

$$U_1 = U_1(q_{11}, q_{12}, q_{21}, q_{22})$$
$$U_2 = U_2(q_{11}, q_{12}, q_{21}, q_{22})$$

(*) Mot à mot : « se maintenir au même niveau que les Jones ».

où $q_{11} + q_{21} = q_1^0$ et $q_{12} + q_{22} = q_2^0$. Pour maximiser la fonction d'utilité du sujet I sous la contrainte que l'utilité du sujet II est au niveau prédéterminé $U_2^0 = \text{Cte}$, formons la fonction :

$$U_1^* = U_1(q_{11}, q_{12}, q_1^0 - q_{11}, q_2^0 - q_{12}) + \\ + \lambda[U_2(q_{11}, q_{12}, q_1^0 - q_{11}, q_2^0 - q_{12}) - U_2^0]$$

et annulons les dérivées partielles :

$$\frac{\partial U_1^*}{\partial q_{11}} = \frac{\partial U_1}{\partial q_{11}} - \frac{\partial U_1}{\partial q_{21}} + \lambda\left[\frac{\partial U_2}{\partial q_{11}} - \frac{\partial U_2}{\partial q_{21}}\right] = 0$$

$$\frac{\partial U_1^*}{\partial q_{12}} = \frac{\partial U_1}{\partial q_{12}} - \frac{\partial U_1}{\partial q_{22}} + \lambda\left[\frac{\partial U_2}{\partial q_{12}} - \frac{\partial U_2}{\partial q_{22}}\right] = 0$$

$$\frac{\partial U_1^*}{\partial \lambda} = U_2(q_{11}, q_{12}, q_1^0 - q_{11}, q_2^0 - q_{12}) - U_2^0 = 0$$

et

$$\frac{\partial U_1/\partial q_{11} - \partial U_1/\partial q_{21}}{\partial U_1/\partial q_{12} - \partial U_1/\partial q_{22}} = \frac{\partial U_2/\partial q_{11} - \partial U_2/\partial q_{21}}{\partial U_2/\partial q_{12} - \partial U_2/\partial q_{22}}. \tag{7-20}$$

L'équation (7-20) est la condition nécessaire pour avoir un optimum de Pareto. Elle diffère généralement de (7-8), qui indique que le taux de substitution de I doit être égal à celui de II. La concurrence parfaite assure la réalisation de (7-8) mais non de (7-20). Puisque les dérivées partielles des fonctions d'utilité sont fonctions de toutes les variables, l'optimum pour chaque consommateur est fonction du niveau de consommation des autres. Par exemple supposons que le seul effet externe intervenant dans le système de deux consommateurs soit $\partial U_2/\partial q_{11} < 0$.

L'équation (7-20) devient :

$$\frac{\partial U_1/\partial q_{11}}{\partial U_1/\partial q_{12}} = \frac{\partial U_2/\partial q_{11} - \partial U_2/\partial q_{21}}{- \partial U_2/\partial q_{22}}.$$

Le taux de substitution du consommateur II doit être inférieur pour une distribution optimale à ce qu'il serait en l'absence d'effets externes. On peut montrer sur un diagramme que la condition (7-8) n'implique pas nécessairement un optimum de Pareto en présence d'effets externes. Les figures 7-2 *a* et 7-2 *b* donnent les courbes d'indifférence des consommateurs I et II. Supposons que dans une situation initiale, I ait une consommation représentée par *A* et II par *F*. Ces points, pour lesquels les taux de substitution sont égaux, sont atteints par la maximisation de l'utilité par les deux consommateurs sans préoccupation d'effets externes éventuels. Supposons que I ne soit pas affecté par la consommation de II, et que le niveau d'utilité de II soit réduit par la consommation de Q_1 par I (mais non de Q_2). Les courbes d'indifférence de II (courbes en trait plein) sont tracées en tenant compte du fait que la consommation de I est donnée par *A*. Dans les situations d'équilibre individuel, l'utilité de I est 100 et celle de II, 80. Imaginons que la distribution des produits soit modifiée par quelque autorité de telle manière que les quantités agrégées restent inchangées et que I se déplace jusqu'en C et II jusqu'en D. Le niveau d'utilité du consommateur I n'a pas été modifié par cette réallocation. Cependant, la diminution de sa consommation de Q_1 change le niveau d'utilité de II pour chaque combinaison des produits consommés par ce dernier : les nouvelles courbes d'indifférence de II après le changement de la consommation de I sont données par les courbes pointillées de la figure 7-2 *b*. Le niveau d'utilité de II est passé à 90 puisque sa nouvelle position est en D. On peut conclure que le niveau d'utilité de II peut être accru sans diminution du niveau d'utilité de I ; par suite, l'égalité des taux de substitution n'implique pas un optimum de Pareto.

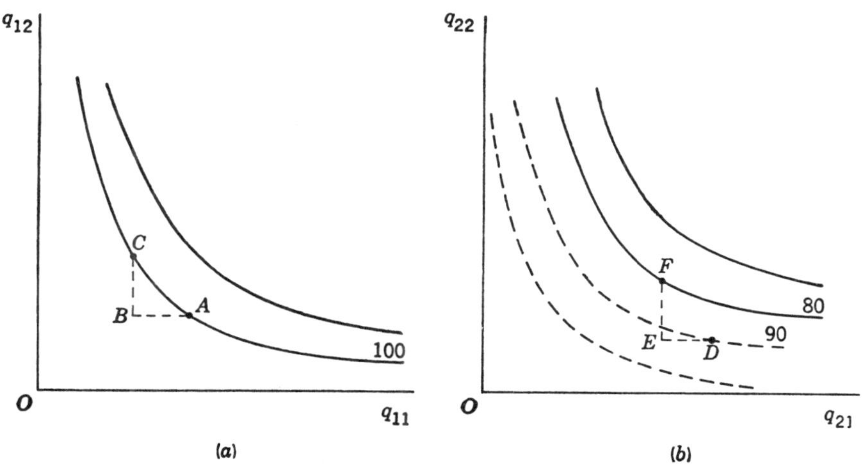

Fig. 7-2.

Les biens collectifs.

Il existe un type d'effet externe de consommation tout à fait différent : l'effet lié à la consommation collective de certains biens. Tous les membres de la société tirent profit de la production globale d'un *bien collectif*. Personne ne voit son niveau d'utilité diminuer du fait de l'utilité retirée par autrui ; il n'est possible à personne de s'approprier un bien collectif pour son usage personnel, contrairement aux biens ordinaires.

Les conditions d'optimalité au sens de Pareto en (7-8) et (7-10) ne valent plus pour les biens collectifs. Il est nécessaire de formuler d'autres conditions. Puisque cette simplification n'apporte aucune modification importante au raisonnement, prenons pour simplifier le cas où il y a deux consommateurs, un producteur, un bien ordinaire, un bien collectif et un facteur primaire. Les fonctions d'utilité des consommateurs sont :

$$U_i = U_i(q_{i1}, q_2, x_i^0 - x_i) \qquad (i = 1, 2)$$

où q_{i1} est la consommation du bien ordinaire Q_1 par le i-ième consommateur, q_2 la production totale du bien collectif Q_2, x_i^0 le stock du facteur primaire X détenu par le consommateur i et x_i la quantité de ce facteur qu'il fournit au secteur de la production. La fonction de production implicite est :

$$F(q_1, q_2, x) = 0$$

avec $q_1 = q_{11} + q_{21}$ représente l'output de Q_1 et $x = x_1 + x_2$ est la quantité de X utilisée pour la production.

On obtient les conditions d'optimalité au sens de Pareto en maximisant l'utilité de I, le niveau d'utilité de II est prédéterminé, et la fonction de production est satisfaite par hypothèse. Formons la fonction de Lagrange :

$$Z = U_1(q_{11}, q_2, x_1^0 - x_1) + \lambda[U_2(q_{21}, q_2, x_2^0 - x_2) - U_2^0] + \\ + \theta F(q_1, q_2, x) + \delta(x_1 + x_2 - x) + \sigma(q_1 - q_{11} - q_{21}),$$

où λ, θ, δ et σ sont des multiplicateurs indéterminés. Annulons les dérivées partielles de Z :

$$\frac{\partial Z}{\partial q_{11}} = \frac{\partial U_1}{\partial q_{11}} - \sigma = 0 \qquad \frac{\partial Z}{\partial x_1} = - \frac{\partial U_1}{\partial (x_1^0 - x_1)} + \delta = 0$$

$$\frac{\partial Z}{\partial q_{21}} = \lambda \frac{\partial U_2}{\partial q_{21}} - \sigma = 0 \qquad \frac{\partial Z}{\partial x_2} = - \lambda \frac{\partial U_2}{\partial (x_2^0 - x_2)} + \delta = 0$$

$$\frac{\partial Z}{\partial q_2} = \frac{\partial U_1}{\partial q_2} + \lambda \frac{\partial U_2}{\partial q_2} + \theta \frac{\partial F}{\partial q_2} = 0$$

$$\frac{\partial Z}{\partial q_1} = \theta \frac{\partial F}{\partial q_1} + \sigma = 0 \qquad \frac{\partial Z}{\partial x} = \theta \frac{\partial F}{\partial x} - \delta = 0 . \tag{7-21}$$

On suppose que les dérivées partielles par rapport aux multiplicateurs de Lagrange sont aussi nulles.

Dans le cas des biens ordinaires, (7-8) requiert que le TSB de chacun des consommateurs soit égal au TTP correspondant de chacun des producteurs. Les équations (7-21) impliquent que [1] :

$$\frac{\partial U_1/\partial q_2}{\partial U_1/\partial q_{11}} + \frac{\partial U_2/\partial q_2}{\partial U_2/\partial q_{21}} = \frac{\partial F/\partial q_2}{\partial F/\partial q_1}. \tag{7-22}$$

La somme des TSB entre Q_1 et Q_2 des consommateurs doit être égale au TTP entre Q_1 et Q_2 du producteur. Il n'est pas nécessaire que les TSB des consommateurs soient égaux. Supposons que I et II aient respectivement des TSB de 3 unités et de 2 unités de Q_1 par unité de Q_2. La condition (7-22) n'est pas respectée et l'allocation

(1) Remplacer λ par $\sigma/(\partial H_2/\partial q_{21})$ et θ par $-\sigma/(\partial F/\partial q_1)$ dans l'équation $\partial Z/\partial q_2$. Diviser par $\sigma = \partial U_1/\partial q_{11}$ et regrouper les termes.

de Q_2 et de Q_1 n'est pas optimale au sens de Pareto. Si I et II cédaient respectivement 3 unités et 2 unités de Q_1 pour une unité de Q_2, le producteur pourrait augmenter la production de Q_2 de plus d'une unité. Il accroîtrait ainsi l'utilité des deux consommateurs.

D'après (7-21), on a aussi :

$$\frac{\partial U_1/\partial q_2}{\partial U_1/\partial(x_1^0 - x_1)} + \frac{\partial U_2/\partial q_2}{\partial U_2/\partial(x_2^0 - x_2)} = -\frac{\partial F/\partial q_2}{\partial F/\partial x}. \tag{7-23}$$

La somme des TSB entre X et Q_2 doit être égale à l'inverse de la Pm de X pour Q_2. Enfin, en résolvant (7-21) en δ/σ :

$$\frac{\delta}{\sigma} = \frac{\partial U_1/\partial(x_1^0 - x_1)}{\partial U_1/\partial q_{11}} = \frac{\partial U_2/\partial(x_2^0 - x_2)}{\partial U_2/\partial q_{21}} = -\frac{\partial F/\partial x}{\partial F/\partial q_1}. \tag{7-24}$$

Le TSB entre X et Q_1 des deux consommateurs doit être égal à la Pm de X pour Q_1. La condition (7-24) est identique à la condition (7-10).

Il est facile de généraliser cette analyse. S'il y a plus d'un facteur primaire, on retrouve la condition (7-9) : les TSB de tous les consommateurs doivent être égaux aux TST de tous les producteurs pour tous les facteurs primaires pris deux à deux. S'il y a plus d'un bien ordinaire, on retrouve la condition (7-8) : les TSB des consommateurs doivent être égaux aux TTP des producteurs. S'il y a deux biens collectifs, la somme des TSB doit être égale au TTP [voir exercice 7-11]. (On peut exprimer la somme des TSB à l'aide d'un bien ordinaire, choisi arbitrairement, comme le rapport entre les TSB globaux par rapport à ce bien.)

Les biens collectifs ne peuvent être achetés et vendus sur le marché comme des biens ordinaires. Aucun consommateur ne peut s'approprier en partie un bien collectif. Un consommateur peut difficilement se procurer une plus grande quantité d'un bien collectif que celle qu'on lui offre. Les biens collectifs sont en général produits par les services publics, d'après les décisions de la collectivité et sont normalement financés par les impôts.

Economies et « déséconomies » externes.

Il a été montré que le critère $p = Cm$ est nécessaire à la réalisation d'un optimum au sens de Pareto dans le secteur de la production. L'égalité du prix et du coût marginal pour tous les produits et toutes les entreprises implique que les TTP des différentes entreprises sont les mêmes. Le TTP (pente de la courbe de transformation) mesure le coût d'opportunité ou le sacrifice réel, en termes d'occasions perdues, pour produire une unité supplémentaire d'un produit. Jusqu'à présent, ce coût a été considéré comme indépendant de l'extérieur : pour produire une unité additionnelle de Q_j l'entreprise doit sacrifier la production d'un certain nombre d'unités de Q_k. La mesure correspondante du sacrifice, du point de vue de la société, est le nombre d'unités de Q_k que la société doit sacrifier en vue de produire une unité supplémentaire de Q_j. En l'absence d'économies et de déséconomies externes, le coût d'opportunité est le même du point de vue privé et du point de vue social. Si de tels effets interviennent dans le secteur de la production, on doit tenir compte de la dépendance entre les coûts de la *i*-ième entreprise et les outputs de la *h*-ième (voir Par. 4.3).

Supposons pour simplifier qu'il n'y ait que deux entreprises avec des fonctions de coût :

$$C_1 = C_1(q_1, q_2)\,, \qquad C_2 = C_2(q_1, q_2) \tag{7-25}$$

où q_1 et q_2 sont les quantités d'output. Les fonctions de coût (7-25) expriment l'existence d'effets externes. Si chaque entreprise maximise son profit individuellement, le prix sera égal au *Cm* ou

$$p = \partial C_1/\partial q_1\,, \qquad p = \partial C_2/\partial q_2\,.$$

Le profit de chaque entreprise dépend de la quantité d'output de l'autre mais aucune ne peut agir sur les outputs de l'autre, ainsi chaque entreprise maximise son profit relativement à la variable sur laquelle elle peut agir.

L'avantage collectif associé à une production peut se mesurer par la différence entre l'avantage qu'en tire la société et le coût collectif qu'elle engendre. L'avantage social de $q_1 + q_2$ unités du produit peut être mesuré par le revenu total $p(q_1 + q_2)$, c'est-à-dire par le montant que les consommateurs sont décidés à payer pour l'output. Les coûts collectifs sont mesurés par la somme des coûts supportés par les deux entrepreneurs produisant le bien, $C_1(q_1, q_2) + C_2(q_1, q_2)$. Pour maximiser l'avantage collectif, on doit maximiser le profit global des deux entrepreneurs :

$$\pi = \pi_1 + \pi_2 = p(q_1 + q_2) - C_1(q_1, q_2) - C_2(q_1, q_2)\,.$$

Annulons les dérivées partielles :

$$\begin{aligned} \frac{\partial \pi}{\partial q_1} &= p - \frac{\partial C_1}{\partial q_1} - \frac{\partial C_2}{\partial q_1} = 0 \\ \frac{\partial \pi}{\partial q_2} &= p - \frac{\partial C_1}{\partial q_2} - \frac{\partial C_2}{\partial q_2} = 0\,. \end{aligned} \tag{7-26}$$

Les conditions du second ordre impliquent que les mineurs principaux du déterminant des dérivées secondes :

$$\begin{vmatrix} -\dfrac{\partial^2 C_1}{\partial q_1^2} - \dfrac{\partial^2 C_2}{\partial q_1^2} & -\dfrac{\partial^2 C_1}{\partial q_1\,\partial q_2} - \dfrac{\partial^2 C_2}{\partial q_1\,\partial q_2} \\ -\dfrac{\partial^2 C_1}{\partial q_1\,\partial q_2} - \dfrac{\partial^2 C_2}{\partial q_1\,\partial q_2} & -\dfrac{\partial^2 C_1}{\partial q_2^2} - \dfrac{\partial^2 C_2}{\partial q_2^2} \end{vmatrix}$$

soient de signes alternés ou que

$$-\frac{\partial^2 C_1}{\partial q_1^2} - \frac{\partial^2 C_2}{\partial q_1^2} < 0 \tag{7-27}$$

et

$$\left(-\frac{\partial^2 C_1}{\partial q_1^2}-\frac{\partial^2 C_2}{\partial q_1^2}\right)\left(-\frac{\partial^2 C_1}{\partial q_2^2}-\frac{\partial^2 C_2}{\partial q_2^2}\right)-\left(\frac{\partial^2 C_1}{\partial q_1\,\partial q_2}+\frac{\partial^2 C_2}{\partial q_1\,\partial q_2}\right)^2>0\,. \tag{7-28}$$

Les inégalités (7-27) et (7-28) impliquent

$$\frac{\partial^2 C_1}{\partial q_1^2}+\frac{\partial^2 C_2}{\partial q_1^2}>0\,,\qquad \frac{\partial^2 C_1}{\partial q_2^2}+\frac{\partial^2 C_2}{\partial q_2^2}>0\,.$$

Les dérivées partielles $\partial C_1/\partial q_1$ et $\partial C_2/\partial q_2$ sont les coûts marginaux « privés » parce qu'elles mesurent le taux d'accroissement du coût total d'un entrepreneur lorsque sa quantité d'output augmente. La maximation individuelle demande que le prix égale le coût marginal privé et que le coût marginal privé soit croissant. Les sommes $\partial C_1/\partial q_1 + \partial C_2/\partial q_1$ et $\partial C_1/\partial q_2 + \partial C_2/\partial q_2$ sont des coûts *collectifs* (sociaux) marginaux parce qu'elles mesurent le taux d'accroissement des coûts pour l'industrie lorsque la quantité d'output d'une certaine entreprise croît. La maximation de l'avantage collectif nécessite que le prix soit égal au *coût social marginal* pour chaque entrepreneur et que *le coût social marginal soit croissant.* L'égalité du prix et du coût social marginal assure que le taux de substitution des consommateurs sera égal non pas au taux de transformation des produits des entreprises considérées individuellement mais au taux de transformation de la société puisque les coûts marginaux sociaux mesurent du point de vue de la société les alternatives manquées par la production d'une unité additionnelle d'un bien.

Supposons que l'entreprise I soit l'objet d'économies externes et que l'entreprise II soit l'objet de déséconomies externes. Alors $\partial C_1/\partial q_2 < 0$ et $\partial C_2/\partial q_1 > 0$. En conséquence, $\partial C_1/\partial q_1 + \partial C_2/\partial q_1$ dans (7-26) peut être rendu égal au prix seulement si $\partial C_1/\partial q_1$ est inférieur à ce qu'il est par maximation individuelle du profit. Si le coût marginal est croissant ceci signifie que l'entreprise qui est la cause de déséconomies externes devrait, dans une optique d'optimum collectif prendre une décision de production correspondant à un niveau d'output moindre que celui auquel elle est conduite lorsqu'elle maximise individuellement son profit. Par un raisonnement analogue, l'entreprise qui est la cause d'économies externes devrait accroître son output. Ceci peut généralement être mis en œuvre en imposant et en subventionnant convenablement les niveaux d'output des entreprises concernées.

Supposons que les fonctions de coût des deux entreprises soient :

$$C_1 = 0{,}1\,q_1^2 + 5\,q_1 - 0{,}1\,q_2^2\,,\qquad C_2 = 0{,}2\,q_2^2 + 7\,q_2 + 0{,}025\,q_1^2\,.$$

L'entreprise I est l'objet d'économies externes et est la cause de déséconomies externes ; le contraire s'applique à l'entreprise II. Supposons que le prix soit 15 francs et égal au *Cm* pour les deux entreprises :

$$15 = 0{,}2\,q_1 + 5\,,\qquad q_1 = 50\,,\qquad \pi_1 = 290$$

$$15 = 0{,}4\,q_2 + 7\,,\qquad q_2 = 20\,,\qquad \pi_2 = 17{,}5\,.$$

Pour rechercher un rendement social maximal, formons la fonction de profit global :

$$\pi = 15(q_1 + q_2) - 0{,}125\, q_1^2 - 5\, q_1 - 0{,}1\, q_2^2 - 7\, q_2$$

et écrivons que les dérivées partielles sont égales à zéro :

$$\partial\pi/\partial q_1 = 15 - 0{,}25\, q_1 - 5 = 0\,,$$

$$\partial\pi/\partial q_2 = 15 - 0{,}20\, q_2 - 7 = 0\,.$$

D'où $q_1 = 40$, $q_2 = 40$ et $\pi = 360$. Le lecteur peut vérifier que les conditions du second ordre sont satisfaites. Le profil global est plus grand dans le second cas (rendement social maximum) que dans le premier (maximisation individuelle)

$$290 + 17{,}5 = 307{,}5 < 360\,.$$

La maximisation individuelle n'entraîne pas un optimum de Pareto. L'optimum de Pareto demande que le taux de substitution soit égal au taux de transformation d'un bien en un autre. En l'absence d'effets externes, le taux de transformation privé et le taux de transformation pour la société sont égaux. En présence d'économies ou de déséconomies externes, la maximisation individuelle aboutit à des conditions marginales socialement « mauvaises ». Bien entendu, les profits agrégés *doivent* être redistribués entre les diverses entreprises. Sans une telle redistribution, certaines entreprises verraient diminuer leur profit et la situation qui en résulterait ne pourrait être socialement préférable. Dans l'exemple présent, 400 francs reviennent à l'entreprise I et — 40 francs à l'entreprise II lorsque l'on recherche un rendement social maximal. Une redistribution de toute somme supérieure à 57,5 mais inférieure à 110 francs de l'entreprise I à l'entreprise II rendra chacune des entreprises plus riche que dans le cas d'une maximisation individuelle.

7.4 IMPÔTS, SUBVENTIONS ET CRITÈRES DE COMPENSATION.

Nous avons rencontré aux paragraphes 7.2 et 7.3 de nombreux exemples d'économies de marché qui s'écartaient des conditions nécessaires à la réalisation d'un optimum de Pareto. On peut en général acheminer ces économies vers un optimum de Pareto par l'intermédiaire des subventions et d'impôts. Les impôts (les subventions) par unité de produit diminueront (accroîtront) les niveaux de consommation et de production en augmentant (diminuant) les coûts marginaux si ces coûts sont croissants. Parallèlement, on peut avoir recours à des impôts et des subventions forfaitaires, qui n'affectent pas les niveaux d'activité, pour répartir les gains dégagés par le déplacement vers un optimum de Pareto.

On illustrera à l'aide de deux cas précis la réalisation d'un optimum de Pareto par le recours à l'impôt : effets externes de production et monopole. Les impôts et les subventions par unité de produit ont pour but de forcer les participants à satisfaire es conditions marginales d'optimalité au sens de Pareto, tandis que les impôts et les subventions forfaitaires servent à maintenir les profits et les utilités à leur niveau initial. On démontrera ensuite que le solde (s'il est positif) constitue des « dividendes sociaux » que l'on peut utiliser pour accroître l'utilité de certains individus. On considérera enfin des critères de compensation qui vont au-delà des critères d'imposition et de subvention.

Effets externes de production.

Lorsqu'il y a des effets externes, on peut en général atteindre un optimum de Pareto en versant des subventions par unité de produit aux entreprises qui engendrent des économies externes, pour accroître leur production, et en prélevant des impôts par unité de produit sur les entreprises qui engendrent des déséconomies externes, pour diminuer leur production. Reprenons l'exemple du paragraphe 7.3 (deux entreprises). Les fonctions de coût sont :

$$C_1 = 0{,}1\, q_1^2 + 5\, q_1 - 0{,}1\, q_2^2\,, \quad C_2 = 0{,}2\, q_2^2 + 7\, q_2 + 0{,}025\, q_1^2\,.$$

L'entreprise I est source de déséconomies externes et bénéficie d'économies externes ; c'est l'inverse pour II. Chacune des entreprises rend son *Cm* égal au prix concurrentiel de 15 francs :

$$0{,}2\, q_1^0 + 5 = 15\,, \quad q_1^0 = 50\,, \quad \pi_1^0 = 290\,,$$

$$0{,}4\, q_2^0 + 7 = 15\,, \quad q_2^0 = 20\,, \quad \pi_2^0 = 17{,}5\,.$$

On obtient une allocation optimale au sens de Pareto en rendant le *Cm* social de chaque entreprise égal au prix concurrentiel :

$$0{,}25\, q_1^* + 5 = 15\,, \quad q_1^* = 40\,, \quad \pi_1^* = 400$$

$$0{,}20\, q_2^* + 7 = 15\,, \quad q_2^* = 40\,, \quad \pi_2^* = -\,40\,.$$

Supposons que l'on perçoive un impôt de t francs par unité produite par l'entreprise I et que l'on verse une subvention de s francs par unité produite par l'entreprise II. Supposons enfin que chaque entreprise continue à rendre son *Cm* privé égal au prix concurrentiel :

$$0{,}2\, q_1 + 5 + t = 15\,, \qquad 0{,}4\, q_2 + 7 - s = 15\,. \tag{7-29}$$

L'impôt et la subvention ont pour but de parvenir aux niveaux de production optimaux au sens de Pareto. En remplaçant q_1 et q_2 par leur valeur d'optimum dans (7-29), on obtient le montant de l'impôt et de la subvention :

$$t = 2\,; \qquad s = 8\,.$$

On perçoit les impôts forfaitaires, L_1 et L_2 pour conserver le niveau initial des profits :

$$L_1 = \pi_1^* - \pi_1^0 - tq_1^* = 30\,,$$

$$L_2 = \pi_2^* - \pi_2^0 - sq_2^* = 262{,}5\,.$$

Etant donné que les profits restent identiques, le niveau d'utilité de ceux qui perçoivent les profits ne change pas lorsque l'on atteint l'optimum de Pareto. On définit le *dividende social S* comme le solde net de l'imposition :

$$S = tq_1^* - sq_2^* + L_1 + L_2 = 52{,}5\,.$$

Il peut servir à accroître le niveau d'utilité de certains individus.

Le monopole.

Prenons le cas d'une économie qui s'éloigne de l'optimum de Pareto parce qu'il existe un monopoleur produisant le bien Q. Les fonctions de demande et de coût de ce monopoleur sont :

$$p = f(q)\,; \qquad C = C(q)\,.$$

On obtient la quantité et le prix qui maximisent son profit, q^0 et p^0, en rendant son *Rm* égal à son *Cm* :

$$p^0 + q^0 f'(q^0) = C'(q^0)\,. \tag{7-30}$$

Son point d'équilibre est le point E de la figure 7-3. Le prix de monopole est trop élevé et la quantité trop petite par rapport à l'optimum de Pareto. La quantité q^* et le prix p^* correspondant à cet optimum s'obtiennent en égalant le prix et le *Cm* :

$$p^* = C'(q^*)\,. \tag{7-31}$$

Ils sont représentés par le point A de la figure (7-3).

Une subvention par unité de produit accroîtra le *Rm* du monopoleur et pourra l'inciter à augmenter sa production pour atteindre le niveau de production optimal au sens de Pareto. La condition d'équilibre s'écrit alors :

$$p^* + q^* f'(q^*) + s = C'(q^*)\,. \tag{7-32}$$

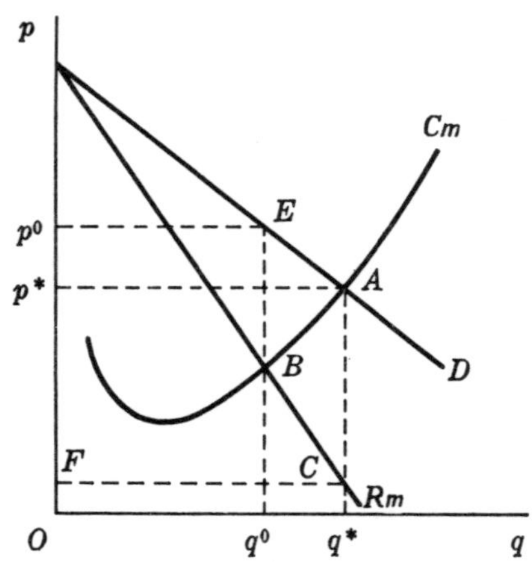

Fig. 7-3.

En résolvant (7-32) en s à l'aide de (7-31) et de la définition du Rm :

$$s = -q^* f'(q^*) = p^* - Rm^* . \qquad (7\text{-}33)$$

La subvention à verser par unité produite est égale à la différence entre le prix et le Rm correspondant à la quantité optimale au sens de Pareto, soit la distance CA de la figure 7-3. On déplace la courbe réelle de Rm du monopoleur vers le haut pour qu'elle coupe la courbe de demande en A.

Le montant de la subvention est représenté par l'aire du rectangle $FCAp^*$ de la figure 7-3. L'accroissement du coût du monopoleur entraîné par le déplacement de q^0 à q^* correspond à l'aire délimitée par sa courbe de Cm et les quantités q^0 et q^*. L'accroissement de son chiffre d'affaires est représenté par le triangle délimité par q^0, q^* et la courbe de Rm. Son profit est diminué de la surface CAB délimitée par les courbes de Rm et de Cm. En général :

$$\pi^0 - \pi^* = \int_{q^0}^{q^*} [f(q) + qf'(q) - C'(q)]\, dq . \qquad (7\text{-}34)$$

Il est évident sur la figure 7-3 que le montant de la subvention est supérieur à la réduction de profit. Si le monopoleur paye un impôt forfaitaire correspondant à la surface $FCBAp^*$, il restera à son niveau de profit initial. De manière générale, l'impôt forfaitaire est égal à :

$$L_M = \pi^* - \pi^0 + sq^* . \qquad (7\text{-}35)$$

Le coût net du déplacement vers l'optimum de Pareto est égal à (7-34). Il restera un dividende social si l'on peut percevoir sur les consommateurs un impôt plus élevé sans réduire leur utilité.

Supposons que l'élasticité-revenu de la demande du bien produit par le monopoleur soit nulle pour tous les consommateurs. La courbe de demande classique et la courbe compensée sont identiques et passent par le point d'équilibre de monopole (cf. Par. 2.4). La surface $EAq^*\,q^0$ représente la somme que peuvent payer les consommateurs, sans modifier leur niveau d'utilité, en situation de monopole. $BCq^*\,q^0$ représente la dépense qu'entraîne pour eux le déplacement de q^0 à q^*. L'aire comprise entre la courbe de demande et la courbe de Rm représente la somme globale forfaitaire L_C que l'on peut percevoir sur les consommateurs sans modifier leur niveau d'utilité initial :

$$L_C = \int_{q^0}^{q^*} [-\,qf'(q)]\, dq . \qquad (7\text{-}36)$$

Le dividende social correspondant est le solde net des impôts perçus sur les consommateurs et le producteur :

$$S = L_C + L_M - sq^* . \qquad (7\text{-}37)$$

La figure 7-3 montre que le dividende social est toujours positif en cas de monopole. Les impôts perçus sur les consommateurs sont représentés par la surface $BCAE$, le solde versé au monopoleur par la surface *BCA* et le dividende social par la surface *BAE*.

Il n'est pas nécessaire de faire l'hypothèse d'une élasticité-revenu nulle pour qu'il y ait un dividende social positif. Supposons maintenant que tous les consommateurs aient une élasticité-revenu positive. La réduction de prix de Q aura des effets de revenu positifs, les consommateurs peuvent payer les impôts forfaitaires correspondant à la surface *BCAE*. On obtient bien le dividende social *BAE* et, de plus, chaque consommateur accroît son niveau d'utilité.

Soit les fonctions de demande et de coût du monopoleur :

$$p = 240 - 8\,q\,; \qquad C = 2\,q^2\,. \tag{7-38}$$

Egalons Rm et Cm :

$$240 - 16\,q^0 = 4\,q^0\,, \qquad q^0 = 12\,, \qquad p^0 = 144\,,$$

$$Rm^0 = Cm^0 = 48\,, \qquad \pi^0 = 1\,440\,.$$

On obtient le prix et la quantité optimales au sens de Pareto en posant le prix égal au Cm :

$$240 - 8\,q^* = 4\,q^*\,, \qquad q^* = 20\,, \qquad p^* = Cm = 80\,,$$

$$Rm^* = -\,80\,, \qquad \pi^* = 800\,.$$

Il est intéressant de remarquer que le Rm est négatif à l'optimum de Pareto, dans le cas présent. La subvention optimale par unité de produit et l'impôt forfaitaire sont, pour le monopoleur :

$$s = p^* - Rm^* = 160\,, \qquad L_M = \pi^* - \pi^0 + sq^* = 2\,560\,.$$

Supposons que tous les consommateurs aient des élasticités-revenu nulles pour Q. Les impôts forfaitaires sur les consommateurs et le dividende social sont :

$$L_C = \int_{12}^{20} 8\,q\,\mathrm{d}q = 4(20)^2 - 4(12)^2 = 1\,024\,,$$

$$S = L_C + L_M - sq^* = 384\,.$$

« Critères de compensation ».

L'un des principaux objets de la théorie de l'optimum est de déterminer si les modifications apportées à l'allocation des ressources sont souhaitables sur le plan social. La plupart des économistes s'accordent à dire qu'une transformation est souhaitable si elle n'entraîne aucune réduction des niveaux d'utilité et accroît le niveau d'utilité d'un individu au moins. La plupart des transformations entraînent en réalité une réduction d'utilité pour certains individus s'il n'y a pas de compensation. Les subventions dans les cas envisagés précédemment permettaient ainsi de compenser les désavantages. Un certain nombre d'économistes ont fait de la possibilité de compensation, et non pas de la compensation effective, le critère permettant de juger si une modification était souhaitable sur le plan social. Les trois critères les plus connus sont :

Critère de Kaldor : un état *A* est, d'un point de vue social, préférable à *B* si ceux qui y gagnent dans la situation *A* peuvent dédommager ceux qui y perdent (c'est-à-dire les « corrompre » pour qu'ils acceptent l'état *A*) tout en demeurant dans une situation meilleure que dans l'état *B*.

Critère de Hicks : un état *A* est, d'un point de vue social, préférable à un état *B* si ceux qui y perdraient dans la situation *A* ne peuvent pas « corrompre » ceux qui y gagneraient de manière à les persuader de ne pas effectuer la transformation de *B* en *A*.

Critère de Scitovsky : un état *A* est d'un point de vue social préférable à un état *B*, si ceux qui y gagnent dans la situation *A* peuvent « corrompre » ceux qui y perdent de manière à leur faire accepter la transformation et si, en même temps, ceux qui y perdent ne peuvent pas « corrompre » ceux qui y gagnent de manière à les persuader de ne pas effectuer la transformation.

Reprenons l'exemple des effets externes de production. Le passage d'un état où chaque producteur rend son *Cm* privé égal au prix à un état où chacun égale son *Cm* social au prix, faisait croître le profit de l'entreprise I de 110 francs et réduisait celui de II de 57,5 francs. Dans ce cas précis, les trois critères sont vérifiés. L'entreprise I pouvait « corrompre » II en lui offrant 57,5 francs pour qu'elle accepte la transformation et II n'avait pas intérêt à verser 110 francs à I pour empêcher la transformation.

La difficulté fondamentale des principes de compensation est qu'ils se refèrent à la satisfaction potentielle — plutôt qu'à la satisfaction réelle — puisqu'ils n'impliquent pas que la compensation soit effectivement réalisée. En général on ne peut rien dire quant à la hiérarchie, sur le plan social, de *A* par rapport à *B* en l'absence de compensation réelle, à moins que l'on ne désire faire un jugement de valeur supplémentaire. Considérons le cas d'une transformation d'un état *A* à un état *B*. Certaines personnes sont défavorablement affectées par la transformation et d'autres en bénéficient. Supposons qu'il existe une redistribution des revenus qui assure une compensation à ceux qui y perdent ; supposons de plus que ceux qui y perdent ne peuvent corrompre ceux qui y gagnent de manière qu'ils s'opposent à la transformation de *A* à *B*. Il n'y a aucune assurance, cependant, que la redistribution qui assurerait une compensation à ceux qui y perdent sera effectivement réalisée. La redistribution réelle qui suivra l'établissement de *B* peut être telle que ceux qui y perdent ne reçoivent pas de compensation. De plus, il est possible que les perdants puissent avoir effectivement bloqué le mouvement vers *B* (en offrant des compensations aux gagnants) ayant su que la véritable issue se traduirait par la redistribution. Dans ces circonstances, il n'est pas légitime de dire que le critère de Scitovsky implique que l'état *B* est socialement préférable à *A*. En général, les critères de compensation impliquent des comparaisons interpersonnelles que la plupart des économistes cherchent à éviter.

7.5 FONCTIONS D'UTILITÉ COLLECTIVE.

L'indétermination qui subsiste si l'on se limite au seul critère d'optimalité au sens de Pareto dans la recherche d'un optimum social peut être réduite par l'introduction d'une fonction d'utilité collective. Une fonction d'utilité collective est à la fois un indicateur ordinal des préférences de la société et une fonction des niveaux d'utilité de tous les individus. Cette fonction n'est pas unique et sa forme dépend des jugements de valeur de la personne qui la considère comme socialement souhaitable. Dans certains cas il peut être impossible par l'accord commun de décider d'une forme acceptable pour cette fonction ; elle pourra alors être imposée d'une façon dictatoriale. Quel que soit le cas, sa forme dépend des jugements de valeur de ceux qui la promulguent puisqu'elle exprime leurs vues concernant l'effet qu'a le niveau d'utilité du i-ième individu sur la satisfaction de la société. De plus, l'acceptation par un individu de la fonction d'utilité collective dans le but de résoudre le problème de la distribution implique aussi un jugement de valeur. La forme générale d'une fonction d'utilité collective est :

$$W = W(U_1, U_2, \dots, U_n) \tag{7-39}$$

où U_i est le niveau de l'utilité du i-ième individu.

Détermination de l'optimum de satisfaction.

Supposons que la société comprenne deux individus dont les fonctions d'utilité sont :

$$U_1 = U_1(q_{11}, q_{12}, x_1^0 - x_1) ;$$

$$U_2 = U_2(q_{21}, q_{22}, x_2^0 - x_2) ,$$

où q_{ij} est la quantité du j-ième bien consommé par le i-ième individu et x_i la quantité de travail fournie par le i-ième individu. Supposons que la fonction de production de la société soit :

$$F(q_{11} + q_{21}, q_{12} + q_{22}, x_1 + x_2) = 0 . \tag{7-40}$$

Supposons enfin que la fonction d'utilité collective soit :

$$W = W(U_1, U_2) . \tag{7-41}$$

Le but de la société est de maximiser (7-41) sous la contrainte (7-40). Formons la fonction :

$$W^* = W[U_1(q_{11}, q_{12}, x_1^0 - x_1), U_2(q_{21}, q_{22}, x_2^0 - x_2)] + \\ + \lambda F(q_{11} + q_{21}, q_{12} + q_{22}, x_1 + x_2)$$

et écrivons que les dérivées partielles sont nulles :

$$\begin{aligned}
\frac{\partial W^*}{\partial q_{11}} &= W_1 \frac{\partial U_1}{\partial q_{11}} + \lambda F_1 = 0 \\
\frac{\partial W^*}{\partial q_{12}} &= W_1 \frac{\partial U_1}{\partial q_{12}} + \lambda F_2 = 0 \\
\frac{\partial W^*}{\partial x_1} &= - W_1 \frac{\partial U_1}{\partial (x_1^0 - x_1)} + \lambda F_3 = 0 \\
\frac{\partial W^*}{\partial q_{21}} &= W_2 \frac{\partial U_2}{\partial q_{21}} + \lambda F_1 = 0 \\
\frac{\partial W^*}{\partial q_{22}} &= W_2 \frac{\partial U_2}{\partial q_{22}} + \lambda F_2 = 0 \\
\frac{\partial W^*}{\partial x_2} &= - W_2 \frac{\partial U_2}{\partial (x_2^0 - x_2)} + \lambda F_3 = 0 \\
\frac{\partial W^*}{\partial \lambda} &= F(q_{11} + q_{21}, q_{12} + q_{22}, x_1 + x_2) = 0 .
\end{aligned} \tag{7-42}$$

Ce système d'équations à 7 équations et 7 inconnues peut en général être résolu. L'optimum de satisfaction est entièrement déterminé dès lors que l'on introduit des jugements de valeur sur la distribution, à travers la forme de la fonction d'utilité collective (1). On peut vérifier facilement que l'allocation qui en résulte est optimale au sens de Pareto. En faisant passer les seconds termes des six premières équations de (7-42) dans le second membre et en divisant la première équation par la seconde et la troisième et la quatrième par la cinquième et la sixième respectivement :

$$\frac{\partial U_1/\partial q_{11}}{\partial U_1/\partial q_{12}} = \frac{F_1}{F_2} = \frac{\partial U_2/\partial q_{21}}{\partial U_2/\partial q_{22}} \quad \frac{\partial U_1/\partial q_{11}}{\partial U_1/\partial (x_1^0 - x_1)} = \frac{F_1}{F_3} = \frac{\partial U_2/\partial q_{21}}{\partial U_2/\partial (x_2^0 - x_2)} .$$

Les taux de substitution sont les mêmes pour tous les consommateurs et aussi égaux aux taux de transformation. De plus le taux auquel les consommateurs échangent le travail (ou sa contrepartie le loisir) pour des biens est égal à la productivité marginale du travail. Ceci démontre qu'il s'agit d'un optimum de Pareto si les conditions du second ordre sont aussi vérifiées (2).

(1) D'après le diagramme d'Edgeworth discuté dans le paragraphe 7.1, l'introduction de la fonction d'utilité collective revient à hiérarchiser tous les points de la courbe de contrat du point de vue de la préférabilité collective.

(2) Une fonction d'utilité collective est analogue à la fonction d'utilité d'un consommateur. Elle fournit un classement — d'un point de vue social ou dictatorial — de différentes positions possibles où les différents individus atteignent différents niveaux d'utilité. Elle possède la propriété que si une fonction d'utilité collective donne un classement acceptable, alors il en est de même pour toute transformation monotone de cette fonction. Le lecteur peut vérifier cette proposition en procédant de manière analogue à celle de l'analyse du paragraphe 2.3. Il faut supposer que la fonction d'utilité collective est $S = G(W)$, où $G' > 0$ et en déduire les conditions du premier et du second ordre pour avoir un maximum.

Préférence collective et indifférence collective.

Dans leur effort pour créer une courbe d'indifférence sociale analogue aux courbes d'indifférence individuelles, les économistes ont essayé de construire des lignes de contour dans l'espace des biens, qui représentent différentes combinaisons de quantités de biens agrégées pour lesquelles la société dans son ensemble est indifférente. Les contours de Scitovsky sont déterminés de la façon suivante. Supposons que tous les individus jouissent de niveaux d'utilité déterminés et que les outputs pour tous les biens sauf un sont à des niveaux déterminés. Déterminons alors la plus petite quantité du bien restant nécessaire pour atteindre les conditions précédemment citées. Le problème s'exprime mathématiquement pour une économie à deux biens et deux agents comme suit :

$$\text{Minimiser } q_{11} + q_{21}$$

sous les contraintes :

$$U_1(q_{11}, q_{12}) - U_1^0 = 0,$$

$$U_2(q_{21}, q_{22}) - U_2^0 = 0,$$

$$q_{12} + q_{22} = q_2^0.$$

Ce problème peut être résolu en formant la fonction :

$$V = q_{11} + q_{21} + \lambda_1[U_1(q_{11}, q_{12}) - U_1^0] + \\ + \lambda_2[U_2(q_{21}, q_2^0 - q_{12}) - U_2^0] \quad (7\text{-}43)$$

où λ_1, λ_2 sont les multiplicateurs de Lagrange, et en annulant les dérivées partielles par rapport à q_{11}, q_{12}, q_{21}, λ_1, λ_2. La quantité minimum totale de Q_1 nécessaire pour satisfaire les conditions du problème est généralement déterminée. Pour chaque valeur possible de q_2^0, une valeur optimale de q_1^0 $(= q_{11} + q_{21})$ peut être déterminée. Le lieu géométrique des points (q_1^0, q_2^0) pour des valeurs données de U_1 et U_2 constitue un contour de Scitovsky (1). Si les courbes d'indifférence individuelles sont convexes, les contours de Scitovsky sont aussi convexes. Cependant, ces contours ne sont pas des courbes d'indifférence « sociales », comme leur seule forme le laisse apparaître. Un contour de Scitovsky tout à fait différent est obtenu si les valeurs données U_1 et U_2 sont changées. Prenons pour exemple le point A sur le contour du Scitovsky S_1 de la figure 7-4. Pour chaque point de S_1, les quantités totales de Q_1 et Q_2 doivent être distribuées entre les deux consommateurs de telle manière que (I) ait le niveau d'utilité U_1^0 et (II) le niveau U_2^0. Mais les quantités correspondant à A pourraient aussi être distribuées d'une autre manière, l'une qui aboutit à un niveau d'utilité $U_1^{(1)}$ pour (I) et $U_2^{(1)}$ pour (II). En appliquant le procédé de maximisation comme indiqué en (7-43) pour ces nouvelles valeurs de U_1 et U_2, on détermine un ensemble de points

(1) Le lecteur peut vérifier que les points d'un contour de Scitovsky représentent une distribution optimale au sens de Pareto en cherchant les dérivées partielles de (7-40).

tout à fait nouveau, points qui décrivent un nouveau contour de Scitovsky correspondant aux différents niveaux d'utilité assignés aux individus. Ce nouveau contour S_2 doit avoir un point commun avec S_1 en A mais il n'y a aucune raison évidente de s'attendre à ce que les deux contours coïncident tout le long de leur tracé. S_1 et S_2 peuvent donc soit se couper en A (comme dans le graphique 7-4) soit être tangents. Dans tous les cas, on n'obtient pas les propriétés habituelles des courbes d'indifférence.

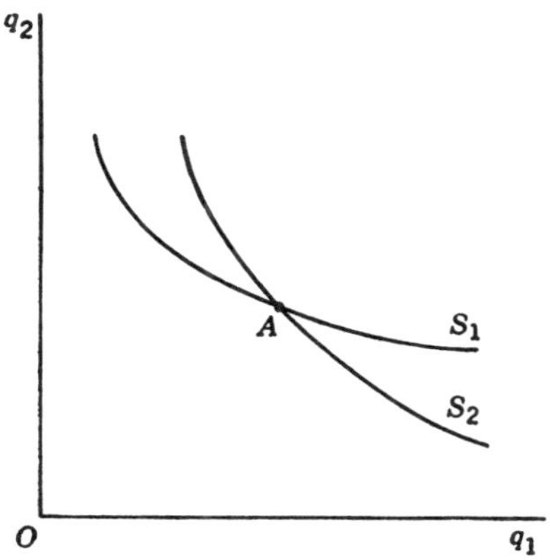

Fig. 7-4.

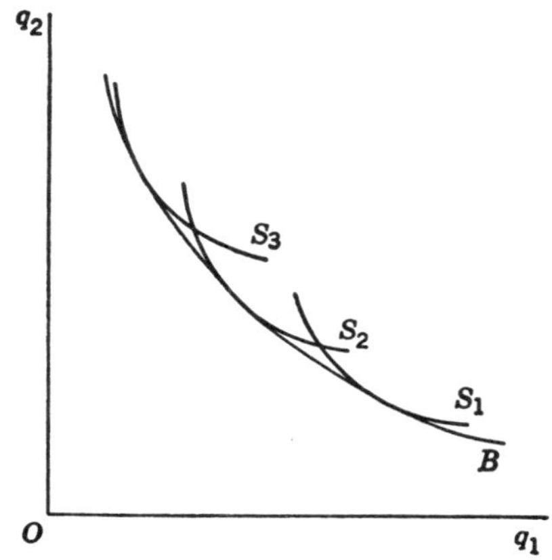

Fig. 7-5.

L'introduction explicite de jugements de valeur dans la forme d'une fonction de satisfaction collective permet de trouver des contours ayant certaines propriétés désirées. Supposons que la fonction de satisfaction sociale soit : $W = W(U_1, U_2)$ dans une société à deux personnes. On trouve les contours de Scitovsky correspondant à toutes les distributions d'utilité (U_1, U_2) pour lesquelles $W(U_1, U_2) = W^0$. Ces contours sont dessinés figure (7-5). La plus petite ordonnée correspondant à toute valeur de q_1 représente la quantité minimum de Q_2 nécessaire pour assurer à la société le niveau de satisfaction W^0. Par conséquent l'enveloppe B des contours de Scitovsky de la figure (7-5) est le lieu des combinaisons minimales de Q_1 et Q_2 nécessaires pour assurer à la société le niveau de satisfaction W^0 et peut être appelée un contour de Bergson (1).

Le problème de la recherche de l'optimum peut ainsi être résolu de deux manières équivalentes.

1. Chaque point de la fonction de production définit une combinaison de biens qui peut être atteinte avec les ressources utilisables. Même si l'on considère seulement les distributions de biens optimales au sens de Pareto, une courbe de contrat — et ainsi

(1) Voir J. de V. Graaff, *Fondements théoriques de l'économie du bien-être* (Paris : Dunod, 1970), chap. III. Les termes appropriés contour de Scitovsky et contour de Bergson sont dus à Graaff. Les contours de Bergson ne se coupent pas en l'absence d'effets externes mais ne possèdent pas nécessairement la « bonne » convexité.

une infinité de façons de répartir l'utilité pour les consommateurs — correspond à chaque point de la fonction de production agrégée ([1]). On trouve toutes les façons possibles de distribuer l'utilité entre les consommateurs correspondant à tous les points satisfaisant à la fonction de production. De toutes ces distributions d'utilité on choisit celle pour laquelle $W(U_1, U_2, ..., U_n)$ est maximum. La solution des obtenue par l'examen des points dans l'espace des utilités.

2. On détermine tous les contours de Bergson. Chacun de ces contours correspond à un niveau différent de la satisfaction. On choisit sur la fonction de production agrégée le point situé le plus haut sur le contour de Bergson. On obtient ainsi une solution en examinant les points de l'espace des biens. L'équivalence entre les deux procédures est évidente du fait qu'elles reviennent toutes deux à maximiser $W(U_1, ..., U_n)$ sous la contrainte constituée par la fonction de production agrégée.

Théorème d'Arrow.

Arrow a étudié comment formuler des préférences collectives. Il considère les préférences individuelles et les préférences collectives comme un ordonnancement d'états possibles entre lesquels il faut choisir. L'ordonnancement s'opère grâce à la relation : « au moins aussi désiré que » (voir Par. 2.1). Les fonctions d'utilité individuelles et les fonctions d'utilité collective sont des cas particuliers de cette relation plus générale.

Il y a plusieurs façons d'obtenir des préférences collectives à partir des préférences individuelles. Les préférences collectives peuvent être déterminées par un dictateur ou par une procédure de vote majoritaire, les membres de la société participant tous au vote. On pourrait ainsi déterminer ces préférences à l'aide d'un vote où le nombre de voix de chaque votant dépendrait de la lettre par laquelle commencerait son nom. Les individus dont le nom commence par la lettre A auraient une voix, ceux dont le nom commence par un B auraient deux voix, et ainsi de suite. Il est évident que toutes les façons de déterminer les préférences collectives à l'aide des préférences individuelles ne sont pas souhaitables, acceptables ou raisonnables. Arrow a énoncé cinq axiomes que doivent vérifier les structures de préférences collectives pour être acceptables. Ces axiomes sont approximativement :

Ordre complet. Comme pour les préférences individuelles, la relation « au moins aussi souhaitable collectivement que » doit définir sur les préférences collectives un ordre complet. Les références doivent donc être réflexives, transitives ; la relation doit être une relation complète (voir Par. 2.1). Le classement de Pareto, par exemple, d'après lequel une allocation A est préférée socialement à l'allocation B si le niveau d'utilité d'une personne au moins est supérieur pour A et que le niveau d'utilité d'aucun individu n'est inférieur, n'est pas complet et ne vérifie donc pas cet axiome.

([1]) La représentation géométrique des façons possibles de distribuer l'utilité entre deux consommateurs correspondant à un point donné de la courbe de production agrégée est appelée *courbe des utilités possibles.*

Souveraineté des citoyens. Supposons que A est préféré collectivement à B pour un ensemble donné de préférences individuelles. Si les classements des individus changent de telle façon que l'un des individus au moins attribue à A un rang plus élevé dans le classement, A reste collectivement préféré à B. Cet axiome ne serait pas vérifié si la société faisait une discrimination à l'égard de certains individus : lorsque ces individus accroîtraient leur préférence pour un état possible relativement aux autres, la préférence collective pour cet état diminuerait.

Non-imposition. On ne peut imposer de préférences collectives indépendamment des préférences individuelles. Si personne ne préfère B à A et si un individu au moins préfère A à B, la collectivité doit préférer A à B. Cet axiome permet de s'assurer que les préférences collectives satisfont le classement de Pareto. Soit A une allocation telle qu'aucun individu n'a un niveau d'utilité inférieur à celui qu'il aurait en B, et que l'un des individus au moins a un niveau d'utilité plus élevé. D'après cet axiome, la collectivité doit préférer A à B.

Choix non dictatoriaux. Les préférences collectives ne doivent pas refléter uniquement les préférences d'un individu ; c'est-à-dire que la société ne doit pas préférer A à B si seul le *i*-ième individu préfère A à B. Si cet axiome n'était pas respecté, le *i*-ième individu serait un dictateur.

Indépendance aux choix extérieurs. L'état préféré dans un ensemble de choix possibles doit être indépendant de l'existence d'autres choix. Supposons qu'il y ait trois possibilités A, B et C et que la collectivité préfère A à B, et B à C. Si C cesse d'être une possibilité, la collectivité ne peut pas préférer B à A.

Ces axiomes sont des jugements de valeur, mais ils paraissent raisonnables et satisfont intuitivement beaucoup d'économistes. Malheureusement d'après le théorème d'Arrow, il n'est pas possible de construire des préférences collectives qui vérifient ces cinq axiomes (1). Certains groupes de préférences individuelles conduiront à des préférences collectives qui vérifieront les axiomes, mais il y a des groupes de préférences individuelles qui n'y conduiront pas, bien qu'elles satisfassent les conditions de comportement des préférences individuelles. Si l'un des axiomes d'Arrow, autre que celui d'ordre complet, n'est pas vérifié, on peut construire à partir de tels groupes de préférences individuelles des préférences collectives compatibles avec les quatre autres axiomes. Si l'axiome de non-imposition n'est pas vérifié, on peut imposer à la collectivité des préférences collectives qui donnent toujours le même classement aux choix possibles. Si l'axiome des choix non dictatoriaux n'est pas vérifié, les préférences collectives peuvent refléter les préférences d'un seul individu. Si l'axiome d'indépendance aux choix extérieurs n'est pas vérifié, certaines préférences collectives peuvent se définir comme une moyenne pondérée de préférences individuelles.

(1) La démonstration du théorème d'Arrow s'appuie sur des mathématiques de niveau avancé. James Quirk et Rubin Saposnik en donnent une démonstration intuitive dans : *Introduction to General Equilibrium Theory and Welfare Economics* (New York : Mc Graw-Hill, 1968), pp. 108-116.

Une autre façon de résoudre le dilemme est d'imposer certaines conditions que devront satisfaire les préférences individuelles, de façon à ce que les préférences collectives vérifient les cinq axiomes. On peut, par exemple, supposer que tous les individus attribuent toujours le même rang à chacun des choix possibles. On peut supposer d'autres hypothèses plus compliquées.

7.6 LA THÉORIE DU « SECOND BEST ».

On peut toujours dégager un dividende social positif en passant d'une allocation non optimale au sens de Pareto à une allocation optimale au sens de Pareto. C'est pourquoi on considère souvent que la vérification des conditions de Pareto est le but vers lequel doit tendre la société. Il peut pourtant arriver que l'une au moins des conditions de Pareto ne puisse être vérifiée en raison de restrictions d'ordre institutionnel. Il n'est alors pas possible d'atteindre l'état le meilleur pour la société ; il est donc normal de se demander si l'on ne pourrait atteindre un état qui viendrait en seconde position, le « second état » le meilleur possible pour la collectivité, qui satisferait les autres conditions de Pareto. La théorie du « second best » affirme que non : si une, ou plus d'une, condition nécessaire (s) à la réalisation d'un optimum de Pareto n'est (ne sont pas) réalisée (s), il n'est en général ni nécessaire, ni souhaitable, de chercher à satisfaire les autres conditions.

On peut illustrer l'essentiel de la théorie du « second best » à l'aide d'un système simple comprenant un consommateur, une seule fonction de production implicite, n biens et une offre donnée du seul facteur primaire utilisé. Ce facteur ne présente pas d'utilité pour le consommateur. Il est facile d'étendre les résultats que permet ce système au cas des systèmes plus complets rencontrés au paragraphe 7.1. Les conditions nécessaires à la réalisation d'un optimum de Pareto s'obtiennent en maximisant l'utilité du consommateur compte tenu de sa fonction de production. Formons la fonction :

$$L = U(q_1, ..., q_n) - \lambda F(q_1, ..., q_n, x^0)$$

et annulons les dérivées partielles :

$$\partial L/\partial q_i = U_i - \lambda F_i = 0 \qquad (i = 1, ..., n) \tag{7-44}$$

où $U_i = \partial U/\partial q_i$ et $F_i = \partial F/\partial q_i$. Il résulte :

$$U_i/U_j = F_i/F_j \qquad (i, j = 1, ..., n).$$

Si (7-44) est vérifié, le TSB pour tous les biens pris deux à deux sera égal au TTP correspondant.

Supposons que le cadre institutionnel ne permette pas la réalisation de l'une des conditions de (7-44), la première par exemple. On peut exprimer ce fait de plusieurs façons. L'une des plus simples consiste à supposer que :

$$U_1 - kF_1 = 0 \tag{7-45}$$

où k est une constante positive qui diffère de la valeur optimale de λ obtenue en résolvant (7-44), compte tenu de la fonction de production.

On obtient les conditions de réalisation d'un optimum de « second best » en maximisant l'utilité, compte tenu de la fonction de production globale et de (7-45). Formons la fonction :

$$L = U(q_1, ..., q_n) - \lambda F(q_1, ..., q_n, x^0) - \mu(U_1 - kF_1)$$

où λ et μ sont des multiplicateurs indéterminés et écrivons que ses dérivées partielles sont égales à zéro :

$$\partial L/\partial q_i = U_i - \lambda F_i - \mu(U_{1i} - kF_{1i}) = 0 \qquad (i = 1, ..., n)$$

$$\partial L/\partial \lambda = - F(q_1, ..., q_n, x^0) = 0 \qquad \partial L/\partial \mu = - (U_1 - kF_1) = 0 \tag{7-46}$$

La valeur $\mu = 0$ ne peut être une valeur solution du système (1). Faisons passer à droite les deux derniers termes de chacune des équations et divisons la i-ième par la -ième :

$$\frac{U_i}{U_j} = \frac{\lambda F_i + \mu(U_{1i} - kF_{1i})}{\lambda F_j + \mu(U_{1j} - kF_{1j})} \qquad (i, j = 1, ..., n)\,. \tag{7-47}$$

En général, on ne peut rien dire du signe des dérivées partielles croisées U_{1i}, U_{1j}, F_{1i} et F_{ij}. On ne peut donc s'attendre, en général, à ce que l'une des conditions habituelles de Pareto doive être vérifiée pour qu'un optimum de second best soit atteint.

A la lumière de cette théorie, on a remis en question l'utilité de politiques qui visent à atteindre les conditions de Pareto en recourant à des mesures partielles, sur des marchés isolés. L'argument opposé consiste à dire que, si ce type de politique n'est pas valable en général, il vaut dans de nombreux cas spécifiques. La plupart des conditions de Pareto ne sont pas modifiées par la séparabilité des fonctions d'utilité et des fonctions de production, de sorte que $U_{ij} = F_{ij} = 0$ pour $i \neq j$ (2). Les termes entre parenthèses de (7-47) s'annulent si i ou $j \neq 1$, et pour les biens autres que Q_1 :

$$U_i/U_j = F_i/F_j \qquad i, j = 2, ..., n\,.$$

La séparabilité laisse identiques les conditions de Pareto pour tous les TSB et les TTP ne concernant pas Q_1.

Les défenseurs des mesures sectorielles soutiennent que les conditions de Pareto

(1) Si $\mu = 0$, la première équation devient : $U_1 - \lambda F_1 = 0$, ce qui est contraire à l'hypothèse faite en (7-45).

(2) On dit qu'une fonction $f(x_1, ..., x_m)$ est séparable si on peut l'écrire sous la forme

$$g_1(x_1) + \cdots + g_m(x_m)$$

où g_i est une fonction à une seule variable x_i.

sont un guide pour les politiques concernant Q_i, lorsque $i \neq 1$, à moins que Q_i ne soit lié à un bien pour lequel les conditions de Pareto ne sont par respectées. Etudions la dérivée par rapport à q_i dans (7-46). Le terme entre parenthèses représente les conséquences de la violation d'une des conditions de Pareto. Si ce terme s'annule, ou s'il est petit relativement aux autres, certains économistes soutiennent que l'on peut ne pas tenir compte de la condition non respectée en formulant les politiques concernant Q_i. Ainsi par exemple, les locomotives et le chewing-gum sont très peu liés en ce qui concerne la production et la consommation. Les décisions concernant l'industrie des locomotives ne devraient donc pas être influencées par la concurrence imparfaite qui règne dans le secteur du chewing-gum.

7.7 RÉSUMÉ.

L'objectif de la théorie de l'optimum est d'évaluer la désirabilité sociale d'allocations alternatives des ressources. Si l'on se refuse à émettre un jugement de valeur quant à la désirabilité de distributions alternatives du revenu, un jugement de valeur simple consiste à considérer une réallocation comme une amélioration du bien-être lorsqu'elle améliore la situation d'une personne sans détériorer celle d'aucune autre personne. S'il n'est pas possible d'effectuer une réallocation des ressources sans détériorer la situation d'au moins une personne, l'allocation existante est optimale au sens de Pareto. Il est nécessaire, pour atteindre cet optimum de Pareto, que :

(1) les taux de substitution de tous les consommateurs soient égaux,

(2) les taux de transformation de tous les producteurs soient égaux,

(3) les taux de substitution soient égaux aux taux de transformation correspondants.

Les conditions du second ordre doivent aussi être remplies pour que soit réalisée une situation d'optimum au sens de Pareto.

La concurrence parfaite entraîne la réalisation des conditions du premier ordre pour qu'il y ait optimum de Pareto. C'est en ce sens que la concurrence parfaite représente un bien-être maximum. Elle ne garantit pas que les conditions du second ordre soient remplies ; de même qu'elle n'assure pas que la distribution du revenu (ou de l'unité) soit optimale. De plus, la définition de l'optimum au sens de Pareto laisse une certaine indétermination dans l'analyse, puisque chaque point d'une courbe de contrat est un optimum de Pareto et que l'on ne peut choisir entre ces points sans restriction supplémentaire.

La concurrence monopolistique entre les consommateurs et les producteurs entraînera normalement une violation de certaines des conditions du premier ordre d'un optimum de Pareto. Même si, par accident, les taux de substitution des biens des consommateurs étaient égaux aux taux correspondants de transformation des produits des producteurs, pour tous les biens, l'optimalité au sens de Pareto ne pourrait être atteinte, étant donné les divergences entre le taux de substitution bien-travail des consommateurs et le taux de transformation travail-bien correspondant des producteurs. Le monopole bilatéral et le monopole parfaitement discriminant sont des exceptions. Ces deux cas de concurrence imparfaite conduisent à des allocations optimales au sens de Pareto.

Les conditions du premier ordre d'optimalité au sens de Pareto doivent être modifiées en présence d'effets externes de consommation ou de production. En général, la concurrence parfaite ne conduira pas à un optimum de Pareto en présence d'effets externes. L'égalité des taux de substitution n'est plus suffisante pour assurer un optimum de Pareto si les fonctions d'utilité sont interdépendantes. Pour qu'il y ait optimalité au sens de Pareto, il faut que la somme des taux de substitution des consommateurs entre un bien collectif et un bien ordinaire soit égale au taux de transformation des produits correspondants de chacun des producteurs. S'il y a des effets externes de production, il faut que le prix soit égal au coût marginal social, au lieu d'être égal au coût marginal privé.

Les systèmes d'imposition et de subvention permettent en général de passer d'une économie de marché où l'allocation n'est pas optimale au sens de Pareto à une économie où l'allocation est optimale au sens de Pareto. Les impôts et les subventions par unité de produit permettent d'imposer aux participants le respect des conditions marginales appropriées. Les impôts et les subventions forfaitaires ont pour but d'assurer une répartition des revenus souhaitable. Des économistes ont tenté de juger la préférabilité sociale des allocations possibles en envisageant la possibilité pour ceux que le choix favorise, de fournir une compensation aux perdants et l'impossibilité pour les perdants de « corrompre » les gagnants pour qu'ils ne procèdent pas à la réallocation.

On peut pallier le flou qui plane sur l'analyse de l'optimum de Pareto en introduisant explicitement une fonction d'utilité collective qui définit les préférences de la société (ou d'un dictateur), à partir des différentes répartitions de l'utilité entre les individus. Il y a plusieurs fonctions d'utilité collective, en fait, chacune traduisant le jugement de groupements d'individus différents. On peut déterminer un optimum de satisfaction en transposant la fonction d'utilité collective dans l'espace des biens et en recherchant le point de la courbe de transformation de la société qui se trouve sur le contour de Bergson le plus élevé. Les optima ainsi déterminés sont toujours des optima de Pareto. Le théorème d'Arrow établit qu'il n'est en général pas possible de construire des préférences collectives, à partir des préférences individuelles, en respectant les cinq axiomes que doivent satisfaire si l'on en croit la plupart des économistes, les préférences collectives.

Selon la théorie du « second best », il n'est ni souhaitable, ni nécessaire, en général, de vouloir satisfaire les autres conditions d'optimalité au sens de Pareto lorsque l'une au moins des conditions du premier ordre ne peut être satisfaite étant donné les contraintes institutionnelles. A la lumière de cette théorie, certains économistes ont remis en question l'utilité de politiques visant à atteindre les conditions de Pareto en recourant à des mesures sectorielles.

EXERCICES

7.1 Soit un système d'échange pur à deux biens, et deux personnes :

$$U_1 = q_{11}^{\alpha}\, q_{12}\,, \qquad U_2 = q_{21}^{\beta}\, q_{22}\,, \qquad q_{11} + q_{21} = q_1^0 \quad \text{et} \quad q_{12} + q_{22} = q_2^0\,.$$

Déduire la courbe de contrat, fonction implicite de q_{11} et q_{12}. Quelle condition les coefficients α et β doivent-ils respecter pour que la courbe de contrat soit une droite ?

7.2 Soit une économie satisfaisant toutes les conditions d'optimalité au sens de Pareto à l'exception d'un producteur, monopoleur sur le marché de son output et monopsoneur sur le marché du seul input qu'il utilise pour son processus de production. Sa fonction de production est $q = 0{,}5\, x$; la fonction de demande correspondant à son output est $p = 100 - 4\, q$ et la fonction d'offre d'input est : $r = 2 + 2\, x$. Trouver les valeurs de q, x, p et r qui maximisent le profit du producteur. Trouver les valeurs de ces variables dans le cas où le producteur satisfait les conditions de Pareto.

7.3 Soit une économie d'échange pur à deux biens et deux personnes :

$$U_1 = q_{11}^{\alpha}\, q_{12}\, q_{21}^{\gamma}\, q_{22}^{\delta}\,, \qquad U_2 = q_{21}^{\beta}\, q_{22}\,, \qquad q_{11} + q_{21} = q_1^0 \quad \text{et} \quad q_{12} + q_{22} = q_2^0\,.$$

Déduire la courbe de contrat correspondant à des allocations optimales au sens de Pareto en tant que fonction implicite de q_{11} et q_{12}. En quoi diffère-t-elle de celle obtenue dans l'exercice 7.1 ? A quelles conditions les deux courbes sont-elles identiques ?

7.4 Supposer que les fonctions de coût de deux entreprises produisant le même bien soient :

$$C_1 = 2\, q_1^2 + 20\, q_1 - 2\, q_1\, q_2\,, \qquad C_2 = 3\, q_2^2 + 60\, q_2\,.$$

Déterminer le niveau de production de chacune des deux entreprises en supposant que chacune rende son *Cm* privé égal au prix de marché qui est 240. Déterminer ensuite le niveau de production de chacune des deux entreprises en supposant que chacune rende son *Cm* social égal au prix de marché.

7.5 Déterminer le montant des impôts et des subventions qui amèneront le producteur de l'exercice 7.2 à une allocation optimale au sens de Pareto en laissant son niveau de profit inchangé.

7.6 Déterminer le montant des impôts et des subventions qui amèneront les entreprises de l'exercice 7.4 à un niveau de production optimal au sens de Pareto en laissant leur profit inchangé. Quel est le montant du dividende social que dégage cette transformation ?

7.7 Soit une économie offrant deux biens et des facteurs en quantité donnée. Supposer que la fonction d'utilité collective définie dans l'espace des biens soit : $W = (q_1 + 2)\, q_2$ et que la fonction de production implicite de la collectivité soit : $p_1 + 2\, q_2 - 1 = 0$. Trouver les valeurs de q_1 et q_2 qui maximisent l'utilité sociale.

7.8 Soit deux consommateurs et deux biens et les fonctions d'utilité :

$$U_1 = q_{11}\, q_{12} \quad \text{et} \quad U_2 = q_{21}\, q_{22} \quad \text{avec} \quad q_{11} + q_{21} = q_1 \quad \text{et} \quad q_{12} + q_{22} = q_2\,.$$

Montrer que les contours de Scitovsky sont donnés par $q_1\, q_2 = (\sqrt{U_1} + \sqrt{U_2})^2$.

7.9 Soit une société comprenant 7 individus et trois états possibles : A, B et C. Les préférences collectives sont déterminées à l'aide d'un vote. Chaque individu dispose d'une voix pour désigner l'état qu'il préfère. L'état qui rassemble le plus grand nombre de voix devient l'état élu par la société. Construire un exemple dans lequel cette procédure ne vérifie pas l'axiome d'Arrow de l'indépendance aux choix extérieurs.

7.10 Soit l'économie simplifiée comprenant un consommateur, une fonction de production implicite, trois biens et une offre donnée d'un facteur primaire.

$$U = q_1 q_2 q_3 \qquad \alpha_1 q_1 + \alpha_2 q_2 + \alpha_3 q_3 - x^0 = 0 .$$

Trouver les valeurs de q_1, q_2 et q_3 qui maximisent l'utilité compte tenu de la fonction de production. Supposons que des contraintes d'ordre institutionnel empêchent la réalisation d'une des conditions de Pareto, si bien que :

$$\frac{\partial U/\partial q_1}{\partial U/\partial q_3} = k\alpha_1/\alpha_3 ,$$

avec $k \neq 1$. Trouver les valeurs de q_1, q_2 et q_3 en fonction de k qui permettent d'obtenir un optimum de second best.

***7.11** Soit une économie comprenant deux consommateurs, deux biens collectifs, un bien ordinaire, une fonction de production implicite et une quantité fixe d'un facteur primaire qui n'entre pas dans les fonctions d'utilité des consommateurs. Déterminer les conditions du premier ordre aboutissant à une allocation optimale au sens de Pareto. Quelle combinaison de TSB doit être égale au TTP pour les deux biens collectifs ?

BIBLIOGRAPHIE

Arrow, K. J., *Social Choice and individual Values* (New York : Wiley, 1951). Un traité sur les problèmes posés par la construction d'une fonction de rendement social. Difficile pour ceux qui n'ont pas l'habitude de la théorie mathématique des ensembles.

Bator, F. M., « The Simple Analytics of Welfare Maximization », *American Economic Review*, vol. 47 (mars 1957), pp. 52-59. Un exposé géométrique de certains résultats fondamentaux de l'économie de bien-être.

Baumol, W. J., *Welfare Economics and the Theory of the State* (2e édition ; Londres : G. Bell, 1965). Contient une discussion des implications pour le rendement social de la concurrence parfaite et du monopole, et une analyse d'une partie de la littérature du XIXe siècle sur le rendement social. Les mathématiques se trouvent dans des appendices.

Bergson, A., « A Reformulation of Certain Aspects of Welfare Economics », *Quaterly Journal of Economics*, vol. 52 (février 1938), pp. 310-334. Egalement réédité in : R. V. Clemence (éd.), *Readings in Economic Analysis* (Cambridge, Mass. : Addison-Wesley, 1950), vol. 1, pp. 61-85. La première étude mathématique de l'économie de bien-être.

Davis, Otto A., et Whinston, Andrew B., « Welfare Economics and the theory of Second Best », *Review of Economic Studies*, vol. 32 (1965), pp. 1-14. Contient une discussion de situations où les conditions de Pareto valent pour les optimums de second « best ». Recours à l'analyse.

Graaff, J. de V., *Fondements théoriques de l'économie du bien-être* (Paris, Dunod, 1970). Un traité sur le rendement social intégrant les théories des dix dernières années. Les mathématiques se trouvent dans des appendices.

Lipsey, R. G., et Lancaster, Kelvin, « The General Theory of Second Best », *Review of Economic Studies*, vol. 24 (1956-1957), pp. 11-32. Premier énoncé formel de la théorie du second best. Recours à l'analyse.

Quirk, James et Saposnik, Rubin, *Introduction to General Equilibrium Theory and Welfare Economics* (New York : Mc Graw-Hill, 1968). Le chapitre 4 contient un exposé moderne de la théorie de l'optimum. Les concepts mathématiques difficiles sont simplifiés.

Rothenberg, Jérôme, *The Measurement of Social Welfare* (Englewood Cliffs, N. J. : Prentice Hall, 1961). Les concepts de rendement social sont examinés en détail. Les mathématiques employées sont limitées à l'analyse.

Samuelson, Paul A., *Les fondements de l'analyse économique,* 2e édition (Paris : Dunod, 1971). Le chapitre VIII contient une discussion de la fonction de rendement social et les conditions de la maximisation du rendement social. Les mathématiques sont la plupart du temps accessoires.

Collected Scientific Papers publiés sous la direction de J. E. Stiglitz (Cambridge, Mass. : MIT, 1966), 2e vol. La fonction d'utilité est étudiée au chap. 7-7 et les biens collectifs sont traités dans les chapitres 92-94. Géométrie et analyse.

Scitovsky, T., « A Reconsideration of the Theory of Tariffs », *Review of Economic Studies,* vol. 9 (1941-1942), pp. 89-110. Egalement réédité in : American Economic Association, *Readings in the Theory of International Trade* (New York : Blakiston Division, Mc Graw-Hill, pp. 358-389). Le concept de contours de Scitovsky fut introduit et appliqué à la théorie des relations internationales dans cet article.

CHAPITRE 8

L'OPTIMISATION DANS LE TEMPS

Les théories de la consommation et de la production telles que nous les avons présentées aux chapitres 2 et 3 traitent de l'optimisation pour une période de temps unique. Dans une analyse de courte période, on suppose que les entrepreneurs possèdent des équipements de dimensions fixées mais qu'au-delà de celle-ci, les décisions d'optimisation relatives aux périodes de temps suivantes sont indépendantes. Le consommateur dépense tout son revenu pendant la période courante et maximise le niveau d'une fonction d'utilité définie seulement pour des biens consommés pendant la période courante. De façon semblable, la fonction de production de l'entrepreneur relie les facteurs de production aux productions pendant la période courante et celui-ci maximise son profit pour la période courante.

Dans le présent chapitre, le temps est traité à la fois de manière continue et de manière discrète. On définit des fonctions d'utilité et de production intertemporelles et l'on étend les théories de la consommation et de la production de simple période de façon à traiter l'optimisation dans le temps. L'introduction du temps est accompagnée d'un certain nombre d'hypothèses simplificatrices. Le temps est divisé en périodes d'égale longueur et on suppose que les transactions de marché sont limitées au premier jour de chaque période. Pendant les jours restants de chaque période, les consommateurs fournissent les facteurs qu'ils ont vendus et consomment les biens qu'ils ont achetés : les entrepreneurs emploient les facteurs de production qu'ils se sont procurés, et produisent les biens qu'ils vendront lors du prochain marché. La dépense courante du consommateur n'est plus limitée par une contrainte budgétaire relative à une seule période. Il peut dépenser plus ou moins que son revenu courant et emprunter ou prêter la différence. Les entrepreneurs aussi ont la possibilité d'emprunter et de prêter. L'introduction du temps comme variable continue permet d'étudier des problèmes pour lesquels le temps est en lui-même une variable importante ; c'est par exemple le cas de la détermination de la durée de vie optimale des biens d'équipement. Lorsque le temps est traité de manière continue, on suppose que les transactions peuvent avoir lieu à n'importe quelle date.

Les six premiers paragraphes de ce chapitre traitent de l'optimisation dans le cas de plusieurs périodes. Le marché des titres et les concepts d'intérêts composés et d'actualisation sont décrits au paragraphe 8.1. Le paragraphe 8.2 contient une extension de la théorie du consommateur au cas à plusieurs périodes et plusieurs biens. Au paragraphe 8.3, on considère l'arbitrage dans le temps et les effets des taux d'intérêt sur les dépenses de consommation dans le temps. Le paragraphe 8.4 contient une brève discussion de la manière dont la théorie de la production peut être étendue au cas à plusieurs périodes, et une théorie de l'investissement de l'entreprise est développée au paragraphe 8.5. Le paragraphe 8.6 traite de l'équilibre sur le marché des titres et de la détermination du taux de l'intérêt. Dans les deux derniers paragraphes le temps est traité comme une variable continue. On introduit la notion d'actualisation continue au paragraphe 8.7 ainsi que des critères d'optimisation. Le paragraphe 8.8 traite de la mise hors service et du remplacement des biens d'équipement.

8.1 LES CONCEPTS DE BASE.

L'analyse intertemporelle exige l'introduction de plusieurs concepts nouveaux pour décrire les modalités et les coûts des opérations d'emprunt et de prêt.

Le marché des titres.

Nous introduisons l'emprunt et le prêt avec les hypothèses simplificatrices suivantes : (1) les consommateurs et les entrepreneurs ne sont libres de contracter des emprunts et des prêts que le premier jour de chaque période ; (2) il n'y a qu'un type d'instrument de crédit : des titres à échéance d'une période ; (3) le marché des titres est un marché de concurrence parfaite ; (4) les emprunteurs vendent des titres aux prêteurs en échange de quantités spécifiées de pouvoir d'achat courant, exprimé en termes de monnaie de compte ; et (5) les prêts plus les charges d'emprunt sont remboursés sans faute pendant le marché suivant.

Ces hypothèses représentent une simplification considérable des marchés de crédit réels mais elles permettent de déduire facilement de nombreux résultats de base que l'on peut étendre à des marchés plus compliqués. Il est possible d'assouplir les hypothèses ci-dessus, pour élargir l'analyse. L'hypothèse (1) provient de la définition discrète du temps utilisée dans les analyses à plusieurs périodes. Cette hypothèse est modifiée au paragraphe 8.7. L'hypothèse (2) pourrait être modifiée en supposant l'existence de différents types d'instruments de crédit, par exemple des billets à ordre et des bons hypothécaires avec des échéances différentes. L'hypothèse (3) peut être assouplie en prolongeant l'analyse de la concurrence monopolistique donnée au chapitre 6. On peut aussi modifier les hypothèses (4) et (5) d'un certain nombre de façons.

Soit b_t la situation créancière ou débitrice d'un certain individu à la fin des échanges lors du marché t. Le signe de b_t signifie qu'il est emprunteur ou prêteur. Si $b_t < 0$, c'est un emprunteur avec des titres non encore réglés et il doit rembourser b_t francs plus les charges d'emprunt appropriées lors du marché $t + 1$. Si $b_t > 0$ c'est un prêteur qui détient les titres des autres et recevra b_t francs plus les charges d'emprunt appropriées lors du marché $t + 1$.

Etant donné que les charges d'emprunt s'expriment également en monnaie de compte, on peut les coter comme des proportions des quantités empruntées. Lors du marché $t + 1$ un emprunteur doit rembourser $(1 + i_t)$ fois la somme qu'il a empruntée lors du marché t. La proportion i_t est le taux d'intérêt du marché, reliant les marchés t

et $t + 1$. Etant donné qu'on suppose que le marché des titres est un marché de concurrence parfaite, le taux d'intérêt du marché n'est pas affecté par les opérations d'emprunt ou de prêt d'un individu unique et le taux est le même pour tous les individus. On exprime fréquemment les taux d'intérêt en pourcentages. Si le taux d'intérêt est i_t, les frais d'emprunt sont 100 i_t % de la somme empruntée. Par exemple, les frais d'emprunt, sont 5 % si $i_t = 0{,}05$.

Les taux de rendement du marché.

Les individus désirant emprunter pour une durée de plus d'une période peuvent vendre de nouveaux titres lors de marchés successifs pour rembourser complètement le principal et l'intérêt de leurs titres arrivant à échéance. De façon semblable, les prêteurs peuvent réinvestir leurs revenus, principal et intérêt. Considérons le cas d'un individu qui investit b_t francs lors du marché t et qui continue à réinvestir à la fois principal et intérêt jusqu'au marché, τ. La valeur de son investissement au début du marché $t + 1$ est $b_t(1 + i_t)$. S'il investit toute cette somme, la valeur de son investissement au début du marché $t + 2$ est $b_t(1 + i_t)(1 + i_{t+1})$. La valeur de son investissement au début du marché τ est :

$$b_t(1 + i_t)(1 + i_{t+1}) \dots (1 + i_{\tau-1}) .$$

La recette totale correspondant à cet investissement est :

$$J = b_t(1 + i_t)(1 + i_{t+1}) \dots (1 + i_{\tau-1}) - b_t .$$

Etant donné que le marché des titres est un marché de concurrence parfaite, le taux de rendement moyen et le taux de rendement marginal ($\xi_{t\tau}$) de cet investissement sont égaux et constants :

$$\xi_{t\tau} = J/b_t = \mathrm{d}J/\mathrm{d}b_t = (1 + i_t)(1 + i_{t+1}) \dots (1 + i_{\tau-1}) - 1 . \qquad (8\text{-}1\ a)$$

Par exemple si $\tau = (t + 2)$, $i_t = 0{,}10$ et $i_{t+1} = 0{,}06$,

$$\xi_{t,\tau+2} = (1{,}10)(1{,}06) - 1 = 0{,}166 .$$

Puisque l'investisseur touche un intérêt sur les intérêts de la période précédente, le taux de rendement composé du marché est supérieur à la somme des taux d'intérêt individuels. Il est intéressant de remarquer que ce sont seulement les niveaux des taux d'intérêt et non l'ordre de leur apparition, qui affectent le taux de rendement du marché. Le taux de rendement du marché reste 0,166 pour $i_t = 0{,}06$ et $i_{t+1} = 0{,}10$.

Il est commode de définir :

$$\xi_t^{\mathrm{p}} = 0 \qquad (8\text{-}1\ b)$$

qui exprime qu'un investisseur ne bénéficiera que d'un taux de rendement nul s'il achète et vend des titres au cours d'un même marché. On ne gagne une recette positive que si l'on détient des titres jusqu'au marché suivant. Les taux de rendement du marché définis par (8-1) sont applicables à l'emprunt aussi bien qu'au prêt.

Si l'investisseur anticipe un taux d'intérêt constant, $i_t = \cdots = i_{\tau-1} = i$, les équations (8-1 *a*) et (8-1 *b*) deviennent

$$\xi_{t\tau} = (1 + i)^{\tau-t} - 1$$

que l'on peut calculer à partir d'une table d'intérêts composés pour des valeurs particulières de $(\tau - t)$ et i.

Taux d'escompte et valeurs actuelles.

L'existence d'un marché des titres implique qu'un individu rationnel ne considérera pas un franc payable au cours du marché de la période courante ($t = 1$) comme équivalent à un franc payable au cours d'un certain marché avenir. S'il investit 1 franc en titres lors du marché de la période courante, il recevra $(1 + i_1)$ francs au cours du marché de la seconde période. Un franc payable au cours du marché de la seconde période est équivalent sur le marché à $(1 + i_1)^{-1} = 1/(1 + i_1)$ francs payables au cours du premier marché. Il est possible de prêter $(1 + i_1)^{-1}$ francs au cours du marché de la première période et de recevoir 1 franc au cours du marché de la seconde, ou d'emprunter $(1 + i_1)^{-1}$ francs lors de la première et de rembourser 1 franc lors de la seconde. Le rapport $(1 + i_1)^{-1}$ est le *taux d'escompte* pour des sommes payables lors de la seconde rencontre de marché. *La valeur actuelle*, parfois appelée la valeur escomptée, de y_2 francs payables lors de la seconde rencontre de marché est $y_2(1 + i_1)^{-1}$ francs.

On peut définir des taux d'escompte pour des sommes payables au cours du marché de n'importe quelle période. D'une façon générale, le taux d'escompte pour des sommes payables au cours du marché de la période t est :

$$[(1 + i_1)(1 + i_2) \dots (1 + i_{t-1})]^{-1} = (1 + \xi_{1t})^{-1} .$$

Il s'ensuit, d'après (8-1), qu'un investissement de $(1 + \xi_{1t})^{-1}$ francs au cours du marché de la première période aura une valeur de 1 franc au cours de la période t.

Tout un flux de revenus ou de dépenses peut s'exprimer en valeur actuelle, par un seul nombre. Considérons le flux de revenus $(y_1, y_2, \dots, y_\tau)$, où y_t est le revenu payable au cours du marché de la période t. La valeur actuelle (y) de ce flux est :

$$y = y_1 + y_2/(1 + \xi_{12}) + \cdots + y_\tau/(1 + \xi_{1\tau}) .$$

Si tous les taux d'intérêt sont positifs, lorsque t augmente, le taux d'escompte augmente et la valeur actuelle de n'importe quelle somme fixée diminue. Si tous les taux d'intérêt sont égaux à 0,10, la valeur actuelle approchée d'un franc payable lors du second marché est 0,91 franc, celle d'un franc payable lors du cinquième est 0,68 et celle d'un franc payable lors du dixième est 0,42.

Le calcul des valeurs actuelles permet une comparaison significative du point de vue économique entre flux alternatifs de revenus et de dépenses. Supposons que le taux d'intérêt soit 0,10 et considérons deux flux de revenus à deux périodes alternatifs : $(y_1 = 100, y_2 = 330)$ et $(y_1 = 300, y_2 = 121)$. Le premier flux de revenus contient 9 francs de plus que le second, mais le second sera toujours préféré, étant donné que sa valeur actuelle (410 francs) est supérieure à la valeur actuelle du premier (400 francs).

La préférabilité du second flux peut se démontrer en transformant celui-ci en un flux directement comparable au premier. Le second flux de revenus donne à celui qui le reçoit 200 francs de plus que le premier flux de revenus au cours du marché de la première période. Supposons qu'il investisse ces 200 francs en titres lors du premier marché. Ceci lui laisse un revenu disponible de 100 francs lors du premier marché et ajoute 220 francs à son revenu disponible lors du second. Le flux de revenus transformé est ($y_1 = 100$, $y_2 = 341$), qui est, de façon claire, préférable au premier flux de revenus. Ce résultat peut se généraliser : sans tenir compte de la manière dont un flux de revenus est transformé par emprunts ou prêts, un flux de revenus dont la valeur actuelle est supérieure peut être transformé en flux préféré.

8.2 LA CONSOMMATION DANS LE CAS DE PLUSIEURS PÉRIODES.

En général, un consommateur reçoit un revenu et acquiert des biens au cours de chacun des marchés. Ses achats présents sont influencés par des anticipations concernant les niveaux des prix futurs et ses revenus futurs, et, il doit essayer de prévoir les achats qu'il effectuera au cours des marchés ultérieurs. Si ses anticipations se révèlent correctes et si ses goûts ne changent pas par rapport à ceux qui sont prévus dans le modèle, le plan qu'il a retenu à titre d'essai sera réalisé au cours de marchés ultérieurs. Si ses anticipations ne se réalisent pas, il révisera son plan. Ici, la discussion est limitée à un consommateur qui formule un plan complet au cours du marché de la période courante, spécifiant ses dépenses de consommation de n biens pour un horizon de T périodes. Son horizon est simplement la période de temps pour laquelle il fait des prévisions lors du marché de la période courante. Cette période peut être de longueur quelconque, mais, pour des raisons de simplicité, supposons qu'elle correspond au reste de la durée de vie prévue. Il n'est pas essentiel qu'il connaisse réellement combien de temps il vivra ; il est simplement nécessaire qu'il fasse actuellement ses prévisions comme s'il le connaissait. Si la durée de vie prévue changeait dans le futur, il modifierait son horizon en conséquence et réviserait ses prévisions.

La fonction d'utilité intertemporelle.

Dans le cas le plus général, la fonction d'utilité ordinale du consommateur dépend de sa consommation prévue de chacun des n biens dans chacune des T périodes de temps :

$$U = U(q_{11}, \ldots, q_{n1}, q_{12}, \ldots, q_{n2}, \ldots, q_{1T}, \ldots, q_{nT}) \tag{8-2}$$

où q_{jt} est la quantité de Q_j qu'il achète au cours du marché t et qu'il consomme pendant la période t.

La construction d'une seule fonction d'utilité n'implique pas que le consommateur s'attende à ce que ses goûts demeurent inchangés au cours du temps. Elle implique seulement qu'il fasse ses prévisions comme s'il connaissait la manière dont ils changeront. Par exemple, il peut savoir qu'une voiture d'enfant lui apportera beaucoup de satisfaction durant les années où il élèvera sa famille et aucune satisfaction durant les années de sa retraite. La fonction d'utilité (8-2) n'est pas nécessairement valable pour tout l'horizon de prévision du consommateur. Elle exprime simplement ses anticipations actuelles. Un changement dans ses moyens objectifs ou dans ses désirs subjectifs peut l'amener à réviser sa fonction d'utilité lors d'un marché ultérieur. Un consommateur qui fonde sa fonction d'utilité sur l'anticipation qu'il deviendra père d'une vigoureuse petite-fille et qui, en fait, devient père de triplés révisera sûrement sa fonction d'utilité après l'événement. Un consommateur qui découvre un nouveau bien désirable révisera sa fonction d'utilité de façon à inclure ce bien.

La contrainte budgétaire.

Le consommateur s'attend à recevoir le flux de revenus gagnés $(y_1, y_2, ..., y_T)$ lors des marchés de l'horizon prévu. En général, son flux de revenus attendus n'est pas uniforme dans le temps. Une possibilité est un revenu gagné relativement bas pendant les premières années de la vie de travail du consommateur, revenu qui augmente lorsqu'il acquiert expérience et âge, et atteint un sommet pendant les années médianes de sa vie de travail. Puis, son revenu gagné peut commencer à décliner et devenir nul après la retraite. Quel que soit le flux de revenus qu'il gagne, ce flux coïncidera rarement avec le flux des consommations désirées. Par l'emprunt et le prêt il lui est possible de réconcilier les deux flux.

Le revenu total reçu par le consommateur lors de la rencontre de marché t est la somme de son revenu gagné et du revenu provenant des intérêts des titres détenus pendant la période précédente : $(y_t + i_{t-1} b_{t-1})$. Son revenu provenant des intérêts sera positif, si son portefeuille de titres est positif et négatif si son portefeuille de titres est négatif, c'est-à-dire s'il a des dettes. L'épargne anticipée au cours du marché t, représentée par s_t, est définie comme la différence entre son revenu total anticipé et les dépenses totales de consommation prévues pour ce marché :

$$s_t = y_t + i_{t-1} b_{t-1} - \sum_{j=1}^{n} p_{jt} q_{jt} \qquad (t = 1, ..., T) \tag{8-3}$$

où p_{j1} est le prix de Q_j lors du marché initial et p_{jt} $(t = 2, ..., T)$ le prix du bien Q_j dont il prévoit le niveau pour le marché t. De façon semblable, i_1 est le taux d'intérêt déterminé au cours du marché initial et i_t $(t = 2, ..., T - 1)$ est le taux d'intérêt dont le consommateur prévoit le niveau pour le marché t. L'épargne du consommateur sera négative si ses dépenses sont supérieures à son revenu total.

Si le consommateur est au début de sa vie active, son portefeuille de titres initial (b_0) représente la richesse dont il a hérité. S'il révise ses prévisions au cours des marchés qui suivent le début de sa vie active, son portefeuille de titres reflète aussi l'incidence de ses décisions d'épargne passées. Pour simplifier cette analyse, supposons qu'il est au début de sa vie professionnelle et que $b_0 = 0$. Au cours de chaque marché, le consommateur augmentera ou diminuera la valeur de son portefeuille de titres du montant de son épargne à cette date :

$$b_t = b_{t-1} + s_t \qquad (t = 1, ..., T) . \tag{8-4}$$

Un consommateur « type » pourrait désépargner et s'endetter durant les premières années de sa vie professionnelle pendant qu'il gagne un revenu comparativement bas, qu'il achète une maison et qu'il élève une famille ; puis épargner pour effacer ses dettes et établir une situation de titres positive pendant le reste de sa vie professionnelle, et enfin désépargner et liquider ses titres pendant sa retraite.

En regroupant (8-3) et (8-4) on peut exprimer le portefeuille de titres du consommateur, anticipé pour l'instant suivant les échanges du marché τ, comme une fonction des revenus gagnés, de ses niveaux de consommation, des prix et des taux d'intérêts :

$$b_1 = \left(y_1 - \sum_{j=1}^{n} p_{j1} q_{j1}\right)$$

$$b_2 = \left(y_1 - \sum_{j=1}^{n} p_{j1} q_{j1}\right)(1 + i_1) + \left(y_2 - \sum_{j=1}^{n} p_{j2} q_{j2}\right)$$

$$b_3 = \left(y_1 - \sum_{j=1}^{n} p_{j1} q_{j1}\right)(1 + i_1)(1 + i_2) + \left(y_2 - \sum_{j=1}^{n} p_{j2} q_{j2}\right)(1 + i_2) + \left(y_3 - \sum_{j=1}^{n} p_{j3} q_{j3}\right)$$

et, d'une façon générale, d'après (8-1 *a*) :

$$b_\tau = \sum_{t=1}^{\tau} \left(y_t - \sum_{j=1}^{n} p_{jt} q_{jt}\right)(1 + \xi_{t\tau}) \qquad (\tau = 1, ..., T). \tag{8-5}$$

Le portefeuille de titres du consommateur après échanges lors de la rencontre de marché τ est égal à la somme algébrique de toutes ses épargnes, nettes de revenus ou de dépenses d'intérêt, jusqu'à cette rencontre, avec intérêt composé sur chacune d'elles.

Dans le cas à une seule période, le comportement d'optimisation du consommateur consisterait à acheter une quantité de chaque bien suffisamment grande pour atteindre la satiété complète, s'il n'avait pas de contrainte budgétaire. Une situation semblable apparaîtrait dans le cas à plusieurs périodes s'il n'y avait pas de limitation concernant le montant de dettes qu'il peut amasser au cours de son existence. La contrainte budgétaire d'une analyse intertemporelle peut s'exprimer comme une limitation du montant des avoirs en titres finals (b_T) du consommateur. Il est possible qu'il prévoie de laisser des biens (ou des dettes) pour ses héritiers, mais, pour des raisons de simplicité, supposons qu'il prévoie de ne laisser à ses héritiers ni biens ni dettes. En évaluant b_T à partir (8-5), sa contrainte budgétaire est :

$$b_T = \sum_{t=1}^{T} \left(y_t - \sum_{j=1}^{n} p_{jt} q_{jt}\right)(1 + \xi_{tT}) = 0\,.$$

En divisant par la constante $(1 + \xi_{1T})$ et en faisant passer les termes de dépense de consommation à droite, on peut aussi écrire la contrainte budgétaire du consommateur de la façon suivante :

$$\sum_{t=1}^{T} y_t(1 + \xi_{1t})^{-1} = \sum_{t=1}^{T} \sum_{j=1}^{n} p_{jt} q_{jt}(1 + \xi_{1t})^{-1} \tag{8-6}$$

puisque :

$$\frac{1 + \xi_{tT}}{1 + \xi_{1T}} = \frac{(1 + i_t) \dots (1 + i_{T-1})}{(1 + i_1) \dots (1 + i_{T-1})} =$$

$$= \frac{1}{(1 + i_1) \dots (1 + i_{t-1})} = (1 + \xi_{1t})^{-1} .$$

Sous la forme (8-6) la contrainte budgétaire exprime que le consommateur rend égales les valeurs actuelles des revenus gagnés et de ses flux de consommations.

La maximisation de l'utilité.

Le consommateur désire maximiser la fonction d'utilité relative à toute sa durée de vie (8-2) compte tenu de la contrainte (8-6). Formons la fonction :

$$U^* = U(q_{11}, \dots, q_{nT}) + \lambda \sum_{t=1}^{T} \left(y_t - \sum_{j=1}^{n} p_{jt}\, q_{jt}\right)(1 + \xi_{1t})^{-1}$$

et annulons ses dérivées partielles :

$$\partial U^*/\partial q_{jt} = \partial U/\partial q_{jt} - \lambda(1 + \xi_{1t})^{-1}\, p_{jt} = 0 \qquad \begin{matrix}(j = 1, \dots, n)\\ (t = 1, \dots, T)\end{matrix}$$

$$\frac{\partial U^*}{\partial \lambda} = \sum_{t=1}^{T} \left(y_t - \sum_{j=1}^{n} p_{jt}\, q_{jt}\right)(1 + \xi_{1t})^{-1} = 0$$

et

$$- \frac{\partial q_{jt}}{\partial q_{k\tau}} = \frac{\partial U/\partial q_{k\tau}}{\partial U/\partial q_{jt}} = \frac{p_{k\tau}(1 + \xi_{1\tau})^{-1}}{p_{jt}(1 + \xi_{1t})^{-1}} \qquad \begin{matrix}(j, k = 1, \dots, n)\\ (t, \tau = 1, \dots, T) .\end{matrix} \tag{8-7}$$

Le consommateur doit rendre égaux les taux de substitution de chaque couple de biens dans chaque couple de périodes au rapport de leurs prix actualisés.

Les conditions du premier ordre sont semblables à celles de l'analyse à période unique. On distingue maintenant les biens autant par leur période de temps que par leur nature et les prix actualisés ont remplacé les prix simples. Une fois ces modifications faites, les conditions du second ordre sont les mêmes que celles données au paragraphe 2.7 pour l'analyse générale à une période. On peut définir un effet de revenu et un effet de substitution en s'intéressant aux variations des prix actualisés des différents biens au cours des différents marchés si les taux d'intérêt demeurent inchangés (1).

(1) Si l'un des taux d'intérêt changeait, il y aurait plus d'un prix actualisé qui changerait, étant donné que chaque taux d'intérêt entre dans les facteurs d'actualisation applicables à tous les prix correspondant aux périodes qui suivent celle au cours de laquelle il est déterminé.

Les fonctions de demande.

Résolvons les nT équations indépendantes données par (8-7) et la contrainte budgétaire. Les demandes de biens du consommateur s'écrivent :

$$q_{jt} = D_{jt}(p_{11}, ..., p_{nT}, i_1, ..., i_{T-1}) \qquad \begin{matrix} (j = 1, ..., n) \\ (t = 1, ..., T) . \end{matrix}$$

La demande du consommateur en bien j lors de la rencontre de marché t dépend du prix de chaque bien lors de chaque rencontre de marché et des taux d'intérêt reliant chaque couple de périodes successives. On obtient les fonctions de demande de titres du consommateur en portant ses fonctions de demande de biens q_{jt} dans (8-5) :

$$\begin{aligned} b_\tau &= \sum_{t=1}^{\tau} \left\{ \left[y_t - \sum_{j=1}^{n} p_{jt} D_{jt}(p_{11}, ..., i_{T-1}) \right] (1 + \xi_{t\tau}) \right\} \\ &= b_\tau(p_{11}, ..., i_{T-1}) \qquad (\tau = 1, ..., T) . \end{aligned}$$

Si l'on traite les niveaux de revenus gagnés comme des paramètres, les achats de titres sont aussi fonctions de tous les prix et de tous les taux d'intérêt.

Les fonctions de demande de biens sont de nouveau homogènes de degré zéro par rapport aux prix et aux niveaux des revenus gagnés : si on multiplie tous les prix et les niveaux de revenus gagnés, actuels et attendus, par le facteur $k > 0$ *tous les taux d'intérêt demeurant inchangés*, la demande de chaque bien lors de chaque marché demeurera inchangée ([1]). Les fonctions de demande de titres sont homogènes de degré un par rapport aux prix et aux niveaux de revenus gagnés. De l'homogénéité de degré zéro des fonctions de demande en biens, on déduit que :

$$\begin{aligned} & b_\tau(kp_{11}, ..., kp_{nT}, i_1, ..., i_{T-1}) = \\ & = \sum_{t=1}^{\tau} \left[ky - \sum_{j=1}^{n} kp_{jt} D_{jt}(kp_{11}, ..., kp_{nT}, i_1, ..., i_{T-1}) (1 + \xi_{t\tau}) \right] = kb_\tau . \end{aligned}$$

Si tous les prix ainsi que chaque élément du flux de revenus gagnés du consommateur doublaient, ses achats de biens prévus demeureraient inchangés, et il doublerait ses achats de titres prévus. Cependant, étant donné que les avoirs en titres sont mesurés en termes d'unité de compte monétaire, ils s'échangeront contre exactement les mêmes quantités physiques de biens qu'avant le doublement des valeurs des avoirs en titres et des prix des biens. Les taux d'intérêt sont de purs nombres, indépendants de l'unité monétaire et ils doivent demeurer inchangés si les demandes de biens doivent rester inchangées.

(1) Le principe de la démonstration de cette affirmation est le même que celui utilisé pour démontrer l'affirmation semblable du paragraphe 2.4.

8.3 L'ARBITRAGE DANS LE TEMPS.

Bien qu'une grande partie de l'analyse de la consommation intertemporelle soit formellement identique à l'analyse d'une seule période, l'introduction explicite du temps et des taux d'intérêt pose un certain nombre de problèmes nouveaux. Nous centrons l'attention uniquement sur les problèmes de consommation intertemporelle en supposant que les prix des biens, actuels et anticipés, sont fixés en valeur et demeurent inchangés. Le problème du consommateur peut alors être énoncé comme celui du choix d'un modèle temporel optimal pour ses dépenses de consommation.

La fonction d'utilité de consommation.

Pour des couples de biens achetés lors d'un marché particulier, les conditions du premier ordre données par (8-7) deviennent

$$- \partial q_{jt}/\partial q_{kt} = p_{kt}/p_{jt} \qquad \begin{matrix} (j, k = 1, ..., n) \\ (t = 1, ..., T) . \end{matrix} \tag{8-8}$$

Le consommateur rend égal le taux de substitution entre biens relatif à chaque couple de biens achetés lors d'un même marché, au rapport de leurs prix simples. Les taux de substitution à l'intérieur d'une période sont indépendants des taux d'intérêt. Ainsi, en ce qui concerne les achats effectués à chaque marché, le consommateur satisfait les conditions du premier ordre pour la maximisation de l'utilité à une seule période, à l'exception de la contrainte budgétaire relative au cas d'une seule période. Le problème d'optimisation du consommateur peut être séparé en deux : (1) le choix des valeurs optimales de ses dépenses totales de consommation au cours des différents marchés et (2) le choix des combinaisons optimales de biens correspondant aux dépenses prévues lors de chaque rencontre de marché. Une fois le premier problème résolu, le consommateur peut résoudre le second en formulant T problèmes à une seule période indépendants, avec les dépenses totales de consommation optimales comme contraintes budgétaires à une seule période.

Définissons c_t comme la dépense totale en biens du consommateur lors de la rencontre de marché t :

$$c_t = \sum_{j=1}^{n} p_{jt} q_{jt} \qquad (t = 1, ..., T) . \tag{8-9}$$

La fonction d'utilité (8-2), la relation (8-9) et les $(n - 1)\,T$ équations indépendantes de (8-8) constituent un système de $(nT + 1)$ équations à $(nT + T + 1)$ variables : U, $q_{jt}\,(j = 1, ..., n)$ $(t = 1, ..., T)$ et c_t $(t = 1, ..., T)$. En général, on peut utiliser nT de ces équations pour éliminer les q_{jt} et l'on peut exprimer la fonction d'utilité du consommateur comme une fonction des dépenses de consommation :

$$U = V(c_1, ..., c_T) . \tag{8-10}$$

Etant donné que (8-10) repose sur l'hypothèse que (8-8) est satisfaite, elle donne la valeur maximale de la fonction d'utilité correspondant à chaque modèle de dépenses de consommation.

Le taux de substitution intertemporel du consommateur :

$$- \partial c_\tau / \partial c_t = V_t / V_\tau \qquad (t, \tau = 1, ..., T)$$

est le taux selon lequel la dépense de consommation lors de la rencontre de marché τ doit être augmentée pour compenser une réduction de la dépense de consommation lors de la rencontre t en vue de laisser le niveau de satisfaction du consommateur inchangé. On ne perd aucune généralité en limitant l'étude aux cas pour lesquels $\tau > t$. Si le taux de substitution intertemporel du consommateur est 1,06, sa dépense de consommation lors de la rencontre de marché τ doit être augmentée au taux de 1,06 franc pour chaque franc de dépense de consommation sacrifié lors de la rencontre t. En d'autres termes, il doit recevoir une prime d'au moins 0,06 franc avant de déplacer la valeur d'un franc en dépense de consommation de la période t à la période τ. Cette prime minimale est définie comme étant le taux d'arbitrage dans le temps du consommateur en faveur de la consommation pendant la période t au lieu de la période τ et elle est notée $\eta_{t\tau}$:

$$\eta_{t\tau} = - \frac{\partial c_\tau}{\partial c_t} - 1 \qquad (t, \tau = 1, ..., T) \quad (\tau > t) . \tag{8-11}$$

Il est possible que les taux d'arbitrage dans le temps du consommateur soient négatifs pour certains modèles intertemporels de consommation, c'est-à-dire qu'il est possible que celui-ci soit disposé à sacrifier la valeur d'un franc en consommation pendant la période t en vue de s'assurer la valeur de moins d'un franc pendant une période postérieure. Si les dépenses de consommation sont de 10 000 francs au cours du marché t et seulement 1 franc au cours du marché τ, $\eta_{t\tau}$ sera très probablement négatif. Les taux subjectifs d'arbitrage dans le temps du consommateur sont déduits de sa fonction d'utilité de consommation et dépendent des niveaux de ses dépenses de consommation. Ils sont indépendants des taux d'intérêt de marché et de ses possibilités d'emprunt et de prêt.

Le plan de consommation.

Le problème de la maximisation de l'utilité du consommateur du paragraphe 8.2 peut maintenant être reformulé en utilisant ses dépenses de consommation comme variables. Il veut maximiser le niveau de sa fonction d'utilité de consommation (8-10) compte tenu de la contrainte budgétaire relative à l'ensemble de sa durée de vie. Formons la fonction :

$$V^* = V(c_1, ..., c_T) + \mu \sum_{t=1}^{T} (y_t - c_t)(1 + \xi_{1t})^{-1}$$

et annulons ses dérivées partielles :

$$\frac{\partial V^*}{\partial c_t} = V_t - \mu(1 + \xi_{1t})^{-1} = 0 \qquad (t = 1, ..., T)$$
$$\frac{\partial V^*}{\partial \mu} = \sum_{t=1}^{T} (y_t - c_t)(1 + \xi_{1t})^{-1} = 0 \tag{8-12}$$

et

$$-\frac{\partial c_\tau}{\partial c_t} = \frac{(1 + \xi_{1t})^{-1}}{(1 + \xi_{1\tau})^{-1}} = (1 + \xi_{t\tau}) \qquad (t, \tau = 1, ..., T) \quad (\tau > t) \tag{8-13}$$

et en reportant dans (8-1 *a*) et (8-11),

$$\eta_{t\tau} = \xi_{t\tau} \qquad (t, \tau = 1, ..., T)\,(\tau > t)\,. \tag{8-14}$$

Dans ce cas, le consommateur adapte ses préférences subjectives à ses possibilités sur le marché en rendant égaux son taux d'arbitrage dans le temps entre chaque couple de périodes et le taux de rendement du marché correspondant. Si $\eta_{t\tau}$ était inférieur à $\xi_{t\tau}$, le consommateur pourrait acheter des titres et recevoir une prime plus grande qu'il n'est nécessaire pour conserver l'indifférence. Si $\eta_{t\tau}$ était plus grand que $\xi_{t\tau}$, il pourrait augmenter sa satisfaction en vendant des titres et en augmentant sa consommation pendant la période t aux dépens de la consommation pendant la période τ. Bien que $\eta_{t\tau}$ puisse être négatif pour certains modèles de dépenses de consommation, les valeurs (optimales) observées de $\eta_{t\tau}$ seront toujours positives si les taux d'intérêt sont positifs.

Les conditions du second ordre requièrent que les mineurs principaux du déterminant Hessien convenablement bordé aient des signes alternés :

$$\begin{vmatrix} V_{11} & V_{12} & -1 \\ V_{21} & V_{22} & -(1 + \xi_{12})^{-1} \\ -1 & -(1 + \xi_{12})^{-1} & 0 \end{vmatrix} > 0\,;$$

$$\begin{vmatrix} V_{11} & V_{12} & V_{13} & -1 \\ V_{21} & V_{22} & V_{23} & -(1 + \xi_{12})^{-1} \\ V_{31} & V_{32} & V_{33} & -(1 + \xi_{13})^{-1} \\ -1 & -(1 + \xi_{12})^{-1} & -(1 + \xi_{13})^{-1} & 0 \end{vmatrix} < 0\,;\, ... \tag{8-15}$$

Le lecteur peut vérifier que les conditions du second ordre impliquent que les taux d'arbitrages dans le temps soient décroissants.

Comme exemple numérique, considérons un consommateur hypothétique avec un horizon de deux périodes. Supposons que sa fonction d'utilité soit $U = c_1 c_2$ et que ses revenus actuel et attendu soient ($y_1 = 10\,000$, $y_2 = 5\,250$). Formons la fonction :

$$V^* = c_1 c_2 + \mu[(10\,000 - c_1) + (5\,250 - c_2)(1 + i_1)^{-1}]$$

et annulons ses dérivées partielles :

$$\partial V^*/\partial c_1 = c_2 - \mu = 0\,,$$
$$\partial V^*/\partial c_2 = c_1 - \mu(1 + i_1)^{-1} = 0\,,$$
$$\partial V^*/\partial \mu = (10\,000 - c_1) + (5\,250 - c_2)(1 + i_1)^{-1} = 0\,.$$

Si le taux d'intérêt est 0,05 (5 %), les dépenses de consommation optimales sont $c_1 = 7\,500$ et $c_2 = 7\,875$. Le taux d'arbitrage dans le temps du consommateur pour ces dépenses est égal au taux d'intérêt (le taux de rendement du marché) :

$$\eta_{12} = -\,\mathrm{d}c_2/\mathrm{d}c_1 - 1 = c_2/c_1 - 1 = 7\,875/7\,500 - 1 = 0{,}05\,.$$

La condition du second ordre requiert que :

$$\begin{vmatrix} 0 & 1 & -1 \\ 1 & 0 & -(1 + i_1)^{-1} \\ -1 & -(1 + i_1)^{-1} & 0 \end{vmatrix} = 2(1 + i_1)^{-1} > 0$$

et est satisfaite pour $i_1 > -1$.

Le cas de l'horizon à deux périodes peut être décrit graphiquement en donnant une nouvelle interprétation au diagramme de courbes d'indifférence habituel. Le flux de revenus gagnés du consommateur est donné par les coordonnées du point A de la figure 8-1. Soit y^0 la valeur actuelle de ce flux de revenus. La contrainte budgétaire du consommateur est :

$$y^0 - c_1 - c_2(1 + i_1)^{-1} = 0\,.$$

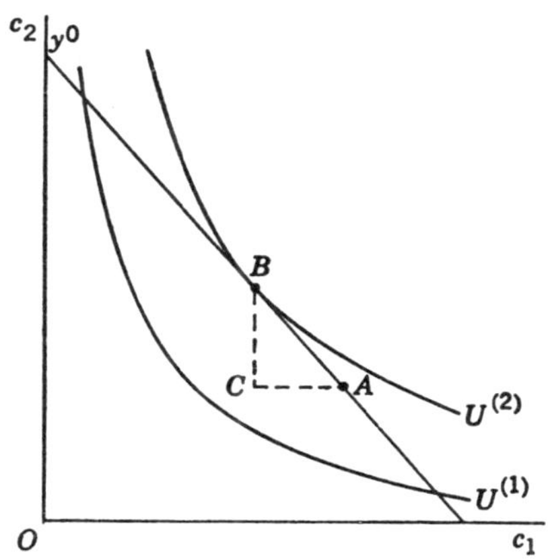

Fig. 8-1.

Le lieu de tous les points de consommation de valeur actuelle y^0 constitue une droite de pente négative égale au taux d'échange du marché $(1 + i_1)$ entre les dépenses du consommateur lors de la première et la seconde rencontre de marché. Un franc de revenu lors du premier marché peut être transformé en $(1 + i_1)$ francs de dépenses de consommation lors du second si le consommateur prête au taux d'intérêt du marché. De la même façon $(1 + i_1)$ francs de revenu lors du second marché peuvent être transformés en 1 franc de dépense de consommation lors du premier si le consommateur emprunte au taux d'intérêt du marché. Supposons que la contrainte budgétaire du consommateur soit donnée par la droite appelée y^0 sur la figure 8-1. S'il emprunte lors du premier marché, il se déplacera le long de sa droite de budget en allant vers la droite du point A. S'il prête, il se déplacera le long de sa droite de budget en allant vers la gauche du point A.

Les courbes appelées $U^{(1)}$ et $U^{(2)}$ appartiennent à la famille des courbes d'indifférence intertemporelles. Chacune d'elles est le lieu des dépenses de consommation produisant un niveau donné de satisfaction. La pente d'une telle courbe d'indifférence est $-(1 + \eta_{12})$. Ces courbes rendent compte de l'hypothèse que le taux d'arbitrage dans le temps est décroissant, c'est-à-dire que les courbes sont convexes par rapport à l'origine ainsi que l'exige la condition du second ordre (8-15). Les coordonnées du point de tangence B donnent les dépenses de consommation optimales. Le consommateur achètera la valeur de AC francs en titres lors de la première rencontre de marché et dépensera principal et intérêt, CB, en biens de consommation lors de la seconde rencontre.

Les effets de substitution et de revenu.

Les effets d'une variation du taux d'intérêt sur les niveaux de consommation optimaux du consommateur peuvent être séparés en effet de revenu et effet de substitution par des méthodes semblables à celles employées au paragraphe 2.6.

Supposons que l'horizon du consommateur embrasse deux marchés. En vue de déterminer les effets de changements du taux d'intérêt et des niveaux de revenus gagnés, prenons les différentielles totales des conditions du premier ordre (8-12) pour $T = 2$:

$$\begin{aligned} V_{11}\,dc_1 + V_{12}\,dc_2 - d\mu &= 0 \\ V_{21}\,dc_1 + V_{22}\,dc_2 - (1 + i_1)^{-1}\,d\mu &= -\mu(1 + i_1)^{-2}\,di_1 \\ -dc_1 - (1 + i_1)^{-1}\,dc_2 - 0 &= -dy_1 - (1 + i_1)^{-1}\,dy_2 \\ &\quad + (y_2 - c_2)(1 + i_1)^{-2}\,di_1 . \end{aligned} \tag{8-16}$$

La matrice des coefficients de la partie gauche de (8-16) est la même que la matrice du dernier (et, pour $T = 2$, du seul) déterminant Hessien bordé de (8-15).

Utilisons la règle de Cramer pour résoudre (8-16) en dc_1 :

$$dc_1 = -\mu(1 + i_1)^{-2}\frac{\mathbf{D}_{21}}{\mathbf{D}}\,di_1 + [-dy_1 - (1 + i_1)^{-1}\,dy_2 + + (y_2 - c_2)(1 + i_1)^{-2}\,di_1]\frac{\mathbf{D}_{31}}{\mathbf{D}} \tag{8-17}$$

où $\mathbf{D}$ est le déterminant Hessien bordé et $\mathbf{D}_{t\tau}$ le cofacteur de l'élément de la ligne t et la colonne τ. En divisant (8-17) par $\mathrm{d}i_1$ et en supposant que $\mathrm{d}y_1 = \mathrm{d}y_2 = 0$, on obtient :

$$\partial c_1/\partial i_1 = -\mu(1 + i_1)^{-2}\,\mathbf{D}_{21}/\mathbf{D} + (y_2 - c_2)(1 + i_1)^{-2}\,\mathbf{D}_{31}/\mathbf{D}\,. \quad (8\text{-}18)$$

Soit y la valeur actuelle du flux de revenus gagnés par le consommateur :

$$y = y_1 + y_2(1 + i_1)^{-1}\,.$$

Une augmentation de y_1 de 1 franc ou de y_2 de $(1 + i_1)$ francs augmenteront chacune y de 1 franc. On peut obtenir à partir de (8-17) le rapport de l'augmentation de c_1 à l'augmentation d'un franc de la valeur actuelle du flux de revenus gagnés du consommateur :

$$\partial c_1/\partial y = \partial c_1/\partial y_1 = (1 + i_1)\,\partial c_1/\partial y_2 = -\,\mathbf{D}_{31}/\mathbf{D}\,. \quad (8\text{-}19)$$

Une variation de i_1 modifiera les valeurs actuelles des flux de revenus gagnés et de consommation du consommateur. Considérons ces variations de i_1 qui sont accompagnées de variations de c_1 et c_2 telles que le niveau de l'utilité du consommateur demeure inchangé :

$$\mathrm{d}U = V_1\,\mathrm{d}c_1 + V_2\,\mathrm{d}c_2 = 0\,.$$

Etant donné que (8-13) requiert que $V_2/V_1 = (1 + i_1)^{-1}$, il s'ensuit que :

$$-\,\mathrm{d}c_1 - (1 + i_1)^{-1}\,\mathrm{d}c_2 = 0$$

et de (8-16) il suit que :

$$-\,\mathrm{d}y_1 - (1 + i_1)^{-1}\,\mathrm{d}y_2 + (y_2 - c_2)(1 + i_1)^{-2}\,\mathrm{d}i_1 = 0\,.$$

Reportons dans (8-17) :

$$(\partial c_1/\partial i_1)_{U=\mathrm{Cte}} = -\,\mu(1 + i_1)^{-2}\,\mathbf{D}_{21}/\mathbf{D}\,. \quad (8\text{-}20)$$

En reportant

$$-\,(y_1 - c_1)(1 + i_1)^{-1} = (y_2 - c_2)(1 + i_1)^{-2}\,,$$

qui vient de la contrainte budgétaire, et en utilisant (8-18) et (8-19), (8-17) peut s'écrire :

$$\partial c_1/\partial i_1 = (\partial c_1/\partial i_1)_{U=\mathrm{Cte}} + (y_1 - c_1)(1 + i_1)^{-1}\,(\partial c_1/\partial y)_{i_1=\mathrm{Cte}}\,. \quad (8\text{-}21)$$

L'effet total d'une variation du taux d'intérêt est la somme d'un effet de substitution et d'un effet de revenu. L'effet de revenu est égal au rapport de la variation de la dépense de consommation à l'augmentation de la valeur actuelle du flux de revenus gagnés du consommateur, pondéré par ses avoirs en titres et multiplié par un facteur d'escompte.

On détermine facilement le signe de l'effet de substitution. A partir des conditions du premier ordre $\mu > 0$ et à partir de la condition du second ordre $\mathbf{D} > 0$. Calculons $\mathbf{D}_{21}$:

$$\mathbf{D}_{21} = - \begin{vmatrix} V_{12} & -1 \\ -(1+i_1)^{-1} & 0 \end{vmatrix} = (1+i_1)^{-1} > 0 .$$

Donc, l'effet de substitution par rapport à c_1 dans (8-18) est négatif. L'effet de substitution par rapport à c_2 est :

$$(\partial c_2/\partial i_1)_{U=\mathrm{Cte}} = -\mu(1+i_1)^{-2}\, \mathbf{D}_{22}/\mathbf{D} .$$

Etant donné que $\mathbf{D}_{22} = -1 < 0$, l'effet de substitution par rapport à c_2 est positif. Une augmentation du taux d'intérêt amènera le consommateur à substituer la consommation pendant la période 2 à la consommation pendant la période 1, lorsqu'il se déplace le long d'une courbe d'indifférence intertemporelle donnée. Ceci provient du fait qu'une augmentation du taux d'intérêt est équivalente à une augmentation des prix des biens lors du premier marché par rapport à ceux lors du second. Si le consommateur réduit sa consommation pendant la période 1 et achète des titres, ses recettes d'intérêt seront plus grandes et il sera capable d'acheter une plus grande quantité de biens lors du second marché pour la valeur de chaque franc d'achats sacrifiés lors du premier.

Bien qu'une augmentation de revenu puisse entraîner une réduction des achats d'un bien particulier, il est difficile d'imaginer une situation dans laquelle une augmentation de revenu entraînera une réduction de la dépense de consommation globale au cours de n'importe quel marché. On peut supposer que $(\partial c_1/\partial y)_{i_1=\mathrm{Cte}}$ est positif dans tous les cas excepté les plus extraordinaires. Si cela est vrai, la direction de l'effet de revenu est déterminée par le signe de la situation financière nette du consommateur $(y_1 - c_1)$ à la fin des échanges du premier marché, étant donné que le second terme de (8-21) est du même signe que $(y_1 - c_1)$. Si les avoirs en titres du consommateur sont positifs, une augmentation du taux d'intérêt augmentera son revenu d'intérêt et sera équivalente à une augmentation de son revenu gagné. S'il est débiteur, une augmentation du taux d'intérêt augmentera sa dépense en intérêt et sera équivalente à une diminution de son revenu gagné. Dans ce cas, les deux effets sont négatifs et l'effet total, $\partial c_1/\partial i_1$, sera donc négatif. Si sa situation financière nette est positive, l'effet total sera positif ou négatif selon que la valeur de l'effet de revenu est plus grande ou plus petite que la valeur absolue de l'effet de substitution.

8.4 LA PRODUCTION INTERTEMPORELLE.

On peut aussi étendre la théorie de l'entreprise au cas de plusieurs périodes. Comme dans le cas des modèles à une seule période, l'analyse du comportement de l'entreprise est analogue à celle du comportement du consommateur.

La fonction de production intertemporelle (ou à plusieurs périodes).

La production est rarement instantanée. En général, un certain temps doit s'écouler entre l'utilisation des facteurs de production et l'obtention des produits. Supposons (1) que l'entrepreneur n'achète des inputs et ne vende des outputs qu'au cours des marchés qui ont lieu pendant la période constituant son horizon économique, (2) qu'il accomplit les opérations techniques correspondant à son processus de production pendant l'intervalle de temps qui sépare deux marchés, (3) que, pendant la période t il utilise les inputs achetés au cours du marché t et (4) que, lors du marché $(t + 1)$ il vend les outputs obtenus durant la période t. Ces hypothèses servent à définir l'enchaînement temporel des opérations productives. L'analyse ci-après pourrait reposer sur bien d'autres corps d'hypothèses définissant les enchaînements temporels sans que, pour autant, les conclusions auxquelles nous parviendrons soient notablement modifiées.

Considérons un entrepreneur qui désire établir un plan de production optimal pour un horizon embrassant L périodes complètes et $(L + 1)$ rencontres de marché. Suivant la notation du paragraphe 3.8, la fonction de production de l'entrepreneur peut s'écrire sous forme implicite :

$$F(q_{12}, ..., q_{s,L+1}, x_{11}, ..., x_{nL}) = 0 \tag{8-22}$$

où q_{jt} $(j = 1, ..., s)$, $(t = 2, ..., L + 1)$ est la quantité du j-ième output obtenue pendant la période $(t - 1)$ et vendue lors du marché t et x_{it} $(i = 1, ..., n)$, $(t = 1, ..., L)$ est la quantité du i-ième input achetée au cours du marché t et utilisée dans les opérations productives de la période t. Tous les outputs que l'entrepreneur peut vendre au cours du premier marché sont le résultat des décisions de production passées, et leurs niveaux entrent dans (8-22) comme des constantes au lieu de variables. Quant au marché $(L + 1)$ l'entrepreneur prévoit d'y vendre les outputs obtenus pendant la période L, mais il ne prévoit pas d'acheter des inputs puisqu'il limite ses anticipations de production à la période L. La fonction de production intertemporelle lie le niveau des inputs et des outputs de toutes les périodes qui appartiennent à l'horizon de prévisions de l'entrepreneur. Les inputs utilisés pendant chaque période contribuent à la fabrication des outputs pendant toutes les périodes et il est habituellement impossible d'imputer un output particulier à des inputs utilisés pendant une période particulière. Cependant, il est possible de déterminer les effets des variations marginales et de calculer les productivités marginales de chaque facteur de production employé pendant chaque période par rapport à chaque production obtenue pendant chaque période.

La maximisation du profit.

L'entrepreneur se trouve également en présence d'un marché de titres de concurrence parfaite et il est libre d'emprunter et de prêter dans les mêmes conditions que les consommateurs. Ces moyens étant donnés, il désirera, d'une façon générale, maximiser la valeur actuelle des revenus nets de sa production compte tenu des contraintes techniques imposées par sa fonction de production. Formons la fonction :

$$\pi^* = \sum_{t=2}^{L+1} \sum_{j=1}^{s} p_{jt}\, q_{jt}(1 + \xi_{1t})^{-1} - \sum_{t=1}^{L} \sum_{i=1}^{n} r_{it}\, x_{it}(1 + \xi_{1t})^{-1} + \\ + \lambda F(q_{12}, \ldots, x_{nL})$$

et annulons ses dérivées partielles :

$$\partial\pi^*/\partial q_{jt} = p_{jt}(1 + \xi_{1t})^{-1} + \lambda\, \partial F/\partial q_{jt} = 0$$

pour $(t = 2, \ldots, L + 1)$; $(j = 1, \ldots, s)$;

$$\partial\pi^*/\partial x_{it} = - r_{it}(1 + \xi_{1t})^{-1} + \lambda\, \partial F/\partial x_{it} = 0$$

pour $(t = 1, \ldots, L)$; $(i = 1, \ldots, n)$; et

$$\partial\pi^*/\partial\lambda = F(q_{12}, \ldots, x_{nL}) = 0\,.$$

Il en résulte :

$$-\frac{\partial q_{jt}}{\partial q_{k\tau}} = \frac{\partial F/\partial q_{k\tau}}{\partial F/\partial q_{jt}} = \frac{p_{k\tau}(1 + \xi_{1\tau})^{-1}}{p_{jt}(1 + \xi_{1t})^{-1}} \qquad (8\text{-}23\ a)$$

pour $(t, \tau = 2, \ldots, L + 1)$; $(j, k = 1, \ldots, n)$;

$$p_{jt}(1 + \xi_{1t})^{-1} \frac{\partial q_{jt}}{\partial x_{i\tau}} = - p_{jt}(1 + \xi_{1t})^{-1} \frac{\partial F/\partial x_{i\tau}}{\partial F/\partial q_{jt}} = r_{i\tau}(1 + \xi_{1\tau})^{-1} \qquad (8\text{-}23\ b)$$

pour $(t = 2, \ldots, L + 1)$; $(j = 1, \ldots, s\ ;\ \tau = 1, \ldots, L)$; $(i = 1, \ldots, n)$; et :

$$-\frac{\partial x_{it}}{\partial x_{h\tau}} = \frac{\partial F/\partial x_{h\tau}}{\partial F/\partial x_{it}} = \frac{r_{h\tau}(1 + \xi_{1\tau})^{-1}}{r_{it}(1 + \xi_{1t})^{-1}} \qquad (8\text{-}23\ c)$$

pour $(t, \tau = 1, \ldots, L)$; $(h, i = 1, \ldots, n)$.

Les conditions (8-23 *a*) imposent que le taux de transformation des produits (TTP) soit égal au rapport des prix actualisés. D'après (8-23 *b*), la valeur actualisée du produit marginal de X_i utilisé pendant la période τ par rapport à chacune des productions de chaque période de temps doit être rendue égale au prix actualisé de X_i, lors de la rencontre de marché τ. Enfin (8-23 *c*) impose au taux de substitution technique des inputs (TST) d'être égal au rapport des prix actualisés.

Les conditions du second ordre sont les mêmes que celles présentées au paragraphe 3.8 si chaque input et chaque output relatifs à chaque marché sont définis comme variable distincte et si les prix simples sont remplacés par les prix actualisés. On peut déduire les effets de substitution pour des variations de chacun des prix actualisés, en supposant que les taux d'intérêt restent inchangés.

Un entrepreneur, dont tous les inputs correspondraient à des charges variables et dont le profit maximum serait négatif, choisirait l'inaction dans le cadre d'un modèle à une seule période. Une limitation semblable s'applique au cas à plusieurs périodes. Si tous les facteurs correspondent à des charges variables, l'entrepreneur n'entreprendra pas une opération productive si la valeur actuelle des revenus nets de l'opération est négative. Cependant, cette restriction ne tient pas compte de toutes ses options. Il est possible qu'il trouve très profitable d'entreprendre une production, et de cesser les opérations avant la fin de son horizon de prévisions. L'entrepreneur choisira l'inaction après la rencontre de marché τ à moins que la somme des valeurs actuelles des revenus nets soit non négative :

$$\sum_{t=\tau+1}^{L+1} \sum_{j=1}^{s} p_{jt}\, q_{jt}(1 + \xi_{1t})^{-1} - \\ - \sum_{t=\tau}^{L} \sum_{i=1}^{n} r_{it}\, x_{it}(1 + \xi_{1t})^{-1} \geqslant 0 \qquad (\tau = 1, ..., L). \quad (8\text{-}24)$$

Si (8-24) n'est pas valable pour une certaine valeur de τ, l'entrepreneur peut gagner plus en investissant tous ses fonds en titres lors du marché τ qu'en continuant la production. Si (8-24) n'est pas valable pour $\tau = 1$, il ne se livrera à aucune production.

On peut déduire les fonctions de demande et d'offre par une méthode analogue à celle que nous avons utilisée au paragraphe 8.1 pour établir les fonctions de demande du consommateur. Les demandes de l'entrepreneur relatives aux inputs, ses offres relatives aux outputs et ses demandes de titres lors de chaque marché peuvent s'exprimer comme des fonctions de tous les prix et des taux d'intérêt. Les fonctions de demande d'inputs et les fonctions d'offre d'outputs sont homogènes de degré zéro et les fonctions de demande de titres sont homogènes de degré un par rapport à tous les prix des inputs et des outputs.

8.5 THÉORIE DE L'INVESTISSEMENT DE L'ENTREPRISE (ANALYSE PÉRIODIQUE).

Les décisions de production de l'entreprise dans le cas d'un modèle à plusieurs périodes sont présentées sous une forme très générale au paragraphe 8.4. Les avantages et inconvénients de cette formulation sont semblables aux avantages et inconvénients de l'analyse de la consommation à plusieurs périodes du paragraphe 8.2. Les parentés formelles entre les décisions de production à une seule période et à plusieurs périodes sont évidentes, mais un bon nombre de nouveaux problèmes venant de l'introduction du temps et des taux d'intérêt sont obscurcis par cette formulation. Des hypothèses simplificatrices semblables à celles employées au paragraphe 8.3 sont utilisées dans ce paragraphe en vue de mettre l'accent sur les nouveaux problèmes et de développer certains concepts ainsi que des résultats de la théorie néoclassique de l'investissement. De façon précise, on suppose que les entrepreneurs considèrent connus et constants tous les prix des inputs et des outputs, courants ou anticipés, et qu'ils réalisent un certain nombre d'optimisations préliminaires. Il est alors possible de traiter les dépenses d'investissement et les revenus des ventes correspondant à chacun des marchés, qui auront lieu pendant l'horizon de l'entrepreneur, comme les seules variables et de limiter l'analyse à une investigation de leurs dépendances mutuelles et des effets des taux d'intérêt.

Des cas particuliers ont joué un rôle important dans le développement de la théorie microéconomique de l'investissement. On fonde souvent, la distinction entre ces divers cas sur la structure temporelle des flux d'inputs et d'outputs. Le cas le plus simple est celui *d'input-point-output-point* qui comprend l'investissement correspondant aux fonds de roulement : tous les inputs sont achetés au cours d'un marché unique et tous les outputs sont vendus au cours d'un marché unique ultérieur. La plantation d'arbres et le vieillissement de vins servent souvent d'exemples. Le cas *input à plusieurs points-output-point* correspond à la production d'un output qui requiert l'utilisation d'inputs pendant un certain nombre de périodes successives (1). La construction navale pourrait entrer dans cette catégorie. Le cas *input-point-output à plusieurs points* correspond à un investissement dans un bien durable qui est acheté lors d'un marché et qui est utilisé pour la production d'outputs pendant un certain nombre de périodes. Enfin, il y a le cas général, *input à plusieurs points-output à plusieurs points*. Les trois premiers cas sont, évidemment, compris dans le quatrième. Dans cette section notre attention se limite au cas général et au cas *input-point-output-point*.

La fonction des possibilités d'investissement.

La dépense d'investissement de l'entrepreneur lors du marché t, notée I_t, est égale à la valeur de l'input acheté à cette date :

$$I_t = \sum_{i=1}^{n} r_{it}\, x_{it} \qquad (t = 1, ..., L)\,. \tag{8-25}$$

Son revenu total provenant des ventes lors de la rencontre de marché t, notée R_t, est

$$R_t = \sum_{j=1}^{s} p_{jt}\, q_{jt} \qquad (t = 2, ..., L+1)\,. \tag{8-26}$$

Les définitions (8-25) et (8-26) requièrent 2 L équations.

Supposons que, pour un entrepreneur, soient donnés les niveaux de tous ses inputs et ses outputs à l'exception du niveau des inputs qu'il achète lors du marché t, et que cet entrepreneur désire minimiser la valeur actuelle de sa dépense d'investissement au cours du marché t. Pour résoudre son problème de minimisation sous contrainte, formons la fonction :

$$I_t^* = \sum_{i=1}^{n} r_{it}\, x_{it}(1 + \xi_{1t})^{-1} + \\ + \lambda^* F(q_{12}^0, ..., q_{s,L+1}^0, x_{11}^0, ..., x_{1t}, ..., x_{nt}, ..., x_{nL}^0)$$

(1) Si le temps est traité comme une variable continue, le mot *continu* remplace le mot *à plusieurs points* dans l'intitulé des cas particuliers.

et annulons ses dérivées partielles :

$$\partial I_t^*/\partial x_{it} = r_{it}(1 + \xi_{1t})^{-1} + \lambda^* \, \partial F/\partial x_{it} = 0 \qquad (i = 1, ..., n)$$

$$\partial I_t^*/\partial \lambda^* = F(q_{12}^0, ..., q_{s,L+1}^0, x_{11}^0, ..., x_{1t}, ..., x_{nt}, ..., x_{nL}^0) = 0$$

et

$$- \partial x_{it}/\partial x_{ht} = r_{ht}/r_{it} \qquad (h, i = 1, ..., n)\,. \tag{8-27}$$

Les conditions du premier ordre sont les conditions habituelles de minimisation du coût sous contrainte pour une seule période (voir Par. 3.2) : les TST sont égaux aux rapports des prix, fixés une fois pour toutes. Les TST optimaux au sein d'une même période sont indépendants des taux d'intérêt. On suppose que l'entrepreneur alloue sa dépense d'investissement lors du marché t de façon que (8-27) soit satisfaite. Les conditions (8-27) contiennent $(n - 1)$ équations indépendantes pour chaque marché, ou un total de $L(n - 1)$ équations indépendantes.

Supposons maintenant que, pour l'entrepreneur, soient donnés les niveaux de tous ses inputs et outputs sauf les outputs qu'il vend lors du marché t et qu'il désire maximiser la valeur actuelle des revenus provenant de ses ventes à la date t. Les conditions du premier ordre pour ce problème de maximisation sous contrainte impliquent que :

$$- \partial q_{jt}/\partial q_{kt} = p_{kt}/p_{jt} \qquad (j, k = 1, ..., s) \tag{8-28}$$

les TTP optima pour les outputs vendus au cours d'un marché donné sont aussi des constantes qui sont indépendantes des taux d'intérêt. On suppose que l'entrepreneur adapte sa production de telle façon que (8-28) soit satisfaite. Les conditions (8-28) contiennent un total de $L(s - 1)$ équations indépendantes.

La fonction des possibilités d'investissement de l'entrepreneur est construite avec les hypothèses que : (1) la fonction de production intertemporelle est respectée, (2) les TST relatifs à une même période sont égaux aux rapports des prix (donnés) des inputs correspondants et (3) les TTP relatifs à une même période sont égaux aux rapports des prix (donnés) des outputs correspondants. Ses moyens d'investissement sont donc décrits par sa fonction de production (8-22) et les équations (8-25) à (8-28). Le système global contient $(Ls + Ln + 1)$ équations indépendantes et $(Ls + Ln + 2L)$ variables. En général, on peut se servir de $L(s + n)$ de ces équations pour éliminer les Lsq_{jt} et les Lnx_{it}. Les revenus et les dépenses d'investissement sont alors reliés par une seule fonction implicite :

$$H(I_1, ..., I_L, R_2, ..., R_{L+1}) = 0\,. \tag{8-29}$$

Tous les revenus étant donnés, ainsi que toutes les dépenses d'investissement sauf une, (8-29) donne la valeur minimale de la dépense d'investissement restante. De façon semblable, tous les revenus sauf un et toutes les dépenses d'investissement étant donnés, (8-29) donne la valeur maximale du revenu restant.

L'entrepreneur est confronté à des possibilités d'investissement internes et externes : il peut acheter des titres et il peut investir dans sa propre entreprise. Ses taux de rendement externes sont les mêmes que ceux des consommateurs donnés par (8-1).

Dans le cas général, on ne peut pas définir des taux de rendement internes moyens de manière parallèle aux taux de rendement moyens du marché étant donné qu'il n'est pas possible d'imputer, tout le revenu obtenu au cours du marché τ à l'investissement effectué au cours de n'importe quel marché particulier. Chaque revenu dépend de toutes les dépenses d'investissement. Cependant, on peut définir des taux de rendement internes marginaux pour tout couple investissement-revenu, en supposant que tous les autres investissements et revenus restent inchangés. Le *taux de rendement interne marginal* ([1]) de l'investissement effectué au cours du marché t par rapport au revenu obtenu en τ, noté $\rho_{t\tau}$ est :

$$\rho_{t\tau} = \frac{\partial R_\tau}{\partial I_t} - 1 = -\frac{\partial H/\partial I_t}{\partial H/\partial R_\tau} - 1 \qquad (t = 1, ..., L) \quad (\tau = 2, ..., L+1)\,. \qquad (8\text{-}30)$$

Chacun des taux de rendement internes marginaux dépend des niveaux de tous les revenus et de toutes les dépenses d'investissement projetées.

Les fonctions de taux de rendement interne marginal définies ci-dessus par (8-30) sont indépendantes des taux d'intérêt du marché et des possibilités d'emprunt et de prêt de l'entrepreneur. Pour des anticipations données sur les prix des inputs et des outputs, (8-30) fournit une description en termes marginaux du cadre technique objectif dans lequel l'entrepreneur opère. Pour certaines combinaisons d'investissements et de revenus, il est possible que $\rho_{t\tau}$ soit négatif.

Le plan d'investissement.

Le problème de maximisation auquel était confronté l'entrepreneur au paragraphe 8.4 peut maintenant s'exprimer en termes de dépenses d'investissement et de revenus. Parmi l'ensemble des flux d'investissements et de revenus qui satisfait (8-29) il désire en choisir un qui maximise la valeur actuelle de son flux de revenus nets. Formons la fonction :

$$\pi^* = \sum_{t=2}^{L+1} R_t(1 + \xi_{1t})^{-1} - \sum_{t=1}^{L} I_t(1 + \xi_{1t})^{-1} + \mu H(I_1, ..., R_{L+1})$$

et annulons ses dérivées partielles :

$$\partial\pi^*/\partial R_t = (1 + \xi_{1t})^{-1} + \mu\,\partial H/\partial R_t = 0 \qquad (t = 2, ..., L+1)$$
$$\partial\pi^*/\partial I_t = -(1 + \xi_{1t})^{-1} + \mu\,\partial H/\partial I_t = 0 \qquad (t = 1, ..., L)$$
$$\partial\pi^*/\partial \mu = H(I_1, ..., R_{L+1}) = 0$$

([1]) Il n'y a pas de terme accepté d'une façon générale pour désigner ce concept. Friedrich Lutz et Vera Lutz dans *The Theory of Investment of the Firm* (Princeton, N. J. : Princeton University Press, 1951) utilisent le « taux de rendement interne marginal ». Irving Fisher, dans *The Theory of Interest* (New York : Kelly and Millman, 1954) utilise le « taux de rendement marginal par rapport au coût ». D'autres termes pour désigner ce concept ou des concepts très voisins sont utilisés : la « productivité marginale de l'investissement », « l'efficience marginale de l'investissement » et « l'efficience marginale du capital ».

où $\mu < 0$ [1]. En reportant à partir de (8-30), les conditions du premier ordre requièrent que :

$$\rho_{t\tau} = \xi_{t\tau} \qquad \begin{matrix} (t = 1, ..., L) \\ (\tau = 2, ..., L + 1) . \end{matrix} \tag{8-31}$$

L'entrepreneur doit rendre égal chaque taux de rendement marginal interne au taux de rendement du marché qui lui correspond.

Les conditions du second ordre requièrent que :

$$\begin{vmatrix} H_{11} & H_{12} & H_1 \\ H_{21} & H_{22} & H_2 \\ H_1 & H_2 & 0 \end{vmatrix} < 0 ; \qquad \begin{vmatrix} H_{11} & H_{12} & H_{13} & H_1 \\ H_{21} & H_{22} & H_{23} & H_2 \\ H_{31} & H_{32} & H_{33} & H_3 \\ H_1 & H_2 & H_3 & 0 \end{vmatrix} < 0 , ... \tag{8-32}$$

où H_j est la dérivée partielle du premier ordre de la fonction implicite (8-29) par rapport à la variable j et H_{jk} la dérivée partielle du second ordre par rapport aux variables j et k. Tous les déterminants ci-dessus doivent être négatifs [2]. Ces conditions doivent être remplies indépendamment de l'ordre dans lequel les $2L$ investissements et revenus sont écrits.

Développons le premier déterminant de (8-32) :

$$2 H_1 H_2 H_{12} - H_{22} H_1^2 - H_{11} H_2^2 < 0 . \tag{8-33}$$

Le taux de variation du taux de rendement marginal interne de l'investissement effectué au cours du marché t par rapport au revenu obtenu en τ est :

$$\frac{\partial \rho_{t\tau}}{\partial I_t} = \frac{\partial^2 R_\tau}{\partial I_t^2} = - \frac{1}{H_2^3} (H_{11} H_2^2 - 2 H_{12} H_1 H_2 + H_{22} H_1^2)$$

où $H_1 = \partial H/\partial I_t$ et $H_2 = \partial H/\partial R_\tau$. Etant donné que (8-33) doit être remplie pour les variables écrites dans cet ordre et étant donné que $H_2 > 0$, (8-33) implique que

$$\partial \rho_{t\tau}/\partial I_t < 0 \qquad \begin{matrix} (t = 1, ..., L) \\ (\tau = 2, ..., L + 1) . \end{matrix} \tag{8-34}$$

Ainsi, les conditions du second ordre impliquent que tous les taux de rendement marginaux internes soient décroissants.

Si les conditions (8-31) et (8-34) n'étaient pas satisfaites, l'entrepreneur pourrait

(1) Les conditions du premier ordre requièrent que $\partial H/\partial R_t$ et $\partial H/\partial I_t$ soient de signes contraires. La fonction des possibilités d'investissement est supposée être construite de telle façon que $\partial H/\partial R_t > 0$ et $\partial H/\partial I_t < 0$ pour le plan de production optimal. Si une solution était obtenue avec les signes contraires, il serait simplement nécessaire de redéfinir (8-29) comme $-H$ pour obtenir la forme désirée.

(2) Les conditions du second ordre requièrent que les mineurs principaux des déterminants Hessiens des dérivées du second ordre de π^* bordées par les dérivées du premier ordre de $H(I_1, ..., R_{L+1})$ soient alternativement positifs et négatifs. Les conditions (8-32) sont obtenues en mettant en facteur $\mu < 0$.

augmenter la valeur actuelle de son profit soit en vendant des titres et en augmentant l'investissement interne, soit en achetant des titres et en diminuant l'investissement interne.

Input-point-output-point.

Dans le cas le plus simple, l'entrepreneur investit au cours d'un marché et reçoit le revenu résultant au cours du marché suivant. Il peut répéter le processus de production au cours du temps mais la production choisie pour la première période n'affecte que les recettes obtenues au cours du second marché ; l'horizon économique de l'entrepreneur comprend une période complète et deux marchés.

Le revenu de l'entrepreneur peut en général s'exprimer comme une fonction de sa dépense d'investissement :

$$R_2 = h(I_1) . \tag{8-35}$$

Dans ce cas particulier, tous les revenus obtenus au cours du second marché peuvent être imputés à l'investissement effectué au cours du premier marché, et il est possible de définir un taux de rendement moyen interne :

$$\frac{R_2 - I_1}{I_1} = \frac{h(I_1)}{I_1} - 1 .$$

Le taux de rendement moyen interne peut être comparé au taux de rendement du marché qui lui correspond, soit i_1.

L'entrepreneur désire maximiser la valeur actuelle de ses revenus nets provenant de l'opération :

$$\pi = R_2(1 + i_1)^{-1} - I_1 .$$

En remplaçant à partir de (8-35), π peut s'exprimer comme une fonction de I_1 seul (1) :

$$\pi = h(I_1)\,(1 + i_1)^{-1} - I_1 .$$

Différentions :

$$\mathrm{d}\pi/\mathrm{d}I_1 = h'(I_1)\,(1 + i_1)^{-1} - 1 = 0 . \tag{8-36}$$

En transformant l'expression et en remplaçant à partir de (8-1) et (8-30), la condition du premier ordre devient

$$\rho_{12} = i_1 = \xi_{12} .$$

L'entrepreneur rend égal son taux de rendement marginal interne au taux de rendement du marché qui lui correspond ; il s'agit, dans ce cas, du taux d'intérêt du marché.

(1) La substitution directe et l'utilisation du multiplicateur de Lagrange sontdes possibilités équivalentes. Le même résultat est obtenu en maximisant

$$\pi^* = R_2(1 + i_1)^{-1} - I_1 + \mu[R_2 - h(I_1)]$$

(voir Par. A-3).

La condition du second ordre requiert que

$$d^2\pi/dI_1^2 = h''(I_1)(1 + i_1)^{-1} < 0$$

et si $i_1 > -1$:

$$h''(I_1) < 0 . \tag{8-37}$$

Le taux de rendement marginal interne doit être décroissant.

Imaginons que (8-37) soit satisfaite mais que $\rho_{12} > \xi_{12}$. Le rendement marginal de l'emprunt de fonds pour usage interne est supérieur à leur coût d'intérêt et l'entrepreneur peut augmenter son profit en développant l'investissement. Au contraire, si $\rho_{12} < \xi_{12}$, il gagne moins sur un franc marginal d'investissement interne qu'il ne doit payer pour cela et il peut augmenter son profit en diminuant l'investissement.

Par différenciation totale de (8-36), on obtient :

$$h''(I_1)\, dI_1 = di_1$$

et

$$dI_1/di_1 = 1/h''(I_1) < 0 . \tag{8-38}$$

Si la condition du second ordre est satisfaite, (8-38) est négative : une augmentation du taux d'intérêt amènera l'entrepreneur à réduire sa dépense d'investissement.

Des formes possibles pour les fonctions de rendement interne moyen et marginal, notées m et M respectivement, sont représentées sur la figure 8-2 *a*. Les taux moyen et marginal tous les deux augmentent, atteignent un maximum puis décroissent lorsque l'investissement augmente. Ces courbes possèdent les propriétés habituelles des courbes moyennes et marginales (voir Par. A-2). Si le taux d'intérêt est i_1^0, l'entrepreneur investira I_1^0 francs. Pour ce niveau d'investissement les taux de rendement marginal interne et de marché sont égaux (condition du premier ordre) et le taux marginal

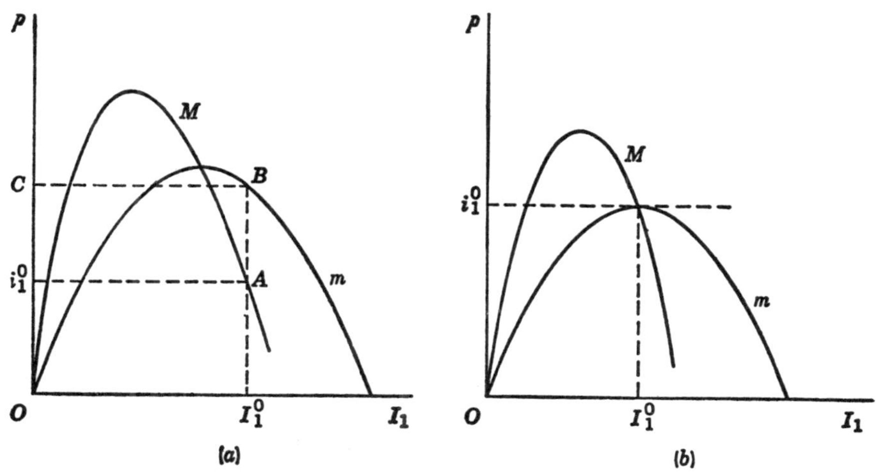

Fig. 8-2.

interne est décroissant (condition du second ordre). La charge d'intérêts totale de l'entrepreneur est donnée par la surface $OI_1^0\ Ai_1^0$, sa recette totale par $OI_1^0\ BC$ et sa recette nette par $i_1^0\ ABC$.

Dans un système de concurrence parfaite, la recette nette de l'entreprise représentative de chaque secteur sera abaissée (ou augmentée) jusqu'à zéro par l'entrée (ou la sortie) d'entreprises. Un équilibre concurrentiel de longue période est représenté sur la figure 8-2 *b*. L'investissement optimal de la firme représentative est I_1^0. Les taux de rendement interne moyen et marginal sont égaux et le taux de rendement interne moyen est maintenant égal au taux d'intérêt.

8.6 LA DÉTERMINATION DU TAUX D'INTÉRÊT.

On peut utiliser les méthodes des chapitres 4 et 5 pour une analyse de l'équilibre du marché de titres et la détermination du taux d'intérêt peut être incluse dans le procédé général de fixation du prix. Une analogie plus étroite avec les analyses précédentes d'équilibre de marché est obtenue si l'utilisation de fonds prétables au lieu de titres est traitée comme bien faisant l'objet des transactions ([1]). Une demande (ou une offre) de titres est équivalente à une offre (ou une demande) de fonds prétables. Un taux d'intérêt est le prix de l'utilisation de fonds prétables pendant une période de temps spécifiée. Par convention, les taux d'intérêt sont exprimés en proportion des sommes empruntées, mais ils peuvent être exprimés en termes de monnaie de compte, comme le sont tous les autres prix. Supposons que 100 francs servent d'unité de pouvoir d'achat. Un taux d'intérêt i_t est alors l'équivalent d'un prix de 100 i_t francs par unité de pouvoir d'achat.

Considérons d'abord une analyse d'équilibre partiel du marché de fonds prétables. A partir des conditions d'équilibre individuel établies aux paragraphes 8.3 et 8.5, on peut exprimer la demande nette courante en fonds prétables pour chaque consommateur et chaque entrepreneur comme une fonction des taux d'intérêt anticipés et de celui de la période courante. Il est commode d'utiliser les fonctions de demande nette au lieu des fonctions de demande et d'offre, étant donné que les consommateurs et les entrepreneurs individuels peuvent demander des fonds prétables à un taux d'intérêt et en offrir à un autre.

On doit formuler une théorie des anticipations relatives aux taux d'intérêt avant d'être à même de déterminer l'équilibre de marché. On pourrait utiliser de nombreuses théories différentes des anticipations. Une possibilité est de supposer que les individus s'attendent à ce que les taux d'intérêt futurs soient à des niveaux fixés indépendamment du taux d'intérêt de la période en cours ; les taux d'intérêt futurs interviennent alors dans les fonctions de demande nette courante comme des constantes au lieu de variables. Une autre possibilité est la prévision que les taux d'intérêt futurs seront égaux au taux d'intérêt de la période en cours : $i_1 = i_2 = i_3 = \cdots$. Une autre possibilité

([1]) Dans cette analyse on suppose qu'il n'y a pas de monnaie circulante. Les fonds prétables représentent le pouvoir d'achat général exprimé en termes de monnaie de compte.

encore est la prévision que la variation absolue courante du taux d'intérêt sera poursuivie dans le futur :

$$i_1 - i_0 = i_2 - i_1 = i_3 - i_2 = \cdots,$$

ou, en général :

$$i_t = i_0 + t(i_1 - i_0) .$$

Chacune de ces hypothèses d'anticipation permet d'exprimer les demandes nettes individuelles comme des fonctions du taux d'intérêt courant seul. On construit une fonction de demande nette globale en faisant la somme des fonctions individuelles. Etant donné que les demandes nettes individuelles sont transformées en fonction du taux d'intérêt courant avant agrégation, il n'est pas nécessaire que tous les individus fassent leurs prévisions pour des horizons de même longueur. Un taux d'intérêt courant d'équilibre est un taux pour lequel la demande nette en fonds prétables courant est nulle.

Il reflète l'arbitrage dans le temps et la productivité de l'investissement. A l'équilibre, le taux d'arbitrage dans le temps pour chaque consommateur et le taux marginal de rendement interne de chaque entrepreneur sont égaux au taux d'intérêt.

La théorie de l'équilibre général du chapitre 5 peut aussi être étendue de façon à inclure le taux d'intérêt et les anticipations intertemporelles. Des théories sur les anticipations relatives aux prix et aux taux d'intérêt doivent être introduites pour permettre aux demandes nettes individuelles de chaque bien et de fonds prétables de s'exprimer comme des fonctions des seuls prix et du taux d'intérêt de la période en cours (1). L'équilibre général est alors déterminé par la condition que les demandes nettes de chaque bien et de fonds prétables soient simultanément nulles.

La formulation des conditions mathématiques pour chacun des cas d'équilibre, soit équilibre sur un seul marché, soit équilibre général est, laissée en exercice au lecteur.

8.7 THÉORIE DE L'INVESTISSEMENT ET TEMPS CONTINU.

La théorie de l'investissement est caractérisée par le fait qu'un certain temps s'écoule entre l'emploi des inputs et l'obtention des outputs résultants. L'approche intertemporelle tend à obscurcir certains des aspects temporels de la production capitalistique. Bien que les variables soient datées, les variations dans les recettes et les investissements ont trait à des périodes unités. Une définition discrète du temps rend difficile l'analyse de problèmes pour lesquels la longueur de la période d'investissement des inputs est importante. Dans ce paragraphe nous traiterons des outils nécessaires à une analyse dans laquelle le temps est considéré comme une variable continue. Nous donnerons aussi des exemples à partir du cas input-point-output-

(1) Voir J. R. Hicks, *Value and Capital* (2e éd., Oxford : Clarendon Press, 1946 ; traduction française, *Valeur et Capital*, Dunod, 1956), chap. XVI, pour une théorie spécifique des anticipations de prix.

point, du cas input-continu-output-point et du cas input-point-output-continu. L'étude des biens d'investissement faite au paragraphe 8.8 fournit des exemples du cas input-continu-output-continu.

Intérêts composés et actualisation dans le cas où le temps est une variable continue.

Le temps sera traité comme une variable continue et les transactions pourront s'effectuer à n'importe quel instant. Il est nécessaire de prendre une période de temps, l'année par exemple, comme unité de mesure du temps. Elle n'aura pas d'autre signification. Puisque le temps écoulé est maintenant une variable, posons $t = 0$ pour représenter le présent. La valeur $t = \tau$ représente maintenant un instant dans τ périodes de temps, où τ n'a plus besoin d'être un nombre entier.

Les concepts du paragraphe 8.1 ne permettent pas la détermination des valeurs actuelles des sommes dues à des dates pour lesquelles τ n'est pas un nombre entier. Puisque le temps est supposé être une variable continue, l'intérêt est supposé être composé de façon continue. Si l'intérêt est composé une fois par an, une somme initiale de valeur w augmentera de $w(1 + i)^t$ en t années. Si l'on calcule les intérêts composés deux fois par an, on appliquera à cette somme la moitié de l'intérêt annuel tous les six mois et w augmentera de $w(1 + i/2)^{2t}$ en t années. De manière générale, si les intérêts sont composés n fois par an, w augmentera de $w(1 + i/n)^{nt}$ en t années.

On peut calculer l'effet d'un intérêt composé de façon continue en faisant tendre n vers l'infini. Soit $z = (1 + i/n)^{nt}$. Au lieu de chercher la limite de z lorsque $n \to \infty$, on cherchera la limite de l'expression $[\log (z)]$ lorsque $n \to \infty$. On peut écrire le logarithme de z sous la forme d'un quotient de deux fonctions en n :

$$\log (z) = nt \log (1 + i/n) = \frac{\log (1 + i/n)}{1/nt} = \frac{h(n)}{g(n)}. \tag{8-39}$$

Le numérateur et le dénominateur tendent tous deux vers zéro lorsque $n \to \infty$. La règle de l'Hôpital ([1]) permet de trouver la limite de (8-39) :

$$\lim_{n\to\infty} [\log (z)] = \lim_{n\to\infty} \frac{h'(n)}{g'(n)} = \lim_{n\to\infty} \frac{-(i/n^2)/(1 + i/n)}{-(1/n^2 t)}$$

$$= \lim_{n\to\infty} \frac{it}{1 + i/n} = it$$

étant donné que la fonction logarithme est une fonction continue :

$$\lim_{n\to\infty} (1 + i/n)^{nt} = e^{it}$$

le nombre irrationnel e = 2,718 28 (valeur approchée) étant la base du système des logarithmes naturels.

Si l'intérêt est composé de façon continue, la valeur, principal et intérêt composé,

([1]) Voir l'énoncé et les cas d'application de la règle de l'Hôpital dans le paragraphe 3.6.

au temps t, d'un investissement actuel de w francs est $w\,e^{it}$, où i est le taux d'intérêt annuel qui est supposé demeurer constant et où t peut prendre n'importe quelle valeur non négative. La valeur actuelle de u francs payables au temps t est $u\,e^{-it}$ puisqu'un investissement actuel de $u\,e^{-it}$ francs en titres aura une valeur de u francs au temps t.

Valeurs ponctuelles, valeurs de flux.

Dans le cadre d'une analyse intertemporelle, on suppose que la production et la consommation sont des opérations continues. Pourtant on achète des inputs, on encourt des frais, on vend des outputs et on perçoit des revenus lors de marchés datés. Il est facile d'inclure ces valeurs ponctuelles dans une étude à temps continu. Les transactions peuvent avoir lieu à n'importe quelle date et leur valeur peut être fonction de la date à laquelle elles ont lieu. Soit ainsi R_T un revenu exprimé en francs perçu au temps T, et soit $R_T = R(T)$. La valeur actuelle de ce revenu sera $R(T)\,e^{-it}$ dont la dérivée par rapport au temps est :

$$d[R(T)\,e^{-iT}]/dT = [R'(T) - iR(T)]\,e^{-iT}$$

soit le revenu marginal actualisé par rapport au temps.

On peut aussi considérer les inputs, les outputs, les coûts et les revenus comme des flux dans un contexte continu. Ces flux peuvent avoir une vitesse constante ou au contraire être fonction du temps. Prenons le cas d'un flux de revenus variable et continu. Soit $R = R(t)$ la vitesse du flux à l'instant t en francs par année. On ne peut réaliser un revenu en un instant, mais un revenu fini est réalisé au cours d'un intervalle de temps fini, la valeur actuelle du flux $R(t)$ entre l'instant $t = 0$ et l'instant $t = T$, noté R_{0T}, est égale à la valeur de l'intégrale finie :

$$R_{0T} = \int_0^T R(t)\,e^{-it}\,dt\,.$$

La dérivée par rapport au temps du flux de revenu actualisé :

$$dR_{0T}/dT = R(T)\,e^{-iT}$$

est tout simplement la valeur actuelle de la vitesse du flux à $t = T$.

On utilise en général le même symbole pour désigner la valeur ponctuelle et la vitesse d'un flux en un point donné dans le temps ; ici nous utilisons dans les deux cas $R(T)$. Le contexte doit cependant permettre de savoir ce que le symbole recouvre.

Input-point-output-point.

Dans le cas le plus simple faisant intervenir le temps comme variable, tous les inputs entrent en jeu en un point donné dans le temps et tous les outputs sont vendus au cours d'un marché à un autre moment. Imaginons un entrepreneur engagé dans le processus de vieillissement du vin. Il achète un tonneau de jus de raisin pour I^0 francs et attend qu'il fermente et vieillisse. Supposons que la fermentation et le vieillissement soient des processus non coûteux de sorte que son seul autre coût soit l'intérêt sur son investissement initial. Supposons de plus que la valeur des ventes du vin soit une fonction de la longueur de la période de vieillissement $[R(T)]$.

Le problème d'optimisation de l'entrepreneur est de choisir une période de vieillissement, c'est-à-dire une valeur de T qui maximise la valeur actuelle de son profit :

$$\pi = R(T)\,\mathrm{e}^{-iT} - I^0 .$$

Annulons la dérivée de π par rapport à T :

$$\mathrm{d}\pi/\mathrm{d}T = R'(T)\,\mathrm{e}^{-iT} - iR(T)\,\mathrm{e}^{-iT} = 0 .$$

Mettons en facteur $\mathrm{e}^{-iT} \neq 0$ et transformons l'expression :

$$R'(T)/R(T) = i . \tag{8-40}$$

L'entrepreneur doit rendre son taux de rendement marginal par rapport au temps $[R'(T)/R(T)]$ égal au taux de coût marginal par rapport au temps (i).

$$\mathrm{d}^2\pi/\mathrm{d}T^2 = [R''(T) - 2\,iR'(T) + i^2\,R(T)]\,\mathrm{e}^{-iT} < 0 .$$

Remplaçons i et i^2 par leurs valeurs tirées de (8-41) et multiplions par $\mathrm{e}^{iT}/R(T) > 0$

$$\frac{R''(T)\,R(T) - [R'(T)]^2}{[R(T)]^2} < 0 . \tag{8-41}$$

Le taux de rendement marginal par rapport au temps doit être décroissant, c'est-à-dire que sa dérivée doit être négative. Si (8-41) et (8-42) sont satisfaites pour $T = T^0$, le gain marginal de l'entrepreneur serait supérieur au taux de rendement si sa période d'investissement était légèrement inférieure à T^0, et inférieur au taux de rendement du marché si elle était légèrement supérieure à T^0.

On peut déterminer l'effet d'une variation du taux d'intérêt sur la période d'investissement par la différenciation totale de (8-41) :

$$R''(T)\,\mathrm{d}T - iR'(T)\,\mathrm{d}T - R(T)\,\mathrm{d}i = 0$$

et

$$\frac{\mathrm{d}T}{\mathrm{d}i} = \frac{R(T)}{R''(T) - iR'(T)} < 0 . \tag{8-42}$$

Le numérateur de (8-42) est positif ; d'après (8-41) et (8-40) le dénominateur doit être négatif. Une augmentation du taux d'intérêt entraînera l'entrepreneur à raccourcir sa période d'investissement ; une diminution du taux l'entraînera à l'allonger.

Input-continu-output-point.

Envisageons un processus d'investissement au cours duquel l'entrepreneur encourt un flux de dépenses sur une période et vend toute sa production au cours d'un marché unique. C'est le cas d'un entrepreneur engagé dans le processus de plantation d'arbres. Il achète des jeunes plants pour I_0 francs au temps $t = 0$, encourt un flux de dépenses de $[G(t)]$ francs par an pour la pousse des arbres et vend les arbres $[R(T)]$ francs au temps $t = T$. La valeur actuelle du profit de l'entrepreneur est :

$$\pi = R(T)\,\mathrm{e}^{-iT} - I_0 - \int_0^T G(t)\,\mathrm{e}^{-it}\,\mathrm{d}t\,.$$

Annulons la dérivée de π par rapport à T :

$$\mathrm{d}\pi/\mathrm{d}T = [R'(T) - iR(T) - G(T)]\,\mathrm{e}^{-iT} = 0\,.$$

Multiplions par e^{iT} et transformons l'expression :

$$\frac{R'(T) - G(T)}{R(T)} = i\,. \tag{8-43}$$

L'entrepreneur vend ses arbres lorsque son taux de rendement marginal par rapport au temps (après calcul des coûts) est égal au taux d'intérêt.

La condition du second ordre requiert que :

$$\mathrm{d}^2\pi/\mathrm{d}T^2 = [R''(T) - 2\,iR'(T) + i^2\,R(T) - G'(T) + iG(T)]\,\mathrm{e}^{-iT} < 0\,.$$

Multiplions par e^{iT} et transformons l'expression :

$$[R''(T) - iR'(T) - G'(T)] - [iR'(T) - i^2\,R(T) - iG(T)] < 0\,.$$

Remplaçons $iR(T)$ par sa valeur tirée de (8-43). Le deuxième terme entre parenthèses est nul et l'on peut écrire la condition du second ordre comme suit :

$$R''(T) - iR'(T) - G'(T) < 0\,. \tag{8-44}$$

Remplaçons i par sa valeur tirée de (8-43) et multiplions par $1/R(T) > 0$:

$$\frac{[R''(T) - G'(T)]\,R(T) - R'(T)\,[R'(T) - G(T)]}{[R(T)]^2} < 0$$

qui est la dérivée de (8-43). Le taux de rendement marginal net doit être décroissant. On peut déterminer l'effet d'une variation du taux d'intérêt sur la période d'investissement en prenant la différentielle totale de (8-43) et en résolvant en $\mathrm{d}T/\mathrm{d}i$:

$$\frac{\mathrm{d}T}{\mathrm{d}i} = \frac{R(T)}{R''(T) - iR'(T) - G'(T)} < 0\,. \tag{8-45}$$

Le numérateur est positif et (8-44) requiert que le dénominateur soit négatif. Comme dans le cas précédent, une augmentation du taux d'intérêt conduira l'entrepreneur à raccourcir sa période d'investissement.

Input-point-output-continu.

Prenons maintenant le cas d'un investissement unique, par exemple en biens d'équipement, qui procure un flux de recettes au cours du temps. Supposons pour simplifier que les biens d'équipement permettent un certain revenu au taux constant de R francs par année tout au long de leur vie et que les dépenses d'investissement soient une fonction continue de leur durée de vie ; $I_0 = I(T)$, avec $I'(T) > 0$.

La valeur actuelle du profit qui découle de l'utilisation de l'investissement est :

$$\pi = \int_0^T R\,e^{-it}\,dt - I(T).$$

Annulons la dérivée de π par rapport à T :

$$d\pi/dT = R\,e^{-iT} - I'(T) = 0$$

et

$$R\,e^{-iT} = I'(T). \tag{8-46}$$

La durée de vie optimale est atteinte lorsque la valeur actuelle du profit additionnel permis par une augmentation de la durabilité est égale au coût marginal de durabilité.

La condition du second ordre pour atteindre un maximum requiert que :

$$d^2\pi/dT^2 = -\,iR\,e^{-iT} - I''(T) < 0. \tag{8-47}$$

Cette condition est nécessairement satisfaite si le coût marginal de durabilité est croissant, c'est-à-dire si $I''(T) > 0$. On peut déterminer l'effet d'une variation du taux d'intérêt sur la durée de vie en prenant la différentielle totale de (8-46) et en résolvant en dT/di:

$$\frac{dT}{di} = \frac{TR\,e^{-iT}}{-\,iR\,e^{-iT} - I''(T)} < 0.$$

L'expression est négative puisque le dénominateur est négatif d'après (8-47). Là encore, une augmentation du taux d'intérêt raccourcira la période d'investissement, une diminution du taux l'allongera.

8.8 MISE HORS SERVICE ET REMPLACEMENT DES BIENS D'ÉQUIPEMENT.

On peut trouver d'autres cas de processus du type « input-continu-output-continu » en faisant d'autres hypothèses à propos des biens d'investissement.

Hypothèses.

Prenons le cas d'une machine servant à la production d'un seul output Q, vendu au prix concurrentiel p, constant. Soit q_t le flux d'output à l'instant t. Le flux de recettes correspondant est pq_t. On achète la machine au prix fixe I_0 au temps $t = 0$. Le flux de dépenses correspondant aux inputs, C_t, est fonction de q_t et le flux de frais d'entretien de la machine, M_t, est fonction à la fois du flux d'output et de l'âge de la machine,

$$C_t = C(q_t)\,; \qquad M_t = M(q_t, t).$$

On peut vendre la machine à la ferraille quand on ne désire plus l'utiliser pour la production. La valeur à la casse de la machine, au temps T, soit S_T, est une fonction décroissante de l'âge avec $S'(T) < 0$. La dérivée $[S'(T)]$ indique le taux de perte sur la valeur marchande de la machine qu'entraîne l'utilisation de la machine, on appelle ce phénomène, et $[S'(T)]$, *dépréciation*.

Le problème d'optimisation de l'entrepreneur est double : (1) il lui faut déterminer le niveau optimal d'inputs et d'outputs pour chaque instant de la durée d'utilisation des machines, et (2) déterminer la durée de vie optimale de chaque machine. On envisagera d'abord le problème d'optimisation du niveau des inputs et des outputs. On établira ensuite des critères de détermination de la durée de vie optimale d'une machine, puis de machines se succédant indéfiniment.

La fonction de quasi-loyer.

Supposons que l'entrepreneur décide d'utiliser une machine de $t = 0$ à $t = T$. On peut donc ne pas tenir compte du coût initial et de la valeur à la casse de la machine. Le problème de l'entrepreneur est de maximiser la valeur actuelle du flux de *quasi-loyer* né du fonctionnement de la machine, c'est-à-dire la différence entre la valeur actuelle du flux de recettes que lui procure les ventes et la valeur actuelle du flux correspondant à son coût variable. Etant donné que les recettes et les dépenses à des moments différents sont indépendantes dans le cas que nous envisageons ici, l'entrepreneur peut maximiser la valeur actuelle du flux de quasi-loyer correspondant à la durée de vie de la machine en maximisant le taux du flux actualisé de quasi-loyer en chaque instant. Comme le facteur d'actualisation e^{-it} est constant pour une valeur donnée de t, il suffit que l'entrepreneur maximise le taux du flux de quasi-loyer à chaque instant, sans l'actualiser.

Ce taux à l'instant t, soit Z_t, est :

$$Z_t = pq_t - C(q_t) - M(q_t, t) . \qquad (8\text{-}48)$$

Annulons la dérivée de Z_t par rapport à q_t :

$$\frac{\partial Z_t}{\partial q_t} = p - \frac{\mathrm{d}C_t}{\partial q_t} - \frac{\partial M_t}{\partial q_t} = 0$$

et

$$p = \frac{\mathrm{d}C_t}{\mathrm{d}q_t} + \frac{\partial M_t}{\partial q_t} . \qquad (8\text{-}49)$$

L'entrepreneur rend son taux de flux marginal de dépenses, soit la somme des dépenses en inputs et ses frais d'entretien, égal au taux fixe du flux marginal de recettes, p. Le lecteur peut vérifier que la condition du second ordre requiert que la somme des coûts marginaux augmente avec l'augmentation de la production.

Supposons que l'on puisse résoudre (8-49) de façon à trouver la valeur optimale de q_t en fonction de t. En remplaçant dans (8-48), on peut exprimer le quasi-loyer optimal en fonction de t :

$$Z_t = Z(t) .$$

La fonction de quasi-loyer permet de connaître le quasi-loyer maximal que l'on peut obtenir pour chaque instant en faisant fonctionner la machine. Les combinaisons d'inputs et l'output sont maximums. Elle vaut pour toutes les valeurs de t et sa forme n'est pas affectée par le choix de la période que l'on retient comme durée de vie de la machine. On peut donc utiliser la fonction de quasi-loyer dans une étude concernant la vie d'une machine sans que l'on ait à introduire explicitement les outputs, les revenus et les coûts.

Mise hors service d'une seule machine.

Prenons le cas d'un entrepreneur qui désire acheter une machine, investir le montant de son quasi-loyer sur le marché des titres au taux d'intérêt du marché et la valeur à la casse de la machine lorsque celle-ci ne sert plus. La valeur actuelle du profit que lui procure le fonctionnement de la machine est égale à la valeur actuelle de son flux de quasi-loyer moins le coût de la machine, plus la valeur actuelle des recettes que lui procurent la vente de la machine à sa valeur à la casse :

$$\pi_1 = \int_0^T Z(t)\,\mathrm{e}^{-it}\,\mathrm{d}t - I_0 + S(T)\,\mathrm{e}^{-iT}. \tag{8-50}$$

Prenons la différentielle :

$$\mathrm{d}\pi_1/\mathrm{d}T = [Z(T) - iS(T) + S'(T)]\,\mathrm{e}^{-iT} = 0 \tag{8-51}$$

et

$$Z(T) + S'(T) = iS(T)$$

L'entrepreneur mettra donc sa machine hors service lorsque son flux marginal de quasi-loyer, moins dépréciation, égalera les intérêts qu'il perçoit sur les titres acquis en investissant la valeur à la casse de la machine sur le marché des titres. Le lecteur peut vérifier que la condition du second ordre requiert que le flux de quasi-loyer moins dépréciation décroisse plus vite que le rendement du marché des titres et qu'un accroissement du taux d'intérêt hâtera la vente de la machine.

Remplacement d'une machine par une autre machine.

Soit un entrepreneur dont l'horizon est l'infini. Une machine succède à une autre. Supposons que sa fonction de quasi-loyer, son coût initial et la fonction de valeur à la casse soient les mêmes quelle que soit la machine, seul diffère le temps. Supposons de plus que la durée de vie des machines soit la même. La valeur actuelle du profit que procure le fonctionnement de la première machine est donnée par l'équation (8-50). Celles des profits que procurent la seconde et la troisième machines respectivement sont :

$$\pi_2 = \int_T^{2T} Z(t - T)\,\mathrm{e}^{-it}\,\mathrm{d}t - I_0\,\mathrm{e}^{-iT} + S(T)\,\mathrm{e}^{-i2T} = \pi_1\,\mathrm{e}^{-iT}$$

$$\pi_3 = \int_{2T}^{3T} Z(t - 2\,T)\,\mathrm{e}^{-it}\,\mathrm{d}t - I_0\,\mathrm{e}^{-i2T} + S(T)\,\mathrm{e}^{-i3T} = \pi_1\,\mathrm{e}^{-i2T}$$

pour la k-ième machine la valeur actuelle du profit sera :

$$\pi_k = \left[\int_0^T Z(t)\,\mathrm{e}^{-it}\,\mathrm{d}t - I_0 + S(T)\,\mathrm{e}^{-iT}\right]\mathrm{e}^{-i(k-1)T}.$$

Les valeurs actuelles sont les mêmes, seuls diffèrent les facteurs d'actualisation qui sont fonction de la période au cours de laquelle le profit est gagné.

La valeur actuelle du profit global que procure le fonctionnement de machines se succédant indéfiniment est :

$$\pi = \sum_{k=1}^{\infty} \pi_k = \frac{\int_0^T Z(t)\,\mathrm{e}^{-it}\,\mathrm{d}t - I_0 + S(T)\,\mathrm{e}^{-iT}}{1 - \mathrm{e}^{-iT}}$$

$1/(1 - \mathrm{e}^{-iT})$ est la valeur à l'infini de la somme de la progression géométrique $(1 + \mathrm{e}^{-iT} + \mathrm{e}^{-i2T} + \cdots)$ (1). Annulons la dérivée de π par rapport au temps T :

$$\frac{\mathrm{d}\pi}{\mathrm{d}T} = \frac{\begin{array}{l}[Z(T) - iS(T) + S'(T)]\,\mathrm{e}^{-iT}(1 - \mathrm{e}^{-iT}) - \\ \quad - i\,\mathrm{e}^{-iT}\left[\int_0^T Z(t)\,\mathrm{e}^{-it}\,\mathrm{d}t - I_0 + S(T)\,\mathrm{e}^{-iT}\right]\end{array}}{(1 - \mathrm{e}^{-iT})^2} = 0\,.$$

Mettons en facteur $[\mathrm{e}^{iT}(1 - \mathrm{e}^{-iT})]$ et transformons l'expression

$$Z(T) = S'(T) = \frac{1}{\delta}\left[\int_0^T Z(t)\,\mathrm{e}^{-it}\,\mathrm{d}t - I_0 + S(T)\right] \tag{8-52}$$

où $\delta = (1 - \mathrm{e}^{-iT})/i = \int_0^T \mathrm{e}^{-it}\,\mathrm{d}t$ est la valeur actuelle d'un flux de revenu de un franc pendant T années. Une machine est remplacée dès que le taux marginal du flux de quasi-loyer annuel après dépréciation devient égal à la valeur actuelle du rendement moyen annuel d'une nouvelle machine, déduction faite de la dépense d'investissement et de la valeur à la casse de l'ancienne machine. Le terme entre crochets du second membre de l'expression (8-52) représente le rendement sur T années. En le divisant par δ, on obtient le rendement annuel. La condition du second ordre requiert que le rendement marginal de l'ancienne machine décroisse plus rapidement que le rendement moyen de la nouvelle machine.

La condition du premier ordre dans le cas de machines se succédant indéfiniment, soit (8-52), est bien différente de la condition du premier ordre du cas à une machine soit (8-51). Cette différence reflète la différence des options offertes à l'entrepreneur. Dans le cas d'une seule machine, l'entrepreneur choisit entre faire fonctionner la

(1) Soit, de manière générale, la progression géométrique a, ar, ar^2, ar^3, ... ayant pour n-ième terme ar^{n-1}. Si $r < 1$, la progression est convergente et sa somme à l'infini est $[a/(1 - r)]$. Dans le cas présent $a = 1$ et $r = \mathrm{e}^{-iT} < 1$. Voir J. Blakey, *Intermediate Pure Mathematics* (Londres : Cleaver-Hume, 1953), pp. 66-68.

machine plus longtemps et investir le produit de la vente de la machine à sa valeur à la casse sur le marché des titres. Dans le cas d'une succession de machines, il a le choix entre continuer à faire fonctionner une machine existante et faire fonctionner une nouvelle machine.

8.9 RÉSUMÉ.

Les consommateurs et les entrepreneurs sont supposés avoir libre accès à un marché des titres en concurrence parfaite et peuvent adapter leurs flux de revenus et de dépenses au cours du temps en empruntant (en vendant des titres) et en prêtant (en achetant des titres). Un taux d'intérêt exprime le coût d'emprunt ou le revenu du prêt, pendant la durée d'une période comme une proportion de la somme empruntée ou prêtée. Des taux de rendement du marché pour des durées supérieures à une période sont définis comme des composés des taux d'intérêt reliant des couples de périodes successives. Des taux d'escompte sont définis comme étant les taux réciproques des taux de rendement du marché qui leur correspondent. Un flux complet de revenus ou de coûts peut être ramené à un seul nombre, sa valeur actuelle, en multipliant chacun de ses éléments par le taux d'escompte convenable et en faisant la somme.

La fonction d'utilité du consommateur est définie comme une fonction des quantités des n biens qu'il consomme pendant chacune des T périodes à l'intérieur de son horizon de prévision. Il désire maximiser le niveau de son utilité compte tenu d'une contrainte budgétaire relative à sa durée de vie qui requiert l'égalité des valeurs actuelles de ses flux de consommations et de revenus gagnés. Les conditions du premier ordre requièrent qu'il rende les TSB au sein d'une même période et entre les périodes, égaux au rapport des prix actualisés des biens. Les conditions du second ordre sont dérivées de celles relatives à n biens, en analyse de simple période. Les demandes de biens, courantes et anticipées, sont des fonctions de tous les prix et de tous les taux d'intérêt courants et anticipés et sont homogènes de degré zéro par rapport à tous les prix et les revenus gagnés.

Les demandes de titres sont des fonctions des mêmes variables, mais elles sont homogènes de degré un par rapport à tous les prix et les revenus gagnés.

Si les prix sont supposés demeurer fixes, la fonction d'utilité du consommateur peut s'exprimer comme une fonction de ses dépenses de consommation. Le taux de préférence intertemporelle du consommateur pour la consommation pendant la période t plutôt que pendant la période $\tau(> t)$ est défini comme la plus petite prime qu'il acceptera en compensation pour différer la valeur d'un franc marginal de dépense de consommation. Les conditions du premier ordre pour la maximisation de l'utilité sous contrainte requièrent que le consommateur rende ses taux de préférence intertemporelle égaux aux taux de rendement du marché correspondant. On peut définir des effets de substitution et de revenu par rapport aux variations du taux d'intérêt analogues au cas à une seule période.

Un entrepreneur est supposé formuler un plan de production pour un horizon de prévision comprenant L périodes et $(L + 1)$ marchés. Au cours du marché t, il vend les outputs produits pendant la période $t - 1$ et achète les inputs pour les appliquer au processus de production pendant la période t. Il désire maximiser la valeur actuelle de ses revenus nets d'exploitation compte tenu des contraintes techniques spécifiées dans sa fonction de production intertemporelle. Les conditions du premier ordre requièrent qu'il rende les taux de substitution des inputs et des outputs égaux aux rapports des prix actualisés. Les conditions du second ordre sont de nouveau dérivées de celles de l'analyse générale à une période.

L'analyse des problèmes d'investissement de l'entrepreneur peut aussi être simplifiée en supposant que les prix courants et anticipés demeurent constants et que l'entrepreneur combine les inputs et produit les outputs de telle façon que les TST et les TSP à l'intérieur des périodes soient rendus égaux aux rapports des prix appropriés. La fonction des possibilités d'investissement de l'entrepreneur lie ses dépenses d'investissement et ses revenus sous l'hypothèse qu'il accomplit cette optimisation préliminaire. Des taux de rendement internes marginaux sont définis pour chacun des investissements par rapport à chacun des revenus. Les conditions du premier ordre requièrent que chaque taux de rendement interne marginal soit rendu égal au taux de rendement du marché correspondant. Les conditions du second ordre impliquent que chacun des taux marginaux internes soit décroissant. L'analyse générale est appliquée au cas particulier input-point-output-point.

On peut étendre les analyses de l'équilibre sur un seul marché et de l'équilibre général de façon à prendre en compte le taux d'intérêt de la période courante et les anticipations intertemporelles. A l'équilibre le taux de préférence intertemporelle de tous les consommateurs et le taux de rendement interne marginal de tous les entrepreneurs sont égaux au taux d'intérêt.

On traite ensuite le temps dans sa continuité : l'intérêt est composé de façon continue, les transactions peuvent avoir lieu n'importe quel jour, à n'importe quel moment. Le temps est lui-même une variable. Trois cas d'application sont étudiés et l'on aboutit aux résultats suivants : (1) dans le cas input-point-output-point avec un input fixe et un output variable, le taux de rendement interne marginal par rapport au temps est égal au taux d'intérêt à la fin de la période optimale d'investissement. (2) Dans le cas input-continu-output-point où input et output sont tous deux variables, le critère d'optimalité pour la période d'investissement est le même que dans le cas (1) mais le taux de rendement marginal est calculé net des coûts variables. (3) Dans le cas input-point-output-continu où l'input est variable et l'output fixe, à la fin de la période optimale d'investissement, la valeur actuelle du revenu marginal que procure un allongement de la période égale le coût marginal entraîné par ce rallongement.

Des exemples du cas input-continu-output-continu sont donnés à propos des biens d'équipement, la fonction de quasi-loyer indique à chaque moment la différence entre le flux de recettes et le flux de coût variable. On l'obtient en rendant le prix égal à la somme des flux marginaux correspondant aux dépenses d'input et aux dépenses d'entretien. L'entrepreneur retirera sa machine du processus de production lorsque le rendement marginal de son quasi-loyer, après déduction du facteur dépréciation, sera égal au rendement des titres qu'il acquiert en investissant le montant de la valeur à la casse. Dans le cas où les machines se succèdent indéfiniment l'une remplaçant l'autre, le remplacement aura lieu quand le rendement marginal du quasi-loyer, après déduction du facteur dépréciation, sera égal au rendement moyen, après déduction des dépenses d'investissement correspondant à l'acquisition d'une nouvelle machine.

EXERCICES

8.1 Soit deux possibilités de flux de revenu : $y_1 = 300$, $y_2 = 321$ d'une part, $y_1 = 100$, $y_2 = 535$ d'autre part. Pour quel taux d'intérêt serait-il indifférent au consommateur de percevoir l'une ou l'autre de ces configurations de revenu ?

8.2 Un consommateur achète deux biens ; son horizon a deux périodes. La fonction d'utilité intertemporelle du consommateur est : $U = q_{11}\, q_{21}\, q_{12}\, q_{22}$; son flux de revenu est $y_1 = 800$, $y_2 = 220$; le taux d'intérêt est égal à 10 %. Les prix des biens sont $p_1 = 5$ et $p_2 = 25$. Le consommateur désire avoir tout dépensé et consommé à la fin de la deuxième période. Déterminer les niveaux de consommation pour chacun des biens sur les deux périodes qui rendront maximale son utilité.

8.3 La fonction d'utilité de consommation du consommateur avec un horizon de deux périodes est $U = C_1\, C_2^{3/5}$; son revenu est $y_1 = 1\,000$, $y_2 = 648$; le taux d'intérêt du marché est égal à 8 % Déterminer les valeurs de C_1 et C_2 qui maximisent son utilité.

8.4 Un entrepreneur maximisant son profit utilise un input X pour produire un output Q. Sur un horizon de deux périodes, la fonction de production intertemporelle est :

$$q_2\, q_3^{\gamma}\, x_1^{-\alpha}\, x_2^{-\beta} - A = 0\,;$$

tous les paramètres sont positifs et $1 + \gamma > \alpha + \beta$. Les indices renvoient aux dates auxquelles les inputs sont achetés et les outputs vendus. Les inputs et les outputs ont des prix donnés, soit p et r. Le taux d'intérêt du marché est i. Exprimer l'offre q_2 de l'entrepreneur en fonction de p, r, i et des paramètres. Montrer que $\partial q_2/\partial p > 0$, $\partial q_2/\partial r < 0$ et $\partial q_2/\partial i < 0$.

8.5 Un entrepreneur investit un jour donné de marché et perçoit le revenu correspondant le jour suivant. La forme explicite de sa fonction des possibilités d'investissement est $R_2 = 24\sqrt{I_1}$; le taux d'intérêt du marché est de 20 %. Trouver son niveau d'investissement optimal.

8.6 Soit un marché des titres sur lequel seuls les consommateurs peuvent prêter et emprunter. Supposons que les 150 consommateurs aient tous la même fonction d'utilité de consommation à deux périodes : $U = c_1 c_2$. 100 des consommateurs ont chacun un flux de revenus attendus de $y_1 = 10\,000$, $y_2 = 8\,400$; les 50 autres ont un flux de revenus attendus de $y_1 = 8\,000$ et $y_2 = 14\,000$. Pour quel taux d'intérêt le marché sera-t-il en équilibre ?

8.7 Soit un entrepreneur engagé dans le processus de type input-point-output-point de vieillissement du vin. Son coût initial est de 20 francs, le produit de la vente du vin est de $R(T) = 100\sqrt{T}$ et le taux d'intérêt de 5 %. Quelle est sa période optimale d'investissement ?

8.8 Un entrepreneur est engagé dans le processus de plantation d'arbres. Il achète 4 francs de jeunes plants, encourt un flux dépenses correspondant à la culture de $G(t) = 0{,}4\ t$ francs par an tout au long de la vie de l'arbre et vend l'arbre à l'instant $t = T$ pour la somme de

$$R(T) = 4 + 8\,T - T^2 \text{ francs}\,.$$

Le taux d'intérêt du marché est de 20 %. Déterminer la durée optimale de la période de culture T. Vérifier que cette solution est bien un maximum en utilisant la condition du second ordre appropriée.

8.9 Un entrepreneur étudie les revenus et les coûts entraînés par le fonctionnement d'une machine servant à la production d'un output Q vendu au prix fixe $p = 52$. Le flux des dépenses en inputs est $C_t = 5\, q_t^2$ francs par an et le flux de dépenses d'entretien $M_t = 2\, q_t + 3\, t$ francs par an. Construire la fonction de quasi-loyer de la machine.

8.10 Un entrepreneur fait ses prévisions avec un horizon d'une machine. Il achète la machine 500 francs. La valeur à la casse au temps T est $S(T) = 500 - 40\, T$. Le taux d'intérêt est de 5 %. La machine permet un flux de quasi-loyer de $Z_t = 85 - 4\, t$ francs par an. Quand l'entrepreneur doit-il cesser d'utiliser sa machine ?

***8.11** Un entrepreneur est engagé dans un processus à répétition input-point-output-point. Il investit I_0 francs et reçoit un revenu de $R(T)$ francs T années plus tard. Au temps T, il investit à nouveau I_0 francs et reçoit un nouveau revenu de $R(T)$ francs au temps $2\, T$. Supposons que le cycle se répète indéfiniment. L'intérêt est composé de façon continue au taux constant i. Quelle est la valeur actuelle du profit de l'entrepreneur ? Formuler la condition du premier ordre de maximisation du profit. Comparer cette condition à celle que l'on obtient dans le cas d'un processus sans répétition.

BIBLIOGRAPHIE

Allen, R. G. D., *Macro-economic Theory* (New York : St Martin's, 1967). On trouvera dans le chapitre 3 une discussion de la théorie de l'investissement faisant appel au calcul différentiel et intégral.

Carlson, Sune, *A Study on the Pure Theory of Production* (New York : Kelley and Millman, 1956). Le chapitre VI contient une théorie de la production intertemporelle développée à l'aide de l'analyse élémentaire.

Fisher, Irving, *The Theory of Interest* (New York : Kelley and Millman, 1954). Un exposé classique de nombreux concepts de ce chapitre et qui contient des descriptions verbales, géométriques et mathématiques.

Friedman, Milton, *A Theory of the Consumption Function* (Princeton, N. J. : Princeton University Press, 1957). Le chapitre II contient une théorie de la consommation intertemporelle. Le reste du volume est consacré aux essais de sa vérification statistique.

Hicks, J. R., *Value and Capital* (2e édit. ; Oxford : Clarendon Press, 1946). Edition française, *Valeur et Capital*, Dunod, Paris. Les parties III et IV et l'appendice mathématique contiennent des analyses intertemporelles.

Lutz, Friedrich et Vera, *The Theory of Investment of the Firm* (Princeton, N. J. : Princeton University Press, 1951). Une étude détaillée de nombreux problèmes d'investissement différents, où le temps est traité comme une variable continue. La connaissance du calcul différentiel et intégral est utile mais pas absolument nécessaire.

Modigliani, Franco et Richard Brumberg, « Utility Analysis and the Consumption Function », in : Kenneth K. Kurihara (éd.), *Post Keynesian Economics* (New Brunswick, N. J. : Rutgers University Press, 1954), pp. 388-436. Une étude théorique et pratique des modèles de consommation au cours de la durée de vie. Il est nécessaire d'avoir une certaine connaissance de l'analyse et de la statistique mathématique.

Smith, Vernon L., *Investment and Production* (Cambridge, Mass. : Harvard, 1961). Une étude détaillée de la théorie de l'investissement, développée à l'aide de l'analyse et de la géométrie.

CHAPITRE 9

MODÈLES LINÉAIRES

Les chapitres 2 à 8 traitent d'un certain nombre de situations où, soit les individus, soit l'ensemble du système économique, cherchent à adopter un comportement optimum, compte tenu de certaines contraintes. Le consommateur maximise son utilité, assujetti à une contrainte budgétaire, l'entrepreneur maximise son profit compte tenu de sa fonction de production. Un système économique maximise le bien-être social assujetti à sa fonction de transformation. L'analyse est un outil essentiel pour formuler et étudier ces problèmes de maximisation avec contraintes. Il y a cependant des problèmes de maximisation sous contraintes qui intéressent l'économiste et que l'analyse ne peut aider à résoudre. Nous aborderons plusieurs de ces problèmes au cours de ce chapitre. Ce sont des problèmes où les relations fonctionnelles sous-jacentes sont linéaires.

Les dérivées partielles premières de fonctions linéaires sont des constantes non nulles ; les dérivées partielles secondes sont nulles. En général donc, ni les conditions du premier ordre, ni les conditions du second ordre rencontrées dans les problèmes d'optimisation traités par l'analyse, ne peuvent être satisfaites. Au cours des vingt ou trente dernières années un certain nombre d'outils ont été mis au point, qui permettent de résoudre les problèmes d'optimisation comportant des relations fonctionnelles linéaires. Du point de vue de la microéconomie, la programmation linéaire et les tableaux d'input-output sont les deux plus importants.

On traitera au paragraphe 9.1 des fonctions de production linéaires. On discutera au paragraphe 9.2 des concepts généraux de la programmation linéaire en donnant quelques exemples empruntés à la théorie de la production linéaire. On présentera au paragraphe 9.3 une méthode générale de résolution des systèmes de programmation linéaire permettant d'obtenir des solutions numériques. Le paragraphe 9.4 traite du jeu à deux personnes, à somme nulle. La théorie des jeux et la programmation linéaire ont peu en commun, pourtant la structure formelle de ces deux techniques se ressemble beaucoup. Dans le paragraphe 9.5 on discutera des tableaux d'input-output sur lesquels s'appuie l'étude de systèmes empiriques à plusieurs marchés.

9.1 FONCTIONS LINÉAIRES DE PRODUCTION.

Une activité linéaire de production est un processus de production tel que l'on obtient un ou plusieurs outputs en proportions fixes en mettant en œuvre un ou plusieurs inputs, en proportions fixes. Ce processus est un processus homogène de degré un ; les rendements d'échelle sont donc constants. Si l'on accroît (ou si l'on diminue) toutes les quantités d'inputs proportionnellement, on accroît (ou diminue) les quantités d'outputs produits dans le même rapport. Une fonction linéaire de production représente un ensemble d'activités linéaires de production que l'on peut mettre en œuvre simultanément.

Cas d'un seul output.

Considérons une activité linéaire de production qui permet de produire un output à partir de m inputs. On décrira cette activité à l'aide d'un ensemble de coefficients a_i $(i = 1, ..., m)$ qui donnent les quantités d'inputs nécessaires pour produire une unité d'output. Les niveaux d'inputs requis pour la production d'un niveau déterminé d'output sont déterminés de manière unique :

$$x_i = a_{iq} \qquad (i = 1, ..., m) \tag{9-1}$$

La production maximale que l'on pourra obtenir avec des inputs en quantités données sera :

$$q = \min_i (x_i/a_i) \qquad a_i > 0 \tag{9-2}$$

Chaque input peut être un facteur limitatif de la production. D'après (9-1) la quantité x_i permettra d'obtenir x_i/a_i unités de l'output, mais tous les autres inputs doivent être disponibles dans les proportions requises si l'on veut obtenir ce niveau de production. C'est pourquoi le plus petit des x_i/a_i détermine le niveau maximum de production possible. Il se peut que tous les inputs ne soient pas complètement utilisés, un des inputs étant relativement limité.

Soit $a_1 = 2$ et $a_2 = 5$ les coefficients d'une activité de production utilisant deux inputs. Pour produire 1 unité il faut $x_1 = 2$ et $x_2 = 5$, pour produire 2 unités il faut $x_1 = 4$ et $x_2 = 10$, etc. Soit un entrepreneur possédant 4 unités du premier input et 20 unités du second, il pourra produire 2 unités :

$$q = \min (4/2, 20/5) = 2 .$$

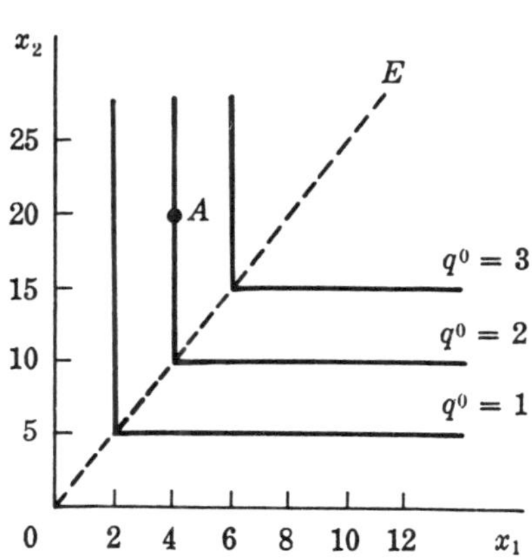

Fig. 9-1.

Le premier input est un input limitatif ; l'entrepreneur doit laisser inutilisées 10 unités du second input sur les 20 dont il dispose. La figure 9-1 montre un système d'isoquantes correspondant à notre exemple. Le chemin d'expansion 0E est le lieu des points tels que $x_1/x_2 = 2/5$. Il coupe les isoquantes au sommet de leur angle droit. A partir d'un point du chemin d'expansion, on ne peut augmenter l'un des inputs sans augmenter l'autre dans la proportion voulue, si l'on veut accroître la production. Considérons le point A de coordonnées $x_1 = 4$ et $x_2 = 20$ situé sur l'isoquante $q^0 = 2$.

Supposons maintenant que l'entrepreneur dispose de n activités distinctes de production, toutes linéaires, qu'il peut employer séparément ou simultanément pour produire son output. Soit a_{ij} ($i = 1, ..., m$; $j = 1, ..., n$) la quantité du i-ième input requise pour produire une unité d'output avec la j-ième activité. Les résultats donnés par les différentes activités sont additives. L'output global est égal à :

$$q = \sum_{j=1}^{n} q_j \,,$$

où q_j est la quantité produite en utilisant la j-ième activité. Les besoins d'inputs globaux sont :

$$x_i = \sum_{j=1}^{n} a_{ij}\, q_j \qquad (i = 1, ..., m)\,. \tag{9-3}$$

Celles assorties aux inputs lorsque différentes activités sont employées simultanément pour produire une unité, soient α_i ($i = 1, ..., m$) sont des moyennes pondérées des coefficients correspondant à l'emploi d'une activité isolément :

$$\alpha_i = \sum_{j=1}^{n} \lambda_j\, a_{ij} \qquad (i = 1, ..., m) \tag{9-4}$$

avec $$0 \leqslant \lambda_j \leqslant 1 \quad \text{et} \quad \sum_{j=1}^{n} \lambda_j = 1\,; \quad \lambda_j = \frac{q_j}{q}$$

λ_j est le pourcentage de la production totale obtenu en utilisant la j-ième activité. La combinaison de plusieurs activités permet des substitutions entre inputs qui modifient de manière substantielle l'équation (9-2). Le niveau maximum d'activité que l'on peut atteindre avec un ensemble d'inputs en quantités données est :

$$q = \min_i\, (x_i/\alpha_i) \qquad \alpha_i > 0\,. \tag{9-5}$$

Le rapport minimal x_i/α_i est contraignant, mais on choisit λ_j de façon à ce que le rapport minimal soit optimal.

Supposons qu'un entrepreneur puisse produire un output en utilisant deux inputs et trois activités :

$$a_{11} = 1 \qquad a_{12} = 2 \qquad a_{13} = 4$$
$$a_{21} = 8 \qquad a_{22} = 5 \qquad a_{23} = 3\,.$$

La figure 9-2 montre un système d'isoquantes correspondant à cette fonction linéaire de production. Les chemins d'expansion correspondant aux trois activités 1, 2, 3, sont OE_1, OE_2, OE_3 respectivement. Prenons l'isoquante correspondant à $q^0 = 3$. Les points A, B et C représentent les besoins en inputs si l'une seulement des activités est utilisée. Le segment de droite AB représente les besoins en inputs pour toutes les combinaisons des activités 1 et 2 pour la production de 3 unités. C'est un cas particulier de (9-4) :

$$x_1 = 3\,\alpha_1 = 3[\lambda + 2(1 - \lambda)]$$
$$x_2 = 3\,\alpha_2 = 3[8\,\lambda + 5(1 - \lambda)]$$

lorsque λ varie de zéro (point B) à un (point A). De la même façon, le segment de droite BC représente les besoins en inputs pour toutes les combinaisons des activités 2 et 3. Il n'est pas possible de substituer un input à l'autre en utilisant plusieurs activités à gauche de OE_1, soit pour $x_2/x_1 > 8$. L'activité 1 sera seule employée alors et l'input X_2 restera en partie inutilisé. A droite de OE_3, soit pour $x_2/x_1 < 3/4$, l'activité 3 sera seule employée, l'input X_1 sera en partie inutilisé.

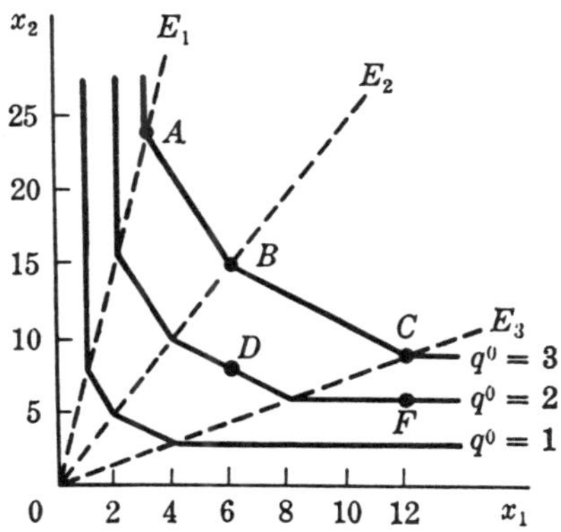

Fig. 9-2.

Les isoquantes du chapitre 3 donnent x_2 comme une fonction strictement convexe de x_1 ; les TST sont continus et décroissants. Les isoquantes de la figure 9-2 donnent x_2 comme une fonction convexe (mais pas strictement convexe) de x_1, les TST sont discontinus et non croissants. Les fonctions linéaires de production donneront toujours naissance à des isoquantes de ce type. La figure 9-2 donne une solution graphique de l'équation (9-5). En effet les isoquantes donnent le niveau maximum d'output, que l'on peut atteindre avec chaque combinaison d'inputs. Les activités inefficaces sont éliminées. On dit qu'une activité utilisée seule ou une combinaison d'activités est inefficace si une autre activité ou une autre combinaison d'activités ne nécessite pas une plus grande quantité des inputs et nécessite moins d'au moins un input. Il est évident d'après la figure 9-2 que les combinaisons des activités 1 et 3 sont inefficaces. Les besoins en inputs pour $q^0 = 3$ sont représentés par le segment de droite joignant A à C situé au-delà des segments AB et BC. Les outils mathématiques dont nous parlerons au paragraphe 9.3 permettent de conclure que les combinaisons des trois activités ne seront jamais meilleures que les combinaisons par couple de deux activités dans le cas de deux inputs.

Cas de plusieurs outputs.

Il est facile de comprendre le concept de fonction linéaire de production dans le cas où plusieurs outputs sont produits. Supposons que chacun des s outputs est produit à l'aide d'une activité linéaire de production utilisant m inputs. On peut aussi envisager le cas où un output nécessite la mise en œuvre de plusieurs activités. Soit a_{ij} la quantité du i-ième input nécessaire à la production du j-ième output au niveau unité. Les besoins en inputs liés à la production d'un ensemble d'outputs de niveau donné auront une forme semblable à celles de (9-3), soit :

$$x_i = \sum_{j=1}^{s} a_{ij} q_j \qquad (i = 1, ..., m) \qquad (9\text{-}6)$$

où q_j est la quantité du j-ième output que l'on veut obtenir. On peut maintenant substituer un output à un autre ou un input à un autre.

En règle générale, une activité permet de produire plusieurs outputs. Supposons que chacune des n activités conduisent à la production de s outputs en utilisant m inputs. Soit z_j ($j = 1, ..., n$), le niveau de la j-ième activité. Le choix du niveau d'activité est arbitraire tant que les outputs et les inputs restent dans les proportions convenables. Soit a_{ij}, la quantité du i-ième output produit et b_{ij} la quantité du i-ième input nécessaire à la mise en œuvre de l'activité j au niveau unitaire. Les outputs et les inputs correspondant à un niveau donné d'activité seront :

$$\begin{aligned} q_i &= \sum_{j=1}^{n} a_{ij} z_j \qquad (i = 1, ..., s) \\ x_i &= \sum_{j=1}^{n} b_{ij} z_j \qquad (i = 1, ..., m) \,. \end{aligned} \qquad (9\text{-}7)$$

Les combinaisons d'activité sont ici encore définies par une moyenne pondérée des activités élémentaires qui les composent.

Les outils dont nous avons parlé jusqu'à maintenant ne peuvent servir à l'étude de l'optimisation dans le cas de fonctions de production linéaires. La programmation linéaire dont nous allons traiter au cours des deux sections suivantes permet au contraire de résoudre ce problème. Nous utiliserons deux systèmes de symboles au cours de cette étude. Les symboles z, y et w serviront à établir les concepts généraux à la base de la programmation linéaire. Ils seront appelés q, p et r quand on appliquera ces notions générales à des problèmes économiques particuliers.

9.2 LA PROGRAMMATION LINÉAIRE : CONCEPTS DE BASE.

La programmation linéaire permet de résoudre des problèmes où l'on cherche à maximiser ou à minimiser une fonction linéaire assujettie à un système de contraintes linéaires sous forme d'inégalités, y compris celle de non-négativité des variables. Le problème, sous sa forme générale, consiste à trouver les valeurs des variables z_j ($j = 1, ..., n$) qui maximisent :

$$y = \gamma_1 z_1 + \gamma_2 z_2 + \cdots + \gamma_n z_n \tag{9-8}$$

assujetti aux contraintes :

$$a_{i1} z_1 + a_{i2} z_2 + \cdots + a_{in} z_n \leqslant k_i \qquad (i = 1, ..., m) \tag{9-9}$$

et

$$z_j \geqslant 0 \qquad (j = 1, ..., n) \tag{9-10}$$

les paramètres γ_{ij}, a_{ij} et k_i peuvent être positifs, négatifs ou nuls.

La forme du problème exprimé par (9-8), (9-9) et (9-10) est la forme générale. Si l'on cherche à minimiser la fonction économique, il suffit de chercher à maximiser l'opposée de cette fonction pour retrouver la forme générale. Si l'une des contraintes est de la forme $\geqslant$, il suffit de la multiplier par (-1), on inverse ainsi le sens de l'inéquation et l'on retrouve la forme générale. Si la i-ième contrainte est une égalité stricte, on peut la transformer en deux inégalités : inférieure ou égale à et supérieure ou égale à. La seconde inégalité sera multipliée par (-1) pour en inverser le sens.

Ensemble des points réalisables.

Tout ensemble de nombres réels qui satisfait (9-9) et (9-10) est une solution réalisable du programme linéaire. Tous les points réalisables de l'espace à n dimensions (R^n) constituent *l'ensemble des points réalisables.*

Il est utile de revoir quelques-unes des propriétés générales des ensembles de R^n avant de déduire les propriétés particulières des ensembles de points réalisables (¹). On appelle *ensemble convexe*, un ensemble tel que tous les points situés sur un segment de droite ayant pour extrémités deux points de l'ensemble, est dans l'ensemble. Un *point de la frontière* a pour points adjacents des points intérieurs à l'ensemble et d'autres extérieurs à cet ensemble. Tous les points adjacents à un point *intérieur* appartiennent à l'ensemble. Un *ensemble fermé* contient tous ses points frontière, un *ensemble ouvert* n'a pas de point frontière. L'*ensemble vide*, c'est-à-dire un ensemble auquel n'appartient aucun point, et un ensemble réduit à un point sont des ensembles convexes et fermés par définition. L'ensemble des points de R^n est fermé ; il n'a pas de points frontière et les contient tous. Un ensemble est *borné inférieurement* s'il existe un système de n nombres, u_j, tel que : $u_j \leqslant z_j$ ($j = 1, ..., n$) pour tous les

(¹) Voir aussi paragraphe 5.4. Les définitions des ensembles fermés données ici et au paragraphe 5.4 sont équivalentes.

points de l'ensemble. Un ensemble est *borné supérieurement* s'il existe un système de n nombres, v_j, tels que : $v_j \geqslant z_j$ ($j = 1, ..., n$) pour tous les points de l'ensemble.

Une équation linéaire, la forme égalité de la i-ième contrainte de (9-9) par exemple, définit un *hyperplan* dans R^n. Un hyperplan est une droite dans R^2, un plan dans R^3 et une surface à $(n - 1)$ dimensions dans l'espace R^n. Si $a_{ij} = 0$, l'hyperplan est parallèle à l'axe des z_j. Si $k_i = 0$, R^n a pour origine un point de l'hyperplan. L'hyperplan défini par la i-ième contrainte définit un *demi-espace fermé* sur R^n :

$$a_{i1} z_1 + a_{i2} z_2 + \cdots + a_{in} z_n \leqslant k_i$$

dont les points satisfont la i-ième contrainte et un *demi-espace ouvert* :

$$a_{i1} z_1 + a_{i2} z_2 + \cdots + a_{in} z_n > k_i$$

dont les points ne satisfont pas la i-ième contrainte. Les demi-espaces sont des ensembles convexes et les demi-espaces fermés sont des ensembles convexes fermés. L'ensemble des points qui satisfont la j-ième contrainte de non-négativité de (9-10) est aussi un demi-espace fermé et est donc fermé et convexe.

Les points qui satisfont chacune des contraintes de (9-10) et (9-11) constituent des ensembles convexes fermés. Une solution réalisable du programme linéaire doit satisfaire les $(m + n)$ contraintes. L'ensemble des points réalisables est l'ensemble des points qui appartiennent à chacun des $(m + n)$ ensembles formés par les contraintes, c'est-à-dire l'*intersection* des $(m + n)$ ensembles. Un théorème de la théorie des ensembles établit que l'intersection d'un nombre fini d'ensembles convexes fermés est elle-même un ensemble convexe fermé. Les contraintes de non-négativité (9-10) limitent inférieurement les valeurs des variables. Il s'ensuit que l'ensemble des points réalisables correspondant à un programme linéaire est toujours convexe, fermé, borné inférieurement. Ce résultat est important parce que l'on connaît bien les propriétés de ces ensembles.

A titre d'illustration, supposons qu'un entrepreneur puisse utiliser deux activités linéaires pour produire deux outputs à l'aide de trois inputs. Une unité de l'output Q_1 requiert 1 unité de X_1, 1 unité de X_2 et 2 unités de X_3. Une unité de Q_2 nécessite 3 unités de X_1, 1 unité de X_2 et 1 unité de X_3. L'entrepreneur possède des quantités fixes des trois inputs, soit : $x_1^0 = 18$, $x_2^0 = 8$ et $x_3^0 = 14$. Il peut utiliser des quantités inférieures d'input mais il ne peut pas se procurer des quantités supplémentaires d'input. L'ensemble de production de l'entrepreneur est limité par les contraintes suivantes :

$$\begin{aligned} q_1 + 3\, q_2 &\leqslant 18 \\ q_1 + q_2 &\leqslant 8 \\ 2\, q_1 + q_2 &\leqslant 14 \\ q_1, q_2 &\geqslant 0\,. \end{aligned} \tag{9-11}$$

Chacune des cinq contraintes limite les solutions à un demi-espace fermé. Les contraintes de non-négativité limitent les solutions au quadrant positif. Il est commode de se limiter à ce quadrant pour la suite.

Les hyperplans correspondants, droites dans R^2, sont tracés sur la figure 9-3. La première contrainte de (9-11) limite les solutions aux points situés sur la droite passant par A et B ou sous la droite. La seconde contrainte limite les solutions aux points situés en dessous ou sur la droite passant par B et C, la troisième aux points situés en dessous ou sur la droite passant par C et D. L'ensemble des points réalisables est défini par la frontière $OABCD$ tracée en traits pleins. L'ensemble des points réalisables est convexe et fermé. Dans cet exemple, il est borné inférieurement et supérieurement. Tout point de l'ensemble satisfait les cinq contraintes de (9-11) et tout point n'appartenant pas à l'ensemble ne respecte pas l'une des contraintes au moins. Le point $E\,(q_1 = 5,\ q_2 = 4)$ satisfait la première et la troisième contraintes ainsi que la contrainte de non-négativité, mais n'est pas un point réalisable car il ne satisfait pas la seconde contrainte.

Solutions optimales.

Une fois que l'on a défini l'ensemble des points réalisables, il faut trouver un point de l'ensemble qui maximise la valeur de la fonction économique (9-8). Il est utile de définir pour cela deux autres concepts de la théorie des ensembles. Un *point extrémal*, dans un ensemble convexe fermé, est un point frontière qui ne se trouve sur aucun segment de droite ayant pour extrémités deux points appartenant à l'ensemble. Les points O, A, B, C et D de la figure 9-3 sont des points extrémaux. On appelle *hyperplan latéral* d'un ensemble convexe fermé, un hyperplan contenant un point frontière de l'ensemble, si cet ensemble est contenu tout entier dans un des demi-espaces fermés définis par l'hyperplan.

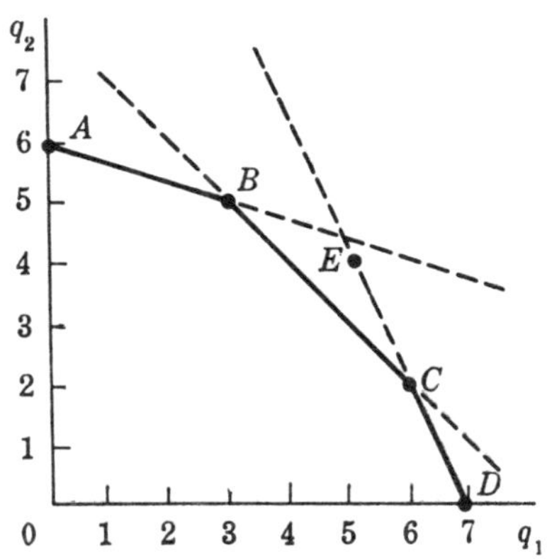

Fig. 9-3.

Si l'ensemble des points réalisables est l'ensemble vide, le programme linéaire n'a évidemment pas de solution optimale. S'il est réduit à un seul point, ce point est optimal, quelle que soit la forme de la fonction économique. Si le domaine des points réalisables contient plus d'un point, il faut trouver un point qui maximise la valeur de (9-8).

Supposons qu'il existe une solution optimale pour le système défini par les équations (9-8) à (9-10). Soit $(z_1^0, z_2^0, ..., z_n^0)$ un point du domaine des réalisables. Introduisons ce point dans (9-8) pour obtenir la valeur correspondante de la fonction économique y^0 :

$$y^0 = \gamma_1 z_1^0 + \gamma_2 z_2^0 + \cdots + \gamma_n z_n^0 .$$

Définissons un demi-espace fermé contenant tous les points pour lesquels la valeur de la fonction économique est égale ou inférieure à y^0 :

$$\gamma_1 z_1 + \gamma_2 z_2 + \cdots + \gamma_n z_n \leqslant y^0 \tag{9-12}$$

et un demi-espace ouvert contenant tous les points pour lesquels cette valeur est supérieure à y^0 :

$$\gamma_1 z_1 + \gamma_2 z_2 + \cdots + \gamma_n z_n > y^0 . \tag{9-13}$$

Le point choisi est optimal si (9-12) est un hyperplan latéral de l'ensemble des points réalisables. Il n'y a alors pas de points de ce domaine pour lequel la valeur de la fonction économique est supérieure. Si (9-12) n'est pas un hyperplan latéral, le point retenu n'est pas optimal. L'ensemble des points que définit (9-13) contient au moins un point réalisable pour lequel la fonction économique a une valeur supérieure à y^0. Comme un hyperplan latéral ne contient aucun des points intérieurs à l'ensemble des réalisables, il s'ensuit que les points optimaux sont toujours des points frontière du domaine des réalisables. Nous pouvons énoncer maintenant un théorème très important de la programmation linéaire : *un ensemble convexe fermé borné inférieurement a un ou plusieurs points extrémaux appartenant à chacun des hyperplans latéraux* (1). Cela veut dire que si un programme linéaire a une solution optimale, un des points extrémaux au moins est un point optimal. On peut donc limiter la recherche des solutions optimales à un nombre fini de points puisque les points extrémaux sont en nombre fini.

Supposons que l'entrepreneur dont l'ensemble de production est défini par (9-11) et représenté graphiquement par la figure 9-3 vend sa production aux prix donnés p_1 et p_2 et désire maximiser son revenu. La figure 9-4 *a* représente le cas où :

$$p_1 = 1, \qquad p_2 = 2 ,$$

$$y = q_1 + 2 q_2 .$$

L'hyperplan défini par $y^0 = 7$ est la droite en traits pointillés la plus proche de l'origine. Il contient le point extrémal D ($q_1 = 7$, $q_2 = 0$). Le demi-espace ouvert correspondant défini par (9-13) contient plusieurs points réalisables dont A, B et C. D n'est donc pas optimal. Le point extrémal C de coordonnées ($q_1 = 6$, $q_2 = 2$) appartient à l'hyperplan défini par $y^0 = 10$. Le demi-espace ouvert qui lui correspond contient aussi des points réalisables et C n'est pas un point optimal. Le point extré-

(1) Une démonstration en est donnée par G. Hadley, *Linear Programming* (Reading, Mass. : Addison-Wesley, 1962), pp. 62-63.

mal B est optimal ($q_1 = 3$, $q_2 = 5$). Il est contenu dans l'hyperplan latéral défini par $y^0 = 13$. Le demi-espace ouvert qui lui correspond ne contient aucun point réalisable. La solution optimale est un point extrémal, elle est unique.

La figure 9-4 b représente le même ensemble des points réalisables pour des prix des outputs différents et une fonction économique différente :

$$p_1 = p_2 = 1 ,$$

$$y = q_1 + q_2 .$$

Le point extrémal A de coordonnées ($q_1 = 0$, $q_2 = 6$) est situé dans l'hyperplan défini par $y^0 = 6$. On voit tout de suite que ce point n'est pas optimal. Les points extrémaux B et C et tous les points de l'arête ayant B et C pour extrémités sont contenus dans l'hyperplan latéral optimal défini par $y^0 = 8$. Il n'y a pas alors de solution unique. Tous les points frontière optimaux ne sont pas des points extrémaux. Néanmoins certains points extrémaux sont optimaux.

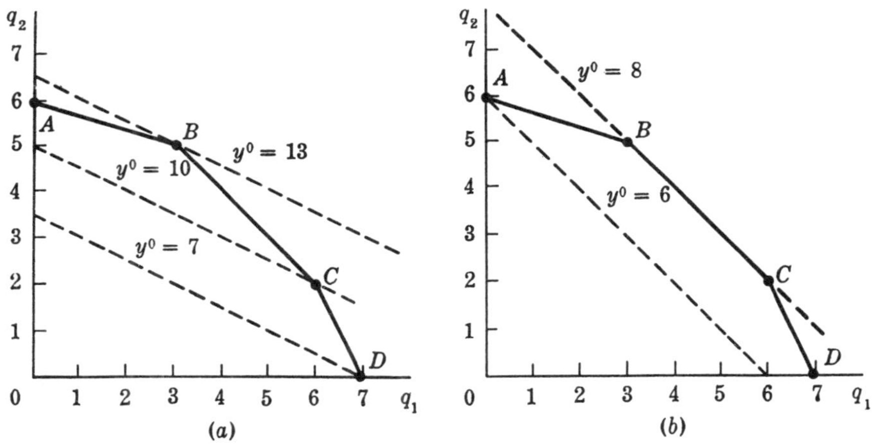

Fig. 9-4.

La frontière de l'ensemble des points réalisables de la figure 9-4 est l'équivalent pour la programmation linéaire de la courbe de transformation des produits du paragraphe 3.5. Une courbe de transformation des produits donne x_2 en fonction de x_1, x_2 étant une fonction strictement concave de x_1 avec un taux de transformation des produits (TTP) continu et croissant. Dans le cadre de la programmation linéaire, x_2 est une fonction concave (mais pas strictement concave) de x_1, le TTP est discontinu et non croissant. Dans les deux cas, le point optimal qui maximise le revenu dépend du rapport des prix des outputs.

On a supposé jusqu'à maintenant que des solutions optimales existaient. Soit le programme linéaire suivant :

$$\text{maximiser } y = 2\,z_1 + 3\,z_2 ,$$

compte tenu des contraintes :

$$-3z_1 + 2z_2 \leqslant 4$$
$$z_1 - 2z_2 \leqslant 6$$
$$z_1, z_2 \geqslant 0 .$$

Ce système est représenté par la figure 9.5. Tous les points qui sont situés entre, ou sur, les droites en traits pointillés sont des points réalisables. L'ensemble des points réalisables est convexe, fermé, borné inférieurement, mais il n'est pas borné supérieurement. La fonction économique n'a pas de valeur maximale finie. On peut toujours l'améliorer en augmentant de manière convenable z_1 et z_2. On dit qu'un tel programme n'a pas de solution finie.

Pour prouver l'existence d'une solution optimale finie dans un problème particulier, ou dans une famille de problèmes, il faut d'abord prouver que l'ensemble des points réalisables contient au moins un point. S'il en est ainsi, une condition suffisante d'existence est que le domaine des points réalisables soit borné supérieurement. Si les valeurs des variables ne peuvent s'accroître ou décroître indéfiniment, la valeur de la fonction économique ne pourra croître ou décroître indéfiniment. Souvenons-nous que tous les programmes linéaires sont bornés inférieurement. L'existence d'une limite supérieure est une condition suffisante, mais non nécessaire, de l'existence d'une solution optimale finie. Supposons que la fonction économique correspondant au cas de la figure 9-5 soit :

$$y = -2z_1 + z_2 .$$

Le lecteur peut vérifier qu'il y a une solution optimale au point extrémal A ($z_1 = 0$, $z_2 = 2$) et que $y = 2$ en ce point.

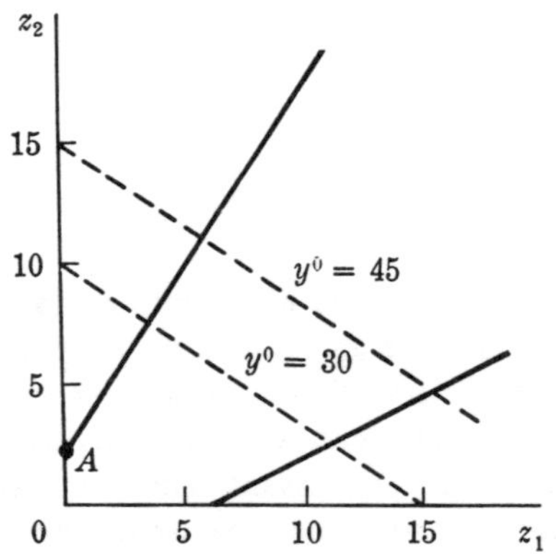

Fig. 9-5.

A titre d'exemple, considérons le programme général à partir duquel a été construit l'exemple de la figure 9-4. L'entrepreneur peut utiliser une activité linéaire pour produire chacun des n outputs, il possède des quantités fixes des m inputs et désire maximiser le revenu que lui procure la vente de sa production à des prix donnés le programme s'écrit :

$$\text{maximiser } y = p_1 q_1 + p_2 q_2 + \cdots + p_n q_n \tag{9-14}$$

compte tenu des contraintes :

$$\begin{aligned} a_{i1} q_1 + a_{i2} q_2 + \cdots + a_{in} q_n &\leqslant x_i^0 \qquad (i = 1, ..., m) \\ q_j &\geqslant 0 \qquad (j = 1, ..., n) \end{aligned} \tag{9-15}$$

où a_{ij} est la quantité du i-ième input nécessaire à la production d'une unité du j-ième output, et x_i^0 la quantité fixe disponible du i-ième input. Les a_{ij} sont non négatifs et la production de chacun des outputs nécessite la mise en œuvre d'une quantité positive d'un input au moins, soit $a_{ij} > 0$ pour un i au moins. On suppose que tous les p_j et les x_i^0 sont strictement positifs.

Soit v_j la quantité maximale du j-ième output que l'on peut produire si aucun autre output n'est produit :

$$v_j = \min_i (x_i^0 / a_{ij}) \qquad a_{ij} > 0 \qquad (j = 1, ..., n).$$

Etant donné les hypothèses de positivité sur la quantité des inputs, v_j est positif. L'origine est un point réalisable, il y a d'autres points réalisables moins triviaux. Ainsi par exemple le point $q_1 = v_1$ et $q_j = 0$ ($j = 2, ..., n$) est un point réalisable. Par construction $v_j \geqslant q_j$ ($j = 1, ..., n$) pour tous les points du domaine des réalisables. Les v_j forment la borne supérieure de l'ensemble. La preuve de l'existence est faite. La famille des programmes linéaires définis par (9-14) et (9-15) aura toujours des solutions optimales finies non triviales.

La dualité.

La forme générale d'un programme linéaire consiste à trouver les valeurs de z_j ($j = 1, ..., n$) qui maximisent :

$$y = \gamma_1 z_1 + \gamma_2 z_2 + \cdots + \gamma_n z_n \tag{9-16}$$

compte tenu des contraintes :

$$\begin{aligned} a_{11} z_1 + a_{12} z_2 + \cdots + a_{1n} z_n &\leqslant k_1 \\ a_{21} z_1 + a_{22} z_2 + \cdots + a_{2n} z_n &\leqslant k_2 \\ \cdots\cdots\cdots\cdots\cdots\cdots\cdots\cdots \\ a_{m1} z_1 + a_{m2} z_2 + \cdots + a_{mn} z_n &\leqslant k_m \end{aligned} \tag{9-17}$$

et

$$z_j \geqslant 0 \qquad (j = 1, ..., n).$$

Le *programme dual* qui lui est associé est composé des mêmes coefficients : il faut trouver les valeurs de w_i ($i = 1, ..., m$) qui minimisent :

$$y' = k_1 w_1 + k_2 w_2 + \cdots + k_m w_m \tag{9-18}$$

compte tenu des contraintes :

$$\begin{array}{l} a_{11}\, w_1 + a_{21}\, w_2 + \cdots + a_{m1}\, w_m \geqslant \gamma_1 \\ a_{12}\, w_1 + a_{22}\, w_2 + \cdots + a_{m2}\, w_m \geqslant \gamma_2 \\ \cdots\cdots\cdots\cdots\cdots\cdots\cdots\cdots \\ a_{1n}\, w_1 + a_{2n}\, w_2 + \cdots + a_{mn}\, w_m \geqslant \gamma_n \\ w_i \geqslant 0 \qquad (i = 1, ..., m)\,. \end{array} \tag{9-19}$$

Le *programme primal* avait m contraintes et n variables ; son programme dual a n contraintes et m variables. La fonction économique du primal était à maximiser, celle du dual est à minimiser. Les coefficients de la fonction économique et les constantes des contraintes sont échangées d'un programme à l'autre, le sens des égalités est inversé. Le coefficient a_{ij} se trouve dans la i-ième ligne et la j-ième colonne de (9-17) et dans la j-ième ligne et la i-ième colonne de (9-19). La dualité est une relation symétrique. Le lecteur peut vérifier que le système primal est le dual du système dual (1).

Il existe un certain nombre de relations entre le programme primal et le programme dual. Nous énoncerons ici quelques-uns des théorèmes de dualité les plus importants. *Si l'un possède une solution optimale finie, l'autre a aussi une solution optimale finie. Si les deux systèmes ont des solutions réalisables, ils ont des solutions optimales finies.* On laisse au lecteur le soin de vérifier à titre d'exercice que le dual du programme représenté par la figure 9-5 n'a pas de solution réalisable.

Les variables de l'un sont associées aux contraintes de l'autre. On montrera au paragraphe 9.3 que la variable duale w_i donne le taux d'accroissement de la fonction économique du primal (9-16) par unité d'accroissement de k_i avec k_h $(h = i)$ constant. Elle indique la valeur marginale de la i-ième contrainte du programme primal mesurée avec les mêmes unités que la fonction économique du primal.

Supposons qu'il y ait des solutions optimales et qu'on les ait trouvées pour les deux programmes. Notons-les $z_1^*, ..., z_n^*$ et $w_1^*, .., w_m^*$. Un théorème très important de la dualité établit que : *la valeur optimale d'une variable de l'un des programmes est nulle si la contrainte correspondante de l'autre programme est satisfaite en tant qu'inégalité stricte et non négative si la contrainte est satisfaite en tant qu'égalité* :

$$\begin{array}{ll} a_{i1}\, z_1^* + \cdots + a_{in}\, z_n^* < k_i & \text{entraîne} \quad w_i^* = 0 \\ a_{i1}\, z_1^* + \cdots + a_{in}\, z_n^* = k_i & \text{entraîne} \quad w_i^* \geqslant 0 \end{array} \qquad (i = 1, ..., m) \tag{9-20}$$

et

$$\begin{array}{ll} a_{1j}\, w_1^* + \cdots + a_{mj}\, w_m^* > \gamma_j & \text{entraîne} \quad z_j^* = 0 \\ a_{1j}\, w_1^* + \cdots + a_{mj}\, w_m^* = \gamma_j & \text{entraîne} \quad z_j^* \geqslant 0 \end{array} \qquad (j = 1, ..., n)\,. \tag{9-21}$$

(1) Multiplions (9-18) et (9-19) par (— 1), pour écrire le programme sous sa forme générale, écrivons le dual d'après les règles énoncées ci-dessus, multiplions enfin la fonction économique duale et les contraintes par (— 1). Le programme ainsi obtenu est identique à celui défini par (9-16) et (9-17).

D'après un théorème voisin : *si la valeur optimale d'une variable d'un des programmes est positive, les valeurs optimales des variables de l'autre satisfont la contrainte correspondante sous sa forme égalité* :

$$w_i^* > 0 \quad \text{entraîne} \quad a_{i1} z_1^* + \cdots + a_{in} z_n^* = k_i \qquad (i = 1, \ldots, m) \quad (9\text{-}22)$$

$$z_j^* > 0 \quad \text{entraîne} \quad a_{1j} w_1^* + \cdots + a_{mj} w_m^* = \gamma_j \qquad (j = 1, \ldots, n)\,. \quad (9\text{-}23)$$

Introduisons z_j^* dans (9-17), multiplions la i-ième contrainte par w_i^* $(i = 1, \ldots, m)$ et faisons la somme des m contraintes ainsi obtenues :

$$\sum_{i=1}^{m} w_i^* \sum_{j=1}^{n} a_{ij} z_j^* = \sum_{i=1}^{m} w_i^* k_i \qquad (9\text{-}24)$$

d'après (9-22) (1). Introduisons w_i^* dans (9-19), multiplions la j-ième contrainte par z_j^* $(j = 1, \ldots, n)$ et faisons la somme des n contraintes ainsi obtenues :

$$\sum_{j=1}^{n} z_j^* \sum_{i=1}^{m} a_{ij} w_i^* = \sum_{j=1}^{n} z_j^* \gamma_j \qquad (9\text{-}25)$$

d'après (9-23). Le premier membre de (9-24) est identique à celui de (9-25). En tenant compte de (9-18) et de (9-16) :

$$y^* = \sum_{j=1}^{n} \gamma_j z_j^* = \sum_{i=1}^{m} k_i w_i^* = y'^*\,. \qquad (9\text{-}26)$$

Les valeurs optimales des fonctions économiques des deux programmes sont égales.

Il est fréquent en économie, que les variables d'un programme primal soient des quantités et que les variables duales soient les prix pour lesquels l'allocation des ressources serait efficace. Pour certains programmes, on peut interpréter ces prix comme des prix de marché concurrentiel, pour d'autres ce sont des prix efficaces différents des prix du marché.

On peut illustrer la dualité à l'aide de l'exemple suivant. Un entrepreneur produit n outputs en utilisant des quantités données de m inputs. Le programme primal est décrit par (9-14) et (9-15). Les variables duales sont les taux d'accroissement de la fonction économique du primal, le revenu total en francs, correspondant à une augmentation d'une unité de chacun des inputs pris isolément ; ces taux sont mesurés en francs par unité d'input. Les variables duales peuvent être interprétées comme étant les prix imputés des inputs. On les note à l'aide du symbole usuel : r_i $(i = 1, \ldots, m)$.

Le programme dual s'écrit :

$$\text{minimiser } y' = x_1^0 r_1 + \cdots + x_m^0 r_m \qquad (9\text{-}27)$$

(1) Si $w_i^* > 0$, la contrainte correspondante est une égalité et reste une égalité après multiplication. Si $w_i^* = 0$, la contrainte correspondante se réduit à l'égalité $0 = 0$ après multiplication. (9-24) est donc une somme d'inégalités.

compte tenu des contraintes :

$$a_{1j} r_1 + \cdots + a_{mj} r_m \geqslant p_j \qquad (j = 1, ..., n)$$
$$r_i \geqslant 0 \qquad (i = 1, ..., m) . \tag{9-28}$$

Le premier membre de la j-ième contrainte représente le coût unitaire de production du j-ième output en fonction des prix imputés des inputs. Les contraintes duales montrent que le coût unitaire est égal ou supérieur au prix (revenu unitaire) de chaque output. D'après (9-23), le coût unitaire est égal au prix de chaque output produit. Les prix imputés des inputs traduisent l'efficacité en ce sens qu'il n'est pas possible pour l'entrepreneur d'accroître son profit en modifiant les niveaux d'outputs produits.

La fonction économique du dual donne la valeur des stocks d'inputs de l'entrepreneur en fonction des prix efficaces des inputs. D'après (9-26), la valeur optimale de son stock d'inputs égale son revenu maximal. Si l'on payait les détenteurs de stocks d'input aux prix efficaces, le revenu global serait englouti et le profit global serait nul. Si les niveaux optimaux d'output satisfont la i-ième contrainte sur les inputs sous sa forme d'inégalité stricte, il resterait à l'entrepreneur une quantité inutilisée du i-ième input ; d'après (9-20) son prix serait nul. Seuls les inputs rares, c'est-à-dire les inputs totalement utilisés, ont des prix positifs.

Le système dual du cas représenté sur la figure 9.4 *a* s'écrit :

$$\text{minimiser} \quad y' = 18\, r_1 + 8\, r_2 + 14\, r_3 ,$$

compte tenu des contraintes :

$$r_1 + r_2 + 2\, r_3 \geqslant 1 , \qquad 3\, r_1 + r_2 + r_3 \geqslant 2 , \qquad r_1, r_2, r_3 \geqslant 0 .$$

La solution optimale du primal s'écrit :

$$q_1^* = 3 , \qquad q_2^* = 5 , \qquad y^* = 13 .$$

Les deux premières contraintes d'input du primal sont respectées en tant qu'égalités, la troisième l'est en tant qu'inégalité stricte. Il est facile de déduire de (9-20) et de (9-21) la solution optimale du dual. D'après (9-20), $r_3^* = 0$ et d'après (9-21) :

$$r_1^* + r_2^* = 1 \qquad 3\, r_1^* + r_2^* = 2 .$$

Ces équations ont pour solution :

$$r_1^* = 0{,}5 , \qquad r_2^* = 0{,}5 .$$

On vérifie que $y'^* = 13$ en calculant la valeur de la fonction économique dans (9-26).

9.3 LA PROGRAMMATION LINÉAIRE : MÉTHODES DE RÉSOLUTION.

Il existe un grand nombre de méthodes permettant d'obtenir des solutions numériques aux problèmes de programmation linéaire. Nous parlerons ici de la forme révisée de la méthode du simplexe. C'est la plus couramment utilisée et celle qui paraît la plus séduisante aux économistes.

Solutions réalisables de base.

On dispose de peu de méthodes de résolution des systèmes d'inéquations linéaires, mais par contre il existe des méthodes précises de résolution des systèmes d'équations linéaires. La première étape consiste donc à transformer les inégalités du système (9-17) en un système d'équations. Soit m nouvelles variables z_j $(j = n + 1, ..., n + m)$ égales à la différence entre les deux membres des inégalités du système (9-17). Redéfinissons à l'aide de ces nouvelles variables le problème de programmation linéaire défini par l'équation (9-16) et les contraintes (9-17) : il s'agit de trouver des valeurs de z_j $(j = 1, ..., n + m)$ qui maximisent :

$$y = \gamma_1 z_1 + \cdots + \gamma_{n+m} z_{n+m} \tag{9-29}$$

compte tenu de :

$$\begin{array}{l} a_{11} z_1 + a_{12} z_2 + \cdots + a_{1n} z_n + z_{n+1} \qquad\qquad\qquad = k_1 \\ a_{21} z_1 + a_{22} z_2 + \cdots + a_{2n} z_n \qquad + z_{n+2} \qquad\quad = k_2 \\ \cdots\cdots\cdots\cdots\cdots\cdots\cdots\cdots\cdots\cdots\cdots\cdots \\ a_{m1} z_1 + a_{m2} z_2 + \cdots + a_{mn} z_n \qquad\qquad\qquad + z_{n+m} = k_m \\ z_j \geqslant 0 \qquad (j = 1, ..., n + m) \end{array} \tag{9-30}$$

où $\gamma_j = 0$ $(j = n + 1, ..., n + m)$. Les nouvelles variables, dites « variables d'écart », doivent aussi être non négatives. Lorsque la i-ième relation du système (9-17) est une égalité, $z_{n+i} = 0$. Quand il y a inégalité stricte, $z_{n+i} > 0$. Les contraintes principales constituent maintenant un système de m équations linéaires à $(n + m)$ variables.

Tout ensemble de valeurs non négatives des $(n + m)$ variables z_j qui satisfait les conditions (9-30) est une solution réalisable du programme ; c'est donc un point de l'ensemble des points réalisables. Réduisons le système (9-30) à un système de m équations à m variables en posant les valeurs de n des $(n + m)$ variables égales à zéro. Ce système réduit forme ce qu'on appelle *une solution réalisable de base* (SRB) du programme si le déterminant n'est pas nul. On peut le résoudre et trouver des valeurs non négatives des m variables. Une SRB du système (9-30) est une solution réalisable ne comportant pas plus de m variables positives. Il y aura moins de m variables positives si l'une au moins des variables a pour solution zéro ; on dira alors que la SRB est *dégénérée*.

Un des théorèmes fondamentaux relatifs à la programmation linéaire établit une correspondance biunivoque entre les SRB et les points extrémaux de l'ensemble des points réalisables [1]. S'il existe une solution optimale finie, il existe au moins un point extrémal (SRB) optimal. On peut limiter la recherche de solutions optimales à la recherche du nombre fini de SRB de (9-30).

Une méthode consiste à trouver toutes les SRB et à retenir celle (elle peut ne pas

(1) Voir dans Hadley, *op. cit.*, pp. 100-103 une démonstration de ce théorème.

être seule) qui donne la valeur la plus élevée de la fonction économique. Ecrivons le problème illustré par la figure 9-4 *a* avec des contraintes-égalités :

$$\max y = q_1 + 2\,q_2 \tag{9-31}$$

compte tenu des contraintes :

$$\begin{aligned} q_1 + 3\,q_2 + q_3 \qquad\qquad &= 18 \\ q_1 + \ \ q_2 \qquad + q_4 \qquad &= \ \ 8 \\ 2\,q_1 + \ \ q_2 \qquad\qquad + q_5 &= 14 \\ q_j \geqslant 0 \qquad (j = 1, ..., 5) & \end{aligned} \tag{9-32}$$

q représentant les outputs. Si l'on néglige deux des variables et que l'on résout le système pour les trois autres, tour à tour, le lecteur peut vérifier que l'on obtient les cinq SRB suivantes :

(1) $q_3 = 18$	$q_4 = 8$	$q_5 = 14$	$y = 0$	(point O)
(2) $q_2 = 6$	$q_4 = 2$	$q_5 = 8$	$y = 12$	(point A)
(3) $q_1 = 3$	$q_2 = 5$	$q_5 = 3$	$y = 13$	(point B)
(4) $q_1 = 6$	$q_2 = 2$	$q_3 = 6$	$y = 10$	(point C)
(5) $q_1 = 7$	$q_3 = 11$	$q_4 = 1$	$y = 7$	(point D) .

(Les points extrémaux de la figure 9-4 *a* correspondant aux différentes SRB sont notés entre parenthèses.) Les cinq autres sous-systèmes de trois variables que l'on peut former à partir des contraintes-égalités comportent au moins une valeur négative, ils ne représentent donc pas des points réalisables. Par exemple la solution $q_1 = 18$, $q_4 = -10$, $q_5 = -22$ satisfait les contraintes, mais doit être rejetée car q_4 et q_5 sont négatifs. La SRB (3) correspondant au point extrémal B est une solution optimale.

Solution générale.

Supposons que l'on ait trouvé une solution réalisable de base. Numérotons à nouveau les variables primales et les variables d'écart de façon à inclure dans la SRB les variables d'indice 1 à m et à en exclure les variables d'indice $m + 1$ à s, avec $s = n + m$. Soit z_h la variable d'écart associée à la contrainte k, les coefficients $a_{1h}, a_{2h}, ..., a_{mh}$ sont nuls sauf a_{kh} qui est égal à l'unité. Assimilons les variables exclues à des constantes et faisons-les passer à droite dans (9-30). Nous avons :

$$\begin{aligned} a_{11}\,z_1 + \cdots + a_{1m}\,z_m &= k_1 - a_{1,m+1}\,z_{m+1} - \cdots - a_{1s}\,z_s \\ \cdots\cdots\cdots\cdots & \cdots\cdots\cdots\cdots\cdots\cdots\cdots\cdots \\ a_{m1}\,z_1 + \cdots + a_{mm}\,z_m &= k_m - a_{m,m+1}\,z_{m+1} - \cdots - a_{ms}\,z_s\,. \end{aligned} \tag{9-33}$$

En utilisant la règle de Cramer pour résoudre le système pour les variables de la SRB en fonction des constantes :

$$z_j = \sum_{i=1}^{m} \beta_{ji}(k_i - a_{i,m+1}\,z_{m+1} - \cdots - a_{is}\,z_s) \quad (j = 1, ..., m) \tag{9-34}$$

avec $\beta_{ji} = \mathbf{D}_{ij}/\mathbf{D}$, c'est-à-dire le cofacteur ($\mathbf{D}_{ij}$) de l'élément de la i-ième ligne et de la j-ième colonne du tableau des coefficients du premier membre de (9-33) divisé par le déterminant de la matrice ($\mathbf{D}$). D'après la définition d'une SRB, $\mathbf{D}$ est différent de zéro. En langage matriciel, les β_{ij} sont les éléments de la matrice inverse du tableau des coefficients de la SRB.

Les équations (9-34) permettent d'obtenir une solution générale donnant les valeurs des variables principales (indices 1 à m) en fonction des variables secondaires (indices $m + 1$ à s) et des k_i. On obtient ainsi la valeur de la SRB pour les variables principales en supposant que les variables secondaires sont nulles :

$$z_j = \sum_{i=1}^{m} \beta_{ji} k_i \qquad (j = 1, \ldots, m)\,. \tag{9-35}$$

On peut également utiliser (9-34) à d'autres fins comme on le verra plus loin.

Forme révisée de la méthode du simplexe.

On ne peut pas résoudre graphiquement un problème lorsque l'on a plus de trois dimensions. Une énumération complète des SRB n'est pas possible si le nombre des équations et des variables devient trop grand. La méthode que nous présenterons est une méthode par itération. Elle se montre très efficace pour la résolution de problèmes de programmation linéaire comportant un grand nombre de contraintes et de variables. Il est plus simple de décrire cette méthode en utilisant le vocabulaire économique : les variables décrivent les activités, les contraintes initiales décrivent les restrictions sur les matières premières, les variables duales représentent les prix de ces matières premières et les contraintes duales comparent les coûts et les revenus par unité produite. On utilisera une notation valable pour tous les types de programmes ; les méthodes de résolution sont applicables à des programmes pour lesquels cette terminologie ne convient pas.

On commence par choisir une SRB. On calcule le coût des matières premières qui donnerait un niveau de profit nul par unité produite pour les activités principales. On calcule ensuite les niveaux de profit par unité produite en mettant en œuvre les activités secondaires. La SRB est optimale si les niveaux de profit possibles sont négatifs ou nuls pour toutes les activités secondaires. Si l'une au moins de ces activités procure un profit positif, la SRB choisie n'est pas optimale. On constitue alors une nouvelle SRB en excluant l'une des activités jusqu'alors principales au profit d'une activité jusqu'alors secondaire qui s'est révélée profitable. On calcule les coûts correspondants aux ressources utilisées dans la nouvelle SRB et l'on poursuit ce cheminement jusqu'à ce que l'on trouve une solution optimale, ou que l'on découvre qu'il n'y a pas de solution optimale finie.

On peut également décrire la forme révisée de la méthode du simplexe en partant de l'ensemble des points réalisables. On part d'un point extrémal et l'on procède à des tests pour voir si la valeur de la fonction économique augmente lorsque l'on se déplace le long d'une arête du domaine des réalisables. Il existe une correspondance bi-univoque entre les arêtes du domaine des réalisables adjacentes au point extrémal et les activités secondaires. Le point extrémal est un point optimal si l'on ne peut accroître la valeur de la fonction économique lorsque l'on se déplace le long d'une des arêtes. Si un de ces déplacements au moins permet d'accroître la valeur de la fonction économique, on gagne alors un des points extrémaux adjacents (1). On répète l'opération jusqu'à ce que l'on trouve un point extrêmal optimal ou que l'on se rende compte qu'il n'y a pas de solution optimale finie.

La forme révisée de la méthode du simplexe comporte cinq étapes :

Etape 1. Choisir une SRB initiale, calculer les β_{ij} de la solution générale (cf. équation 9-34). Numéroter les variables principales de 1 à m et les variables non principales (ou secondaires) de $m + 1$ à s. Si l'ensemble des points réalisables est l'ensemble vide, il n'y a pas de SRB ; on ne peut donc appliquer la méthode du simplexe dans sa forme révisée. Sinon, toute SRB peut servir de point de départ. Si $k_i \geqslant 0$ $(i = 1, ..., m)$ l'ensemble des points réalisables contient le point origine de l'espace des activités ; ce point peut constituer une SRB initiale commode. Cette SRB contient les m activités correspondant aux variables d'écart, telles que $z_i = k_i$ $(i = 1, ..., m)$ et conduit à une valeur de y nulle. Les coefficients de la solution générale sont $\beta_{ii} = 1$ et $\beta_{ij} = 0$ pour $i \neq j$ $(i, j = 1, ..., m)$. Si l'on choisit une autre SRB, on peut calculer les variables principales à partir de (9-35) et la valeur de la fonction économique à partir de (9-29).

Etape 2. Calculer le prix des ressources qui donnerait un profit nul pour la SRB du primal. Soit w_i $(i = 1, ..., m)$ les prix des ressources tels que revenus et coûts soient égaux pour les activités principales :

$$a_{1j} w_1 + a_{2j} w_2 + \cdots + a_{mj} w_m = \gamma_j \qquad (j = 1, ..., m) \tag{9-36}$$

la solution de ce système d'équations linéaires s'écrit :

$$w_i = \beta_{1i} \gamma_1 + \beta_{2i} \gamma_2 + \cdots + \beta_{mi} \gamma_m \qquad (i = 1, ..., m) \tag{9-37}$$

avec les β_{ij} égaux aux coefficients de la solution générale (9-34) (2). Si la SRB est optimale, les w_i fournissent une solution du problème dual ; le théorème de dualité est vérifié. Si la SRB n'est pas optimale, les w_i ne fourniront pas de solution optimale au problème dual et l'on ne peut appliquer les théorèmes de dualité. Certains des w_i pourront alors être négatifs.

Etape 3. Calculer le niveau de profit unitaire correspondant aux activités non principales. Le profit unitaire, π_j, est égal au revenu unitaire moins le coût unitaire imputé :

$$\pi_j = \gamma_j - \sum_{i=1}^{m} a_{ij} w_i \qquad (j = m + 1, ..., s)\,. \tag{9-38}$$

(1) Une arête peut avoir une longueur nulle. Le point extrémal « adjacent » coïncide alors avec celui dont on s'occupe.

(2) La matrice des coefficients de (9-36) est identique à celle de (9-33) si ce n'est que les lignes de l'une sont les colonnes de l'autre. Le cofacteur de l'élément de la i-ième ligne et de la j-ième colonne de la matrice (9-33) est identique à celui de l'élément de la j-ième ligne et de la i-ième colonne de (9-36). Le déterminant de chacune des matrices est égal.

Si $\pi_j \leqslant 0$ pour toutes les activités non principales, la SRB est optimale ; l'itération est terminée. (9-38) implique alors que :

$$a_{1j} w_1 + a_{2j} w_2 + \cdots + a_{mj} w_m \geqslant \gamma_j \qquad (j = m + 1, ..., s) . \qquad (9\text{-}39)$$

Cette équation et l'équation (9-36) donnent la solution réalisable optimale du problème dual (1). La solution optimale est unique si $\pi_j < 0$ pour toutes les activités secondaires ; elle n'est pas la seule solution optimale si $\pi_j = 0$ pour au moins une des activités secondaires. L'étape 4 décrite ci-dessous permet d'obtenir alors d'autres SRB optimales.

La SRB n'est pas optimale si l'on s'aperçoit que l'une des activités secondaires peut être une source de profits. On peut augmenter la valeur de la fonction économique en introduisant dans la base une activité non principale dont le profit est positif. On introduira donc une de ces activités, soit z_h ($\pi_h > 0$). S'il y en a plus de deux, l'une d'entre elles, n'importe laquelle, conviendra. On choisit en général celle pour laquelle π_j est le plus élevé.

Etape 4. Choix d'une nouvelle SRB. Récrire la solution générale (9-34) en faisant entrer z_h :

$$z_j = z_j^0 - \delta_j z_h \qquad (j = 1, ..., m) \qquad (9\text{-}40)$$

où $z_j^0 = \sum_{i=1}^{m} \beta_{ji} k_i$ est le niveau de la j-ième activité principale dans la SRB et $\delta_j = \sum_{i=1}^{m} \beta_{ji} a_{ih}$ la variation de z_j par unité de z_h. Etant donné que z_h est positif, le niveau des activités principales évolue de manière à conserver les égalités de (9-33). Si $\delta_j > 0$, l'introduction de z_h dans la base réduira le niveau de l'activité principale z_j. Si $\delta_j = 0$, z_j reste identique et si $\delta_j < 0$, z_j augmentera. (9-40) permet de voir géométriquement comment le niveau des activités principales est modifié lorsque l'on se déplace le long d'une arête du domaine des réalisables en partant d'un point extrémal.

Si tous les $\delta_j \leqslant 0$, le niveau d'aucune des activités principales n'est réduit par l'entrée de z_h dans la base. Il n'y a pas de valeur supérieure qui borne z_h et la valeur de la fonction économique peut s'accroître indéfiniment. On trouvera cette « condition » à un moment donné au cours de l'itération si le problème n'a pas de solution optimale finie. Il faut alors arrêter le processus d'itération.

Si un δ_j au moins est positif, les z_j correspondants diminuent lorsque z_h augmente. Le niveau de ces activités devient nul pour une certaine valeur de z_h que l'on peut déterminer en écrivant que $z_j = 0$ dans l'équation (9-40) : $z_h = z_j^0/\delta_j$. Si z_h était encore accru, z_j deviendrait négatif, ce qui est contraire aux contraintes de non-

(1) Si certains $\pi_j > 0$, une des contraintes au moins (9-39) n'est pas respectée. Les w_i ne pourront pas être une solution réalisable du problème dual. Les w_i sont une solution réalisable de ce problème dual si et seulement si la SRB correspondante est nulle.

négativité. La valeur maximale que peut prendre z_h est égale à la plus petite des valeurs pour laquelle le niveau d'une activité principale devient nul :

$$z_h = \min_j (z_j^0/\delta_j) \qquad \delta_j > 0 . \tag{9-41}$$

Soit k la valeur de j pour laquelle (9-41) est minimale. Si plus d'un niveau d'activité devient nul, de sorte que k n'est pas unique, on peut choisir arbitrairement un k correspondant à une de ces activités. On formera alors une nouvelle base en faisant entrer z_h et en faisant sortir z_k (1).

On peut aussi par le même procédé déterminer toutes les SRB optimales du problème dans le cas où l'étape 3 conduit à une SRB optimale, non unique. Un $\pi_h = 0$ indique qu'une activité non principale peut être introduite sans changer la valeur de la fonction économique. En utilisant (9-41) on peut déterminer laquelle des activités principales doit être remplacée. La nouvelle SRB ainsi obtenue est aussi optimale. Si plus d'une activité secondaire a un profit nul, on peut reprendre le procédé pour chacune de ces activités. L'étape 5 permet de déterminer les valeurs des variables des différentes SRB que l'on obtient alors.

Etape 5. Trouver les valeurs des nouvelles SRB. On peut reprendre les calculs bien sûr à l'étape 1 pour constituer les nouvelles bases, calculer les β_{ij} et les valeurs des nouvelles variables. Certains théorèmes de l'algèbre linéaire permettent toutefois d'écourter les calculs. Soit les éléments de la base actuelle caractérisés par un indice puissance nul et les éléments de la nouvelle base caractérisés par un symbole sans indice puissance nul.

Le coefficient π_h donne l'accroissement de valeur de la fonction économique par unité de z_h. Dans la nouvelle base donc :

$$y = y^0 + \pi_h z_h . \tag{9-42}$$

La valeur de z_h est donnée par (9-41). On peut déterminer les valeurs des autres activités de la SRB en remplaçant z_h par sa valeur dans (9-40). Par construction $z_k = 0$. Echangeons l'activité sortant de la base et l'activité y entrant : z_h prend l'indice k et z_k l'indice h.

La matrice des coefficients obtenue sur le modèle de (9-33) pour la nouvelle base est la même que celle de l'ancienne base, si ce n'est la k-ième colonne. Un théorème d'algèbre linéaire rend relativement facile le calcul des nouveaux β_{ij} dans ce cas particulier. Les coefficients de la k-ième ligne sont :

$$\beta_{kj} = \beta_{kj}^0/\delta_k \qquad (j = 1, ..., m) . \tag{9-43}$$

(1) Si $z_j^0 = 0$ et $\delta_j > 0$ pour certains j ($j = 1, ..., m$) (9-41) a pour solution $z_h = 0$. L'entrée de z_h dans la base n'augmentera pas la valeur de la fonction économique. Néanmoins, on peut continuer le processus d'itération comme si $z_h > 0$. On a pu construire des exemples dans lesquels se produisaient des phénomènes de cyclage. On n'a pas encore trouvé de phénomène de cyclage dans les applications concrètes des problèmes de programmation linéaire ; nous ne tiendrons donc pas compte de ce phénomène ici.

D'après le choix de k, $\delta_k > 0$. Les coefficients des lignes restantes sont :

$$\beta_{ij} = \beta_{ij}^0 - \delta_i \beta_{kj} \qquad (i, j = 1, ..., m) \qquad i \neq k \,. \tag{9-44}$$

Finalement les prix des ressources qu'implique la nouvelle SRB s'écrivent ([1]) :

$$w_i = w_i^0 + \pi_h \beta_{ki} \qquad (i = 1, ..., m) \,. \tag{9-45}$$

On retourne à l'étape 3. On reprend les étapes 3, 4 et 5 jusqu'à ce que l'on trouve une SRB optimale à l'étape 3, ou que l'on détermine qu'il n'y a pas de SRB optimale.

Exemple.

On appliquera la forme révisée de la méthode du simplexe à l'exemple bien connu défini par les équations (9-31) et (9-32). On utilisera un double système de repérage pour les variables : l'indice i, j réfère à l'activité i de l'exemple que l'on note j dans le processus de calcul.

Etape 1. Prenons comme SRB l'origine. (9-35) s'écrit

$$\begin{aligned} z_{3,1} &= (1)(18) + (0)(8) + (0)(14) = 18 \\ z_{4,2} &= (0)(18) + (1)(8) + (0)(14) = \ \ 8 \\ z_{5,3} &= (0)(18) + (0)(8) + (1)(14) = 14 \,, \end{aligned}$$

avec

$$y = (0)(18) + (0)(8) + (0)(14) = 0 \,.$$

([1]) D'après (9-37)

$$w_i = \sum_{j=1}^{m} \beta_{ji} \gamma_j \,.$$

D'après (9-43) et (9-44), en remplaçant γ_k de la nouvelle base par γ_h de l'ancienne base et en appliquant (9-37) à l'ancienne base :

$$w_i = \sum_{j=1}^{m} (\beta_{ji}^0 - \delta_j \beta_{ki}) \gamma_j + \beta_{ki} \gamma_h = w_i^0 + \beta_{ki} \left(\gamma_h - \sum_{j=1}^{m} \delta_j \gamma_j \right).$$

En remplaçant δ_j par sa valeur : $\sum_{u=1}^{m} \beta_{ju} a_{uh}$, en utilisant (9-37) et (9-38) :

$$w_i = w_i^0 + \beta_{ki} \left(\gamma_h - \sum_{j=1}^{m} \gamma_j \sum_{u=1}^{m} \beta_{ju} a_{uh} \right)$$

$$= w_i^0 + \beta_{ki} \left(\gamma_h - \sum_{u=1}^{m} a_{uh} w_u^0 \right) = w_i^0 + \beta_{ki} \pi_h \,.$$

Etape 2. On déduit de (9-37) les prix des ressources :

$$w_1 = (1)(0) + (0)(0) + (0)(0) = 0$$
$$w_2 = (0)(0) + (1)(0) + (0)(0) = 0$$
$$w_3 = (0)(0) + (0)(0) + (1)(0) = 0\,.$$

Une matière première qui n'est pas complètement utilisée a un prix nul.

Etape 3. D'après (9-38), les niveaux de profit par unité produite en mettant en œuvre les activités secondaires sont :

$$\pi_{1,4} = 1 - [(1)(0) + (1)(0) + (2)(0)] = 1 > 0\,,$$
$$\pi_{2,5} = 2 - [(3)(0) + (1)(0) + (1)(0)] = 2 > 0\,.$$

On peut accroître la fonction économique en introduisant l'une ou l'autre des deux activités non principales. Comme $\pi_{2,5} > \pi_{1,4}$, faisons entrer $z_{2,5}$.

Etape 4. Evaluons (9-41) pour $z_{2,5}$:

$$\delta_{3,1} = (1)(3) + (0)(1) + (0)(1) = 3\,,$$
$$\delta_{4,2} = (0)(3) + (1)(1) + (0)(1) = 1\,,$$
$$\delta_{5,3} = (0)(3) + (0)(1) + (1)(1) = 1\,,$$

et

$$z_{2,5} = \min(18/3, 8/1, 14/1) = 6\,.$$

Les trois activités principales sont réduites du fait de l'introduction de $z_{2,5}$; $z_{3,1}$ devient nulle la première et sort de la base.

Etape 5. D'après (9-42)

$$y = 0 + (2)(6) = 12$$

les variables de la nouvelle base ont pour valeur :

$$z_{2,1} = 6\,,$$
$$z_{4,2} = 8 - (1)(6) = 2\,,$$
$$z_{5,3} = 14 - (1)(6) = 8\,.$$

D'après (9-43) et (9-44) :

$$\beta_{11} = 1/3 \qquad \beta_{12} = 0/3 = 0 \qquad \beta_{13} = 0/3 = 0$$
$$\beta_{21} = 0 - (1)(1/3) = -1/3 \qquad \beta_{22} = 1 - (1)(0) = 1 \qquad \beta_{23} = 0 - (1)(0) = 0$$
$$\beta_{31} = 0 - (1)(1/3) = -1/3 \qquad \beta_{32} = 0 - (1)(0) = 0 \qquad \beta_{33} = 1 - (1)(0) = 1$$

et d'après (9-45) on déduit les prix des ressources de la nouvelle SRB :

$$w_1 = 0 + (2)(1/3) = 2/3 \qquad w_2 = 0 + (2)(0) = 0 \qquad w_3 = 0 + (2)(0) = 0\,.$$

La première ressource est complètement utilisée et son prix est donc positif. Il faut maintenant revenir à l'étape 3.

Etape 3. D'après (9-38) :

$$\pi_{1,4} = 1 - [(1)(2/3) + (1)(0) + (2)(0)] = 1/3 > 0\,,$$
$$\pi_{3,5} = 0 - [(1)(2/3) + (0)(0) + (0)(0)] = -2/3 < 0\,.$$

Cette SRB n'est pas optimale. On peut augmenter la valeur de la fonction économique en introduisant $z_{1,4}$.

Etape 4. Calculons (9-41) pour $z_{1,4}$:

$$\delta_{2,1} = (1/3)(1) + (0)(1) + (0)(2) = 1/3\,,$$
$$\delta_{4,2} = (-1/3)(1) + (1)(1) + (0)(2) = 2/3\,,$$
$$\delta_{5,3} = (-1/3)(1) + (0)(1) + (1)(2) = 5/3$$

et

$$z_{1,4} = \min\left(\frac{6}{1/3}, \frac{2}{2/3}, \frac{8}{5/3}\right) = 3\,.$$

La deuxième activité principale $z_{4,2}$ sort donc de la base.

Etape 5. D'après (9-42) :

$$y = 12 + (1/3)(3) = 13\,;$$

les valeurs des variables de la nouvelle SRB sont :

$$z_{2,1} = 6 - (1/3)(3) = 5\,,$$
$$z_{1,2} = 3\,,$$
$$z_{5,3} = 8 - (5/3)(3) = 3\,.$$

D'après (9-43) et (9-44) :

$$\beta_{21} = \frac{-1/3}{2/3} = -1/2\,, \quad \beta_{22} = \frac{1}{2/3} = 3/2\,,$$

$$\beta_{23} = \frac{0}{2/3} = 0\,.$$

$$\beta_{11} = 1/3 - (1/3)(-1/2) = 1/2\,, \quad \beta_{12} = 0 - (1/3)(3/2) = -1/2\,,$$
$$\beta_{13} = 0 - (1/3)(0) = 0\,,$$
$$\beta_{31} = -1/3 - (5/3)(-1/2) = 1/2\,, \quad \beta_{32} = 0 - (5/3)(3/2) = -5/2\,,$$
$$\beta_{33} = 1 - (5/3)(0) = 1\,;$$

et d'après (9-45) les prix correspondants des ressources sont :

$$w_1 = 2/3 + (1/3)(-1/2) = 1/2,$$
$$w_2 = 0 + (1/3)(3/2) = 1/2,$$
$$w_3 = 0 + (1/3)(0) = 0.$$

Les deux premières ressources sont totalement utilisées, leur prix est positif. Revenir à l'étape 3.

Etape 3. D'après (9-38) :

$$\pi_{3,4} = 0 - [(1)(1/2) + (0)(1/2) + (0)(0)] = -1/2 < 0,$$
$$\pi_{4\ 5} = 0 - [(0)(1/2) + (1)(1/2) + (0)(0)] = -1/2 < 0.$$

La SRB est maintenant optimale, le processus d'itération est terminé. Les valeurs trouvées pour les w_i fournissent la solution optimale du problème dual. Il est intéressant de remarquer que les niveaux de profit correspondant aux variables d'écart exclues de la base sont égaux aux prix des ressources qui auraient permis ces profits, affectés du signe opposé.

La SRB de départ correspond au point extrémal O de la figure 9-4 *a*. On a montré qu'en se déplaçant le long d'une des arêtes adjacentes à O, on améliorait la fonction économique. On s'est ensuite déplacé sur l'axe q_2 pour atteindre le point extrémal A. Puis l'on a montré qu'en se déplaçant vers B, l'on améliorait encore la fonction économique. On a enfin vu qu'en s'éloignant de B, en se déplaçant le long d'une des arêtes adjacentes, l'on faisait décroître la valeur de la fonction économique.

9.4 LA THÉORIE DES JEUX A DEUX PERSONNES, A SOMME NULLE.

La théorie des jeux est une théorie mathématique que l'on peut utiliser pour étudier certaines situations de marché où le gain d'un participant dépend du comportement des autres. On peut caractériser un jeu par la conduite des participants : ont-ils intérêt à coopérer ou leurs intérêts sont-ils strictement opposés. Les situations de duopole, d'oligopole et de monopole bilatéral appartiennent souvent à cette dernière catégorie. Les duopolistes entrent en conflit si le comportement de l'un entraîne une diminution du profit de l'autre. La théorie des jeux permet d'obtenir un équilibre grâce à des hypothèses de comportement déterminées ; cet équilibre est pourtant très différent de celui trouvé au paragraphe 6.3. Il était commode de placer ici cette étude parce que l'on peut utiliser les techniques de la programmation linéaire pour obtenir les solutions de jeux à deux personnes, à somme nulle.

Le jeu des duopoleurs.

Un jeu peut consister en une suite de déplacements, comme dans le jeu d'échecs, ou en un déplacement unique effectué par chacun des participants. Nous nous limiterons ici au cas d'un déplacement unique. Une *stratégie* sera donc la définition d'un déplacement particulier de l'un des participants. La stratégie d'un duopoleur consistera à choisir une valeur particulière pour chacune des variables qu'il peut contrôler. Si le prix est la seule variable, une stratégie consistera à retenir un prix particulier. Si les variables sont le prix et les dépenses de publicité, une stratégie consistera à choisir une valeur particulière pour chacune de ces deux variables. On suppose que chacun des participants dispose d'un nombre fini de stratégies ; ce nombre peut être très grand. Cette hypothèse écarte la possibilité d'une variation continue des variables. Le résultat d'un jeu de duopoleurs, c'est-à-dire le gain de chacun des participants, est déterminé à partir des relations de coût et de demande correspondant aux stratégies choisies par les participants.

On classe les jeux selon deux critères : (1) le nombre de participants, (2) le résultat final. Il s'agit, pour le premier critère, de dénombrer purement et simplement les participants dont les intérêts sont opposés. Il y a des jeux à une personne, à deu personnes, à trois personnes, ..., à n personnes. Le second critère permet de distinguer des jeux à somme nulle et des jeux à somme non nulle. Un jeu à somme nulle est un jeu pour lequel la somme algébrique des résultats, c'est-à-dire des gains, des participants est nulle, quelle que soit la combinaison des stratégies. Si le résultat final d'un jeu est différent de zéro pour au moins une combinaison des stratégies, on dit que le jeu est à somme non nulle.

Un jeu à un participant, à somme nulle n'a pas d'intérêt, puisque le joueur ne gagne rien, quelle que soit la stratégie choisie. On peut considérer un monopoleur ou un monopsoneur comme le seul participant d'un jeu à une personne, à somme non nulle. Nous nous limiterons ici aux jeux à deux personnes, à somme nulle. Nous étudierons une situation de duopole telle que le gain de l'un des participants est toujours égal, en valeur absolue, à la perte de l'autre. De manière générale, si I dispose de m stratégies et II de n, les résultats possibles seront donnés par la matrice des gains suivante :

$$\begin{bmatrix} a_{11} & a_{12} & \cdots & a_{1n} \\ a_{21} & a_{22} & \cdots & a_{2n} \\ \cdots & \cdots & \cdots & \cdots \\ a_{m1} & a_{m2} & \cdots & a_{mn} \end{bmatrix} \tag{9-46}$$

où a_{ij} représente le gain de I si I emploie sa i-ième stratégie et II sa j-ième stratégie. Puisque le jeu est un jeu à somme nulle, le gain correspondant de II sera $-a_{ij}$.

Considérons, à titre d'exemple numérique, la matrice suivante :

$$\begin{bmatrix} 8 & 40 & 20 & 5 \\ 10 & 30 & -10 & -8 \end{bmatrix} \tag{9-47}$$

Si I utilise sa première stratégie et II sa seconde, le gain de I sera 40 et celui de II (− 40). Si I emploie sa seconde stratégie et II sa troisième, le gain de I sera (− 10), celui de II 10.

Le problème de décision du duopoleur consiste à choisir une stratégie optimale. I désire un résultat de 40, cas de la première ligne et de la seconde colonne de (9-47) et II désire un résultat de (− 10), cas de la deuxième ligne et de la troisième colonne.

Le résultat final dépend des stratégies des *deux* joueurs et aucun n'a le pouvoir d'imposer ce qu'il préfère. Si I choisit d'utiliser sa première stratégie, II peut choisir d'utiliser sa quatrième stratégie, le résultat sera de 5 et non de 40. Si II choisit sa troisième stratégie, I peut choisir sa première et le résultat sera de 20 et non de (– 10). La théorie des jeux postule certains schémas de comportement qui permettent de déterminer un équilibre dans ce type de situation. I craint que II ne découvre la stratégie choisie et veut être « prudent ». Si I choisit sa i-ième stratégie, son gain minimal, et donc le gain maximal de II, est donné par le plus petit des éléments de la i-ième ligne de la matrice des gains : $\min_j a_{ij}$. Ce gain est le gain qu'il espère obtenir en employant sa i-ième stratégie si ses « craintes » concernant le comportement et ce que sait II sont réalisées. Le gain de I sera supérieur à ce minimum si II ne choisit pas la stratégie de réponse convenable. I veut maximiser le gain qu'il espère tirer du choix de sa stratégie. Il choisit donc la stratégie i qui maximise $\min_j a_{ij}$. Son espérance de gain est $(\max_i \min_j a_{ij})$. Il ne peut pas obtenir un gain inférieur et peut gagner plus.

II a les mêmes craintes concernant le comportement de I et ce qu'il sait. Si II emploie sa j-ième stratégie, il craint que I n'emploie la stratégie correspondant à l'élément le plus grand de la j-ième colonne de la matrice des gains, soit $\max_i a_{ij}$. Il choisit donc la stratégie j qui minimise $\max_i a_{ij}$ et son espérance de gain est $(-\min_j \max_i a_{ij})$. Les décisions des duopoleurs sont compatibles et l'équilibre est réalisé si :

$$\max_i \min_j a_{ij} = \min_j \max_i a_{ij} .$$

Revenons à l'exemple de (9-47). I emploiera sa première stratégie. Si II prévoit son choix, le gain de I sera de 5. Si I emploie sa seconde stratégie et que II prévoit ce choix, son gain sera de (– 10). II emploiera sa quatrième stratégie pour limiter ses pertes à 5. Toutes les autres colonnes de (9-47) ont un maximum supérieur à 5. En ce cas :

$$\max_i \min_j a_{ij} = \min_j \max_i a_{ij} = a_{14} = 5 .$$

Les décisions des deux duopoleurs sont compatibles et l'on parvient à un équilibre. Aucun des duopoleurs ne peut accroître son gain en changeant de stratégie si la stratégie de son concurrent reste la même.

Supposons maintenant que la matrice des gains soit :

$$\begin{bmatrix} -2 & 4 & -1 & 6 \\ 3 & -1 & 5 & 10 \end{bmatrix} \tag{9-48}$$

où I a deux stratégies et II quatre. On peut simplifier cette matrice et le jeu qui lui correspond en introduisant la notion de dominance. En regardant (9-48), on voit que II n'emploiera jamais sa troisième stratégie parce qu'il peut toujours avoir un gain supérieur en utilisant sa première stratégie, quelle que soit la stratégie choisie par I. Les éléments de la troisième colonne sont tous plus grands que ceux de la première colonne et représentent donc une perte supérieure. En général, la j-ième colonne « domine » la k-ième colonne si $a_{ij} \leqslant a_{ik}$ pour tout i et si $a_{ij} < a_{ik}$ pour au moins un i. La quatrième colonne de (9-48) est à la fois dominée par la première et la seconde colonne. On peut également définir le phénomène de dominance par rapport aux stratégies de I. En général, la i-ième ligne domine la h-ième si $a_{ij} \geqslant a_{hj}$ pour tout j et $a_{ij} > a_{hj}$ pour au moins un j. Aucune ligne de (9-48) n'est dominée par une autre. Un joueur rationnel n'utilisera jamais une stratégie dominée.

Eliminons la troisième et la quatrième colonnes de (9-48), la matrice devient :

$$\begin{bmatrix} -2 & 4 \\ 3 & -1 \end{bmatrix}. \tag{9-49}$$

Etant donné les règles que nous avons énoncées, I voudra employer sa deuxième stratégie et II sa première. Ces décisions ne sont pas compatibles :

$$\max_i \min_j a_{ij} = a_{22} = -1 \neq 3 = a_{21} = \min_j \max_i a_{ij}.$$

Si les duopoleurs emploient ces stratégies, le résultat initial sera $a_{21} = 3$. Si II utilise sa première stratégie, I ne peut pas accroître son gain en changeant de stratégie. Si I emploie cependant sa seconde stratégie, II peut réduire ses pertes de 3 à (-1) en décidant de prendre sa seconde stratégie. I peut ensuite accroître son gain de (-1) à 4 en adoptant sa première stratégie. II peut ensuite réduire ses pertes de 4 à (-2) en décidant de prendre sa première stratégie. Les hypothèses qui conduisent à une position d'équilibre pour (9-47) entraînent des fluctuations sans fin de (9-49).

Stratégies mixtes.

Un jeu donné peut ou non avoir une solution lorsque les stratégies des duopoleurs sont choisies comme il vient d'être décrit. L'impasse à laquelle on aboutit dans un jeu comme celui illustré par (9-49) peut être évitée en permettant aux duopoleurs de choisir leurs stratégies de manière aléatoire. Soit $r_1, r_2, ..., r_m$ les probabilités d'emploi des m stratégies de I, avec $0 \leqslant r_i \leqslant 1$ $(i = 1, ..., m)$ et $\sum_{i=1}^{m} r_i = 1$. Supposons qu'il ait recours à un processus aléatoire pour choisir une stratégie. Il peut par exemple, si $m = 3$ avec $r_1 = 0{,}3$, $r_2 = 0{,}1$ et $r_3 = 0{,}6$, assigner à la première stratégie les nombres allant de 0 à 2, à la seconde le nombre 3 et à la troisième les nombres allant de 4 à 9. Il choisit ensuite un nombre à un chiffre par un processus aléatoire et emploie la stratégie correspondant au nombre tiré. Un choix aléatoire interdit à II de prévoir le choix de I, même s'il connaît la distribution de probabilités de I.

II peut rendre aléatoire son choix de stratégie en assignant les probabilités s_1, $s_2, ..., s_n$ à ses n stratégies, avec $0 \leqslant s_j \leqslant 1$ $(j = 1, ..., n)$ et $\sum_{j=1}^{n} s_j = 1$. Les duopoleurs ont maintenant une perspective aléatoire de gain au lieu d'une perspective certaine. L'espérance de gain des duopoleurs est égale à la somme des résultats possibles, chacun étant multiplié par la probabilité d'utilisation de la stratégie correspondante. Si II, par exemple, utilise sa j-ième stratégie avec la probabilité 1 et si I choisit les probabilités $r_1, ..., r_m$, l'espérance de gain de I est :

$$\sum_{i=1}^{m} a_{ij} r_i .$$

Le problème de décision de chacun des duopoleurs consiste à choisir un ensemble optimal de probabilités. I craint que II ne découvre sa stratégie et que II ne choisisse une stratégie de son choix qui maximisera son espérance de gain, c'est-à-dire minimisera celle de I. II éprouve les mêmes craintes à l'égard de I. Les probabilités assignées par les duopoleurs sont optimales si :

$$\sum_{i=1}^{m} a_{ij} r_i \geqslant V \qquad (j = 1, ..., n) \tag{9-50}$$

et

$$\sum_{j=1}^{n} a_{ij} s_j \leqslant V \qquad (i = 1, ..., m) \tag{9-51}$$

où V s'appelle la *valeur du jeu*. Les relations (9-50) établissent que l'espérance de gain est au moins égale à la valeur du jeu si II adopte une de ses stratégies pures avec la probabilité un, et les relations (9-51) que l'espérance de II est au moins égale à V, si I emploie n'importe laquelle de ses stratégies pures avec la probabilité un. Un théorème fondamental de la théorie de jeux établit qu'il existe toujours une solution [c'est-à-dire des valeurs de r et de s qui satisfont (9-50) et (9-51)], et que V est unique.

Si les deux duopoleurs choisissent leurs stratégies aléatoirement, on peut déterminer l'espérance E_1 de I à partir de (9-50) :

$$E_1 = \sum_{j=1}^{n} s_j \left(\sum_{i=1}^{m} a_{ij} r_i \right) \geqslant \sum_{j=1}^{n} s_j V$$

ou

$$E_1 = \sum_{j=1}^{n} \sum_{i=1}^{m} a_{ij} r_i s_j \geqslant V . \tag{9-52}$$

L'espérance E_2 de II, se détermine à partir de (9-51) :

$$E_2 = \sum_{i=1}^{m} r_i \left(\sum_{j=1}^{n} a_{ij} s_j \right) \leqslant \sum_{i=1}^{m} r_i V$$

ou

$$E_2 = \sum_{j=1}^{n} \sum_{i=1}^{m} a_{ij} r_i s_j \leqslant V . \tag{9-53}$$

Le terme du milieu de (9-52) et celui de (9-53) sont identiques : l'espérance de gain de I est égale à l'espérance de perte de II. En rapprochant (9-52) et (9-53) :

$$V \leqslant E_1 = E_2 \leqslant V .$$

Le résultat attendu est le même pour les deux duopoleurs et est égal à la valeur du jeu si tous deux emploient leurs probabilités optimales. Si I emploie ses probabilités optimales, son espérance de gain ne peut être inférieure à V, quel que soit le choix de II. Son gain sera supérieur à V si II emploie un ensemble de probabilités optimales.

De la même façon, si II emploie ses probabilités optimales, son espérance de perte ne peut être supérieure à V, quelle que soit la stratégie choisie de I. Sa perte sera inférieure si I emploie un ensemble de probabilités non optimales.

Jeux et programmes linéaires.

On peut déterminer la valeur du jeu et les stratégies optimales des duopoleurs en écrivant le problème des joueurs sous la forme d'un programme linéaire. Envisageons d'abord les cas où $V > 0$. Définissons les variables :

$$z_j = s_j/V \qquad (j = 1, ..., n) \tag{9-54}$$

pour le duopoleur II. D'après cette définition :

$$1/V = z_1 + z_2 + \cdots + z_n . \tag{9-55}$$

II désire rendre son espérance maximale de perte aussi petite que possible, ou de façon équivalente, il désire rendre $1/V$ aussi grand que possible. Le programme linéaire équivalent à son jeu consiste à trouver les valeurs de $z_j \geqslant 0$ $(j = 1, ..., n)$ qui maximisent (9-55), compte tenu des contraintes :

$$a_{i1}\, z_1 + a_{i2}\, z_2 + \cdots + a_{in}\, z_n \leqslant 1 \qquad (i = 1, ..., m) . \tag{9-56}$$

Les relations (9-56) s'obtiennent en divisant celles de (9-51) par V et en reportant ce résultat dans (9-54).

Définissons les variables :

$$w_i = r_i/V \qquad (i = 1, ..., m) \tag{9-57}$$

pour le duopoleur I. D'après cette définition :

$$1/V = w_1 + w_2 + \cdots + w_m . \tag{9-58}$$

I désire rendre son espérance minimale de gain aussi élevée que possible, ou, de façon équivalente, désire rendre $1/V$ aussi petit que possible. Le programme linéaire équivalent à son jeu consiste à trouver des valeurs de $w_i \geqslant 0$ $(i = 1, ..., m)$ qui minimisent (9-58) compte tenu des contraintes :

$$a_{1j}\, w_1 + a_{2j}\, w_2 + \cdots + a_{mj}\, w_m \geqslant 1 \qquad (j = 1, ..., n) . \tag{9-59}$$

Les relations (9-59) s'obtiennent en divisant celles de (9-50) par V et en reportant ce résultat dans (9-57). Le programme linéaire du duopoleur I donné par (9-58) et (9-59) est le dual du programme linéaire du duopoleur II donné par (9-55) et (9-56). La valeur maximale de (9-55) est égale à la valeur minimale de (9-58) et à l'inverse de la valeur du jeu. Il est facile de déterminer les probabilités optimales à partir de (9-54) et (9-57) en connaissant les valeurs optimales de z_j et de w_i.

La formulation du jeu sous forme de programme linéaire permet de démontrer plus aisément que les jeux à deux personnes, à somme nulle ont toujours une solution. On procède en établissant d'abord que les programmes linéaires correspondant au jeu ont toujours des solutions optimales finies, puisque les solutions optimales de ces programmes donnent celle du jeu correspondant. Supposons d'abord que tous les $a_{ij} > 0$. $z_j = 0$ $(j = 1, ..., n)$ est une solution réalisable, sinon optimale, du programme donné par (9-55) et (9-56). Soit $a^0 = \min_{i,j} a_{ij}$; $w_i = 1/a^0$ $(i = 1, ..., m)$ est une solution réalisable du programme linéaire donné par (9-58) et (9-59). D'après le théorème de dualité énoncé au paragraphe 9.2, il existe des solutions optimales finies pour les programmes : si un système et son dual ont des solutions réalisables, les deux systèmes ont des solutions optimales finies.

Soit les valeurs optimales des variables des programmes : $z_1^*, ..., z_n^*$ et $w_1^*, ..., w_m^*$. Au moins un des w_i^* doit être positif, puisque $w_i^* = 0$ $(i = 1, ..., m)$ n'est pas un point réalisable de (9-59). Un des z_j^* au moins doit être positif, car si tous les z_j^* sont nuls, toutes les contraintes de (9-56) seraient satisfaites sous leur forme d'inégalité stricte. Mais alors, d'après le théorème de dualité de (9-20), tous les w_i seraient nuls. On a déjà montré que cela n'était pas possible. Puisque un des w^* et un des z^* au moins doivent être positifs, il est possible d'égaler les inverses des valeurs optimales des fonctions économiques (9-55) et (9-58) :

$$V = \frac{1}{\sum_{j=1}^{n} z_j^*} = \frac{1}{\sum_{i=1}^{m} w_i^*}$$

et

$$V \sum_{j=1}^{n} z_j^* = V \sum_{i=1}^{m} w_i^* = 1 .$$

Remplaçons dans (9-54) et (9-57) :

$$\sum_{j=1}^{n} s_j = 1 \qquad s_j \geqslant 0 \qquad \sum_{i=1}^{m} r_i = 1 \qquad r_i \geqslant 0 ,$$

qui sont les probabilités du jeu. En remplaçant dans (9-56) et (9-59), il est facile de vérifier que ces probabilités forment une solution du jeu compatible avec les équations (9-50) et (9-51).

Les équations (9-52) et (9-53) définissent la valeur d'un jeu comme une moyenne pondérée des éléments de la matrice des gains. Il faut que V soit positif pour satisfaire les contraintes de non-négativité des variables des programmes linéaires. On ne peut pourtant pas conclure, en général, que V est positif, à moins que tous les a_{ij} ne soient positifs. On peut facilement résoudre cette difficulté en définissant un nouveau jeu à valeur positive. Si un $a_{ij} \leqslant 0$ au moins, il suffit de choisir un nombre k tel que : $a_{ij} + k > 0$ pour tous les i et les j et d'ajouter k à chacun des éléments de la matrice des gains. La valeur du nouveau jeu diffère de celle du jeu initial de k :

$$V' = \sum_{j=1}^{n} \sum_{i=1}^{m} (a_{ij} + k) r_i s_j = \sum_{j=1}^{n} \sum_{i=1}^{m} a_{ij} r_i s_j + $$

$$+ k \sum_{j=1}^{n} \sum_{i=1}^{m} r_i s_j = V + k \quad (9\text{-}60)$$

et est positive par construction. Les probabilités optimales du jeu initial et du jeu modifié sont les mêmes ([1]). On peut donc obtenir une solution du jeu initial à partir d'une solution du programme linéaire correspondant au jeu modifié.

Revenons au jeu donné par (9-49), soit $k = 4$. La matrice des gains du jeu modifié est :

$$\begin{bmatrix} 2 & 8 \\ 7 & 3 \end{bmatrix}.$$

Le programme linéaire correspondant au jeu de II s'écrit : trouver les valeurs de $z_1, \ z_2 \geqslant 0$ qui maximisent :

$$1/V' = z_1 + z_2$$

compte tenu des contraintes :

$$2\,z_1 + 8\,z_2 \leqslant 1\,, \qquad 7\,z_1 + 3\,z_2 \leqslant 1\,.$$

En utilisant les méthodes décrites au paragraphe 9-3, on obtient la solution optimale unique :

$$z_1 = 0\,, \qquad z_2 = 0{,}1\,, \qquad 1/V' = 0{,}2\,.$$

En utilisant (9-54) et (9-60), on obtient les probabilités optimales de II :

$$s_1 = 0{,}5\,, \qquad s_2 = 0{,}5\,, \qquad \text{avec} \quad V = 1\,.$$

Le lecteur peut vérifier que la solution optimale du programme dual est :

$$w_1 = 0{,}08\,, \qquad w_2 = 0{,}12\,;$$

d'où les valeurs optimales des probabilités de I :

$$r_1 = 0{,}4\,, \qquad r_2 = 0{,}6\,.$$

Généralisation.

Il est possible de généraliser ce type d'analyse à des jeux plus compliqués, mais il faut recourir à des techniques mathématiques qui dépassent le cadre de cet ouvrage. Cette généralisation est pourtant nécessaire en ce qui concerne ses applications aux problèmes économiques, car les situations réelles de marché entrent rarement dans le cas du jeu à somme nulle. On peut généraliser le problème du duopole à un jeu à somme non nulle et à deux personnes ou encore à un jeu à somme nulle et à trois personnes — la troisième « personne » étant une entité artificielle — la Nature — les résultats sont égaux à l'opposé des résultats combinés des duopoleurs. La possibilité d'une coalition survient dans les jeux à trois ou plus de trois personnes. Les duopoleurs, par exemple, peuvent agir de concert pour maximiser les gains de la branche. Dans un marché oligopolistique, deux joueurs ou plus peuvent s'associer au détriment des autres. Malheureusement l'écriture sous forme de programme linéaire, si commode, ne joue que pour les jeux à deux personnes, à somme nulle.

(1) Voir J. G. Kemeny, J. L. Snell et G. L. Thompson, *Introduction to Finite Mathematics* (Englewood Cliffs, N. J. : Prentice-Hall, 1957), p. 291.

9.5 LE MODÈLE INPUT-OUTPUT.

Le modèle d'input-output, appelé aussi modèle de Léontief en l'honneur de celui qui l'a élaboré, est une étude de l'équilibre général envisagée sous un angle empirique. Ses hypothèses représentent une simplification considérable de l'analyse de l'équilibre général présentée au chapitre 5. Les fonctions d'utilité sont omises et les demandes des consommateurs sont évaluées à partir d'informations extérieures, sans tenir compte de l'équilibre des consommateurs individuels (1). La branche, et non l'entreprise, est l'unité de production. Chacune des branches utilise une seule activité linéaire de production pour produire un seul output. Les outputs comme les facteurs non produits servent d'inputs.

On envisagera d'abord le problème de la détermination des outputs et des prix dans le cadre de systèmes d'input-output généraux. On décrira ensuite le processus d'application empirique et les propriétés particulières des systèmes empiriques. Enfin, on introduira la possibilité d'un choix entre plusieurs activités linéaires de production et l'on transcrira le modèle d'input-output sous forme de programme linéaire pour permettre des substitutions éventuelles entre inputs.

Détermination du niveau d'output.

Supposons que l'on ait m biens produits et n facteurs non-produits. Une activité linéaire de production de la j-ième branche ($j = 1, ..., m$) spécifie les quantités minimales des deux types d'input nécessaires à la production d'une unité du bien j : $a_{ij} \geqslant 0$ ($i = 1, ..., m$) pour les inputs produits et $b_{ij} \geqslant 0$ ($i = 1, ..., n$) pour les facteurs primaires. L'output de la i-ième branche, soit q_i, est absorbé par la consommation intermédiaire et la consommation finale, soit y_i :

$$q_i = a_{i1}\, q_1 + a_{i2}\, q_2 + \cdots + a_{im}\, q_m + y_i \qquad (i = 1, ..., m)\,.$$

Faisons passer les q dans le premier membre, les équations d'équilibre entre inputs et outputs peuvent s'écrire :

$$\begin{aligned}
(1 - a_{11})\, q_1 - a_{12}\, q_2 - \cdots - a_{1m}\, q_m &= y_1 \\
- a_{21}\, q_1 + (1 - a_{22})\, q_2 - \cdots - a_{2m}\, q_m &= y_2 \\
\cdots\cdots\cdots\cdots\cdots\cdots\cdots\cdots\cdots\cdots \\
- a_{m1}\, q_1 - a_{m2}\, q_2 - \cdots + (1 - a_{mm})\, q_m &= y_m\,.
\end{aligned} \qquad (9\text{-}61)$$

(1) Un système input-output « ouvert » comprend au moins une branche exogène. Toutes les branches sont endogènes dans un système « fermé ». On s'occupe en général des systèmes « ouverts », c'est ce que l'on fera ici. On renvoie les lecteurs intéressés par les propriétés des systèmes fermés à Wassily W. Léontief, *The Structure of American Economy*, 1919-1939 (2e éd. New York : Oxford, 1951).

La quantité d'un bien disponible pour la consommation finale est égale à la quantité totale produite de ce bien moins la quantité correspondant à la consommation intermédiaire des branches.

En utilisant la règle de Cramer, si le déterminant de la matrice des coefficients de (9-61), **A**, n'est pas nul, on peut exprimer les niveaux d'output en fonction des niveaux de consommation finale :

$$\begin{aligned} q_1 &= \beta_{11} y_1 + \beta_{12} y_2 + \cdots + \beta_{1m} y_m \\ q_2 &= \beta_{21} y_1 + \beta_{22} y_2 + \cdots + \beta_{2m} y_m \\ &\cdots\cdots\cdots\cdots\cdots\cdots\cdots\cdots\cdots \\ q_m &= \beta_{m1} y_1 + \beta_{m2} y_2 + \cdots + \beta_{mm} y_m \end{aligned} \tag{9-62}$$

où $\beta_{ij} = \mathbf{A}_{ji}/\mathbf{A}$ est le cofacteur de l'élément de la j-ième ligne et de la i-ième colonne de la matrice de (9-61), divisé par le déterminant de la matrice.

(9-62) est la solution générale du système d'input-output (9-61) si $q_i \geqslant 0$ ($i = 1, ..., m$) chaque fois que $y_i \geqslant 0$ ($i = 1, ..., m$). Une condition nécessaire et suffisante pour que (9-62) soit une solution générale est que les $\beta_{ij} \geqslant 0$ ($i, j = 1, ..., m$). Nous discuterons plus loin des conditions d'existence en fonction des a_{ij}. Arrêtons-nous pour l'instant sur les systèmes pour lesquels (9-62) est une solution générale.

Le coefficient β_{ij} pour $i \neq j$, représente les conditions technologiques « directes » et « indirectes » de production du bien i nécessaire à la production d'une unité du j-ième bien destinée à la consommation finale. Les conditions technologiques directes sont les quantités d'input a_{ij}. Les conditions indirectes sont les quantités d'inputs de i nécessaires à la production des inputs des m biens nécessaires pour j, les inputs nécessaires pour produire ces inputs, etc. Il s'ensuit que $\beta_{ij} \geqslant a_{ij}$. Le coefficient β_{jj} représente les conditions technologiques directes et indirectes de j pour j, plus (1) pour couvrir l'unité de consommation finale. Il s'ensuit que $\beta_{jj} \geqslant 1 + a_{jj}$.

Il est facile de déterminer les besoins en facteurs à partir des besoins en output.

$$x_i = b_{i1} q_1 + b_{i2} q_2 + \cdots + b_{im} q_m \qquad (i = 1, ..., n)$$

où x_i est la quantité du i-ième facteur primaire utilisée comme input. En remplaçant q_j par sa valeur en (9-62) :

$$x_i = \gamma_{i1} y_1 + \gamma_{i2} y_2 + \cdots + \gamma_{im} y_m \qquad (i = 1, ..., n) \tag{9-63}$$

avec

$$\gamma_{ij} = \sum_{h=1}^{m} b_{ih} \beta_{hj} = 0 \qquad (i = 1, ..., n ; j = 1, ..., m) . \tag{9-64}$$

La non-négativité des γ_{ij} découle de b_{ih} et de β_{hj}. Le coefficient γ_{ij} représente la quantité du facteur i nécessaire à la production des quantités des m biens nécessaires, directement ou indirectement, à la consommation finale unitaire du j-ième bien.

Décomposition.

On dit qu'un système d'input-output est *décomposable* s'il renferme un ou plusieurs groupes de branches se suffisant à elles-mêmes, de moins de m branches chacun. Les branches appartenant à un de ces groupes n'ont pas besoin d'autres inputs produits que ceux produits par les branches du groupe. Les niveaux des outputs de branches extérieures au groupe sont indépendants de la production et de la consommation finale des branches du groupe. Le système suivant de cinq branches contient deux groupes autonomes :

$$\begin{bmatrix} a_{11} & a_{12} & a_{13} & a_{14} & 0 \\ a_{21} & a_{22} & a_{23} & a_{24} & a_{25} \\ 0 & 0 & a_{33} & 0 & a_{35} \\ 0 & 0 & 0 & a_{44} & a_{45} \\ 0 & 0 & 0 & 0 & a_{55} \end{bmatrix} \tag{9-65}$$

où les coefficients sont positifs. Les branches 1 et 2 forment un groupe autonome. Elles se procurent leurs inputs auprès l'une de l'autre et ne s'en procurent pas auprès des trois autres. Les niveaux de production des branches 3, 4 et 5 ne sont pas affectés par les niveaux de production et de consommation finale de 1 et 2. Les branches 1, 2, 3 et 4 constituent un autre groupe autonome. Elles n'ont pas besoin de se procurer d'inputs auprès de 5 et le niveau de production de 5 est indépendant des niveaux de production et de consommation finale de 3 et 4 et de 1 et 2.

On peut résoudre un tel système par parties. Si l'on remplace dans les équations d'équilibre (9-61) par les coefficients de (9-65), on peut résoudre la cinquième équation et obtenir la valeur de q_5. Une fois q_5 obtenue, on peut résoudre la troisième et la quatrième équation pour q_3 et q_4 ; lorsque l'on connaît q_3, q_4 et q_5, on peut résoudre le système pour q_1 et q_2.

En général, le coefficient β_{ij} de (9-62) sera nul si et seulement si la *i*-ième branche est extérieure à un groupe autonome qui contient la *j*-ième branche. La matrice des besoins directs et indirects en inputs qui correspond à (9-65) est égale à :

$$\begin{bmatrix} \beta_{11} & \beta_{12} & \beta_{13} & \beta_{14} & \beta_{15} \\ \beta_{21} & \beta_{22} & \beta_{23} & \beta_{24} & \beta_{25} \\ 0 & 0 & \beta_{33} & \beta_{34} & \beta_{35} \\ 0 & 0 & \beta_{43} & \beta_{44} & \beta_{45} \\ 0 & 0 & 0 & 0 & \beta_{55} \end{bmatrix}$$

où les coefficients sont positifs. Un système *indécomposable* ne renferme aucun groupe autonome et donc tous les β_{ij} sont positifs.

Un système d'input-output est *complètement décomposable* si chaque branche appartient à un groupe autonome de moins de *m* branches. Par exemple :

$$\begin{bmatrix} a_{11} & a_{12} & 0 & 0 \\ a_{21} & a_{22} & 0 & 0 \\ 0 & 0 & a_{33} & a_{34} \\ 0 & 0 & a_{43} & a_{44} \end{bmatrix}$$

Les branches 1 et 2 se fournissent mutuellement leurs inputs, il en est de même pour les branches 3 et 4. Les niveaux de production de chacune des branches peuvent être déterminés sans que l'on ait à tenir compte des niveaux de production et de consommation finale des autres. Si un système est totalement décomposable, $\beta_{ij} > 0$ pour i et j dans le même groupe autonome et $\beta_{ij} = 0$ pour i et j dans différents groupes.

Existence.

La formulation d'un système d'input-output ne permet pas d'affirmer qu'il existe une solution générale telle que $q_i \geqslant 0$ ($i = 1, ..., m$) pour tous les $y_i \geqslant 0$ ($i = 1, ..., m$). Nous parlerons ici de deux théorèmes d'existence équivalents mais assez différents.

La *condition d'Hawkins-Simon* (1) veut que tous les mineurs principaux de la matrice des coefficients de (9-61) soient positifs :

$$1 - a_{11} > 0\,, \quad \begin{vmatrix} 1 - a_{11} & -a_{12} \\ -a_{21} & 1 - a_{22} \end{vmatrix} > 0\,,$$

$$\ldots, \begin{vmatrix} 1 - a_{11} & \ldots & -a_{1m} \\ \ldots & \ldots & \ldots \\ -a_{m1} & \ldots & 1 - a_{mm} \end{vmatrix} > 0\,. \qquad (9\text{-}66)$$

D'après ces inégalités $a_{ii} < 1$ ($i = 1, ..., m$). Si $a_{ii} \geqslant 1$ pour un i, la production d'une unité de i nécessiterait l'utilisation d'une unité au moins de i. On ne peut pas obtenir de production nette dans ces conditions. La dernière condition veut que le déterminant de (9-61) soit positif. Cela veut dire que tous les cofacteurs principaux de (9-61) sont non négatifs s'il existe une solution générale.

Il existe un autre ensemble de conditions nécessaires et suffisantes pour que le système ait une solution générale. Elles concernent la somme de chaque colonne des coefficients d'inputs. Il faut qu'il existe un ensemble de nombres $d_j > 0$ ($j = 1, ..., m$) tels que :

$$\sum_{i=1}^{m} d_i\, a_{ij} \leqslant d_j \qquad (j = 1, ..., m)\,. \qquad (9\text{-}67)$$

L'inégalité stricte doit se vérifier pour un j au moins pour chaque groupe de branches autonome (2). Si le système n'est pas décomposable, l'inégalité stricte peut n'être vérifiée que pour une branche seulement.

Détermination des prix et des revenus.

En concurrence parfaite, le prix est égal au coût unitaire, dans chaque branche :

$$p_j = a_{1j}\, p_1 + \cdots + a_{mj}\, p_m + b_{1j}\, r_1 + \cdots + b_{nj}\, r_n \qquad (j = 1, ..., m)\,,$$

(1) Cf. David Hawkins et Herbert A. Simon, « Note : Some Conditions of Macroeconomic Stability », *Econometrica*, vol. 17 (juillet-octobre 1949), pp. 245-248.

(2) Lionel Mc Kenzie en donne une démonstration : « Matrices with Dominant Diagonals and Economic Theory », dans K. J. Arrow, S. Karlin et P. Suppes. (eds), *Mathematical Methods in the Social Sciences*, 1959 (Stanford, Californie : Stanford, 1960), p. 50.

où p_i $(i = 1, ..., m)$ et r_i $(i = 1, ..., n)$ sont les prix des biens et des facteurs respectivement. En mettant en facteurs :

$$\begin{aligned} (1 - a_{11}) p_1 - a_{21} p_2 - \cdots - a_{m1} p_m &= v_1 \\ - a_{12} p_1 + (1 - a_{22}) p_2 - \cdots - a_{m2} p_m &= v_2 \\ \cdots\cdots\cdots\cdots\cdots\cdots\cdots\cdots\cdots\cdots \\ - a_{1m} p_1 - a_{2m} p_2 - \cdots + (1 - a_{mm}) p_m &= v_m \end{aligned} \tag{9-68}$$

avec :

$$v_j = b_{1j} r_1 + b_{2j} r_2 + \cdots + b_{nj} r_n \qquad (j = 1, ..., m) \tag{9-69}$$

valeur ajoutée par unité produite du *j*-ième output.

La matrice des coefficients des membres de gauche de (9-68) est identique à celle des coefficients des premiers membres de (9-61) ; seules les lignes et les colonnes sont interverties. Les valeurs des déterminants des deux matrices sont égales et le cofacteur de l'élément de la *i*-ième ligne et de la *j*-ième colonne de l'une des matrices est égal au cofacteur de l'élément de la *j*-ième ligne et de la *i*-ième colonne de l'autre. La solution de (9-68) s'écrit, pour les p_j :

$$\begin{aligned} p_1 &= \beta_{11} v_1 + \beta_{21} v_2 + \cdots + \beta_{m1} v_m \\ p_2 &= \beta_{12} v_1 + \beta_{22} v_2 + \cdots + \beta_{m2} v_m \\ &\cdots\cdots\cdots\cdots\cdots\cdots\cdots\cdots \\ p_m &= \beta_{1m} v_1 + \beta_{2m} v_2 + \cdots + \beta_{mm} v_m \end{aligned} \tag{9-70}$$

où les β_{ij} sont identiques aux coefficients de (9-62), les lignes et les colonnes étant seulement interverties. Si (9-62) est une solution générale de (9-61) avec $\beta_{ij} \geqslant 0$ $(i, j = 1, ..., m)$, il s'ensuit que (9-70) est une solution générale de (9-68), soit $p_j \geqslant 0$ $(j = 1, ..., m)$ pour tous les $r_i \geqslant 0$ $(i = 1, ..., n)$.

En remplaçant les v_j par leur expression donnée en (9-69) puis les $b_{ih} \beta_{hj}$ par leur valeur donnée en (9-64), on peut écrire (9-70) sous la forme :

$$p_j = \gamma_{1j} r_1 + \gamma_{2j} r_2 + \cdots + \gamma_{nj} r_n \qquad (j = 1, ..., m). \tag{9-71}$$

Le prix de chacun des biens est égal à la valeur des facteurs qui entrent directement ou indirectement dans son processus de production. Si (9-70) est une solution générale, une condition nécessaire et suffisante pour que les prix de tous les biens soient positifs est que la production d'au moins un bien de chaque groupe autonome nécessite un facteur dont le prix est positif. Dans un système indécomposable, il faut et il suffit qu'un facteur au moins, dont le prix est positif, entre dans le processus de production d'un bien.

Si un système d'input-output ne comporte qu'un facteur primaire, on peut poser que le prix de ce facteur est égal à l'unité et l'on peut résoudre (9-71) pour obtenir les prix des biens produits en unités de facteur. Si un système comporte plus d'un facteur, on a besoin de connaître d'autres éléments pour déterminer les r_i et donc les p_j.

Le revenu au prix du marché est égal à la valeur de la consommation finale. En utilisant (9-71) puis (9-63) :

$$\sum_{j=1}^{m} p_j y_j = \sum_{i=1}^{n} \sum_{j=1}^{m} r_i \gamma_{ij} y_j = \sum_{i=1}^{n} r_i x_i .$$

Le revenu au prix du marché est égal au revenu au coût des facteurs, autrement dit la rémunération des facteurs absorbe complètement la valeur de la production nette.

Applications empiriques.

Le modèle d'input-output est un outil d'analyse qui sert en même temps de cadre à la comptabilité nationale. On a établi des systèmes pour lesquels on a calculé les coefficients dans différents pays. La construction de tableaux d'échanges interindustriels est la plus importante de ces réalisations. Le tableau 9-1 représente un tableau d'échanges interindustriels ayant 1972 pour année de base pour une économie à deux branches et deux facteurs. La répartition de la production entre les différents usagers se lit en lignes alors que les achats en inputs se lisent en colonnes. La première ligne indique que la branche a utilisé la valeur de 2 000 millions de francs de sa propre production comme input, fourni la valeur de 6 400 millions à la branche 2 qui l'a utilisé comme input et fourni la valeur de 1 600 millions aux deux secteurs de consommation finale. La première colonne indique que les inputs de l'industrie 1 représentaient pour 2 000 millions de francs sa propre production, pour 6 000 millions celle de la branche 2 et pour 1 000 millions chacun des facteurs, c'est-à-dire chacune des catégories correspondant à la valeur ajoutée. L'*autre* catégorie de valeur ajoutée comprend les profits. La valeur de l'output de chacune des branches est donc égale à la somme de ses entrées en colonne ou à la somme de ses entrées en ligne.

Tableau 9-1 *Echanges interindustriels*, 1972
(en millions de francs)

			Consommation finale		
Branche	1	2	*Ménages*	*Autres*	*Total*
1	2 000	6 400	1 000	600	10 000
2	6 000	4 800	4 000	1 200	16 000
Valeur ajoutée :					
Travail	1 000	3 200	...	...	4 200
Autres..........	1 000	1 600	...	...	2 600
Total	10 000	16 000	5 000	1 800	32 800

Dans le tableau 9-1, on distingue deux secteurs de consommation finale. La rubrique « autres » comprend toutes les utilisations de la production à des fins autres que la consommation intermédiaire (inputs) et la consommation des ménages. On y classe les fournitures aux gouvernements et aux pays étrangers. Puisque le modèle est statique, on y inclut également les variations de stock et les investissements. Le lecteur peut vérifier que la somme des totaux des colonnes de consommation finale est égale à celle des totaux de valeur ajoutée (rémunération des facteurs).

Les tableaux d'échanges interindustriels sont évalués en unités monétaires pour une année de base. On peut considérer les entrées comme des unités physiques si l'on suppose que chacune des branches produit un seul output homogène vendu à un prix uniforme. L'unité physique dans chaque branche est la quantité de son output qui pourrait être achetée pour une unité monétaire pendant l'année de base. D'après cette définition, le prix à l'année de base de chacun des biens et des facteurs est égal à l'unité.

On calcule des coefficients techniques moyens en divisant les inputs produits et non produits utilisés par une branche par son niveau de production. Ces coefficients moyens sont les a_{ij} et les b_{ij} constants du modèle d'input-output général. Le tableau 9-2 montre des coefficients calculés à partir du tableau 9-1. Comme la somme des entrées en colonne est égale au niveau de production de la branche, la somme des coefficients des colonnes de 9-2 est égale à l'unité. Toutes les branches dans un système empirique ont besoin de facteurs en tant qu'inputs. La somme des coefficients de chacune des colonnes correspondant aux inputs produits sera donc inférieure à l'unité :

$$\sum_{i=1}^{m} a_{ij} < 1 \qquad (j = 1, ..., m) .$$

Ces sommes satisfont les conditions d'existence (9-67) avec $d_j = 1$ $(j = 1, ..., m)$. Un système empirique a donc toujours une solution générale avec :

$$\beta_{ij} \geqslant 0 \ (i, j = 1, ..., m) \text{ et } \gamma_{ij} \geqslant 0 \ (i = 1, ..., n \,;\, j = 1, ..., m) .$$

Tableau 9-2 *Besoins directs par franc de produit,* 1972

Branche	1	2
1.......	0,2	0,4
2.......	0,6	0,3
Travail .	0,1	0,2
Autre...	0,1	0,1
Total ..	1,0	1,0

Tableau 9-3 *Besoins directs et indirects par franc de consommation finale,* 1972

Branche	1	2
1.......	2,187 50	1,250 000
2.......	1,875 00	2,500 00
Travail .	0,593 75	0,625 00
Autre...	0,406 25	0,375 00

Les β_{ij} et les γ_{ij} sont donnés dans le tableau 9-3. Il faut 2,187 50 unités du bien 1 et 1,875 00 unité du bien 2 pour fournir une unité du bien 1 au secteur de la consommation finale. Les besoins directs et indirects en inputs correspondants sont 0,593 75 unité de travail et 0,406 25 unité de l'autre facteur. La somme des besoins directs et indirects en facteurs pour chacun des biens est égale à l'unité étant donné la définition des prix dans les systèmes empiriques.

Théorème de substitution.

Si un système d'input-output a une solution générale, le niveau des facteurs primaires et des autres inputs est déterminé de façon unique pour tout ensemble donné de consommations finales.

Il ne peut y avoir de substitution entre les inputs. Au paragraphe 9-1, on a montré qu'il pouvait y avoir substitution jusqu'à un certain point, lorsque la production d'un bien pouvait se faire à l'aide de plus d'une activité linéaire. Il est facile de généraliser le modèle d'input-output pour englober le cas où les biens peuvent être produits par plusieurs activités. Supposons que chaque branche dispose du même nombre u d'activités linéaires de production. Soit a_{ij}^k la quantité du bien i requise pour produire une unité du bien j à l'aide de l'activité k. L'existence de plusieurs activités pour la production d'un bien implique qu'il est possible d'obtenir un ensemble donné de consommations finales à partir de différents systèmes d'inputs et de facteurs primaires.

S'il existe un facteur rare, on désirera minimiser l'utilisation de ce facteur x, nécessaire pour respecter le niveau fixé de consommation finale. On peut écrire ce problème d'optimisation sous la forme d'un programme linéaire : il s'agit de choisir des niveaux d'output non négatifs :

$$q_j^k \geqslant 0 \qquad (k = 1, ..., u \,;\, j = 1, ..., m)$$

qui minimisent :

$$x = \sum_{k=1}^{u} \sum_{j=1}^{m} b_j^k q_j^k \tag{9-72}$$

où b_j^k est la contrainte technique liée à la k-ième activité pour produire le j-ième bien, compte tenu du fait que la production nette de chaque bien doit être suffisante pour respecter le niveau de consommation finale fixé :

$$\begin{aligned} &\sum_{k=1}^{u} [(1 - a_{11}^k) q_1^k - a_{12}^k q_2^k - \cdots - a_{1m}^k q_m^k] \geqslant y_1 \\ &\sum_{k=1}^{u} [- a_{21}^k q_1^k + (1 - a_{22}^k) q_2^k - \cdots - a_{2m}^k q_m^k] \geqslant y_2 \\ &\cdots\cdots\cdots\cdots\cdots\cdots\cdots\cdots\cdots\cdots \\ &\sum_{k=1}^{u} [- a_{m1}^k q_1^k - a_{m2}^k q_2^k - \cdots + (1 - a_{mm}^k) q_m^k] \geqslant y_m \end{aligned} \tag{9-73}$$

Supposons pour le moment que $y_i > 0$ $(i = 1, ..., m)$.

L'ensemble des points réalisables que définit (9-73) et les contraintes de non-négativité possèdent plusieurs propriétés intéressantes. On doit utiliser au moins une activité pour chaque bien à un niveau positif, si l'on veut respecter les niveaux de consommation positifs fixés. Dans le cas général, une solution réalisable de base (SRB) d'un programme linéaire à m contraintes ne comprend pas plus de m variables à des niveaux positifs (cf. Par. 9.3). Ces deux remarques impliquent que toute SRB du programme linéaire est un système d'input-output comprenant une et une seule activité de production pour chacun des m biens. Toute combinaison des m activités, une activité par bien étant retenue, constitue un système d'input-output. Il y a um activités et u^m combinaisons, donc u^m systèmes d'input-output. Les systèmes possédant une solution générale constituent les SRB du programme linéaire. Le choix d'une SRB optimale implique le choix d'un système d'input-output optimal. Laissons de côté les cas triviaux et considérons le cas d'économies ayant deux systèmes d'input-output réalisables au moins.

Le problème dual (¹) de (9-72) et (9-73) consiste à trouver les valeurs de $p_i \geqslant 0$ $(i = 1, ..., m)$ qui maximisent :

$$I = \sum_{i=1}^{m} p_i y_i \tag{9-74}$$

compte tenu des contraintes :

$$\begin{aligned}
&(1 - a_{11}^1) p_1 - a_{21}^1 p_2 - \cdots - a_{m1}^1 p_m \leqslant b_1^1 \\
&- a_{12}^1 p_1 + (1 - a_{22}^1) p_2 - \cdots - a_{m2}^1 p_m \leqslant b_2^1 \\
&\cdots\cdots\cdots\cdots\cdots\cdots\cdots\cdots\cdots\cdots \\
&- a_{1m}^1 p_1 - a_{2m}^1 p_2 - \cdots + (1 - a_{mm}^1) p_m \leqslant b_m^1 \\
&(1 - a_{11}^2) p_1 - a_{21}^2 p_2 - \cdots - a_{m1}^2 p_m \leqslant b_1^2 \\
&\cdots\cdots\cdots\cdots\cdots\cdots\cdots\cdots\cdots\cdots \\
&- a_{1m}^u p_1 - a_{2m}^u p_2 - \cdots + (1 - a_{mm}^u) p_m \leqslant b_m^u .
\end{aligned} \tag{9-75}$$

Les variables duales sont les prix des m biens évalués en unités de facteur. En regroupant les termes, on peut écrire le système de contraintes (9-75) de la façon suivante :

$$p_j \leqslant \sum_{i=1}^{m} a_{ij}^k p_i + b_j^k \qquad (k = 1, ..., u) \qquad (j = 1, ..., m) .$$

Nous retrouvons l'inégalité habituelle : le revenu unitaire (évalué en unités de facteur) doit être inférieur ou égal au coût unitaire (évalué en unités de facteur) pour chacune des activités linéaires de production. Le théorème de dualité (9-22) permet de vérifier que, comme en concurrence parfaite, le prix est égal au coût pour toute activité

(¹) Le système primal donné par (9-72) et (9-73) est de forme identique au système dual donné par (9-18) et (9-19). Le système dual défini par (9-74) et (9-75) est de forme identique au système primal défini par (9-16) et (9-17). Les théorèmes de dualité de la programmation linéaire sont symétriques et valent quelle que soit la classification en primal et dual adoptée.

utilisée à un niveau positif dans le système d'input-output optimal. D'après (9-26), les valeurs optimales du revenu au coût des facteurs, soit (9-72), sont égales aux valeurs optimales au prix du marché, soit (9-74).

Dès lors que l'on introduit une possibilité de substitution entre les facteurs, la question se pose de savoir si les coefficients input-output empiriques sont constants. Les coefficients garderont-ils les valeurs observées à l'année de base, alors que les niveaux de consommation finale voulus ne sont pas identiques à ceux de l'année de base ? La réponse est oui selon le théorème de substitution pour les modèles d'input-output. Ce théorème établit plus précisément qu'un système d'input-output est optimal pour tout $y_i \geqslant 0$ $(i = 1, ..., m)$ s'il est optimal pour un ensemble quelconque de valeurs des y_i. Ce théorème découle d'une propriété paramétrique des programmes linéaires : une modification des normes d'un système ne modifiera pas l'ensemble des activités de la SRB de base si elles restent réalisables (1). Etant donné que le système d'input-output optimal a une solution générale, les niveaux d'output seront non négatifs pour tous les niveaux désirés de consommation finale non négatifs. Le théorème de substitution est démontré. Les niveaux d'output seront modifiés par des modifications non négatives dans les consommations finales, mais les prix n'en seront pas affectés. On pourrait appeler le théorème de substitution le théorème de non-substitution. La substitution est possible, mais ne s'observe jamais dans une économie à un facteur. Le théorème de substitution ne vaut pas pour les économies ayant plus d'un facteur.

9.6 RÉSUMÉ.

Une activité linéaire de production est caractérisée par des proportions fixes entre les niveaux d'output et les niveaux d'input. Une fonction linéaire de production comprend un certain nombre d'activités linéaires de production que l'on peut utiliser simultanément. Les substitutions entre inputs sont possibles si l'on peut produire un bien à l'aide de plusieurs activités linéaires.

La programmation linéaire consiste à maximiser une fonction linéaire de production à n variables non négatives compte tenu de m contraintes inégalités linéaires. L'ensemble des points non négatifs de l'espace à n dimensions qui satisfont les contraintes du système linéaire constitue l'ensemble des points réalisables. Cet ensemble est un ensemble convexe, fermé, borné inférieurement. Si la fonction économique possède une valeur maximale finie, cette valeur correspondra à un au moins des points extrémaux de l'ensemble des points réalisables. Si l'ensemble des réalisables est borné supérieurement et non nul, la fonction économique aura un maximum fini.

A tout programme linéaire à n variables et m contraintes correspond un programme linéaire dual à m variables et n contraintes. Les variables d'un des pro-

(1) Cette propriété est évidente dans le cas du système général défini par (9-29) et (9-30). Les critères d'optimalité (9-39) ne contiennent pas les normes (les k_i) et ne sont donc pas affectés par des modifications dans ces normes. On trouvera une démonstration du théorème de substitution dans David Gale, *Theory of Linear Economic Models* (New York : Mc Graw-Hill, 1960), pp. 303-305.

grammes donnent les valeurs marginales des contraintes de l'autre. Les valeurs optimales des fonctions économiques des deux programmes sont égales. En économie, les quantités sont souvent les variables de l'un des programmes et les prix celles de l'autre.

On peut transformer en égalités strictes les contraintes d'un programme linéaire en ajoutant aux contraintes inégalités des variables « d'écart ». Une solution réalisable de base (SRB) est une solution non négative des m contraintes égalités à m variables. Il existe une correspondance univoque entre les SRB et les points extrémaux de l'ensemble des points réalisables. La forme révisée de la méthode du simplexe est une méthode par itération qui permet d'obtenir une solution réalisable de base optimale.

On peut parfois considérer un marché de duopole comme un jeu à deux personnes, à somme nulle. Chacun des duopoleurs retient une distribution de probabilités pour un nombre fini de stratégies qui maximise son espérance de gain, l'adversaire étant supposé choisir la stratégie la plus défavorable au premier duopoleur. L'espérance de gain de l'un des duopoleurs (qui est égal à l'espérance de perte de l'autre) correspond à la valeur du jeu si les deux duopoleurs affectent leurs stratégies de probabilités optimales. On peut obtenir une solution numérique des jeux à deux personnes, à somme nulle en utilisant les méthodes de la programmation linéaire.

Une seule activité linéaire de production est utilisée pour produire chacun des m biens dans le modèle d'input-output. On utilise comme inputs des facteurs primaires, non produits, et des outputs produits. Dans un système d'input-output, la solution générale donne les outputs en tant que fonctions linéaires des livraisons au secteur de la consommation finale. On dit qu'un système est décomposable s'il comprend au moins un groupe autonome de moins de m branches. On peut déduire les prix concurrentiels (profits nuls) des biens produits des prix des facteurs. Les systèmes d'input-output empiriques sont basés sur des tableaux d'échanges interindustriels. On peut généraliser le modèle d'input-output pour traiter du cas où chaque bien peut être produit par plusieurs activités. D'après le théorème de substitution, il n'y aura pas de substitution entre les inputs dans une économie à plusieurs activités de production, s'il n'y a qu'un facteur non produit.

EXERCICES

9.1 Une fonction linéaire de production comprend quatre activités permettant de produire un output à partir de deux inputs. Les besoins en inputs par unité d'output sont :

$$a_{11} = 1 \qquad a_{12} = 2 \qquad a_{13} = 3 \qquad a_{14} = 5$$
$$a_{21} = 6 \qquad a_{22} = 5 \qquad a_{23} = 3 \qquad a_{24} = 2 .$$

Tracer les isoquantes correspondant à une unité, deux unités et trois unités produites.

9.2 Représenter graphiquement l'ensemble des points réalisables et à l'aide d'une résolution graphique trouver la solution du programme linéaire suivant :

$$\max y = 3 z_1 - z_2 ,$$

compte tenu des contraintes :

$$z_1 - 2z_2 \leqslant 4, \qquad -z_1 - z_2 \leqslant -6,$$
$$z_1 + 2z_2 \leqslant 12 \qquad z_1, z_2 \geqslant 0.$$

9.3 Ecrire le système dual du programme linéaire suivant :

$$\min y = 6z_1 + 2z_2 + z_3,$$

compte tenu des contraintes :

$$3z_1 + 2z_2 \geqslant 10, \qquad z_1 + 5z_2 + z_3 \geqslant 8, \qquad z_1, z_2, z_3 \geqslant 0.$$

9.4 Le programme linéaire suivant a une solution non limitée :

$$\max y = 2z_1 + 3z_2$$

sous les contraintes :

$$-3z_1 + 2z_2 \leqslant 4, \qquad z_1 - 2z_2 \leqslant 6, \qquad z_1, z_2 \geqslant 0.$$

Démontrer que son dual n'a pas de solution réalisable.

9.5 Chacune des n activités linéaires permet de produire s outputs et utilise m inputs conformément à (9-7). Un entrepreneur détient chacun des m inputs en quantités données. Il veut maximiser le revenu global qu'il se procure en vendant ses outputs à des prix constants. Ecrire son problème d'optimisation sous forme de programme linéaire et en déduire le programme dual.

9.6 Résoudre le programme linéaire suivant en cherchant toutes ses SRB :

$$\max y = z_1 + 2z_2 + 3z_3,$$

sous les contraintes :

$$z_1 + 2z_2 + 4z_3 \leqslant 12, \qquad 2z_1 + 2z_3 \leqslant 12, \qquad z_1, z_2, z_3 \geqslant 0.$$

9.7 Résoudre à l'aide de la forme révisée de la méthode du simplexe le programme suivant et son dual :

$$\max y = 3z_1 + 2z_2 + z_3,$$

sous les contraintes :

$$z_1 + 2z_2 + 4z_3 \leqslant 30, \qquad 4z_1 + 2z_2 + z_3 \leqslant 60, \qquad z_1, z_2, z_3 \geqslant 0.$$

9.8 Quelles seraient les modifications apportées aux solutions optimales de l'exercice 9.7 si la constante de la seconde contrainte passait de 60 à 66, les autres paramètres restant constants.

9.9 Trouver les stratégies optimales des participants à un jeu, à deux personnes à somme nulle; la matrice des gains étant :

$$\begin{bmatrix} 4 & -2 \\ -3 & 1 \end{bmatrix}.$$

Quelle est la valeur du jeu ?

9.10 Les coefficients d'un système d'input-output à trois secteurs sont :

$$\begin{bmatrix} 0{,}2 & 0{,}1 & 0{,}6 \\ 0{,}5 & 0{,}4 & 0{,}4 \\ 0{,}1 & 0{,}4 & 0{,}2 \end{bmatrix}$$

A l'aide des conditions Hawkins-Simon montrer si le système a une solution générale.

9.11 Montrer à l'aide des conditions données par (9-67) (somme des colonnes) si le système d'input-output de l'exercice 9.10 a une solution générale.

9.12 On a établi le tableau d'échanges interindustriels suivant pour l'année 1973 :

Branche	1	2	*Consommation finale*	*Total*
1	500	1 600	400	2 500
2	1 750	1 600	4 650	8 000
Main-d'œuvre	250	4 800	....	5 050
Total	2 500	8 000	5 050	15 550

Construire les tableaux semblables aux tableaux 9-2 et 9-3 en utilisant ce tableau d'échanges interindustriels.

***9.13** Un agriculteur désire maximiser son profit à partir de ses quatre activités linéaires de production. Les trois premières activités lui permettent de produire du seigle, de l'orge et du maïs. Les inputs correspondants sont la terre, le travail et les engrais. La quatrième a pour output la viande de bœuf. Les inputs sont le travail, le bétail et le maïs. L'agriculteur dispose de quantités fixes de terre et de main-d'œuvre. Il peut acheter le bétail et l'engrais à des prix donnés. Il peut vendre le seigle, l'orge et la viande de bœuf à des prix donnés. Il ne peut par contre ni vendre ni acheter du maïs. Ecrire son problème d'optimisation sous forme d'un programme linéaire. Déduire et donner la signification du problème dual.

***9.14** Soit la matrice des profits d'un jeu à deux personnes à somme nulle dont les éléments sont : a_{ij} avec $(i = 1, ..., m)$ et $(j = 1, ..., n)$, soit r_i $(i = 1, ..., m)$ et s_j $(j = 1, ..., n)$ les distributions optimales respectives de I et II. Montrer qu'elles sont aussi optimales lorsque les éléments de la matrice des gains s'écrivent : $a_{ij} + k$, k étant une constante.

BIBLIOGRAPHIE

Baumol, W. J., *Economic Theory and Operations Analysis* (Englewood Cliffs, N. J. : Prentice-Hall, 1961). Les chapitres 5 et 18 traitent respectivement de la programmation linéaire et de la théorie des jeux. Edition française : *Théorie économique et analyse opérationnelle* (Dunod, Paris).

Chiang, Alpha C., *Fundamental Methods of Mathematical Economics* (New York : Mc Graw-Hill, 1967). Les chapitres 4, 5 d'une part, 18 à 20, d'autre part, traitent de la programmation linéaire et des mathématiques nécessaires.

Dantzig, George P., *Linear Programming and Extensions* (New York : Mc Graw-Hill, 1967). Edition française : *Applications et prolongements de la programmation linéaire* (Paris : Dunod, 1966). Exposé complet et ardu sur la programmation linéaire et ses techniques.

Dorfman, R., Samuelson, P. A. et Solow, R. *Linear Programming and Economic Analysis* (New York : Mc Graw-Hill, 1958). Edition française : *Programmation linéaire et gestion économique* (Paris : Dunod, 1962). Présentation élémentaire de la programmation linéaire et du modèle d'input-output.

Gale, David, *The Theory of Linear Economic Models* (New York : Mc Graw-Hill, 1960). Approche originale de la programmation linéaire, de la théorie des jeux et du modèle d'input-output. Les mathématiques nécessaires, de niveau avancé, sont résumées au chapitre 2.

Hadley, G., *Linear Programming* (Reading, Mass. : Addison-Wesley, 1962). Applications économiques. Théorie des ensembles et algèbre matricielle.

Leontief, Wassily W., *The Structure of American Economy*, 1919-1939 (2e éd., New York : Oxford University Press, 1951). Une description du système input-output par son inventeur.

Miernyk, William H., *The Elements of Input-Output Analysis* (New York : Random House, 1965). Une description non mathématique élémentaire des systèmes empiriques.

Neumann, J. von, et Morgenstern, O., *The theory of Games and Economic Behavior* (2e éd., Princeton, N. J. : Princeton, 1947). L'application originale de la théorie des jeux aux problèmes économiques. Les concepts mathématiques sont développés au fur et à mesure.

APPENDICE

RAPPELS DE MATHÉMATIQUE

Cet appendice contient une brève révision de quelques-uns des concepts mathématiques utilisés dans le texte. Les démonstrations rigoureuses sont en général omises ; en fait, beaucoup d'affirmations ne sont pas démontrées.

Les outils les plus importants de l'analyse sont l'algèbre et le calcul différentiel et intégral. La résolution des systèmes d'équations et l'utilisation des déterminants sont exposées dans le paragraphe A-1. Les fondements du calcul différentiel appliqué aux fonctions d'une seule variable sont discutés dans le paragraphe A-2. L'analyse est étendue aux fonctions de plusieurs variables, et les applications de la dérivation partielle sont discutées dans le paragraphe A-3. Les propriétés de base des intégrales sont revues dans le paragraphe A-4 et l'appendice se termine par une discussion des équations aux différences finies dans le paragraphe A-5, des équations différentielles dans le paragraphe A-6.

A-1. SYSTÈMES D'ÉQUATIONS ET DÉTERMINANTS.

Un système de n équations à n variables peut s'écrire :

$$\begin{aligned} a_{11} x_1 + a_{12} x_2 + \cdots + a_{1n} x_n &= b_1 \\ a_{21} x_1 + a_{22} x_2 + \cdots + a_{2n} x_n &= b_2 \\ \cdots\cdots\cdots\cdots\cdots\cdots\cdots\cdots & \\ a_{n1} x_1 + a_{n2} x_2 + \cdots + a_{nn} x_n &= b_n \end{aligned} \tag{A-1}$$

où les « a » sont des coefficients et les « b » des termes constants. Tout ensemble de n nombres qui vérifie chacune des n équations (A-1) si on le substitue aux « x » est une solution du système. Un exemple simple d'un système d'équations simultanées est

$$\begin{aligned} 3 x_1 - 5 x_2 &= 11 , \\ x_1 + 2 x_2 &= 11 . \end{aligned}$$

Sa seule solution est $x_1 = 7$, $x_2 = 2$.

Un déterminant est un nombre dérivé d'un tableau carré de nombres selon certaines règles qui sont à spécifier. Il est noté soit par des lignes verticales sur chacun des côtés du tableau à partir duquel il est calculé soit par une lettre en caractère gras. Si A représente le tableau (1), **A** représente son déterminant :

$$\mathbf{A} = \begin{vmatrix} a_{11} & a_{12} & \dots & a_{1n} \\ a_{21} & a_{22} & \dots & a_{2n} \\ \dots & \dots & \dots & \dots \\ a_{n1} & a_{n2} & \dots & a_{nn} \end{vmatrix}.$$

Les *éléments* de la matrice A sont les coefficients a_{ij} où le premier indice est l'indice de ligne et le second l'indice de colonne. Ainsi a_{57} est l'élément de la cinquième ligne et de la septième colonne du tableau.

Nous ne ferons qu'énoncer ici la règle de calcul d'un déterminant à partir du tableau (2). Des produits de nombres (ou éléments) sont formés à partir de **A** de façon que chaque produit contienne un et un seul élément de chaque ligne et un et un seul élément de chaque colonne. Ainsi le déterminant n'est défini que pour des tableaux carrés. Tous les produits de cette forme peuvent être écrits à l'aide des indices de ligne rangés dans l'ordre naturel (1, 2, 3, ..., n). Les produits $a_{11}\, a_{22} \dots a_{nn}$ et $a_{12}\, a_{21}\, a_{33} \dots a_{nn}$ en sont des exemples. Si le nombre des *inversions* (3) entre les indices des colonnes est pair, le signe du produit reste inchangé. Si le nombre des inversions entre les indices des colonnes est impair, il est changé de moins à plus ou de plus à moins. La valeur du déterminant est la somme algébrique de tous les produits de cette forme. Considérons le déterminant :

$$\mathbf{A} = \begin{vmatrix} a_{11} & a_{12} \\ a_{21} & a_{22} \end{vmatrix} = a_{11}\, a_{22} - a_{12}\, a_{21}\,.$$

Deux produits seulement peuvent être formés à partir de la matrice **A** d'après la règle énoncée ci-dessus. Un signe négatif précède le second terme, puisqu'il contient une inversion (un nombre impair) des indices de colonne lorsque les indices de ligne sont rangés dans l'ordre naturel (4).

(1) Tout tableau rectangulaire de nombres est appelé une *matrice*. Une matrice à m lignes et n colonnes est d'ordre ($m \times n$). Une matrice ($m \times 1$) est un vecteur-colonne, et une matrice ($1 \times m$) est un vecteur-ligne. Les termes « tableau » et « matrice » sont utilisés indifféremment.

(2) Pour une discussion plus étendue se reporter à A. C. Aitken, *Determinants and Matrices* (New York : Interscience, 1951), chap. II ; S. Perlis, *Theory of Matrices* (Cambridge, Mass. : Addison-Wesley, 1952), chap. IV ; ou G. Birkhoff et S. MacLane, *A Survey of Modern Algebra* (éd. rév. ; New York : Macmillan, 1953), chap. X.

(3) Une inversion est une situation dans laquelle un plus petit indice suit un indice plus élevé. Par exemple les indices 1, 2 sont dans un ordre naturel ; la séquence 2, 1 contient une inversion. La séquence 1, 3, 2, 5, 4 contient deux inversions, puisqu'elle contient deux situations dans lesquelles un indice plus petit suit un indice plus élevé : 3 vient avant 2 et 5 avant 4. La séquence 4, 3, 2, 1, 5 contient six inversions.

(4) Le même résultat est obtenu en comptant le nombre des inversions parmi les indices de ligne quand les indices de colonne sont rangés dans l'ordre naturel.

Le lecteur peut vérifier que si une matrice possède n lignes et n colonnes, le nombre de termes de l'expression de son déterminant est n ! (lire « factorielle n »), c'est-à-dire $n.(n-1) \dots 3.2.1$.

Voir Aitken, *œuvre citée*, pp. 26-36.

Si la matrice est (1)

$$\begin{bmatrix} 3 & 2 \\ -1 & 4 \end{bmatrix}$$

le déterminant est 12 + 2 = 14.

La règle ci-dessus est très difficile à manier si la matrice contient un grand nombre de lignes et de colonnes. En général, un déterminant est plus facilement évalué s'il est développé en termes de *cofacteurs*. Pour un élément a_{ij} de la matrice **A** former un tableau en supprimant la i-ième ligne et la j-ième colonne de la matrice initiale. Le déterminant du tableau ainsi formé, qui contient $(n - 1)$ lignes et $(n - 1)$ colonnes, est le *mineur* de l'élément a_{ij} (2). Le cofacteur de cet élément est ce mineur multiplié par $+ 1$ si $(i + j)$ est pair et par $- 1$ si $(i + j)$ est impair. Le déterminant **A** peut s'écrire :

$$\mathbf{A} = a_{i1}\,\mathbf{C}_{i1} + a_{i2}\,\mathbf{C}_{i2} + \cdots + a_{in}\,\mathbf{C}_{in}$$

pour toute ligne donnée d'indice i où $\mathbf{C}_{ij}$ est le cofacteur de l'élément de la i-ième ligne et j-ième colonne. De la même façon :

$$\mathbf{A} = a_{1j}\,\mathbf{C}_{1j} + a_{2j}\,\mathbf{C}_{2j} + \cdots + a_{nj}\,\mathbf{C}_{nj}$$

pour toute colonne d'indice j. Puisque un déterminant peut être développé selon les termes d'une seule ligne ou d'une seule colonne, la multiplication de toute ligne ou de toute colonne du tableau A par un nombre k multiplie la valeur du déterminant par ce même nombre k.

Imaginons que la i-ième ligne de la matrice soit multipliée par k. En développant le nouveau déterminant selon la i-ième ligne et en le notant $\mathbf{A}^*$:

$$\mathbf{A}^* = ka_{i1}\,\mathbf{C}_{i1} + ka_{i2}\,\mathbf{C}_{i2} + \cdots + ka_{in}\,\mathbf{C}_{in} = k\mathbf{A}\,.$$

Le développement

$$a_{i1}\,\mathbf{C}_{j1} + a_{i2}\,\mathbf{C}_{j2} + \cdots + a_{in}\,\mathbf{C}_{jn} \qquad \text{pour} \quad i \neq j$$

est un développement « suivant les cofacteurs étrangers » (3) et est égal à zéro. En utilisant ce théorème on peut montrer qu'en ajoutant un multiple de chaque ligne

(1) La matrice ou le tableau lui-même sont écrits entre parenthèses ou entre crochets. L'opération qui consiste à former le déterminant est cependant indiquée par des traits verticaux à la place des parenthèses.

(2) La diagonale du tableau de direction nord-ouest-sud-est est la diagonale principale. Les mineurs des éléments de la diagonale principale sont appelés mineurs principaux. Le mineur principal de a_{11} dans le déterminant **A** d'origine est un déterminant d'ordre $(n - 1) \times (n - 1)$ et est noté $\mathbf{A}_{11}$. Le mineur principal de a_{22} dans le mineur $\mathbf{A}_{11}$ est un déterminant d'ordre $(n - 2) \times (n - 2)$ et est noté $\mathbf{A}_{11,22}$. Ce déterminant $(n - 2) \times (n - 2)$ est lui-même un mineur principal du déterminant initial.

(3) Voir Birkhoff et MacLane, *œuvre citée*, p. 286. On peut vérifier facilement que ce développement obtenu en sommant les produits respectifs des n éléments de la ligne i par les cofacteurs des n éléments de la ligne j est nul. Les auteurs lui ont donné le nom de « expansion by alien cofactors » que nous avons traduit par « développement suivant les cofacteurs étrangers » (*N d. T.*).

(ou colonne) à chaque autre ligne (ou colonne) on ne change pas la valeur du déterminant. Par exemple, multiplions la j-ième ligne par k, ajoutons-la à la i-ième ligne et soit $\mathbf{A}^{**}$ le nouveau déterminant. En développant $\mathbf{A}^{**}$ selon sa i-ième ligne :

$$\begin{aligned}\mathbf{A}^{**} &= (a_{i1} + ka_{j1})\,\mathbf{C}_{i1} + (a_{i2} + ka_{j2})\,\mathbf{C}_{i2} + \cdots + (a_{in} + ka_{jn})\,\mathbf{C}_{in} \\ &= a_{i1}\,\mathbf{C}_{i1} + a_{i2}\,\mathbf{C}_{i2} + \cdots + a_{in}\,\mathbf{C}_{in} \\ &\qquad + k(a_{j1}\,\mathbf{C}_{i1} + a_{j2}\,\mathbf{C}_{i2} + \cdots + a_{jn}\,\mathbf{C}_{in}) \\ &= \mathbf{A}\end{aligned}$$

puisque le terme entre parenthèses dans la seconde égalité est le développement « suivant les cofacteurs étrangers » et est donc nul.

Le système d'équations simultanées de (A-1) peut être résolu par les *règles de Cramer*, qui indiquent que les solutions x_j sont données par le rapport de deux déterminants, le dénominateur étant le déterminant des coefficients du système des équations et le numérateur le déterminant des coefficients avec la j-ième colonne remplacée par la colonne des termes constants. En appliquant d'abord la règle d'après laquelle, si on multiplie les éléments d'une colonne du tableau par un nombre, le déterminant est multiplié par le même nombre, et ensuite la règle selon laquelle on ne change pas la valeur d'un déplacement en ajoutant à une colonne un multiple d'une autre colonne, la solution x_1 devient :

$$x_1\,\mathbf{A} = \begin{vmatrix} a_{11}\,x_1 & a_{12} & \ldots & a_{1n} \\ a_{21}\,x_1 & a_{22} & \ldots & a_{2n} \\ \ldots & \ldots & \ldots & \ldots \\ a_{n1}\,x_1 & a_{n2} & \ldots & a_{nn} \end{vmatrix}$$

$$= \begin{vmatrix} a_{11}\,x_1 + a_{12}\,x_2 & a_{12} & \ldots & a_{1n} \\ a_{21}\,x_1 + a_{22}\,x_2 & a_{22} & \ldots & a_{2n} \\ \ldots & \ldots & \ldots & \ldots \\ a_{n1}\,x_1 + a_{n2}\,x_2 & a_{n2} & \ldots & a_{nn} \end{vmatrix}$$

$$= \begin{vmatrix} a_{11}\,x_1 + a_{12}\,x_2 + \cdots + a_{1n}\,x_n & a_{12} & \ldots & a_{1n} \\ a_{21}\,x_1 + a_{22}\,x_2 + \cdots + a_{2n}\,x_n & a_{22} & \ldots & a_{2n} \\ \ldots & \ldots & \ldots & \ldots \\ a_{n1}\,x_1 + a_{n2}\,x_2 + \cdots + a_{nn}\,x_n & a_{n2} & \ldots & a_{nn} \end{vmatrix}$$

$$= \begin{vmatrix} b_1 & a_{12} & \ldots & a_{1n} \\ b_2 & a_{22} & \ldots & a_{2n} \\ \ldots & \ldots & \ldots & \ldots \\ b_n & a_{n2} & \ldots & a_{nn} \end{vmatrix}$$

en substituant la colonne des constantes de (A-1) aux sommes de la première colonne. En notant $\mathbf{A}_1$ le déterminant du second membre, la solution x_1 est :

$$x_1 = \mathbf{A}_1/\mathbf{A} \qquad \text{(A-2)}$$

comme indiqué. L'expression (A-2) n'a pas de sens si $\mathbf{A} = 0$. Dans ce cas il n'existe pas de solution unique, et les lignes du tableau sont *linéairement dépendantes* ou encore, la matrice est *singulière* (1).

Si la valeur d'un déterminant est nulle, l'une des équations peut être exprimée sous la forme d'une combinaison linéaire des autres. Par exemple, la n-ième équation pourrait ensuite être obtenue en multipliant la première équation par 6 et en ajoutant trois fois la seconde à la première. La n-ième équation ne contient pas de nouvelle information et peut être omise, parce qu'elle dépend linéairement des $(n - 1)$ premières équations. Par exemple, supposons que la n-ième équation soit une combinaison linéaire des $(n - 1)$ premières équations. La i-ième équation est :

$$\sum_{j=1}^{n} a_{ij} x_j = b_i$$

et la n-ième est

$$\sum_{i=1}^{n-1} c_i \sum_{j=1}^{n} a_{ij} x_j = \sum_{i=1}^{n-1} c_i b_i$$

où les c sont des constantes non nulles. Tout ensemble de x qui satisfait les $(n - 1)$ premières équations satisfait nécessairement la n-ième. La dernière équation n'ajoute aucune information. Le système est réduit à $(n - 1)$ équations à n variables. Si aucun mineur à $(n - 1)$ lignes ne s'annule il est possible d'exprimer l'une des $(n - 1)$ variables en fonction des termes constants et de la n-ième variable.

Si le système d'origine à n équations est *homogène* (tous les termes constants nuls), tous les x sont nuls si le déterminant du système ne s'annule pas. D'après les règles de Cramer chaque x est exprimé par une fraction. Son dénominateur n'est pas nul par hypothèse. Le numérateur s'annule pour chaque x, parce que tous les b sont nuls, et que le déterminant de tout tableau comportant une colonne de zéros est lui-même nul. Si le déterminant s'annule, il n'est possible de résoudre que pour des valeurs relatives des variables, et la solution est unique à un coefficient de proportionnalité près. Par exemple, si le système d'équations simultanées est :

$$3 x_1 - 4 x_2 = 0 ,$$
$$6 x_1 - 8 x_2 = 0 ,$$

(1) On note $\sum$ (la capitale grecque sigma) l'opération somme telle que $\sum_{i=1}^{n} a_i$, qui signifie

$$a_1 + a_2 + \cdots + a_n .$$

Les lignes d'une matrice A sont définies comme linéairement dépendantes s'il est possible de trouver un ensemble de nombres $c_1, c_2, \ldots, c_n$ tels que $\sum_{i=1}^{n} c_i a_{ij} = 0$ pour toutes les valeurs de l'indice j, si les c ne sont pas tous nuls. On peut trouver, que la valeur du déterminant du tableau est zéro si et seulement si les lignes (ou les colonnes) du tableau sont linéairement dépendantes.

Voir Aitken, *œuvre citée*, pp. 62 et 64.

le déterminant est (3) (− 8) − (6) (− 4) = 0. Par suite les deux équations ne sont pas indépendantes et la seconde équation peut être omise (¹). Alors

$$3\,x_1 - 4\,x_2 = 0\,,$$

ou

$$x_1/x_2 = 4/3\,.$$

Tout ensemble de valeurs satisfait le système tant que la relation entre x_1 et x_2 est $x_1/x_2 = 4/3$ (²). Des valeurs numériques des variables ne peuvent être obtenues qu'en choisissant une valeur arbitraire pour l'une d'entre elles.

A-2. ANALYSE : FONCTIONS D'UNE SEULE VARIABLE.

Fonctions, limites, continuité.

La relation $y = f(x)$ (lire « y est une fonction de x ») signifie qu'il existe une règle par laquelle il est possible d'associer à des valeurs de la variable x des valeurs de la variable y. Exemples : $y = 1/x$, $y = 3\,x^2$, $y = \log \sin x$, $y = 1$ si x est un nombre entier impair et $y = 0$ pour toute autre valeur de x. Dans tous les cas les valeurs de y correspondent à des valeurs données de x à partir de la règle d'association spécifiée dans la forme de la fonction.

Une fonction peut ne pas être définie pour toutes les valeurs de x : ainsi $y = 1/x$ ne peut pas être évaluée pour $x = 0$ et $y = \log \sin x$ ne peut pas être évaluée pour des valeurs de x pour lesquelles $\sin x$ est négatif. On appelle *domaine* de définition d'une fonction le sous-ensemble de tous les nombres réels pour lesquels la fonction est définie. Ainsi la fonction $y = x^2$ a pour domaine l'ensemble des nombres réels. Les valeurs de la fonction correspondant aux valeurs de x dans le domaine de définition peuvent elles-mêmes constituer un sous-ensemble des nombres réels. On appelle ce sous-ensemble l'*intervalle de définition* de la fonction. La fonction ci-dessus a pour intervalle les nombres réels non négatifs.

La relation $y = f(x)$ est une fonction *explicite*, puisque y est exprimé en fonction de x. Si la relation fonctionnelle entre y et x est notée $g(y, x) = 0$, y est une fonction *implicite* de x. En spécifiant une valeur de x on définit une valeur de y telle que l'expression du premier membre se réduise à zéro quand les valeurs appropriées de x et y s'y trouvent substituées. Les relations $y = x^2$, $y = ax + b$, et $y = \sqrt[3]{x}$ donnent des exemples de fonctions explicites ; les expressions $ax + b - y = 0$, $x^2 - y^2 = 0$ et $e^y + y - x + \log x = 0$ sont des exemples de fonctions implicites. Pour réécrire

(¹) Omettre une équation ou l'autre n'a pas d'importance. En éliminant la première on obtient le même résultat.

(²) La discussion des paragraphes précédents est volontairement non rigoureuse. Les conditions nécessaires et suffisantes de solvabilité d'un système d'équations simultanées sont démontrées dans tout manuel d'algèbre. Voir Aitken, *œuvre citée*, pp. 63-66, 69-71 ou Perlis, *œuvre citée*, pp. 45-48.

une fonction implicite sous forme explicite il est nécessaire de résoudre l'équation $g(y, x) = 0$ en y. Cela n'est pas toujours possible. La fonction implicite

$$e^y + y - x + \log x = 0$$

ne peut être écrite sous forme explicite parce que l'équation ne peut être résolue analytiquement en x ou y. Une fonction explicite peut toujours être réécrite sous une forme implicite. Par exemple, la fonction explicite $y = 3x^4 + 2 \sin x - 1$ devient $y - 3x^4 - 2 \sin x + 1 = 0$ sous forme implicite.

Une fonction $f(x)$ est *convexe* sur l'intervalle (a, b) si :

$$f[\lambda x_1 + (1 - \lambda) x_2] \leqslant \lambda f(x_1) + (1 - \lambda) f(x_2) \tag{A-3}$$

pour tout $a \leqslant x_1, x_2 \leqslant b$ et $0 \leqslant \lambda \leqslant 1$. Elle est *strictement convexe* sur l'intervalle si l'on a l'inégalité stricte en (A-3) pour tout $0 < \lambda < 1$.

Une fonction est *concave* sur un intervalle (a, b) si :

$$f[\lambda x_1 + (1 - \lambda) x_2] \geqslant \lambda f(x_1) + (1 - \lambda) f(x_2) \tag{A-4}$$

pour tout $0 \leqslant \lambda \leqslant 1$ et *strictement concave* si l'on a l'inégalité stricte pour tout $0 < \lambda < 1$.

Le premier membre de (A-3) et celui de (A-4) donnent les valeurs de la fonction pour toutes les combinaisons de x_1 et x_2. Les membres de droite donnent les valeurs des combinaisons de la fonction pour x_1 et x_2. La convexité stricte (la concavité stricte) sur un intervalle signifie que pour tout couple de valeurs x_1 et x_2 appartenant à l'intervalle, avec $x_1 < x_2$, les valeurs de la fonction $f(x)$ pour $x_1 < x < x_2$ sont situées en dessous (en deçà) d'un segment de droite reliant $f(x_1)$ et $f(x_2)$. La fonction représentée sur la figure A-1 *a* est concave sur l'intervalle (a, b). La fonction de la figure 4-1 *b* est convexe sur l'intervalle (a, b). Elle est convexe sur un plus grand intervalle en fait. Une fonction linéaire satisfait les égalités strictes de (A-3) et (-A4) et les deux interpolations donnent des valeurs identiques. Une fonction linéaire est donc à la fois convexe (mais pas strictement convexe) et concave (mais pas strictement concave).

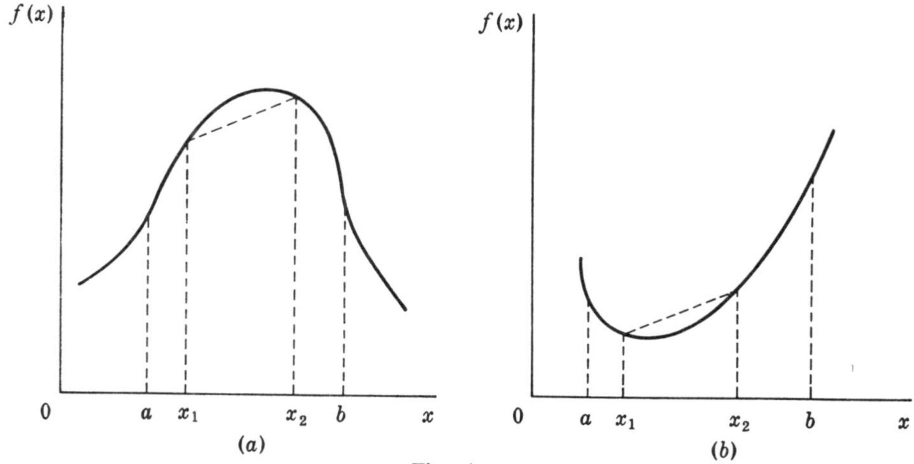

Fig. A-1.

Une suite de nombres est une liste ou énumération de nombres tels que 1, 2, 3, 4, 5, ... ; ou 1, 1/2, 1/3, 1/4, 1/5, ... ; ou 2, 1, 1/2, 1/4, 1/8, ... ; ou 1, 0, − 1, 0, 1, ... Chaque nombre dans une suite peut se voir affecté un indice indiquant de combien le nombre est « éloigné » dans la suite. Ainsi dans la troisième séquence ci-dessus, $x_2 = 1$. La suite converge vers une limite K s'il existe un nombre K tel que la valeur numérique de la différence entre K et un élément de la suite est arbitrairement petite (peut être rendue aussi petite que l'on désire) si l'on prend un élément suffisamment éloigné de la suite, c'est-à-dire un élément d'indice suffisamment élevé, et si la différence reste au moins aussi petite pour chaque élément de la suite, même d'indice supérieur. La troisième suite admet pour limite zéro.

La fonction explicite $f(x)$ (ou, ce qui est la même chose la variable y) tend vers la limite L, si x tend vers le nombre a, si la valeur de la fonction peut être rendue aussi voisine de L qu'il le faut en prenant des valeurs de x suffisamment proches de a, et si la valeur de la fonction reste au moins aussi voisine de L pour toutes les valeurs de x encore plus proches de a.

Le procédé de recherche de la limite de $f(x)$ si $x = a$ peut être représenté de la façon suivante. Prendre des valeurs successives x_1, x_2, ..., etc., de x qui forment une suite convergeant vers a. Substituer ces valeurs de x dans $f(x)$. Ceci conduit à une suite de valeurs $f(x_1)$, $f(x_2)$, ..., etc. Si cette suite converge vers un nombre L, $f(x)$ admet la limite L si $x = a$. Une limite existe si L est fini. L'opération qui consiste à prendre la limite de $f(x)$ est notée :

$$\lim_{x \to a} f(x) = L.$$

La fonction $f(x) = 1 + 1/x$ tend vers la limite 1 si $x \to \infty$ (x approche l'infini). Cependant ce résultat ne peut être obtenu en substituant à x l'infini dans $1 + 1/x$ parce que $1/\infty$ n'est pas égal à zéro. $A/B = C$ implique que $A = B.C$. Si $1/\infty = 0$, alors $1 = (\infty).(0)$. Puisque ceci n'est pas exact, le problème doit être résolu par un raisonnement différent, c'est-à-dire par l'application de la définition de la limite. En fait, ∞ n'est pas un nombre, mais plutôt une direction. Son apparition dans une formule revient à énumérer les nombres positifs en ordre croissant et à aller aussi loin que possible, c'est-à-dire, à prendre une limite. La valeur de y peut être rendue égale à 1, à moins de 0,1 près pour une valeur de x supérieure à 10. Si $x = 20$, $1 + 1/x = 1{,}05$ est égale à 1 à 0,05 près seulement. De la même façon, y peut être rendu égal à 1 à moins de 1/1 000 000 près pour une valeur de x supérieure à 1 000 000. La différence entre la valeur de y et le nombre 1 peut être rendue inférieure à tout nombre fixé d'avance en choisissant x suffisamment grand.

La fonction $f(x)$ est continue au point $x = a$ si les conditions suivantes sont remplies :

$$(1) \lim_{x \to a} f(x) \text{ existe}, \quad (2) f(a) \text{ existe}, \quad (3) f(a) = \lim_{x \to a} f(x)\ (^1).$$

(1) Au point $x = a$ la valeur de la fonction doit être fixée et cette valeur doit être égale à la limite de la fonction lorsque x tend vers a. La fonction $y = 1$ lorsque x est un nombre impair et $y = 0$ pour toutes les autres valeurs de x n'est pas continue lorsque x est un nombre impair.

Si $f(x)$ et $g(x)$ sont deux fonctions toutes deux continues en $x = a$, alors $f(x) + g(x)$, $f(x).g(x)$ et $f(x)/g(x)$ [si $g(x) \neq 0$] sont aussi continues.

La fonction est continue dans l'intervalle $a < x < b$ si elle est continue en tout point de l'intervalle. Cette définition de la continuité implique que la fonction doit être « continue » au sens commun du terme : on doit être capable de dessiner le graphe de la fonction sans soulever le crayon du papier ([1]).

La dérivée.

Supposons que la fonction $y = f(x)$ soit continue dans un intervalle. Si la variable indépendante x s'accroît d'une petite quantité Δx, la valeur de la fonction s'accroît de la quantité Δy. De plus $y + \Delta y = f(x + \Delta x)$. La variation de la valeur de la fonction peut s'exprimer par :

$$\Delta y = f(x + \Delta x) - f(x) . \tag{A-5}$$

En divisant les deux termes de (A-5) par Δx :

$$\frac{\Delta y}{\Delta x} = \frac{f(x + \Delta x) - f(x)}{\Delta x} . \tag{A-6}$$

Le taux de variation moyen de y par unité d'accroissement de x pour l'intervalle $(x, x + \Delta x)$ est donné par (A-6). Imaginons par exemple qu'en marchant une demi-heure de plus un piéton parcourt une distance supplémentaire de 2 km. La variable indépendante temps est changée et passe de x à $x + 1/2$ heure, $\Delta y = 2$ km, $\Delta x = 1/2$ heure et $\Delta y/\Delta x =$ vitesse moyenne $= 4$ km/h. La dérivée de $f(x)$, notée $\mathrm{d}y/\mathrm{d}x$, ou y', est définie comme le taux d'accroissement de $f(x)$ si Δx tend vers 0 :

$$\frac{\mathrm{d}y}{\mathrm{d}x} = f'(x) = \lim_{\Delta x \to 0} \frac{f(x + \Delta x) - f(x)}{\Delta x} .$$

La dérivée est le taux de variation, ou la vitesse si l'on se reporte à l'exemple précédent, ou, d'une manière différente, la limite du taux de variation moyen (vitesse moyenne) lorsque Δx (l'intervalle de temps) tend vers zéro. Si le graphe de $f(x)$ est tracé, la dérivée calculée au point $x = a$ est la pente de la courbe représentant $f(x)$ au point $x = a$. Le taux de variation moyen est la pente de la sécante joignant deux points de la courbe, et la dérivée la pente de la tangente à la courbe au point donné. Ces concepts sont illustrés sur la figure A-2.

La dérivée d'une dérivée est une dérivée seconde, notée $\mathrm{d}^2y/\mathrm{d}x^2$, et définie de la façon suivante :

$$\frac{\mathrm{d}^2 y}{\mathrm{d}x^2} = \lim_{\Delta x \to 0} \frac{f'(x + \Delta x) - f'(x)}{\Delta x} .$$

(1) Remarquer qu'une fonction qui possède des « coins » ou des « dents » mais qui ne possède aucun trou est continue. La valeur absolue d'un nombre x (notée $|x|$) est définie comme suit :

$$|x| = x \quad \text{si} \quad x \geqslant 0 ,$$
$$|x| = -x \quad \text{si} \quad x < 0 .$$

La fonction $y = |x|$ possède une « dent » en $x = 0$ mais est continue.

La dérivée seconde est le taux de variation de la dérivée première, c'est-à-dire, le taux auquel la pente de la fonction change.

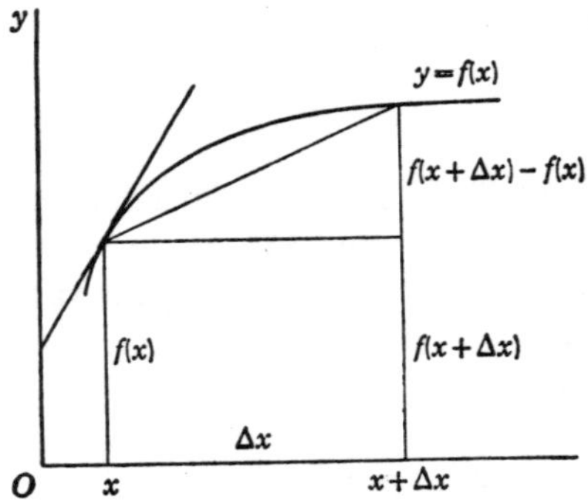

Fig. A-2.

En se reportant à notre exemple il s'agit de l'accélération ou du taux de variation de la vitesse. Les dérivées d'ordre supérieur sont définies de façon analogue.

Les techniques de différentiation.

Dériver une fonction consiste à rechercher sa dérivée. Quelques-unes des plus importantes techniques de dérivation sont indiquées ci-dessous sans démonstration [1] :

1. $f(x) = c = \text{Cte}, f'(x) = 0$,
2. $f(x) = x^n$, $f'(x) = nx^{n-1}$,
3. $f(x) = g(x).h(x)$, $f'(x) = g'(x).h(x) + g(x).h'(x)$,
4. $f(x) = g(x)/h(x)$, $h(x) \neq 0$, $f'(x) = [g'(x).h(x) - g(x).h'(x)]/[h(x)]^2$,
5. $f(x) = g[h(x)]$, $f'(x) = g'[h(x)].h'(x)$ (règle de dérivation d'une fonction de fonction),
6. $f(x) = \ln x$, $f'(x) = 1/x$ (log de base e),
7. $f(x) = \ln[g(x)]$, $f'(x) = g'(x)/g(x)$,
8. $f(x) = e^{g(x)}$, $f'(x) = g'(x)\, e^{g(x)}$,
9. $f(x) = a^x$, $f'(x) = a^x \ln a$,
10. si $y = f(x)$ est à une seule variable et continue et peut être inversée en $x = g(y)$ telle que $f'(x)$ soit continue et $\neq 0$, alors $f'(x) = 1/g'(y)$ ou $dy/dx = 1/(dx/dy)$ (règle de dérivation de la fonction inverse).

(1) Les démonstrations peuvent être trouvées dans tout manuel élémentaire d'analyse. Voir par exemple R. Courant, *Differential and Integral Calculus* (2e éd. New York : Interscience, 1936) pp. 136-140, 173, 175 ou H. B. Fine, *Calculus* (New York : Macmillan, 1937), chap. III et VII.

Maximums et minimums.

Une fonction d'une seule variable $y = f(x)$ possède un maximum relatif au point $x = a$ si $f(a) \geqslant f(x)$ pour toutes les valeurs de x situées dans un proche voisinage du point a. La valeur $f(a)$ n'est pas nécessairement plus grande que les valeurs de $f(x)$ extérieures au proche voisinage de a. De la même façon, $f(x)$ est minimum en $x = b$ si $f(b) \leqslant f(x)$ pour tout x situé dans un proche voisinage de b.

Des conditions suffisantes de maximums et minimums peuvent être indiquées intuitivement comme suit. Une fonction qui possède un maximum (ou minimum) n'est, par définition, ni croissante, ni décroissante au point extrême. Mais la dérivée première est le taux de croissance de la fonction. Elle doit donc s'annuler en un point extrême. Une fonction croît en premier lieu, devient stationnaire, et décroît ensuite dans le cas d'un maximum. Ainsi la dérivée seconde (le taux d'accroissement de la première dérivée) est négative au maximum. Pour des raisons semblables elle est positive au minimum. Ces conditions sur les premières et secondes dérivées sont suffisantes pour les minimums et maximums.

Une démonstration plus rigoureuse des conditions nécessaires et suffisantes se développe de la façon suivante :

Supposons que $y = f(x)$ soit une fonction continue aux dérivées du premier et second ordre continues. Le théorème des accroissements finis ([1]) indique que son taux moyen de variation entre deux points (pente de sa sécante) est égal à sa dérivée (pente de la tangente) évaluée en un point quelconque de l'intervalle :

$$\frac{f(x + \Delta x) - f(x)}{\Delta x} = f'(x + \theta\,\Delta x) \qquad 0 < \theta < 1\,. \qquad \text{(A-7)}$$

Si $f(x)$ est un maximum, $f(x + \Delta x) - f(x) \leqslant 0$. La fraction du premier membre de (A-7) est non positive pour des valeurs positives de Δx et non négative pour des valeurs négatives de Δx. Faisons tendre Δx vers 0 à droite (c'est-à-dire par valeurs positives). La limite de la fraction de (A-7) doit elle-même ne pas être positive. Faisons tendre Δx vers 0 à gauche (c'est-à-dire par valeurs négatives), la limite de la fraction doit alors ne pas être négative. Mais la limite de la fraction de (A-7) tandis que Δx tend vers 0 est $f'(x)$; celle-ci ne doit être ni positive ni négative, elle doit donc être nulle. Une condition nécessaire de maximum ou minimum est que la dérivée première soit égale à zéro. Cette condition sur la dérivée première est la condition du premier ordre pour un maximum ou un minimum.

Une condition supplémentaire doit être remplie pour un maximum ou un minimum. En développant $f(x)$ en série de Taylor ([2]) avec résidu, autour du point x :

$$f(x + \Delta x) = f(x) + \Delta x f'(x) + \frac{(\Delta x)^2}{2} f''(x + \theta\,\Delta x) \quad 0 < \theta < 1\,. \quad \text{(A-8)}$$

(1) Démontré dans tout manuel élémentaire d'analyse. Voir Courant, *œuvre citée*, pp. 102-104 ou Fine, *œuvre citée*, pp. 104-105.

(2) Voir Fine, *œuvre citée*, pp. 208, 214-215 ou tout autre manuel élémentaire d'analyse.

Puisque $f'(x) = 0$ si $f(x)$ est un maximum, (A-8) devient :

$$f(x + \Delta x) - f(x) = \frac{(\Delta x)^2}{2} f''(x + \theta \, \Delta x) . \tag{A-9}$$

Ceci implique que $f''(x + \theta \, \Delta x)$ soit non positive pour toutes les valeurs de Δx, dans un proche voisinage de x. D'après la continuité de la dérivée seconde :

$$\lim_{\Delta x \to 0} f''(x + \theta \, \Delta x) = f''(x) ,$$

et elle ne doit pas être positive. Ainsi, la dérivée première doit être nulle et la dérivée seconde non positive pour un maximum (1). Ces conditions sont nécessaires, mais non suffisantes. Leur insuffisance est illustrée par la fonction $y = x^3$. Ses première et seconde dérivées s'annulent pour $x = 0$, mais la fonction ne présente ni un maximum, ni un minimum en ce point. Des conditions suffisantes peuvent être énoncées comme suit : une première dérivée nulle et une dérivée seconde négative (positive) impliquent que la fonction atteint un maximum (minimum). Cependant cette affirmation ne fournit pas des conditions nécessaires, puisque la dérivée seconde peut s'annuler bien que $f(x)$ atteigne un maximum ou un minimum. Considérons par exemple la fonction $y = x^4$ qui est telle que ses dérivées première et seconde s'annulent en $x = 0$, elle présente pourtant un minimum en ce point.

Des conditions nécessaires et suffisantes pour un maximum (minimum) s'énoncent de la façon suivante : $f(x)$ atteint un maximum (minimum) en $x = a$ si et seulement si (1) $dy/dx = 0$ en $x = a$, (2) les $(n - 1)$ (et même n) premières dérivées sont toutes nulles et la première dérivée non nulle (la n-ième) est négative (positive) en $x = a$.

En général, les valeurs maximum et minimum d'une fonction sont obtenues en résolvant l'équation $f'(x) = 0$, en portant les valeurs de x qui annulent la dérivée première dans $f''(x)$ et en évaluant son signe. S'il est négatif, la valeur correspondante de $f(x)$ est un maximum ; s'il est positif, la valeur correspondante est un minimum. Si la dérivée seconde est nulle, il y a trois possibilités : (1) $d^3y/dx^3 \neq 0$, (2) $d^3y/dx^3 = 0$ et $d^4y/dx^4 \neq 0$, ou (3) $d^3y/dx^3 = 0$ et $d^4y/dx^4 = 0$. Si le cas (1) est réalisé, la fonction possède un point d'inflexion (c'est-à-dire que la première dérivée est à un extrémum) plutôt qu'un maximum ou un minimum. Si (2) est réalisé, la fonction possède un maximum ou un minimum, selon que la quatrième dérivée est négative ou positive. Si (3) est réalisée, les signes de la cinquième et sixième dérivée doivent être examinés et (1) et (2) s'appliquent avec d^5y/dx^5 remplaçant d^3y/dx^3 et d^6y/dx^6 remplaçant d^4y/dx^4.

Les exemples dans les chapitres 2 à 8 sont basés sur des fonctions qui se trouvent dans la classe de celles dont la dérivée seconde n'est pas nulle aux extrémums. Les conditions nécessaires et suffisantes pour les fonctions de cette classe ne font intervenir que les dérivées premières et secondes. Le raffinement ci-dessus faisant intervenir des dérivées d'ordre supérieur n'est pas mentionné dans le texte, mais doit être gardé présent à l'esprit. Les conditions sur les dérivées secondes sont les *conditions du second ordre*.

(1) Courant, *œuvre citée*, pp. 159-163.

Une condition nécessaire et suffisante pour qu'il y ait un maximum (un minimum) est que la condition du premier ordre soit satisfaite en un point d'un intervalle où une fonction bi-différentiable est strictement concave (strictement convexe). La démonstration en est facile si l'on ne tient pas compte des cas où la dérivée seconde s'annule. La dérivée seconde d'une fonction strictement concave (strictement convexe) est strictement négative (strictement positive) sur cet intervalle ; c'est la condition du deuxième ordre pour qu'il y ait un maximum (un minimum) (1). Soit une fonction strictement concave et deux valeurs distinctes, x_1 et x_2 de l'intervalle. Ecrivons (A-4) en fonction de λ :

$$g(\lambda) = f[\lambda x_1 + (1 - \lambda)\, x_2] - \lambda f(x_1) - (1 - \lambda) f(x_2) > 0$$

pour $0 < \lambda < 1$ avec les valeurs limites $g(0) = 0$ et $g(1) = 0$. Puisque $f(x)$ est continue, $g(\lambda)$ est continue et $g(\lambda)$ passe par un maximum dans l'intervalle fermé $0 \leqslant \lambda \leqslant \lambda$. La condition du premier ordre s'écrit :

$$g'(\lambda) = f'(x)\,(x_1 - x_2) - f(x_1) + f(x_2) = 0$$

où x représente $\lambda x_1 + (1 - \lambda)\, x_2$. La condition du deuxième ordre (2) s'écrit :

$$\mathrm{d}^2 g(\lambda)/\mathrm{d}\lambda^2 = f''(x)\,(x_1 - x_2)^2 < 0$$

ce qui implique $f''(x) < 0$. On démontre de la même façon que $f''(x) > 0$ dans un intervalle où $f(x)$ est strictement convexe.

On peut aussi établir que si $f''(x) > 0$ sur un intervalle, $f(x)$ est strictement convexe sur cet intervalle et si $f''(x) < 0$ sur un intervalle, $f(x)$ est strictement concave sur cet intervalle. Ces théorèmes permettent de vérifier facilement la convexité ou la concavité de fonctions particulières. Soit par exemple : $f(x) = x^3 - 3\,x^2 + 3\,x$. Sa dérivée seconde : $f''(x) = 6\,x - 6$, est négative pour $x < 1$ et positive pour $x > 1$. $f(x)$ est donc strictement concave pour $x < 1$ et strictement convexe pour $x > 1$.

Si $f(x)$ est strictement convexe, ou concave, sur un intervalle, la condition du premier ordre ne peut être satisfaite en plus d'un point de cet intervalle. On peut le démontrer *a contrario*. Supposons que $f(x)$ soit strictement concave et que $f'(x_1) = f'(x_2) = 0$ avec $f(x_1) \geqslant f(x_2)$. Il résulte de la concavité que :

$$f[\lambda x_1 + (1-\lambda)\, x_2] > \lambda f(x_1) + (1-\lambda) f(x_2) \geqslant \lambda f(x_2) + (1-\lambda) f(x_2) = f(x_2).$$

Lorsque λ est suffisamment petit, $f(x) > f(x_2)$ quand x est très proche de x_2 ce qui est contraire à l'hypothèse $f(x_2)$ est un maximum. Il est nécessaire et suffisant que la condition du premier ordre soit satisfaite pour qu'il y ait un maximum global unique dans un intervalle où $f(x)$ est concave. De la même façon, il est nécessaire et suffisant que la condition du premier ordre soit satisfaite pour qu'il y ait un maximum global unique dans un intervalle convexe de $f(x)$.

(1) La fonction $f(x) = -x^4$ par exemple est un de ces cas d'exception. Elle est strictement concave comme le lecteur peut le vérifier en la traçant. Sa dérivée $f''(x) = -12\,x^2$ est strictement négative pour toutes les valeurs des nombres réels de x sauf en $x = 0$ où elle s'annule.

(2) On utilise la règle des fonctions de fonction pour les dérivées secondes. En général, si $\varphi(x) = \psi[h(x)]$, $\varphi''(x) = \psi''[h(x)\, h'(x)]^2 + \psi'[h(x)]\, h'(x)$.

Courbes moyennes et marginales.

Supposons que $R = pq$ et

$$p = R/q = f(q).$$

La relation fonctionnelle $p = f(q)$ est fréquemment considérée comme une courbe moyenne ([1]). La courbe dont l'ordonnée mesure le taux d'accroissement de R (l'accroissement à la marge) est la courbe marginale ou la courbe marginale à $p = f(q)$. En remplaçant p par $f(q)$ dans $R = pq$ et en dérivant par rapport à q

$$\mathrm{d}R/\mathrm{d}q = f(q) + qf'(q). \tag{A-10}$$

Supposons que q prenne des valeurs non négatives. La relation (A-10) implique que la courbe marginale se situe au-dessous de la courbe moyenne si la courbe moyenne décroît et au-dessus si la courbe moyenne croît, puisque $f'(q) < 0$ et $q > 0$ impliquent $f(q) > \mathrm{d}R/\mathrm{d}q$ pour toutes les valeurs positives de q et réciproquement pour $f'(q) > 0$. Ainsi la courbe moyenne croît lorsque la courbe marginale est au-dessus de la moyenne, et la courbe moyenne décroît lorsque la marginale est au-dessous de la moyenne. On en déduit aussi que si la courbe moyenne possède un extrémum (c'est-à-dire un point pour lequel $f'(q) = 0$), la courbe marginale coupe la courbe moyenne en ce point.

Lorsque $q = 0$, (A-10) devient

$$\mathrm{d}R/\mathrm{d}q = f(0). \tag{A-11}$$

La valeur de p tirée de la courbe moyenne est $p = f(0)$. Ainsi la courbe moyenne et sa courbe marginale se coupent au point où chacune rencontre l'axe des p. La pente de la courbe moyenne est $\mathrm{d}p/\mathrm{d}q = f'(q)$ et la pente de la courbe marginale :

$$\mathrm{d}^2R/\mathrm{d}q^2 = f'(q) + f'(q) + qf''(q) = 2f'(q) + qf''(q).$$

Si la courbe moyenne est une droite, $f''(q) = 0$, et la pente de la courbe marginale est deux fois celle de la courbe moyenne. A partir de ces renseignements la courbe marginale pourra être construite graphiquement avec facilité si la courbe moyenne est donnée.

A-3. ANALYSE : FONCTIONS DE PLUSIEURS VARIABLES.

Dérivées partielles. Les définitions d'une limite et de la continuité sont facilement généralisables à une fonction de n variables indépendantes

$$y = f(x_1, x_2, \ldots, x_n).$$

(1) La relation $p = f(q)$ est une courbe moyenne parce qu'elle lie des valeurs de p à des valeurs moyennes (par rapport à q) de la variable R. Un exemple économique est fourni par la courbe de demande pour laquelle q est la quantité vendue, p le prix, et R le revenu total.

La dérivée partielle de y par rapport à x_i est

$$f_i = \frac{\partial y}{\partial x_i} = \lim_{\Delta x_i \to 0} \frac{f(x_1, x_2, ..., x_i + \Delta x_i, ..., x_n) - f(x_1, x_2, ..., x_n)}{\Delta x_i},$$

qui est le taux de variation de la fonction par rapport à x_i, toutes les autres variables restant constantes. Les techniques de dérivation sont les mêmes que celles des fonctions à une seule variable ; toutes les variables autres que x_i sont traitées comme des constantes. Par exemple si

$$y = 3\,x_1\,x_2^2 + x_2 \ln x_1 ,$$

alors

$$\partial y/\partial x_1 = 3\,x_2^2 + x_2/x_1 \qquad \text{et} \qquad \partial y/\partial x_2 = 6\,x_1\,x_2 + \ln x_1 .$$

Les dérivées d'ordres supérieurs sont déterminées par dérivations partielles successives ; $\partial^2 y/\partial x_i^2$ est la dérivée partielle de f_i par rapport à x_i, notée aussi f_{ii} ; $\partial^2 y/\partial x_i\, \partial x_j$ est la dérivée partielle de f_i par rapport à x_j (l'une des dérivées partielles secondes croisées) et est notée f_{ij}. Dans l'exemple précédent

$$\partial^2 y/\partial x_2\, \partial x_1 = 6\,x_2 + 1/x_1 .$$

Si la première et la seconde dérivées partielles croisées sont continues, $f_{ij} = f_{ji}$. Les dérivées partielles de la fonction implicite $f(x_1, x_2, ..., x_n) = 0$ sont obtenues en supposant que $y = f(x_1, x_2, ..., x_n)$ et en calculant $\partial y/\partial x_1$, $\partial y/\partial x_2$, etc.

La différentielle totale.

Pour une fonction d'une seule variable :

$$\mathrm{d}y/\mathrm{d}x = f'(x) .$$

Le symbole $\mathrm{d}y/\mathrm{d}x$ note la dérivée et n'a pas à être interprété comme une fraction composée de quantités $\mathrm{d}y$ et $\mathrm{d}x$. En définissant $\mathrm{d}x$ comme un accroissement de la variable indépendante, $\mathrm{d}y$ peut être défini comme

$$\mathrm{d}y = f'(x)\,\mathrm{d}x . \tag{A-12}$$

Il s'agit de la *différentielle* de $f(x)$. En un point donné x^0 la valeur de la fonction est $y^0 = f(x^0)$, et (A-12) peut être réécrite en termes de déplacement par rapport à un point :

$$y - y^0 = f'(x^0).(x - x^0) \tag{A-13}$$

qui est l'équation de la tangente à $f(x)$ au point (x^0, y^0). Ainsi (A-12) est la forme générale de l'équation de la tangente à la fonction. Pour de petites variations de x, (A-13) donne la valeur approximative de la variation correspondante de $f(x)$. La *différentielle totale* d'une fonction de n variables est définie comme

$$\mathrm{d}y = f_1\,\mathrm{d}x_1 + f_2\,\mathrm{d}x_2 + \cdots + f_n\,\mathrm{d}x_n \tag{A-14}$$

qui est la forme générale de l'équation du plan tangent (ou hyperplan) à la surface (ou hypersurface) définie par $y = f(x_1, x_2, ..., x_n)$. Elle fournit aussi une valeur approximative de la variation de la fonction lorsque toutes les variables peuvent varier, si les variations des variables indépendantes sont petites. La *dérivée totale* de la fonction par rapport à x_i est

$$\mathrm{d}y/\mathrm{d}x_i = f_1\, \mathrm{d}x_1/\mathrm{d}x_i + \cdots + f_i + \cdots + f_n\, \mathrm{d}x_n/\mathrm{d}x_i$$

ou le taux de variation de y par rapport à x_i lorsque toutes les autres variables peuvent varier et lorsque tous les x_j sont des fonctions bien définies de x_i.

La différentielle seconde de $y = f(x_1, x_2, ..., x_n)$ s'obtient en prenant la différentielle totale de (A-14) :

$$\mathrm{d}^2 y = \sum_{i=1}^{n} \sum_{j=1}^{n} f_{ij}\, \mathrm{d}x_i\, \mathrm{d}x_j\,, \tag{A-15}$$

qui donne une valeur approchée de la variation de la variation de la valeur de la fonction quand toutes les variables peuvent varier dans un voisinage restreint.

Supposons que $y = f(x_1, x_2)$, $x_1 = g(w_1, w_2)$, et $x_2 = h(w_1, w_2)$. Les dérivées partielles de y par rapport à w_1 et w_2 sont déterminées par *la règle de dérivation de la fonction composée*. En prenant les différentielles totales

$$\mathrm{d}y = \frac{\partial y}{\partial x_1}\mathrm{d}x_1 + \frac{\partial y}{\partial x_2}\mathrm{d}x_2\,, \tag{A-16}$$

$$\mathrm{d}x_1 = \frac{\partial x_1}{\partial w_1}\mathrm{d}w_1 + \frac{\partial x_1}{\partial w_2}\mathrm{d}w_2\,, \tag{A-17}$$

$$\mathrm{d}x_2 = \frac{\partial x_2}{\partial w_1}\mathrm{d}w_1 + \frac{\partial x_2}{\partial w_2}\mathrm{d}w_2\,, \tag{A-18}$$

et en substituant (A-17) et (A-18) dans (A-16) puis en groupant les termes en $\mathrm{d}w_1$ et $\mathrm{d}w_2$

$$\mathrm{d}y = \left(\frac{\partial y}{\partial x_1}\frac{\partial x_1}{\partial w_1} + \frac{\partial y}{\partial x_2}\frac{\partial x_2}{\partial w_1}\right)\mathrm{d}w_1 + \left(\frac{\partial y}{\partial x_1}\frac{\partial x_1}{\partial w_2} + \frac{\partial y}{\partial x_2}\frac{\partial x_2}{\partial w_2}\right)\mathrm{d}w_2\,. \tag{A-19}$$

L'expression (A-19) est elle-même une différentielle totale dans laquelle le premier terme entre parenthèses est égal à $\partial y/\partial w_1$ et le second $\partial y/\partial w_2$. Ainsi :

$$\begin{aligned}\frac{\partial y}{\partial w_1} &= \frac{\partial y}{\partial x_1}\frac{\partial x_1}{\partial w_1} + \frac{\partial y}{\partial x_2}\frac{\partial x_2}{\partial w_1}\,,\\ \frac{\partial y}{\partial \omega_2} &= \frac{\partial y}{\partial x_1}\frac{\partial x_1}{\partial w_2} + \frac{\partial y}{\partial x_2}\frac{\partial x_2}{\partial w_2}\,.\end{aligned} \tag{A-20}$$

Si les variables indépendantes d'une fonction $f(x_1, x_2)$ sont elles-mêmes fonctions d'autres variables w_1 et w_2, $f(x_1, x_2)$ est dérivable partiellement par rapport à w_1 et w_2, selon les formules (A-20). Il s'agit de la *règle de dérivation d'une fonction composée.*

En différentiant une nouvelle fois la première équation de (A-20) :

$$\partial^2 y/\partial w_1\, \partial w_2 = f_{11}\, g_1\, g_2 + f_{12}(g_1\, h_2 + g_2\, h_1) + f_{22}\, h_1\, h_2 + f_1\, g_{12} + f_2\, h_{12}\,.$$

Si la fonction implicite $f(x_1, x_2, ..., x_n) = 0$ est donnée, la dérivée partielle $\partial x_j/\partial x_i$ s'obtient en cherchant d'abord la différentielle totale :

$$f_1\, \mathrm{d}x_1 + f_2\, \mathrm{d}x_2 + \cdots + f_n\, \mathrm{d}x_n = 0\,,$$

puis, en divisant par $\mathrm{d}x_i$:

$$f_1\, \mathrm{d}x_1/\mathrm{d}x_i + f_2\, \mathrm{d}x_2/\mathrm{d}x_i + \cdots + f_j\, \mathrm{d}x_j/\mathrm{d}x_i + \cdots + f_i + \cdots + f_n\, \mathrm{d}x_n/\mathrm{d}x_i = 0$$

et en écrivant que toutes les différentielles autres que $\mathrm{d}x_j$ et $\mathrm{d}x_i$ sont nulles, alors :

$$f_j\, \partial x_j/\partial x_i + f_i = 0$$

et

$$\partial x_j/\partial x_i = -f_i/f_j\,. \qquad \text{(A-21)}$$

L'équation (A-21) résume la *règle de dérivation des fonctions implicites*. En différentiant encore (A-21) :

$$\frac{\partial^2 x_j}{\partial x_i^2} = -\frac{f_j[f_{ii} + f_{ji}(\partial x_j/\partial x_i)] - f_i[f_{ij} + f_{jj}(\partial x_j/\partial x_i)]}{f_j^2}$$

$$= -\frac{f_{ii}\, f_j^2 - 2 f_{ij}\, f_i\, f_j + f_{jj}\, f_i^2}{f_j^3}\,.$$

Enveloppes.

Soit $f(x, y, k) = 0$ une fonction implicite des variables x et y. On suppose que la forme de cette fonction dépend de la grandeur du paramètre k. En général $f(x, y, k) = 0$ décrit une courbe dans le plan xy. A chaque valeur possible distincte de k correspond une courbe distincte. L'enveloppe de cette famille de courbes est elle-même une courbe possédant la propriété d'être tangente à chaque courbe de la famille. L'équation de l'enveloppe s'obtient en prenant la dérivée partielle de $f(x, y, k)$ par rapport à k et en éliminant k d'entre les deux équations :

$$f(x, y, k) = 0\,,$$

$$f_k(x, y, k) = 0\,.$$

Cette méthode d'obtention de l'enveloppe est en général applicable si $f_{kk} \neq 0$ et $f_x f_{yk} - f_y f_{xk} \neq 0$ (1).

(1) Pour une demonstration voir W. F. Osgood, *Advanced Calculus* (New York : Macmillan, 1925), pp. 186-193 ; Fine, *œuvre citée*, pp. 272-274.

Maximums et minimums sans contraintes.

Les définitions des maximums et des minimums sont semblables à celles concernant une fonction d'une seule variable. Il est difficile d'établir des conditions nécessaires et suffisantes. Seules les conditions suffisantes sont établies ici (1). Il est suffisant, pour qu'il y ait un maximum ou un minimum, que les conditions suivantes soient remplies : *tous* les accroissements du premier ordre de la fonction doivent être nuls et *tous* les accroissements du second ordre doivent être négatifs dans le cas d'un maximum, positifs dans le cas d'un minimum. (A-14) donne les accroissements du premier ordre de la fonction ; dy doit être nul pour tous les dx_i ($i = 1, ..., n$). Par conséquent on doit avoir $f_1 = f_2 = \cdots = f_n = 0$. (A-15) donne les accroissements du second ordre de la fonction. La forme quadratique (A-15) doit être *définie négative* pour un maximum et *définie positive* pour un minimum ; c'est-à-dire que d^2y doit être négatif pour un maximum, positif pour un minimum, pour tous les dx_i, sauf $dx_i = 0$ pour tout i.

Formons le déterminant Hessien des dérivées partielles secondes :

$$\begin{vmatrix} f_{11} & f_{12} & \cdots & f_{1n} \\ f_{21} & f_{22} & \cdots & f_{2n} \\ \cdots & \cdots & \cdots & \cdots \\ f_{n1} & f_{n2} & \cdots & f_{nn} \end{vmatrix}$$

A-15) est définie négative si et seulement si les mineurs principaux obtenus en supprimant les $(n - i)$ dernières lignes et les $(n - i)$ dernières colonnes pour ($i = n - 1, n - 2, ..., 0$) du déterminant Hessien sont alternativement négatifs et positifs :

$$f_{11} < 0, \quad \begin{vmatrix} f_{11} & f_{12} \\ f_{21} & f_{22} \end{vmatrix} > 0, \quad \begin{vmatrix} f_{11} & f_{12} & f_{13} \\ f_{21} & f_{22} & f_{23} \\ f_{31} & f_{32} & f_{33} \end{vmatrix} < 0,$$

$$..., (-1)^n \begin{vmatrix} f_{11} & f_{12} & \cdots & f_{1n} \\ f_{21} & f_{22} & \cdots & f_{2n} \\ \cdots & \cdots & \cdots & \cdots \\ f_{n1} & f_{n2} & \cdots & f_{nn} \end{vmatrix} > 0. \quad \text{(A-22)}$$

La forme quadratique (A-15) est définie positive si et seulement si les mineurs principaux sont tous positifs (2). Dans cet ouvrage, les conditions du second ordre sont en général exprimées en fonction des mineurs principaux du déterminant Hessien.

Les valeurs extrémales sont déterminées d'une manière analogue à celle utilisée dans le cas d'une seule variable. Les n équations $f_1 = 0, f_2 = 0, ..., f_n = 0$ sont réso-

(1) Voir W. F. Osgood, *œuvre citée*, pp. 173-179 ; R. G. D. Allen, *Mathematical Analysis for Economists* (Londres : Macmillan, 1938), chap. XIX ; P. A. Samuelson, *Les fondements de l'analyse économique*, 2e édition (Paris : Gauthier-Villars, 1971), appendice A.

(2) La numérotation des variables est arbitraire. Les conditions de signe sur les mineurs principaux requièrent que tous les mineurs d'un certain rang soient de même signe. Ainsi dans le cas de deux variables et d'un maximum, les conditions $f_{11} < 0$ et $f_{11}f_{22} - (f_{12})^2 > 0$ impliquent que f_{22} soit négatif.

lues pour les n variables $x_1, x_2, ..., x_n$. Les signes des mineurs principaux du Hessien sont calculés pour chaque solution. Si les signes sont ceux requis pour un maximum (un minimum), la fonction $(x_1, x_2, ..., x_n)$ atteint un maximum (un minimum) pour cette solution.

Fonctions convexes et fonctions concaves.

La fonction $f(x_1, x_2, ..., x_n)$ est convexe sur un intervalle si :

$$f[\lambda x_1^{(1)} + (1 - \lambda) x_1^{(2)}, \lambda x_2^{(1)} + (1 - \lambda) x_2^{(2)}, ..., \lambda x_n^{(1)} + (1 - \lambda) x_n^{(2)}] \leqslant \lambda f(x_1^{(1)}, x_2^{(1)}, ..., x_n^{(1)}) + (1 - \lambda) f(x_1^{(2)}, x_2^{(2)}, ..., x_n^{(2)})$$

pour tout couple de points $(x_1^{(1)}, x_2^{(1)}, ..., x_n^{(1)})$ et $(x_1^{(2)}, x_2^{(2)}, ..., x_n^{(2)})$ dans l'intervalle et tout $0 < \lambda < 1$. La fonction est strictement convexe si l'inégalité stricte est vérifiée pour tout $0 < \lambda < 1$.

La fonction est concave sur l'intervalle si :

$$f[\lambda x_1^{(1)} + (1 - \lambda) x_1^{(2)}, \lambda x_2^{(1)} + (1 - \lambda) x_2^{(2)}, ..., \lambda x_n^{(1)} + (1 - \lambda) x_n^{(2)}] \geqslant \lambda f(x_1^{(1)}, x_2^{(1)}, ..., x_n^{(1)}) + (1 - \lambda) f(x_1^{(2)}, x_2^{(2)}, ..., x_n^{(2)})$$

et strictement concave si l'inégalité stricte est vérifiée pour tout $0 < \lambda < 1$.

On peut démontrer que si une fonction bi-différentiable est strictement concave (strictement convexe) sur un intervalle, les conditions du second ordre pour un maximum (un minimum) seront satisfaites en tout point de l'intervalle. En outre, il ne peut y avoir plus d'un maximum (d'un minimum) pour l'intervalle. Si donc les conditions du premier ordre sont satisfaites en un point de l'intervalle, cela suffit pour qu'il existe un maximum (un minimum) global unique en ce point.

On peut établir la convexité ou la concavité de fonctions particulières à l'aide des déterminants de (A-22). Si ces déterminants sont alternativement positifs et négatifs sur un intervalle donné, la fonction est strictement concave sur cet intervalle. Si les déterminants sont tous positifs sur un intervalle donné, la fonction est strictement convexe sur cet intervalle. Soit, par exemple, $f(x_1, x_2) = 2\, x_1^{1/2}\, x_2^{2/5}$. Calculons les deux premiers déterminants de (A-22) :

$$f_{11} = -\,0{,}5\, x_1^{-3/2}\, x_2^{4/5}\,,$$

$$f_{11} f_{22} - (f_{12})^2 = 0,\ 8\, x_1^{-1}\, x_2^{-6/5}\,.$$

$f(x_1, x_2)$ est donc strictement concave pour $x_1 > 0$, $x_2 > 0$.

Maximums et minimums avec contraintes.

Beaucoup de problèmes de maximums ou de minimums en économie sont tels que les variables indépendantes ne peuvent prendre toutes les valeurs possibles, les variables sont soumises à des contraintes et doivent satisfaire des relations annexes. Le problème du maximum sous contrainte consiste à maximiser la fonction

$$f(x_1, x_2, ..., x_n)\,,$$

sachant que seules les valeurs de $(x_1, x_2, ..., x_n)$ qui satisfont l'équation :

$$g(x_1, x_2, ..., x_n) = 0$$

sont admissibles. Par exemple la fonction :

$$f(x_1, x_2) = (x_1 - 1)^2 + (x_2 - 2)^2$$

admet un minimum sans contrainte au point $x_1 = 1$, $x_2 = 2$. Cependant si cette fonction est soumise à la condition $x_1 - x_2 - 2 = 0$, sa valeur minimale est atteinte au point $x_1 = 1/2$, $x_2 = 3/2$. La fonction $f(x_1, x_2)$ définit une surface dans un espace à trois dimensions. L'équation $x_1 - x_2 - 2 = 0$ définit une ligne droite dans le plan horizontal $x_1\, x_2$. Le problème du minimum sous contrainte consiste à trouver le point le plus bas de la surface définie par $f(x_1, x_2)$ tel que ce point soit au-dessus de la droite définie par la contrainte. Ces concepts sont illustrés pour un problème de maximation sur la figure A-3. Le maximum sous contrainte a lieu au point *M*. La contrainte est donnée par la ligne *AB*. Tous les points de la surface autres que ceux situés au-dessus de la droite *AB*, c'est-à-dire les points situés le long de la ligne courbe *PNQ*, ne conviennent pas. Le maximum sous contrainte a lieu au point *N*. Le résultat sera en général différent de celui correspondant au cas sans contrainte, et le maximum sous contrainte sera en général inférieur au maximum sans contrainte.

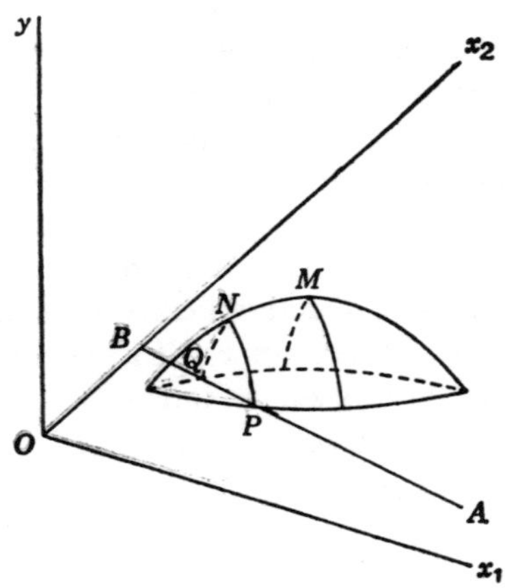

Fig. A-3.

Méthode 1.

S'il est possible de résoudre l'équation $g(x_1, x_2, ..., x_n) = 0$ en une des variables, par exemple $x_1 = h(x_2, ..., x_n)$, la solution en x_1 peut être substituée dans $f(x_1, x_2, ..., x_n)$ pour donner $f[h(x_2, ..., x_n), x_2, ..., x_n]$, qui est une fonction de $(n - 1)$ variables. Notons cette fonction $H(x_2, ..., x_n)$. La maximation de $f(x_1, x_2, ..., x_n)$ sujette à la contrainte est équivalente à la maximation sans contrainte $H(x_2, ..., x_n)$ par rapport à $x_2, ..., x_n$. La maximation sous contrainte est ainsi réduite à une maximation sans contrainte qui s'effectue selon la méthode habituelle.

Méthode 2.

La procédure exposée ci-dessus implique une perte de symétrie puisque l'une des variables est exprimée en fonction des autres à partir de la contrainte. Une méthode plus générale implique l'utilisation des multiplicateurs de Lagrange.

Formons la fonction

$$V = f(x_1, x_2, \ldots, x_n) + \lambda g(x_1, x_2, \ldots, x_n) .$$

La fonction V est une fonction des $(n + 1)$ variables $x_1, x_2, \ldots, x_n$ et λ, qui est le multiplicateur de Lagrange indéterminé (différent de zéro). Maximer V est l'équivalent de maximer $f(x_1, x_2, \ldots, x_n)$, avec $g(x_1, x_2, \ldots, x_n) = 0$. De plus, $f(x_1, \ldots, x_n)$ est identique à V uniquement pour les valeurs des variables qui satisfont la contrainte.

Les conditions du premier ordre exigent que les dérivées partielles premières de V s'annulent au maximum comme au minimum. Ces conditions donnent $(n + 1)$ équations à $(n + 1)$ variables :

$$\begin{aligned} \partial V/\partial x_1 &= f_1 + \lambda g_1 = 0 \\ &\cdots\cdots\cdots \\ \partial V/\partial x_n &= f_n + \lambda g_n = 0 \\ \partial V/\partial \lambda &= g(x_1, x_2, \ldots, x_n) = 0 . \end{aligned} \qquad \text{(A-23)}$$

La dernière équation assure que la contrainte est satisfaite. La solution du système d'équations simultanées donne le point, ou les points, pour lesquels $f(x_1, \ldots, x_n)$ atteint un maximum (un minimum) sous la contrainte $g(x_1, \ldots, x_n) = 0$ [1].

Les conditions du second ordre requièrent que la forme quadratique :

$$\sum_{i=1}^{n} \sum_{j=1}^{n} f_{ij}\, dx_i\, dx_j$$

soit négative pour avoir un maximum (négative pour avoir un minimum) pour tous les dx qui satisfont :

$$g_1\, dx_1 + g_2\, dx_2 + \cdots + g_n\, dx_n = 0$$

autres que $dx_i = 0$ pour tout i. Formons les déterminants :

$$\begin{vmatrix} V_{11} & V_{12} & g_1 \\ V_{21} & V_{22} & g_2 \\ g_1 & g_2 & 0 \end{vmatrix}, \quad \begin{vmatrix} V_{11} & V_{12} & V_{13} & g_1 \\ V_{21} & V_{22} & V_{23} & g_2 \\ V_{31} & V_{32} & V_{33} & g_3 \\ g_1 & g_2 & g_3 & 0 \end{vmatrix}, \ldots,$$

$$\begin{vmatrix} V_{11} & V_{12} & \cdots & V_{1n} & g_1 \\ V_{21} & V_{22} & \cdots & V_{2n} & g_2 \\ \cdots & \cdots & \cdots & \cdots & \cdots \\ V_{n1} & V_{n2} & \cdots & V_{nn} & g_n \\ g_1 & g_2 & \cdots & g_n & 0 \end{vmatrix}$$

(1) Remarquer qu'il n'y a aucune différence si l'on écrit V sous la forme $f - \lambda g$ ou $f + \lambda g$.

que l'on obtient en ajoutant aux mineurs principaux du déterminant Hessien des dérivées partielles secondes de V, une ligne et une colonne composées des dérivées partielles premières de la contrainte. L'élément du coin sud-est de chacune des matrices est nul.

Les conditions du second ordre pour un maximum avec contraintes seront satisfaites si ces déterminants bordés sont alternativement positifs et négatifs, le premier des déterminants étant positif. Le signe des déterminants, en allant de gauche à droite, doit être : +, −, +, etc. Les conditions du second ordre pour un minimum avec contraintes seront satisfaites s'ils sont tous négatifs. Ces conditions et (A-23) sont suffisantes pour que l'on ait des minimums ou des maximums avec contraintes (1).

On a pu démontrer que $f(x_1, x_2, ..., x_n)$ ne peut avoir plus d'un maximum (un minimum) avec contraintes dans un intervalle si les conditions sur les déterminants pour un maximum (un minimum) avec contraintes sont vérifiées sur l'intervalle. Il suffit alors que les conditions (A-23) soient satisfaites pour qu'il y ait un maximum (un minimum) sur cet intervalle.

On peut généraliser la méthode du multiplicateur de Lagrange pour l'étendre au cas où la fonction à maximiser, ou à minimiser, est assujettie à plusieurs contraintes au lieu d'une, à condition que les contraintes soient cohérentes et qu'elles soient en nombre inférieur à celui des variables. Considérons la fonction $f(x_1, x_2, ..., x_n)$ à maximiser, ou à minimiser, compte tenu de $g(x_1, x_2, ..., x_n) = 0$ et $h(x_1, x_2, ..., x_n) = 0$. Formons la fonction :

$$Z = f(x_1, x_2, ..., x_n) + \lambda g(x_1, x_2, ..., x_n) + \mu h(x_1, x_2, ..., x_n),$$

où λ et μ sont des multiplicateurs de Lagrange indéterminés. Les conditions du premier ordre pour un maximum ou un minimum requièrent :

$$\begin{aligned}
\partial Z/\partial x_1 &= f_1 + \lambda g_1 + \mu h_1 = 0 \\
&\cdots\cdots\cdots\cdots \\
\partial Z/\partial x_n &= f_n + \lambda g_n + \mu h_n = 0 \\
\partial Z/\partial \lambda &= g(x_1, x_2, ..., x_n) = 0 \\
\partial Z/\partial \mu &= h(x_1, x_2, ..., x_n) = 0 .
\end{aligned}$$

Les conditions du second ordre requièrent que la forme quadratique des dérivées partielles secondes soit négative pour un maximum (positive pour un minimum) pour tout ensemble non trivial de valeurs des $\mathrm{d}x$ qui satisfait :

$$g_1 \, \mathrm{d}x_1 + g_2 \, \mathrm{d}x_2 + \cdots + g_n \, \mathrm{d}x_n = 0$$

(1) Cf. Samuelson, *œuvre citée*, Appendice A ; Allen, *œuvre citée*, chap. XIX ; G. Debreu, « Definite and Semidefinite Quadratics Forms », *Econometrica*, vol. 20 (avril 1952), pp. 295-300.

et

$$h_1\,\mathrm{d}x_1 + h_2\,\mathrm{d}x_2 + \cdots + h_n\,\mathrm{d}x_n = 0\,.$$

Ajoutons aux mineurs principaux de l'Hessien de Z deux colonnes et deux lignes représentant les dérivées partielles premières des deux contraintes :

$$\begin{vmatrix} Z_{11} & Z_{12} & Z_{13} & g_1 & h_1 \\ Z_{21} & Z_{22} & Z_{23} & g_2 & h_2 \\ Z_{31} & Z_{32} & Z_{33} & g_3 & h_3 \\ g_1 & g_2 & g_3 & 0 & 0 \\ h_1 & h_2 & h_3 & 0 & 0 \end{vmatrix}, \ldots, \begin{vmatrix} Z_{11} & \ldots & Z_{1n} & g_1 & h_1 \\ \ldots & \ldots & \ldots & \ldots & \ldots \\ Z_{n1} & \ldots & Z_{nn} & g_n & h_n \\ g_1 & \ldots & g_n & 0 & 0 \\ h_1 & \ldots & h_n & 0 & 0 \end{vmatrix}.$$

Dans le cas de deux contraintes, les conditions du second ordre pour obtenir un maximum seront satisfaites si les déterminants ci-dessus sont alternativement positifs et négatifs, le premier étant de signe moins. Celles correspondant à un minimum seront satisfaites s'ils sont tous positifs. S'il y a $m < n$ contraintes, ajoutons aux mineurs principaux d'ordre $(m + 1)$ à n des lignes et des colonnes constituées des dérivées partielles des m contraintes. Les conditions du second ordre pour un maximum seront satisfaites si les déterminants sont de signe alterné, le premier ayant pour signe $(-1)^{m+1}$. Celles correspondant à un minimum seront satisfaites si tous les déterminants sont de signe $(-1)^m$.

Théorème des fonctions implicites et jacobiens.

Supposons que la fonction implicite $f(x, y) = 0$ est continue et a des dérivées partielles premières continues. Soit un point (x^0, y^0) tel que $f(x^0, y^0) = 0$, supposons que $f_y(x^0, y^0) \neq 0$. Le *théorème des fonctions implicites* établit qu'il existe des points au voisinage de (x^0, y^0) tels qu'à tout x dans ce voisinage, correspond une *valeur unique de* y avec la propriété $f(x, y) = 0$. Ce théorème assure donc qu'il existe, compte tenu des hypothèses indiquées, une solution unique $y = \varphi(x)$ (1). C'est une condition suffisante pour qu'il y ait des solutions *locales univalentes.* Il peut y avoir des solutions si $f_y(x^0, y^0) = 0$, mais si f_y s'annule en chacun des points voisins, il n'y a pas de solution unique pour cette région.

Soit $f(x, y) = (x - y)^2$, avec $f_y(x^0, y^0) = 0$; il existe pourtant une solution unique. En effet $(x - y)^2 = 0$ a pour solution unique $y = x$; pourtant $f_y = -2(x - y) = 0$ pour tout point dont les coordonnées vérifient l'équation $f(x, y)$. Un exemple du cas où $f_y(x, y) = 0$ en chacun des points d'un voisinage est donné par $f(x, y) = (x - 1)$. On voit immédiatement que $f(x, y) = 0$ pour $x = 1$ quel que soit y ; il n'existe pas de solution unique (2).

Pour résoudre le problème de l'existence d'une solution locale unique pour un système de n équations simultanées à n inconnues, il faut généraliser le théorème

(1) La solution est différentiable de plus, compte tenu des conditions imposées.

(2) On trouvera dans Courant, *op. cit.*, vol. II, pp. 111-122, une démonstration plus rigoureuse à base de géométrie.

des fonctions implicites et introduire le concept de *Jacobien.* Considérons le système d'équations simultanées :

$$\begin{aligned} f^1(x_1, x_2, ..., x_n) &= y_1 \\ f^2(x_1, x_2, ..., x_n) &= y_2 \\ \dots\dots\dots&\dots\dots \\ f^n(x_1, x_2, ..., x_n) &= y_n . \end{aligned} \tag{A-24}$$

Le jacobien de (A-24) est le déterminant des dérivées partielles premières des fonctions f^i ; on l'écrit :

$$\mathbf{J} = \frac{\partial(y_1, y_2, ..., y_n)}{\partial(x_1, x_2, ..., x_n)} = \begin{vmatrix} \partial y_1/\partial x_1 & \partial y_1/\partial x_2 & \dots & \partial y_1/\partial x_n \\ \dots & \dots & \dots & \dots \\ \partial y_n/\partial x_1 & \partial y_n/\partial x_2 & \dots & \partial y_n/\partial x_n \end{vmatrix} . \tag{A-25}$$

Enonçons le théorème des fonctions implicites en le généralisant : si les fonctions $f^i(x_1, x_2, ..., x_n)$, $(i = 1, 2, ..., n)$ sont continues et ont des dérivées partielles premières continues et si le jacobien (A-25) ne s'annule pas au point $(x_1^0, x_2^0, ..., x_n^0)$ satisfaisant (A-24), alors il existe au voisinage du point $(y_1, y_2, ..., y_n)$ des fonctions inverses uniques

$$x_i = \varphi^i(y_1, y_2, ..., y_n), \qquad (i = 1, 2, ..., n) .$$

Comme dans le cas d'une variable, on ne peut énoncer aucune propriété générale si le jacobien s'annule au point $(x_1^0, x_2^0, ..., x_n^0)$. Toutefois si $\mathrm{J} = 0$ en chacun des points dans un voisinage de $(x_1^0, x_2^0, ..., x_n^0)$, la propriété de solution unique ne se vérifie pas. On peut démontrer ce théorème à l'aide d'un système comprenant deux variables. Soient les équations :

$$f(x_1, x_2) = y_1 \tag{A-26}$$

$$g(x_1, x_2) = y_2 . \tag{A-27}$$

Si le jacobien ne s'annule pas, certaines des dérivées partielles peuvent ne pas être nulles. Supposons que $f_1 \neq 0$. On peut alors écrire d'après le théorème de la fonction implicite :

$$x_1 = \varphi(x_2, y_1) . \tag{A-28}$$

En portant dans (A-27) :

$$F = g[\varphi(x_2, y_1), x_2] - y_2 = 0 . \tag{A-29}$$

Alors :

$$\partial F/\partial x_2 = g_1\, \varphi_1 + g_2 . \tag{A-30}$$

En substituant (A-28) dans (A-26) :

$$G = f[\varphi(x_2, y_1), x_2] - y_1 = 0 .$$

Puisque G est identiquement nul ses dérivées partielles par rapport à x_2 sont également nulles :

$$\partial G/\partial x_2 = f_1 \varphi_1 + f_2 = 0 . \tag{A-31}$$

En résolvant (A-31) en φ_1 et en substituant sa valeur dans (A-30) :

$$\partial F/\partial x_2 = g_1(-f_2/f_1) + g_2 = f_1 g_2 - f_2 g_1/f_1 . \tag{A-32}$$

Puisque par hypothèse le jacobien (le numérateur) et f_1 ne s'annulent pas, $\partial F/\partial x_2 \neq 0$ et (A-29) peuvent être résolus en x_2. Ainsi

$$x_2 = h(y_1, y_2) . \tag{A-33}$$

En portant (A-33) dans (A-28), on obtient la solution x_1.

Il existe un second théorème mettant en valeur l'importance des jacobiens : l'existence d'une fonction $H(y_1, y_2, ..., y_n) = 0$. c'est-à-dire d'une dépendance fonctionnelle entre les équations de (A-24) est nécessaire et suffisante pour que le jacobien de (A-24) soit identiquement nul ou s'annule en chacun des points d'un voisinage de $(x_1^0, x_2^0, ..., x_n^0)$. On peut démontrer la partie suffisante du théorème de la façon suivante. Supposons qu'il existe une dépendance fonctionnelle $H(y_1, y_2) = 0$. En prenant la différentielle totale :

$$H_1 \, \mathrm{d}y_1 + H_2 \, \mathrm{d}y_2 = 0 .$$

En remplaçant $\mathrm{d}y_1$ et $\mathrm{d}y_2$ par leur valeur obtenue en différentiant (A-26) et (A-27) et en regroupant les termes,

$$(H_1 f_1 + H_2 g_1) \, \mathrm{d}x_1 + (H_1 f_2 + H_2 g_2) \, \mathrm{d}x_2 = 0 .$$

Puisque cette égalité doit être vérifiée pour toutes les valeurs de $\mathrm{d}x_1$ et $\mathrm{d}x_2$, les termes entre parenthèses doivent être chacun égaux à zéro :

$$H_1 f_1 + H_2 g_1 = 0 , \qquad H_1 f_2 + H_2 g_2 = 0 .$$

En faisant passer les seconds termes au second membre et en divisant la première équation par la seconde :

$$H_1 f_1/H_1 f_2 = - H_2 g_1/- H_2 g_2$$

ou

$$f_1 g_2 - f_2 g_1 = 0 . \tag{A-34}$$

Le premier membre de (A-34) est le jacobien, qui est nul.

Considérons, en tant qu'exemple, les fonctions

$$x_1^2 - 2 x_2 - 2 = y_1 ,$$

$$x_1^4 - 4 x_1^2 x_2 + 4 x_2^2 = y_2 .$$

La dépendance fonctionnelle entre elles est donnée par

$$(y_1 + 2)^2 - y_2 = 0 .$$

Le jacobien

$$\frac{\partial(y_1, y_2)}{\partial(x_1, x_2)} = \begin{vmatrix} 2\,x_1 & -2 \\ 4\,x_1^3 - 8\,x_1\,x_2 & -4\,x_1^2 + 8\,x_2 \end{vmatrix} =$$

$$= (-8\,x_1^3 + 16\,x_1\,x_2) - (-8\,x_1^3 + 16\,x_1\,x_2) = 0 ,$$

est identiquement nul.

Si les fonctions (A-26) et (A-27) sont linéaires, le premier théorème se réduit à la proposition familière : le déterminant du tableau des coefficients ne doit pas être nul. Cette condition est remplie si le nombre des équations est égal au nombre des variables et si les équations ne sont pas fonctionnellement dépendantes. Si le jacobien d'un système d'équations linéaires s'annule, les équations sont linéairement dépendantes (voir Par. A-1).

A-4. INTÉGRALES.

L'intégrale d'une fonction $f(x)$ est une autre fonction $F(x)$ dont la dérivée est égale à $f(x)$; $F'(x) = f(x)$. Une intégrale est unique à une constante arbitraire additive près c, puisqu'une constante s'annule par différentiation. Ainsi si $F(x)$ est une intégrale de $f(x)$, il en est de même de $F(x) + c$. L'intégration est le procédé qui permet de trouver l'intégrale et est dans un sens une différentiation à l'envers. L'intégrale $F(x) + c$ est appelée intégrale indéfinie et est notée

$$\int f(x)\,\mathrm{d}x = F(x) + c .$$

Les techniques permettant de trouver les intégrales indéfinies de différents types de fonctions sont assez délicates et ne sont pas traitées ici.

L'intégration peut être utilisée pour calculer l'aire située au-dessous d'une courbe. La fonction $f(x)$ est représentée sur la figure A-4. Pour calculer l'aire entre l'axe des x et la courbe, entre les points a et b, divisons le segment $(b - a)$ en segments de taille Δx_i, et élevons ensuite des rectangles de hauteur $f(x_i)$ au-dessus de chaque segment. La hauteur de chaque rectangle est la valeur de la fonction évaluée à l'extrémité gauche de chaque segment. L'aire demandée est approximativement $\sum f(x_i)\,\Delta x_i$ (1). Lorsque la

(1) La somme de ces rectangles sous-estime l'aire située au-dessous de la courbe. Si la hauteur des rectangles était donnée par la valeur de la fonction correspondant à l'extrémité droite de chaque segment, l'approximation surestimerait l'aire correcte. Chacune des méthodes est autorisée pour l'analyse.

taille des rectangles se rétrécit, l'expression $\sum f(x_i)\,\Delta x_i$ s'approche de plus en plus de la vraie valeur de l'aire

$$A = \lim_{\Delta x_j \to 0} \sum f(x_i)\,\Delta x_i$$

à condition que cette limite existe [1].

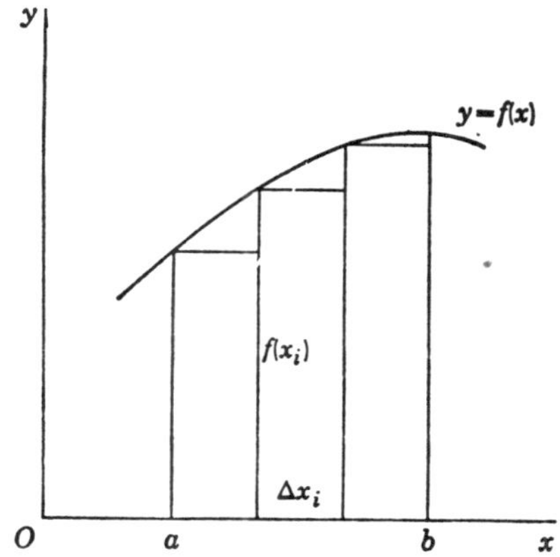

Fig. A-4.

Substituons maintenant à l'extrémité droite b de l'aire considérée une extrémité variable x. L'aire de a à une extrémité droite variable x est une fonction de x et sera notée $A(a, x)$. Une aire sensiblement supérieure apparaîtrait si l'extrémité droite était sensiblement plus éloignée sur la droite, c'est-à-dire, si cette extrémité était $x + \Delta x$. L'aire en résultant sera notée $A(a, x + \Delta x)$. La différence entre ces deux aires sera

$$A(a, x + \Delta x) - A(a, x) = A(x, x + \Delta x)\,.$$

L'aire comprise entre les points x et $x + \Delta x$ est également donnée par la taille de l'intervalle Δx multipliée par la valeur de la fonction $f(x)$ en un point situé entre x et $x + \Delta x$. Notons x_0 cette valeur de x :

$$A(a, x + \Delta x) - A(a, x) = f(x_0)\,\Delta x\,,$$

ou

$$\frac{A(a, x + \Delta x) - A(a, x)}{\Delta x} = f(x_0)\,.$$

Lorsque Δx tend vers 0, $x + \Delta x$ tend vers x et ainsi x_0 tend vers x, puisque x_0 est entre x et $x + \Delta x$. En passant à la limite :

$$\frac{dA}{dx} = \lim_{\Delta x \to 0} \frac{A(a, x + \Delta x) - A(a, x)}{\Delta x} = f(x)\,.$$

(1) La limite existe si la fonction $f(x)$ est continue.

Ceci prouve que la dérivée de l'aire située au-dessous de la fonction est la fonction elle-même ou que l'intégrale est l'aire située au-dessous de la fonction. L'aire $A(a, b)$ est l'intégrale *définie* de $f(x)$ entre les points a et b. Si $F(x)$ est une intégrale indéfinie de $f(x)$, l'intégrale définie entre a et b est

$$\int_a^b f(x)\,\mathrm{d}x = F(b) - F(a)\,.$$

Ainsi par exemple :

$$\int_0^b \alpha\,\mathrm{e}^{-rx}\,\mathrm{d}x = -\frac{\alpha\,\mathrm{e}^{-rb}}{r} + \frac{\alpha}{r} = \frac{\alpha(1 - \mathrm{e}^{-rb})}{r}$$

est une intégrale définie.

Les limites d'intégration peuvent être des fonctions d'une variable x, ainsi :

$$g(x) = \int_{\psi_1(x)}^{\psi_2(x)} f(x, y)\,\mathrm{d}y\,.$$

La dérivée s'écrit alors :

$$g'(x) = \int_{\psi_1(x)}^{\psi_2(x)} \frac{\partial f(x, y)}{\partial x}\,\mathrm{d}y - \psi_1'(x) f[x, \psi_1(x)] + \psi_2'(x) f[x, \psi_2(x)]$$ [1].

A-5. ÉQUATIONS AUX DIFFÉRENCES FINIES.

Considérons la suite de nombres 1, 4, 9, 16, 25, etc., et notons-les $y_1, y_2, \ldots, y_t, \ldots$ Les différences premières de cette suite sont $\Delta y_1 = y_2 - y_1 = 3$, $\Delta y_2 = y_3 - y_2 = 5$, $\Delta y_3 = y_4 - y_3 = 7$, etc. Les différences secondes sont les différences entre les premières différences ou $\Delta^2 y_1 = \Delta y_2 - \Delta y_1 = 2$, $\Delta^2 y_2 = \Delta y_3 - \Delta y_2 = 2$, etc. Dans cette suite particulière de nombres les différences secondes sont constantes et égales à 2. Ceci peut s'écrire :

$$\Delta^2 y_t = 2\,. \tag{A-35}$$

L'équation (A-35) peut également être écrite comme la différence entre deux différences premières

$$\Delta y_{t+1} - \Delta y_t = 2\,. \tag{A-36}$$

Chacune des premières différences de (A-36) peut être écrite comme la différence de deux termes de la suite, ou

$$(y_{t+2} - y_{t+1}) - (y_{t+1} - y_t) = y_{t+2} - 2\,y_{t+1} + y_t = 2\,. \tag{A-37}$$

L'équation (A-37) est une *équation aux différences finies* puisqu'elle a été obtenue en prenant des différences d'une suite de nombres. Elle relie le $(t + 2)$-ième élément de la suite aux $(t + 1)$-ième et t-ième. En général, les équations aux différences finies relient le t-ième élément d'une suite à un quelconque élément le précédant. L'équation générale linéaire aux différences finies du n-ième ordre à coefficients constants est

$$a_0 y_t + a_1 y_{t-1} + a_2 y_{t-2} + \cdots + a_n y_{t-n} + b = 0 . \qquad \text{(A-38)}$$

L'équation (A-38) est linéaire parce qu'aucun y n'est élevé à aucune puissance, sinon la puissance 1, et qu'elle ne contient aucun produit de y. Il s'agit d'une équation d'ordre n parce que la valeur la plus éloignée de y dont y_t dépend est y_{t-n}. Ainsi (A-37) est une équation linéaire aux différences finies à coefficients constants. Une équation aux différences finies est homogène si $b = 0$. (A-37) et (A-38) sont toutes deux non homogènes.

Nature de la solution.

L'équation homogène du premier ordre est

$$y_t = a y_{t-1} . \qquad \text{(A-39)}$$

Sachant que $y_0 = 2$, $y_1 = 2\,a$ peut être déterminé à partir de (A-37) en portant la valeur de y_0 dans le second membre. Alors $y_2 = a(2\,a) = 2\,a^2$. De cette manière il est possible de calculer la valeur de y pour toutes les valeurs de t. Ce procédé est lourd et peut être écrit en trouvant une solution générale à l'équation aux différences finies. Une solution générale est une expression, habituellement une fonction de t, qui donne la valeur de y_t immédiatement après substitution de la valeur désirée de t. Une fonction de t doit être trouvée telle que $y_t = f(t)$. Chacune de ces fonctions est une solution si elle satisfait l'équation aux différences finies. Dans le cas du premier ordre la solution $f(t)$ doit satisfaire (1).

$$f(t) = af(t-1) . \qquad \text{(A-40)}$$

De plus la solution doit également être compatible avec les *conditions initiales*. Les conditions initiales donnent la valeur de y en un ou plusieurs points de la suite. Le nombre de ces conditions doit être égal à l'ordre de l'équation pour que l'on ait une solution complète. Il ne faut qu'une condition initiale dans le cas d'une équation aux différences finies du premier ordre. C'était la condition $y_0 = 2$ dans l'exemple précédent. Le problème est donc de choisir la ou les solutions qui satisfont l'équation aux différences finies, puis de choisir celle qui satisfait aussi les conditions initiales (2). La discussion suivante se limite aux équations aux différences finies linéaires du premier et du second ordre à coefficients constants.

(1) Une équation aux différences finies peut aussi être considérée comme définissant y en fonction de t. A chaque valeur de t correspond une valeur de y, sous réserve que la variable indépendante t ne prenne que des valeurs entières, c'est-à-dire 0, 1, 2, 3, etc.

(2) Dans la discussion ci-dessous, beaucoup de démonstrations sont omises, et celles données sont au plus ébauchées. Le lecteur peut se reporter à W. J. Baumol, *Economic Dynamics* (New York : Macmillan, 1959), chap. IX-XIII et S. Goldberg, *Introduction to Difference Equations* (New York : Wiley, 1958), chap. II-III.

Equations homogènes du premier ordre.

L'équation (A-39) peut s'écrire

$$y_t/y_{t-1} = a \qquad \text{pour tout } t$$

soit :

$$y_t = \frac{y_t}{y_{t-1}} \frac{y_{t-1}}{y_{t-2}} \dots \frac{y_2}{y_1} \frac{y_1}{y_0} y_0 = a^t y_0 .$$

Le terme a^t est lui-même une solution puisqu'il satisfait à (A-39) :

$$a^t = a(a^{t-1}) .$$

Si $f(t)$ est une solution, $cf(t)$ est aussi une solution si c est une constante. Supposons ainsi que la solution générale soit $y_t = ca^t$. Elle satisfait l'équation aux différences finies parce que

$$ca^t = a(ca^{t-1}) .$$

Le paramètre a est donné par l'équation aux différences et c est déterminé sur la base des conditions initiales de façon que la solution générale ca^t soit compatible avec son choix. Dans l'exemple précédent la condition initiale était donnée par $y_0 = 2$; $y_0 = ca^0 = c = 2$, et la solution générale est $y_t = 2\,a^t$.

Equations du second ordre homogènes.

L'équation homogène du second ordre est

$$ay_t + by_{t-1} + cy_{t-2} = 0 . \tag{A-41}$$

Toute fonction de t est une solution si elle satisfait l'équation aux différences finies. Une solution est supposée s'écrire x^t, où x est un nombre non encore déterminé, comme on peut le vérifier en substituant x^t dans (A-41) :

$$ax^t + bx^{t-1} + cx^{t-2} = 0 , \tag{A-42}$$

et en divisant par x^{t-2}

$$ax^2 + bx + c = 0 . \tag{A-43}$$

L'équation (A-43) est une équation du second degré qui est résolue par la formule habituelle

$$x = \frac{-b \pm \sqrt{h^2 - 4\,ac}}{2\,a} . \tag{A-44}$$

Elle donne en général deux valeurs de x : x_1 et x_2. Alors x_1^t et x_2^t sont toutes deux solutions de (A-42) [1]. Il est connu que dans ce cas $k_1\,x_1^t + k_2\,x_2^t$ est aussi une solu-

(1) Si $b^2 - 4\,ac = 0$, les deux racines de l'équation du second degré ne sont pas distinctes, c'est-à-dire $x_1 = x_2 = -b/2\,a$. On pose alors $x_1^t = (-b/2\,a)^t$ et $x_2^t = t(-b/2\,a)^t$. Voir Baumol, *œuvre citée*, pp. 186-190.

tion. Il s'agit là, en fait, de la solution générale de l'équation homogène du second ordre aux différences finies, où k_1 et k_2 sont déterminées d'après les conditions initiales. Deux conditions initiales sont nécessaires dans le cas du second ordre. Supposons qu'elles soient $y_0 = 3$ et $y_1 = 4$. Alors

$$k_1 x_1^0 + k_2 x_2^0 = k_1 + k_2 = 3\,,$$

$$k_1 x_1^1 + k_2 x_2^1 = k_1 x_1 + k_2 x_2 = 4\,.$$

Ce système d'équations peut être résolu en k_1 et k_2, puisque x_1 et x_2 sont déjà connus.

Dans certains cas, $b^2 - 4\,ac$ est négatif. Cela introduit une complication puisque, d'après (A-44), on aurait à prendre la racine carrée d'un nombre négatif (1). Dans un tel cas la solution est obtenue par une méthode différente, qui fait intervenir les fonctions trigonométriques sinus et cosinus. La solution est simplement indiquée ici. Introduisons la notation suivante :

$$v_1 = -\,b/2\,a\,,$$

$$v_2 = -\,(b^2 - 4\,ac)/2\,a\,,$$

$$R = \sqrt{v_1^2 + v_2^2}\,.$$

Cherchons l'angle z dont le sinus vaut $v_2/\sqrt{v_1^2 + v_2^2}$ et le cosinus $v_1/\sqrt{v_1^2 + v_2^2}$ (2). La solution s'écrit

$$y_t = R^t[w_1 \sin(tz) + w_2 \cos(tz)] \qquad \text{(A-45)}$$

où w_1 et w_2 sont des constantes déterminées de la manière habituelle à partir des conditions initiales.

Equations aux différences finies non homogènes.

Deux étapes sont nécessaires pour trouver la solution d'une équation non homogène. La première consiste à trouver la solution $f(t)$ de l'équation homogène correspondante. La seconde à trouver *la solution particulière*, notée $g(t)$. La solution finale générale est $f(t) + g(t)$. La recherche de la solution particulière est illustrée à partir d'une équation du second ordre. L'équation non homogène est

$$ay_t + by_{t-1} + cy_{t-2} + d = 0\,. \qquad \text{(A-46)}$$

La solution de la partie homogène de (A-46) est $k_1 x_1^t + k_2 x_2^t$. Pour trouver une solution particulière, substituons dans (A-46) $y_t = K$ (Cte) et résolvons en K :

$$aK + bK + cK + d = 0\,,$$

(1) La racine carrée d'un nombre négatif est un nombre imaginaire représenté par la lettre i. Exemple : $\sqrt{-16} = 4\,\text{i}$. La quantité x (somme d'un réel et d'un nombre imaginaire) est un nombre complexe. Voir Baumol, *œuvre citée*, pp. 191-205.

(2) L'angle z peut être déterminé en utilisant les tables des fonctions trigonométriques.

et

$$K = \frac{-d}{a + b + c} \tag{A-47}$$

si $a + b + c \neq 0$. Alors la solution générale est

$$y = k_1 x_1^t + k_2 x_2^t + \frac{-d}{a + b + c},$$

où k_1 et k_2 sont maintenant déterminés en fonction des conditions initiales. Si $a + b + c = 0$, supposons que la solution particulière soit $y_t = Kt$, substituons-la dans (A-46) et résolvons en K. La solution générale est alors

$$y_t = k_1 x_1^t + k_2 x_2^t + Kt \qquad \text{si} \qquad (-b - 2c) \neq 0 .$$

Si $-b - 2c = 0$, substituons Kt^2 et procédons de façon analogue. Dans le cas du premier ordre $y_t = K$ ou $y_t = Kt$, et dans le cas du second ordre $y_t = K$, ou $y_t = Kt$, ou $y_t = Kt^2$ conduisent à la solution particulière correcte.

A-6. ÉQUATIONS DIFFÉRENTIELLES.

On appelle *équation différentielle* une équation dans laquelle les variables sont des dérivées. Ainsi par exemple :

(1) $\mathrm{d}y/\mathrm{d}t = 17$,

(2) $\mathrm{d}^2y/\mathrm{d}t^2 + b\,\mathrm{d}y/\mathrm{d}t + cy = 0$,

(3) $\mathrm{d}y/\mathrm{d}t + by^2 = c$.

Les équations (1) et (2) sont des équations différentielles linéaires parce qu'elles sont linéaires en y, ou par rapport aux dérivées de y. Les équations du type (3) ne sont pas linéaires. Nous ne les étudierons pas ici ([1]). Une équation différentielle du n-ième ordre linéaire s'écrit sous forme générale :

$$a_0\,\mathrm{d}^n y/\mathrm{d}t^n + a_1\,\mathrm{d}^{n-1}y/\mathrm{d}t^{n-1} + \cdots + a_n y + b = 0 . \tag{A-49}$$

L'équation est homogène si $b = 0$. L'équation homogène du premier ordre s'écrit :

$$\mathrm{d}y/\mathrm{d}t = by . \tag{A-50}$$

Une solution générale est une fonction $y = f(t)$ qui vérifie l'équation (A-50) et donne la valeur de y en remplaçant par une valeur de la variable indépendante t. Comme

(1) On appelle aussi ces équations équations différentielles simples parce que les dérivées sont des dérivées totales. On appelle équations différentielles partielles les équations qui contiennent des dérivées partielles. Il est rare de rencontrer ce dernier type d'équations dans les applications économiques.

pour les équations aux différences finies, il faut que les solutions satisfassent aussi les conditions initiales.

On peut obtenir la solution de (A-50) par intégration. Si l'on considère dy et dt comme des différentielles, on peut écrire (A-50) sous la forme :

$$\mathrm{d}y/y = b\,\mathrm{d}t\,.$$

En intégrant :

$$\int \frac{1}{y}\,\mathrm{d}y = \int b\,\mathrm{d}t\,.$$

Il résulte :

$$\log y = bt + c \tag{A-51}$$

où c représente la constante d'intégration que l'on détermine grâce aux conditions initiales. La solution de (A-50) est donc :

$$y = \mathrm{e}^{bt+c} = k\,\mathrm{e}^{bt}\,,$$

où $k = \mathrm{e}^c$. Etant donné que $y = y_0$ quand $t = 0$, $k = y_0$ et la solution s'écrit :

$$y = y_0\,\mathrm{e}^{bt}\,.$$

La façon d'obtenir les solutions d'équation de degré plus élevé est assez semblable à celle qui permet de résoudre les équations aux différences finies de même degré. La solution de toutes les équations différentielles de la forme (A-49) peut s'écrire sous la forme $\mathrm{e}^{\lambda t}$, où λ représente un nombre à déterminer. Dans le cas de l'équation du second ordre :

$$a\,\mathrm{d}^2y/\mathrm{d}\,t^2 + b\,\mathrm{d}y/\mathrm{d}t + cy = 0$$

en remplaçant par $\mathrm{e}^{\lambda t}$, on obtient :

$$a\lambda^2\,\mathrm{e}^{\lambda t} + b\lambda\,\mathrm{e}^{\lambda t} + c\,\mathrm{e}^{\lambda t} = 0\,.$$

En divisant par $\mathrm{e}^{\lambda t}$:

$$a\lambda^2 + b\lambda + c = 0\,,$$

qui est l'équation caractéristique du second degré de (A-43) rencontrée en résolvant les équations aux différences finies du second ordre. En général, une équation du second degré a deux racines, λ_1 et λ_2. La solution générale de l'équation différentielle sera du type :

$$y = k_1\,\mathrm{e}^{\lambda_1 t} + k_2\,\mathrm{e}^{\lambda_2 t}\,.$$

Etant donné les conditions initiales : $y = y_0$ et $\mathrm{d}y/\mathrm{d}t = y'_0$ quand $t = 0$:

$$y_0 = k_1 + k_2 \qquad y'_0 = k_1\,\lambda_1 + k_2\,\lambda_2\,,$$

les constantes sont égales à :

$$k_1 = \frac{y'_0 - \lambda_1 y_0}{\lambda_1 - \lambda_2} \qquad k_2 = -\frac{y'_0 - \lambda_2 y_0}{\lambda_1 - \lambda_2}$$

si $\lambda_1 \neq \lambda_2$. Si la solution de l'équation du second degré est complexe :

$$\lambda = \theta_1 \pm i\theta_2 ,$$

la solution de l'équation différentielle du deuxième ordre s'écrit :

$$y = e^{\theta_1 t}(k_1 \cos \theta_2 t + k_2 \sin \theta_2 t) ,$$

où k_1 et k_2 s'obtiennent à partir des équations initiales.

La solution particulière d'une équation différentielle non homogène s'obtient de la même façon que celle des équations aux différences finies. Supposons que $y = K$ soit une solution (K est une constante). Remplaçons dans :

$$a\, d^2y/dt^2 + b\, dy/dt + cy + d = 0$$

et résolvons en K en supposant $c \neq 0$ (²). La solution générale est ici aussi la somme de la solution particulière et de la solution de l'équation homogène.

EXERCICES

A-1. Résoudre le système d'équations simultanées suivant à l'aide de la règle de Cramer :

$$2x_1 + 3x_2 = 13 , \qquad x_1 + x_2 + x_3 = 0 , \qquad 5x_1 - 6x_2 + x_3 = -13 .$$

A-2. Différencier les fonctions suivantes :

(*a*) $f(x) = 6x^3 + 2x^2 - x + 12$.
(*b*) $f(x) = 4\sqrt{x}$.
(*c*) $f(x) = e^{-x}(x - 2)$.
(*d*) $f(x) = 4x^3/(2x^2 - x)$.
(*e*) $f(x) = \log(x^{-3})$, (log base e) .

A-3. Déterminer les valeurs de x pour lesquelles les fonctions suivantes passent par un maximum ou un minimum :

(*a*) $f(x) = x^2 - 2x + 5$.
(*b*) $f(x) = x^3 - 27x^2 + 195x + 3$.
(*c*) $f(x) = \log(x^2 - x + 1)$.

A-4. Déterminer, le cas échéant, la concavité stricte ou la convexité stricte des fonctions suivantes sur les intervalles donnés :

(*a*) $f(x) = x^2 - 3x + 4$ pour tout x réel.
(*b*) $f(x) = \log x$, pour $x > 0$ (log base e).
(*c*) $f(x) = e^{ax}$ pour $x \leqslant 0$.
(*d*) $f(x) = x^3 - 2x^2 + x$, pour $x \geqslant 0$.

(²) Si $c = 0$, on suppose que $y = Kt$; si b est aussi nul, la solution particulière devient Kt^2. Voir aussi paragraphe A-5.

A-5. Déterminer f_{11} et f_{12} pour les fonctions à deux variables qui suivent :

(*a*) $f(x_1, x_2) = x_1^2 x_2^2 - x_1 x_2 + 3 x_1 - 2 x_2$.
(*b*) $f(x_1, x_2) = \log(2 x_1 + 3 x_2)$.
(*c*) $f(x_1, x_2) = x_2^{x_1}$.

A-6. Prendre la différentielle totale de :

$$y = 2 x_1 x_2^2 + x_2 e^{x_3} + \log x_1 .$$

A-7. Trouver les valeurs de x_1 et x_2 qui maximisent :

$$f(x_1, x_2) = 5 x_1 + 10 x_2 + x_1 x_2 - 0{,}5 x_1^2 - 3 x_2^2 .$$

A-8. Construire l'enveloppe dans le plan xy de la famille de courbes donnée par :

$$y - 2 x^2 - xk + k^2 = 0 .$$

A-9. Soit

$$f(x_1, x_2) = A x_1^{\alpha} x_2^{\beta} ,$$

avec $A, \alpha, \beta > 0$, définie pour le domaine $x_1, x_2 > 0$. Démontrer que la fonction est strictement concave dans ce domaine si et seulement si $\alpha + \beta < 1$.

A-10. Trouver les valeurs de x_1 et x_2 qui maximisent $f(x_1, x_2) = x_1^2 x_2$, sachant que

$$5 x_1 + 2 x_2 = 300 .$$

Démontrer que la condition du second ordre appropriée est satisfaite.

A-11. Démontrer que les équations simultanées :

$$x_1^2 + 4 x_1 x_2 + 4 x_2^2 = y_1 , \qquad x_1 + 2 x_2 = y_2$$

n'ont pas de solution de la forme $x_i = \varphi^i(y_1, y_2)$, $(i = 1, 2)$.

A-12. Trouver $\int f(x)\,dx$ lorsque :

(*a*) $f(x) = x^2 - 2x$.
(*b*) $f(x) = (2x + 1)/(x^2 + x)$.
(*c*) $f(x) = a\,e^{-bx}$.

A-13. Calculer l'intégrale définie :

$$\int_6^{10} (2x + 3)\,dx .$$

A-14. Résoudre les équations aux différences finies suivantes (équations non homogènes)

(*a*) $2 y_t - y_{t-1} - 6 = 0$ et $y_0 = 10$
(*b*) $y_t + 3 y_{t-1} - 4 y_{t-2} = 0$ et $y_0 = 10$; $y_1 = 19$.

A-15. Résoudre l'équation différentielle du second ordre homogène

$$d^2y/dt^2 + 5\,dy/dt + 6y = 0 ,$$

avec $y_0 = 6$ et $y_0' = 3$.

BIBLIOGRAPHIE

Aitken, A. C., *Determinants and Matrices* (New York : Interscience, 1951). Un ouvrage de référence concis trop difficile pour le débutant.

Allen, R. G. D., *Mathematical Analysis for Economists* (Londres : Macmillan, 1938). Une étude de l'analyse avec de nombreux exemples économiques.

Allen, R. G. D., *Basic Mathematics* (New York : St Martin's, 1964). Manuel récent particulièrement intéressant pour les économistes.

Baumol, W. J., *Economic Dynamics* (2e éd., New York : Macmillan, 1959). Les chapitres IX-XIII contiennent une introduction aux équations aux différences linéaires.

Courant, R., *Differential and Integral Calculus* (2e éd., New York : Interscience, 1936) 2 vol. Un traité classique. Hautement recommandé aux étudiants d'un niveau élevé, comme ouvrage de référence.

Goldberg, S., *Introduction to Difference Equations* (New York : Wiley, 1958). Un texte pour débutants avec de nombreux exemples tirés de l'économie.

Goursat, E., *Cours d'analyse mathématique*, Gauthier-Villars, Paris. Un traité classique. Recommandé aux étudiants de niveaux moyen et supérieur.

Hadley, G., *Linear Algebra* (Reading, Mass. : Addison-Wesley, 1961). Le chapitre 3 traite des déterminants.

Milne-Thompson, L. M., *The Calculus of Finite Differences* (Londres : Macmillan, 1933). Les chapitres XI-XVII contiennent une bonne étude des équations aux différences.

Osgood, W. F., *Advanced Calculus* (3e éd., New York : Macmillan, 1935). Un texte d'un niveau supérieur à celui de Allen.

Perlis, S., *Theory of Matrices* (Cambridge, Mass. : Addison-Wesley, 1952). Une étude spécialisée des déterminants et des matrices.

Samuelson, Paul A., *Les fondements de l'analyse économique*, 2e édition (Paris : Dunod, 1971). Une formulation mathématique de la théorie économique. Un appendice contient une étude de certains des outils mathématiques utilisés dans le texte. Cette étude se révélera difficile pour tous les étudiants autres que ceux d'un niveau élevé.

Woods, F. S., *Advanced Calculus* (nouv. édit. ; Boston : Ginn, 1934). Un texte recommandé aux étudiants d'un niveau élevé.

INDEX

Aubin Imprimeur
LIGUGÉ, POITIERS

Achevé d'imprimer en mars 1987
N° d'impression L 22842
Dépôt légal de la 1re édition : 1er trimestre 1967
Imprimé en France